Lehr- und Handbücher der Politikwissenschaft

Herausgegeben von Dr. Arno Mohr

Lieferbare Titel:

Barrios · Stefes, Einführung in die Comparative Politics
Bellers · Kipke, Einführung in die Politikwissenschaft, 4. Auflage
Benz, Der moderne Staat
Bierling, Die Außenpolitik der Bundesrepublik Deutschland, 2. A.
Deichmann, Lehrbuch Politikdidaktik
Detjen, Politische Bildung
Gabriel · Holtmann, Handbuch Politisches System der Bundesrepublik Deutschland, 3. Auflage
Jäger · Haas · Welz, Regierungssystem der USA, 3. Auflage
Kempf, Chinas Außenpolitik
Krumm · Noetzel, Das Regierungssystem Großbritanniens
Lehmkuhl, Theorien Internationaler Politik, 3. Auflage
Lemke, Internationale Beziehungen, 2. Auflage
Lenz · Ruchlak, Kleines Politik-Lexikon
Maier · Rattinger, Methoden der sozialwissenschaftlichen Datenanalyse
Naßmacher, Politikwissenschaft, 5. Auflage
Pilz · Ortwein, Das politische System Deutschlands, 3. Auflage
Reese-Schäfer, Politisches Denken heute, 2. Auflage
Reese-Schäfer, Politische Ideengeschichte
Reese-Schäfer, Politische Theorie heute
Reese-Schäfer, Politische Theorie der Gegenwart in fünfzehn Modellen
Riescher · Ruß · Haas (Hrg.), Zweite Kammern, 2. Auflage
Rupp, Politische Geschichte der Bundesrepublik Deutschland, 3. Auflage
Schmid, Verbände
Schubert · Bandelow (Hrg.), Lehrbuch der Politikfeldanalyse
Schumann, Repräsentative Umfrage, 4. Auflage
Tömmel, Das politische System der EU, 3. Auflage
Wagschal, Statistik für Politikwissenschaftler, 2. Auflage
von Westphalen (Hrg.), Deutsches Regierungssystem
Wilhelm, Außenpolitik
Xuewu Gu, Theorien der internationalen Beziehungen · Einführung

Das politische System der EU

von
Univ.-Prof. Dr. Ingeborg Tömmel

3., vollständig überarbeitete und aktualisierte Auflage

Oldenbourg Verlag München Wien

Bibliografische Information der Deutschen Nationalbibliothek

Die Deutsche Nationalbibliothek verzeichnet diese Publikation in der Deutschen
Nationalbibliografie; detaillierte bibliografische Daten sind im Internet über
<http://dnb.d-nb.de> abrufbar.

© 2008 Oldenbourg Wissenschaftsverlag GmbH
Rosenheimer Straße 145, D-81671 München
Telefon: (089) 45051-0
oldenbourg.de

Das Werk einschließlich aller Abbildungen ist urheberrechtlich geschützt. Jede Verwertung außerhalb der Grenzen des Urheberrechtsgesetzes ist ohne Zustimmung des Verlages unzulässig und strafbar. Das gilt insbesondere für Vervielfältigungen, Übersetzungen, Mikroverfilmungen und die Einspeicherung und Bearbeitung in elektronischen Systemen.

Lektorat: Wirtschafts- und Sozialwissenschaften, wiso@oldenbourg.de
Herstellung: Sarah Voit
Coverentwurf: Kochan & Partner, München
Gedruckt auf säure- und chlorfreiem Papier
Gesamtherstellung: Druckhaus „Thomas Müntzer" GmbH, Bad Langensalza

ISBN 978-3-486-58547-6

Meinen Eltern

Josef und Henriette Tömmel

Inhaltsverzeichnis

Inhaltsverzeichnis		**VII**
Verzeichnis der Abkürzungen		**XI**
Vorwort		**XV**
1	**Staat, Föderation, Regime: die EU als politisches System**	**1**
1.1	Paradoxien des EU-Systems	1
1.2	Das EU-System in der wissenschaftlichen Debatte	3
1.3	Hypothesenrahmen und Darstellungsweise	11
2	**Die Genese der europäischen Integration im Spannungsfeld von supranationaler Option und intergouvernementaler Entscheidungsmacht**	**15**
2.1	Die Dynamik der europäischen Integration	15
2.2	Gründung und Aufbau der Europäischen Gemeinschaften im Zeichen eines supranationalen Integrationsweges	18
2.3	Aus- und Umbau der Europäischen Gemeinschaften im Zeichen intergouvernementaler Entscheidungsmuster	22
2.4	Erneuter Integrationsschub und institutionelle Dissoziierung von supranationaler und intergouvernementaler Integration	28
2.5	System-Umbau im Zeichen von Erweiterung, Vertiefung und Ausdifferenzierung der Integration	36
2.6	Der Integrationsprozess in seiner Gesamtheit: System-Entwicklung und -Transformation	52
3	**Die Struktur des EU-Systems: „schwache" Institutionen, „starke" Akteure**	**57**
3.1	Die Grundstruktur der EU	57
3.2	Die Organe der EU	62
3.2.1	Die Kommission	63
3.2.2	Der Ministerrat	69
3.2.3	Das Europäische Parlament	74

3.2.4	Der Europäische Gerichtshof	79
3.3	Die Ausdifferenzierung der Systemstruktur	83
3.4	Die Gesamtstruktur des EU-Systems	90

4 Die Funktionsweise des EU-Systems: Konflikt versus Konsens — 93

4.1	Entscheidungsfindung und Politikformulierung im Wechselspiel der zentralen Organe	94
4.1.1	Recht- und Regelsetzung	94
4.1.2	Politische Grundsatzentscheidungen	104
4.2	Entscheidungsfindung und Performance der einzelnen Organe	107
4.2.1	Die Kommission	107
4.2.2	Der Ministerrat	113
4.2.3	Das Parlament	121
4.3	Ausübung von Exekutivfunktionen und Politikimplementation	134
4.4	Die Funktionsmechanismen des EU-Systems	140

5 Die erweiterte Systemstruktur — 143

5.1	System-Differenzierung auf der europäischen Ebene	145
5.1.1	Intergouvernementale Ausdifferenzierung: die Zweite und Dritte Säule der EU	145
5.1.2	Unabhängige Institutionen und Agenturen	152
5.2	Die Inkorporation der Mitgliedstaaten in das EU-System	159
5.2.1	Die nationale Politik- und Verwaltungsebene	160
5.2.2	Die regionale Politik- und Verwaltungsebene	167
5.3	Die Inkorporation nicht-staatlicher Akteure in das EU-System	180
5.3.1	Interessenvertretung im europäischen Entscheidungsprozess	181
5.3.2	Mitentscheidung, delegierte Verantwortung, Politikimplementation	190
	5.3.2.1 Sozialpartner als Akteure der Gesetzgebung	190
	5.3.2.2 Selbstregulierung durch nicht-staatliche Akteure	195
	5.3.2.3 Nicht-staatliche Akteure in der Politikimplementation	198
5.4	Die Logik der Erweiterung des EU-Systems	201

6 Funktionsprobleme des EU-Systems: Effizienz, Effektivität, demokratische Legitimation — 205

6.1	Effizienz: institutionelles Gefüge und Entscheidungsverfahren	207
6.1.1	Institutionelles Gefüge	207
6.1.2	Entscheidungsverfahren	213
6.2	Effektivität: Regelungs- und Steuerungskapazität	218
6.3	Demokratische Legitimation	229
6.3.1	Demokratisches Defizit	230

6.3.2	Möglichkeiten und Konzepte post-nationaler Demokratie	234
6.3.3	Ansätze post-nationaler Demokratie im EU-System	238
6.4	Die EU: effizient, effektiv und demokratisch?	250
7	**Das EU-System in seiner Gesamtheit**	**253**
7.1	Struktur und Funktionsweise der EU: Verhandlungs-, Verflechtungs- und Mehrebenensystem	253
7.1.1	Die EU als Verhandlungssystem	254
7.1.2	Die EU als Verflechtungssystem	258
7.1.3	Die EU als Mehrebenensystem	261
7.1.4	Die Gesamtstruktur der EU	263
7.2	Die Dynamik der Entfaltung des EU-Systems	264
7.2.1	Die bizephale Struktur des EU-Systems	265
7.2.2	Die Interaktion zwischen Kommission und Ministerrat	268
7.3	Ausblick: die Perspektiven der EU	273

Durchgeführte Interviews: Institutionen, Organisationen und Akteure   **279**

Literaturverzeichnis   **281**

Verzeichnis der Abkürzungen

AdR	Ausschuss der regionalen und lokalen Gebietskörperschaften
AKP-Staaten	Afrika-, Karibik-, Pazifik-Staaten
ALDE	Allianz der Liberalen und Demokraten für Europa
BEPA	Bureau of European Policy Advisers
BRD	Bundesrepublik Deutschland
BSE	Bovine Spongiforme Enzephalopathie
CEDEFOP	Centre Européen pour le Développement de la Formation Professionelle (Europäisches Zentrum für die Förderung der Berufsbildung)
CEEP	Centre Européen des entreprises à participation publique (Europäisches Zentrum der öffentlichen Unternehmen)
CEFIC	European Chemical Industry Council (Europäischer Chemieverband)
CEN	Comité Européen de Normalisation (Europäisches Komitee für Normung)
CENELEC	Comité Européen de Normalisation Electrotechnique (Europäisches Komitee für elektrotechnische Normung)
COPA	Committee of Professional Agricultural Organisations (Ausschuss der berufsständischen landwirtschaftlichen Organisationen)
COREPER	Comité des Représentants Permanents (Ausschuss der Ständigen Vertreter)
COSAC	Conférence des Organes spécialisés en Affaires Communautaires (Konferenz der Europa-Ausschüsse der nationalen Parlamente und des Europäischen Parlaments)
DDR	Deutsche Demokratische Republik
ECHO	European Community Humanitarian Office (Amt für humanitäre Hilfe der Europäischen Gemeinschaft)
ECOFIN	Council of Economic and Financial Affairs (Ministerrat „Wirtschaft und Finanzen")
EEA	Einheitliche Europäische Akte
EEB	European Environmental Bureau (Europäisches Umweltbüro)
EFPIA	European Federation of Pharmaceutical Industry Associations
EFSA	European Food Safety Authority (Europäische Behörde für Lebensmittelsicherheit)
EFTA	European Free Trade Association (Europäische Freihandelsassoziation)
EG	Europäische Gemeinschaft
EGB	Europäischer Gewerkschaftsbund
EGKS	Europäische Gemeinschaft für Kohle und Stahl
EGV	EG-Vertrag
EIB	Europäische Investitionsbank
EMEA	European Medicines Agency (Europäische Arzneimittelbehörde)

EP	Europäisches Parlament
EPZ	Europäische Politische Zusammenarbeit
ERH	Europäischer Rechnungshof
ESVI	Europäische Sicherheits- und Verteidigungsidentität
ESVP	Europäische Sicherheits- und Verteidigungspolitik
ETUC	European Trade Union Confederation (siehe EGB)
EU	Europäische Union
EuGH	Europäischer Gerichtshof
EUMC	European Union Military Committee (Militärausschuss der Europäischen Union)
EUMS	European Union Military Staff (Militärstab der Europäischen Union)
EURATOM	Europäische Atomgemeinschaft
EUROPOL	Europäische Zentralstelle für die Kriminalpolizei
EUROSTAT	Statistisches Amt der EU
EUV	Vertrag über die Europäische Union
EVG	Europäische Verteidigungsgemeinschaft
EVP-ED	Europäische Volkspartei - Europäische Demokraten
EWG	Europäische Wirtschaftsgemeinschaft
EWS	Europäisches Währungssystem
EWI	Europäisches Währungsinstitut
EZB	Europäische Zentralbank
EZBS	Europäisches Zentralbankensystem
FDP	Freiheitlich Demokratische Partei Deutschlands
G8	Group of Eight (Gruppe der acht führenden Industriestaaten der Welt: BRD, Frankreich, Großbritannien, Italien, Japan, Kanada, USA, Russland)
GASP	Gemeinsame Außen- und Sicherheitspolitik
GATT	General Agreement on Tariffs and Trade (Allgemeines Zoll- und Handelsabkommen)
GD	Generaldirektion
GRÜNE/FEA	Grüne/Freie Europäische Allianz
IGK	Intergouvernementale Konferenz
IMF (= IWF)	International Monetary Fund (Internationaler Währungsfonds)
INTERREG	Gemeinschaftsinitiative der Kommission, die auf interregionale Zusammenarbeit ausgerichtet ist
ITS	Fraktion Identität, Tradition, Souveränität
MEP	Mitglied des Europäischen Parlaments
MOE	Mittel- und Osteuropa
NATO	North Atlantic Treaty Organisation (Nordatlantikvertrags-Organisation)
NGO	Non-Governmental Organization (Nichtregierungsorganisation)
OEEC	Organization for European Economic Cooperation (Organisation für europäische wirtschaftliche Zusammenarbeit)
OECD	Organization for Economic Co-operation and Development (Organisation für wirtschaftliche Zusammenarbeit und Entwicklung)
OLAF	Office de la Lutte Anti-Fraude (Europäisches Amt für Betrugsbekämpfung)
OMK	Offene Methode der Koordination
PHARE	Pologne, Hongrie: Aide à la Réstructuration Économique (Hilfsprogramm der EU für die Tranformationsstaaten Mittel- und Osteuropas)
PSC	Political and Security Comittee (Politisches und Sicherheitspolitisches Komitee)
RGRE	Rat der Gemeinden und Regionen Europas

Verzeichnis der Abkürzungen

SDU	Schengener Durchführungsübereinkommen
SPE	Sozialistische Partei Europas
TACIS	Technical Assistance to the Commonwealth of Independent States (Hilfsprogramm der EU für die Nachfolgestaaten der Sowjetunion)
U/D	Fraktion Unabhängigkeit/Demokratie
UEN	Fraktion Union für das Europa der Nationen
UNICE	Union des Industries de la Communauté Européenne
USA	United States of America (Vereinigte Staaten von Amerika)
VEL/NGL	Konföderale Fraktion der Vereinigten Europäischen Linken/Nordische Grüne Linke
VRE	Versammlung der Regionen Europas
VVE	Verfassungsvertrag für Europa
VW	Volkswagen
WEU	Westeuropäische Union
WSA	Wirtschafts- und Sozialausschuss
WTO	World Trade Organization (Welthandelsorganisation)
WWU	Wirtschafts- und Währungsunion

Vorwort

Vorwort zur 1. Auflage

Das vorliegende Buch ist das Produkt einer langjährigen Beschäftigung mit dem politischen System der EU, einerseits im Rahmen von Vorlesungen und Seminaren, andererseits von verschiedenen Forschungsprojekten zum Thema.

In den Lehrveranstaltungen stieß ich immer wieder auf das Problem unzureichenden Lektürematerials für die Studenten: War es in früheren Jahren vor allem der Mangel an entsprechenden Lehrbüchern, der sich als Hindernis erwies, so ist es gegenwärtig die Flut an neuen Werken, die die Wahl zur Qual macht. Zwar ist der Überfluss dem Mangel vorzuziehen, er hat aber seine eigenen Tücken. So erweisen sich viele Lehrbücher zur EU, insbesondere englischsprachige Darstellungen, als wahre Kompendien, in denen minutiös jegliche Details von Aufbau und Funktionsweise der europäischen Organe beschrieben werden; eine Gesamtsicht, in die die Details einzuordnen wären, fehlt dabei aber zumeist. Der berühmte Wald, der die Bäume erst erkennbar macht, bleibt außerhalb des Blickfeldes. Andere Autoren bemühen sich zwar um klare Strukturierungen, stellen aber den Wald recht einseitig dar: als gepflegte Staatsdomäne, als Interessentenwald oder als Jagdterrain von Privilegierten und Wilderern.

Vor diesem Hintergrund habe ich mit dem vorliegenden Buch versucht, sowohl die nötigen Basisinformationen über das politische System der EU zu vermitteln, als auch diese in eine inhaltliche Konzeptionierung der Systemstruktur und ihrer Funktionsweise einzubinden. Gleichzeitig wurde die Prozessdynamik der Herausbildung und Entfaltung des EU-Systems in den Vordergrund gerückt. In diesem Sinne ist das Buch sowohl als Einstieg in die Beschäftigung mit der EU zu benutzen; es kann und soll zugleich aber auch fortgeschritteneren Europa-Interessierten neue Perspektiven und alternative Sichtweisen eröffnen. Es ist somit als ein studienbegleitendes Buch konzipiert, das in jeder Phase der Auseinandersetzung mit der EU neu beziehungsweise anders gelesen werden kann.

Das EU-System unterliegt einem sehr schnellen und expansiven Wandel; dementsprechend hat sich auch die Terminologie mehrfach verändert. Im Folgenden soll immer dann von EU gesprochen werden, wenn das System in seiner Gesamtheit oder die Gesamtentwicklung des Systems von den Anfängen bis zur Gegenwart gemeint ist. Beziehen sich die Ausführungen explizit auf die Phase vor dem Maastrichter Vertrag, wird der Begriff EG (Europäische Gemeinschaft) verwendet. Auf den bis zur Einheitlichen Europäischen Akte gebräuchlichen

Begriff Europäische Gemeinschaften wird demgegenüber verzichtet. Der Begriff EG findet aber auch Verwendung, wenn explizit Bezug genommen wird auf die Erste Säule der EU.

Am Zustandekommen eines Buches sind immer viele beteiligt. An erster Stelle möchte ich hier den Interviewpartnern danken, Vertretern der europäischen Organe und anderer am Entscheidungsprozess beteiligter Institutionen und Organisationen. Sie haben auf sehr eindrückliche Weise Zielsetzungen, Motive und Hintergründe sowie den Kontext ihres strategischen Entscheidens und Handelns im politischen System der EU erläutert, womit sich das Puzzle erst zu einem reich differenzierten Gesamtbild zusammensetzen ließ. Für kontinuierliche und besonders hilfreiche Unterstützung meiner Forschungsarbeiten möchte ich Herrn Wolfgang Gäde (Rat der Europäischen Union), Herrn Dr. Wolfgang Pelull (Verbindungsbüro des Landes Niedersachsen bei der EU) sowie Herrn Dr. Egon Schoneweg (Europäische Kommission, GD XVI Regionalpolitik) danken.

Für die kritische Lektüre einzelner Kapitel des Buches sowie wertvolle Kommentare und Anregungen danke ich Fritz Scharpf, Helmut Voelzkow, Patricia Bauer und Holger Huget. Gabriele Parlmeyer und Ilse Tobien gilt mein besonderer Dank für die kompetente Textverarbeitung; ebenso dankbar bin ich Gudrun Eisele für die sorgfältige Endkorrektur des Buches, die Zusammenstellung der Literaturliste und das Layout. Schließlich möchte ich dem Max-Planck-Institut für Gesellschaftsforschung in Köln und insbesondere seinen Direktoren, Fritz Scharpf und Wolfgang Streeck, für die Gewährung eines Aufenthaltes als Gastwissenschaftlerin danken, wodurch es mir gelungen ist, das Buch schneller fertigzustellen, als es unter den Bedingungen des Universitätsbetriebes möglich gewesen wäre.

Osnabrück, Juni 2002   Ingeborg Tömmel

Vorwort zur zweiten Auflage

Im Vorwort zur ersten Auflage dieses Buches habe ich betont, dass das EU-System einem sehr „schnellen und expansiven Wandel" unterliegt. Diese Aussage hat sich seither mehr als bewahrheitet: Zum 1.5.2004 wurde die Union um zehn neue Mitgliedstaaten erweitert; kurz darauf verabschiedete der nunmehr aus 25 Staats- und Regierungschefs bestehende Europäische Rat den Entwurf eines Verfassungsvertrags für die EU. Dementsprechend galt es, diese neuen Entwicklungen in den vorliegenden Text einzuarbeiten. Für mich war klar, dass dies nicht nur in Kapitel 2, das der Genese der europäischen Integration von den Anfängen bis zur Gegenwart gewidmet ist, geschehen sollte; vielmehr habe ich alle aus der Erweiterung der Union resultierenden Neuerungen sowie die im Verfassungsvertrag vorgesehenen Veränderungen in Bezug auf die institutionelle Struktur und die Entscheidungsverfahren der EU durchgängig in den Text des Buches eingearbeitet. Kaum war diese umfangreiche Arbeit abgeschlossen, änderte sich das Bild der EU erneut: Die gescheiterten Referenden in Frankreich und in den Niederlanden sowie der Streit zwischen den Mitgliedstaaten um die mittelfristige Finanzplanung stürzten die Union in eine tiefe Krise. War die ganze Arbeit jetzt umsonst? Nach einer kurzen Phase des Zweifels rückte das Bild der „longue durée" (Braudel) der EU wieder in den Vordergrund: das eines trotz Krisen sich stetig und inkrementalistisch entfaltenden politischen Systems. Aus dieser Perspektive ist denn auch zu erwarten, dass der simultane Prozess von Erweiterung der Union und Vertiefung der Integration vorerst zwar verlangsamt, nicht jedoch ausgesetzt ist. Vielmehr ist abzusehen, dass die Regelungen der Verfassung, möglicherweise nicht unter diesem Namen, wohl aber in der Substanz, sukzessive in das europäische Vertragswerk einfließen und damit auch zur Umsetzung gelangen werden. Zudem ist anzunehmen, dass die Erweiterungspolitik eine Fortführung erfahren wird, wenngleich auch dies vermutlich unter anderem Namen und in abgewandelter Form. Vor diesem Hintergrund gehe ich denn auch davon aus, dass die vorliegende, gründlich überarbeitete Fassung des „Politischen Systems der EU" für einen längeren Zeitraum aktuell bleiben wird.

Für die Unterstützung bei der Erstellung der zweiten Auflage dieses Buches danke ich verschiedenen Informanten der EU-Organe und ihres Umfeldes für aktuelle Informationen, Judith Bürger für umfangreiche Recherchen sowie die sorgfältige Durchsicht des gesamten Manuskripts, Ilse Tobien für die kompetente Textverarbeitung, Swantje Küchler für die Überarbeitung des Literaturverzeichnisses sowie der Liste der Abkürzungen und schließlich Kai Rabenschlag für die Besorgung des Layouts.

Osnabrück, September 2005   Ingeborg Tömmel

Vorwort zur dritten Auflage

Die EU ist immer gut für Überraschungen. Vor zwei Jahren, nachdem das Manuskript für die zweite Auflage dieses Buches fertiggestellt war, stürzte die Union in eine tiefe Krise: Zwei negative Referenden über den Verfassungsvertrag brachten das gesamte Projekt zum Stillstand. Die EU-Oberen verordneten sich eine Reflexionsphase; offiziell herrschte Funkstille. Im ersten Halbjahr 2007 kam dann wieder Bewegung auf: Unter deutscher Ratspräsidentschaft sollte ein „Fahrplan" für den Verfassungsprozess vereinbart werden. Was als einfacher technischer Vorgang daherkam, entpuppte sich aber bald als massives Understatement. Denn auf dem Gipfel der Staats- und Regierungschefs vom Juni 2007 wurde nichts weniger als ein neues Vertragskonzept ausgehandelt. Ein Fahrplan mit extrem kurzer Laufzeit gehörte ebenfalls dazu: Die definitive Verabschiedung des Reformvertrags soll noch in diesem Jahr erfolgen; die Ratifizierung in den Mitgliedstaaten soll vor der Neuwahl des Europäischen Parlaments im Juni 2009 abgeschlossen sein. Und es sieht ganz danach aus, dass dem ehrgeizigen Projekt trotz großer Meinungsverschiedenheiten zwischen den nunmehr 27 Mitgliedstaaten kaum größere Hindernisse entgegenstehen. Dabei ist zu betonen, dass der anvisierte Reformvertrag keineswegs hinter dem Verfassungsvertrag zurücksteht; vielmehr sind dessen Regelungen „nicht unter diesem Namen, wohl aber in der Substanz" (Vorwort zur zweiten Auflage) größtenteils in das neue Vertragswerk eingeflossen. Abstriche und Revisionen sind hauptsächlich kosmetischer Natur. Sie entstauben die EU von staatsähnlichen Terminologien und Symbolen, die ohnehin dem Integrationsprojekt nicht adäquat sind und die Zugehörigkeits- oder gar Identitätsgefühle der Bürger kaum stärken. Letzteres lässt sich meines Erachtens nur dadurch erreichen, dass das europäische Projekt und seine ausgeprägte Streit- und Konsenskultur den Bürgern verständlich und durchschaubar gemacht werden.

Mit der Neuauflage dieses Buches hoffe ich, einen kleinen Betrag zu dieser Aufgabe leisten zu können.

Der Text des Buches wurde durchgängig überarbeitet und auf den neuesten Stand seit der Erweiterung des Jahres 2007 und der überraschend schnellen Einigung auf den Reformvertrag gebracht. Für die tatkräftige Unterstützung bei Recherche- und Korrekturarbeiten danke ich Susanne Pihs, Julia Eichhorst und Astrid Bothmann; für die Textverarbeitung danke ich Ilse Tobien.

Osnabrück, August 2007   Ingeborg Tömmel

1 Staat, Föderation, Regime: die EU als politisches System

1.1 Paradoxien des EU-Systems

Die Europäische Union (EU) wird in zunehmendem Maße auch in weiten Kreisen der Öffentlichkeit als ein den nationalen Staaten übergeordnetes politisches System wahrgenommen. Zwar ist allenthalben bekannt, dass die EU gegenüber den Mitgliedstaaten keinerlei Weisungsbefugnisse besitzt, sondern im Gegenteil eher von diesen abhängig ist; gleichzeitig ist aber auch deutlich, dass EU-Beschlüsse weitreichende bindende Wirkungen und Konsequenzen entfalten, die einer faktischen Überordnung gleichkommen. Denn ob es um die gemeinsame Währung geht, um den Fortbestand sozialer Sicherungssysteme, um Wettbewerbsfähigkeit oder um soziale Kohäsion: Immer mehr ist es die EU, die als Entscheidungsträger in Erscheinung tritt, während die Einzelstaaten – von „oben" unter Zugzwang gesetzt – eher die Rollen nachrangiger Akteure einnehmen, die ihre „Hausaufgaben" zu erledigen haben.

Das Augenfälligste an diesem System ist die große Diskrepanz zwischen einer „schwachen", weil wenig auskristallisierten und unklar kodifizierten Systemstruktur einerseits und einer weitreichenden faktischen Ausübung politischer Entscheidungs- und Handlungsmacht andererseits. Hinzu kommt, dass die Systemstruktur, soweit sie überhaupt als solche wahrgenommen wird, wenig transparent erscheint und nur schwer im Kontext bestehender Formen politischer Herrschaft einzuordnen ist: Weder entspricht die EU dem institutionellen Gefüge eines nationalen Staates, noch lässt sie sich als internationale Organisation charakterisieren. Dementsprechend ist es schwierig, den Sitz politischer Machtausübung klar zu verorten: Weder die europäische Ebene, repräsentiert in erster Linie durch die Kommission, noch die Mitgliedstaaten, vertreten in Ministerrat und Europäischem Rat, scheinen das Sagen zu haben, vom Europäischen Parlament ganz zu schweigen.

In dieser komplexen Gemengelage, in der einzelne Akteure und Institutionen zwar über erhebliche Machtmittel verfügen, ein zentraler Kristallisationspunkt politischer Machtausübung jedoch fehlt, lässt sich noch am ehesten die scheinbare Ohnmacht der beteiligten Akteure und Institutionen verorten: Kommissionsvorschläge scheitern regelmäßig am Veto des

Ministerrats; der Ministerrat scheitert am inneren Dissens; das Parlament kann sich kaum gegenüber der Kommission, geschweige denn dem Ministerrat durchsetzen, und keines der Organe unterliegt wirksamen Kontrollmechanismen.[1] Spitzenpolitiker, Minister, ja sogar Regierungschefs scheinen im europäischen Kontext zu weitreichenden Zugeständnissen und Kompromissen gezwungen zu sein, wenn es zu Entscheidungen kommen soll. Häufig enden allerdings Regierungskonferenzen und Gipfeltreffen im Dissens ihrer Akteure und damit in Entscheidungslosigkeit, worin sich die kollektive Ohnmacht des EU-Systems manifestiert.

Diese Konstellation des „pooling" von beträchtlicher Entscheidungs- und Handlungsmacht auf der europäischen Ebene bei gleichzeitiger Ohnmacht der beteiligten Institutionen und Akteure manifestiert sich auf analoge Weise in einem widersprüchlich verlaufenden Integrationsprozess. Obwohl niemand ihn explizit befürwortet oder gar aktiv vorantreibt, scheint der Integrationsprozess wie ein Selbstläufer unaufhaltsam voranzuschreiten. Schlagworte wie Internationalisierung und Globalisierung begründen zwar einen generellen Sachzwang zur Integration, nicht jedoch deren einzelne Schritte und spezifische Ausprägung. Insbesondere das Projekt der Währungsunion machte auf vielfältige Weise deutlich, dass einzelne Politiker vollmundig vom Anhalten oder mindestens Bremsen des gemeinsamen Zuges reden, im Zweifelsfalle aber dann doch noch im Fahren aufspringen. Ganz im Gegensatz dazu stellt sich das Tempo des Ausbaus oder der Reform der institutionellen Struktur dar. Zwar werden in jeder Integrationsrunde weitreichende Reformkonzepte – nicht zuletzt auch in Richtung Demokratisierung des Systems – lanciert und debattiert; wenn es dann aber zur Beschlussfassung kommt, werden allenfalls schwache Kompromissformeln erzielt, größere Reformprojekte dagegen regelmäßig auf die lange Bank geschoben.

Das Resultat dieser widersprüchlichen Entwicklungen – bei gleichzeitig zunehmendem Handlungsdruck infolge einer Reihe von neuen Problemen und Sachzwängen – ist eine System-Entwicklung, die auf einer Kette von Hilfskonstruktionen, informellen Regelungen, vorläufigen institutionellen Arrangements, kurz, auf einem vielfältigen und erfindungsreichen Flickwerk beruht, das die juristisch kodifizierte Systemstruktur bis zur Unkenntlichkeit anreichert oder auch deformiert. Damit gelingt es zwar einerseits, die vielfachen Lücken und Schwachstellen des Systems zu schließen, zu füllen oder zu überbrücken und somit die Funktionsfähigkeit des Systems und seine Steuerungskapazität kurzfristig zu erhalten oder gar zu verbessern; andererseits trägt aber gerade diese Vorgehensweise zur weiteren Verringerung der Übersichtlichkeit und Transparenz, der Effizienz und auch der Kontrollierbarkeit des Systems bei, was sich nicht zuletzt auch in einer dramatisch sinkenden Akzeptanz in der öffentlichen Meinung ausdrückt.

Insgesamt ist das EU-System somit von einer Reihe von Paradoxien und Widersprüchen gekennzeichnet, die sich in augenfälligen Diskrepanzen manifestieren:

---

[1] Zwar gibt es Kontrollmechanismen, insbesondere das Parlament hat Kontrollfunktionen gegenüber der Kommission; sie können aber bisher nur gegenüber der Gesamtkommission eingesetzt werden und nicht in Bezug auf mögliches Fehlverhalten einzelner Kommissare.

- der Diskrepanz zwischen einer „schwachen" Systemstruktur und der „Stärke" ihrer politischen Entscheidungs- und Handlungsmacht;
- der Diskrepanz zwischen einer hochgradigen Fragmentierung politischer Entscheidungsfindung und der zentralisierenden Wirkung ihrer Beschlüsse;
- der Diskrepanz zwischen Macht und Ohnmacht der maßgeblichen Akteure und Institutionen; und schließlich
- der Diskrepanz zwischen einer Vielzahl von „großen Entwürfen" zur gezielten Ausgestaltung des Systems und seiner faktisch schritt- und stückweisen, quasi ungesteuert weiterwuchernden Entwicklung in widersprüchliche Richtungen und ohne erkennbares Endziel.

Angesichts solcher Diskrepanzen stellt sich die Frage, ob diese als Zufallsprodukte des Integrationsprozesses, als nicht intendierte Fehlentwicklungen oder aber als notwendige Begleiterscheinungen der Herausbildung neuer Formen von Staatlichkeit jenseits der nationalen Ebene zu werten sind. Anders ausgedrückt: Handelt es sich bei diesen Diskrepanzen um tatsächliche Schwächen des Systems oder haben die Schwächen des Systems System?

Vor dem Hintergrund der aufgeworfenen Fragen sollen im Folgenden die Herausbildung des EU-Systems, die darüber auskristallisierenden institutionellen Strukturen sowie die sich entfaltenden Funktionsmechanismen und Verfahrensweisen der Entscheidungsfindung und Politikimplementation einer eingehenderen Analyse unterzogen werden. Dabei ist im Einzelnen herauszuarbeiten, unter welchen Leitbildern und Prämissen dieses System etabliert wurde, entlang welcher Gleise es sich weiterentwickelte und welche Möglichkeiten und Alternativen dabei ungenutzt blieben oder aufgegeben werden mussten. Des Weiteren sind die Grundstruktur des Systems, seine wesentlichen Komponenten, aber auch sein Aus- und Umbau sowie seine Erweiterung unter dem Einfluss eines erhöhten externen Handlungsdrucks und einer sich entfaltenden internen Entwicklungsdynamik zu analysieren. Schließlich sind die grundlegenden Funktionsmechanismen des Systems sowie seine konkreten Verfahrensweisen der Beschlussfassung und Konsensfindung, der Politikformulierung und -implementation in ihrer Spezifität, das heißt, in ihrer Gebundenheit an die Strukturkomponenten des Systems, herauszuarbeiten. Insgesamt gilt es dabei zu erhellen, welche spezifischen Merkmale das EU-System prägen, inwieweit und wodurch es sich von herkömmlichen Formen politischer Ordnung unterscheidet, welche Dynamiken den Prozess seiner Auskristallisierung bestimmen und in welcher Weise es die bestehenden politischen Systeme auf der nationalen Ebene ergänzt, transformiert, transzendiert oder ersetzt.

1.2 Das EU-System in der wissenschaftlichen Debatte

Die im Vorgehenden skizzierten Merkmale und Widersprüche des EU-Systems haben die wissenschaftliche Analyse und Debatte auf vielfältige Weise angeregt. Speziell in der Politikwissenschaft gibt es eine lange Tradition von Erklärungsversuchen zur Herausbildung und Weiterentwicklung der EG/EU, wobei, je nach Perspektive und Analyseziel, einmal der Staatscharakter des Systems, zum anderen seine Qualität als internationale Organisation oder auch sein Regimecharakter im Zentrum des Interesses stehen (vgl. zusammenfassend Pentland 1973, Giering 1997, Rosamund 2000, Loth 2001, Wiener/Dietz 2004, Bieling/Lerch

2005, Faber 2005). Während die erstgenannte Perspektive primär der Vergleichenden Politikwissenschaft zuzuordnen ist, wurde die letztgenannte im Rahmen des Fachgebietes der Internationalen Beziehungen entwickelt, das im Übrigen in der bisherigen Debatte die dominante Position innehatte. Allerdings verbinden sich in der Gegenwart beide Perspektiven zu neuen Fragestellungen und vielschichtigeren Erklärungsansätzen.

Vonseiten der Internationalen Politik haben sich zwei Theorietraditionen als besonders fruchtbar erwiesen, nämlich einerseits der Intergouvernementalismus, der in die (neo-)realistische Theorietradition eingebettet ist, andererseits der Neo-Funktionalismus, der als spezielle Variante funktionalistischer Argumentationsmuster zu werten ist. Während Ersterer sich generell auf das Funktionieren internationaler Organisationen bezieht und dabei insbesondere die Frage thematisiert, in welcher Weise, in welchem Maße und unter welchen Bedingungen Kooperation oder gemeinsames Handeln zwischen interessengeleiteten Staaten zustande kommt (Axelrod 1984, Keohane 1984), wurde Letzterer speziell am Beispiel der EG/EU entwickelt; sein Erklärungsziel ist es, die innere Dynamik, die den Integrationsprozess vorantreibt, zu erhellen (vgl. Haas 1958, Lindberg/Scheingold 1970).

Im Rahmen des *Intergouvernementalismus* wird die zwischenstaatliche Kooperation aus der Perspektive der nutzenmaximierenden, interessengeleiteten und rational handelnden staatlichen Akteure erklärt. So kann zwischenstaatliche Kooperation oder gemeinsames Handeln im Rahmen internationaler Organisationen zustande kommen, wenn die Erzielung besserer Resultate beziehungsweise konkreter Vorteile (im Vergleich zur Nicht-Kooperation) zu erwarten ist (Keohane 1984); weitere Motive können die Möglichkeiten zu Tauschgeschäften zwischen den Kooperationspartnern oder auch nur die Angst vor Nachteilen im Falle des drohenden Ausschlusses von der Kooperation sein.[2] Entsprechend diesen Konzeptionen lässt sich das Zustandekommen und die Weiterentwicklung der europäischen Integration als eine Serie von intergouvernementalen Bargains[3] erklären, wobei Integrationsfortschritte immer dann erzielt werden, wenn es eine Konvergenz der Interessen gibt oder wenn es gelingt, mögliche Nachteile von Integrationsschritten durch Paketlösungen oder zusätzliche kompensatorische Regelungen wie Side-Payments[4] auszugleichen (Hoffmann 1966, Keohane/Hoffmann 1991, Moravcsik 1998). Umgekehrt lässt sich so aber auch und besonders erklären, warum projektierte Integrationsschritte *nicht* zustande kommen beziehungsweise warum der Integrationsprozess so häufig und so lange stagniert (Taylor 1983). Außerdem lassen sich die Asymmetrien der europäischen Integration – zum Beispiel zwischen ökonomischer und politischer Integration, zwischen Marktintegration und anderen Formen der Staatsintervention,

---

[2] Speziell für die EG zog Moravcsik diese Argumentation für die Zustimmung Großbritanniens zur EEA heran (Moravcsik 1991).

[3] Deutsch: Abkommen, Handel. In der Politikwissenschaft bezeichnet der Begriff vor allem Verhandlungen zwischen interessengeleiteten Akteuren, die möglichst ihren eigenen Vorteil zu maximieren versuchen.

[4] Deutsch: Ausgleichszahlungen. In der Politikwissenschaft bezeichnet der Begriff Finanztransfers oder auch andere Zugeständnisse an Verhandlungspartner, um deren Zustimmung zu einer angestrebten Entscheidung zu erhalten.

1.2 Das EU-System in der wissenschaftlichen Debatte

zwischen wirtschaftsbezogenen und sozialbezogenen Politikfeldern – vor diesem Hintergrund gut erklären. Allerdings bietet der Intergouvernementalismus kaum Möglichkeiten, die Eigendynamik der System-Entwicklung der EU oder speziell die Bedeutung der Kommission als integrationsförderndem Akteur zu erfassen oder gar zu erklären.

Demgegenüber ist es das Verdienst des *Neo-Funktionalismus*, auf der Grundlage, aber auch in Abweichung von funktionalistischen normativen Modellen der internationalen Kooperation (Mitrany 1966), einen Erklärungsansatz für die innere Logik und Dynamik der europäischen Integration vorgelegt zu haben (Haas 1958, vgl. auch Lindberg/Scheingold 1970, Schmitter 1971). Zentraler Leitgedanke ist dabei das Konzept des Spill-over. Dieses besagt, dass Integration in ersten, begrenzten Teilbereichen aufgrund funktionaler Erfordernisse weitere Integrationsschritte auslöst, indem angrenzende Bereiche oder Politikfelder, die mit den vorher schon integrierten in einem engen funktionalen Zusammenhang stehen, ebenfalls auf die europäische Ebene übertragen werden. Auf diese Weise kommt es zu einer Kette von Transfers politischer Aufgaben und Funktionen auf die europäische Ebene, bis diese schließlich die Hauptebene politischer Steuerung wird (Haas 1958, S. 16).

Dabei wird die funktionale Notwendigkeit der Übertragung von Staatsaufgaben und Politikfeldern auf die europäische Ebene nicht als eine *a priori* gegebene angenommen; vielmehr sind es integrationsorientierte Akteure, in erster Linie politische Eliten, die die Vorteile weiterer Integrationsschritte in benachbarten Bereichen und Politikfeldern erkennen und dementsprechend den Integrationsprozess vorantreiben. In dem Maße allerdings, wie mehr und mehr Aufgaben und Funktionen auf die europäische Ebene übertragen werden, richten auch andere Akteure – politische Parteien, Interessengruppen, transnationale Organisationen und Verbände – ihre Aktivitäten und Loyalität zunehmend auf die neue – europäische – Ebene der Entscheidungsfindung.

Im Rahmen des Neo-Funktionalismus lassen sich somit der inkrementalistische Charakter der europäischen Integration und insbesondere bestimmte Integrationsschritte gut erklären: zum Beispiel der Übergang von der EGKS zu EWG und EURATOM; der Übergang von der Schaffung des gemeinsamen Marktes zu einer gemeinsamen Agrarpolitik, der Übergang von der Vollendung des Binnenmarktes zu einer Währungsunion. Nicht erklären lassen sich jedoch hierüber die wiederholten Stagnationsphasen des Integrationsprozesses sowie das Nicht-Zustandekommen von Integrationsschritten, die im funktionalen Sinne durchaus nahegelegen hätten und häufig auch auf der politischen Agenda standen (vgl. Sandholtz/Zysman 1989).

Beziehen sich die im Vorgehenden skizzierten Theorieansätze primär auf die Dynamik der europäischen Integration, auf die Entscheidungsprozesse, die sie vorantreiben, und auf die Akteure, die sie tragen, so sagen sie nur wenig aus über das System, das darüber auskristallisiert. Wird dieses im Rahmen des Intergouvernementalismus als primär zwischenstaatliches und somit als internationale Organisation oder als internationales Regime angenommen (Hoffmann 1982), so geht der Neo-Funktionalismus davon aus, dass langfristig eine „political community" auf der europäischen Ebene entstehen wird, die einen supranationalen Charakter annimmt und somit den nationalen Staaten übergeordnet ist (Haas 1958, S. 16).

In der Vergleichenden Politikwissenschaft hat sich demgegenüber eine Betrachtungsweise entwickelt, die die EG/EU als einen föderalen Staat „im Werden" sieht, etwa nach dem Vorbild der USA. Zwar sind die „Vereinigten Staaten von Europa" noch weit vom (normativen)

Ziel eines föderalen Staates entfernt, ihre Institutionen und Organe lassen sich allerdings schon jetzt unter der Föderalismus-Prämisse analysieren (Pinder 1986).[5] Demnach befindet sich die EU eher im Stadium eines Staatenbundes als eines Bundesstaates; ihre einzelnen Institutionen können aber, ebenso wie die europäischen Entscheidungsprozesse, auf ihre föderalen Elemente und Verfahrensweisen hin überprüft werden (Scharpf 1991, Burgess 2000, Nicolaïdis/Howse 2003, Benz 2006). In diesem Sinne sind es insbesondere die gemeinsamen Entscheidungen im Ministerrat bei gleichzeitig weitreichenden exekutiven Funktionen der Kommission und ihrem exklusiven Vorschlagsrecht im Entscheidungsverfahren, die als Ausdruck einer föderalen Struktur gewertet werden. Auch die Rolle des Europäischen Parlaments als Repräsentant der Völker Europas neben dem Ministerrat als Repräsentant territorialer Einheiten im Gesetzgebungsverfahren wird als Beleg einer im Grunde föderalen Struktur gesehen, bei der die politische Macht zwischen diesen beiden Polen ausbalanciert werden muss (Sbragia 1993). Manche Autoren sehen in dieser Konstellation sogar die Basis eines künftigen Zwei-Kammern-Systems in der Europäischen Union (z.B. Scharpf 1991). Schließlich wird auch die – wiewohl unklare – Aufgaben- und Kompetenzverteilung zwischen europäischer und nationaler Politik- und Verwaltungsebene sowie die zunehmende Bedeutung der regionalen Ebene im europäischen Entscheidungsprozess als Indikator einer im Wesentlichen föderalen Struktur der EG/EU gewertet, wenngleich auch in diesem Falle die klassischen Merkmale eines föderalen Systems nicht erfüllt werden (Burgess 2000). Umgekehrt können unter der föderalen Perspektive auch die Defizite des Systems erfasst werden: allen voran die fehlende oder unvollkommene Gewaltenteilung zwischen den EU-Organen, die unklare Kompetenzabgrenzung und die fehlende Hierarchisierung zwischen der europäischen und der nationalen Ebene und schließlich das demokratische Defizit sowie die unzureichende Responsivität des Systems gegenüber seinen Bürgern.

Das Föderalismus-Konzept bietet somit einen Maßstab zur Einordnung und Bewertung der Grundstruktur des EU-Systems und zur Erfassung seines dualistischen Charakters; es kann aber kaum Aussagen treffen über das Warum des Zustandekommens dieser Struktur, über die Dynamik ihrer weiteren Entfaltung oder Nicht-Entfaltung und schon gar nicht über die wiederholten Stagnationsphasen im Integrationsprozess.

Die bisher skizzierten Theoriestränge, die die Debatte um die europäische Integration von deren Anfängen bis zur Mitte der 80er Jahre begleiteten, beziehen sich im Wesentlichen auf das Zustandekommen und den Prozess der europäischen Integration sowie auf die Grundstruktur des Systems, das dabei auskristallisiert; sie berücksichtigen jedoch kaum dessen konkreten Charakter sowie seine Funktionsweise. Zudem stehen die Theorien in einem scharfen Gegensatz zueinander, was ihren praktischen Erklärungswert einschränkt. Allerdings erweist es sich auch als unmöglich, eine Synthese aus diesen Theoriesträngen zu entwickeln, wie es manche Autoren fordern (vgl. beispielsweise Schumann 1996), da sie sich –

---

[5] Diese besagt, dass eine Föderation den Zusammenschluss weitgehend selbständiger Glieder in einer politischen Gemeinschaft beinhaltet. Letztere kann sowohl einen lockeren Staatenbund als auch einen hoch integrierten Bundesstaat beinhalten.

1.2 Das EU-System in der wissenschaftlichen Debatte

soweit konsequent angewendet – wechselseitig ausschließen und sich somit kaum zu einer schlüssigen Gesamterklärung im Sinne einer „grand theory" verbinden lassen. Die skizzierten Theoriekonzepte sind somit als ein Koordinatenfeld zu werten, in das das EU-System eingeordnet werden kann, ohne dass es der einen oder anderen Koordinate voll entspräche.

Die rapide Ausdifferenzierung des EU-Systems ab Mitte der 80er Jahre sowie die deutlicher in Erscheinung tretenden Spezifika seiner Verfahrensweisen der Entscheidungsfindung und Politikimplementation begünstigten aber in der Folge einen frischen und partiell auch veränderten Blick auf das Objekt der Analyse, das widersprüchliche Phänomen EG/EU.

Zwar bezieht sich die Fachdebatte weiterhin auf das oben skizzierte Koordinatenfeld; es wird aber wesentlich expliziter als zuvor anerkannt, dass die EU eine Doppelstruktur von intergouvernementalen und supranationalen Systemelementen und entsprechenden Verfahrensweisen aufweist und dass die jeweiligen Erklärungsansätze nicht prätendieren können, den „ganzen Elefanten" zu erfassen (Puchala 1972), sondern sich allenfalls auf Teilaspekte beziehen. Erst auf der Grundlage einer solchen Einschränkung kann dann wiederum der Erklärungswert einzelner Theoriestränge für Teilaspekte des Systems exploriert werden.

Bezogen auf die Dynamik des Integrationsprozesses werden daher weiterhin intergouvernementalistische und neo-funktionalistische Theorien und Interpretationen präsentiert; sie beziehen sich jetzt aber eher auf bestimmte Integrationsschritte und -phasen[6], auf die Rolle einzelner Akteure und Institutionen im Integrationsprozess[7] oder auf die Wechselwirkung zwischen europäischer und nationaler Ebene[8] und sind dementsprechend auch häufig mit umfangreichem empirischem Material unterlegt. Soweit dennoch allumfassende Erklärungen angestrebt werden, kommt es zu einer zunehmenden Annäherung oder sogar Konvergenz zwischen den zuvor unversöhnlich erscheinenden Positionen (vgl. zusammenfassend Faber 2005).

Stärker jedoch als die Dynamik des Integrationsprozesses stehen in der aktuellen Debatte die Erfassung und Erklärung des Systemcharakters sowie der Funktionsweise der EU im Vordergrund des Interesses. Vonseiten der Internationalen Politik werden in diesem Zusammenhang Elemente der Regimetheorie als Erklärungsansätze lanciert. Demnach werden die Art und Weise der Entscheidungsfindung sowie die „policy outcomes" des Systems mit konvergierenden Normen, Prinzipien, Regelungen und Verfahrensweisen begründet, die gemein-

---

[6] Vgl. dazu die Debatte zwischen Sandholtz/Zysman (1989) und Moravcsik (1991, 1993, 1998). Auch wenn Moravcsik selbst seine Theorie als allumfassend auffasst, bezieht sie sich doch ausschließlich auf die jeweiligen Vertragsverhandlungen und ist somit von den sichtbaren Integrationsphasen abgeleitet.

[7] Hier sind die Autoren zu nennen, die insbesondere die Kommission als treibende Kraft des Integrationsprozesses sehen, etwa Sandholtz und Zysman (1989); aber auch Burley und Mattli (1993), die betonen, dass der Europäische Gerichtshof mit seinen Urteilen und Interpretationen auf der Grundlage von bestehenden Verträgen und Rechtstexten Spill-over-Effekte ausgelöst und damit den Integrationsprozess vorangetrieben habe.

[8] So verortet etwa Corbey (1993, 1995) die Spill-over-Effekte von Integrationsschritten auf der nationalen Ebene; in dem Maße, wie diese Effekte zu negativen, da heterogenen Folgen führten, seien die einzelstaatlichen Akteure zu neuerlichen Integrationsschritten bereit.

sames und koordiniertes Handeln der einzelstaatlichen, aber auch der im engeren Sinne europäischen Akteure hervorrufen (Hoffmann 1982, Breckenridge 1997, Gehring 1997). Der Regimecharakter des Systems wird darüber hinaus mit der Art und Weise der Politikimplementation begründet: Gemeinsame Entscheidungen auf der europäischen Ebene haben lediglich eine koordinative Funktion; die eigentliche Ausführung der Beschlüsse liege demgegenüber in der Verantwortung der Einzelstaaten. Anders allerdings als „normale" internationale Regime deckt die EU ein breites Spektrum von Politikfeldern ab, womit sie den Regimecharakter weit übersteigt oder aber nur als ein Agglomerat einer Vielzahl von Regimen gefasst werden könnte. Zudem verfügt sie über eine erhebliche – und weiterhin wachsende – Sanktionsmacht, was ihr wiederum eher Staatscharakter verleiht.

Wesentlich breiter gefächert und variationsreicher sind demgegenüber die Versuche, die Funktionsweise des EU-Systems in Analogie zu der nationaler politischer Systeme zu erfassen und zu erklären (Hix 1999, 2005a). Ob dabei die besondere Rolle der Kommission als Exekutive (Majone 1996a), die demokratischen Defizite des Systems (Abromeit 1998), die Rolle von Interessenverbänden und -gruppierungen im Entscheidungsprozess (Kohler-Koch 1992, 1996a) oder die Art und Weise des Policy-Making (Schumann 1996) in den Vordergrund gerückt werden: Immer ist es der Vergleich zu nationalen politischen Systemen, der den Analyserahmen bildet und somit auch die Erklärungsansätze strukturiert.[9] Damit wird implizit oder explizit der Staatscharakter des EU-Systems hervorgehoben, zugleich aber auch genauer herausgearbeitet, inwieweit und in welcher Weise die EG/EU von herkömmlichen Strukturen und Verfahrensweisen nationalstaatlicher Systeme abweicht.

Erst auf dieser Grundlage konnte sich ein breiter Konsens darüber herausbilden, dass die EG/EU ein System *„sui generis"* sei, also weder eine Replik nationaler politischer Systeme auf der europäischen Ebene noch eine spezielle Variante einer internationalen Organisation darstelle. Und erst auf der Grundlage dieses Konsenses konnte die Frage, was denn dieses *„sui generis"* ausmache, also die Frage nach dem spezifischen Charakter des Systems, in aller Schärfe formuliert werden, ohne dass es allerdings bereits eine schlüssige Antwort hierzu gäbe (Jachtenfuchs 1997).

Vielmehr kreist die aktuelle Debatte um die Pole Staatscharakter der EU oder „governance without government" (Rosenau/Czempiel 1992, Jachtenfuchs/Kohler-Koch 1996a, 2003, Kohler-Koch 1999), wobei im Einzelnen vor allem Mischformen beider Perspektiven präsentiert werden. So meinen einzelne Autoren, den Staatscharakter der EU klar belegen zu können, während allerdings offen bleibt, wie dieser Staat zu typisieren ist (z.B. Caporaso 1996, Ziltener 1999). Fest steht nur, dass er von herkömmlichen nationalstaatlichen Systemen abweicht, insbesondere aufgrund seiner schwächeren institutionellen Verankerung, seines nach wie vor begrenzten und asymmetrischen Aufgabenspektrums und seiner spezifischen Formen der Governance (Caporaso 1996). Andere Autoren betonen – vorsichtiger – den Systemcharakter der EU, wobei die Begriffe Mehrebenensystem, Verhandlungssystem

---

[9] Zur Kritik dieser Sichtweise vgl. ausführlich Beck/Grande 2004.

1.2 Das EU-System in der wissenschaftlichen Debatte

und – seltener – Verflechtungssystem derzeit einerseits um die Definitionsmacht konkurrieren, andererseits aber auch als komplementäre Charakterisierungen der EU verwendet werden (vgl. Scharpf 1985, Jachtenfuchs/Kohler-Koch 1996b, 2003, Benz 1998c, 2000, Tömmel 2002). Neu in die Debatte haben Beck und Grande den Begriff des Empire eingeführt, wobei sie die EU als kosmopolitisches Empire charakterisieren – im Gegensatz zu modernen und vormodernen Imperien – und dabei betonen, dass der Begriff Empire gerade wegen der Kombination der Prinzipien intergouvernementale Kooperation und supranationale Integration auf die EU zutreffe (Beck/Grande 2004, insbesondere S. 96-98).

Mehr noch als der Systemcharakter steht die Funktionsweise der EU im Vordergrund der Debatte, wobei die Herausbildung von neuen beziehungsweise spezifischen Formen des Regierens oder der Governance betont wird (Tömmel 2007a). Dabei ist implizit klar, dass diese sich nicht auf eine Regierung, also Government, stützen können, wohl aber von bestimmten Systemstrukturen abgestützt werden. Dementsprechend hat sich denn auch der Begriff der „multi-level governance" (Marks 1993, Scharpf 1994, Marks et al. 1996a) beziehungsweise des Regierens im „dynamischen Mehrebenensystem" (Jachtenfuchs/Kohler-Koch 1996b, 2003b) eingebürgert. Im Rahmen dieser Neukonzeptualisierungen des EU-Systems, die alle mehr oder weniger pointiert den Widerspruch zwischen weitreichend auskristallisierten Formen der Governance bei relativ geringer entwickelten systemischen Strukturen betonen, liegt es denn auch nahe, sich sehr viel mehr als zuvor den spezifischen Entscheidungsverfahren und Steuerungsmechanismen der EU zuzuwenden. Dabei werden zum einen die hochgradige Fragmentierung politischer Macht, zum anderen die vielfältigen Mechanismen ihrer Reintegration betont. Erstere wird vor allem in der geringen Machtkonzentration auf der europäischen Ebene, in der fehlenden Ausbildung eines dominanten Machtzentrums und insgesamt in der Beteiligung einer Vielzahl von Institutionen und Akteuren am Entscheidungsprozess gesehen. Letztere wird nicht nur mit den oben bereits angeführten Begriffen Verhandlungs- und Verflechtungssystem – und den zugehörigen Analysen – thematisiert, sondern auch in der Betonung des „power-sharing" und „-pooling" der beteiligten Akteure (Keohane/Hoffmann 1991, Marks/McAdam 1996), der wachsenden Rolle von Politiknetzwerken im Entscheidungsprozess (Kohler-Koch/Eising 1999) oder gar der Fusion von nationaler und europäischer Ebene zu einem Entscheidungsgeflecht (Wessels 1992, 1997b).

Neben diesen, den Verflechtungscharakter des Systems betonenden Ansätzen werden auch die Steuerungsformen im engeren Sinne sowie die Modi der Governance untersucht (Scharpf 1997, 1999, 2000, 2002). Dabei wird das Schwinden verbindlicher autoritativer Zuweisungen gegenüber der Herausbildung neuer Formen des „joint decision-making", die größere Bedeutung von Verhandlungs- und Kompromisslösungen, von „weichen" Formen der Überzeugung und Überredung (Persuasion), der vielfältige Einsatz marktförmiger Steuerungsinstrumente und schließlich der gänzliche Verlust beziehungsweise die Aufgabe staatlicher Steuerungsleistungen zugunsten der Wirkungsweise einer neuen Marktlogik herausgearbeitet (vgl. beispielsweise Héritier et al. 1994, Tömmel 1994a, 1998, 2000, Kohler-Koch/Eising 1999, Grande 2000, Jachtenfuchs 2001, Héritier 2002 sowie die Beiträge in Tömmel 2007a).

Auf der Grundlage der Betrachtungen zu Staatscharakter und Steuerungsmechanismen der EU wird auch die Frage nach der Erklärung dieser Entwicklungen neu gestellt. Dabei schwankt die Debatte zwischen akteurzentrierten und institutionenzentrierten Ansätzen, wobei Letztere allerdings zunehmend Dominanz erlangen (Bulmer 1994, 1998). Somit werden die Weiterentwicklung der EG/EU, das Vorantreiben ihrer institutionellen Entwicklung sowie die Auskristallisierung neuer Formen der Governance primär mit institutionellen Lern- und Anpassungsprozessen sowie mit dem Eingebettetsein der Akteure und Institutionen in einen organisierten – und damit präformierten – Zusammenhang begründet.

Insgesamt hat sich so in der heutigen Forschung zur europäischen Integration sowie zum politischen System der EU eine vielfältige und vielfach differenzierte Sichtweise herausgebildet, die zwar nach wie vor auf den Grundkoordinaten von Intergouvernementalismus, Neo-Funktionalismus und Föderalismus-Perspektive basiert, gleichzeitig aber auch zu neuen Theoriekonzepten und Erklärungsansätzen übergegangen ist, die nunmehr einem wesentlich breiteren Spektrum der Politikwissenschaft entstammen. Dabei herrscht weitgehende Einigkeit darüber, dass das EU-System ein System „*sui generis*" ist, dass es Elemente internationaler Organisationen und nationaler politischer Systeme in sich vereinigt, dass es Regimecharakter, aber auch Staatscharakter aufweist und dass es durch spezifische Formen der Governance gekennzeichnet ist. Umstritten bleibt allerdings eine Reihe von Fragen, die sich auf die präzise Erfassung und Einordnung des Systems, seiner institutionellen Strukturen und Arrangements, seiner Verfahrensweisen der Entscheidungsfindung und Politikimplementation, seiner Funktions- und Steuerungsmechanismen sowie seiner Policy-Outcomes beziehen.

Zudem ist die Frage offen, wie das System insgesamt zu bewerten ist: Ist es nur unvollkommen zur Ausprägung gekommen und befindet es sich somit in einem Durchgangsstadium hin zu einer anderen, definitiven Form, die möglicherweise einer der bekannten Systemstrukturen entspricht, oder sind die derzeitigen, als vorübergehend und unvollkommen erscheinenden Formen Kern und Ausdruck einer im Wesen neuen Struktur und Funktionsweise von post-nationaler Staatlichkeit? Schließlich ist unklar, ob das EU-System der Tendenz nach für sich steht oder stehen kann, das heißt, ob es sich verselbständigen kann, oder ob es nur existenz- und entwicklungsfähig ist in der Symbiose mit nationalen politischen Systemen und den entsprechenden Akteurskonstellationen, was dann seinerseits deren tendenzielle Transformation implizieren würde.

Mit der obigen Skizze der Fachdebatte zur europäischen Integration wurde eine Reihe von Fragen aufgeworfen, die keineswegs gelöst sind und kurzfristig auch nicht zu lösen sein werden. Die vorliegende Analyse des politischen Systems der EU erhebt daher auch nicht den Anspruch, definitive Antworten auf die aufgeworfenen Fragen geben zu können oder zu wollen. Wohl soll mit diesen Fragen der Rahmen abgesteckt werden, innerhalb dessen sich die Analyse bewegt, und damit auch deren Verortung in der Fachdebatte um den europäischen Integrationsprozess erleichtert werden. Im folgenden Abschnitt soll konkreter erläutert werden, welche Fragestellungen und Themen dabei im Einzelnen behandelt werden und welche Hypothesen der Analyse zugrunde liegen.

1.3 Hypothesenrahmen und Darstellungsweise

Vor dem Hintergrund der im Vorgehenden skizzierten Merkmale und Paradoxien des EU-Systems sowie der wissenschaftlichen Debatte zu seiner Erfassung und Erklärung soll im Folgenden ein Hypothesenrahmen entwickelt werden, der sich auf die wichtigsten Merkmale der Systemstruktur, der Integrationsdynamik sowie der Funktionslogik der EU bezieht und damit die Grundstruktur sowie die Argumentationsweise der folgenden Analyse verdeutlicht. Auf der Grundlage dieses Hypothesenrahmens soll dann die Darstellungsweise des Buches in ihren Hauptschritten begründet werden.

Als Hypothesen in diesem Sinne sind die folgenden zu nennen:

- Das EU-System weist in seiner Grundstruktur intergouvernementale und supranationale/föderale Systemelemente und Charakteristika auf, entsprechend seiner Genese als internationale Organisation und als Folge des Konzeptes seiner Gründer, einen föderativen Zusammenschluss zu bilden. Damit besitzt das EU-System eine widersprüchliche Doppelstruktur, die weder einseitig dem Intergouvernementalismus noch dem Föderalismus zuzuordnen ist, sondern ihre eigene Entwicklungsdynamik entfaltet.
- Diese Doppelstruktur wurde im Prozess der europäischen Integration nicht zugunsten der einen oder anderen Seite aufgelöst, sondern über einzelne Integrationsschritte und -phasen in jeweils differenzierterer Form reproduziert und erweitert. Von daher ist die Annahme begründet, dass die Dynamik der europäischen Integration in dieser Doppelstruktur angelegt ist und sich auf ihrer Grundlage weiter entfaltet.
- Das EU-System entfaltet sich sowohl über die Weiterentwicklung seiner formal-juristischen, institutionellen Strukturen als auch über die Ausdifferenzierung bestimmter Verfahrensweisen der politischen Willensbildung und Machtausübung. Dabei vollzieht sich der erstgenannte Prozess wesentlich langsamer als der letztgenannte; es entsteht somit eine zunehmende Diskrepanz zwischen einer relativ gering ausdifferenzierten institutionellen Grundstruktur und einer reich entfalteten Verfahrenspraxis.
- Das EU-System ist in seiner institutionellen Struktur stark fragmentiert, das heißt, es fehlt ein Zentrum politischer Willensbildung und Machtausübung. Dies hat zur Folge, dass zur Beschlussfassung und Durchsetzung politischer Entscheidungen Macht und Ressourcen mobilisiert, geteilt und gebündelt („pooling") werden müssen. Damit spielen kooperative Beziehungen und Vernetzungen zwischen Akteuren und Institutionen im System der EU eine besonders große Rolle.
- Das EU-System entwickelt sich in starkem Maße über den Einbezug, die Überlagerung und damit auch die tendenzielle Transformation bestehender Systemstrukturen auf der nationalen und regionalen Ebene sowie über die Inkorporation von zahlreichen externen, staatlichen und nicht-staatlichen Akteuren in seine Mechanismen und Verfahrensweisen der Entscheidungsfindung sowie der Politikimplementation.

- Das EU-System bildet neue Formen und Modi der Governance, der politischen Steuerung und/oder des Regierens aus.[10] In diesem Kontext sind insbesondere folgende Merkmale hervorzuheben: die tendenzielle Ent-Hierarchisierung politischer Beziehungen zwischen Institutionen, Organisationen und Akteuren; die politische Willensbildung und Entscheidungsfindung über vielschichtige Verhandlungen, über inter-institutionelle Kommunikation, Überredung und andere „weiche" Herrschaftstechniken; der gezielte Einsatz marktförmiger oder marktanaloger Steuerungsinstrumente sowie die Freisetzung oder sogar Stimulierung von Marktkräften als Steuerungsmodi.

Die mit diesen Hypothesen skizzierten Charakteristika des EU-Systems sollen in den folgenden Kapiteln herausgearbeitet werden. In Kapitel 2 wird zunächst der historische Werdegang des europäischen Integrationsprozesses im Hinblick auf die Frage untersucht, wie sich in diesem Prozess intergouvernementale und supranationale sowie auch föderale System-Elemente herausbildeten und in der Folge weiterentwickelten. Darüber hinaus ist zu fragen, in welcher Weise und aus welchen Gründen beschleunigte Integrationsprozesse, aber auch Stagnationsphasen, zustande kamen beziehungsweise sich abwechselten; in welcher Weise das EU-System Form annahm und in welche Richtung es sich ausdifferenzierte; sowie schließlich, welche Asymmetrien sich im System ausbildeten und welche anvisierten Integrationsschritte regelmäßig auf der Strecke blieben. Abschließend ist dann zu erhellen, welche internen und externen Faktoren und Wirkungsmechanismen als Erklärungen für den unregelmäßigen Verlauf des Integrationsprozesses und seine teilweise unerwarteten oder auch nicht intendierten Resultate herangezogen werden können.

In Kapitel 3 soll demgegenüber die institutionelle Grundstruktur des EU-Systems in ihren charakteristischen Merkmalen dargestellt werden. Dabei ist der Widerspruch zwischen einer vergleichsweise „schwachen", da im formal-juristischen Sinne nur minimal verankerten Grundstruktur, und einem in der Praxis durchaus funktions- und entscheidungsfähigen Gefüge, das den Akteuren breite Handlungsspielräume bietet, aber auch wirksame Restriktionen entgegensetzt, herauszuarbeiten. Darüber hinaus soll die bizephale, das heißt, die zweiköpfige Struktur des EU-Systems, dessen zentrale Kristallisationspunkte Kommission und Rat darstellen, als Charakteristikum des Systems und Triebfeder seiner Entwicklungsdynamik erhellt werden. Schließlich soll gezeigt werden, in welcher Weise die institutionelle Ausdifferenzierung des Systems von seiner bizephalen Grundstruktur konditioniert und in bestimmte Bahnen gelenkt wird.

---

[10] Die Begriffe Governance, politische Steuerung und Regieren sind keineswegs identisch; allerdings fehlt im Deutschen ein adäquater Begriff für Governance, so dass dieser häufig mit politischer Steuerung und Regieren gleichgesetzt wird. Regieren setzt streng genommen immer eine Regierung oder ein dominantes Steuerungssubjekt voraus, was im EU-Kontext fehlt, während Governance gerade auf die vielfältigen institutionellen Strukturen verweist, die der Steuerung zugrunde liegen; politische Steuerung dagegen beinhaltet lediglich Steuerung und nicht zugleich den Verweis auf institutionelle Strukturen oder Akteure der Steuerung (vgl. Benz 2004, Mayntz 2004, Tömmel 2007b).

1.3 Hypothesenrahmen und Darstellungsweise

Vor dem Hintergrund einer „schwachen" institutionellen Struktur bei gleichzeitig weitreichender Handlungsmacht von Institutionen und Akteuren soll in Kapitel 4 die Funktionsweise des EU-Systems, also seine spezifischen Mechanismen und Verfahren der Entscheidungsfindung und Politikformulierung sowie -implementation, analysiert werden. Dabei geht es auch hier nicht ausschließlich um die Verteilung von formalen Entscheidungskompetenzen, sondern um die Praxis ihrer Nutzung, konkreten Ausweitung sowie systematischen Überschreitung durch eine Reihe von Verfahrensweisen, die in ihrer Gesamtheit erst die Funktionsfähigkeit des Systems hervorbringen. Es gilt also, in diesem Kapitel zu zeigen, dass die Akteure und Institutionen im EU-System dazu tendieren, die fehlenden oder unzureichenden formalen Strukturen und Kompetenzen über die Verfeinerung der Entscheidungsverfahren zu ersetzen oder zumindest zu ergänzen. Als Antrieb einer solchen Entwicklung sind vor allem die Konflikte und Machtkämpfe zwischen den Organen, Institutionen und Akteuren, aber auch die Einsicht in die Notwendigkeit der Kooperation und Konsensfindung herauszuarbeiten. Damit wird auch deutlich, dass sich die Machtverteilung zwischen den Organen über die geschickte Handhabung der Entscheidungsverfahren zugunsten der mit weniger formaler Macht ausgestatteten Organe verschieben lässt. Insgesamt geht es in diesem Kapitel darum, den Prozesscharakter der Ausübung politischer Macht im Rahmen der EU zu verdeutlichen.

Kapitel 5 baut auf dieser Erkenntnis auf, indem untersucht wird, wie die Dominanz des Prozesscharakters der System-Entwicklung der EU in der Herausbildung einer erweiterten Systemstruktur resultiert, die sich einerseits auf – begrenzte – institutionelle Neuerungen, andererseits – und mehr noch – auf den Ausbau informeller Arrangements stützt. Während es auf der europäischen Ebene zu einer Ausdifferenzierung von Entscheidungsprozessen und institutionellen Strukturen kommt (Zweite und Dritte Säule, Europäische Zentralbank, Europäische Umweltagentur), vollzieht sich auf der nationalen und regionalen Politik- und Verwaltungsebene die System-Erweiterung über den Einbezug der jeweiligen staatlichen und nichtstaatlichen Akteure, Institutionen und Organisationen in die Politikfindung und -implementation. Über diesen Prozess kommt es zu einer tendenziellen Transformation der politischen Systeme der Mitgliedstaaten; zugleich wird aber auch die engere Systemstruktur der EU transformiert, indem insbesondere ihre koordinativen Kapazitäten weiter ausdifferenziert und ihre Neigung zum Einsatz indirekter Steuerungsmodi gestärkt wird.

In Kapitel 6 werden Bewertungsfragen zum EU-System thematisiert. Anhand der Kategorien Effizienz, Effektivität und demokratische Legitimation wird überprüft, was das EU-System leistet und wo seine Defizite zu verorten sind. Zwar ist eine exakte Ermittlung von Effizienz und Effektivität im EU-System derzeit kaum möglich, es können aber bestimmte Stärken und Schwächen in der Struktur des Systems und seiner Funktionsweise herausgearbeitet sowie die Rahmenbedingungen für deren Akzentuierung oder Abmilderung erfasst werden. In Bezug auf die demokratische Legitimation der EU wird zum einen das vielzitierte „demokratische Defizit" des Systems und insbesondere des Europäischen Parlaments beleuchtet; zum anderen werden die Möglichkeiten der Schaffung post-nationaler Formen demokratischer Repräsentation und Partizipation diskutiert. Schließlich werden die bereits jetzt erkennbaren Ansätze zur Herausbildung neuer Formen demokratischer Repräsentation, Partizipation und Legitimation im EU-System herausgearbeitet.

Im 7. und letzten Kapitel schließlich wird der Versuch unternommen, das Gesamtsystem der EU analytisch zu fassen und die Triebfedern seiner Weiterentwicklung und Ausdifferenzierung herauszuarbeiten. Dazu wird in einem ersten Schritt in Anknüpfung an die aktuelle Fachdebatte die EU als Verhandlungs-, Verflechtungs- sowie als Mehrebenensystem charakterisiert und damit der Staatscharakter des Systems – bei allerdings signifikanten Abweichungen von der Struktur und Funktionsweise eines nationalen Staates – hervorgehoben. In einem zweiten Schritt wird die Dynamik der System-Entwicklung und -Ausdifferenzierung aus der institutionellen Struktur des Systems heraus erklärt. Insbesondere der strukturelle Konflikt zwischen Kommission und Ministerrat beziehungsweise zwischen den Interessen und Präferenzen, die sie repräsentieren, und die daraus resultierenden Strategien, Entscheidungen und Handlungsweisen dieser beiden Organe werden als das zentrale *Movens* der Integration sowie der Ausdifferenzierung der Systemstruktur und ihrer Funktionsweise herausgearbeitet. Mit anderen Worten: Die bizephale Struktur der EU und die daraus resultierende Prozessdynamik werden als Schlüssel zum Verständnis der europäischen Integration und der sich zunehmend ausdifferenzierenden Systemstruktur gewertet. In einem abschließenden Ausblick werden die Perspektiven der EU angesichts externer Herausforderungen und interner Entwicklungsdynamiken kritisch beleuchtet.

2 Die Genese der europäischen Integration im Spannungsfeld von supranationaler Option und intergouvernementaler Entscheidungsmacht

2.1 Die Dynamik der europäischen Integration

Die EU ist in ihrer heutigen Struktur und Organisationsform im Wesentlichen ein Produkt der Nachkriegsperiode, in der die Schaffung einer Vielzahl von internationalen Organisationen und Kooperationen im Interesse einer neuen, friedlicheren Weltordnung auf der Tagesordnung stand. Den Konflikten zwischen Nationalstaaten, wie sie im Zweiten Weltkrieg ihren Höhepunkt gefunden hatten, sollte eine strukturierte inter- und supranationale Zusammenarbeit gegenübergestellt werden. Im ökonomischen Bereich sollte dies in Marktintegration und sektoraler Steuerung auf der europäischen Ebene resultieren; im politischen Bereich sollten gemeinsame Sicherheitsstrukturen, aber auch andere funktionale Zweckverbände zur Lösung transnationaler Probleme und zur Verhinderung erneuter zwischenstaatlicher Konflikte geschaffen werden. Solche Integrationskonzepte wurden sowohl von politischen Eliten als auch von Oppositionsbewegungen – insbesondere den europäischen Widerstandsbewegungen gegen den Faschismus – lanciert (Lipgens 1986) und von Fachwissenschaftlern in der Form normativer Theorien präsentiert (Deutsch et al. 1957, Mitrany 1966).

Der Auf- und Ausbau entsprechender Organisationsstrukturen kam allerdings im Nachkriegseuropa nicht problemlos zustande. Schon bald erwiesen sich die nationalen Interessen der einzelnen Staaten als stärker als der politische Wille zur Integration (Milward 1984, 2000). Nur unter massivem politischen Druck vonseiten der Vereinigten Staaten wurden noch in den 40er Jahren erste Formen der zwischenstaatlichen Kooperation konstituiert, die jedoch nach vielversprechenden Anfängen nicht weiter zur Entfaltung kamen. Erst zu Beginn der 50er Jahre gelang es mit der Bildung der Europäischen Gemeinschaft für Kohle und Stahl (EGKS), eine – begrenzte – Zusammenarbeit im ökonomischen Bereich zu institutionalisieren und diese später mit der Bildung der Europäischen Wirtschaftsgemeinschaft (EWG) weiterzuentwickeln; mit der parallelen Gründung der EFTA wurde aber zugleich ein konkurrierendes System der Marktintegration eingeführt.

Auch in ihrem weiteren Verlauf erwies sich die europäische Integration als ein dorniger Weg (vgl. Loth 1991, Urwin 1993, Knipping 2004). Zwar gelang es in der Anfangsphase, das Programm zur Schaffung einer Zollunion schneller als geplant zu realisieren, aber schon bald nach diesem Honeymoon begannen die schwierigen Jahre der europäischen Partnerschaft. Genannt seien hier nur die „Politik des leeren Stuhls" von Frankreichs Staatspräsident de Gaulle (1965/66), die Hindernisse der Erweiterung der Gemeinschaft (60er Jahre) und die vergeblichen Pläne zur Schaffung einer Wirtschafts- und Währungsunion (Anfang der 70er Jahre). Ab der zweiten Hälfte der 70er Jahre waren es dann der zunehmende Druck der internationalen Wirtschaftskrise, die daraus resultierenden neoprotektionistischen oder auch neoliberalen Alleingänge der Mitgliedstaaten, die Uneinigkeit der Partner über eine Reihe von Kernfragen der Integration und schließlich die Unfähigkeit, längst überfällige Reformen durchzuführen, die das Bild einer tiefgreifenden Krise der EG vermittelten (Busch 1978).

Erst mit dem Antreten von Jacques Delors als Präsident der Kommission (zum 1.1.1985) schien sich das Bild grundlegend zu wenden: Mit großem Elan wurde die Vollendung des Binnenmarktes eingeleitet; mit der Einheitlichen Europäischen Akte wurden einschneidende Reformen des institutionellen Systems und der Entscheidungsverfahren beschlossen; Erweiterungen wurden zügig über die Bühne gebracht und Budgetfragen definitiv geklärt. Damit schien der Weg nach Maastricht geebnet zu sein: Die Verabschiedung einer neuerlichen Vertragsänderung, die insbesondere den Einstieg in die Wirtschafts- und Währungsunion regelte, stellte sich nur noch als ein logischer und konsequenter Schritt auf der Zielgeraden dar.

Maastricht jedoch signalisierte nicht nur einen Höhepunkt, sondern zugleich auch einen neuerlichen Wendepunkt im Integrationsprozess: Plötzlich trat das demokratische Defizit des Systems deutlich zutage; die EU wurde erstmals Gegenstand erhitzter politischer Debatten und öffentlicher Auseinandersetzungen. Eine Vielzahl von neuen Problemen bei gleichzeitig abnehmender Kapazität, diese zu lösen, stellte sich der nunmehr umbenannten Union: die unerwartete Wende in Osteuropa und der Drang der neuen Demokratien zur Mitgliedschaft im europäischen Verbund; die stetige Zunahme der Arbeitslosigkeit und der Abbau sozialstaatlicher Leistungen in den Mitgliedstaaten, die beide dem Integrationsprozess zugeschrieben wurden; die mehr denn je notwendigen institutionellen Reformen. Die Währungsunion erschien jetzt nicht mehr nur als logischer Schritt zu einem längst definierten Ziel; vielmehr stellte sie sich als eine kaum überwindbare Hürde dar, die den Mitgliedstaaten und insbesondere den sozial schwächeren Schichten einen hohen Preis abverlangte. Damit fehlte zugleich die Kraft beziehungsweise der notwendige Konsens zur Einleitung grundlegender Reformen, die jetzt, nachdem die Osterweiterung als nächster Integrationsschritt von den Mitgliedstaaten akzeptiert worden war, mehr denn je auf der politischen Tagesordnung standen.

Zunächst kam es aber auch bei den Vertragsrevisionen von Amsterdam und Nizza kaum zu einem großen Wurf; nur zögerlich wurden zumindest die wichtigsten Weichen für eine Erweiterung der Union gestellt. Und soweit Reformen oder sogar neuerliche Integrationsschritte eingeleitet wurden, gelang dies nur um den Preis einer zunehmenden institutionellen Ausdifferenzierung und Heterogenisierung des EU-Systems (Tömmel 2001b).

Erst in dem Maße, wie der Handlungsdruck durch die nicht mehr aufzuschiebende Osterweiterung stieg, konnten die bisher als unvereinbar geltenden Zielsetzungen Erweiterung (der Union) und Vertiefung (der Integration) auf einen Nenner gebracht werden: Der gleichzeiti-

2.1 Die Dynamik der europäischen Integration

ge Beitritt von zehn neuen Mitgliedstaaten wurde nach schwierigen und dennoch zügig durchgeführten Verhandlungen zum 1.5.2004 vollzogen. Kurz darauf kam es zur Verabschiedung eines Verfassungsvertrags (am 29.10.2004 in Rom), der eine weitreichende institutionelle Neuordnung der EU einleiten sollte (vgl. Tömmel 2004b, Wessels 2004). Zum 1.1.2007 wurden zwei weitere Staaten aus dem ehemaligen Ostblock aufgenommen – Bulgarien und Rumänien – womit die Union nunmehr 27 Mitglieder umfasst. Die Ratifizierung des Verfassungsvertrags scheiterte allerdings bisher an zwei negativen Referenden, was die EU zunächst in eine Krise stürzte. Erst auf dem Gipfel des Europäischen Rats vom 22.6.2007 konnte der Prozess einer grundlegenden Vertragsänderung erneut belebt werden. Dabei trennte man sich allerdings von dem Begriff Verfassungsvertrag und von anderen Formulierungen, die eine „Staatswerdung" Europas suggerieren könnten. Vor diesem Hintergrund steht zu erwarten, dass die Vertiefung der Integration trotz der rezenten Erweiterungen der Union gelingt, auch wenn der Prozess länger dauert als ursprünglich anvisiert. Die so erzielten doppelten Integrationsfortschritte werden sich auf Dauer aber nur unter Inkaufnahme einer zunehmenden inneren Differenzierung und Heterogenisierung der Union absichern lassen.

Die hier präsentierte, nur grobe Skizze des Werdegangs der europäischen Integration verdeutlicht bereits mehrere seiner Besonderheiten:

1. Die europäische Integration verläuft nicht *gleichmäßig*, vielmehr wechseln sich Phasen augenscheinlich beschleunigter Integration mit solchen der Stagnation ab; der Gesamtprozess hat, wie es in der angelsächsischen Literatur heißt, einen Stop-go-Charakter (vgl. beispielsweise Sandholtz/Zysman 1989, S. 99).
2. Der europäische Integrationsprozess verläuft nicht *geradlinig* entsprechend einer einmal ausgelegten Leitlinie oder gar eines konkreten Konzepts; vielmehr zeichnen sich Phasen ab, in denen die supranationale Dynamik des Integrationsprozesses in den Vordergrund rückt, gegenüber solchen, die stärker von intergouvernementalen Konstellationen und damit von der schwierigen Kompromiss- und Konsensfindung zwischen den Mitgliedstaaten bestimmt sind.
3. Der europäische Integrationsprozess ist ein *selektiver Prozess*. Obwohl in jeder Phase weitreichende und vielfältige Integrationsschritte, Reformkonzepte oder gar Visionen lanciert werden, sind es offensichtlich nur wenige und begrenzte Vorhaben, die den Konsens der Beteiligten finden und somit den tatsächlichen Prozess konstituieren.
4. Der europäische Integrationsprozess ist ein *einseitiger* oder *asymmetrischer Prozess*, in dem vor allem die Regulierung der Ökonomie beziehungsweise des Marktes vergemeinschaftet wird, während andere Politikbereiche und Themen, so zum Beispiel soziale Fragen, aber auch die „high politics" wie Friedens- und Sicherheitsfragen sowie generell die Außenpolitik, sich als schwer integrierbar erweisen.

Im Folgenden soll der Werdegang der europäischen Integration als ein dynamischer Prozess analysiert werden, der einerseits die Resultante der Präferenzen und Optionen der partizipierenden Mitgliedstaaten ist, andererseits aber auch seinen Antrieb aus dem Wirken supranational orientierter Institutionen und Akteure – allen voran der Europäischen Kommission – bezieht. Darüber hinaus soll auch die Bedeutung externer Faktoren und Konstellationen für den Integrationsprozess beleuchtet werden. Ziel einer solchen Analyse ist es zum einen, die Gründe und Wirkungsfaktoren für die Herausbildung der oben genannten Besonderheiten des Integrationsprozesses herauszuarbeiten, zum anderen aber auch, die Charakteristika des EU-Systems in einer ersten Annäherung zu erfassen.

Die Darstellung der Genese der europäischen Integration erfolgt anhand einer Einteilung in vier Phasen, deren erste und dritte als stärker von einer supranationalen Dynamik geprägt gelten, während in der zweiten und vierten Phase eher intergouvernementale Konstellationen die Oberhand zu haben scheinen. Es sei hier allerdings betont, dass in allen Phasen das Spannungsverhältnis zwischen diesen beiden Polen den Integrationsprozess vorangetrieben – oder auch gebremst – hat (vgl. auch Kap. 7).

2.2 Gründung und Aufbau der Europäischen Gemeinschaften im Zeichen eines supranationalen Integrationsweges

Wie eingangs bereits erwähnt, ist die Gründung der europäischen Gemeinschaften als Teil eines umfassenderen Prozesses der Etablierung neuer Formen der zwischenstaatlichen Kooperation zu sehen. Allerdings konnten sich weder die weitreichenden Konzepte der europäischen Widerstandsbewegungen zur Schaffung eines föderalen Staates in Europa (Lipgens 1986, S. 19-188), noch die von den USA massiv geforderten und geförderten Schritte zu einer engen wirtschaftlichen und politischen Kooperation durchsetzen (Milward 1984, insbes. S. 90-125). Während Erstere den veränderten politischen Machtverhältnissen in fast allen Staaten Westeuropas zum Opfer fielen, führten Letztere, flankiert von umfangreichen finanziellen Hilfen im Rahmen des Marshall-Plans, zwar zur Gründung einiger internationaler Organisationen, so der OEEC (später umbenannt in OECD) im Jahre 1948. Nach einer vielversprechenden Anfangsphase führten diese jedoch bald ein Schattendasein beziehungsweise richteten sich auf speziellere Fragen.[11]

Um die Wende des Jahrzehnts ebbte dann allerdings die Europaeuphorie und mit ihr das Gründungsfieber ab; stattdessen wurden speziellere Konzepte zu Teilintegrationen lanciert, während umfassendere Vorschläge allenfalls noch in Kreisen engagierter Bürgergruppen zirkulierten (Lipgens 1986).

Ein Konzept dieser Art war der im Jahre 1950 lancierte Schumann-Plan, der die Integration nur zweier Wirtschaftssektoren – Kohle und Stahl – vorsah, die allerdings als Basisindustrien, insbesondere in der damaligen Zeit, für fast die gesamte weiterverarbeitende Industrie von eminent wichtiger Bedeutung waren (Milward 1984, S. 380-420). Wiewohl der Plan nicht den Grundvorstellungen der einzelnen Staaten entsprach, sondern stark auf die französische Option für einen gewissen staatlichen Dirigismus zugeschnitten war, während bei-

---

[11] Neben der OEEC ist hier der Europarat zu nennen, der ursprünglich als politischer Zusammenschluss konzipiert war, sich später aber nur noch mit der Überwachung und Einhaltung demokratischer Prinzipien sowie mit Menschenrechtsfragen beschäftigte.

spielsweise die Bundesrepublik primär die Schaffung von Freihandelsregimen favorisierte, fand er doch rasch den Grundkonsens einer – wenngleich kleinen – Gruppe von europäischen Staaten: Frankreich, Deutschland, Italien und den Benelux-Staaten. Großbritannien hielt sich dagegen im Abseits (Loth 1991, S. 76 ff.). Das von Jean Monnet erarbeitete Grundkonzept beinhaltete zunächst die Schaffung einer Hohen Behörde, der weitgehende Regelungs- und Entscheidungsbefugnisse in Bezug auf die beiden Sektoren zugewiesen werden sollten (Pinder 1989, S. 5); unter dem Druck der Verhandlungen mit den anderen Partnern verwandelte sich dieses Konzept jedoch in eine institutionelle Struktur, die dem Grundmuster internationaler Organisationen stärker angenähert war (Loth 1991, S. 85 ff.): Der Hohen Behörde mit weitreichenden Exekutivbefugnissen wurde ein Ministerrat als Kontrollorgan gegenübergestellt; eine Parlamentarische Versammlung, bestehend aus Delegierten nationaler Parlamente, sollte Beratungs- und ebenfalls begrenzte Kontrollfunktionen wahrnehmen; ein Gerichtshof sollte der Klärung juristischer Streitfragen dienen. Die Einsetzung dieser letztgenannten Organe und insbesondere die Ausstattung der Hohen Behörde mit weitreichenden Entscheidungsvollmachten und Exekutivbefugnissen haben in der Folge zu der Einschätzung geführt, dass die Europäische Gemeinschaft für Kohle und Stahl, so der Name der neuen Organisation, in erster Linie als ein supranationales System konzipiert war[12] (vgl. etwa Lindberg/Scheingold 1970, S. 14 ff., Lipgens 1986, S. 200 f.; zur Kritik dieser Position Milward/Sørensen 1994).

Die Intention, die in jedem Falle mit dem Konzept der EGKS verbunden war, war die einer schrittweisen Ausweitung dieser Organisationsform auf andere Sektoren und Politikfelder. In der Folge waren es aber erneut konkurrierende Modelle, einerseits der Herstellung von Marktintegration, andererseits der Schaffung einer weitreichenden politischen Union, die die europapolitischen Debatten dominierten. Im Rahmen dieser Debatten konnte das Konzept einer europäischen Verteidigungsgemeinschaft (EVG), das die Zusammenlegung der militärischen Potentiale der beteiligten Staaten und ihre Unterstellung unter ein gemeinsames Kommando vorsah, nicht zuletzt unter massivem amerikanischen Druck, am weitesten gedeihen (Harbrecht 1984). Wiederum waren es die sechs EGKS-Staaten, die einen entsprechenden Vertrag unterzeichneten, während Großbritannien kaum Interesse zeigte. Allerdings scheiterte dieses Konzept an der Ratifizierung des Vertrags durch die Französische Nationalversammlung (1953), die, bei insgesamt veränderter politischer Lage, Bedenken gegenüber dem implizierten Souveränitätsverzicht hatte (vgl. Harbrecht 1984, Urwin 1993). Damit blieb die NATO als transatlantisches Verteidigungsbündnis unter Führung der USA (und mit einer starken Rolle Großbritanniens) dominant; die im Anschluss gegründete Westeuropäische Union (WEU) konnte keine vergleichbare Funktion erfüllen. Mit dem Scheitern der EVG war zunächst aber auch das ehrgeizigere Integrationsprojekt einer politischen Union vom Tisch.

---

[12] Allerdings sind die weitreichenden Befugnisse der Hohen Behörde eher als Instrument Frankreichs zur Kontrolle der deutschen Grundstoffindustrie zu werten (Loth 1991).

Stattdessen gingen die EGKS-Staaten ab Mitte der 50er Jahre verstärkt zur Erweiterung ihres ökonomischen Integrationskonzeptes über (Milward 2000). Zur Debatte standen die Schaffung einer europäischen Wirtschaftsgemeinschaft (EWG) in der Form einer Zollunion sowie die Schaffung einer Organisation zur friedlichen Nutzung der Atomenergie (Europäische Atomgemeinschaft, EAG, oder kurz EURATOM). Während die Bundesrepublik Erstere favorisierte, lancierte Frankreich das EURATOM-Konzept, nicht zuletzt, weil Letzteres einen gänzlich neuen Wirtschaftssektor betraf und somit weniger auf gefestigte Kompetenzen und Machtstrukturen in den Mitgliedstaaten stieß (Loth 1997). Großbritannien lehnte dagegen beide Vorschläge aufgrund ihrer starken supranationalen Orientierung ab; stattdessen intensivierte es seine Bemühungen zur Schaffung einer Freihandelszone als Minimalkonzept der Integration. Trotz größerer Meinungsverschiedenheiten konnten jedoch die EGKS-Staaten nach einer relativ kurzen Verhandlungsphase die Verträge von Rom zur Schaffung von EWG und EURATOM im Jahre 1957 unterzeichnen; zum 1.1.1958 traten sie in Kraft.

Die Organe der beiden neuen Gemeinschaften waren im Wesentlichen jenen der EGKS nachgebildet; allerdings wurde statt der Hohen Behörde nunmehr jeweils eine Europäische Kommission eingesetzt, deren Kompetenzen gegenüber der Hohen Behörde deutlich eingegrenzt worden waren (Dinan 1994, S. 34). Großbritannien reagierte auf die Gründung der beiden Gemeinschaften mit der Bildung einer europäischen Freihandelszone (European Free Trade Association, EFTA), die insgesamt sieben Staaten Europas einbezog.[13] Damit waren zu Ende der 50er Jahre zwei konkurrierende Systeme der zwischenstaatlichen Kooperation etabliert, die erst sehr spät zur Kooperation untereinander fanden.[14] Langfristig erwiesen sich allerdings die Europäischen Gemeinschaften mit ihrem umfassenderen Integrationsanspruch und der, wenngleich eingegrenzten, supranationalen Integrationsdynamik als das tragfähigere Konzept (Milward et al. 1994).

Die Anfangsjahre der EWG verliefen zunächst ohne größere Konflikte. Die in den Verträgen festgelegten Integrationsziele – insbesondere der Abbau nationaler Schutzzölle sowie die Bildung einer Zollunion gegenüber Drittstaaten – konnten sogar schneller als geplant realisiert werden. Zudem erwies sich das Gesamtkonzept der Marktintegration als großer Erfolg. Ihr Start in einer Phase starken Wirtschaftswachstums bot günstige Voraussetzungen für expandierende Unternehmen und Märkte. Alle sechs Gründerstaaten der EWG haben denn auch in der Folge vom Gemeinsamen Markt enorm profitiert und dementsprechend auch außergewöhnlich hohe Wachstumsraten oder sogar ein „Wirtschaftswunder" realisieren können. Nicht zuletzt aufgrund dieser sichtbaren Erfolge stellte Großbritannien bereits 1963 sein erstes Beitrittsgesuch, das aber von Frankreichs damaligem Staatspräsidenten de Gaulle kategorisch abgelehnt wurde (Pinder 1991, S. 43-59).

---

[13] Dazu gehörten Dänemark, Großbritannien, Norwegen, Österreich, Portugal, Schweden und die Schweiz.
[14] Diese wurde vor allem mit der Schaffung des sogenannten Europäischen Wirtschaftsraumes institutionell verankert, die im Oktober 1991 vereinbart wurde und zum 1.1.1993 in Kraft trat.

2.2 Gründung und Aufbau

Auf der Grundlage der Erfolge der Anfangsjahre setzten aber auch die sechs Mitglieder der EWG auf die zügige Realisierung weiterer Integrationsschritte und insbesondere auf eine gemeinsame Wirtschaftspolitik. Im Zeichen dieser Perspektive wurden zu Beginn der 60er Jahre weitere Barrieren für den Freihandel beseitigt und eine gemeinsame Agrarpolitik – zur verbesserten Anpassung dieses sensiblen Sektors an liberalisierte Märkte – initiiert (Pinder 1991, S. 77-93, Milward 2000, S. 224-317).[15]

Ab Mitte der 60er Jahre wurde dieser Entwicklungsgang allerdings abrupt gebremst. Insbesondere Frankreich unter Staatspräsident de Gaulle insistierte nun stärker als zuvor auf seinen nationalen Interessen. Dies äußerte sich zunächst in fundamentalen Meinungsverschiedenheiten um die Gemeinsame Agrarpolitik und um den Beitritt Großbritanniens. Dann weigerte sich Frankreich, den in den Verträgen vorgesehenen Übergang zu Mehrheitsentscheidungen im Ministerrat zu akzeptieren. Da die übrigen Mitgliedstaaten zunächst nicht nachgaben, praktizierte Frankreich in der Folge – von Juli 1965 bis Januar 1966 – eine „Politik des leeren Stuhles", das heißt, es entsandte keine Minister mehr in die Ratssitzungen, womit alle Entscheidungen blockiert waren (Lahr 1983, Timmermann 2001).

Diese Patt-Situation konnte schließlich nur dadurch überwunden werden, dass die anderen Partner einlenkten und sich im sogenannten „Luxemburger Kompromiss" auf einen neuen Konsens einigten: Entscheidungen im Ministerrat sollten weiterhin einstimmig gefällt werden, wenn ein Mitgliedstaat seine vitalen nationalen Interessen gefährdet sah. Damit kam jedem Staat ein faktisches Vetorecht gegen Beschlüsse des Ministerrats zu. In der Folge hat sich denn auch die Einstimmigkeitsregel als allgemeines Entscheidungsverfahren im Ministerrat durchgesetzt; vom Vetorecht machten nicht nur Frankreich, sondern auch viele andere Staaten *in extenso* Gebrauch.[16]

Der „Luxemburger Kompromiss" wird in der Regel als fundamentaler Umschlag des Integrationsprozesses interpretiert (Loth 2001, Knipping 2004, S. 140 f.): Er beendete den – zumindest der Intention nach – supranationalen Integrationsweg zugunsten eines intergouvernementalistisch geprägten Entscheidungssystems; er beendete so die Anfangsphase einer beschleunigten Integration und leitete umgekehrt eine lange Phase der Stagnation ein, die eher von Meinungsverschiedenheiten zwischen den Mitgliedstaaten beherrscht war als vom zügigen Fortgang der Integration. Man kann diesen Umschlag allerdings auch als Reaktion auf tieferliegende Probleme des Integrationsprozesses werten und dementsprechend als Ausdruck eines notwendig werdenden Systemumbaus.

Denn zum Ersten war die Anfangsphase der Integration in den Verträgen festgeschrieben und somit von den – stärkeren – politischen Interessen am Zustandekommen der Integration getragen. Sobald weitergehende Schritte vereinbart werden sollten, konnte dieser einmalig

---

[15] Milward zeigt dabei auf, dass die gemeinsame Agrarpolitik eine lange Vorgeschichte hat.
[16] Dies belegt, dass der Luxemburger Kompromiss nicht einfach nur den Interessen Frankreichs oder speziell de Gaulles diente, sondern dass er insgesamt den Willen der Mitgliedstaaten, die Kontrolle über den Werdegang der Integration zu behalten, zum Ausdruck brachte.

erzielte Grundkonsens nicht mehr tragen. Zum Zweiten betraf die Anfangsphase der Integration vornehmlich die Herstellung des Gemeinsamen Marktes; in dem Moment, in dem andere Politikfelder einbezogen werden sollten, zu denen weniger Interessenkonvergenz gegeben war und die zugleich eine stärker regulierende Rolle der Gemeinschaft beinhalteten, stockte der Prozess beziehungsweise die sorgfältige Abwägung von nationalen Interessen erwies sich nunmehr als eminent wichtig. Zum Dritten ließen wohl auch die ersten Anzeichen einer heraufziehenden Wirtschaftskrise die explizite Berücksichtigung nationaler Interessen als geboten erscheinen.

Vor diesem Hintergrund kann denn auch der Luxemburger Kompromiss als eine Anpassung des Systems an veränderte und erweiterte Erfordernisse und damit auch als erster Systemumbau im Hinblick auf die Ausweitung der Integration unter Stärkung intergouvernementaler Formen der Interessenvermittlung und Konsensfindung gesehen werden.

2.3 Aus- und Umbau der Europäischen Gemeinschaften im Zeichen intergouvernementaler Entscheidungsmuster

Trotz der beschriebenen Schwierigkeiten setzte die Sechsergemeinschaft auch ab der zweiten Hälfte der 60er Jahre ihren Integrationskurs fort. So wurde zunächst in einem Fusionsvertrag die Zusammenfassung der drei Gemeinschaften – EGKS, EWG, EURATOM – unter einheitliche Organe und unter dem Dach der Europäischen Gemeinschaften (EG) beschlossen (8.4.1965 Vertragsunterzeichnung, 1.7.1967 Inkrafttreten; Beutler et al. 1993, S. 45). Das stärkte in gewissem Maße die Position der Europäischen Kommission, da sie nunmehr in vielfältigen Politikbereichen tätig werden konnte. Nach dem Rücktritt de Gaulles im Jahre 1969 – und dem Antreten einer SPD-geführten Koalition in der BRD – wurden dann weitreichende Pläne zur Vollendung des Gemeinsamen Marktes geschmiedet: An erster Stelle stand die Schaffung einer Wirtschafts- und Währungsunion, die nicht nur eine einheitliche Währung anvisierte, sondern zugleich auch eine gemeinsame Wirtschaftspolitik, um den Integrationsprozess auch in struktureller Hinsicht steuernd begleiten zu können (Ambrosi 2001). Die aus solchen Integrationsschritten möglicherweise resultierenden ökonomischen Divergenzen hoffte man mit einer regionalen Strukturpolitik abfedern zu können (Busch 1978, 1991).

Diese ehrgeizigen Pläne erwiesen sich allerdings sehr schnell als kaum realisierbar. Sie scheiterten nicht nur an den enormen Meinungsverschiedenheiten und Interessengegensätzen zwischen den Mitgliedstaaten, sondern auch, weil deutliche Krisenanzeichen das Ende einer außergewöhnlich langen wirtschaftlichen Wachstums- und Prosperitätsphase signalisierten. In dieser Situation traten die ökonomischen Schwächen der einzelnen Mitgliedstaaten und die strukturellen Disparitäten zwischen ihnen deutlich zutage[17], womit sich auch die politischen Divergenzen weiter verschärften.

Die Staaten Europas reagierten auf diese veränderte Situation, indem sie zuerst und vor allem Zuflucht zu nationalen Lösungen suchten. Der Wirtschaftskrise versuchten sie durch eine konsequentere makroökonomische und nachfrageorientierte Politik sowie durch neoprotektionistische Maßnahmen zu begegnen. Letztere beinhalteten den systematischen Rückgriff auf indirekte Handelsbeschränkungen, beispielsweise über die Einführung und striktere Handhabung von technischen Normen oder die Bevorzugung nationaler Anbieter im öffentlichen Beschaffungswesen. Damit wurden die Errungenschaften des Gemeinsamen Marktes weitgehend zunichte gemacht beziehungsweise systematisch unterlaufen.

Auf der europäischen Ebene erhielt der Integrationsprozess eine neue Wendung, indem man sich zu einer (ersten) Erweiterung der Gemeinschaft entschloss (Pinder 1991, Urwin 1993). 1973 wurden Großbritannien, Irland und Dänemark nach einer relativ kurzen Verhandlungsphase in den Kooperationsverbund eingegliedert, was in der Folge weitreichende Konsequenzen hatte. Die neuen Mitglieder befanden sich in ökonomischer Hinsicht teilweise in einem schwierigen Entwicklungs- (Irland) beziehungsweise Umstrukturierungsprozess (Großbritannien). Zudem waren sie – das heißt, ein relevanter Teil der sie bestimmenden politischen Kräfte – deutlich weniger integrationsorientiert (Dänemark und Großbritannien) als die „alten" Sechs. Diese Situation resultierte insgesamt in zusätzlichen politischen Divergenzen, was in der Folge den Entscheidungsprozess erheblich behinderte und den Integrationsprozess insgesamt verlangsamte. In der wissenschaftlichen und politischen Debatte setzte sich die Ansicht durch, dass Erweiterungen der Gemeinschaft grundsätzlich zulasten der Vertiefung der Integration gingen (Pinder 1991, S. 51).

Gerade aber die zusätzlichen Divergenzen *zwischen* den Mitgliedstaaten, die oberflächlich gesehen in einer langen Phase der Stagnation resultierten, förderten in der Folge den Aus- und Umbau des EG-Systems in einer anderen als der ursprünglich anvisierten Richtung. So wurden die institutionellen Strukturen sowie die Entscheidungsverfahren umgebaut und verfeinert, wobei vor allem die intergouvernementalen Systemkomponenten verstärkt wurden. Zudem wurden neue Politikfelder aufgegriffen und Implementationsstrategien entwickelt, die speziell auf die Divergenzen zwischen den Mitgliedstaaten abgestimmt waren. Und schließlich wurden insgesamt flexiblere und informellere Verfahren der Integration privilegiert vor solchen, die vom Bild klarer und festgefügter institutioneller Strukturen geprägt waren (Tömmel 1992a, 1994a, Ziltener 1999, Knipping/Schönwald 2004).

So wurde der intergouvernementale Entscheidungsfindungsprozess verfeinert und differenziert, vor allem aber auch erleichtert durch die Einsetzung des Europäischen Rates als zusätzlicher Entscheidungsebene. Solche Gipfeltreffen oder Top-Konferenzen der Staats- und Regierungschefs der Mitgliedstaaten hatten zwar zuvor schon in unregelmäßiger Folge statt-

---

[17] Unter anderem der Zusammenbruch des Bretton-Woods-Systems der Währungsregulierung führte zu solchen Divergenzen.

gefunden.[18] Ab 1974 wurden sie aber als turnusmäßig einzuberufende Treffen fest verankert (Werts 1992, S. 40 ff.).[19] Damit war zunächst ein Forum für regelmäßige Konsultationen zwischen den Regierungsspitzen geschaffen; in der Folge entwickelte sich der Europäische Rat allerdings zu einem zusätzlichen obersten Entscheidungsorgan, das einerseits Entscheidungen fällte, die auf der Ebene des Ministerrats wegen unlösbarer Konflikte nicht zustande kamen, anderseits Grundsatzbeschlüsse fasste, die die Zielrichtung und den weiteren Entwicklungsgang der Integration bestimmten.

Auch das Europäische Parlament wurde im Laufe der 70er Jahre in seiner Position wesentlich aufgewertet. Dies ist zwar nicht als Schritt zur Stärkung der intergouvernementalen Entscheidungsfindung zu werten, wohl aber als Ausweitung der parlamentarischen Kontrollfunktionen gegenüber der Kommission (Pinder 1991, S. 145-150). So wurden dem Parlament über entsprechende Beschlüsse der Jahre 1970 und 1975 wichtige Budgetbefugnisse übertragen, nachdem zuvor den Gemeinschaften eigene Finanzressourcen zugestanden worden waren. Insbesondere die jährlich erforderliche Zustimmung zu den nicht-obligatorischen Ausgaben des EG-Haushaltes konnte das Parlament zur Ausweitung oder Einschränkung der politischen Aktivitäten der Kommission nutzen. 1977 wurde dann schließlich – nach mehr als 10-jährigen Forderungen vonseiten des Parlaments – der Beschluss zur Einführung der Direktwahl der Europa-Abgeordneten gefasst; die erste Wahl fand 1979 statt (Judge et al. 1994). Mit diesem Schritt wurde nicht nur ein direkterer Bezug zu den Bürgern Europas hergestellt, sondern auch eine Professionalisierung des Parlaments eingeleitet, indem die Abgeordneten nunmehr nur noch eine Funktion ausübten und nicht, wie zuvor, primär als Parlamentarier in den Mitgliedstaaten fungierten. In der Folge trat denn auch das Parlament mit einer Reihe von neuen Aktivitäten und Initiativen in den Vordergrund, wobei insbesondere seine Rolle bei der Weiterentwicklung des EU-Systems hervorzuheben ist (Bourguignon-Wittke et al. 1985).

Aber auch die *Politikfunktionen* der EG wurden im Zeichen einer zunehmend heterogeneren Gemeinschaft auf spezifische Weise aus- beziehungsweise umgebaut (Tömmel 1992a). So wurde 1975 die europäische Regionalpolitik begründet, die vor allem zur Verringerung der ökonomischen Divergenzen zwischen „reichen" und „armen" Mitgliedstaaten beitragen sollte. Gleichzeitig wurde der Sozialfonds, der schon im Rahmen von EGKS und EWG eingesetzt worden war, in ein Instrument umgeformt, das über Schulungs- und Umschulungsmaßnahmen gezielte Eingriffe in den europäischen Arbeitsmarkt, insbesondere in den strukturschwachen Gebieten, ermöglichte. Schließlich wurde eine Serie von Richtlinien zur Gleichstellung von Männern und Frauen auf dem Arbeitsmarkt erlassen. Wenngleich diese neuen

---

[18] Insbesondere der Gipfel in Den Haag (1969) sowie zwei Gipfelkonferenzen in Paris (1972 und 1974) sind in die Geschichte der Integrationsfortschritte eingegangen. Schon in den 60er Jahren hatte de Gaulle die Einführung solcher Konferenzen vorgeschlagen (Werts 1992, S. 16 f.).

[19] Zunächst waren drei Konferenzen pro Jahr vorgesehen; später einigte man sich aber auf zwei Konferenzen, die jeweils zum Ende der Ratspräsidentschaft eines Staates stattfinden sollten. Gegenwärtig finden in der Regel vier Gipfeltreffen pro Jahr statt.

2.3 Aus- und Umbau

Aktivitäten in erster Linie auf ökonomische Modernisierungsprozesse abzielten, enthielten sie doch zugleich auch eine soziale Komponente; damit bildeten sie die Grundlage für spätere formale Kompetenzübertragungen in entsprechenden Politikfeldern (Tömmel 2004a).

Zu Ende der 70er Jahre wurde aber auch das Europäische Währungssystem (EWS) eingeführt, nachdem zuvor schon (1972) die Wechselkurse der Mitgliedstaaten innerhalb gewisser Bandbreiten fixiert worden waren (Busch 1991, S. 194 ff.) Das Spektakuläre an diesem Schritt liegt allerdings weniger in der Fixierung der Wechselkurse als solcher, als vielmehr in der flexiblen Handhabung des EWS: Je nach Wirtschaftslage und Politikoptionen eines Landes konnten die Bandbreiten variieren, und es war auch möglich, außerhalb des Währungsverbundes zu bleiben.[20] Mit dieser Konstruktion wurde erstmals das Konzept einer Integration mit unterschiedlichen Geschwindigkeiten erprobt. Insgesamt waren somit die neuen EG-Politiken der 70er Jahre weniger am Leitbild einer schnellen supranationalen Integration orientiert, als vielmehr an einer flexiblen Kopplung unterschiedlich strukturierter Staaten beziehungsweise an der tendenziellen Angleichung oder politischen Kompensation unterschiedlicher ökonomischer Strukturen.

Trotz dieser weitreichenden, in der Öffentlichkeit allerdings kaum wahrgenommenen Veränderungen im europäischen Integrationsprozess stand die EG am Ende der 70er und zu Beginn der 80er Jahre im Zeichen von Krise und Stagnation, von Euro-Pessimismus oder gar Euro-Sklerose. Grundlegende Meinungsverschiedenheiten und Interessenkonflikte bestimmten die jeweiligen Gipfelkonferenzen und drohten, den Entscheidungsprozess zu paralysieren. Die Budgetprobleme, die Stahlkrise, die steigenden Kosten der Agrarpreisstabilisierung und die sich vertiefende Wirtschaftskrise bei rapide wachsenden Arbeitslosenzahlen warfen die Frage auf, ob die EG nicht mehr Probleme schaffe als Lösungsmöglichkeiten zu bieten.

Doch auch in dieser Situation wurde der Um- und Ausbau der EG konsequent weitergeführt, wenngleich zum Teil eher hinter den Kulissen als auf offener Bühne. 1981 kam es mit dem Beitritt Griechenlands zu einer zweiten Erweiterung der Gemeinschaft; 1986 folgte dann die dritte Erweiterung, die Spanien und Portugal in den Gemeinsamen Markt einbezog. Die Süderweiterung der EG war, wie zuvor schon zahlreiche Grundsatzentscheidungen der Integration, nicht primär von ökonomischen Kalkülen motiviert – man erwartete auf beiden Seiten mehr Nachteile als Vorteile – sondern vor allem von politischen Beweggründen (Leggewie 1979, Williams 1984).[21] Gleichzeitig implizierte sie aber auch eine bewusste Entscheidung für eine Gemeinschaft von ökonomisch ungleichen Partnern, was seinerseits eine Entscheidung für mehr „Kohäsions"-Politik auf der europäischen Ebene beinhaltete (Tömmel 1989). Dementsprechend wurde denn auch im Zuge dieser Erweiterungen die europäische Regionalpolitik intensiviert und der Sozialfonds stärker unter strukturpolitische Ge-

---

[20] Von dieser Möglichkeit machten Großbritannien, Griechenland und später auch Portugal Gebrauch (Busch 1991, S. 195).

[21] Insbesondere die politische Stabilisierung nach dem Übergang zu demokratischen Systemen, der sich in allen drei Ländern um die Mitte der 70er Jahre vollzog, bildete sowohl aufseiten der Beitrittskandidaten als auch auf der der EG ein starkes Integrationsmotiv (Leggewie 1979, Williams 1984).

sichtspunkte subsumiert. Beides erwies sich in der Folge als wichtiges Wechselgeld beim Tauschhandel um den Binnenmarkt (Tömmel 1992b, 1994a, Corbey 1993).

Die Politikfunktionen der EG gewannen jetzt aber auch ein deutlicheres Profil durch die Initiierung einer Technologiepolitik auf der europäischen Ebene. Dieser vonseiten der Mitgliedstaaten zunächst nicht gewünschte Schritt wurde von der Kommission eingeleitet, indem sie einen Round Table organisierte, der die Vertreter von zwölf europäischen High-Tech-Unternehmen an den Verhandlungstisch brachte (vgl. Sharp 1989, 1990, Grande 1996c, Peterson/Sharp 1998). Auch diese standen dem Vorhaben zunächst skeptisch gegenüber. Gemeinsam wurde dann aber eine Grundkonzeption für eine europäische Technologiepolitik erarbeitet. Gegenüber der so entstandenen Allianz von Kommission und Spitzenindustriellen konnte der Rat schließlich nicht umhin, dem Projekt seine Zustimmung zu geben; lediglich über den Geldhahn gelang es ihm, dieses in der Anfangsphase in engen Grenzen zu halten. Längerfristig fand die Technologiepolitik aber den Konsens der Mitgliedstaaten, diente sie doch der Stärkung der Position Europas gegenüber den Hauptkonkurrenten auf dem Weltmarkt, den USA und Japan.

Gerade das Bewusstwerden der Schwächen Europas im Rahmen verschärfter globaler Konkurrenzbeziehungen und seiner Fragmentierung in ökonomischer und politischer Hinsicht förderte in der Folge die Einsicht in die Notwendigkeit einer Vertiefung der Integration (Sandholtz/Zysman 1989). Zu Beginn der 80er Jahre war es zunächst aber nur eine Vielzahl von Reformkonzepten, die die Debatte dominierte, ohne dass es zu einem breiteren Konsens über die einzuschlagende Zielrichtung kam (Knipping 2004). So lancierte das Europäische Parlament auf Initiative von Altiero Spinelli[22] einen Vertragsentwurf zur Schaffung einer Europäischen Union (Vorschlag: November 1981, Verabschiedung: Februar 1984); politische Eliten entwarfen neue Integrationskonzepte (z.B. der Genscher-Colombo-Plan, Vorschlag: November 1981), und hinter den Kulissen übten die Spitzenindustriellen vielfachen politischen Druck aus zur Verwirklichung des Binnenmarktes. Eine Reihe von Kommissionen wurde eingesetzt, die Reformberichte erstellten, doch die meisten Konzepte überstiegen bei weitem das, was die Mitgliedstaaten an Souveränität abzutreten bereit waren (Lipgens 1986, S. 520 ff., Urwin 1993). Die Folge war denn auch zunächst eine Lähmung der „relance européenne", auch wenn der Grundkonsens über die Notwendigkeit von tiefgreifenden Reformen wuchs. Damit war die Zeit reif für einen neuerlichen Umschlag des europäischen Integrationsprozesses.

Insgesamt stellt sich somit die Phase des Aus- und Umbaus der EG als primär von intergouvernementalen Konstellationen bestimmt dar: Zunächst war es de Gaulle, der in den 60er Jahren die Fortsetzung von Einstimmigkeitsbeschlüssen durchsetzte und damit zahlreiche Integrationsschritte blockierte. Eine Auflösung dieser Blockade wurde jedoch nicht über eine neuerliche Stärkung supranationaler Integrationsmechanismen erreicht, sondern umgekehrt

---

[22] Spinelli war bereits während des Zweiten Weltkriegs im Rahmen der italienischen Widerstandsbewegung ein engagierter Befürworter der europäischen Einigung.

über den weiteren Ausbau der intergouvernementalen Entscheidungsfindung. Insbesondere über die Einsetzung des Europäischen Rates konnte diese mit wesentlich größerer Autorität ausgestattet werden. Damit wurden die Möglichkeiten der Konsensfindung erhöht und der Integrationsprozess systematisch an politische Grundsatzpositionen und -erwägungen der beteiligten Staaten gebunden. Dies ist, wie die Erfahrung der Anfangsjahre der Integration gezeigt hat, wohl die einzige Möglichkeit, um die immer bestehenden Meinungsverschiedenheiten zwischen den Mitgliedstaaten zu überwinden (Loth 1991, Knipping 2004).

Auch die sukzessiven Erweiterungen der EG während dieser Phase beinhalteten eine Stärkung der intergouvernementalen Dimension des EU-Systems. Zunehmende ökonomische Disparitäten zwischen den Mitgliedstaaten sowie politische Divergenzen über den einzuschlagenden Integrationsweg erschwerten die Entscheidungsfindung, förderten aber auch die Suche nach Auswegen aus diesen Dilemmata, was sich nicht zuletzt in der Schaffung neuer Gemeinschaftspolitiken äußerte. Damit stand die Ausweitung der Politikfelder und -initiativen der EG während dieser Phase im Zeichen der Interessendivergenzen zwischen den Mitgliedstaaten. Neue oder transformierte Politiken dienten entweder dem Ausgleich ökonomischer Disparitäten (Regional- und Sozialfonds) oder der flexiblen Kopplung disparitärer Volkswirtschaften (EWS). Erst mit der Technologiepolitik verband sich eine gesamteuropäische Perspektive gegenüber der verschärften Konkurrenz in der Triade Amerika–Europa–Japan.

Schließlich bedeutete auch die Stärkung des Europäischen Parlaments durch die Verleihung von Budgetbefugnissen und die Einführung seiner Direktwahl zumindest indirekt eine Stärkung der intergouvernementalen Komponente, indem sie primär als Ausbau der Kontrollfunktion gegenüber der Kommission gedacht war. Allerdings hatte dieser Schritt die gegenteilige Wirkung zur Folge, indem das gestärkte Parlament durch seine Performance die supranationale Integrationsdynamik vorantrieb.

Gerade aber die Widersprüchlichkeit einiger Integrationsschritte dieser Phase erlaubt es, auch noch weitere Schlüsse zu ziehen. Wenngleich es zutrifft, dass diese Phase primär durch Stagnation gekennzeichnet ist, da eine Reihe von vorwärtsweisenden Integrationsschritten, aber auch kleinere Reformprojekte regelmäßig am Dissens zwischen den Mitgliedstaaten scheiterten, so kann man doch umgekehrt konstatieren, dass gerade in dieser Zeit die Weichen für den späteren Integrationsaufschwung gestellt wurden (Tömmel 1994a, 1997a, Middlemas 1995, Ziltener 1999, Knipping/Schönwald 2004). Neben den bereits genannten – Stärkung der intergouvernementalen Entscheidungsfindung, Erweiterung der Gemeinschaft sowie Aufgreifen neuer Politiken, die die Divergenzen zwischen den Mitgliedstaaten „bearbeiteten" – sind noch folgende Weichenstellungen hervorzuheben: zum Ersten die Herausbildung einer Strategie der Kommission, die den Konsens im Ministerrat über „faits accomplis" und/oder über die Bildung von Allianzen mit externen Akteuren herbeiführt;[23]

---

[23] Diese Strategie wurde nicht erst mit dem Aufbau einer europäischen Technologiepolitik, sondern zuvor schon im Rahmen der Strukturfonds entwickelt (vgl. Tömmel 1994a).

zum Zweiten die Herausbildung einer Performance des Parlaments, die die maximale Nutzung und tendenzielle Überschreitung seiner Kompetenzen beinhaltete (van Schendelen 1984, Bourguignon-Wittke et al. 1985); und zum Dritten eine Rechtsprechung des EuGH, die eine supranationale Integrationslogik förderte (Shapiro 1992, Burley/Mattli 1993, Alter 2001). Gerade diese weniger sichtbaren und daher erst spät ins wissenschaftliche Bewusstsein getretenen Verfahrensweisen und Performances der supranational orientierten europäischen Organe haben in der Folge den spektakulären Aufschwung der Integration getragen. In ihrem Kern entfalteten sie eine starke Integrationsdynamik, dies jedoch teilweise auf der informellen Ebene. Von daher können sie auch als Reaktionsbildungen auf den (formalen) Ausbau und die Stärkung intergouvernementaler Systemelemente und Entscheidungsverfahren interpretiert werden (Tömmel 1997a).

Es ist somit auch in dieser Phase die Wechselwirkung zwischen den Polen Intergouvernementalismus und Supranationalismus und den ihnen zugrunde liegenden Kräfteverhältnissen zwischen den Akteuren, die die Dynamik und die Entwicklungsrichtung des Integrationsprozesses hervorbringen. Dabei stützt sich der Integrationsprozess nunmehr zunehmend auch auf informelle oder unterformalisierte Strukturen und Verfahrensweisen, womit sich insbesondere die supranationale Integrationsdynamik auf der informellen Ebene entfaltete, während die intergouvernementale Entscheidungsmacht über stärker formalisierte Institutionen und Verfahrensmodi ausgebaut wurde.

2.4 Erneuter Integrationsschub und institutionelle Dissoziierung von supranationaler und intergouvernementaler Integration

Mit dem Antreten Jacques Delors' als Präsident der Kommission zu Beginn des Jahres 1985 wurde eine neue Phase des Integrationsprozesses eingeläutet, in der die supranationale Dynamik wieder stärker in den Vordergrund trat und somit weitreichende Integrationsschritte erzielt werden konnten. Allerdings waren auch diese Schritte vom Dissens zwischen den Mitgliedstaaten begleitet, sodass wie zuvor schon die faktisch realisierten Reformen weit hinter den lancierten Vorschlägen zurückblieben.

Als Erstes gelang es der neuen Kommission, die verschiedenen Initiativen und Aktivitäten zur Erneuerung der EG in zwei Schwerpunkten zu bündeln: zum einen einem Projekt der ökonomischen Integration, das die Vollendung des Binnenmarktes unter dem Schlagwort „Europa 1992" vorsah; zum anderen einem Projekt der politischen Integration, das einschneidende institutionelle Reformen sowie eine Veränderung der Entscheidungsverfahren anstrebte. Dabei gelang es der Kommission, diese beiden Projekte als inhärent miteinander verbunden zu präsentieren (Pinder 1991, S. 60-76).

Die Grundlage für das „Europa 1992"-Programm bildete ein unter der Regie von Kommissar Lord Cockfield erarbeitetes Weißbuch, das alle Maßnahmen auflistete, die zur Vollendung des Binnenmarktes notwendig waren (vorgelegt am 14.6.1985, Kommission 1985). *In concreto* ging es dabei um ca. 300 Entwürfe für Richtlinien und Verordnungen, über die eine Beseitigung noch bestehender Hemmnisse für den freien Verkehr von Waren, Kapital, Perso-

2.4 Integrationsschub und Dissoziierung

nen und Dienstleistungen sowie eine Harmonisierung der unterschiedlichen Regelsysteme der Mitgliedstaaten erreicht werden sollte (Busch 1991). Bei den Hemmnissen für die sogenannten „vier Freiheiten" handelte es sich übrigens weniger um „noch bestehende" Barrieren, als vielmehr um solche, die die Mitgliedstaaten erst im Laufe der 70er Jahre im Rahmen nationaler Strategien zur Krisenbewältigung aufgebaut hatten: unterschiedliche Systeme technischer Normierung, Privilegierung nationaler Anbieter im öffentlichen Beschaffungswesen, versteckte Subventionierung öffentlicher und privater Unternehmen (Cutler et al. 1989).

Unter dem Eindruck einer abnehmenden Konkurrenzkraft Europas im Rahmen der Triadenkonstellation konnte aber vergleichsweise schnell ein Grundkonsens zur Realisierung dieses anspruchsvollen Programms gefunden werden.[24] Verstärkt wurde der Entscheidungsdruck für die Staats- und Regierungschefs durch den Umstand, dass führende Industrielle sowohl auf europäischer als auch auf nationaler Ebene auf eine rasche Realisierung des Binnenmarktes drängten (Sandholtz/Zysman 1989). Erleichtert wurden die notwendigen Entscheidungen durch die Vorlage zweier umfangreicher und detaillierter, im Auftrag der Kommission erarbeiteter Studien, die die Vorteile des Binnenmarktes mit eindrucksvollen Wachstumszahlen zu belegen suchten (Cecchini-Report, vgl. Cecchini 1988) und die möglicherweise ungleichen Effekte für die Mitgliedstaaten als mit entsprechenden politischen Maßnahmen auffangbar darstellten (Padoa-Schioppa-Report, vgl. Padoa-Schioppa et al. 1988). Nicht zuletzt wegen dieser Studien entbrannte eine erhitzte öffentliche Debatte über die Pros und Contras des Binnenmarktes. Seine unumgängliche Einführung wurde dann aber durch eine sich rasch ausbreitende Integrationseuphorie sowie die faktische Vorbereitung der Unternehmen auf die zu erwartende Situation vorweggenommen.

Für die Reform der institutionellen Strukturen des EG-Systems war dagegen weniger leicht Übereinstimmung zu finden. Trotzdem schälte sich auch hier im Rahmen einer eigens einberufenen Regierungskonferenz ein Minimalkonsens heraus, der sich erst in der Folge als Grundlage weitreichender Integrationsschritte entpuppte. In Form eines Grundsatzdokuments, das als Einheitliche Europäische Akte (EEA) bezeichnet wurde, erfuhren die EG-Verträge erstmals eine einschneidende Revision. (Vgl. zum Inhalt der EEA stellvertretend für viele andere Pinder 1989, Ehlermann 1990; zum Zustandekommen der EEA Sandholtz/Zysman 1989, Moravcsik 1991; zur Bewertung der EEA Kreile 1989, Keohane/Hoffmann 1991). Kernstück der EEA war die Einführung von (qualifizierten) Mehrheitsentscheidungen im Ministerrat für eine Reihe von Bereichen – insbesondere die, die mit der Vollendung des Binnenmarktes verbunden waren und somit schon auf einem Grundkonsens zwischen den Mitgliedstaaten beruhten. Des Weiteren wurden die Befugnisse des Europäischen Parlaments und insbesondere seine Rolle im Gesetzgebungsprozess erheblich aufgewertet; Letzteres durch die Einführung des sogenannten Kooperationsverfahrens, das zwei

---

[24] Faktisch war der Grundkonsens schon vorhanden. Delors bereiste vor seinem Amtsantritt die Hauptstädte der EG zu Konsultationen mit den Regierungen der Mitgliedstaaten. Dabei erwies sich das Binnenmarktprojekt als das einzige, das von allen Regierungen unterstützt wurde.

Lesungen von Gesetzesvorschlägen vorsieht. Zwar wies dieses Verfahren dem Parlament keine klaren Mitentscheidungsrechte zu, aber es verlieh ihm eine Stimme, die von Kommission und Ministerrat nicht gänzlich übergangen werden konnte (siehe ausführlich Kap. 4) und die vom Parlament auch sehr offensiv genutzt wurde (Fitzmaurice 1988, Corbett 1992). Allerdings galt das Verfahren ebenfalls nur für ein begrenztes Spektrum von Themenbereichen, nämlich hauptsächlich für die Regelungen zum Binnenmarkt.

Auch die Rolle der Kommission als politikimplementierender Instanz erfuhr eine Aufwertung, indem eine Reihe von Politikfeldern, die zuvor nur auf Ministerratsbeschlüssen oder sogar nur auf informellen Initiativen der Kommission beruhten, als explizite Aufgaben der EG vertraglich verankert wurden. Damit wurde vor allem die Dauerhaftigkeit dieser Kompetenzübertragungen unterstrichen: Regionalpolitik, Technologiepolitik sowie Umweltpolitik (vgl. respektive Artikel 130 a-e, 130 f-p, 130 r-t EGV; jetzt Art. 158-162, 163-173, 174-176 EGV). Für mögliche negative Effekte des Integrationsprozesses wurden nunmehr politische Lösungen auf EG-Niveau angestrebt. Der drohenden Zunahme ökonomischer Disparitäten zwischen den Mitgliedstaaten als Folge des Binnenmarktes wurde mit einer Verdopplung der Finanzausstattung der Strukturfonds und einer einschneidenden Reform ihres Instrumentariums begegnet (Beschlussfassung 1988, vgl. Tömmel 1994a); die drohende Zunahme sozialer Gegensätze wurde zumindest als Problem anerkannt, indem die „soziale Dimension" der Gemeinschaft, nicht zuletzt auch unter dem Druck der Gewerkschaften, als notwendige Ergänzung der ökonomischen Integration auf die Tagesordnung gesetzt wurde.

Mit dieser erweiterten Agenda der Delors-Kommission, die dem Spill-over-Prinzip der neofunktionalistischen Integrationstheorie zu folgen schien (Kreile 1989), war dann aber die Konsenskraft der Gemeinschaft vorerst ausgeschöpft. Insbesondere die sozialpolitische Thematik rief in der Folge erhebliche Auseinandersetzungen hervor, wobei vor allem Großbritannien eine eindeutig ablehnende Position einnahm. Allerdings gelang es der Kommission, über eine Sozialcharta (1989) und ein darauf aufbauendes Aktionsprogramm zumindest 11 Mitgliedstaaten für ein grundsätzliches Engagement im Sozialbereich zu gewinnen (Falkner 1998). Damit wurden Fakten geschaffen, die bei späteren formalen Entscheidungen kaum noch negiert oder umgangen werden konnten.

Als weiteres konflikträchtiges Thema erwies sich die Steuerharmonisierung, die eng mit dem Binnenmarkt verbunden war. Auch hier konnten zunächst keine befriedigenden Lösungen gefunden werden, da im Steuerbereich die Divergenzen zwischen den Mitgliedstaaten besonders ausgeprägt sind und die geforderten Anpassungsleistungen für einige Staaten sehr hoch ausgefallen wären. Man einigte sich schließlich auf eine langsame Annäherung durch die Harmonisierung der Mehrwertsteuersätze (Genschel 2002).

Das dritte und wohl ehrgeizigste Thema, das im Kielwasser des Binnenmarktes von der Delors-Kommission lanciert wurde, war die Schaffung einer Wirtschafts- und Währungsunion. Dieses Projekt, das als Krönung des Binnenmarktes konzipiert war, stieß zunächst auf erhebliche Widerstände. Nicht nur Großbritannien äußerte sich ablehnend, sondern auch die Bundesrepublik zeigte sich skeptisch (Milward et al. 1994). Unter dem Eindruck der raschen und unerwarteten Wende in den Staaten Mittel- und Osteuropas und unter dem Druck, Frankreich als Verbündeten für die deutsche Wiedervereinigung gewinnen zu müssen, entschied sich dann aber die Regierung Kohl für eine demonstrative Westeinbindung der BRD und damit auch für die Unterstützung des Währungsprojekts. Dementsprechend wurde eine In-

2.4 Integrationsschub und Dissoziierung

tergouvernementale Konferenz (IGK) einberufen, die die Details des Vorhabens erarbeiten und aushandeln sollte. Erst in letzter Minute besann man sich auch auf die Notwendigkeit institutioneller Reformen. Dies resultierte in der Einsetzung einer zweiten IGK, die die Schaffung einer politischen Union vorbereiten sollte.

Wie schon so oft in der Geschichte der europäischen Integration verlief jedoch die Arbeit an beiden Projekten sehr unterschiedlich (Duff et al. 1994, Ross 1995). Während die Vorbereitungen zur Wirtschafts- und Währungsunion von technischen Sachverständigen (z.B. den Vertretern der europäischen Notenbanken) bestimmt waren und dementsprechend zügig vorangetrieben werden konnten, war die politische Union ein diffuses Projekt, das vom Dissens zwischen den Politikern der Mitgliedstaaten beherrscht war (vgl. Pryce 1994, Ross 1995). Während im Bereich Wirtschafts- und Währungsunion der auch hier bestehende Dissens zugunsten von Kompromisslösungen überwunden werden konnte, verlagerten sich die Verhandlungen um die politische Union auf die höchste Ebene und auf die letzte Minute vor Toresschluss: den Europäischen Rat in Maastricht (Dezember 1991). Der Vertrag zur Schaffung einer Europäischen Union, dessen Endfassung dort ausgehandelt wurde, ist mithin auch von deutlichen Asymmetrien gekennzeichnet.

Kernstück des Maastrichter Vertrages ist der Einstieg in die Wirtschafts- und Währungsunion, die in einem dreistufigen Verfahren realisiert werden sollte und wurde (vgl. zu den Vertragsänderungen Corbett 1992, Schmuck 1992, Duff 1994, Weidenfeld 1994; zum Zustandekommen des Vertrags Ross 1995; zur Bewertung des Vertrags Duff et al. 1994; zur Währungsunion Busch 1994). Anders jedoch als zu Beginn der 70er Jahre war diese Union jetzt so konzipiert, dass auf der europäischen Ebene lediglich die gemeinsame Währung geschaffen und eine unabhängige europäische Zentralbank eingesetzt werden sollte. Die parallel dazu erforderliche ökonomische Harmonisierung wurde dagegen in der Verantwortlichkeit der Mitgliedstaaten belassen. Das bedeutete jedoch nicht, dass den Letzteren damit volle Handlungsfreiheit blieb; im Gegenteil, durch die Erstellung „harter" Kriterien für die Teilnahme am Währungsprojekt, die sogenannten Konvergenzkriterien,[25] wurden klare Vorgaben für deren Verhalten geschaffen. Denn die Kriterien trieben nicht nur die Einzelstaaten in einen Wettlauf zur Erfüllung der Zielvorgaben; vielmehr legten sie auch die Eckwerte eines breiten Spektrums nationaler Politiken fest: Geldwertstabilität, restriktive Fiskalpolitik, Austeri-

---

[25] Die Konvergenzkriterien beinhalten folgende Parameter:
- der Anstieg der Verbraucherpreise darf das Mittel der drei preisstabilsten Länder um nicht mehr als 1,5 Prozent übersteigen;
- das Zinsniveau darf das Mittel der drei bestplatzierten Mitgliedstaaten nicht um mehr als 2 Prozent überschreiten;
- die jährliche Neuverschuldung des öffentlichen Haushalts der Mitgliedstaaten darf 3 Prozent des BIP nicht überschreiten;
- die gesamte Staatsverschuldung darf 60 Prozent des BIP nicht überschreiten (Borchardt 1996, S. 225).

tät und insgesamt eine tendenzielle Zurückdrängung sozialstaatlicher Leistungen und Arrangements.[26]

Mit der Währungsunion wurde zugleich aber auch ein System der „variablen Geometrie" installiert, indem nicht alle Staaten gleichermaßen an dem Projekt partizipieren müssen oder dürfen. Die Entscheidung hierüber wurde in erster Linie einem abstrakten Schiedsrichter übertragen, dem Sachzwang, ausgedrückt in den Konvergenzkriterien.[27] Dabei scheint es primär von den Fähigkeiten und Optionen der jeweiligen Regierungen abzuhängen, ob ein Mitgliedstaat an diesem Integrationsschritt teilnimmt oder nicht.[28]

Auf der institutionellen Ebene wurden mit dem Maastrichter Vertrag weniger weitreichende Integrationsfortschritte erzielt, vor allem, wenn man sie mit den zuvor lancierten Reformvorschlägen, insbesondere der Delors-Kommission, vergleicht (Ross 1995). Faktisch leiteten allerdings diese Schritte einen umfassenden Ausdifferenzierungsprozess des institutionellen Gefüges der EU ein, dessen Ende bis heute noch nicht abzusehen ist (Tömmel 2001b).

Als Erstes sind in diesem Kontext Neuerungen zu nennen, die eher als Rhetorik denn als substanzielle Veränderungen erscheinen: die Umbenennung der Gemeinschaft in Europäische Union, die Bekräftigung des Integrationsziels, die Betonung des Subsidiaritätsprinzips. Des Weiteren sind institutionelle Veränderungen zu nennen, die im Wesentlichen als inkrementalistische Schritte daherkommen, längerfristig aber eine beachtliche Integrationsdynamik entfalten: die Einführung des Mitentscheidungsverfahrens (Kodezision) für das Europäische Parlament in bestimmten Fragen, das drei Lesungen von Gesetzesvorschlägen, ein Vermittlungsverfahren sowie ein Vetorecht vorsieht, dem Parlament aber keine gleichberechtigte Position gegenüber dem Ministerrat verleiht (vgl. Kap. 4); die Ausweitung von Mehrheitsentscheidungen im Ministerrat; das Recht des Parlaments, die neue Kommission als ganze zu bestätigen (oder abzulehnen); und schließlich die Anerkennung des Europäischen Rates als „oberste Entscheidungsinstanz" der Union (Thiel 1998, S. 75). Der wohl spektakulärste und langfristig folgenreichste Schritt war aber die Vereinbarung einer verstärkten europäischen Zusammenarbeit in einem weiteren Spektrum von Politikfeldern (Außen- und Sicherheitspolitik sowie Justiz und Inneres), die einer rein intergouvernementalen

---

[26] Die praktischen Auswirkungen dieses Verfahrens bekam die Bundesrepublik deutlich zu spüren, da die Neuverschuldung in den vergangenen Jahren regelmäßig die in den Konvergenzkriterien festgelegte Obergrenze von 3 Prozent überstieg. Da auch andere Staaten zunehmend Schwierigkeiten hatten und haben, die Konvergenzkriterien zu erfüllen, hat sich eine intensive Debatte um deren Lockerung entwickelt. Offizielle Beschlüsse in diese Richtung wurden allerdings bisher nicht gefasst.

[27] Die faktischen Entscheidungen waren dann allerdings politische, indem eine Reihe von Ländern auch ohne Erfüllung *aller* Kriterien in die Euro-Gruppe aufgenommen wurde.

[28] Der so entstehende Druck auf die Mitgliedstaaten erwies sich allerdings in der Folge als äußerst erfolgreich, indem eine Reihe von ökonomisch schwächeren Mitgliedstaaten auf die Erfüllung der Konvergenzkriterien und damit auf eine solide Haushaltspolitik orientiert wurde (vgl. etwa für Italien DellaSala 1997, Sbragia 2000b, für Griechenland Kazakos 2000). Allerdings stellte sich in jüngster Zeit heraus, dass Griechenland die Kriterien nicht wirklich erfüllt, sondern „frisierte" Zahlen nach Brüssel gemeldet hatte. Zum 1.1.2007 wurde der Euro in Slowenien eingeführt; zum 1.1.2008 werden Malta und Zypern der Eurozone beitreten. Damit haben insgesamt drei Neumitglieder den Sprung in die Währungsunion geschafft.

2.4 Integrationsschub und Dissoziierung

Verantwortlichkeit unterstellt und somit dem Zugriff von Kommission, Parlament und Gerichtshof weitgehend entzogen wurden. Die Bezeichnung dieser neuen Bereiche als Zweite (Gemeinsame Außen- und Sicherheitspolitik, kurz: GASP) sowie Dritte Säule (Justiz und Inneres) der Union, die neben die Erste Säule, die die gesamte Europäische Gemeinschaft umfasst, platziert werden, verdeutlicht, dass hier bewusst ein neuer Integrationsweg eingeschlagen wurde (vgl. Kap. 5.1.1). Die so entstehende Tempelkonstruktion[29] beinhaltet das Nebeneinander zweier Integrationskonzepte unter einem gemeinsamen institutionellen Dach: eine tendenziell supranational orientierte sowie eine vorwiegend intergouvernemental organisierte Vergemeinschaftung.

Darüber hinaus umfasste der Vertrag von Maastricht noch einige Neuregelungen, deren volle Reichweite sich allenfalls langfristig manifestierten. Zum Ersten wurde eine Unionsbürgerschaft begründet, wodurch die Bürger der Mitgliedstaaten in einen direkten Bezug zur EU gesetzt werden. Zwar sind mit dieser Regelung bisher noch keine weitreichenden Rechte verbunden; sie hat aber den Erwartungshorizont der Bürger verändert und die Herausbildung einer europäischen Identität zumindest in Ansätzen begünstigt (Wiener 1998). Zum Zweiten wurden neue Politikfelder als Kompetenzen der Gemeinschaft ausgewiesen, und damit auch als Kompetenzen der Kommission. Zwar handelt es sich dabei größtenteils um eng definierte Bereiche beziehungsweise um begrenzte Zuständigkeiten, wie allgemeine und berufliche Bildung, Kultur, Gesundheitswesen, Verbraucherschutz sowie Ausbau transeuropäischer Netze (vgl. Thiel 1998, S. 52); sie eröffnen aber einen Einstieg in neue und langfristig erweiterbare Aktivitäten. Zum Dritten wurde ein neues Beratungsgremium geschaffen: der Ausschuss der Regionen.[30] Damit erhält die subnationale Ebene erstmals eine offizielle Stimme im europäischen Entscheidungsprozess (vgl. Kap. 5.2.2), auch wenn ihr nur eine Beratungsfunktion zugestanden wurde. Zum Vierten wurde der Einstieg in eine gemeinsame Sozialpolitik vollzogen; dieses Mal über den Verfahrenstrick eines Protokolls im Anhang des Vertrags, das von allen Mitgliedstaaten mit Ausnahme Großbritanniens unterzeichnet wurde (Falkner 1998).

Insgesamt markiert der Vertrag von Maastricht (verabschiedet im Februar 1992) den Höhepunkt einer beschleunigten Integrationsphase; zugleich leitet er aber auch den Umschlag in eine neue, durch heterogene Entwicklungen gekennzeichnete Phase ein. In der Folge des Vertragsschlusses wurden denn auch sehr schnell die Risse im gemeinsamen Haus Europa sichtbar: Die Ratifizierung des Vertrags gelang in den Mitgliedstaaten nur mit Mühe und unter erheblichen Verzögerungen. Die Dänen stimmten in einem Referendum (Juni 1992) zunächst gegen das Vertragswerk; in Frankreich wurde die nötige Mehrheit nur knapp erreicht (September 1992). Nur über Zugeständnisse in Form von Opting-out-Regelungen (insbesondere zugunsten von Großbritannien und Dänemark) oder, wie im Falle der BRD, Kompro-

---

[29] Das Bild eines Tempels mit drei Säulen unter dem Dach der Europäischen Union wurde während der Vorverhandlungen zum Vertrag von Maastricht entworfen (Ross 1995).
[30] Im vollen Wortlaut heißt dieses Beratungsgremium „Ausschuss der regionalen und lokalen Gebietskörperschaften"; er vertritt somit unterschiedliche Ebenen subnationaler staatlicher Einheiten.

misslösungen auf nationaler Ebene[31] gelang es, die Zustimmung der Parlamente in den einzelnen Mitgliedstaaten zu gewinnen. Aber auch nach der Ratifizierung des Vertrags blieben die Risse sichtbar: Die öffentliche Meinung erwies sich nunmehr als zunehmend skeptisch oder sogar gespalten, und das allgemeine Misstrauen gegenüber der Integration wuchs.[32]

Verstärkt wurde diese Situation in dem Maße, wie sich die Währungsunion als ein sehr schwierig zu vollziehender Integrationsschritt entpuppte: Die enormen Folgekosten und -lasten, die dieses Projekt gerade auf der nationalen Ebene nach sich zog, ließen es als immer weniger konsensfähig erscheinen. Aber auch in anderen Bereichen und Themenfeldern bröckelte der mühsam erzielte Konsens sichtbar ab. Ob es um die gemeinsame Kohäsionspolitik, die Verringerung des Demokratiedefizits oder die Realisierung des Schengener Abkommens[33] ging: Immer mehr waren es Partikularinteressen der Einzelstaaten, die den Entscheidungsprozess dominierten oder gar blockierten.

Neben diesen internen Problemen der europäischen Integration waren es aber auch externe Faktoren, die das Integrationsprojekt in dieser Phase vor gänzlich neue Herausforderungen stellten. Das Ende des Ost-West-Konflikts führte nicht nur zum Zerfall sowie der grundlegenden Transformation der mittel- und osteuropäischen Staaten und der entsprechenden Blockbildungen, sondern erhöhte auch enorm den Handlungsdruck auf die Union. Als ein relativ einfach zu vollziehender Schritt ist der Einbezug des wiedervereinigten Deutschlands – und damit der ehemaligen DDR – in den europäischen Verbund zu werten, der dann auch vergleichsweise geräuschlos erfolgte. Die Delors-Kommission schuf hierfür die formalen Voraussetzungen, indem sie den Beitritt als mit der deutschen Wiedervereinigung (zum 3.10.1990) vollzogen deklarierte und relativ schnell konkrete Lösungsvorschläge für die damit verbundenen Anpassungen lancierte (Grant 1994).[34]

Schwieriger erwies sich die Reaktion auf den Umbruch in den übrigen Staaten des ehemaligen Ostblocks. Zwar hatte die Kommission bereits 1989, also schon vor der eigentlichen politischen Wende in diesen Staaten, ein Hilfsprogramm (PHARE) für Polen und Ungarn aufgelegt, das sie bereits im Jahre 1990 auf die übrigen Staaten Mittel- und Osteuropas ausdehnen konnte und dem sie ein spezielles Programm, TACIS, für die Nachfolgestaaten der SU zur Seite stellte (Tömmel 1996). Im Rahmen dieser Programme waren auch Partnerschafts-

---

[31] Bekanntermaßen hatten in der BRD die Länder gegen den Vertrag geklagt, da die Bundesregierung mit diesem Vertrag Länderkompetenzen auf die europäische Ebene übertrage. Durch eine stärkere Einbeziehung der Länder sowie des Bundesrates in europäische Entscheidungen konnte dieser Konflikt schließlich beigelegt werden (vgl. Thiel 1998, S. 57 ff.).

[32] In Deutschland wuchs die Europa-Skepsis vor allem wegen der anvisierten Währungsunion. In anderen Staaten waren es eher Ängste vor Kompetenzverlusten der nationalen Ebene, die die Akzeptanz der europäischen Integration deutlich reduzierten.

[33] Das Schengener Abkommen wurde 1985 zwischen einer Gruppe von Mitgliedstaaten außerhalb der EG-Strukturen vereinbart. Es sah vor allem die Abschaffung von Grenzkontrollen vor, erwies sich aber in der Folge als schwer umsetzbar (vgl. Kap. 5.1).

[34] Dies bezieht sich z.B. auf die Erhöhung der Zahl der Abgeordneten im EP, aber auch die Übertragung der Regionalförderung auf die ostdeutschen Gebiete.

2.4 Integrationsschub und Dissoziierung

und Kooperationsabkommen mit den Transformationsstaaten anvisiert. Letztere wollten aber weit mehr: Sie drängten mit Macht zur Mitgliedschaft in der Union. Diesem Anliegen konnte die Union keine attraktive Alternative gegenüberstellen, sodass sie zunehmend unter Erweiterungsdruck geriet. Der Zerfall Jugoslawiens und die damit einhergehenden Balkan-Kriege forderten zudem die Handlungsfähigkeit der gemeinsamen Außen- und Sicherheitspolitik heraus. Diese blieb allerdings angesichts der tiefgreifenden Konflikte sowie der komplexen Problemlagen weit hinter den Herausforderungen und Erwartungen zurück, was nicht zuletzt der Uneinigkeit zwischen den Mitgliedstaaten geschuldet war. Angesichts solch tiefgreifender Problemlagen in der unmittelbaren Nachbarschaft der EU waren somit neue Lösungen gefragt, sollte der Integrationsprozess weiter vorangetrieben werden; entsprechende Schritte erwiesen sich aber im Lichte wachsender Divergenzen zwischen den Mitgliedstaaten als schwer realisierbar.

Betrachtet man die Phase einer beschleunigten Integration seit 1985 in ihrer Gesamtheit, so ist diese als eine sehr dynamische Phase zu werten. Mit dem Binnenmarkt und dem Einstieg in die Wirtschafts- und Währungsunion wurde die ökonomische Integration „vollendet"; über die Einheitliche Europäische Akte und den Vertrag von Maastricht wurde die institutionelle Struktur der EG zwar nicht grundlegend reformiert, aber doch dergestalt weiterentwickelt, dass die Entscheidungsverfahren rationalisiert, tendenziell demokratisiert und in jedem Falle differenziert wurden. Zudem wurden eine Reihe von Politikfeldern – auch solche, die sich nicht notwendigerweise als Spill-over-Effekte der ökonomischen Integration ergaben – sowie entsprechende Kompetenzen auf die europäische Ebene übertragen.

Man kann diese Entwicklungen – die von einer sehr aktiven Kommission unter der Präsidentschaft Delors' vorangetrieben wurden[35] – als Ausdruck einer gesteigerten supranationalen Integrationsdynamik werten. Der Übergang zu Mehrheitsentscheidungen im Ministerrat, die stärkere Rolle des Parlaments im Gesetzgebungsprozess und schließlich die Einbeziehung einer Vielzahl von externen Akteuren in die Entscheidungsverfahren scheinen diese These zu bestätigen. Eine solche Interpretation beleuchtet aber nur eine Seite der Medaille. Denn die Fortschritte im Bereich einer surpranationalen Integrationsdynamik wurden begleitet von verfeinerten Mechanismen der intergouvernemental organisierten Kompromiss- und Konsensfindung, was zusammengenommen die Herausbildung einer veränderten Integrationsmethode beinhaltet, die in der Lage ist, die nach wie vor ausgeprägt vorhandenen Interessendivergenzen zwischen den Mitgliedstaaten produktiv zu verarbeiten. Vordergründig sind es vor allem die groß angelegten intergouvernementalen Konferenzen und die anschließenden Vertragsänderungen, über die die Aushandlungs- und Konsensfindungsmechanismen zwischen den Mitgliedstaaten – unter Einbezug weiterer Akteure und Constituencies – verfeinert und ausdifferenziert werden konnten (Moravcsik 1998). In struktureller Hinsicht sind es aber eher die zunehmende Flexibilisierung und Diversifizierung des Integrationsmodus, die weitere Fortschritte möglich machten. In diesem Zusammenhang sei an die vielfältigen

---

[35] Vergleiche dazu die Studien von Grant 1994, Ross 1995, Endo 1999, Rometsch 1999 sowie Drake 2000.

Formen des Opting-out, die Sonderregelungen für einzelne Mitgliedstaaten, die Vereinbarung von Integrationsschritten unterhalb der offiziellen Vertragsregelungen (Sozialcharta, Sozialprotokoll) oder außerhalb der Verträge (Schengener Abkommen) und schließlich an kodifizierte Formen der abgestuften Integration (Währungsunion) erinnert. Dem gesteigerten Supranationalismus auf der offiziellen Ebene entspricht also ein differenzierterer Intergouvernementalismus hinter den Kulissen. Darüber hinaus kam es aber mit dem Vertrag von Maastricht und der Schaffung der Säulenkonstruktion – erstmals in der Geschichte der europäischen Integration – zur Dissoziierung von supranational orientierter und intergouvernemental organisierter Integration. Zwar hatte die Zusammenarbeit im Rahmen der Zweiten und Dritten Säule jeweils ihre Vorgeschichte – Erstere in der 1970 eingeleiteten Europäischen Politischen Zusammenarbeit (EPZ), Letztere vor allem im Rahmen des 1985 vereinbarten Schengener Abkommens – aber mit der Schaffung der Union wurden diese Formen der intergouvernementalen Kooperation vertraglich sanktioniert und in die Systemstruktur der EU inkorporiert. Das heißt, der politische Wille zur Vergemeinschaftung der entsprechenden Politikfelder und somit zur Ausweitung der Integration war zwar gegeben; er reichte jedoch nicht zum Ausbau einer supranationalen Integrationsdynamik aus. Integration wird seit Maastricht somit nicht mehr nur über eine stärkere Zentralisierung von Entscheidungsmacht, sondern *auch* über eine institutionalisierte Strukturierung intergouvernementaler Kooperation realisiert.

2.5 System-Umbau im Zeichen von Erweiterung, Vertiefung und Ausdifferenzierung der Integration

Die neuen externen Herausforderungen nach dem Ende des Ost-West-Konfliktes, zugleich aber auch die internen, aus der bisherigen Integrationsdynamik resultierenden Probleme setzten die EU im Laufe der 90er Jahre unter erhöhten Reformdruck. Erstmals in ihrer Geschichte musste sie eine Erweiterung von bis *dato* nicht gekannten Ausmaßen und zugleich eine Vertiefung der Integration bewältigen. Die Reaktion auf diese Herausforderungen lässt sich einerseits als vorsichtiger Inkrementalismus werten, andererseits aber auch als Weichenstellung für einen veränderten Integrationsmodus, der stärkere Differenzierungen zwischen den Mitgliedstaaten und damit Formen der abgestuften Integration in Kauf nimmt.

Als vorsichtiger Inkrementalismus ist zunächst eine vierte Erweiterungsrunde zu nennen, die bis zur Jahreswende 1994/95 realisiert wurde: Nach entsprechenden positiven Volksabstimmungen traten Schweden, Finnland und Österreich der Union bei (Cameron 1995). Zwar erwiesen sich die Verhandlungen als zäh, da die betroffenen Regierungen zwischen ihrem erklärten Willen zum Beitritt und den kontroversen Haltungen und Interessenlagen ihrer Bürger zu balancieren hatten. Ein vierter Beitrittskandidat – Norwegen – musste denn auch seinen Plan trotz ausgehandelter Verträge aufgrund eines negativen Referendums der Bevölkerung aufgeben. Insgesamt verlief diese vierte Erweiterungsrunde aber vergleichsweise problemlos, nicht zuletzt, weil die neuen Mitglieder schon vorher aufgrund ihrer Partizipation am Europäischen Wirtschaftsraum eine weitreichende Konvergenz mit den EU-Staaten erreicht hatten.

2.5 System-Umbau

Als wesentlich schwieriger erwies es sich, eine gemeinsame Haltung zu den mittel- und osteuropäischen Beitritts-Kandidaten zu entwickeln. Zum einen stellte sich die Diskrepanz dieser Länder zu den EU-Staaten – in Bezug auf ihre ökonomische Struktur und Leistungskraft, aber auch ihre politische Verfasstheit – als Hemmnis einer schnellen Integration dar. Zum anderen brachen innerhalb der EU sehr große Interessendivergenzen zwischen den Mitgliedstaaten[36], aber auch zwischen einzelnen Constituencies[37], in Bezug auf die Osterweiterung auf. Mit dem Abschluss von Assoziierungsabkommen, die als sogenannte Europa-Abkommen sehr weitreichende politische Regelungen unter Einschluss von Hilfsprogrammen zur Transformation beinhalteten, sowie der Formulierung von klaren Kriterien für den EU-Beitritt[38] auf dem Gipfel von Kopenhagen (22.6.1993) wurde ein Konzept der Annäherung der Transformationsstaaten an die EU entwickelt (Thiel 1998, S. 262-269); gleichzeitig wurden aber auch hohe Hürden aufgebaut, die zumindest einen Zeitgewinn gewährten (Bauer 2002). Auch für sich selbst baute die Union hohe Hürden auf: Die Osterweiterung sollte erst nach einer vorherigen Vertiefung der Integration, das heißt, nach einer Neuordnung der Organe und Entscheidungsverfahren vollzogen werden, um so die Handlungsfähigkeit der Union auch bei einer umfangreicheren Mitgliederzahl gewährleisten zu können.

Vergleichsweise defensiv wurde die Ernennung eines neuen Kommissionspräsidenten zum Jahresanfang 1995 gehandhabt, nachdem Delors nach Ablauf zweier Amtsperioden nicht mehr wählbar war.[39] Während sich die Mitgliedstaaten mühsam auf einen Kandidaten einigten, sprach das Parlament ihm nur mit knapper Mehrheit das Vertrauen aus.[40] Der neue Präsident, der Luxemburger Jacques Santer, kündigte denn auch keine spektakulären Integrationsschritte an, sondern versprach lediglich die Konsolidierung des Bestehenden.

In der Zwischenzeit war das Misstrauen der Bürger gegenüber der europäischen Integration in dem Maße gestiegen, wie sich die Folgen der Beschlüsse zur Währungsunion sichtbar manifestierten: Die meisten Regierungen der Mitgliedstaaten versuchten nunmehr, die Konvergenzkriterien zu erreichen, womit sie harte Sparbeschlüsse und insbesondere weitrei-

---

[36] So plädierte die BRD am nachhaltigsten für eine Osterweiterung, während vor allem die Mittelmeerstaaten eine eher zurückhaltende Position einnahmen.

[37] Beispielsweise fürchteten Arbeitnehmer bestimmter Sektoren in der BRD die Konkurrenz von Arbeitsmigranten aus den Beitrittsstaaten, die Lohndumping auslösen könnte.

[38] Die unter dem Begriff „Kopenhagener Kriterien" firmierenden Beitrittskriterien wurden wie folgt formuliert: demokratische und rechtsstaatliche Ordnung, Wahrung der Menschenrechte, Schutz von Minderheiten; funktionsfähige Marktwirtschaft und die Fähigkeit, dem Wettbewerbsdruck innerhalb der Union standzuhalten; Übernahme des Acquis communautaire. Vgl. Bauer 2002.

[39] Faktisch hatte man ihn sogar für weitere 2 Jahre über die bis dahin übliche Amtszeit von 2 x 4 Jahren bestätigt, da die Amtsperiode der Kommission mit der Wahl zum Europäischen Parlament 1994 mit dessen 5-jähriger Laufzeit synchronisiert wurde.

[40] Die Kandidatenwahl der Regierungschefs zeigte deutlich, dass man keinen sehr selbständigen Kommissionspräsidenten mit starken politischen Ambitionen wünschte, sondern eher einen Kandidaten, der Kompromisse zwischen den Regierungen aushandeln kann. Dementsprechend wurde in den Verhandlungen sowohl der Niederländer Lubbers (insbesondere vom deutschen Bundeskanzler Kohl) als auch der Belgier De Haene (vom britischen Regierungschef Major) abgelehnt.

chende Einschnitte ins „soziale Netz" rechtfertigten. Trotz neu aufflammender Debatten über das „Esperanto-Geld"[41] wurde aber am Zeitplan der Währungsunion festgehalten: Zum 1.1.1997 wurden die europäischen Währungsinstitutionen eingesetzt; zum 1.1.1999 wurde der Euro als Parallelwährung und zum 1.1.2002 als alleiniges Zahlungsmittel in den Staaten der Euro-Zone eingeführt. Und entgegen den ursprünglichen Erwartungen qualifizierten sich nicht nur 7 oder 8 Mitgliedstaaten für den Währungsverbund, sondern 12.[42] Das erste, vertraglich verankerte Konzept einer abgestuften Integration hatte sich damit bewährt: Es setzte auch notorische Währungssünder und Schuldnerländer unter Druck, ihr Finanzgebaren den Konvergenzkriterien anzupassen und ihre Wirtschafts- und Sozialpolitik umzupolen. Gleichzeitig übte es auf *alle* Mitgliedstaaten erheblichen Druck zur Partizipation an diesem Integrationsschritt aus.[43]

Angesichts der sinkenden Akzeptanz des europäischen Projekts in den Augen der Bürger und einer Vielzahl von – alten und neuen – Beitrittskandidaten im Wartestand wurde 1996 eine neuerliche Intergouvernementale Konferenz anberaumt, die einerseits Vorschläge für ein demokratischeres und bürgernäheres System, andererseits für eine rationellere und effizientere Organisationsstruktur erarbeiten sollte, um die Handlungsfähigkeit der Union auch mit 25 oder 30 Mitgliedern zu sichern.

Eine Flut von Reformvorschlägen, kleineren und größeren Integrationsschritten sowie Diskussionsvorlagen wurde der Konferenz vorgelegt. Kommission und Parlament, Regierungen der Mitgliedstaaten, Ausschuss der Regionen und subnationale Verwaltungseinheiten sowie ein breites Spektrum von Interessenverbänden und Nichtregierungsorganisationen erarbeiteten Positionspapiere, Stellungnahmen, Abänderungs- und Kompromissvorschläge. Aber schon lange vor Abschluss der auf anderthalb Jahre angesetzten Konferenz wurde deutlich, dass die Regierungen sich allenfalls auf Minimalkompromisse und kleinere, inkrementalistische Reformschritte einigen konnten, während eine grundlegende institutionelle Reform einmal mehr auf die Zukunft verschoben wurde.

Im Juni 1997 kam es denn auch auf dem Amsterdamer Gipfel zur Aushandlung eines Vertragsdokuments, das nur entfernt den ursprünglich hochgesteckten Erwartungen entsprach. Der Inkrementalismus der vereinbarten Regelungen brachte allerdings eine stetige Ausweitung von Rechten, Kompetenzen und Handlungsmöglichkeiten der einzelnen Organe mit

---

[41] Diese deutlich abschätzige Wortschöpfung wurde vom seinerzeitigen Finanzminister der BRD, Theo Waigel, in die Debatte gebracht.

[42] Insbesondere von den Mittelmeerländern wurde eine solche Qualifizierung nicht erwartet. Italien schaffte es sogar bis zum diesbezüglichen Entscheidungstermin 1997, während Griechenland erst zum Jahresbeginn 1999 nachziehen konnte.

[43] Zwar blieben Schweden, Dänemark und Großbritannien der Währungsunion fern; es ist aber jetzt schon deutlich, dass insbesondere aus Wirtschaftskreisen dieser Länder erheblicher Druck auf die Regierungen ausgeübt wird, um doch der Euro-Zone beizutreten. Aller Voraussicht nach werden Schweden und Dänemark in nicht allzu ferner Zukunft nachziehen. Für die neuen Beitrittsstaaten stellt sich der Zeithorizont für die Mitgliedschaft in der Währungsunion allerdings als wesentlich weitergesteckt dar. Bisher ist lediglich Slowenien der Eurozone beigetreten (zum Jahresanfang 2007); Malta und Zypern werden zum 1.1.2008 dem Währungsverbund beitreten.

2.5 System-Umbau

sich, die geeignet waren, den Integrationsprozess voranzutreiben und das institutionelle Gefüge der Union weiter auszudifferenzieren (Tömmel 2001b). Dies führte jedoch nicht zur Herausbildung einer klareren, geschweige denn einer demokratischeren Struktur; vielmehr wurde der Verflechtungscharakter des Systems weiter verstärkt (vgl. zu den Vertragsregelungen Wessels 1997a, Ehlermann 1998; zum Zustandekommen des Vertrags Dinan 1999, Moravcsik/Nicolaïdis 1999; zur Bewertung des Vertrags von Bogdandy 1999, Neunreither/Wiener 2000).

So sah der Vertrag von Amsterdam eine Ausweitung des Mitentscheidungsverfahrens vor, das die legislative Rolle des Parlaments eindeutig stärkte[44], ja ihm faktisch in diesen Bereichen eine gleichberechtigte Rolle neben dem Rat zuwies (Tsebelis/Garrett 2001). Indem gleichzeitig das mit der EEA eingeführte Kooperationsverfahren fallengelassen wurde, erweist sich dieses in der Rückschau nur noch als eine Durchgangsstufe zu erweiterten Rechten des Parlaments. Darüber hinaus wurde das Mitentscheidungsverfahren erheblich gestrafft und vereinfacht (Art. 251 EGV). Dem Parlament wurde zudem die Aufgabe übertragen, Vorschläge für ein allgemeines europaweites Wahlverfahren auszuarbeiten (Art. 190, Abs. 4 EGV). Mit dem vorsichtigen Einstieg in eine solche Wahl könnte langfristig nicht nur die Legitimation und Bürgernähe des Parlaments erhöht, sondern zugleich auch die Herausbildung eines europäischen Parteiengefüges eingeleitet werden. Allerdings wurde bis zur Gegenwart noch kein diesbezüglicher Vorschlag definitiv verabschiedet.

Die Kommission und insbesondere ihr Präsident wurden in ihrer Handlungsfreiheit gestärkt, Letzterer vor allem durch ein Mitspracherecht bei der Auswahl der Kommissare (Art. 214, Abs. 2 EGV) sowie durch das Zugeständnis eines „weiten Ermessens" bei der Neuordnung der Aufgaben (Erklärung für die Schlussakte). In Bezug auf den Ministerrat wurden qualifizierte Mehrheitsentscheidungen ausgeweitet, wenngleich auch dies nur recht vorsichtig. Immerhin wurden Beschäftigungs- und Teile der Sozialpolitik (Chancengleichheit), die so lange ein Zankapfel zwischen den Mitgliedstaaten waren, unter die Regel der qualifizierten Mehrheitsentscheidung gestellt (Art. 137 und 141 EGV).

Über ein Protokoll wurde die Rolle der einzelstaatlichen Parlamente im europäischen Entscheidungsprozess aufgewertet, indem diesen Konsultationsdokumente der Kommission (Grün- und Weißbücher) sowie Vorschläge für Rechtsakte zugeleitet werden sollen; umgekehrt sollen sich die Parlamente (über die Konferenz ihrer Europa-Ausschüsse: COSAC[45]) mit Vorschlägen, Initiativen und Stellungnahmen an die europäischen Organe wenden können.

Als wichtige neue Politikfelder wurden Beschäftigungs- und Sozialpolitik partiell der Verantwortung der Gemeinschaft unterstellt. Während es im Falle der Sozialpolitik „nur" noch

---

[44] Die Bereiche, für die Kodezision gilt, wurden von 15 auf 38 ausgedehnt, die in 31 Vertragsartikeln festgelegt sind (Shackleton 2000, S. 326).

[45] COSAC steht für „Conférence des Organes spécialisés en Affaires Communantaires" (auf deutsch: „Konferenz der Europa-Ausschüsse der nationalen Parlamente und des Europäischen Parlaments"). Sie wurde 1989 auf französische Initiative gegründet. Vgl. Stanat 2006, S. 279 ff..

der Unterschrift Großbritanniens bedurfte – das nach dem Wahlsieg der Labour-Partei im Mai 1997 einen solchen Schritt eindeutig befürwortete –, um das in Maastricht vereinbarte Protokoll in den Vertrag aufzunehmen (Titel XI EGV), wurde ein sogenanntes Beschäftigungskapitel gänzlich neu vereinbart (Titel VIII, Art. 125-130 EGV). Markiert somit die Aufnahme der Sozialpolitik in den EG-Vertrag den Schlusspunkt einer dreistufigen inkrementalistischen Strategie[46], so könnte das Beschäftigungskapitel möglicherweise den Einstieg in einen solchen Prozess einleiten. Denn die neue Politik beinhaltet nur koordinative Kompetenzen sowie stimulierende Funktionen der Gemeinschaft in Bezug auf die Politiken der Mitgliedstaaten. Es mehren sich allerdings die Anzeichen, dass die Kommission diese Möglichkeiten aktiv nutzt, um die Beschäftigungspolitik weiter zu vergemeinschaften (Tömmel 2000, Huget 2002, Mosher/Trubek 2003). Entsprechende Forderungen wurden bereits 1994 mit der Vorlage eines Weißbuches zum Thema „Wachstum, Wettbewerbsfähigkeit, Beschäftigung" erhoben (Kommission 1994).

Beziehen sich die im Vorgehenden skizzierten Neuerungen allesamt auf die Erste Säule der Union, wobei sie die Handlungsfähigkeit aller europäischen Organe ausweiten und damit die supranationale Integrationsdynamik stärken, so wurde die Handlungsfähigkeit im Rahmen der Zweiten und Dritten Säule über die Stärkung ihrer intergouvernementalen Struktur erhöht (vgl. Art. 11-28 sowie 29-42 EUV). Insbesondere im Bereich der Zweiten Säule wurde die neu geschaffene Funktion eines „Hohen Vertreters für die GASP" beim Generalsekretariat des Rats angesiedelt, indem dessen Generalsekretär diese Aufgabe in Personalunion übernehmen soll. Damit wurden Forderungen der Kommission, diese Funktion einem Kommissar anzuvertrauen, eine klare Absage erteilt. Auch eine neu zu schaffende „Strategieplanungs- und Frühwarneinheit" zur administrativen Unterstützung der GASP wurde beim Generalsekretariat des Rats eingerichtet und somit auf eine offizielle Unterstützung seitens der Kommissionsbeamten verzichtet.[47] Die Konsolidierung der Säulenkonstruktion im Amsterdamer Vertrag bestätigt somit die mit dem Maastrichter Vertrag geschaffene Dissoziierung zweier Integrationsmodi.[48]

Den wohl spektakulärsten und langfristig folgenreichsten Schritt des Amsterdamer Vertrags stellte aber der Einstieg in ein Konzept der abgestuften Integration – oder in ein Europa verschiedener Geschwindigkeiten – dar, indem einer Gruppe von Mitgliedstaaten zugestanden wurde, im Rahmen der EG engere Integrationsschritte zu vereinbaren (Art. 11 EGV). Diese unter dem Begriff „verstärkte Zusammenarbeit" firmierende Vorgehensweise sanktioniert

---

[46] Vieles spricht dafür, dass es hier um eine bewusste Strategie der Kommission geht und nicht um eine Kette von Zufällen.

[47] Inoffiziell wurde eine solche Unterstützung dennoch erwartet (Interview Generalsekretär des Rates, Februar 1998). Zudem regelt der Vertrag, dass der Rat die Kommission ersuchen kann, Vorschläge für die GASP zu unterbreiten. Vgl. Art. 14, Abs. 4 EUV.

[48] Dass es hinter den Kulissen zu vielfachen Durchkreuzungen der Säulenkonstruktion kommt, bestätigt einmal mehr, dass sie vor allem eine bewusste politische Entscheidung zur Eindämmung der Macht der Kommission war.

2.5 System-Umbau

den mit dem Schengener Abkommen von 1985 praktizierten „koordinierten Alleingang" einiger EU-Staaten (Gehring 1999), indem ein solcher nunmehr im Rahmen der EG unter Inanspruchnahme ihrer Organe und Strukturen ermöglicht wird. Damit kann sich dieses Verfahren zu einem „gezielten Vorausgang" (Tömmel 2001b, S. 62) einer Gruppe von Staaten entwickeln, das heißt, der Integrationsprozess kann auch bei fehlendem Konsens zwischen den Mitgliedstaaten vorangetrieben werden.[49] Allerdings wurden einem solchen Prozess gewisse Hürden entgegengestellt: Zwar kann der Ministerrat darüber mit qualifizierter Mehrheit entscheiden; ein Mitgliedstaat kann aber – unter Nennung der Gründe – einen solchen Beschluss mit einem Veto blockieren (Art. 11, Abs. 2 EGV).

Insgesamt spiegelt der Amsterdamer Vertrag somit eine Verlangsamung der Integrationsdynamik wider, indem nur kleinere Reformschritte ohne durchgreifende institutionelle Neuordnung erzielt wurden. Gleichzeitig kann der Vertrag aber auch als Ausdruck eines neuerlichen Umschlags des Integrationsprozesses gewertet werden. Denn der Inkrementalismus im Kleinen, der Einbezug weiterer Akteure in den Entscheidungsprozess (nämlich der nationalen Parlamente) und insbesondere der regulierte Einstieg in neue Formen der abgestuften Integration signalisieren den systematischen Ausbau einerseits des Verflechtungscharakters des Systems ohne Stärkung seiner zentralen Organe, andererseits einer Integrationsdynamik, die nicht mehr auf den Konsens aller Beteiligten setzt, sondern einen dynamischen Zusammenhang zwischen Vorreitern und Nachzüglern der Integration konstituiert. Beide Entwicklungstendenzen hatten sich zwar zuvor schon herausgebildet, sie wurden aber bis dahin nicht systematisch ausgebaut oder gar verregelt.

Mit der Unterzeichnung des Amsterdamer Vertrags (2.10.1997, in Kraft getreten am 1.5.1999) war zwar die anvisierte institutionelle Neuordnung im Hinblick auf die Osterweiterung kaum gelungen; dennoch wurden in der Folge konkrete Schritte zu ihrer Bewältigung unternommen. Noch während des Amsterdamer Gipfels hatte die Kommission empfohlen, mit zunächst sechs Staaten[50] Beitrittsverhandlungen aufzunehmen; gleichzeitig legte sie die „Agenda 2000" vor, ein Dokument, das die Reform der Agrarpolitik, der Strukturfonds sowie eine Heranführungsstrategie für die Beitrittskandidaten als notwendige Vorbereitung auf die Osterweiterung vorschlug (Kommission 1997). Nach zähen Verhandlungen – mit den Reformvorschlägen waren vielfältige Verteilungskonflikte verbunden – wurde die Agenda 2000 vom Europäischen Rat in Berlin angenommen (März 1999). Zuvor hatte der Europäische Rat von Luxemburg (Dezember 1997) die Aufnahme von Beitrittsverhandlungen mit einer ersten Gruppe von fünf MOE-Staaten[51] und Zypern beschlossen.[52] Auf Druck des Europäischen Parlaments, aber auch der Staaten, die nicht in die erste Verhandlungsrunde ein-

---

[49] Dass ein solches Verfahren weniger integrationsgesinnte Staaten unter erheblichen Anpassungsdruck setzt, zeigt nicht nur die Entwicklung des Schengener Abkommens (Gehring 1999), sondern auch und vor allem das Beispiel der Währungsunion.

[50] Dies waren: Estland, Polen, Slowenien, die Tschechische Republik, Ungarn sowie Zypern.

[51] Mittel- und Osteuropa-Staaten.

[52] Es handelt sich um dieselben Staaten, die die Kommission zuvor für Beitrittsverhandlungen vorgeschlagen hatte.

bezogen waren, wurde wenig später auf dem Gipfel von Helsinki (Dezember 1999) beschlossen, mit allen Beitrittsaspiranten Verhandlungen aufzunehmen.[53]

Aber auch in anderen Bereichen konnten Integrationsfortschritte erzielt werden. Im Sommer 1999 wurde die Schaffung einer „Europäischen Sicherheits- und Verteidigungsidentität" (ESVI) beschlossen, die die Aufstellung eigener Verteidigungskräfte auf der Grundlage nationaler Kontingente in enger Kooperation mit WEU und NATO vorsah. Damit wurde für eine immer sehr kontrovers diskutierte Thematik ein konkretes Konzept zu einer gemeinsamen Vorgehensweise entwickelt.

Als weiterer bedeutsamer Integrationsschritt ist die Erstellung und Verabschiedung einer europäischen Grundrechtecharta zu werten. Der Inhalt der Charta zielt auf eine größere Bürgernähe der EU ab; gleichzeitig ist er aber auch auf die Formulierung klarer Prinzipien im Hinblick auf Erweiterungen der Union ausgerichtet, wie beispielsweise Wahrung der Menschenrechte und Schutz von Minderheiten. Bemerkenswert ist das Verfahren zur Erstellung der Charta: Zum ersten Mal in der Geschichte der Union war es nicht eine Regierungskonferenz, sondern ein aus Vertretern aller Organe sowie Delegierten der Mitgliedstaaten zusammengesetzter Konvent, der die Charta erarbeitete. Sowohl aufgrund dieses Verfahrens – das die Legitimität der Beschlussfassung erhöhte – als auch aufgrund des Inhalts – die Charta wurde als Kernelement einer künftigen europäischen Verfassung gehandelt – ist die während der Gipfelkonferenz von Nizza (Dezember 2000) feierlich proklamierte Grundrechtecharta als Meilenstein in der Integrationsgeschichte zu werten.

Trotz oder vielleicht auch wegen dieser beachtenswerten Integrationsschritte konnte die Akzeptanz der Europäischen Union in der Öffentlichkeit nicht erhöht werden. Sie sank weiter, als im Laufe des Jahres 1999 die Kommission – faktisch einzelne Kommissare – in den Verdacht der Korruption gerieten. Nach erhitzten Debatten im Europäischen Parlament, das jetzt seine Kontrollrechte voll einsetzen wollte und mit einem Misstrauensvotum drohte, trat die Santer-Kommission geschlossen zurück (Hummer/Obwexer 1999, vgl. auch van Miert 2000). Im Herbst 1999 kam unter der Präsidentschaft von Romano Prodi eine neue Kommission ins Amt, die aber ebenfalls nicht die Statur der Delors-Kommission erreichte. Offensichtlich wollten die Mitgliedstaaten auch jetzt nicht zu viel Macht an die europäische Ebene delegieren.[54]

Die bis zur Jahrtausendwende erzielten Integrationsschritte konnten aber nicht darüber hinwegtäuschen, dass die institutionelle Reform der Union als Voraussetzung der Osterweiterung noch immer ausstand. Es wurde somit eine neuerliche Intergouvernementale Konferenz

---

[53] Dies waren neben den sechs bereits genannten Staaten Bulgarien, Lettland, Litauen, Malta, die Slowakische Republik und Rumänien. Hierbei handelt es sich um eine politische Entscheidung, da die Ausgeschlossenen sich von der EU abzuwenden drohten und zudem ihre Beeinflussung über die Beitrittsperspektive nicht mehr möglich gewesen wäre (Interview mit MEP, Februar 1998). Auch die Türkei wurde auf diesem Gipfel als Beitrittskandidat anerkannt.

[54] Prodi wurde denn auch gleich zu Amtsantritt von den Regierungen der Mitgliedstaaten gedeckt, nachdem er vollmundig eigene Vorstellungen zur Osterweiterung formuliert hatte (Peterson 2004).

2.5 System-Umbau

anberaumt, die vor allem die in Amsterdam unerledigt gebliebenen „left-overs" bearbeiten sollte. Dazu gehörte die Neugewichtung der Stimmen im Ministerrat, die Verkleinerung und Straffung der Kommission sowie die veränderte Sitzverteilung im Europäischen Parlament. Nach einjähriger Vorbereitung kam es auf dem Gipfel von Nizza im Dezember 2000 zur Aushandlung einer Vertragsrevision, die allerdings – einmal mehr – deutlich hinter den in sie gesetzten Erwartungen zurückblieb (vgl. zum Vertrag von Nizza Pleuger 2001, Wessels 2001 sowie die Beiträge im entsprechenden Themenheft der Zeitschrift „integration", Heft 4, 2001).

Bei der Neugewichtung der Stimmen im Ministerrat ging es vor allem darum, das Gewicht der großen Mitgliedstaaten gegenüber den kleineren zu stärken, da die anvisierten Erweiterungen fast ausschließlich kleine Staaten betrafen, diese somit bei Beibehaltung des „alten" Verteilungsschlüssels[55] überproportional repräsentiert wären (Wessels 2001). Nach zähen, außergewöhnlich turbulenten Verhandlungen wurde eine Gewichtsverschiebung zugunsten der Großen erreicht, indem deren Stimmen im Schnitt mit dem Faktor 2,9, die der Kleinen jedoch nur mit 2,0 multipliziert wurden. Allerdings handelte es sich dabei nicht um eine durchgängig praktizierte Regel; vielmehr wurden die Stimmen von Spanien mit dem Faktor 3,4 multipliziert.[56] Gleichzeitig scheute man sich nicht, die Stimmenzahl der Beitrittskandidaten, die ebenfalls schon festgelegt wurde, im Verhältnis zum Bevölkerungsumfang teilweise niedriger zu gewichten. Lediglich Polen gelang es, die gleiche Stimmenzahl wie Spanien und damit ein überproportionales Gewicht im Ministerrat zu erhalten. Um das Risiko der Majorisierung der großen Mitgliedstaaten, die ja zugleich die bedeutendsten Altmitglieder der EU sind, weiter zu reduzieren, wurden zwei zusätzliche Bedingungen zur Erreichung einer qualifizierten Mehrheit im Ministerrat eingeführt: Sie muss mindestens mehr als die Hälfte aller Mitgliedstaaten umfassen sowie 62 Prozent der Einwohnerschaft der EU repräsentieren.[57]

Bezüglich der Mitgliederzahl der Kommission konnte keine Straffung erzielt werden, da insbesondere die kleinen Staaten befürchteten, dann keinen Kommissar mehr stellen zu können. So beschloss der Rat – entgegen allen Effizienzgeboten – die Zahl der Kommissare auf maximal 27 auszuweiten; wenn die Zahl der Beitrittsländer 7 übersteige, sollten die großen Mitgliedstaaten auf einen zweiten Kommissarsposten verzichten. Diese halbherzige Regelung reicht immerhin für 12 Beitrittsstaaten und damit für alle, mit denen bis zu diesem Zeitpunkt (Dezember 2000) Beitrittsverhandlungen begonnen wurden; erst danach wäre eine Neuregelung fällig.

---

[55] Dieser Verteilungsschlüssel geht auf die Gründungsphase der Europäischen Gemeinschaften zurück, bei denen den stark integrationsgesinnten Benelux-Staaten problemlos überproportionale Beteiligungsrechte zugestanden werden konnten.

[56] Ob dies dem spanischen Verhandlungsgeschick, der ausgeprägten Integrationsorientierung dieses Landes oder beidem zuzuschreiben ist, sei dahingestellt.

[57] Die an die Bevölkerungszahl gebundene Mehrheit soll nur auf Verlangen eines Mitgliedstaates überprüft werden. Die Regelung kommt insbesondere Deutschland zugute, das sich nicht mit dem Wunsch nach einer höheren Stimmenzahl als die übrigen großen Mitgliedstaaten durchsetzen konnte.

Die in Amsterdam festgelegte Maximalzahl von 700 Sitzen im Europäischen Parlament konnte nicht gehalten werden. Vielmehr einigte man sich auf eine Sitzverteilung, die zwar die heutigen Anteile der Mitgliedstaaten deutlich reduziert, um für die Beitrittsländer Platz zu machen; zugleich aber hebt sie das Gewicht der größeren Staaten relativ an, um die Repräsentanz dem jeweiligen Bevölkerungsumfang zumindest anzunähern. Hier war aber der Spielraum auch nach unten begrenzt, da eine gewisse Delegationsstärke für die kleinen Staaten gewährleistet sein muss (Wessels 2001, S.12).

Gelang die Neuordnung der Organe nur mit Mühe, so blieb die anvisierte Umordnung der Entscheidungsverfahren weit hinter den Erwartungen zurück. Mehrheitsentscheidungen im Ministerrat wurden auf 24 Fälle ausgeweitet; dem Parlament wurde aber nur in sieben Fällen der Übergang zum Mitentscheidungsverfahren zugestanden.[58] Damit schien die Zielsetzung des Parlaments, in allen Fragen das Recht der Mitentscheidung und somit eine vollwertige Rolle als Mitgesetzgeber zu erlangen, vorerst in weite Ferne gerückt (Brok 2001).

Bemerkenswert problemlos ging demgegenüber eine Erleichterung des Verfahrens der „verstärkten Zusammenarbeit" über die Bühne: Die Vetomöglichkeit eines einzelnen Mitgliedstaates wurde abgeschafft; die Mindestteilnehmerzahl an einer „verstärkten Zusammenarbeit" auf acht festgelegt. Das bedeutet, dass die noch in Amsterdam vereinbarte Regel, nach der mehr als die Hälfte der EU-Mitglieder an einer „verstärkten Zusammenarbeit" beteiligt sein muss, für den Fall der Erweiterung der EU ausgehebelt wurde.

Nach dem Vertragsschluss von Nizza wurde – wie üblich – nicht mit Kritik gespart; doch zumindest die verantwortlichen Politiker waren der Meinung, die nötigen Weichen für die Osterweiterung gestellt zu haben. Zwar war die ersehnte Straffung der Organe nicht gelungen; aber die Gewichte zwischen den Staaten waren neu justiert: augenscheinlich zugunsten der größeren Staaten, faktisch aber auch zugunsten der Altmitglieder der EU. Das neue Vertragswerk wurde ohne größere Hindernisse ratifiziert; zum 1. Februar 2003 trat es in Kraft.

Entsprechend diesem – zumindest teilweisen – Erfolg in Sachen Vertiefung der Integration konnte nun die Erweiterung der Union zügig vorangetrieben werden. Beitrittsverhandlungen mit zunächst sechs Staaten waren im März 1998 aufgenommen worden; im Februar 2000 wurden die Verhandlungen auf die sechs übrigen Beitrittsaspiranten ausgeweitet. Obwohl im Laufe des Jahres 2001 schon zahlreiche der insgesamt 31 Verhandlungskapitel weitgehend abgeschlossen waren, blieben noch einige schwierige Probleme zu lösen (Avery 2004). Dies waren vor allem Fragen der Agrar- und Umweltpolitik sowie das Thema der Arbeitnehmerfreizügigkeit. Zudem erwies es sich, dass einige der Beitrittskandidaten Forderungen und Vorgaben der EU umstandslos akzeptierten, während andere ihnen erhebliche Widerstände entgegensetzten. Der strittigste Punkt zwischen Union und Beitrittsstaaten war aber die Festlegung der Zielmarke in Form eines klaren Datums für den Beitritt (Avery 2004). Dieses wurde von der EU sehr lange offen gelassen; einerseits, weil sie selbst noch nicht ausreichend vorbereitet war, andererseits, weil sie den Anpassungsdruck auf die Beitrittsstaaten

---

[58] Dies gilt für Art. 13, 62, 63, 65, 157, 159 und 191 EGV.

2.5 System-Umbau

nicht lockern wollte. Nachdem sich aber die Verhandlungen mit zehn Beitrittskandidaten im Laufe des Jahres 2002 ihrem Ende näherten – Konfliktthemen wurden mit dem Zugeständnis längerer Übergangsfristen ausgeräumt – konnte zum Jahresende der 1. Mai 2004 als definitiver Erweiterungstermin festgelegt werden. Damit verlagerte sich das Pendel europäischer Politik wiederum auf die Vertiefung der Integration.

Denn auch Nizza hatte seine „left-overs", die nur über eine neuerliche Vertragsrevision zu lösen waren. Eine solche wurde für das Jahr 2004 anberaumt, der letztmögliche Zeitpunkt, bevor die große Erweiterung nach Osten und Süden erfolgen sollte. Erstmals in der Geschichte der EU wurde diese Vertragsrevision jedoch nicht einer Intergouvernementalen Konferenz – also den Regierungen der Mitgliedstaaten – anvertraut, sondern, nach dem erfolgreichen Vorbild der Grundrechtecharta, einem Konvent. Der Konvent zur Zukunft der Europäischen Union wurde am 28.2.2002 feierlich konstituiert; ihm gehörten neben Regierungsvertretern der Mitgliedstaaten (15), Mitgliedern der nationalen Parlamente (30) sowie des Europäischen Parlaments (16) auch Regierungsvertreter (13) und Parlamentarier (26) der Beitrittsländer an.[59] Auch die Kommission durfte zwei der insgesamt 105 Mitglieder des Konvents stellen (Wessels 2002).[60]

Die Zusammensetzung des Konvents wurde als Schritt und Zeichen einer weiteren Demokratisierung der EU präsentiert (Maurer 2003): Immerhin gehörten dem Gremium 72, und damit mehr als zwei Drittel, direkt gewählte Parlamentarier an. Allerdings kann diese beeindruckende Zahl nicht darüber hinwegtäuschen, dass nur 18 seiner Vertreter, also weniger als ein Fünftel, Delegierte europäischer Organe waren; der Konvent war also eindeutig von den jetzigen und auch den künftigen Mitgliedstaaten dominiert und somit fest in der intergouvernementalen Systemstruktur verankert.

Inhaltlich wurde dem Konvent ein umfangreiches – und zugleich widersprüchliches – Aufgabenspektrum über die Erklärung des Gipfels von Laeken (Dezember 2001) mitgegeben (Göler 2002, Wessels 2002): Er sollte die Union zukunftsfähig machen, ihre Organe und Entscheidungsverfahren straffen, die Kompetenzen zwischen europäischer und nationaler Ebene klarer abgrenzen und eventuell sogar einen Verfassungsentwurf vorlegen; kurz: Er „sieht sich mit kniffligen Reformfragen konfrontiert, die die Staats- und Regierungschefs der EU nicht lösten" (Frankfurter Rundschau, 28.2.2002, S. 8). Entgegen den zunächst eher gedämpften Erwartungen gelang es dem Konvent dann aber, eine Reihe der „kniffligen Reformfragen" zu lösen und – nach einer halbjährigen, intensiven und zugleich höchst kontroversen Sitzungsperiode – den Entwurf für einen Verfassungsvertrag der EU vorzulegen (vgl. dazu Hrbek 2003, Wessels 2003, Crum 2004). Und entgegen seinem ursprünglichen Auftrag arbeitete der Konvent auch nicht mehrere Alternativen aus, sondern nur einen Vertragsentwurf. Indem er zugleich die Regierungen der Mitgliedstaaten nachdrücklich davor warnte,

---

[59] Neben Vertretern der 12 Beitrittsstaaten waren auch solche der Türkei als Beitrittskandidat zugelassen.
[60] Bei den an dieser Gesamtzahl fehlenden drei Mitgliedern des Konvents handelt es sich um seinen Präsidenten sowie zwei Vizepräsidenten, die direkt designiert wurden.

das Paket wieder aufzuschnüren, da es sonst zu keinerlei Beschlussfassung komme, verlieh er seinem Entwurf zusätzliches Gewicht.

Die nachdrückliche Warnung an die Regierungen war berechtigt, hatte doch der Konvent ein Vertragsdokument konzipiert, das in einigen, seit langem strittigen Punkten Lösungen vorschlug, die die zu erwartenden Zugeständnisse der Mitgliedstaaten deutlich überschritten. Als Überschreitung in diesem Sinne ist bereits die Bezeichnung des neuen Vertragswerks als Verfassung zu werten[61], womit der Staatscharakter der EU hervorgehoben wurde (Göler/Marhold 2003, Crum 2004). Eine weitere Überschreitung stellt die komplette und unveränderte Aufnahme der Grundrechtecharta in den Verfassungsvertrag dar, womit das Europa der Bürger gestärkt und einmal mehr der Staatscharakter der EU betont wurde. Die wohl spektakulärste Überschreitung manifestiert sich allerdings in einer signifikanten Umstrukturierung der europäischen Organe und ihrer Entscheidungsverfahren (Wessels 2003, Tömmel 2004b). So sah der Konventsentwurf vor:

- die Kommission künftig auf 15 Mitglieder zu reduzieren;
- ihren Präsidenten auf Vorschlag des Rates durch das Parlament zu wählen;
- rotierende Präsidentschaften der Räte abzuschaffen zugunsten von bis zu 2 ½ Jahre dauernden Amtszeiten;
- die Position eines europäischen Außenministers zu schaffen, der ständiger Vorsitzender des Außenministerrats und zugleich Vizepräsident der Kommission sein soll;
- dem Parlament die Rolle eines gleichberechtigten Mitgesetzgebers zuzuweisen, indem das Mitentscheidungsverfahren zum regulären Gesetzgebungsverfahren erhoben wird; und schließlich
- die Säulenstruktur der Union aufzuheben.

Der wohl spektakulärste Vorschlag des Konvents war aber die Veränderung des Abstimmungsmodus im Ministerrat: Statt gewichteter Stimmen sollten künftig alle Mitgliedstaaten über eine Stimme verfügen; Entscheidungen sollten (nur noch) mit absoluter Mehrheit gefasst werden. Um dann aber noch ein Korrektiv zugunsten der großen Mitgliedstaaten zu haben, sollten die positiven Voten mindestens 60 Prozent der EU-Bevölkerung repräsentieren. Schließlich wurden auch die Verfahren der „verstärkten Zusammenarbeit" noch einmal bestätigt und das Ingangsetzen solcher Verfahren erleichtert.

Angesichts so weitreichender Vorschläge hätte es nahegelegen, dass heftige Debatten um das Für und Wider einzelner Bestandteile des Konventspakets entbrannt wären. Dieses Szenario trat aber nicht ein. Denn einige große und bedeutende Mitgliedstaaten – allen voran Frankreich und die BRD – folgten sehr schnell der Argumentation des Konvents, dass das vorgelegte Paket in seiner Gesamtheit zu übernehmen sei, um ein Scheitern der Vertragsrevision zu verhindern. Damit reduzierte sich die Opposition gegen den Vorschlag auf im Wesentlichen zwei Staaten, die insbesondere den Verlust der mit dem Vertrag von Nizza hinzu-

---

[61] Zwar wurde im Auftrag von Laeken bereits die Möglichkeit der Ausarbeitung einer Verfassung genannt, aber eben nur als eine von mehreren Optionen (Göler 2002, Wessels 2002).

gewonnenen Privilegien nicht hinnehmen wollten: Spanien und Polen. Als kleine unter den großen Mitgliedstaaten lehnten sie vor allem die Aufhebung der Stimmengewichtung im Ministerrat ab. Infolge dieser vehementen Opposition scheiterte denn auch die Verabschiedung des Verfassungsvertrags auf der Gipfelkonferenz von Brüssel zum Jahresende 2003 unter italienischer Präsidentschaft. Allerdings wurde hierfür auch die halbherzige Verhandlungsführung von Ministerpräsident Berlusconi sowie die Intervention weiterer Bedenkenträger hinter den Kulissen verantwortlich gemacht. Damit schien eine einmalige Chance vertan, denn zum 1.5.2004 stand die Erweiterung der EU um 10 Beitrittsstaaten[62] an. Zwar waren Letztere bereits an den Konventsberatungen beteiligt gewesen; als Vollmitglieder der EU war aber eher zu erwarten, dass sie sich dem im Konvent erzielten Konsens nicht widerspruchslos beugen würden.

Entgegen diesen pessimistischen Erwartungen kam es dann aber doch sehr schnell zum Konsens der 25 Mitgliedstaaten der Union. Kaum waren die euphorischen Feiern und Reden zum historischen Ereignis der größten Erweiterung der EU verklungen und die Wahlen zum erweiterten europäischen Parlament über die Bühne gegangen, schaffte der Europäische Rat unter irischer Präsidentschaft in Brüssel den Durchbruch: Am 18. Juni 2004 wurde der Entwurf eines Verfassungsvertrags der Europäischen Union von den Staats- und Regierungschefs der 25 einstimmig angenommen. Zwar konnten insbesondere die kleineren Mitgliedstaaten in den Schlussverhandlungen einige Zugeständnisse abringen; zu einer Verwässerung des Konventsentwurfs, wie eilige Kommentatoren befürchteten, kam es aber nicht.

Die wesentlichen Veränderungen gegenüber dem Konventsentwurf beziehen sich auf folgende Punkte (vgl. Tömmel 2004b, Wessels 2004):[63]

- Die Reduktion der Zahl der Kommissare wurde auf ein Drittel der Zahl der Mitgliedstaaten festgelegt[64] und damit verringert. Zudem wurde ihre Einführung auf das Jahr 2014 verschoben.
- Die für 2 ½ Jahre zu wählende Ratspräsidentschaft wurde auf den Europäischen Rat beschränkt, während für die übrigen Ratsformationen die halbjährliche Rotation beibehalten wurde.
- Mehrheitsentscheidungen im Ministerrat wurden an mindestens 15 Stimmen der Staaten gebunden, die mindestens 65 Prozent der Bevölkerung repräsentieren sollten. Für eine blockierende Minderheit wurde eine Mindestzahl von vier Staaten festgelegt.

---

[62] Von den ursprünglich 12 Kandidaten waren zwei – Bulgarien und Rumänien – von dieser Beitrittsrunde zurückgestellt worden, da sie die Beitrittskriterien noch nicht erfüllen konnten. Ihnen wurde der Beitritt für das Jahr 2007 in Aussicht gestellt, der ja dann auch zum 1.1.2007 erfolgte.

[63] Die Einzelheiten der definitiven Regelungen des Verfassungsvertrags werden in den folgenden Kapiteln im Zusammenhang mit der institutionellen Struktur und Funktionsweise des EU-Systems behandelt.

[64] Damit kann jeder Staat für zwei Legislaturperioden einen Kommissar stellen, während er für eine dritte Periode ausscheiden muss.

Diese Veränderungen beinhalten zusammengenommen, dass das Gewicht der einzelnen Staaten, insbesondere in Kommission und Rat, wieder etwas gestärkt wurde, was insbesondere für die kleineren Staaten bedeutsam war.

Insgesamt gelang mit dem Verfassungsvertrag, was die vorangegangenen Vertragsrevisionen nicht leisteten: Eine fundamentale Restrukturierung der Organe der EU und ihrer Entscheidungsverfahren. Die anvisierten Regelungen waren geeignet, die Handlungsfähigkeit der Union signifikant zu stärken und ihre Demokratiefähigkeit zumindest zu verbessern. Gestärkte Handlungsfähigkeit beinhaltet allerdings nicht eine zunehmende Supranationalisierung der Union; vielmehr manifestiert sie sich in erster Linie in der gesteigerten Autorität und Entscheidungsfähigkeit der Räte. Diese geht aber kaum zulasten der Kommission; vielmehr sind es vor allem einzelne oder auch Gruppen von Mitgliedstaaten, deren Potenzial als Vetospieler ausgeschaltet oder entscheidend zurückgedrängt werden sollte (Tömmel 2004b).

Fragt man nun nach den Gründen für diesen spektakulären Durchbruch, so ist es in erster Linie der Konventsmethode zuzuschreiben, dass ein so weitreichendes Ergebnis erzielt werden konnte. Die Arbeit des Konvents hat sich nicht nur bewährt, weil in diesem Gremium das Arguing, das Vorbringen guter Argumente, gegenüber dem Bargaining, dem Anstreben maximaler Vorteile für das eigene Land, und somit deliberative Entscheidungsverfahren dominierten (vgl. Göler/Marhold 2003, Maurer 2003). Vielmehr gelang es mit diesem Verfahrensmodus auch, potenzielle Vetospieler unter den Mitglied- beziehungsweise Beitrittsstaaten bereits im Vorfeld einer Regierungskonferenz kaltzustellen. In diesem Kontext ist auch die Leadership-Rolle des Konventspräsidenten – des früheren französischen Staatspräsidenten Valérie Giscard-d'Estaing – als vorwärtstreibender Faktor hervorzuheben. In der darauffolgenden Beschlussfassungsphase war es dann kaum mehr möglich, das fest verschnürte Paket noch einmal in seine Bestandteile aufzulösen und substanziell abzuändern. Die Konventsmethode vermittelt somit auch einen Einblick in künftige Konsensfindungsprozesse in der erweiterten Union: Formal sind alle Staaten gleichberechtigt beteiligt; faktisch werden sich aber potenzielle Vetospieler einem verstärkten Anpassungsdruck beugen müssen.

Der historische Erfolg der Einigung auf einen Verfassungsvertrag lässt sich aber nicht alleine mit der EU-internen Dynamik erklären: Vielmehr ist es der mit dem Ende des Ost-West-Konflikts außerordentlich gewachsene externe Problemdruck, der die Handlungs- und Entscheidungsfähigkeit der Union enorm erhöht hat. Diese stellte sich allerdings nicht unmittelbar ein; vielmehr ist die gesamte Phase nach Verabschiedung des Maastricht-Vertrags und dem Abschluss einer intensiven Phase der Integration zunächst durch eine defensive und allenfalls zu vorsichtigem Inkrementalismus neigende Haltung gekennzeichnet. Erst in dem Maße, wie der Außendruck sich zunehmend konkreter als lautes Pochen der Beitrittsstaaten an die Tür der EU manifestierte, kam nicht nur die Erweiterungsstrategie, sondern auch das Vorhaben der Vertiefung der Integration in Schwung. Allerdings handelte es sich bei Letzterer nicht nur um eine quantitative Steigerung der Integration, sondern auch um einen qualitativen Umbau des EU-Systems: Das Konzept der „verstärkten Zusammenarbeit", aber auch die Restrukturierung der Organe und ihrer Entscheidungsverfahren signalisieren den Einstieg in ein Europa von ungleichen Partnern.

Kaum war die Einigung auf einen Verfassungsvertrag im Juni 2004 gelungen, stand schon ein anderes Konfliktthema auf der Tagesordnung: die Ernennung einer neuen Kommission.

Die Mitgliedstaaten konnten sich aber auch hier schnell auf den Portugiesen José Manuel Barroso einigen: Der Kandidat stand der europäischen Volkspartei nahe, die sich nach den Parlamentswahlen im Juni 2004 erneut als stärkste politische Kraft des EP erwiesen hatte, und er galt als konsequenter Verfechter einer neoliberalen Politik. Zudem war er kein besonders starker Kandidat, so dass eine eigenständige Kommissionspolitik kaum zu befürchten war. Konflikte gab es aber dann mit dem EP, das seine Zustimmung zur Gesamtkommission erneut – und konsequenter als zuvor – dazu nutzte, einzelnen Kandidaten ihre Eignung für das Amt abzusprechen (Schild 2005). Im Ergebnis mussten so Italien und Lettland ihre designierten Kandidaten zurückziehen und andere benennen; zudem musste Barroso die Aufgaben entgegen seinen ursprünglichen Planungen teilweise umverteilen. Während das Parlament so seine Position – insbesondere in den Augen der Öffentlichkeit – stärken konnte, ging die Kommission geschwächt aus diesem Verfahren hervor (Schild 2005).

Der Erfolg einer schnellen Einigung der Mitgliedstaaten auf einen Verfassungsvertrag währte nur für eine kurze Zeitperiode. Die Ratifizierung des ambitionierten Projekts in den Mitgliedstaaten – teils über Parlamentsentscheidungen, teils über Referenden – stellte insbesondere in letzterem Falle eine hohe Hürde dar. Denn damit waren die Bürger der EU aufgerufen, ihre Meinung zur Integration zu äußern; und diese pfiffen ihre vorwärtsstrebenden politischen Eliten vehement zurück. Zwar gelang es, den Vertragsentwurf nach und nach in 18 Parlamenten der Mitgliedstaaten zu ratifizieren; die Referenden führten aber zu einem anderen Ergebnis. Während in Spanien und Luxemburg eine Mehrheit der Bürger dem Verfassungsprojekt zustimmte[65], lautete das Votum in Frankreich und den Niederlanden mehrheitlich Nein.[66] In Großbritannien wurde gar nicht erst ein Referendum angesetzt, da auch hier ein klares Nein zu erwarten war. Auch andere Mitgliedstaaten, in denen Referenden vorgesehen waren, zögerten nach den negativen Voten in Frankreich und den Niederlanden. Die offene Ablehnung der Bürger – insbesondere in zwei Gründerstaaten der EU – und die allenthalben durchscheinende Skepsis auch derer, die nicht zu einem Referendum gerufen waren, stürzten die EU in eine tiefe Krise. Einmal mehr wurde deutlich, dass es auch in einer erweiterten Union weniger die Divergenzen zwischen den Mitgliedstaaten sind, die das europäische Integrationsprojekt bremsen, als vielmehr die wachsende Kluft zwischen integrationsorientierten Eliten und einer zunehmend skeptischen Öffentlichkeit. Das Verfassungsprojekt wurde denn auch nach den negativen Referenden unter dem Begriff Reflexionsphase auf die lange Bank geschoben, während sich die Politiker anderen Konfliktthemen zuwandten.

Als ein solches Konfliktthema erwies sich die im Jahre 2005 anstehende Entscheidung über die mittelfristige Finanzplanung für die EU. Da mit solchen Entscheidungen auch weitrei-

---

[65] In Spanien stimmten 77 Prozent der Wähler bei einer Wahlbeteiligung von 42 Prozent dem Verfassungsvertrag zu; in Luxemburg fiel die Zustimmung mit 56,5 Prozent bei einer obligatorischen Wahlbeteiligung knapper aus. http://www.cap-lmu.de/themen/eu-reform/ratifikation/index.php.

[66] In Frankreich stimmten am 29.5.2005 54,9 Prozent der Wähler gegen das Verfassungsprojekt bei einer Wahlbeteiligung von 69,7 Prozent; in den Niederlanden waren am 1.6.2005 sogar 61,6 Prozent der Wähler gegen den Vertrag bei einer Wahlbeteiligung von 62,8 Prozent. Weske 2006, S. 491.

chende Folgen für die einzelnen Politiken der EU verbunden sind – insbesondere für distributive Politiken wie die Agrar- sowie die Regionalpolitik –, waren heftige Auseinandersetzungen vorprogrammiert. Entgegen den allgemeinen Erwartungen verlief die Hauptkonfliktlinie aber nicht zwischen West und Ost – also zwischen Altmitgliedern und Beitrittsstaaten; vielmehr erwiesen sich Frankreich, Deutschland und Großbritannien als die stärksten Kontrahenten. Während Frankreich vor allem seine Agrarsubventionen sichern wollte, strebte Großbritannien eine Umlenkung von Fördermitteln auf Forschung und Technologieentwicklung an; zudem versuchte es, den Anfang der 80er Jahre zugestandenen Briten-Rabatt zu erhalten.[67] Die BRD hingegen wollte das Gesamtbudget der EU möglichst weit herabdrücken, wobei sie vor allem mit der notwendigen Einhaltung der Kriterien des Wachstums- und Stabilitätspaktes argumentierte. Zum Jahresende 2005 konnte sich der Europäische Rat schließlich auf einen Kompromiss einigen, der allen Staaten Abstriche abverlangte und keinem die vollständige Ereichung seiner Ziele ermöglichte.

Am 3./4.10.2005 beschloss der Rat zudem, Beitrittsverhandlungen mit Kroatien und der Türkei zu eröffnen; dies, trotz weiterhin großer Skepsis, insbesondere in einigen Mitgliedstaaten, und trotz der nicht gelösten Verfassungskrise. Das Jahr 2006 war demgegenüber von Business as usual gekennzeichnet: Gesetze wurden verabschiedet, Abkommen mit Drittstaaten unterzeichnet, Monitoring-Berichte zu verschiedenen Politiken und Projekten veröffentlicht und Grün- und Weißbücher diskutiert. Zum 1.1.2007 traten Rumänien und Bulgarien wie geplant der Union bei, obwohl Zweifel an der Erfüllung aller Beitrittskriterien bestanden.

Erst im ersten Halbjahr 2007 kam unter deutscher Ratspräsidentschaft das Verfassungsthema wieder auf die Tagesordnung. Unter der Prämisse, zumindest einen Fahrplan zur Wiederbelebung des Verfassungsprozesses zu verabschieden, wurden weitreichende Aktivitäten entfaltet. Konkret wurde das Reformprojekt durch die „Berliner Erklärung" eingeleitet, die aus Anlass des 50-jährigen Bestehens der EG/EU am 25.3.2007 abgegeben wurde. Neben feierlichen Floskeln wurde mit dieser Erklärung der Wille proklamiert, die Reform der EU-Verträge bis zur Parlamentswahl 2009 abzuschließen (Goosmann 2007). In der Folge gelang es dann auf dem Europäischen Rat vom Juni 2007, ein konkretes Mandat für die Vertragsrevision zu verabschieden. Diese sollte nun nicht mehr in einen Verfassungsvertrag, sondern in einen sogenannten Reformvertrag ausmünden.

Das neue Vertragsprojekt ist nicht nur durch diese Namensänderung gekennzeichnet, sondern es entkleidet den Verfassungsvertrag auch von allen Elementen, die die EU als ein staatsähnliches Gebilde erscheinen ließen (vgl. Rat der EU 2007, Nr. 11177/07, S.18). So wurden Verweise auf Hymne und Fahne ersatzlos gestrichen, der Terminus Gesetze wieder durch die altbekannten Richtlinien und Verordnungen ersetzt und der Außenminister wieder zu einem Hohen Vertreter der GASP umbenannt. Zudem wurde die Charta der europäischen

---

[67] Der sogenannte Briten-Rabatt war zu Anfang der 80er Jahre auf Drängen von Margret Thatcher als eine Ausgleichszahlung an das Land eingeführt worden, da Großbritannien seinerzeit Nettozahler war; das Land konnte kaum von den Agrarsubentionen und nur begrenzt von den Fördermitteln der Strukturfonds profitieren.

Grundrechte aus dem Vertragswerk herausgelöst; sie soll aber für alle Mitgliedstaaten mit Ausnahme Großbritanniens verbindlich werden. Des Weiteren wurde das übrige Vertragswerk in zwei Teile geteilt. Künftig soll es einerseits, wie bisher, den *Vertrag über die Europäische Union (EUV)* geben, andererseits den *Vertrag über die Arbeitsweise der Union*, der bisher unter dem Namen *Vertrag zur Gründung der Europäischen Gemeinschaft (EGV)* firmierte. Mit dieser expliziten Teilung und partiellen Umbenennung der bisherigen Verträge wird deutlich eine Hierarchie zwischen ihnen signalisiert; allenfalls dem ersten Vertrag sowie der Grundrechtecharta wäre ein Verfassungsrang zuzuschreiben, während der zweite Vertrag lediglich die Verfahren der Entscheidungsfindung und Politikimplementation regelt.

Am institutionellen Gefüge der Union wurden keine Veränderungen vorgenommen; lediglich das anvisierte Verfahren für erleichterte Mehrheitsentscheidungen im Ministerrat wurde modifiziert. So soll dieses Verfahren erst ab 2014 eingeführt werden; zudem soll bis 2017 die Möglichkeit bestehen, auf Verlangen eines Mitgliedstaates das alte Verfahren anzuwenden. Die benötigte Mindestzahl an Staaten für die Blockierung von Entscheidungen wurde auf fünf erhöht, was besonders kleineren EU-Mitgliedern zugute kommt. Das Verfahren der verstärkten Zusammenarbeit wurde erneut bestätigt, die erforderliche Mindestzahl an Staaten von 8 auf 9 geringfügig erhöht. Die Rolle der nationalen Parlamente im europäischen Entscheidungsprozess wurde – ebenfalls geringfügig – gestärkt (vgl. Rat der EU 2007, Nr. 11177/07).

Auch diese Veränderungen sind bis auf wenige Ausnahmen primär als kosmetische Korrekturen zu werten; soweit es dennoch zu inhaltlichen Korrekturen kam, zielen diese auf die Stärkung der einzelnen Staaten sowie auf die stärkere Rückbindung der europäischen Ebene an die Mitgliedstaaten ab. Bemerkenswert ist allerdings, dass es nicht zu fundamentalen Revisionen kam, sondern hauptsächlich zu einer Streckung der Zeiträume bis zur Umsetzung der neuen Regelungen. Die definitive Beschlussfassung über den Reformvertrag wird allerdings einer Intergouvernementalen Konferenz vorbehalten sein, die noch im Laufe des Jahres 2007 zu einem Abschluss kommen soll. Referenden wollen die meisten Staaten demgegenüber nicht mehr durchführen. Einmal mehr treiben die Eliten den Integrationsprozess voran, während sie der Öffentlichkeit signifikante Abstriche am Verfassungsvertrag vorgaukeln[68], die es aber in der Sache kaum gegeben hat.

Zusammenfassend lässt sich die vierte Integrationsphase der EU als durch einen neuerlich gestärkten Intergouvernementalismus – oder auch eine Stärkung der Dominanz der Mitgliedstaaten – gekennzeichnet charakterisieren. Diese Konstellation geht allerdings nicht auf Kosten der Integrationsdynamik; vielmehr wird diese auch jetzt konsequent vorangetrieben, *obwohl* ihre supranationalen Triebkräfte deutlich abgeschwächt sind. Aber auch die Weichenstellung für eine Erweiterung von bis dahin nicht gekanntem Ausmaß soll nicht – wie es in den 70er Jahren der Fall war – auf Kosten der Vertiefung der Integration gehen; sie lenkt

---

[68] Beispielhaft sei hier der französische Staatspräsident Sarkozy genannt, der stets von einem Mini-Vertrag spricht.

diese „nur" in andere Bahnen. Denn indem beide Integrationsziele – Erweiterung und Vertiefung – jetzt miteinander gekoppelt werden, kann die Einlösung dieser Zielsetzungen nicht über eine Stärkung der supranationalen Integrationsdynamik erfolgen; vielmehr muss die „Vertiefung" mehr denn je zuvor in den intergouvernementalen Systemkomponenten verankert werden. Dies gelingt aber nur, indem den größeren und vor allem den Altmitgliedstaaten[69] ein stärkeres Gewicht im Entscheidungsprozess und eine potenzielle Vorreiterrolle in Sachen Integration – die bisher immer der Kommission zukam – zugewiesen wird. In diesem Sinne sind die Abschaffung der Stimmengewichtung und die signifikante Erleichterung qualifizierter Mehrheitsentscheidungen in den Räten sowie die Regelungen zur „verstärkten Zusammenarbeit" zu werten. Demgegenüber nehmen sich die Veränderungen in der Position von Kommission und Parlament als weniger stark ins Gewicht fallende Anpassungen aus.

Ob diese veränderte Austarierung der Gewichte zwischen den europäischen Organen, aber auch zwischen den Mitgliedstaaten der EU, sowie die zunehmende Rückbindung der Organe an die nationale Ebene die Handlungsfähigkeit der Union stärken und die Integration vertiefen werden, wird die Zukunft erweisen. Ebenso muss sich erst erweisen, ob die bis *dato* noch ausstehende Entscheidung und spätere Ratifizierung des nunmehr auf einen Reformvertrag umgepolten Verfassungsprojekts gelingt. Die Chancen hierfür stehen zum aktuellen Zeitpunkt trotz großer Divergenzen zwischen den Mitgliedstaaten nicht schlecht. Die Europaskepsis der Bürger auch in bisher integrationsorientierten Staaten stellt allerdings einen unkalkulierbaren Risikofaktor dar. Insgesamt steht zu erwarten, dass der europäische Integrationsprozess in eine neue Phase eintreten wird, die mehr denn je zuvor durch eine Heterogenisierung der Union und ein Europa unterschiedlicher Geschwindigkeiten geprägt sein wird.

2.6 Der Integrationsprozess in seiner Gesamtheit: System-Entwicklung und -Transformation

Eine Betrachtung des europäischen Integrationsprozesses in seiner Gesamtheit zeigt, dass dieser durch die eingangs bereits skizzierten Besonderheiten gekennzeichnet ist, die somit als elementare Strukturmerkmale der Integration zu werten sind: zum Ersten durch das Auf und Ab unterschiedlicher Integrationsphasen, wobei Phasen beschleunigter Integration abwechseln mit Phasen relativer Stagnation; zum Zweiten durch die wechselnde Dominanz einer eher intergouvernemental gesteuerten sowie einer sich supranational entfaltenden Integrationsdynamik; zum Dritten durch eine deutliche Diskrepanz zwischen anspruchsvollen Integrationsplänen und -konzepten und tatsächlich realisierten Integrationsschritten; und zum Vierten durch eine ausgeprägte Asymmetrie zwischen einerseits Integrationsschritten und -konzepten, für die es vergleichsweise einfach gelingt, Konsens zu erzielen, vorwiegend im

---

[69] Die großen Mitgliedstaaten der erweiterten EU sind mit Ausnahme Polens allesamt Altmitglieder.

2.6 Der Integrationsprozess in seiner Gesamtheit

Bereich der ökonomischen Regulierung, und solchen, für die dies regelmäßig nicht gelingt. Dabei ist deutlich, dass diese Strukturmerkmale hochgradig interdependent sind: Phasen beschleunigter Integration gehen einher mit einer verstärkten supranationalen Integrationsdynamik, aber auch mit vergleichsweise selektiven Integrationsschritten vornehmlich im ökonomischen Bereich; Phasen der relativen – oder scheinbaren – Stagnation sind durch die Dominanz intergouvernemental gesteuerter Integrationsschritte gekennzeichnet bei gleichzeitiger Erweiterung der Integrationsziele und anvisierten -schritte. Lediglich die Diskrepanz zwischen Zielsetzungen und Plänen der Integration und ihrer tatsächlichen Realisierung scheint sich durch alle Phasen gleichermaßen hindurchzuziehen; allerdings sind es im ersten Falle eher die supranational orientierten, im letzteren Falle die gouvernementalen Akteure, die die hochgesteckten Zielsetzungen formulieren.

Fasst man diese Phänomene in einer Gesamtbetrachtung des Integrationsprozesses zusammen, dann ergibt sich das Bild einer kontinuierlichen System-Entwicklung auf europäischem Niveau, die allerdings gekennzeichnet ist durch wiederholte Umbrüche. Das heißt, der Prozess der Herausbildung des EU-Systems verläuft nicht geradlinig entlang einer einmal ausgelegten Leitlinie, eines ausgearbeiteten Konzeptes oder gar einer Vision; vielmehr gilt umgekehrt, dass Leitlinien, Konzepte und Visionen, sofern sie überhaupt formuliert werden, in der Praxis regelmäßig scheitern oder sich als nicht umsetzbar erweisen. Damit stößt die Entfaltung des EU-Systems wiederholt an strukturelle Grenzen. Diese Situationen bilden den Ausgangs- beziehungsweise Umschlagspunkt für eine System-Entwicklung entlang anderer als den anvisierten Bahnen, was zugleich eine Transformation und Ausdifferenzierung der ursprünglichen System-Konzeption beinhaltet. Veränderte äußere Rahmenbedingungen und Herausforderungen können solche Umbrüche weiter verstärken. Der Stop-go-Charakter des Integrationsprozesses ist dann faktisch ein Prozess von einerseits Phasen beschleunigter Integration in begrenzten Bereichen unter der Dominanz einer supranationalen Integrationsdynamik, und andererseits Phasen stagnierender Integration bei gleichzeitiger Erweiterung und Transformation des Integrationsmodus, die zur Herausbildung veränderter Systemstrukturen und/oder Entscheidungsverfahren führen.

Betrachten wir den europäischen Einigungsprozess vor dem Hintergrund dieser Perspektive, dann ist die Anfangsphase der EG gekennzeichnet durch eine vorwärtsweisende Entwicklung unter dem Leitbild eines supranationalen Staates; diese beschränkt sich jedoch auf eine ökonomische Kooperation zwischen einer begrenzten Anzahl von relativ homogen strukturierten Staaten. In dem Moment, in dem versucht wird, diesen Integrationsweg auszubauen, treten die Interessengegensätze zwischen den Mitgliedsländern verstärkt zutage, was zunächst in einer Stagnation der Integration resultiert. In der Folge verschiebt sich dann aber der Gesamtprozess auf neue Schwerpunkte: Erweiterungen der Gemeinschaft um ökonomisch schwächere Länder, Ausbau der intergouvernementalen Entscheidungsprozesse zur Abwägung gegensätzlicher nationaler Interessen und schließlich neue Politiken, die den ökonomischen Disparitäten sowie den politischen Interessendivergenzen zwischen den Mitgliedstaaten Rechnung tragen, kommen in einer langen Phase augenscheinlicher Stagnation zustande. Faktisch wurde die EG in dieser Phase auf das Gleis einer stärker intergouvernemental geprägten System-Entwicklung umgelenkt.

Diese grundlegenden Transformationen bildeten ihrerseits die Voraussetzung für eine neuerliche Belebung und Beschleunigung des Integrationsprozesses. So wurde zunächst das Projekt des Binnenmarktes „vollendet" und sodann der Aufbau einer Wirtschafts- und Währungsunion eingeleitet. Über zwei einschneidende Vertragsänderungen wurden die Systemstrukturen ausgebaut und die Entscheidungsprozesse gestrafft sowie ausdifferenziert. Diese weitreichenden Integrationsschritte stärkten insgesamt den supranationalen Charakter des EU-Systems, indem sie irreversible Kompetenzübertragungen beinhalteten und die Entscheidungsprozesse so umgestalteten, dass Einzelstaaten weniger in der Lage sind, den Gesamtprozess zu dominieren oder gar zu blockieren. Trotz dieser Fortschritte im Integrationsprozess ist aber nicht zu übersehen, dass der Prozess auch jetzt ein sehr einseitiger und selektiver, ja ein asymmetrischer ist. Denn es wurden vor allem ökonomische Integrationsschritte erzielt und hierbei auch „nur" die Marktintegration sowie die Währungsunion, während andere Wirtschaftspolitiken der nationalen Ebene überantwortet bleiben und sozial- und beschäftigungspolitische Maßnahmen trotz entsprechender Vorschläge zunächst nicht auf die europäische Ebene übertragen werden konnten. Weitere Politikfelder – Außen- und Sicherheitspolitik, Justiz und Inneres – konnten nur dadurch „europäisiert" werden, dass für sie ein eigener institutioneller Rahmen mit rein intergouvernementalen Entscheidungsverfahren geschaffen wurde. Damit wurde eine Zweiteilung in einen stärker supranational strukturierten und einen intergouvernemental kontrollierten Integrationsmodus eingeleitet.

In der Folge stößt das einseitige und asymmetrische Integrationsmodell allerdings an seine inhärenten Grenzen: Die sozialen Folgelasten der ökonomischen Integration rufen Forderungen nach beschäftigungs- und sozialpolitischer Flankierung auf der europäischen Ebene hervor; die undurchsichtige Systemstruktur und ihre unterformalisierten Entscheidungsverfahren verstärken den Ruf nach mehr Demokratie und Transparenz, aber auch Effizienz; die anstehende Osterweiterung droht die Interessendivergenzen zwischen den Mitgliedstaaten zu akzentuieren und damit die Handlungsfähigkeit der Union zu lähmen. Damit steht die Entwicklung des EU-Systems vor einem erneuten Umbruch: Es müssen sowohl Wege der Vertiefung der Integration wie auch der Erweiterung der Union um neue Mitgliedstaaten gefunden werden. Einen solchen Modus der Integration konstituieren die verschiedenen Formen einer flexiblen, variablen oder auch abgestuften Integration, wie sie sich in Ansätzen in der gegenwärtigen Integrationsphase über zwei Vertragsrevisionen herausgebildet haben. Solche Verfahrensweisen eröffnen neue Wege der Ausdifferenzierung von Systemstrukturen und Entscheidungsverfahren, die den vielfältigen Entwicklungsdifferenzen und Interessendivergenzen einer erweiterten Union Rechnung tragen. Sie reichen aber nicht aus, um das EU-System auch in seiner Gesamtheit handlungsfähig zu halten. Vor diesem Hintergrund sind die zunächst zögerlichen Vertragsrevisionen von Amsterdam und Nizza und schließlich die Erarbeitung eines Verfassungs- sowie eines Reformvertrags als Einstieg in ein verändertes EU-System zu werten. Diese Veränderungen beziehen sich allerdings nicht auf das Verschieben der Gewichte zwischen supranationaler Orientierung des Systems und intergouvernementaler Entscheidungsfindung. Vielmehr wird Letztere so umstrukturiert, dass vor allem einzelne oder auch Gruppen von Staaten kaum noch Gelegenheit haben, als Vetospieler aufzutreten. Darüber hinaus wird die Autorität und Führungskapazität der intergouvernementalen Organe gestärkt, was ebenfalls die Rolle von Vetospielern erheblich einschränkt. Das sich entfaltende EU-System ist somit zunehmend gekennzeichnet durch eine tendenzielle Dissoziierung zwischen den Mitgliedstaaten entsprechend dem Grad ihrer Partizipation an Integrationsschritten und – mehr noch – entsprechend dem Grad ihres realen Einflusses auf den Integrationsprozess und die jeweiligen politischen Entscheidungen. Es steht zu erwarten,

2.6 Der Integrationsprozess in seiner Gesamtheit

dass im Falle des verstärkten Einsatzes von Formen der abgestuften Integration die supranationale Integrationsdynamik, allerdings nur für einen begrenzten Kreis von Mitgliedstaaten, beschleunigt werden kann, während bei Partizipation aller Mitgliedstaaten am Integrationsgeschehen eher intergouvernementale Entscheidungsverfahren dominieren werden.

Neben der inhärenten Dynamik haben aber auch externe Faktoren den Prozess der europäischen Integration in seiner Phasierung entscheidend beeinflusst, wobei hier nur die einschneidendsten Entwicklungen genannt werden sollen. So ist für die Anfangsphase der Integration das supranationale Leitbild als Reaktion auf den Zweiten Weltkrieg und die Kriegsfolgen zu werten, die eine europäische Einigung nach dem Vorbild der USA als geboten erscheinen ließen (Hörber 2006). Die folgende Stagnationsphase der Integration ist als Reaktionsbildung auf die sich erstmals nach einer langen Phase kontinuierlichen Wachstums abzeichnende Wirtschaftskrise zu werten, wobei Lösungen zunächst auf nationaler Ebene angestrebt wurden. Erst als dieser Weg sich als nicht mehr gangbar erwies, gelang der Durchbruch zu neuerlichen Integrationsschritten: der Vollendung des Binnenmarkts sowie der Schaffung einer Währungsunion. Das Ende des Ost-West-Konflikts schließlich veränderte das internationale Umfeld der Union so stark, dass einerseits die Voraussetzungen für eine Erweiterung des EU-Systems geschaffen, andererseits ein grundlegender Umbau dieses Systems eingeleitet werden musste, der sowohl die Führungs- und Handlungsfähigkeit der EU stärkt als auch die Weichen für Formen einer abgestuften Integration stellt und somit insgesamt den gewachsenen Divergenzen im EU-System Rechnung trägt.

Neben diesen auf die vier Phasen bezogenen externen Einflüssen lässt sich aber auch noch eine an längerfristige Phasierungen gebundene Veränderung als entscheidender Faktor der Strukturierung der europäischen Integration ausmachen: die Transformation des Modus kapitalistischer Regulation. So hat sich ab den 30er Jahren des 20. Jahrhunderts ein neuer Modus der Regulation herausgebildet, der durch einen zunehmenden Staatsinterventionismus, seit den 50er Jahren verbunden mit keynesianischen Steuerungsmustern, gekennzeichnet ist. In den 70er Jahren stößt er in den westeuropäischen Industrieländern an seine Grenzen; seitdem befindet er sich im Prozess einer langfristigen Transformation in Richtung Stärkung des Marktes und Zurückdrängung staatlicher Interventionen. Der einschneidende Integrationsaufschwung ab Mitte der 80er Jahre mit der ihm zugrunde liegenden Option der Mitgliedstaaten für eine neo-liberale und damit auch zunehmend internationalisierte Regulierung der Ökonomie ist als Ausdruck und Bestandteil dieser grundlegenden Transformation des kapitalistischen Regulationsmodus zu werten (Jessop 2003, S. 204 ff.).[70]

Abschließend bleibt aber festzuhalten, dass die europäische Integration in ihrer Gesamtheit als Prozess zu werten ist, dessen vorwärtstreibende Dynamik aus dem Spannungsverhältnis zwischen Intergouvernementalismus und Supranationalismus resultiert. Kommt aufgrund ei-

---

[70] Von der umfangreichen Literatur zu dieser Thematik, die in vielfältigen Varianten diskutiert wird, sei hier nur für die 30er Jahre auf Polanyi (1997, Erstveröffentlichung 1944) verwiesen; für die neuere Entwicklung auf die wichtigsten Vertreter der Regulationsschule wie Aglietta (1979); für den Zusammenhang zwischen Regulationsmodus und europäischer Integration auf Tömmel (1994a, 1995), Bieling/Deppe (1996) und Ziltener (1999).

nes Konsenses der Mitgliedstaaten in Teilbereichen eine supranationale Entwicklung zustande, so ruft diese ihrerseits einen verstärkten Intergouvernementalismus hervor, der sich zunächst im Ausbau entsprechender institutioneller Strukturen und Entscheidungsverfahren manifestiert, sodann im Auf- und Ausbau von Politiken, die den Interessendivergenzen zwischen den Mitgliedstaaten verstärkt Rechnung tragen, und schließlich in einem Integrationsmodus, der diese Divergenzen in die System-Entwicklung und -Struktur inkorporiert: die flexible, variable oder abgestufte Integration. Jeder dieser Schritte ruft aber seinerseits eine Stärkung der supranationalen Dynamik des Systems hervor beziehungsweise ermöglicht diese erst: die sukzessive Übertragung von Politiken, Kompetenzen und Handlungsspielräumen auf die europäische Ebene, den Ausbau von Entscheidungsprozessen und -verfahren, die nicht ausschließlich von den Mitgliedstaaten kontrolliert werden können, sondern in denen auch eine Vielzahl von nicht gouvernementalen Akteuren eine Rolle spielt (vgl. Kap. 5), und schließlich insgesamt eine (scheinbare) Eigendynamik der System-Entwicklung. Letztere erweist sich trotz vielfacher Versuche des Gegensteuerns als nur schwer zu bremsen oder gar umzulenken, nicht zuletzt auch deshalb, weil sie von externen Faktoren oder langfristig wirksamen Entwicklungstrends beeinflusst wird. Das Resultat eines solchen Prozesses ist eine Systemstruktur, die weder die bisher bekannten Formen der nationalen Staaten auf der supranationalen Ebene repliziert, noch eine spezifische Variante der bekannten Formen internationaler Organisationen darstellt; vielmehr handelt es sich um ein System, in dem sich intergouvernementale und supranationale Komponenten und Verfahrensweisen zu einer neuen Struktur verdichten. Im folgenden Kapitel sollen diese Struktur und ihre einzelnen Komponenten näher analysiert werden.

3 Die Struktur des EU-Systems: „schwache" Institutionen, „starke" Akteure

3.1 Die Grundstruktur der EU

Betrachtet man die Grundstruktur des EU-Systems, dann stellt sich diese auf den ersten Blick als vergleichsweise einfach dar: Vier Organe regeln die Geschicke der Union, treffen oder überprüfen die gesetzgeberischen und politischen Entscheidungen und/oder führen sie aus. Dabei sind drei der vier Organe – die Kommission, der Ministerrat sowie das Parlament – mehr oder weniger ausschlaggebend am Gesetzgebungsprozess beteiligt, während das vierte Organ – der Europäische Gerichtshof – die „Wahrung des Rechts" sichert (Art. 220 EGV). Die exekutiven Funktionen liegen im Wesentlichen bei der Kommission; allerdings nur insoweit, als solche Aufgaben auf der europäischen Ebene anfallen. Denn der Großteil der Umsetzung von EU-Beschlüssen fällt in die direkte Verantwortlichkeit der Mitgliedstaaten, während die Kommission eher Kontroll- und Überwachungsfunktionen wahrnimmt (Borchardt 1996, S. 166 f.).

Lässt man zunächst den Europäischen Gerichtshof außer Betracht, dann fällt auf, dass die politische Macht und Entscheidungsgewalt unter den übrigen drei Organen sehr ungleichmäßig und zugleich auch ungewöhnlich verteilt ist: Während die Kommission über ein exklusives Initiativrecht in allen Gesetzgebungsverfahren verfügt, kommt dem Ministerrat die Funktion der Verabschiedung von Gesetzen sowie anderen Beschlüssen zu. Allerdings muss er dieses ursprünglich ausschließlich ihm vorbehaltene Recht in zunehmendem Maße mit dem Parlament teilen, auch wenn er nach wie vor in vielen Fällen die letztendlich entscheidende Instanz ist. Das Parlament hatte demgegenüber zunächst nur eine beratende Funktion im Gesetzgebungsprozess, konnte diese aber im Laufe der Zeit – wenngleich noch nicht für alle Bereiche – zu einer der Mitentscheidung ausbauen. Dies führte jedoch nicht zu einer gleichgewichtigen Verteilung der Entscheidungsmacht zwischen Rat und Parlament, wie sie etwa bei Zwei-Kammer-Systemen auf der nationalen Ebene üblich ist, sondern allenfalls zu einem hohen Maß an Mitsprache, deren faktisches Gewicht allerdings durch ein Vetorecht weiter verstärkt wird.

Der Kommission kommen neben ihrer Aufgabe, den Gesetzgebungsprozess zu initiieren – und damit alle Vorschläge und Entwürfe hierfür auszuarbeiten – auch noch bedeutende Exekutivfunktionen zu, indem sie die Umsetzung von Beschlüssen in die Hand nimmt oder aber deren Ausführung in den Mitgliedstaaten überwacht und kontrolliert, notfalls unter Anrufung des Gerichtshofes. Des Weiteren vertritt die Kommission die Union in ihren Beziehungen zu Drittstaaten, und zwar in den Bereichen, die unter die Kompetenz der Gemeinschaft fallen, also in den außenwirtschaftlichen Beziehungen. In anderen Fragen, insbesondere jenen, die unter die Gemeinsame Außen- und Sicherheitspolitik (GASP) und damit unter die Zweite Säule der Union nach dem Maastrichter Vertrags fallen, ist es dagegen der Rat, der die Union vertritt: einerseits in der Person des Hohen Vertreters für die GASP, der zugleich Generalsekretär des Rats ist, andererseits durch die Präsidentschaft des Rats.

Das Parlament verfügt über weitreichende Haushaltsbefugnisse, indem es insbesondere die letztendliche Entscheidung über die nicht-obligatorischen Ausgaben des jährlichen Budgets der EU fällt.[71] Daneben kann es – in begrenztem Maße – Kontrollfunktionen gegenüber der Kommission ausüben. Der Ministerrat und insbesondere sein verlängerter – und starker – Arm, der Europäische Rat, nehmen neben der gesetzgeberischen Funktion[72] auch und vor allem die Aufgabe wahr, fundamentale richtungsweisende Beschlüsse zu fassen, die die Gesamtentwicklung der Integration beziehungsweise wichtige Einzelschritte betreffen; damit kommen beiden Organen regierungsähnliche Funktionen zu.

Diese nur grobe und vereinfachende Skizze der institutionellen Grundstruktur der EU verdeutlicht bereits, dass sich die scheinbar übersichtlichen Strukturen in der Praxis zu einem wesentlich komplizierteren Geflecht von unklar abgegrenzten beziehungsweise stark überlappenden Aufgabenfeldern und Kompetenzbereichen verdichten, wobei nur schwer auszumachen ist, wo die eigentliche politische Macht zu verorten ist. Bevor solche Fragen näher behandelt werden, soll zunächst die oben beschriebene Grundstruktur des EU-Systems mit anderen politischen Systemen und Organisationsstrukturen verglichen werden: einerseits nationalen Staaten, andererseits internationalen Organisationen. Ein solcher Vergleich dient nicht dazu, die EU dem einen oder anderen Organisationstypus zuzuordnen – die EU ist als eine Struktur „*sui generis*", also eigener Art, zu werten –, vielmehr bietet er die Möglichkeit, die Besonderheiten des EU-Systems schärfer herauszuarbeiten.

Vergleicht man vor diesem Hintergrund die Union zunächst mit einer internationalen Organisation, dann fallen eine Reihe von Übereinstimmungen auf, was auch nicht verwunderlich ist, denn die Europäischen Gemeinschaften wurden seinerzeit explizit als internationale Organisationen und somit auch nach dem institutionellen Grundmuster solcher Organisationen gegründet (vgl. Kap. 2). So verleiht die dominante Position des Ministerrats als oberster Entscheidungsinstanz der Union einen intergouvernementalen Charakter, wie er für entsprechende Organisationen typisch ist. Die Kommission könnte mit einem Sekretariat internationaler Organisationen verglichen werden, in dem sie die Geschäfte führt, Initiativen ergreift

---

[71] Obligatorische Ausgaben sind solche, die sich unmittelbar aus den Gemeinschaftsverträgen ableiten, z.B. die Ausgaben für Agrarpolitik. Dementsprechend umfassen die nicht-obligatorischen Ausgaben solche, die nicht vertraglich fixiert sind, also beispielsweise die Aufwendungen für Struktur- und Entwicklungspolitik, die Hilfsprogramme für Drittstaaten und generell ein breites Spektrum von Fördermaßnahmen.

[72] Der Europäische Rat hat zwar keine gesetzgebenden Befugnisse, spielt aber trotzdem eine Rolle bei der Gesetzgebung, indem er in hochkontroversen Fragen Kompromisse aushandelt.

3.1 Die Grundstruktur der EU

und den Prozess der Kompromiss- und Konsensfindung in Ministerrat und Europäischem Rat erleichtert.[73] Das Parlament wäre den Parlamentarischen Versammlungen von internationalen Organisationen vergleichbar, da ihm wie diesen teilweise nur eine Beratungsfunktion zukommt. Lediglich der Gerichtshof findet keine direkte Parallele in internationalen Organisationen.[74] Mit dem oben Gesagten sind die Analogien zu internationalen Organisationen aber schon erschöpft. Denn bei näherer Betrachtung zeigen sich doch einige relevante Abweichungen, die teilweise erst im Laufe der Entwicklung des EU-Systems hinzugekommen sind, teilweise aber auch schon von Anfang an seine Struktur bestimmten.

So ist die Kommission mit wesentlich weitgehenderen Rechten als Sekretariate internationaler Organisationen ausgestattet, insbesondere durch ihr exklusives Initiativrecht im Gesetzgebungsprozess, aber auch durch ihre Exekutiv- und Kontrollfunktionen. Damit ist zugleich die dominante Position des Ministerrats entscheidend eingeschränkt. Das Parlament konnte nicht nur weitreichende Mitentscheidungsrechte in der Gesetzgebung sowie Budgetbefugnisse hinzugewinnen[75]; vielmehr weist es als direkt gewähltes Organ auch eine unmittelbare Legitimation auf[76], über die Parlamentarische Versammlungen internationaler Organisationen, die sich in der Regel aus Delegierten nationaler Parlamente zusammensetzen, in keiner Weise verfügen.

Insgesamt ist die EU somit zwar nach dem Grundmuster internationaler Organisationen konzipiert, hebt sich aber gleichzeitig auch durch signifikante Abweichungen von diesen ab, die teilweise erst im Laufe der Zeit hinzukamen, teilweise aber auch schon von Anfang an in die Systemstruktur eingebaut waren.[77] Als später hinzugekommene Abweichung ist der enorme Bedeutungszuwachs des Europäischen Parlaments zu nennen; als Abweichung, die bereits von Anfang an das EG-System kennzeichnete, ist die Rolle und Funktion der Kommission zu werten. Insbesondere das Initiativrecht der Kommission verleiht ihr eine starke Position gegenüber dem Ministerrat und damit dem Gesamtsystem eine – zumindest der Wirkung nach – tendenziell supranationale Dynamik.

Vergleicht man die Struktur des EU-Systems dagegen mit der nationaler Staaten, dann fallen auf den ersten Blick mehr Unterschiede als Gemeinsamkeiten ins Auge. Als Erstes fällt das Fehlen einer klaren Gewaltenteilung auf: Sowohl der Ministerrat als auch die Kommission verfügen über legislative *und* exekutive Befugnisse, wenngleich in unterschiedlichem Maße

---

[73] Eine solche Rolle weist ihr beispielsweise Moravcsik zu (1993). Zur Kritik an dieser Auffassung vgl. Majone (1996a), Kap. 4.

[74] Wenn es eine solche Instanz gibt, wie im Falle der UNO, dient sie weniger der Überprüfung der Rechtmäßigkeit von Verträgen und Gesetzen als vielmehr der Klärung internationaler Streitfragen sowie von Verletzungen des Völkerrechts (vgl. LeRoy Bennett 1995, S. 186 ff.).

[75] Die Budgetbefugnisse wurden ihm durch Vertragsänderungen in den Jahren 1970 und 1975 zugewiesen (Dinan 1994, S. 271).

[76] Die Direktwahlen wurden 1979 eingeführt.

[77] Faktisch war die zuerst gegründete Gemeinschaft, die EGKS, aufgrund der weitreichenden Befugnisse der Hohen Behörde sogar noch stärker supranational ausgerichtet als die späteren Gründungen EWG und EURATOM (vgl. Kap. 2).

und in unterschiedlicher Qualität.[78] Umgekehrt sind die legislativen Entscheidungen nicht – wie in Zwei-Kammer-Systemen auf der nationalen Ebene – auf zwei Organe verteilt; vielmehr nimmt hier der Ministerrat nach wie vor eine exklusive Position ein, auch wenn diese in den letzten Jahren durch die schrittweise Einführung von Mitentscheidungsrechten für das Parlament deutlich eingeschränkt wurde. Damit liegen die gesetzgeberischen Funktionen – anders als in nationalen Systemen – nicht in Händen eines demokratisch gewählten Organs, des Parlaments, das nach der Lehre der Gewaltenteilung der legitime Repräsentant des eigentlichen Souveräns, des Volkes, wäre (Abromeit 1998), sondern sie werden von einem allenfalls indirekt legitimierten Organ wahrgenommen. Da dieses zudem aus Vertretern nationaler Exekutiven besteht, ist die Gewaltenteilung auch zwischen den Ebenen nur unzureichend realisiert. Lediglich die Position des Gerichtshofs entspricht der einer unabhängigen Judikative auf nationalem Niveau.

Zusätzlich zu dieser unklaren und untypischen Gewaltenteilung fällt aber auch das Fehlen einer europäischen Regierung oder einer regierungsähnlichen Instanz ins Gewicht. Dem EU-System fehlt eine mit Macht und Autorität oder gar Souveränität ausgestattete zentrale Instanz, die wichtige politische Entscheidungen treffen, Gesetze und andere Beschlüsse implementieren, den Politikprozess steuern, zwischen gegensätzlichen gesellschaftlichen Interessen vermitteln und schließlich einen Verwaltungsapparat einschließlich der „unteren" Ebenen dirigieren könnte. Stattdessen muss die Kommission auf richtungsweisende Beschlüsse von Ministerrat und Europäischem Rat warten; in der Folge kann sie deren Umsetzung in den Mitgliedstaaten allenfalls überwachen und kontrollieren; nur in begrenztem Maße kann sie die Ausführung selber in die Wege leiten. Im Falle der Nicht-Einhaltung von Ratsbeschlüssen stehen ihr nur wenige Möglichkeiten und Mittel oder gar Sanktionsmechanismen – Letztere erst seit dem Vertrag von Maastricht – zu deren Durchsetzung zur Verfügung. Auf der anderen Seite kann die Regierungsfunktion aber auch nicht bei Ministerrat oder Europäischem Rat – als oberste Entscheidungsträger in Sachen richtungsweisende Beschlüsse – verortet werden; dies schon deshalb nicht, weil beide Organe aus Vertretern nationaler Regierungen bestehen. Damit sind sie strukturell vom Dissens zwischen den Mitgliedstaaten beherrscht und somit kaum mit einer schlagkräftig operierenden Regierung zu vergleichen.

Aber auch im Gesetzgebungsprozess fehlt dem Ministerrat die Initiativfunktion, über die eine nationale Regierung immer verfügt; stattdessen ist er von den Vorschlägen, Entwürfen und Aktivitäten der Kommission abhängig, die sogar die Möglichkeit hat, Gesetzesvorlagen wieder zu ändern oder gänzlich zurückzuziehen.[79] Rat und Kommission müssen sich somit die zentralen Machtfunktionen, soweit sie überhaupt auf der europäischen Ebene zu verorten

---

[78] Als exekutive beziehungsweise regierungsähnliche Befugnisse werden hier auch die richtungsweisenden Grundsatzbeschlüsse der Räte aufgefasst.

[79] Art. 250, Abs. 2 EGV regelt, dass Gesetzesvorschläge so lange von der Kommission geändert werden können, bis ein Beschluss des Rats erlassen wurde.

sind, untereinander teilen, wodurch eine von Konflikt und Konsens bestimmte Beziehung zwischen ihnen konstituiert wird.

Als weitere wichtige Differenz zu nationalen politischen Systemen ist der Mangel des EU-Systems an demokratischer Legitimation hervorzuheben (vgl. Kap. 6.3). Weder wird die Kommission (als Exekutive) vom Parlament ernannt, noch der Ministerrat (als Legislative) von den Bürgern Europas gewählt. Soweit Letzterer immerhin aus über demokratische Verfahren berufenen Vertretern der Einzelstaaten besteht, repräsentieren diese jedoch nur die jeweiligen Mehrheitsfraktionen, während (breite) politische Minderheiten überhaupt nicht vertreten sind. Umgekehrt fehlen dem einzigen direkt gewählten Organ, dem Parlament, durchschlaggebende Legislativfunktionen. Aber auch das Parlament ist nur unzureichend legitimiert, da seine Zusammensetzung nicht über allgemeine, europaweite Wahlen, sondern über gesonderte Wahlverfahren in den einzelnen Mitgliedstaaten zustande kommt.[80] Solche Verfahren erschweren ihrerseits die Herausbildung europaweiter Parteien sowie einer Parteienkonkurrenz, die sich an europabezogenen Themen entzünden könnte (Hix/Lord 1997). Die Folgen sind geringes Interesse sowie geringe Partizipation der Bürger an Wahlen und damit wiederum eine geringere Legitimation des Parlaments (vgl. auch Kap. 6.3).

Insgesamt weist der Vergleich der Europäischen Union mit nationalen Staaten eine Reihe von Defiziten des EU-Systems auf, wodurch seine Besonderheiten schärfer hervortreten: unzureichende und untypische Gewaltenteilung, Fehlen eines regierungsähnlichen Machtzentrums, mangelnde demokratische Legitimation. Zwar wurden einige dieser Defizite durch Vertragsänderungen tendenziell reduziert, dies jedoch in so geringem Maße, dass sie kaum Anlass zu einer grundlegend anderen Bewertung geben. Die EU ist somit – trotz gewisser supranationaler Züge – kaum mit einem nationalen politischen System vergleichbar, und es scheint auch nicht so, dass sie sich einem solchen – zumindest der Tendenz nach – strukturell annähert.

Wenn also die EU weder als (supra-)nationaler Staat (im Werden) anzusehen ist, noch als rein intergouvernementale Veranstaltung, dann stellt sich die Frage, ob sich nicht auf der europäischen Ebene eine „politische Gemeinschaft" (Tömmel et al. 2002) oder eine „non-state polity" (Abromeit 1998) herausgebildet hat, die zwar auf intergouvernementalen Entscheidungsprozessen basiert, in der Wirkung jedoch einen supranationalen Charakter annimmt. Insbesondere das Faktum, dass die EU-Gesetzgebung der nationalen Gesetzgebung übergeordnet ist – was allerdings nicht über die Verträge geregelt ist, sondern auf einer Serie von Gerichtshofentscheidungen basiert – wird im Allgemeinen als Beleg für den supranationalen Charakter des Systems gewertet. Denn obwohl die Mitgliedstaaten über den Ministerrat die Entscheidungsgewalt über alle gesetzlichen Regelungen in Händen halten, müssen sie sich in der Folge diesen Entscheidungen beugen. Dies gilt umso mehr, als im Ministerrat zunehmend Mehrheitsentscheidungen getroffen werden und Einzelstaaten somit Regelungen un-

---

[80] Das Parlament wurde zwar mit dem Vertrag von Amsterdam beauftragt, Vorschläge für ein einheitliches europäisches Wahlverfahren zu erarbeiten (Art. 190, Abs. 4 EGV). Bisher hat es jedoch noch keine rechtsverbindliche Entscheidung hierzu gegeben (vgl. Kap. 2). Zu den derzeitigen Verfahren vgl. Kap. 3.2.

terliegen, denen sie eventuell selbst nicht zugestimmt haben. Eine solche signifikante Einschränkung staatlicher Souveränität unterscheidet sich wesentlich von internationalen Organisationen, deren Entscheidungen in aller Regel einstimmig getroffen werden. Zudem verfügt die EU über – zwar noch begrenzte, aber wachsende – Sanktionsmechanismen im Falle der Nicht-Einhaltung von Beschlüssen, während internationale Organisationen im Allgemeinen auf deren freiwillige Einhaltung angewiesen sind. Das EU-System ist somit so strukturiert, dass es Funktionen eines supranationalen Staates ausüben kann, ohne jedoch über entsprechende Organe und eindeutige Kompetenzzuweisungen zu verfügen.

Insgesamt zeigt die vorangegangene Betrachtung der Grundstruktur des EU-Systems einige seiner wesentlichen und zugleich widersprüchlichen Merkmale auf: zum einen eine Struktur, in der die intergouvernementale Entscheidungsgewalt dominant ist, allerdings nicht die ausschließliche Entscheidungsmacht besitzt; zum anderen eine Struktur, die zwar nicht entsprechend dem Muster eines supranationalen Staates konzipiert ist, die jedoch eine Dynamik freisetzt, die über die Wirkungsmacht von Beschlüssen einen supranationalen Charakter annimmt. Diese widersprüchliche Konstellation beruht auf dem Wechselspiel zwischen den EU-Organen, wobei Ministerrat und Europäischer Rat zwar die oberste Entscheidungsinstanz bilden, in der Ausübung dieser Macht jedoch durch die Aktionen der Kommission und – in zunehmendem Maße – die Optionen des Parlaments eingeschränkt werden. Zudem tendiert auch der Gerichtshof als Organ dazu, die Wirkungsmacht supranationaler Entscheidungen zu bestätigen oder sogar zu verstärken. Damit ist die EU als ein System „*sui generis*" zu werten, in dem sich supranationale und intergouvernementale Strukturen und Entscheidungskonstellationen zu einer bisher einmaligen Kombination verschränken. Die Feinstruktur dieses Systems soll in den folgenden Abschnitten näher analysiert werden.

3.2   Die Organe der EU

Im Folgenden sollen die Organe der EU, die die Kernstruktur des europäischen Entscheidungs- und Politikfindungsprozesses konstituieren, also Kommission, Ministerrat, Parlament und Gerichtshof, in ihrer Zusammensetzung, Organisationsstruktur, Beschlussfassungs- sowie Handlungskompetenz näher betrachtet werden, um die Grundlagen ihres Handlungsspielraums und Aktionsradius sowie die Relevanz und Reichweite ihrer Entscheidungen ausloten zu können. Dabei sollen die einzelnen Organe insbesondere im Hinblick auf die Frage beleuchtet werden, welche Interessenlagen sich in ihrer Struktur und Kompetenzausstattung widerspiegeln. In einer abschließenden Betrachtung soll dann thematisiert werden, wie die formalen Beziehungen zwischen den Organen zu werten und zu gewichten sind.

3.2.1　Die Kommission

Die Europäische Kommission ist ein Kollegialorgan, das seit der jüngsten Erweiterung zum Jahresanfang 2007 aus 27 Mitgliedern besteht. Folgte die Zusammensetzung der Mitglieder bis vor kurzem einem gewissen Proporz zwischen den Mitgliedstaaten, indem kleinere Staaten je einen Kommissar, größere dagegen zwei entsandten[81], so gilt seit der „großen" Erweiterung des Jahrs 2004 das mit dem Vertrag von Nizza festgelegte Prinzip: pro Land ein Kommissar (Art. 213 EGV; vgl. auch Monar 2001, S. 116). Aber auch dieses Prinzip wird nicht auf Dauer Bestand haben: Denn der Verfassungsvertrag sieht vor, dass die erste Kommission nach Inkrafttreten des Vertrags zwar noch aus je einem Vertreter pro Mitgliedstaat bestehen soll; danach soll aber die Zahl der Kommissare auf zwei Drittel der Mitgliedstaaten reduziert und somit ein Rotationsverfahren praktiziert werden (Art. I-26, Abs. 5 und 6 VVE). Diese Regelung soll auch im Reformvertrag beibehalten werden (Rat der EU 2007, Nr. 11177/07). Künftig wird also jeder Mitgliedstaat einmal in drei Legislaturperioden keinen Kommissar nach Brüssel entsenden können.

Als Kollegialorgan fällt die Kommission ihre Beschlüsse gemeinsam, wobei in der Regel lediglich eine absolute Mehrheit erforderlich ist. Den Vorsitz der Kommission führt ein Präsident, der in seiner Arbeit von fünf Vizepräsidenten unterstützt wird. Die Rolle des Präsidenten ist nach den Verträgen die eines *primus inter pares*, also eines Ersten unter Gleichen. Allerdings hat sich im Laufe der Zeit eine zunehmend hervorgehobene Position ergeben, was zum einen aus der Rolle der Kommission als Politikinitiator resultiert, zum Zweiten der Persönlichkeit des jeweiligen Präsidenten zuzuschreiben ist[82] und zum Dritten mit wachsenden Aufgaben auch in anderen Organen und Organisationsstrukturen zusammenhängt.[83] Mit dem Vertrag von Amsterdam wurde diese hervorgehobene Position erstmals auch formal bestätigt; mit dem Vertrag von Nizza wurde sie gestärkt; Verfassungs- und reformvertrag schließlich bauen sie weiter aus.[84]

Die Mitglieder der Kommission wurden bis vor kurzem von den Regierungen der Mitgliedstaaten „im gegenseitigen Einvernehmen" für eine Amtszeit von fünf Jahren benannt (Art.

---

[81]　Bei Letzteren handelte es sich um Deutschland, Frankreich, Italien, Spanien und das Vereinigte Königreich.

[82]　Als besondere Persönlichkeiten, die das Amt des Präsidenten bleibend geprägt und weiterentwickelt haben, sind Walter Hallstein (1957-1967) sowie Jacques Delors (1985-1994) anzusehen. Nicht von ungefähr sind es die einzigen, die für eine zweite Amtsperiode wiedererannt wurden.

[83]　So ist der Kommissionspräsident im Europäischen Rat vertreten; außerdem partizipiert er an den G 7-Treffen beziehungsweise gegenwärtig G 8-Treffen und an anderen wichtigen internationalen Konferenzen.

[84]　Der Vertrag von Amsterdam gab dem Kommissionspräsidenten ein Mitspracherecht bei der Auswahl der Kommissare; außerdem definierte er seine Führungsaufgaben schärfer (Art. 214 EGV). Der Vertrag von Nizza gab dem Kommissionspräsidenten das Recht, ein Mitglied der Kommission zum Rücktritt zu bewegen, band dies allerdings an eine zustimmende Entscheidung des gesamten Kollegiums (Art. 217, Abs. 4 EGV; vgl. Monar 2001, S. 119). Mit dem Verfassungsvertrag schließlich ist es allein der Präsident, der ein Mitglied der Kommission auffordern kann, sein Amt niederzulegen (Art. I-27 VVE). Es steht zu erwarten, dass diese Regelung auch in den Reformvertrag übernommen wird.

214, Abs. 2 EGV). Dabei einigte man sich zunächst auf die Person des Präsidenten, während die übrigen Mitglieder dann in Abstimmung mit dem designierten Präsidenten ernannt wurden. Sowohl der Präsident als auch – in der Folge – die Gesamtkommission müssen vom Parlament bestätigt (oder abgelehnt) werden, ein Verfahren, das erst mit dem Vertrag von Maastricht eingeführt und 1995 erstmals angewendet wurde. Insgesamt sind somit die Mitgliedstaaten die entscheidenden Akteure im Ernennungsprozess, was ihnen eine erhebliche Machtposition über die Rolle der Kommission zusichert.[85] Allerdings werden ihre Präferenzen und Optionen schon durch die Notwendigkeit der Kompromissfindung untereinander eingeschränkt.[86] Eine weitere Einschränkung ergibt sich durch den Einbezug des Parlaments, das zwar keine ausschlaggebende Rolle spielen, seine Zustimmung aber zumindest gegen Zugeständnisse an seine Präferenzen eintauschen kann.[87] Darüber hinaus hat auch der designierte Präsident ein zunehmendes Gewicht in der Entscheidungsfindung über die einzelnen Kommissare, ist es doch von Bedeutung, dass ein arbeitsfähiges „Kollegium" zusammengestellt wird. Und schließlich bestimmt der Vertrag von Nizza, dass die Ernennung von Kommissionspräsident und Kommissaren durch den Rat mit qualifizierter Mehrheit erfolgt, womit einzelne Mitgliedstaaten das Verfahren nicht mehr dominieren oder gar blockieren können (Monar 2001, S. 117).

Den Kommissaren wird jeweils ein inhaltlicher Aufgabenbereich zugeordnet, der allerdings nicht mit dem Portefeuille eines Ministers zu vergleichen ist. Dies liegt zum einen an dem asymmetrischen Aufgabenspektrum der EU – ein Großteil der Aufgaben hat einen mehr oder weniger ökonomischen Charakter, innerhalb dieses Spektrums sind die Aufgaben aber sehr ausdifferenziert –, am ungleichmäßigen Umfang des mit der Aufgabenwahrnehmung verbundenen Regelungsbedarfs sowie am eher technischen Charakter der jeweiligen Aufgaben (siehe Übersicht 1). Zum anderen sind die Aufgabenbereiche aber auch deshalb nicht mit denen von Ministern zu vergleichen, da den Kommissaren nicht die ausschließliche politische Verantwortung für diese zukommt; vielmehr beschränkt sich ihre Zuständigkeit auf die

---

[85] So werden in Phasen einer gewollten Expansion der Integration dynamische Persönlichkeiten gewählt; in Phasen großer Interessendivergenzen eher solche mit Verhandlungsgeschick oder einfach schwächere Persönlichkeiten.

[86] Der Prozess der Einigung auf Jacques Santer (zum 1.1.1995) als drittem Kandidat nach Lubbers und de Haene und somit als Kompromisslösung illustriert diese Situation. Demgegenüber konnte man sich bei der Ernennung Romano Prodis (zum 1.9.1999) sowie José Barrosos (zum 1.1.2005) sofort auf diese Kandidaten einigen.

[87] So hatte das Parlament schon im Vorfeld der Ernennung der Santer-Kommission (zum Jahresbeginn 1995) betont, dass es einer Kommission ohne relevanten Anteil von weiblichen Kommissaren nicht zustimmen werde. Das Ergebnis waren – erstmals – fünf Kommissarinnen. Des Weiteren konnte es im Ernennungsverfahren Zugeständnisse in Bezug auf die Vorgehensweise der Kommission in bestimmten Politikfeldern aushandeln. Am deutlichsten aber kamen die Präferenzen des Parlaments bei der jüngsten Investitur der Barroso-Kommission (zum Jahresanfang 2005) zum Tragen. Schon die Ernennung Barrosos als Präsident ging auf eine von der EVP-ED-Fraktion deutlich geäußerte Präferenz für einen Kandidaten aus dem christdemokratischen beziehungsweise konservativen Lager zurück. Sodann zwang das Parlament den Präsidenten und die jeweiligen Mitgliedstaaten, einzelne Kommissare wegen mangelnder Befähigung zurückzuziehen oder ihre Aufgabenzuweisung zu verändern. Zwei der nominierten Kandidaten wurden daraufhin von den Mitgliedstaaten zurückgezogen; zwei weiteren wies der Kommissionspräsident andere Aufgabenbereiche als ursprünglich geplant zu (Schild 2005).

3.2 Die Organe der EU

technische und fachliche Vorbereitung von Entscheidungen, die dann jeweils vom Gesamtkollegium der Kommission gefällt werden. Mit dem Anwachsen der Zahl der Kommissare als Folge sukzessiver EU-Erweiterungen musste das Aufgabenspektrum der Union in immer kleinere Bereiche aufgegliedert werden, um jedem Kommissar einen Verantwortungsbereich zuweisen zu können. Den neuen Kommissaren aus Rumänien und Bulgarien konnte nicht einmal mehr eine ganze Generaldirektion, sondern nur noch ein Teilbereich überantwortet werden (vgl. Übersicht 1).

Über die Zuordnung der Aufgaben entscheidet der Kommissionspräsident; da allerdings mit den jeweiligen Aufgabenfeldern unterschiedliche Machtpositionen verbunden sind, die Personen zu den Aufgaben passen müssen und die jeweilige Aufgabenzuweisung auch unter den Mitgliedstaaten rotieren soll, lässt sich unschwer erraten, dass die Praxis der Auswahl einem Kuhhandel zwischen Mitgliedstaaten und dem designierten Kommissionspräsidenten gleichkommt. In dieses Wespennest sticht dann neuerdings auch noch das Parlament, indem es die Gewählten auf ihre fachliche Qualifikation hin überprüft und, wie die jüngste Investitur gezeigt hat, sich nicht scheut, unliebsamen Kandidaten die Zustimmung zu verweigern.[88]

Laut Vertrag sollen die Mitglieder der Kommission unabhängig gegenüber den Mitgliedstaaten sein; sie dürfen weder Weisungen von diesen entgegennehmen noch solche einholen (Art. 213 EGV). Diese Anforderung lässt sich zwar in der Praxis nicht immer durchhalten; es zeigt sich jedoch, dass die Bekleidung des Amtes eines Kommissars früher oder später bei den Betroffenen eher zu konvergierenden „europäischen" Haltungen führt, als dass die Loyalitäten gegenüber den einzelnen Mitgliedstaaten dominant wären. Berühmte Fälle von Kommissaren, die eine explizit andere Haltung als die Regierungen ihrer Herkunftsländer einnahmen, belegen dies[89]; allerdings fehlen auch nicht die Gegenbeispiele (Ross 1995). Die Unabhängigkeit der Kommissare von den Regierungen der Herkunftsländer wurde bisher auch dadurch erleichtert, dass die großen Mitgliedstaaten in der Regel einen Kommissar/eine Kommissarin aus dem Spektrum der Oppositionsparteien entsandten.[90] Diese Möglichkeit besteht jetzt allerdings nicht mehr.

---

[88] So hat das EP bei den bisherigen Verfahren dieser Art bei einigen Kommissaren erhebliche Qualifikationsmängel festgestellt. Zwar führte dies nicht zur Ablehnung der Kommission; aber es wurde ein deutliches Signal gesetzt, dass die betroffenen Mitgliedstaaten künftig nach fachlich qualifizierten Kandidaten Ausschau halten müssen (mündl. Information verschiedener MEPs, Januar 1995; vgl. auch Maurer 1995). Bei der letzten Investitur der Kommission im Jahre 2004 kam es dann zum Eklat: Das Parlament drohte der Gesamtkommission die Zustimmung zu verweigern, falls nicht bestimmte Kandidaten zurückgezogen würden. Präsident Barroso verschob daraufhin die Wahl; die betroffenen Mitgliedstaaten tauschten ihre Kandidaten aus (vgl. die vorige Fußnote).

[89] Vgl. den Fall von Lord Cockfield, der in vieler Hinsicht eine andere Position als die Regierung Thatcher annahm. Die Regierung revanchierte sich, indem sie ihn nicht mehr für eine zweite Amtszeit benannte (Nugent 1994, S. 87).

[90] An diese ungeschriebene Regel hat sich allerdings die derzeitige Bundesregierung bei der Einsetzung der Prodi-Kommission – zum Ärger der CDU/CSU – nicht gehalten, indem sie mit Verheugen (SPD) und Schreyer (Bündnis 90/Die Grünen) zwei Vertreter der Regierungskoalition entsandt hatte.

Der Kommission steht ein Verwaltungsapparat zur Seite, der derzeit in 23 Generaldirektionen aufgeteilt ist (vgl. Übersicht 1). Die Generaldirektionen sind nach Sach- und Fachgebieten gegliedert, was ihre sehr ungleichmäßige Größenordnung beinhaltet. Bisher unterstanden einem Kommissar entweder eine größere oder – seltener – zwei kleinere, meist inhaltlich verwandte Generaldirektionen. Seit der „großen" Erweiterung des Jahres 2004 übersteigt die Zahl der Kommissare die der Generaldirektionen, sodass in der Regel ein Kommissar eine GD leitet, während sich zunächst in zwei und seit dem Beitritt Rumäniens und Bulgariens sogar in vier Fällen zwei Kommissionsmitglieder die Verantwortung für eine GD teilen müssen (GD Presse und Kommunikation, GD Verkehr und Energie, GD Gesundheit und Verbraucherschutz sowie GD Bildung und Kultur). Darüber hinaus tragen die Kommissare auch Verantwortung für spezielle Dienststellen. Gegenwärtig umfasst der Verwaltungsapparat der Kommission 23.471 Mitarbeiter (einschließlich Übersetzungsdienst)[91], was entgegen vielfach angeführten anderslautenden Einschätzungen einen sehr geringen Personalbestand im Verhältnis zur Aufgabenfülle darstellt[92] (vgl. Kap. 6.1). Diese – stetig wachsende – Aufgabenfülle lässt sich nur deshalb bewältigen, weil die Kommission in zunehmendem Maße Aufgaben delegiert beziehungsweise externalisiert (vgl. dazu Kap. 4 und 5).

---

[91] Amtsblatt der Europäischen Union, L 077 v. 18.03.2007, S. 121, Stand für 2006 einschließlich Planstellen auf Zeit.
[92] Schon ein einzelnes Ministerium eines Mitgliedstaates kann einen Personalbestand dieses Umfangs aufweisen.

3.2 Die Organe der EU

Übersicht 1: Kommissionsmitglieder nach Herkunftsstaat und Aufgabenbereich (Amtsperiode 2005-2009)

Kommissar/Kommissarin	Mitgliedstaat	Verantwortlich für Generaldirektion
José Manuel Barroso (Präsident)	Portugal	GD Kommunikation
Margot Wallström (Vizepräsidentin)	Schweden	GD Kommunikation
Günter Verheugen (Vizepräsident)	Deutschland	GD Unternehmen und Industrie
Jacques Barrot (Vizepräsident)	Frankreich	GD Verkehr und Energie
Siim Kallas (Vizepräsident)	Estland	GD Haushalt
Franco Frattini (Vizepräsident)	Italien	GD Justiz, Freiheit und Sicherheit
Viviane Reding	Luxemburg	GD Informationsgesellschaft und Medien
Stavros Dimas	Griechenland	GD Umwelt
Joaquín Almunia	Spanien	GD Wirtschaft und Finanzen
Danuta Hübner	Polen	GD Regionalpolitik
Joe Borg	Malta	GD Fischerei und Maritime Angelegenheiten
Dalia Grybauskaité	Litauen	GD Haushalt
Janez Potočnik	Slowenien	GD Forschung
Ján Figel'	Slowakei	GD Bildung und Kultur
Markos Kyprianou	Zypern	GD Gesundheit und Verbraucherschutz
Olli Rehn	Finnland	GD Erweiterung
Louis Michel	Belgien	GD Entwicklung
László Kovács	Ungarn	GD Steuern und Zollunion
Neelie Kroes	Niederlande	GD Wettbewerb
Mariann Fischer Boel	Dänemark	GD Landwirtschaft und ländliche Entwicklung
Benita Ferrero-Waldner	Österreich	GD Außenbeziehungen
Charlie McCreevy	Irland	GD Binnenmarkt und Dienstleistungen
Vladimír Špidla	Tschechien	GD Beschäftigung, soziale Angelegenheiten und Chancengleichheit
Peter Mandelson	Großbritannien	GD Außenhandel
Andris Piebalgs	Lettland	GD Verkehr und Energie
Leonard Orban	Rumänien	GD Bildung und Kultur
Meglena Kuneva	Bulgarien	GD Gesundheit und Verbraucherschutz

http://europa.eu.int/comm/commission_barroso/index_de.htm sowie http://ec.europa.eu/dgs_de.htm

Die Aufgaben- und Kompetenzbereiche der Kommission lassen sich, wie im vorhergehenden Abschnitt schon grob skizziert wurde, in drei Kategorien einteilen:[93]
1. gesetzgebende Funktionen,
2. Exekutivfunktionen,
3. Repräsentativfunktionen.

Unter die gesetzgebenden Funktionen fällt vor allem das bereits mehrfach erwähnte Initiativrecht der Kommission, das den Entwurf sowie die Ausarbeitung aller Rechtsakte der Gemeinschaft beinhaltet. Dabei ist hervorzuheben, dass der Rat ohne Beschlussvorlage der Kommission nicht tätig werden darf. Allerdings können der Rat und auch das Parlament die Kommission zur Ausarbeitung einer Vorlage auffordern. Umgekehrt ist die Kommission auch berechtigt, eine Vorlage zurückzuziehen und somit eine ihr nicht genehme Beschlussfassung im Rat zu verhindern.[94] Das Initiativrecht eröffnet der Kommission einen weiten Handlungsspielraum, indem sie die Inhalte der Gesetzestexte, aber auch die Verfahren zu deren Erarbeitung stark strukturieren kann (vgl. Kap. 4).[95] Zudem kann sie über dieses Recht die Agenda des Ministerrats weitgehend bestimmen; und schließlich eröffnet es ihr vielfältige Handhaben, um den Integrationsprozess, teilweise auch gegen den erklärten Willen des Rates, voranzutreiben. Neben dem Initiativrecht kann die Kommission auch kleinere Rechtsakte, wie Mitteilungen, Empfehlungen und Entscheidungen oder sogar Verordnungen, selbstständig erlassen, was im Wesentlichen der Ausübung ihrer Exekutivfunktionen dient.

Die Exekutivfunktionen der Kommission beinhalten in erster Linie die Umsetzung von Ratsbeschlüssen beziehungsweise die Überwachung von deren Umsetzung in den Mitgliedstaaten, soweit diese die Hauptverantwortlichen für die Implementation sind (Bieber et al. 2005, S. 139 ff.). Daraus resultieren für die Kommission relativ direkte Exekutivbefugnisse, insbesondere in allen Fragen, die die Wahrung eines freien Wettbewerbs im Rahmen der Gemeinschaft betreffen. Die damit verbundenen Aufgaben reichen von einer generellen Überprüfung der Einhaltung der Wettbewerbsregeln über die Überwachung der Subventionspolitik der Mitgliedstaaten bis hin zur Kontrolle von Unternehmensfusionen (vgl. Cini/Mc Gowan 1998). Auch die Agrarpolitik und hier wiederum die Abwicklung der Agrarpreisausgleichszahlungen fallen unter die direkte Verantwortung der Kommission. Schließlich nimmt die Kommission über die Verwaltung der verschiedenen Fonds und Finanzinstrumente (z.B. Strukturfonds, aber auch kleinere Programme und Pilotaktionen in sehr unterschiedlichen Politikfeldern) ein weites Feld von Exekutivfunktionen wahr, die sie teilweise erst in der letzten Dekade hinzugewonnen hat. Zwar fällt auch in diesen Bereichen die eigentliche

---

[93] Andere Autoren unterscheiden fünf (Nugent 1991) oder sogar sechs Bereiche (Dinan 1994, Borchardt 1996), folgen damit aber eher einer juristischen Logik oder gar keiner eindeutigen Klassifizierung, wie zum Beispiel Dinan, wenn er als eine Funktion der Kommission nennt: „pointing the way forward" (S. 217).

[94] Dazu bedarf es zwar der Zustimmung des Rates. In der Praxis zieht die Kommission aber zurück, ohne die Stellungnahme der anderen Organe einzuholen (Beutler et al. 1993, S.141, Fn. 78).

[95] Nach Hull (1993, S. 80) werden im Schnitt 80 Prozent des Textes der Gesetzentwürfe der Kommission zum Schluss auch in die Gesetze aufgenommen.

Ausführung in die Verantwortung der Mitgliedstaaten, der Kommission kommt aber eine wichtige Rolle bei der Entscheidung über die Vergabe von Fördermitteln sowie bei allen diese begleitenden Maßnahmen zu.[96]

Die Repräsentativfunktionen der Kommission beziehen sich in erster Linie auf die Außen- und speziell die Außenwirtschaftsbeziehungen der EU. So vertritt die Kommission die Gemeinschaft beziehungsweise die Union in Beitritts- oder Assoziierungsverhandlungen mit Drittstaaten sowie in internationalen Organisationen. Während sie im ersten Falle eines Mandates des Rats bedarf, kann sie im Rahmen internationaler Organisationen weitgehend selbständig tätig werden, soweit es um außenwirtschaftliche Fragen geht.[97]

Insgesamt stellt sich die Kommission somit bei näherer Betrachtung als ein widersprüchlich konzipiertes Organ dar. Einerseits hat sie weitreichende Befugnisse im Gesetzgebungs- und Exekutivbereich, andererseits kann sie diese nur im Wechselspiel mit dem Ministerrat ausüben, wodurch ihr sehr stark die Hände gebunden sind. Einerseits ist sie als ein weitgehend unabhängiges Organ konzipiert, indem ihr gegenüber weder die Mitgliedstaaten Weisungen geben dürfen noch das Parlament weitreichende Kontrollbefugnisse ausüben kann; andererseits ist sie jedoch aufgrund ihrer unvollständigen Kompetenzen insbesondere von den Mitgliedstaaten in zweifacher Weise abhängig: auf der einen Seite im Gesetzgebungsprozess von den Beschlüssen des Ministerrats und zunehmend auch vom Europäischen Parlament; auf der anderen Seite im Prozess der Politikimplementation von der Performance der Regierungen und Verwaltungen der einzelnen Mitgliedstaaten.

3.2.2 Der Ministerrat

Der Ministerrat oder, wie er seit dem Vertrag von Maastricht heißt, der Rat der Europäischen Union, ist das oberste und damit das eigentliche Rechtsetzungsorgan der EU, indem ihm die Entscheidungsgewalt über alle Rechtsakte sowie die sonstigen richtungsweisenden Beschlüsse obliegt. Im Ministerrat sind die derzeit 27 Mitgliedstaaten gleichermaßen mit einem Vertreter, in der Regel einem Minister oder einem Stellvertreter mit entsprechenden Befugnissen, vertreten (Art. 203 EGV). Damit kommt großen und kleinen Staaten eine gleichgewichtige Repräsentanz zu, auch wenn ihre Stimmen gegenwärtig noch unterschiedlich gewichtet werden (vgl. Übersicht 2).

Hinter dem Ministerrat verbirgt sich allerdings in der Praxis eine Vielzahl von Räten: An erster Stelle steht der Rat der Außenminister, der als sogenannter Rat „Allgemeine Angelegenheiten und Außenbeziehungen" einerseits für alle Grundsatzfragen und -entscheidungen

---

[96] Dabei sind sogar Kontrollfunktionen über die Verwendung der Fördermittel einbezogen (Bieber et al. 2005, S. 141; zur Praxis der Kontrollen im Rahmen des Regionalfonds vgl. Tömmel 1994a).

[97] Allerdings gibt es dabei Kompetenzstreitigkeiten zwischen Ministerrat und Kommission, wobei Ersterer beispielsweise Kompetenzen in Bezug auf neue Themen im Bereich der WTO-Verhandlungen nicht an die Kommission delegiert (Meunier/Nicolaïdis 2005, S. 250).

zuständig ist; andererseits die Außenpolitik der Union verantwortlich führt. Daneben gibt es eine Vielzahl von Fachministerräten, die sich aus den Ministern verschiedenster Ressorts zusammensetzen und sich mit den entsprechenden Politikfeldern befassen. Der wichtigste und traditionsreichste der Letzteren ist der Rat „Wirtschaft und Finanzen" (ECOFIN-Rat), der die Geschicke der EG seit ihren Anfängen bestimmt hat und in der vergangenen Dekade insbesondere für die Schaffung der Währungsunion zuständig war. Auch der Landwirtschaftsministerrat kann auf eine lange Tradition zurückblicken. Andere Räte, wie beispielsweise der Umwelt-, der Verkehrs- oder der Raumordnungsministerrat, haben sich erst im Zuge der tendenziellen Europäisierung entsprechender Aufgabenfelder herausgebildet. Bis zum Ende der 90er Jahre war die Zahl der Ratsformationen auf 22 angestiegen, womit sie das gesamte Spektrum nationaler Ministerien (und Politiken) abdeckten (alle Zahlen aus: http://ue.eu.int/showPage.asp?id=426&lang=de).[98] Dann allerdings wurde einem weiteren institutionellen Wildwuchs ein Riegel vorgeschoben: Im Juni 2000 wurde die Zahl der Ministerräte zunächst auf 16, im Juni 2002 dann auf 9 reduziert. Gegenwärtig setzt sich der Rat aus folgenden Formationen zusammen: Allgemeine Angelegenheiten und Außenbeziehungen; Wirtschaft und Finanzen; Zusammenarbeit in den Bereichen Justiz und Inneres; Beschäftigung, Sozialpolitik, Gesundheit und Verbraucher; Wettbewerbsfähigkeit; Verkehr, Telekommunikation und Energie; Landwirtschaft und Fischerei; Umwelt; Bildung, Jugend und Kultur (http://www.consilium.europa.eu/showPage.asp?id=427&lang=de&mode=g).

Die wichtigsten Räte treten ca. einmal monatlich in Brüssel sowie während dreier Monate des Jahres auch in Luxemburg zusammen[99], die übrigen tagen mehrmals im Jahr. Der Vorsitz des Rates wird je von einem Mitgliedstaat für eine Periode von sechs Monaten geführt (Art. 203, Abs. 2 EGV). Die Reihenfolge des Vorsitzes richtete sich zunächst nach dem Alphabet; sie wird aber zunehmend vom Prinzip der Alternanz zwischen kleinen und großen Staaten sowie Alt- und Neumitgliedern modifiziert. Um trotz der Kürze der Vorsitzperiode – die allerdings auch nicht länger sein sollte, da sonst die einzelnen Staaten nur in sehr großen Abständen an die Reihe kämen – eine gewisse Kontinuität zu sichern, hat sich das Prinzip der Troika herausgebildet; das heißt, der jeweils vorangegangene und der folgende Vorsitz unterstützen den amtierenden Vorsitz in seiner Arbeit (Kirchner 1992). Im Verfassungsvertrag ist allerdings vorgesehen, den Ratsvorsitz nicht mehr nach einem kurzfristigen Rotationsverfahren zu vergeben, sondern nach dem Troika-Prinzip mit einer Gruppe von Staaten für jeweils 18 Monate zu besetzen.[100] Diese Regelung wird vermutlich auch im Reformvertrag übernommen werden.

---

[98] Maurer (2000, S. 299) spricht für die Anfangsphase der EG von vier (1958), für 1999 von 24 Ministerräten.
[99] Diese letztere Regelung ist ein Zugeständnis an die Forderungen einzelner Mitgliedstaaten nach einer Sitzverteilung über verschiedene Hauptstädte.
[100] Diese Regelung steht allerdings nicht im Verfassungsvertrag, sondern wurde als „Erklärung zu Artikel I-24 Absatz 7 zu dem Beschluss des Europäischen Rates über die Ausübung des Vorsitzes im Rat" in die Schlussakte des Verfassungsvertrags (VVE) aufgenommen. Die Mitgliedstaaten konnten sich nicht auf die vom Konvent vorgeschlagene Regelung einigen, wonach der Ratsvorsitz für mindestens 1 Jahr nach einem Wahlverfahren vergeben wird.

3.2 Die Organe der EU

Dem Rat steht ein Generalsekretariat mit Sitz in Brüssel zur Seite, das 3 430 Personen[101], also eine deutlich geringere Zahl als die Kommissionsverwaltung, beschäftigt. Dabei ist zu berücksichtigen, dass ein Großteil dieser Stellen dem Übersetzungsdienst gewidmet ist. Das Generalsekretariat bereitet die Sitzungen des Rates und seiner Ausschüsse sowie die Beschlussfassung vor und besorgt auch die technische Durchführung der Sitzungen (Übersetzungen etc.).

Die Aufgaben des Rates sind vergleichsweise klar definiert: Er ist das Rechtsetzungsorgan der EG[102] und damit die oberste Entscheidungsinstanz der Gemeinschaft. Allerdings ist diese Rolle insoweit eingeschränkt, als er nur auf Vorschlag der Kommission tätig werden kann; er kann diese aber auffordern, entsprechende Vorlagen zu unterbreiten (Art. 208 EGV). Zudem ergibt sich eine Einschränkung im Falle des Kodezisionsverfahrens, weil Gesetze dann nur nach Zustimmung des Parlaments angenommen werden können. Daneben kommt dem Rat die Rolle der Koordinierung der Wirtschaftspolitiken der Mitgliedstaaten zu; eine Funktion, die mit dem Vertrag von Maastricht und der damit anvisierten Einführung einer Wirtschafts- und Währungsunion erheblich aufgewertet wurde, indem jetzt auch „Empfehlungen", „Abmahnungen" und sogar „Sanktionen" gegenüber den Mitgliedstaaten im Falle deren Fehlverhaltens ausgesprochen werden können (Borchardt 2002, S. 89). Des Weiteren verfügt der Rat auch über Ernennungsrechte in Bezug auf die Mitglieder von EU-Institutionen[103] sowie über Haushaltsrechte (er erstellt auf Vorschlag der Kommission den Haushaltsplan). Schließlich ist er das Organ, das Abkommen mit Drittstaaten oder internationalen Organisationen abschließt.

Die Entscheidungsverfahren des Rates stellen sich komplizierter dar. Zwar fasst der Rat im Prinzip seine Beschlüsse mit einfacher Mehrheit, wobei jeder Staat über eine Stimme verfügt, jedoch nur insoweit, als nichts anderes in den Verträgen bestimmt ist. In den meisten Fällen ist aber etwas anderes bestimmt: So gilt derzeit für sehr viele Politikbereiche die qualifizierte Mehrheitsentscheidung, während für bestimmte sensible, das heißt, Grundsatzfragen oder vitale Interessen der Mitgliedstaaten betreffende Bereiche die Einstimmigkeit erforderlich ist. Dabei konnte das Einstimmigkeitsprinzip, das über einen langen Zeitraum hinweg die EG-Geschichte und -Geschicke dominierte, erst mit der Verabschiedung der EEA zugunsten der qualifizierten Mehrheitsentscheidung zurückgedrängt werden, was einen fundamentalen Wendepunkt im Integrationsprozess markierte (vgl. Kap. 2.4).

Im Falle von qualifizierten Mehrheitsentscheidungen wird seit Gründung der EG eine Gewichtung der Stimmen der Mitgliedstaaten vorgenommen (Art. 205 EGV). Die Gewichtung

---

[101] Amtsblatt der Europäischen Gemeinschaften, L 077 v. 16.3.2007, S. 121. Stand für 2006 einschließlich Planstellen auf Zeit.

[102] Diese Rolle bezieht sich faktisch nur auf die EWG sowie die EAG; im Falle der EGKS ist der Rat nur ein Zustimmungsorgan, während die Funktion der Rechtsetzung in Händen der Kommission liegt. Allerdings bezieht sich gegenwärtig der übergroße Teil der Rechtsetzung auf die EWG (Borchardt 2002, S. 88).

[103] So ernennt er die Mitglieder des Wirtschafts- und Sozialausschusses, des Ausschusses der Regionen sowie des Rechnungshofes (Borchardt 2002, S. 89).

hängt mit der Größe (Bevölkerungszahl) der Mitgliedstaaten zusammen, trägt ihr aber nur annäherungsweise Rechnung (Übersicht 2). So verfügten die großen Staaten bis zum Vertragsschluss von Nizza über jeweils zehn Stimmen, während die kleineren im Spektrum von zwei bis fünf Stimmen rangierten. Mit dem Vertrag von Nizza wurde die Stimmengewichtung stärker zugunsten der großen Mitgliedstaaten verschoben, da als Folge der Osterweiterung eine Überrepräsentierung der kleinen Staaten zu erwarten war (Übersicht 2). Strikt formal betrachtet sind die kleinen Staaten auch nach dieser Neugewichtung noch immer weit überrepräsentiert; dies ist aber auch als berechtigter Schutz deren vitaler Interessen zu werten. Gleichzeitig ist die Stimmengewichtung, im Vergleich zu dem in internationalen Organisationen vorherrschenden Prinzip des „one country, one vote", aber auch als Schutz der Interessen der großen Staaten anzusehen, indem diese so kaum überstimmt werden können. Für eine qualifizierte Mehrheit sind derzeit 255 von insgesamt 345 Stimmen erforderlich, das entspricht 73,9 Prozent der Stimmen; umgekehrt kann mit 90 Stimmen eine solche Mehrheit verhindert werden. Es sind also mindestens drei große und ein kleiner oder vier und mehr größere und kleinere Staaten erforderlich, um eine Sperrminorität zu bilden.

Im Verfassungsvertrag war allerdings eine grundlegende Veränderung zur Fassung qualifizierter Mehrheitsbeschlüsse vorgesehen: Demnach sollte jeder Staat gleichermaßen über eine Stimme verfügen; die Ja-Stimmen sollten 55 Prozent der Mitgliedstaaten, mindestens aber 15 Staaten, und 65 Prozent der EU-Bevölkerung repräsentieren (vgl. Art. I - 25 VVE). Diese Regelung wurde auch mit den jüngst getroffenen Vereinbarungen des Europäischen Rates für einen Reformvertrag nicht revidiert; lediglich ihr Inkrafttreten wurde auf das Jahr 2014 verschoben (Rat der EU 2007, Nr. 11177/07, S.18).

Insgesamt spiegeln somit die Abstimmungsverfahren im Ministerrat eine schwierige Gratwanderung zwischen einerseits rein intergouvernementalen Prinzipien („one country, one vote", aber auch faktisches Vetorecht eines Staates bei einstimmigen Beschlüssen), andererseits einer effizienteren Beschlussfassung im Interesse einer handlungs- und funktionsfähigen Europäischen Union wider (Mehrheitsentscheidung, Gewichtung der Stimmen). War in der Anfangsphase der Integration und insbesondere nach der Intervention de Gaulles in den 60er Jahren zunächst das intergouvernementale Prinzip dominant, so wurde dieses mit den sukzessiven Vertragsänderungen schrittweise zurückgedrängt zugunsten einer effizienten Beschlussfassung. Trotzdem werden auch die erleichterten Entscheidungsverfahren weiterhin zur Suche nach komplexen Mechanismen der Kompromiss- und Konsensfindung nötigen (vgl. dazu ausführlich Kap. 4).

3.2 Die Organe der EU

Übersicht 2: Stimmengewichtung im Ministerrat 1995-Gegenwart

Mitgliedstaat	Stimmenzahl je Land	
	1995-2004	seit 1.11.2004
Deutschland	10	29
Vereinigtes Königreich	10	29
Frankreich	10	29
Italien	10	29
Spanien	8	27
Polen	-	27
Rumänien	-	14
Niederlande	5	13
Griechenland	5	12
Tschechische Republik	-	12
Belgien	5	12
Ungarn	-	12
Portugal	5	12
Schweden	4	10
Österreich	4	10
Bulgarien	-	10
Slowakei	-	7
Dänemark	3	7
Finnland	3	7
Irland	3	7
Litauen	-	7
Lettland	-	4
Slowenien	-	4
Estland	-	4
Zypern	-	4
Luxemburg	2	4
Malta	-	3
EU Gesamt	87	345

1995-2004: Art. 205, Abs. 2, EGV, seit 1.11.2004: Vertrag von Nizza, Erklärung zur Erweiterung der Europäischen Union.

Eine zusammenfassende Betrachtung von Organisationsstruktur, Zusammensetzung, Aufgabenstellung sowie Entscheidungsverfahren des Ministerrats zeigt, dass dieses auf den ersten Blick immer sehr eindeutig erscheinende Organ sich bei näherer Analyse als eine Reihe von heterogenen Organen darstellt. Diese Heterogenität ergibt sich nicht nur aus der – wachsenden – Zahl der beteiligten Mitgliedstaaten und den gegensätzlichen Interessen, die diese repräsentieren, sondern auch aus der Vielfalt der Einzelräte, die sich zu unterschiedlichen Aufgaben- und Politikfeldern konstituieren. Sie wird weiter verstärkt durch das Verfahren des rotierenden Vorsitzes, über das jeder Mitgliedstaat für einen begrenzten Zeitraum die Agenda und das Profil des Ministerrates prägen kann. Sie findet schließlich ihren Ausdruck in komplizierten Entscheidungsverfahren, die einerseits die Interessen jedes Einzelstaates adäquat berücksichtigen, andererseits aber auch den Fortgang der Integration sichern sollen. Vor diesem Hintergrund stellt sich das Bild des Rates als oberster Entscheidungsinstanz als ein von tiefgreifenden Widersprüchen geprägtes Gremium dar. Ihm kommt nicht einfach die Rolle zu, über die von der Kommission erarbeiteten Vorlagen zu entscheiden; vielmehr ist er vor allen Dingen so konstruiert, dass in ihm die gegensätzlichen Interessen der Mitgliedstaaten beziehungsweise der gesellschaftlichen Gruppierungen, die sie repräsentieren, differenziert gegeneinander abgewogen und vermittelt werden können. Es ist also die Dominanz einzelstaatlicher Interessen, die die Organisationsstruktur und Verfahrensweisen des Rates prägt, während die Wahrung des gemeinsamen Interesses am Fortgang der Integration eher an die Kommission delegiert wird. Allerdings weisen rezente Reformen – die Einführung, Ausweitung und zuletzt signifikante Erleichterung von qualifizierten Mehrheitsentscheidungen, die Einführung der Zweiten und Dritten Säule sowie die Anvisierung von Formen einer „verstärkten Zusammenarbeit" – darauf hin, dass dieses letztgenannte Interesse wieder stärker in den Ministerrat reintegriert werden soll.

3.2.3 Das Europäische Parlament

Das Europäische Parlament, das diesen Namen offiziell erst seit dem Vertrag von Maastricht trägt[104], stellt die Volksvertretung im politischen System der EU dar, das heißt es vertritt die „Völker der in der Gemeinschaft zusammengeschlossenen Staaten" (Art. 189 EGV). Seit der jüngsten Erweiterung der Union umfasst es 785 Abgeordnete[105], die sich aus festgelegten Quoten für jeden Mitgliedstaat zusammensetzen (vgl. Übersicht 3).

Die höchste Mitgliederzahl erreicht gegenwärtig die BRD mit 99 Abgeordneten; die Schlusslichter bilden Malta und Luxemburg mit fünf beziehungsweise sechs Volksvertretern. Dieser Verteilung liegt wiederum die Berücksichtigung der Einwohnerzahl der einzelnen Staaten zugrunde; allerdings handelt es sich auch hier nicht um eine proportionale Verteilung. Vielmehr steht den kleineren Mitgliedstaaten ein relativ größerer Anteil an Abgeordneten zu; dies vor allem, um eine arbeitsfähige Delegationsstärke zu gewährleisten, was sowohl die Repräsentation des gesamten Parteienspektrums eines Staates als auch die Präsenz in allen Ausschüssen des Parlaments beinhaltet.

---

[104] Zwar hat das Parlament sich selbst schon zuvor diesen Namen gegeben, er wurde aber erst mit dem Vertrag zur Europäischen Union offiziell festgelegt.

[105] Die Zahl der Abgeordneten hat sich von 198 (nach der ersten Erweiterung 1973) auf 410 (im Zuge der Direktwahl des Parlaments 1979) signifikant erhöht; mit den jeweiligen Erweiterungen stieg sie proportional an (auf 518 nach den Süderweiterungen von 1981 und 1986). Mit der deutschen Vereinigung kam es zu einer Erhöhung der Mandate auf 567; mit der vierten Erweiterung stieg sie auf 626. Beim Vertragsschluss von Nizza mussten dann die Abgeordnetenzahlen neu justiert werden, um Platz zu machen für die Beitrittsstaaten, die Gesamtzahl der Mandate aber nicht allzu stark wachsen zu lassen. Der Verfassungsvertrag schließlich sieht eine Obergrenze von 750 Abgeordneten vor, die voraussichtlich auch im Reformvertrag beibehalten wird. http://www.europarl.eu.int/factsheets/1 3 1 de.htm sowie Knipping 2004, S. 212.

Übersicht 3: Abgeordnete des Europäischen Parlaments nach Mitgliedstaaten, Stand 2007

Mitgliedstaaten	Abgeordnete
Deutschland	99
Frankreich, Italien, Vereinigtes Königreich	78
Spanien, Polen	54
Rumänien	35
Niederlande	27
Belgien, Griechenland, Portugal, Tschechien, Ungarn	24
Schweden	19
Bulgarien, Österreich	18
Dänemark, Finnland, Slowakei	14
Irland, Litauen	13
Lettland	9
Slowenien	7
Estland, Luxemburg, Zypern	6
Malta	5
Summe	785

Quelle: http://www.europarl.europa.eu/members/expert/groupAndCountry,do;jsessionid=106A7FA74DA7E6COA8 3ED97CEBCBFCF8.nodel?language=DE

Die Abgeordneten des Parlaments werden für eine Amtsperiode von fünf Jahren gewählt. Obwohl in den Verträgen allgemeine europaweite Wahlen vorgesehen sind, fanden die Wahlen bisher in den Einzelstaaten getrennt statt. Das beinhaltet zum einen, dass in jedem Land nur die eigene Quote der Abgeordneten entsprechend dem vorhandenen Parteienspektrum gewählt wird; zum anderen, dass nationale Wahlverfahren gelten.[106] So unterlag die Wahl in Großbritannien bis 1999 dem Mehrheitswahlrecht[107], was zu einer sehr ungleichgewichtigen Repräsentanz der beiden dominanten Parteien führte, während beispielsweise in der BRD die 5%-Klausel gilt[108], was häufig den Ausschluss kleinerer Parteiengruppierungen beinhaltet.[109] Zweiundzwanzig Staaten bilden in ihrer Gesamtheit ein Wahlgebiet; fünf sind dagegen in Wahlkreise eingeteilt (Belgien, Irland, Italien, Polen, Vereinigtes Königreich), was einen en-

---

[106] Alle Angaben zu den Wahlverfahren: siehe http://www.elections2004.eu.int/ep-election/sites/de/yourvoice/index.html.

107 Mit dem Antritt der Labour-Regierung 1997 wurde für die Wahl zum EP (des Jahres 1999) zum Verhältniswahlrecht übergegangen.

[108] Drei weitere Staaten der Altmitglieder haben ebenfalls eine 5% -(Frankreich) beziehungsweise eine 4%-Klausel (Österreich, Schweden). Von den neuen Beitrittsstaaten praktizieren fünf (Litauen, Polen, Slowakei, Tschechien und Ungarn) die 5%-Hürde bei der Europawahl (siehe http://www.elections2004.eu.int/ep-election/sites/de/yourvoice/index.html). Für Bulgarien und Rumänien konnten dazu keine Angaben ermittelt werden.

[109] So war beispielsweise die FDP in der Legislaturperiode 1999-2004 nicht im EP vertreten.

geren Bezug zwischen Abgeordneten und ihrem Elektorat ermöglicht. Die unterschiedlichen Wahlverfahren führen auch dazu, dass ein sehr breites und heterogenes Parteienspektrum die Parlamentsbühne beherrscht. Zwar kommt es in der Praxis zu einer Bündelung verwandter Parteien in transnationalen Fraktionen, diese bleiben jedoch – entsprechend den unterschiedlichen nationalen Traditionen und politischen Kulturen – sehr heterogen (Hix/Lord 1997, Hrbek 2004). Mit dem Vertrag von Amsterdam wurde allerdings die Erarbeitung eines europaweiten Wahlverfahrens vereinbart (Art. 190, Abs. 4 EGV); entsprechende Vorschläge des Parlaments konnten aber bisher noch keine breite Zustimmung finden.

Dem Parlament steht ein Präsident vor, der von 14 Vizepräsidenten unterstützt und von sechs Quästoren mit beratender Funktion begleitet wird. Dieser Personenkreis bildet zugleich das Präsidium des Europäischen Parlaments, das die Agenda bestimmt und den Verfahrensablauf der Sitzungen regelt.

Die Aufgaben und Befugnisse des Parlamentes lassen sich in vier Kernbereiche einteilen:
1. Rechtsetzungsbefugnisse,
2. Haushaltsbefugnisse,
3. Kontrollbefugnisse sowie
4. Zustimmungsrechte in den Außenbeziehungen.

In Bezug auf den europäischen Rechtsetzungsprozess kam dem Parlament lange Zeit lediglich eine beratende Funktion zu, das heißt, es musste zu allen Vorschlägen der Kommission angehört werden und konnte entsprechende Stellungnahmen abgeben. Der Rat war aber in keiner Weise verpflichtet, die Stellungnahmen des Parlaments zu berücksichtigen.[110] Mit der EEA wurde dann erstmals ein – begrenztes – Mitentscheidungsrecht über die Einführung des sogenannten Kooperationsverfahrens (Art. 252c EGV) gewährt. Dieses Verfahren, das mit dem Vertrag von Amsterdam wieder weitgehend abgeschafft wurde, sieht zwei Lesungen von Gesetzesvorschlägen im Parlament vor. Wenn das Parlament in zweiter Lesung einen Vorschlag mit absoluter Mehrheit ablehnt oder aber abändert und die Kommission den Änderungsvorschlag nicht übernimmt, kann der Ministerrat die Position des Parlaments nur durch einstimmigen Beschluss überstimmen; andernfalls gilt der Vorschlag als abgelehnt. Mit diesem Verfahren konnte das Parlament zwar noch keine weitgehenden Mitentscheidungsrechte, wohl aber eine beträchtliche Verhandlungsposition hinzugewinnen – insbesondere, wenn die Meinungen im Rat auseinander gingen, was fast immer der Fall war –, über die Zugeständnisse an die eigenen Optionen und Präferenzen erzielt werden konnten (vgl. Fitzmaurice 1988, Tsebelis 1994, Earnshaw/Judge 1997).

Mit dem Vertrag von Maastricht wurde der Weg der schrittweisen Erweiterung der Mitwirkungsrechte des Parlaments weiter ausgebaut, indem nunmehr das sogenannte Kodezisionsverfahren (Art. 251c EGV) eingeführt wurde. Dieses Verfahren sieht drei Lesungen von Gesetzestexten im Parlament vor; wenn das Parlament in zweiter Lesung einen Vorschlag mit

---

[110] Häufig kam es sogar vor, dass er Beschlüsse fällte, bevor das Parlament seine Stellungnahme abgegeben hatte (Interviews Kommission sowie EP, Januar/Februar 1998).

absoluter Mehrheit ablehnt, tritt ein Vermittlungsausschuss zusammen, dem Vertreter von Rat und Parlament angehören; kommt es zu keiner Einigung, kann das Parlament in dritter Lesung den Vorschlag mit absoluter Mehrheit endgültig ablehnen (vgl. auch Kap. 4.1.1).

Dieses komplizierte Verfahren ermöglicht wiederum keine gleichberechtigte Mitentscheidungsfunktion, aber es errichtet höhere Hürden für den Rat, wenn er die Position des Parlaments ignorieren will. Umgekehrt gibt es dem Parlament ein Vetorecht in die Hand, mit dem es zumindest die Verabschiedung von ihm nicht genehmen Vorschlägen verhindern oder mit der Verhinderungsoption drohen kann. Und schließlich beinhaltet das Verfahren einen starken Druck zur Kompromiss- und Konsensfindung zwischen allen beteiligten Parteien, wobei die Verhandlungsposition des Parlaments – nicht zuletzt aufgrund des Vetorechts – beträchtlich gestärkt ist (vgl. Judge et al. 1994, Earnshaw/Judge 1996, Shackleton 2000).

Kooperations- und Kodezisionsverfahren galten zunächst allerdings nur für jeweils genau definierte Bereiche, wodurch die stärkere Position des Parlaments wiederum erheblich eingeschränkt werden konnte. Mit den Verträgen von Amsterdam und Nizza wurden daher weitere Schritte zum Ausbau der Mitentscheidung unternommen, indem das Kodezisionsverfahren auf wesentlich mehr Bereiche ausgedehnt wurde, während das Kooperationsverfahren mit wenigen Ausnahmen abgeschafft wurde (Wessels 1997a, 2001).[111] Damit kann das Parlament nunmehr in einem breiten Spektrum von Themenbereichen und Politikfeldern einen erheblichen Einfluss auf die Abfassung von Gesetzestexten und Rechtsakten ausüben, vorausgesetzt, dass es selbst zu einer einheitlichen Position und damit zu einem Konsens zwischen den großen Parteien kommt. Der Verfassungsvertrag geht sogar noch wesentlich weiter in dieser Hinsicht: Das Mitentscheidungsverfahren soll zum regulären Gesetzgebungsverfahren der EU, und damit das Parlament zum gleichberechtigten Mitgesetzgeber neben dem Rat erhoben werden (vgl. Tömmel 2004b, Wessels 2004).

Die Haushaltsbefugnisse des Parlaments können insgesamt als sehr weitgehend gewertet werden: Dem Europäischen Parlament kommt vor allem die letztendliche Entscheidung über die nicht-obligatorischen Ausgaben der EG zu[112], und es nimmt jährlich den Gesamthaushaltsplan an (beziehungsweise kann diesen auch ablehnen; Corbett et al. 1995, S. 224 f.). Beide Befugnisse können dazu genutzt werden, auch inhaltlich Einfluss auf die Politiken der EG zu nehmen: Die nicht-obligatorischen Ausgaben betreffen alle Fonds und Finanzinstrumente, also *in concreto* Struktur-, Technologie-, Umweltpolitik und eine Reihe von kleineren Förderprogrammen sowie die Hilfsprogramme der EG für Drittländer; über die Um-

---

[111] Insbesondere der Vertrag von Amsterdam hat das Mitentscheidungsverfahren erheblich ausgeweitet, indem es auf fast alle Bereiche, die bereits zuvor qualifizierten Mehrheitsbeschlüssen unterlagen oder mit dem neuen Vertrag diesen zugeordnet wurden, angewendet wurde. Die wichtigste Ausnahme bildet die Landwirtschaft, bei der trotz qualifizierter Mehrheitsbeschlüsse im Rat das Parlament nur angehört wird (http://europa.eu.int/comm/nice treaty/summary de.pdf).

[112] Obligatorische Ausgaben sind solche, die sich unmittelbar aus den Gemeinschaftsverträgen ableiten, z.B. die Ausgaben für Agrarpolitik. Dementsprechend umfassen die nicht-obligatorischen Ausgaben solche, die nicht vertraglich fixiert sind, also beispielsweise die Aufwendungen für die Struktur-, die Entwicklungspolitik, die Hilfsmaßnahmen für Osteuropa und generell ein breites Spektrum von Fördermaßnahmen.

schichtung dieser Mittel können somit auch die entsprechenden Politikfelder in ihrer inhaltlichen Ausrichtung beeinflusst werden (Corbett et al. 1995, S. 233). Über die Annahme des Gesamthaushaltes kann das Parlament die Kommission unter Druck setzen und damit indirekt kontrollieren. Bei den obligatorischen Ausgaben (derzeit ca. die Hälfte des EG-Budgets), die vor allem die Agrarpreisstabilisierung betreffen, kann das Parlament demgegenüber lediglich Änderungsvorschläge einbringen. Allerdings sehen auch hierfür Verfassungs- und Reformvertrag eine einschneidende Änderung vor: Die Unterscheidung zwischen obligatorischen und nicht-obligatorischen Ausgaben soll künftig gänzlich entfallen; damit sollen dem Parlament Entscheidungsbefugnisse über alle Ausgaben der EU zukommen (Tömmel 2004b).

Die Kontrollbefugnisse des Parlaments, die sich ausschließlich auf die Kommission beziehen, sind demgegenüber relativ begrenzt; sie beschränken sich zudem auf den Einsatz indirekter Kontrollmechanismen wie Berichterstattung und Anhörungsverfahren. Allerdings kann das Parlament anlässlich der Vorlage des jährlichen Tätigkeitsberichts der Kommission dieser auch mit Zweidrittelmehrheit das Misstrauen aussprechen, ein Recht, das bisher jedoch noch niemals konkret genutzt wurde.[113] Das Parlament kann Missständen über Untersuchungsausschüsse nachgehen; außerdem können sich die Bürger Europas mit Petitionen an das Parlament wenden. Seit dem Maastrichter Vertrag ist hierfür ein Bürgerbeauftragter (Ombudsmann) zuständig.

Schließlich kommen dem Parlament auch gewisse Rechte in den Außenbeziehungen zu, indem es insbesondere über ein Zustimmungsrecht und damit indirekt über ein Vetorecht zu allen wichtigen internationalen Abkommen der EG sowie zum Beitritt neuer Staaten in die Union verfügt (Art. 49 EUV sowie Art. 300, Abs. 3 EGV). Auch dieses Recht kann genutzt werden, um die Berücksichtigung von Präferenzen des Parlaments in entsprechenden Verträgen zu erzwingen.

Eine zusammenfassende Betrachtung des Europäischen Parlaments zeigt, dass dieses Organ im institutionellen Kontext der EG eine vergleichsweise schwächere Position einnimmt: Es verfügt weder über entscheidende Gesetzgebungsfunktionen noch über weitgehende Kontrollrechte gegenüber den anderen Organen der EU. Lediglich über die Einführung und Ausweitung zunächst des Kooperations- und sodann des Mitentscheidungsverfahrens konnte das Parlament im Laufe der letzten Dekade weitreichendere Befugnisse hinzugewinnen, die ihm die Rolle eines zusätzlichen Players im europäischen Entscheidungsprozess verleihen. Das heißt, Kommission und Ministerrat müssen nunmehr die Positionen und Präferenzen des Parlaments wesentlich stärker als zuvor berücksichtigen. Dabei nötigen allerdings diese Verfahren dem Parlament nach innen eine Politik des breiten Konsenses auf, da Einfluss nach außen nur über absolute Mehrheitsbeschlüsse zu erzielen ist. Gleichzeitig ist das Parlament

---

[113] Im Jahre 1999 wurde aber indirekt von diesem Recht Gebrauch gemacht, indem das Parlament mit einem Misstrauensvotum drohte, dem die Kommission dann aber mit einem kollektiven Rücktritt zuvorkam. Vgl. Hummer/Obwexer 1999.

aber auch nach außen, also gegenüber Ministerrat und Kommission, zu einer konsensorientierten Verhaltensweise gezwungen, da es am ehesten Verhandlungsmacht, neuerdings unterstützt von Vetorechten, und weniger oder allenfalls in Teilbereichen eindeutige Mitentscheidungsbefugnisse besitzt. Auch in seinen Beziehungen zu den Bürgern Europas kann das Parlament sich nicht auf eine starke Position stützen, da es nicht in europaweiten Verfahren gewählt wird, sondern jeweils gesondert nach Mitgliedstaaten. Damit ist das Parteienspektrum zersplittert und die Bündelung politischer Positionen zu europabezogenen Fragen und Problemen erschwert. Zudem erweist sich auch die schwache institutionelle Position als ein Hemmnis für die Gewinnung des Interesses oder gar des Vertrauens der Bürger, was sich in einer traditionell niedrigen und tendenziell weiter sinkenden Beteiligung an Europawahlen manifestiert.[114] Da somit die formale Machtposition des Parlaments augenscheinlich schwach ist – und seine Stärken in der Nutzung informeller Mechanismen der Machtausübung und Einflussnahme weniger sichtbar werden –, kann es die ihm zugedachte Rolle der Vertretung der Völker Europas nur eingeschränkt wahrnehmen (vgl. dazu auch Kap. 6.3).

3.2.4 Der Europäische Gerichtshof

Der Europäische Gerichtshof (EuGH) stellt die Judikative des EU-Systems dar, das heißt, er ist die Instanz, die die Rechtmäßigkeit europäischer Entscheidungen sowie die Einhaltung des im Rahmen der EU gesetzten Rechts überwacht; nach den Worten des EG-Vertrags obliegt es ihm, „die Wahrung des Rechts bei der Auslegung und Anwendung dieses Vertrages" zu sichern (Art. 220 EGV).

Mit der Schaffung eines Europäischen Gerichtshofs schon im EGKS-Vertrag und später im Rahmen von EWG und EURATOM hatten die Gründerstaaten somit von Anfang an entschieden, die Gemeinschaften mit einer unabhängigen Judikative auszustatten, um dem gemeinsam gesetzten Rechtsbestand zur Geltung zu verhelfen; damit akzeptierten sie gleichzeitig die tendenzielle Einschränkung ihrer Souveränität durch eine europäische Rechtsordnung. In der Folge hat der Gerichtshof denn auch häufig Entscheidungen getroffen, die die supranationale Dynamik der Integration bestätigten oder sogar verstärkten. Aufgrund der Unabhängigkeit des Gerichtshofs ist mit diesem Organ – als einzigem im EU-System – dem Prinzip der Gewaltenteilung Rechnung getragen. Dementsprechend ist der Status des Gerichtshofs mit dem eines Verfassungsgerichts auf der nationalen Ebene vergleichbar (Beutler

---

[114] Bei der letzten Wahl zum Parlament (2004) lag die Wahlbeteiligung im Durchschnitt der EU bei 45,7 Prozent, was den bisherigen Tiefststand darstellt. Während die „alten" Mitgliedstaaten der EU – 15 im Durchschnitt 49,4 Prozent erreichten, kamen die 10 neuen Mitgliedstaaten durchschnittlich nur auf 26,9 Prozent. Hrbek 2004, S. 212.

et al. 1993, Wolf-Niedermaier 1997, Dehousse 1998, Hitzel-Cassagnes 2000, Bieber et al. 2005).[115]

Der Europäische Gerichtshof besteht derzeit aus 27 Richtern und acht Generalanwälten, die von den Mitgliedstaaten „im Einvernehmen" für sechs Jahre benannt werden. Wiederernennung ist möglich. Es versteht sich, dass die Richter unabhängige Persönlichkeiten sein sollen; trotzdem wird bei der Besetzung der Ämter ein Proporzprinzip gewahrt, indem jeder Mitgliedstaat mit je einem Vertreter am Gerichtshof repräsentiert ist.[116] Auch bei der Ernennung der Generalanwälte wird auf Proporz geachtet.

Der EG-Vertrag sieht eine Reihe von Klage- beziehungsweise Verfahrensarten vor, mit denen sich der Gerichtshof zu befassen hat (Thiel 1998, S. 107 f., Dehousse 1998, S. 16 ff.).

1. Bei *Vertragsverletzungsverfahren* ruft die Kommission den Gerichtshof wegen Nicht-Einhaltung des EG-Vertrags durch einen Mitgliedstaat an. In solchen Fällen geht es meist um das Versäumnis, europäische Richtlinien in nationales Recht umzusetzen. Auch die Mitgliedstaaten haben das Recht, andere Staaten wegen Vertragsverletzungen zu verklagen. Meist rufen sie dazu aber die Kommission an, die das Verfahren dann führt.
2. *Nichtigkeitsklagen* können angestrengt werden, um Rechtshandlungen der EU-Organe zu überprüfen. Stellt sich heraus, dass diese das Gemeinschaftsrecht verletzen, dann werden die entsprechenden Rechtshandlungen für nichtig erklärt.
3. *Untätigkeitsklagen* beziehen sich ebenfalls auf die Organe der EU, falls diese in Bereichen, in denen die Verträge Entsprechendes vorschreiben, nicht tätig werden.
4. Bei der *Vorabentscheidung* geht es um Verfahren, die in den Mitgliedstaaten anhängig sind, das Gemeinschaftsrecht aber eine entscheidende Rolle für die Entscheidungsfindung spielt. Die Gerichte der Mitgliedstaaten holen deshalb eine Vorabentscheidung vom EuGH zur Rechtsauslegung ein, die für sie dann verbindlich ist. Vorabentscheidungsverfahren werden vor allem damit begründet, dass sie einer möglichst einheitlichen Rechtsauslegung in allen EU-Staaten dienen. Weit mehr als die Hälfte aller Verfahren vor dem EuGH fallen in diese Kategorie[117]; allerdings nehmen die Gerichte der Mitgliedstaaten die Vorabentscheidung in sehr unterschiedlichem Maße in Anspruch.[118]

---

[115] Hierbei ist allerdings zu berücksichtigen, dass die EU-Verträge bisher keine Verfassung sind, sondern allenfalls Verfassungscharakter haben. Auch der auf europäischer Ebene bereits verabschiedete, aber nicht ratifizierte Verfassungsvertrag stellt nach juristischer Auffassung keine echte Verfassung dar (vgl. Müller-Graff 2004).

[116] Diese Regelung trägt nicht nur dem EU-üblichen Proporzdenken Rechnung, sondern erweist sich auch als vorteilhaft, weil die Richter jeweils vertraut sind mit den nationalen Rechtssystemen und weil bei Verhandlungen das Sprachenproblem gemindert werden kann. Bisher beruhte das Proporzprinzip auf Entscheidungen des Rates; mit dem Vertrag von Nizza wurde das Prinzip „ein Richter pro Mitgliedstaat" vertraglich verankert (Art. 221 EGV). Durch die jüngsten Erweiterungen der EU wird das Plenum des Gerichtshofs allerdings sehr umfangreich, was die Effizienz des Gremiums tendenziell mindern könnte.

[117] 2006 waren nach Angaben des EuGH von insgesamt 546 Verfahren 266, also nahezu die Hälfte, Vorabentscheidungsersuchen. (http://curia.europa.eu/de/instit/presentationfr/rapport/stat/06_cour_stat.pdf, S. 3).

[118] So verteilt sich die Inanspruchnahme des EuGH in der Periode 1988-1994 wie folgt auf die Mitgliedstaaten: BR Deutschland 46, Frankreich 26, Italien 24, Niederlande 20, Belgien 20, Vereinigtes Königreich 15 Mal und die

3.2 Die Organe der EU

Neben diesen Verfahren werden auch Streitsachen zwischen den EU-Organen und ihren Bediensteten vor dem Europäischen Gerichtshof verhandelt.

Seit Gründung der Europäischen Gemeinschaften ist die Aufgabenfülle des Gerichtshofes stetig gewachsen.[119] Deshalb wurde im Jahre 1989 aufgrund einer Vertragsrevision in der EEA ein Gerichtshof erster Instanz gebildet, dem ebenfalls 27 Richter aus den Mitgliedstaaten angehören. Dieser Gerichtshof ist gegenwärtig für Rechtsfragen zuständig, die Klagen gegen die Gemeinschaft, gegen die Kommission aufgrund der EGKS-Verträge sowie Rechtsstreitigkeiten zwischen der Gemeinschaft und ihren Bediensteten betreffen. Weitere Aufgaben können ihm vom Ministerrat übertragen werden; lediglich die Vorabentscheidungsverfahren sind prinzipiell dem EuGH vorbehalten. Der EuGH fungiert gegenüber dem Gerichtshof erster Instanz als Berufungsinstanz.

Der Gerichtshof und auch der Gerichtshof erster Instanz können im Plenum tagen oder aber in kleinerer Besetzung von 3, 5 oder 7 Richtern, wofür feste Kammern eingerichtet werden, die einem spezifischen Sachbereich zugeordnet sind. Entscheidungen und Urteile werden grundsätzlich mit einfacher Mehrheit gefällt; deshalb muss die Zahl der Mitglieder der Gerichtshöfe wie der Kammern immer ungerade sein.

Der Europäische Gerichtshof ist nicht nur im formalen Sinne unabhängig, sondern auch in seiner faktischen Arbeitsweise. Seine Urteile genießen europaweit hohe Anerkennung, auch dann, wenn sie nicht den Optionen, Präferenzen und Interessen der Mitgliedstaaten entsprechen. Dies gilt vor allem dort, wo der Gerichtshof nicht nur Rechtsstreitigkeiten beilegt, sondern über die Auslegung der Verträge faktisch auch Recht setzt. Letzteres ist angesichts des notwendigerweise lückenhaften Charakters der Verträge vergleichsweise häufig der Fall, womit der Hof der ihm zugedachten Aufgaben deutlich übersteigt (Hitzel-Cassagnes 2000).

Insbesondere in den Anfangsjahren der Integration wurden weitreichende rechtsetzende Urteile gefällt, indem der Gerichtshof bedeutsame Prinzipien des Europarechts formulierte, die in den Verträgen so nicht vorgesehen waren (Wolf-Niedermaier 1997, Dehousse 1998, Alter 2001). So wurde bereits im Jahre 1963 die unmittelbare Wirksamkeit von EG-Recht für die Bürger Europas festgestellt (Rs. 26/62, Urteil v. 5.2.1963; Van Gend & Loos). 1964 folgte ein Urteil, das den Vorrang von EG-Recht gegenüber dem nationalen Recht konstatierte (Rs. 6/64, Urteil v. 15.7.1964; Costa/ENEL). Mit diesen Urteilen, die in der Folge weitreichende Auswirkungen auf die gesamte europäische Rechtsprechung hatten, wurde nicht nur die Gewaltenteilung zwischen Legislative und Judikative auf der europäischen Ebene verwischt, sondern zugleich auch die Souveränität der Mitgliedstaaten empfindlich eingeschränkt (Alter

---

übrigen Mitgliedstaaten zusammen 15 Prozent der entsprechenden Anrufungen (Stone Sweet/Brunell 1998). Es sind also eindeutig die Gründungsmitglieder der EG, die den Gerichtshof am meisten in Anspruch nehmen.

[119] So stieg die Zahl der behandelten Fälle von 79 (1970) über 279 (1980) bis hin zu 384 im Jahre 1990 (Hix 1999, S. 105 f.). Nach Angaben des Europäischen Gerichtshofs waren 2006 bei ihm 537 und beim Gerichtshof erster Instanz 432 Neueingänge zu verzeichnen; im Dezember 2006 gab es beim EuGH 731, beim Gerichtshof Erster Instanz 1029 anhängige Rechtssachen. (http://curia.europa.eu/de/instit/presentationfr/rapport/pei/06_cour_activ.pdf sowie http://curia.europa.eu/de/instit/presentationfr/rapport/pei/06_trib_activ.pdf).

2001); zudem wurde eine eigenständige europäische Rechtsordnung etabliert, wodurch auch der Gerichtshof als Institution von einem primär international konzipierten zu einem föderal agierenden Gremium mutierte (Dehousse 1998).

Auch den Integrationsprozess selbst konnte der Gerichtshof durch seine Entscheidungen vorantreiben, insbesondere in Phasen der Stagnation beziehungsweise der Entscheidungsblockaden im Ministerrat (Burley/Mattli 1993). Das wohl berühmteste Beispiel hierfür ist das vielfach zitierte Urteil im Fall „Cassis de Dijon" (Rs. 120/78, Urteil v. 20.2.1979; Cassis de Dijon, Wolf-Niedermaier 1997). Hier formulierte der Hof das Prinzip der „gegenseitigen Anerkennung". Es besagt, dass Produkte, die in einem Mitgliedstaat nach den dortigen Rechtsnormen produziert werden, in einem anderen Mitgliedstaat ohne Einschränkungen auf den Markt gebracht werden dürfen, auch wenn sie den dort geltenden Gesetzen nicht entsprechen. Dieses Urteil markiert den Beginn des Durchbruchs zur Vollendung des Binnenmarktes, indem es alle Versuche, nationale Märkte durch Sonderregelungen zu schützen, zunichte machte und darüber die Widerstände der Mitgliedstaaten gegen eine weitergehende Marktintegration aushebelte. Gleichzeitig wurde damit aber auch der Schutz nationaler Rechtssysteme beziehungsweise ihrer Besonderheiten vor europaweiter Harmonisierung oder gar Vereinheitlichung unmöglich gemacht.

Darüber hinaus hatte dieses Urteil aber auch weitreichende Folgewirkungen auf das gesamte Policy-Making der EU, indem fortan nicht mehr nach einer – in der Praxis schier unmöglichen – Harmonisierung der nationalen Rechts- und Regelsysteme gestrebt, sondern nach dem Prinzip der Anerkennung der Regeln der jeweils anderen Staaten verfahren wurde. Damit konnte die Umstellungslast von der europäischen auf die nationale Ebene zurückverlagert werden.

Trotz dieser Rechtsprechung, die eine eigenständige europäische Rechtsordnung über der der nationalen Staaten etablierte, ist der Gerichtshof als Organ aber nicht den nationalen Staaten übergeordnet im Sinne einer letzten beziehungsweise obersten Instanz. Vielmehr ist er – insbesondere über das Verfahren der Vorabentscheidung – mit den Gerichten der nationalen Staaten zu einem Rechtssystem verbunden (Weiler 1994, Golub 1996). Da allerdings die Vorabentscheidungen für die nationalen Gerichte verbindlich sind und nicht von einem Berufungsgericht überprüft werden können, kann der EuGH einen sehr weitreichenden Einfluss auf die Rechtsprechung und damit auch auf die gesamte Rechtsordnung der Mitgliedstaaten ausüben, womit ihm faktisch eine tendenziell supranationale Position zukommt, die ihm im formalen Sinne nicht zugedacht war.

Insgesamt stellt sich somit auch der Europäische Gerichtshof als ein widersprüchlich konzipiertes Organ dar: Zwar ist er die oberste rechtswahrende Instanz im EU-System, aber nicht den Gerichten der Mitgliedstaaten übergeordnet. Zwar sind seine Entscheidungen für die Letzteren verbindlich; aber es sind in vielen Fällen die nationalen Gerichte, die die letztendlichen Urteile aussprechen, wobei der EuGH für diese nicht als Berufungsinstanz fungieren kann. In seiner Eigenschaft als rechtsetzende Instanz weist der EuGH Züge einer Verfassungsgerichtsbarkeit auf, ohne jedoch mit einem entsprechenden Auftrag ausgestattet zu sein; vielmehr wurde er in den EG-Verträgen primär als internationaler Gerichtshof konzipiert (Dehousse 1998). Insofern erweist sich auch der Gerichtshof – wiewohl er in der Literatur vielfach als supranationales Organ kategorisiert wird und seine Tätigkeit als Auslöser einer Spill-over-Dynamik gewertet wurde (Burley/Mattli 1993) – als Organ, das eine Zwitterposition im Koordinatenfeld Intergouvernementalismus/Supranationalismus einnimmt, wobei er allerdings – mehr aufgrund seiner eigenen Initiative als aufgrund vertraglicher Regelungen – dem Letzteren näher steht.

3.3 Die Ausdifferenzierung der Systemstruktur

Die im Vorgehenden dargestellte Grundstruktur des EU-Systems und seiner zentralen Organe vermittelt nur ein grobes Bild seiner wesentlichen Elemente und Komponenten; faktisch ist das System weitaus komplexer und ausdifferenzierter, als es in der Behandlung der zentralen Organe und deren Stellung zueinander erscheint. So zeigt sich bei näherer Betrachtung,

1. dass sich die Kapazität der einzelnen Organe, den Politikprozess zu steuern oder maßgebend an ihm zu partizipieren, weit über den formalen Kompetenzrahmen hinaus entwickelt und entfaltet hat;
2. dass eine Vielzahl von zusätzlichen Organen, Institutionen und Akteuren in den europäischen Entscheidungsprozess einbezogen ist und somit diesen (mit-)gestaltet und prägt;
3. dass die Entscheidungsverfahren in der Praxis wesentlich komplexer sind, als es in den formalen Schemata der Lehrbücher erscheint.

Die Evolution und Ausdifferenzierung des EU-Systems in diesem Sinne hat sich dabei nicht als Selbstläufer entfaltet und ist auch nicht primär als Resultat von institutionellen Spillovers zu interpretieren.[120] Vielmehr resultiert sie auch aus dem Machtkampf zwischen den europäischen Organen beziehungsweise aus der Ohnmacht der einzelnen Organe und Akteure, den Politikprozess in ihrem Sinne zu steuern oder gar zu bestimmen (vgl. Kap. 7). Diese Situation hat zu einem Prozess von Aktion, Reaktion und Gegenreaktion geführt, in dem jedes der beteiligten Organe versuchte, seine eigenen Entscheidungsverfahren und -kompetenzen zu optimieren, größeren Einfluss auf den gesamten Entscheidungsprozess zu gewinnen oder aber umgekehrt die Machtentfaltung und steigende Einflussnahme der anderen Organe auf direktem oder indirektem Wege einzudämmen. Über diesen Prozess kam es nicht nur zu einer Ausdifferenzierung europäischer Entscheidungsverfahren, sondern auch und vor allem zur Auskristallisierung einer Reihe von zusätzlichen institutionellen Strukturen sowie von mehr oder weniger flexiblen institutionellen Arrangements, Letzteres teilweise auch auf der informellen Ebene. Im Folgenden soll die dergestalt ausdifferenzierte Systemstruktur sowie der Prozess ihrer Herausbildung aufgezeigt werden.[121]

---

[120] Als Spill-over-Prozesse bezeichnet man Entwicklungen, die sich aus einer funktionalen Konstellation ergeben, beispielsweise wenn institutionelle Regelungen zu ihrer vollen Funktionsfähigkeit die Schaffung weiterer institutioneller Strukturen erfordern. Speziell für den europäischen Integrationsprozess hat Haas eine Theorie entwickelt, die die fortschreitende europäische Integration als eine Kette von Spill-over-Prozessen erklärt (vgl. Haas 1958).

[121] Die damit verbundenen differenzierteren Entscheidungsverfahren sollen demgegenüber erst in Kapitel 4 behandelt werden.

In diesem Kontext ist als Erstes hervorzuheben, dass das EU-System beziehungsweise die damaligen Gemeinschaften schon in ihrer Anfangsphase institutionell wesentlich „reicher" ausgestattet waren, als es bisher den Anschein hatte. So stand mit dem Wirtschafts- und Sozialausschuss ein festes Beratungsgremium zur Verfügung, das vom Rat (auf Vorschlag der Kommission) in zahlreichen Fragen gehört werden musste (Art. 257-262 EGV). Der Ausschuss setzt sich derzeit aus insgesamt 344 Vertretern der Sozialpartner – also Arbeitgebern und Arbeitnehmern – sowie weiterer Interessengruppierungen und Experten zusammen[122], womit auch die „Gesellschaft" im europäischen Entscheidungsprozess repräsentiert war – und ist. Denn der Ausschuss besteht in nahezu unveränderter Form bis heute.[123]

Auch für die einzelnen Organe der EG standen bereits in der Anfangsphase erweiterte Beratungsstrukturen zur Optimierung ihrer Entscheidungsfindung zur Verfügung. Für den Ministerrat war das in erster Linie COREPER[124], der „Ausschuss der Ständigen Vertreter der Regierungen der Mitgliedstaaten", der sozusagen als Rat „im Kleinen" die Beschlussfassung des Ministerrats vorbereitete und für Konfliktthemen Lösungsvorschläge erarbeitete. Gleichzeitig hatte sich auch schon in ersten Ansätzen ein Rat „im Großen" herausgebildet, indem gelegentliche Treffen der Ministerpräsidenten beziehungsweise Staats- und Regierungschefs der Mitgliedstaaten einberufen wurden, während derer Grundfragen der Integration erörtert sowie eventuelle Konflikte gelöst werden konnten. Solche Treffen hatten allerdings einen *ad-hoc*-Charakter und beruhten ausschließlich auf der Initiative individueller Politiker.[125]

Auch die Kommission schuf sich bereits in der Anfangsphase ein Netzwerk von Beratungsgremien zu einzelnen Politikfeldern und Aufgabenbereichen, um die Qualität ihrer Gesetzesinitiativen und -vorlagen zu optimieren. In der Regel handelte es sich dabei um beratende Ausschüsse, die aus Spitzenbeamten der jeweiligen Fachministerien der Mitgliedstaaten zusammengesetzt waren. Solche Gremien konnten an der Erarbeitung der Kommissionsvorschläge in der Entstehungsphase partizipieren und damit nationale Perspektiven und Positionen in diese einbringen. Zudem bezog die Kommission auch schon in gewissem Maße Interessengruppierungen in ihren Politikformulierungsprozess ein: in erster Linie Industrievertreter, aber auch Landwirtschaftsverbände sowie – in geringerem Maße – die Gewerkschaften.

Mit dem Luxemburger Kompromiss, der die einstimmige Beschlussfassung im Ministerrat zur Regel erhob, wurde die Dominanz der Mitgliedstaaten im europäischen Entscheidungsprozess festgeschrieben und zugleich die Rolle der Kommission eingeschränkt (Ed-

---

[122] In diese dritte Kategorie fallen Landwirte, Kaufleute, Vertreter von kleinen und mittleren Unternehmen etc.

[123] Einen Vorläufer des Ausschusses gab es bereits im Rahmen der EGKS.

[124] COREPER ist die französische Abkürzung für „Comité des Représentants Permanents", auf deutsch: „Ausschuss der Ständigen Vertreter".

[125] Insbesondere die Achse Frankreich–Deutschland war hierfür ausschlaggebend. Faktisch hatte de Gaulle bereits im Jahre 1959 die Etablierung fester Treffen der Regierungschefs in dreimonatigen Abständen angeregt, wobei ein festes Sekretariat die Arbeit unterstützen sollte. Die anderen Mitgliedstaaten lehnten dies jedoch ab (vgl. Urwin 1993, S. 86).

3.3 Die Ausdifferenzierung der Systemstruktur

wards/Spence 1995, S. 2 f.). Diese Konstellation erwies sich allerdings in der Folge – bei gleichzeitig erweiterter Aufgabenstellung der Gemeinschaften und einer wachsenden Zahl ihrer Mitglieder – als grundsätzliche Erschwernis der Entscheidungsfindung bis hin zu ihrer völligen Blockierung. Längerfristig hatte sie jedoch eine ganze Serie von institutionellen Ausdifferenzierungen aufseiten des Ministerrats zur Folge, die einerseits eine Erleichterung der intergouvernementalen Entscheidungsfindung, andererseits aber auch eine Stärkung der dominanten Position der Mitgliedstaaten beinhalteten. So kam es als Erstes zu einer Ausdifferenzierung des Ministerrats, indem, entsprechend der gewachsenen Aufgabenfülle und -breite, neben dem Allgemeinen Rat sowie einigen wenigen Fachministerräten der Anfangsphase (meist Wirtschafts- und Finanz- sowie Agrarministerrat) jetzt auch eine Reihe von weiteren Fachministerräten traten. Deren Arbeit erforderte ihrerseits eine differenziertere Hilfsstruktur, was zu einer festeren Institutionalisierung des COREPER führte (Urwin 1993, S. 171).[126] Dabei bildete sich auch hier – ähnlich wie im Rat – eine Doppelstruktur aus, indem es zu einer Trennung zwischen COREPER I und II kam. Während in COREPER I vor allem die wirtschaftspolitischen Fragen behandelt werden, widmet sich COREPER II den im engeren Sinne politischen Fragen, also der Außenpolitik, aber auch größeren Integrationsschritten. Dementsprechend wird COREPER I auch als „technischer Ausschuss", COREPER II dagegen als „politischer Ausschuss" bezeichnet. COREPER I – der „technische" Ausschuss – setzt sich in der Regel aus den Stellvertretenden Ständigen Vertretern zusammen, während COREPER II von den Ständigen Vertretern getragen wird. Zu einzelnen Themenfeldern und Sachfragen werden wiederum Arbeitsgruppen eingesetzt, deren Aufgabe es ist, dem COREPER zuzuarbeiten. Die Zahl solcher – fest oder temporär – eingesetzter Arbeitsgruppen wird auf knapp 300 (1996) geschätzt (Wessels 2000, S. 198).[127]

Konnte sich somit unterhalb des Rates eine umfangreiche und inhaltlich weitgefächerte Substruktur zur Vorbereitung von Ratsbeschlüssen entfalten, so bildete sich parallel dazu auch eine Suprastruktur heraus, die den Ratsbeschlüssen mehr Gewicht gab, ja bei schwierigen Konfliktlagen überhaupt erst den Durchbruch zu Konsenslösungen erzielte: der Europäische Rat. So fanden ab 1969 zunächst in größeren Zeitabständen mehrere Gipfeltreffen der Regierungschefs statt, die jeweils zu weitreichenden Beschlüssen hinsichtlich des Vorantreibens der Integration führten. 1974, nach der ersten Erweiterung der EG, kam es dann auf Initiative des französischen Staatspräsidenten Giscard d'Estaing auf dem Pariser Gipfel zur Institutionalisierung solcher Treffen. Unter dem Namen „Europäischer Rat" wurden die Gipfeltreffen als regelmäßig stattfindende Konferenzen etabliert.[128] An diesen Treffen nehmen die

---

[126] COREPER nahm bereits 1958 seine Arbeit auf, mit dem Fusionsvertrag (1965) wurde der Ausschuss vertraglich verankert (Art. 207 EGV).

[127] Genaue Zahlen lassen sich kaum angeben, da die Zahl in Abhängigkeit von den jeweiligen Präsidentschaften und den behandelten Themen schwankt. Mehrmalige entsprechende Nachfragen bei der EU führten denn auch nicht zu einem Ergebnis.

[128] Man vereinbarte zunächst minimal drei Treffen pro Jahr; später (1985) wurden diese auf zwei reduziert, die jeweils zum Abschluss einer Vorsitzperiode stattfinden (Urwin 1993, S. 174). Gegenwärtig finden in der Regel vier Treffen pro Jahr statt.

Staats- und Regierungschefs der Mitgliedstaaten, die Europäische Kommission sowie die Außenminister der einzelnen Staaten teil.

Mit der Etablierung des Europäischen Rates, die zunächst lediglich auf einer Vereinbarung der Staats- und Regierungschefs beruhte, wurde nicht nur die intergouvernementale Entscheidungsfindung verstärkt, sondern zugleich auch den Gemeinschaften eine „zentrale Autorität" beziehungsweise eine „politische Exekutive" (Urwin 1993, S. 166 sowie 173) übergeordnet. Mit dem Vertrag von Maastricht wurde dem Europäischen Rat dann erstmals ein formalisierter Status zugewiesen (Art. 4 EUV) und somit seine „zentrale Autorität" bestätigt.[129] Über weitere Vertragsänderungen wurde diese in der Folge gestärkt. Insbesondere der Verfassungsvertrag weist dem Europäischen Rat zusätzliches Gewicht zu, indem dieser künftig von einem für 2 ½ Jahre gewählten Präsidenten geleitet werden soll (Art. I - 22 VVE), eine Regelung, die auch bei den Vereinbarungen zum Reformvertrag nicht infrage gestellt wurde.

Aufseiten der Kommission kam es dagegen kaum zu einer institutionellen Stärkung ihrer Struktur. Lediglich die 1965 vereinbarte und 1967 in Kraft getretene Unterstellung der drei Gemeinschaften unter einheitliche Organe (besiegelt durch den sogenannten Fusionsvertrag) verschaffte ihr einen erweiterten Einsatzbereich in einem breiteren Spektrum von Politikfeldern. Zudem wurde die Zahl der Kommissare mit der ersten Erweiterung von 9 auf 13 erhöht, und auch die Zahl der Generaldirektionen weitete sich in den 70er Jahren mit der gewachsenen Aufgabenfülle aus.[130] All diese Veränderungen brachten jedoch keine entscheidenden institutionellen Entwicklungen mit sich. Lediglich auf der informellen Ebene wurde das System von Beratungsgremien ausgebaut und verfeinert.

Demgegenüber konnte das Parlament während der 70er Jahre seine Position entsprechend verbessern, indem es einerseits die erweiterten Budgetbefugnisse hinzugewann (1970, 1975 und 1977), andererseits seine Direktwahl durchsetzte. Indem Letztere mit der Neufestsetzung der Zahl der Abgeordneten einherging – die sich von 198 auf 410 mehr als verdoppelte (Knipping 2004, S. 212) – und die Abgeordneten nunmehr hauptamtlich tätig sein konnten, wurde überhaupt erst die Grundlage für eine kontinuierliche und professionalisierte Parlamentsarbeit und damit auch für die Bildung einer Vielzahl von Ausschüssen zu den einzelnen Politikfeldern und Themenbereichen gelegt.

Bis zu Beginn der 80er Jahre waren allerdings die beschriebenen institutionellen Neuerungen insofern „verschlissen", als es trotz der differenzierteren Entscheidungsfindungsmechanismen auf Seiten des Rats immer häufiger zu Blockaden des Entscheidungsprozesses

---

[129] Im Vertrag heißt es dazu: „Der Europäische Rat gibt der Union die für ihre Entwicklung erforderlichen Impulse und legt die allgemeinen politischen Zielvorstellungen für diese Entwicklung fest" (Art. 4 EUV).

[130] Die damit verbundene zunehmende Internationalisierung der Kommission und ihres Beamtenapparates stellte eher eine Erschwernis für eine effektive Arbeit dar (vgl. Edwards/Spence 1995, S. 7).

3.3 Die Ausdifferenzierung der Systemstruktur

kam und Kommissionsvorlagen reihenweise in der Schublade landeten.[131] In dieser Situation war es nunmehr die Kommission, die neue Mechanismen der Entscheidungsfindung entwickelte beziehungsweise die alten verfeinerte und darüber eine Ausdifferenzierung der Systemstruktur – vornehmlich allerdings auf der informellen Ebene – auslöste.

Als Erstes wurde das System von Beratungsgremien ausgebaut. Die einzelnen Ausschüsse, aber auch informelle Arbeitsgruppen und Beratungsgremien umfassten jetzt nicht mehr nur Spitzenbeamte der jeweiligen Ministerien, sondern bezogen immer mehr Fachbeamte der mittleren Ebene ein. Zudem wurden Vertreter von Interessenverbänden und -gruppierungen, aber auch unabhängige Experten je nach der zu behandelnden Thematik stärker in den Politikformulierungsprozess einbezogen. Schließlich „erfand" die Kommission einen neuen Weg, um die Vergemeinschaftung zusätzlicher Politikfelder oder weitreichende Integrationsschritte zu lancieren: Sie berief sogenannte Round Tables ein, also Gremien, die mit Spitzenindustriellen und anderen hohen Funktionsträgern besetzt waren und sich mit der Ausarbeitung neuer Politikkonzepte und Integrationsstrategien befassten (vgl. Kap. 2). Über diesen Weg konnte sie sowohl die Qualität ihrer Vorlagen weiter optimieren – indem sie bereits im Vorfeld von Ratsbeschlüssen mit den Betroffenen und Interessenten abgestimmt waren – als auch ihre eigene Position im institutionellen Gefüge der EG stärken – indem sie sich zum Sprecher mächtiger transnationaler Interessengruppierungen machte, die sie zuvor erst als solche konstituiert hatte.[132]

Erst auf der Grundlage dieser – informellen – Neuerungen wurde dann ab Mitte der 80er Jahre das EG-System auch auf der formalen Ebene weiterentwickelt und ausdifferenziert. Mit der EEA wurden Mehrheitsentscheidungen im Ministerrat für eine Reihe von Themen möglich gemacht; dem Parlament wurde über die Einführung des Kooperationsverfahrens eine stärkere Rolle im Gesetzgebungsprozess eingeräumt, und die Stellung der Kommission wurde indirekt gestärkt, indem nunmehr eine Reihe von Politikfeldern, die zuvor nur auf Ratsbeschlüssen beruhten, als Kompetenzen der Gemeinschaft in die Verträge aufgenommen wurden.[133] Mit diesen Vertragsänderungen wurde das institutionelle Gefüge der EG wieder mehr zugunsten der Stärkung einer supranationalen Dynamik verschoben. Diese Entwicklung wurde mit dem Vertrag von Maastricht einerseits fortgesetzt, andererseits aber auch wieder umgebogen, indem mit der Schaffung der Zweiten und Dritten Säule nunmehr auch die intergouvernementale Entscheidungsmacht deutlich ausgebaut wurde.

Als Fortsetzung der Stärkung einer supranationalen Dynamik ist die Einführung des Kodezisionsverfahrens für das Parlament zu betrachten, das dessen Rolle im Gesetzgebungsprozess in eine der Mitentscheidung und Mitgestaltung transformierte und damit gleichzeitig der ein-

---

[131] Hier sei beispielsweise an Richtlinienentwürfe zur Gleichstellung von Mann und Frau, zur Schaffung europäischer Betriebsräte, zur Regulierung atypischer Arbeitsverhältnisse sowie zu verschiedenen umweltpolitischen Themen erinnert.
[132] Diese Strategie wurde ab 1981 unter Kommissar Davignon vor allem zur Initiierung einer europäischen Technologiepolitik genutzt (Peterson/Sharp 1998).
[133] Konkret waren dies die Regionalpolitik, die Umweltpolitik sowie die Technologiepolitik (vgl. Kap. 2.4).

seitigen Vorherrschaft des Ministerrates ein Ende setzte. Des Weiteren ist in diesem Kontext die Aufnahme neuer Politikfelder in den Katalog der Gemeinschaftsaufgaben zu nennen, insbesondere auch solcher, die kaum mit der ökonomischen Integration zusammenhängen, wie z.B. die Bildungs- oder Kulturpolitik. Und schließlich gehört auch das wichtigste Projekt des Vertrags von Maastricht, die Schaffung einer Wirtschafts- und Währungsunion, mit seinen institutionellen Implikationen hierher. Denn die Gründung einer Europäischen Zentralbank (EZB) (und, als Vorläufer, eines Europäischen Währungsinstituts), die in hohem Maße als unabhängig von sowohl den Regierungen der Mitgliedstaaten als auch den EU-Organen konzipiert wurde, beinhaltet nicht nur eine weitreichende Kompetenzübertragung auf die europäische Ebene, sondern zugleich auch die Etablierung supranationaler Strukturen im Währungsbereich.

Als Umbiegung zugunsten einer Stärkung der intergouvernementalen Entscheidungsmacht – bei gleichzeitiger tendenzieller Schwächung der Rolle der Kommission – ist dagegen die Institutionalisierung des Europäischen Rates als offiziellem Organ der EU zu werten (Art. 4 EUV). Seine Aufgabe als wichtigster Impulsgeber der Integration sowie als oberste Entscheidungsinstanz über die „politischen Zielvorstellungen" der Union wurde damit festgeschrieben (Art. 4, Abs. 1 EUV; vgl. auch Art. I - 21, Abs. 1 VVE). Handelt es sich hier jedoch im Wesentlichen um die nachträgliche Formalisierung einer faktisch bereits bestehenden Institution, so wurde mit der Schaffung der Zweiten und Dritten Säule der EU – die eine umfasst die Gemeinsame Außen- und Sicherheitspolitik, die andere die Bereiche Justiz und Inneres – und deren Unterstellung unter die ausschließliche Kompetenz von Ministerrat und Europäischem Rat ein neuer Weg der Institutionenbildung beschritten, der sich nahezu ausschließlich auf eine intergouvernementale Basis stützt. Allerdings gab und gibt es auch hier eine lange Vorgeschichte auf der informellen oder halbformalisierten Ebene: Um die GASP bemühte man sich seit den 70er Jahren in Form der EPZ, die mit der EEA ansatzweise formalisiert wurde[134]; Justiz und Inneres finden ihre – semi-institutionalisierten, jedoch außerhalb des EG-Rahmens verbleibenden – Vorläufer vor allem im Schengener Abkommen.[135]

---

[134] Die Europäische Politische Zusammenarbeit (EPZ) wurde 1970 durch Beschluss des Ministerrats als Koordination der Außenpolitiken der Mitgliedstaaten aus der Taufe gehoben; mit der EEA wurde diese Form der Zusammenarbeit auf eine vertragliche Grundlage gestellt (Bretherton/Vogler 1999).

[135] Das Schengener Abkommen wurde im Jahre 1985 von damals fünf Mitgliedstaaten (Deutschland, Frankreich und den Benelux-Staaten) vereinbart. Im Laufe der Zeit wurde es von einer Reihe weiterer Mitgliedstaaten der EU und sogar von Nichtmitgliedern unterzeichnet. So traten 1990 Italien, 1992 Spanien, Portugal und Griechenland, 1995 Österreich und 1996 Dänemark, Schweden, Finnland, Norwegen und Island dem Abkommen bei. Im Jahre 2000 wurde eine eingeschränkte Teilnahme von Großbritannien und Irland vereinbart. Zum Jahresende 2007 sollen alle neuen Beitrittsstaaten mit Ausnahme Zyperns, Rumäniens und Bulgariens dem Abkommen beitreten. Die Schweiz plant den Beitritt. Das Schengener Abkommen beinhaltet die Abschaffung von Grenzkontrollen zwischen den beteiligten Staaten sowie eine intensivierte Zusammenarbeit der Polizeidienste. Die wesentlichen Maßnahmen des Abkommens wurden mit dem Vertrag von Amsterdam offizielle EU-Politik, indem sie in die Dritte Säule eingegliedert wurden (vgl. http://de.wikipedia.org/wiki/Schengener_Abkommen; http://derstandard.at/?url=/?id=2915520 sowie Gehring 1999, Beichelt 2004, S. 200 f.).

3.3 Die Ausdifferenzierung der Systemstruktur

Allerdings ist abzusehen, dass die Zweite und Dritte Säule der Union früher oder später in das Gesamtsystem der EU eingefügt und damit ihren rein intergouvernementalen Charakter einbüßen werden.[136] Der Amsterdamer Vertrag hat bereits einige diesbezügliche institutionelle Neuerungen gebracht, die aber noch als Stärkung der intergouvernementalen Option zu werten sind. So wurde der GASP zur Sicherung einer kontinuierlichen Aufgabenwahrnehmung und zur Unterstützung der jeweiligen Präsidentschaft ein Hoher Vertreter zugeordnet, der identisch ist mit dem Generalsekretär des Ministerrates (Art. 18, Abs. 3 EUV). Damit wurde anderen Optionen, nämlich der Übertragung dieser Aufgabe an ein Mitglied der Kommission, eine klare Absage erteilt. Die Kommission wurde aber an gewissen Aufgaben der GASP beteiligt (Art. 18, Abs. 3 EUV), und die Auffassungen des Parlaments sollten „gebührend berücksichtigt werden" (Art. 21 EUV); beide Organe blieben aber von relevanten Entscheidungsverfahren ausgeschlossen (vgl. auch Kap. 5.1.1).[137]

Gegenüber diesen vertraglich geregelten Neuerungen seit der EEA blieb aber auch die Kommission nicht untätig: Sie baute ihre informellen Mechanismen der Entscheidungsfindung aus, was zu einer weiteren Proliferation von Ausschüssen, Beratungsgremien, Round Tables und Think-Tanks führte. Mitunter können solche Gremien – vorausgesetzt, dass von externer Seite genügend starker Druck ausgeübt wird – auch den Status eines offiziellen Beratungsgremiums erreichen, wie es mit dem Ausschuss der Regionen der Fall war (Tömmel 1994b). Dieser Ausschuss wurde mit dem Vertrag von Maastricht als weiteres offizielles Beratungsgremium etabliert; mit der Vertragsänderung von Amsterdam konnte er eine dem Wirtschafts- und Sozialausschuss gleichwertige Position erringen (Art. 263 EGV; vgl. ausführlich Kap. 5.2.2). Soweit es sich dagegen bei den Ausschüssen um Gremien handelt, die die Mitgliedstaaten repräsentieren, ist es der Rat, der der Kommission diese unter dem Stichwort „Komitologie" geführten Ausschüsse als Kontrollinstrument angesichts wachsender Aufgaben in der Politikimplementation zur Seite stellt. Zu diesem Zweck hat er 1987 eine Entscheidung erlassen, nach der die Ausschüsse, je nach Aufgabenstellung, über einen unterschiedlichen Grad an meist indirekten Kontrollmöglichkeiten verfügen. In der Praxis ist es allerdings so, dass auch solche Ausschüsse entweder von den Meinungsverschiedenheiten und Konkurrenzkämpfen zwischen den Mitgliedstaaten bestimmt sind oder aber in den Sog der europäischen Entscheidungsfindung und Kompromissbildung geraten und somit in beiden Fällen kaum in der Lage oder gewillt sind, den Kommissionsprojekten und -vorlagen massiv entgegenzutreten (vgl. Kap. 4.3).

Eine zusammenfassende Betrachtung des Prozesses der Ausdifferenzierung der Systemstruktur der EU zeigt, dass diese sich in alle Richtungen entwickelt und entfaltet hat: Einerseits wurde dem System ein übergeordnetes Gremium, also eine Suprastruktur, hinzugefügt, ande-

---

[136] So sieht der Verfassungsvertrag bereits die Aufhebung der Säulenstruktur vor; allerdings bleiben die entsprechenden Politikfelder überwiegend einer rein intergouvernementalen Entscheidungsfindung und zumeist sogar einstimmigen Entscheidungen unterstellt (vgl. Tömmel 2004b, Wessels 2004). Es ist nicht zu erwarten, dass diese Regelungen im Reformvertrag verändert werden.

[137] Ebenso spielt auch der EuGH in der Zweiten und Dritten Säule keinerlei Rolle.

rerseits wurden Substrukturen der einzelnen Organe geschaffen. Einerseits entwickelte sich das System – insbesondere durch die Schaffung der Zweiten und Dritten Säule – in die Breite, andererseits erfuhr die Systemstruktur – durch Kompetenzerweiterungen und Institutionalisierung zusätzlicher Unterstützungsstrukturen – eine Vertiefung. Dabei sind es in allen Fällen die intergouvernemental organisierten Systemstrukturen und -komponenten, die sich am stärksten und vor allem auch in formalisierter, das heißt, in vertraglich geregelter Form entfalten, wenngleich auch dies häufig erst nach einer vorangegangenen, weniger formalisierten Experimentierphase. Demgegenüber kommen die eine supranationale Dynamik auslösenden oder verstärkenden Systemstrukturen und -komponenten entweder nur in sehr kleinteiligen, inkrementalistischen Schritten (Ausweitung der Befugnisse des Parlaments), auf indirektem Wege (Stärkung der Rolle der Kommission über die Ausweitung europäischer Politikfelder) oder aber in Ausnahmesituationen (Gründung der EZB) zustande. Es ist wohl dieses offensichtliche Missverhältnis, das dazu geführt hat, dass gerade die Kommission – aber nicht nur diese – die Stärkung ihrer Macht und Einflussnahme auf der informellen oder unterformalisierten Ebene sucht und betreibt, was sogar in Ausnahmefällen zu institutionellen Konsequenzen führen kann (Ausschuss der Regionen). Man kann aber auch umgekehrt – je nach Phase und Situation – unterstellen, dass Ministerrat und Europäischer Rat gegenüber der Kommission – die als einziges der Organe eine recht konstante und kohärente Struktur besitzt und somit in der Lage ist, Einfluss und Ressourcen auf der informellen Ebene zu poolen – jeweils keinen anderen Weg zur Eindämmung deren zunehmender Machtentfaltung sah, als den der Schaffung zusätzlicher, formal legitimierter institutioneller Strukturen (vgl. Kap. 7). In jedem Falle sind bei der Analyse und Bewertung des EU-Systems nicht nur dessen formale Strukturen und deren Ausdifferenzierung zu berücksichtigen, sondern auch die zunehmend auskristallisierenden informellen oder unterformalisierten Systemkomponenten, bilden doch gerade diese dort eine starke Stütze im System, wo dessen formelle Struktur nur unzureichend zur Entfaltung gekommen ist.

3.4 Die Gesamtstruktur des EU-Systems

Abschließend sollen die wesentlichen Aspekte und Charakteristika des EU-Systems, die aus der Gesamtbetrachtung seiner Struktur resultieren, in Form mehrerer Thesen hervorgehoben werden, um so die Besonderheiten des Systems noch einmal deutlich vor Augen zu führen.

1. Das EU-System weist insgesamt eine „schwache" institutionelle Struktur auf, da es zum Ersten auf zwischenstaatlichen Verträgen beruht, denen bisher kein Verfassungsrang zukommt; da zum Zweiten die Rolle der einzelnen Organe komplementär und somit in starker wechselseitiger Abhängigkeit voneinander konzipiert ist; da zum Dritten die obersten Entscheidungsinstanzen, Ministerrat und Europäischer Rat, als intergouvernementale Organe in ihrer Machtausübung fraktioniert sind und somit wenig Durchschlagskraft und – zentrierte – politische Autorität besitzen; und da schließlich zum Vierten das System insgesamt – verglichen mit der Souveränität eines nationalen Staates – einen begrenzten Kompetenzrahmen und Geltungsbereich hat, der zudem jeweils nur über einstimmige Beschlüsse der Mitgliedstaaten ausgeweitet werden kann.

3.4 Die Gesamtstruktur des EU-Systems

2. Das EU-System befindet sich im Prozess einer raschen Entfaltung, wobei es sich sowohl in die Breite als auch in die Tiefe weiterentwickelt und ausdifferenziert. Gleichzeitig entfaltet sich das EU-System sowohl auf der formellen, vertraglich geregelten Ebene als auch auf der informellen oder unterformalisierten Ebene, die lediglich über Verfahrensweisen und Entscheidungspraktiken abgesichert ist. Dabei vollzieht sich die Entwicklung auf der informellen Ebene schneller und sie geht auch in aller Regel einer formalisierten Entwicklung voraus.
3. Das EU-System ist durch eine sehr komplexe, um nicht zu sagen, undurchsichtige Struktur gekennzeichnet, indem eine Vielzahl von Organen und darüber hinaus ein breites und wachsendes Spektrum von semi- oder nichtformalisierten Institutionen, Instanzen und Akteuren am Entscheidungsprozess beteiligt ist beziehungsweise diesen beeinflussen kann.
4. Das EU-System ist durch eine Doppelstruktur gekennzeichnet, indem sowohl intergouvernemental ausgerichtete Organe und Institutionen als auch solche, die eine supranationale Dynamik auslösen oder fördern, sich im Rahmen dieses Systems zu einer bisher einmaligen Mischung verbinden.
5. Das EU-System ist durch eine asymmetrische Struktur gekennzeichnet: Die intergouvernementalen Organe und Institutionen sind in der formalen Systemstruktur dominant oder sogar übergeordnet, während die Organe und Systemkomponenten, die eher einer supranationalen Integrationsdynamik zuzuordnen sind, einen institutionell schwächeren Status aufweisen. Diese Asymmetrie ist Resultat und zugleich Ursache einer beschleunigten Auskristallisierung von systemischen Strukturen auf der informellen oder unterformalisierten Ebene, die eher die supranationale Dynamik verstärken.

Aus den genannten Punkten resultiert in der Gesamtheit, dass das EU-System sich nicht nur auf seine – schwachen und unvollkommen ausgebildeten – formalen Strukturen stützt oder gar beschränkt, sondern dass es auch und besonders seine Funktionsfähigkeit dem Umstand verdankt, dass es sich auf „starke" Akteure und deren Initiative stützen kann. Die Konstellation vergleichsweise „schwacher" Institutionen und „starker" Akteure bewirkt ihrerseits, dass sich das EU-System über ein breites und wachsendes Spektrum von informellen und unterformalisierten institutionellen Arrangements und die damit verbundenen Verfahrensweisen der Entscheidungsfindung reproduziert, erweitert und „vertieft". Diese letztgenannten Aspekte des EU-Systems sollen im folgenden Kapitel anhand der Analyse seiner Funktionsweise differenzierter herausgearbeitet werden.

4 Die Funktionsweise des EU-Systems: Konflikt versus Konsens

Wurde im Vorgehenden die Struktur des EU-Systems und insbesondere das Gefüge seiner Institutionen dargestellt, so wird die Stellung, Bedeutung und Machtposition der einzelnen Organe und Institutionen in diesem Gefüge doch erst deutlich in Verbindung mit der Analyse der Funktionsweise des Systems. In diesem Kontext sind es wiederum zwei Aspekte, die im Vordergrund des Interesses stehen: zum einen der Prozess der Entscheidungsfindung oder, im engeren Sinne, der Politikformulierung; zum anderen die Ausübung der Exekutivfunktionen, das heißt, die Art und Weise der Politikimplementation. Beide Bereiche sind zwar grundsätzlich über die Verträge und zusätzliche, kodifizierte Verfahrensweisen geregelt; gleichzeitig sind sie aber auch so offen strukturiert, dass sich ein breiter Handlungs- und Gestaltungsspielraum für die einzelnen Organe und ihre Akteure eröffnet. Es lässt sich unschwer erraten, dass dieser Spielraum nicht nur zur Schaffung effizienter und wirksamer Verfahrensweisen der Politikfindung und -implementation genutzt wird, sondern zugleich auch die Arena konstituiert für die Austragung von Konflikten und Machtkämpfen um Kompetenzen, Kontrollbefugnisse, Definitions- und Gestaltungsmacht und generell um maximale Einflussnahme im Prozess der europäischen Integration. Gleichzeitig nötigt diese „offene" Situation den betroffenen Akteuren ein hohes Maß an Bereitschaft zum Konsens sowie eine zunehmende Fertigkeit im Herausfinden, Aushandeln und Eingehen von Kompromisslösungen auf. Es sind die darüber auskristallisierenden spezifischen Formen und Verfahren des Konfliktaustrags und der Konsensfindung, die die Funktionsweise des EU-Systems, sowohl im Bereich der Entscheidungsfindung als auch in dem der Politikimplementation, charakterisieren. Im Folgenden sollen diese Verfahren näher analysiert werden, um so die Besonderheiten der europäischen Politikformulierung und -implementation sowie die Performance der daran beteiligten Instanzen und Akteure herauszuarbeiten.[138]

---

[138] Die folgenden Ausführungen beziehen sich nur auf die drei gesetzgebenden und/oder ausführenden Organe der EU und deren Interaktion, während der EuGH hier außer Betracht bleibt. Ebenfalls außer Betracht bleiben die Entscheidungsverfahren im Rahmen der Zweiten und Dritten Säule.

4.1 Entscheidungsfindung und Politikformulierung im Wechselspiel der zentralen Organe

Betrachtet man die Entscheidungsprozesse der EU, dann ist nach ihrer Reichweite und politischen Bedeutung zwischen zwei Arten von Entscheidungen zu unterscheiden: zum einen Grundsatzentscheidungen, die den Gesamtprozess der europäischen Integration, bedeutende Integrationsschritte, Reformen der Systemstruktur oder aber die Erweiterung der EU um neue Mitgliedstaaten betreffen; zum anderen Entscheidungen, die die Recht- und Regelsetzung in Bezug auf einzelne Politikfelder oder Integrationsstrategien umfassen. Letztere fächern sich wiederum in ein breites Spektrum auf, das von der Ausgestaltung oder auch Umstrukturierung und Reform ganzer Politikfelder bis hin zu Einzelregelungen, beispielsweise im Bereich von Marktordnungen, technischen Standards oder der Definition von Produktqualitäten reichen kann. Es tritt also auch in diesem zweiten Entscheidungsbereich eine deutliche Differenzierung zwischen einerseits politischen Entscheidungen, andererseits Entscheidungen mit eher „technischem" Charakter zutage.

Während in diesem zweiten Entscheidungsbereich die Kommission das ausschließliche Initiativrecht besitzt und der Ministerrat unter mehr oder weniger weitreichender Beteiligung des Parlaments die Beschlüsse fasst, fällt der erstgenannte Bereich, insbesondere seit den Regelungen des Vertrags von Maastricht, zunehmend in die Verantwortlichkeit des Europäischen Rates. Allerdings hat die Kommission auch hier eine mitwirkende Rolle, indem sie die Entscheidungen durch entsprechende Diskussionsvorlagen vorbereitet (Werts 1992, S. 140-151). Zudem werden wichtige Entscheidungen über den Fortgang der Integration zwar zunächst vom Europäischen Rat getroffen, in der Folge dann aber vom Ministerrat ratifiziert. Dies gilt vor allem dann, wenn es nicht nur um inhaltliche Ziel- und Richtungsbestimmungen geht, sondern um faktische Vertragsänderungen, die nach wie vor unter die formale Kompetenz des Ministerrats fallen. Schließlich wird auch das Parlament in solchen Fällen gehört (Werts 1992, S. 159 f.), oder es hat sogar ein Zustimmungsrecht, wie im Falle des Beitritts neuer Mitgliedstaaten (Art. 48 EUV sowie Art. 300, Abs. 3 EGV). Vertragsänderungen müssen darüber hinaus auch von jedem einzelnen Mitgliedstaat ratifiziert werden (Art. 48 EUV).[139]

4.1.1 Recht- und Regelsetzung

Die Entscheidungen, die dem Initiativrecht der Kommission unterliegen, beziehen sich im Wesentlichen auf Regelungen mit Gesetzescharakter. Allerdings wurde für diese Rechts-

---

[139] Dies wurde anhand der Probleme um die Ratifizierung des Verfassungsvertrags besonders deutlich.

handlungen in den EG-Verträgen eine eigene Terminologie „erfunden".[140] Demnach sind fünf Arten von Rechtshandlungen zu unterscheiden, von denen drei Gesetzescharakter haben (Art. 249 EGV, vgl. auch Beutler et al. 1993, S. 191 ff., Borchardt 1996, S. 138 f.):[141]

1. **Verordnungen**; diese sind unmittelbar wirksam und bindend für das Gesamtgebiet der EU;
2. **Richtlinien**; diese legen zu erreichende inhaltliche Ziele fest; die Umsetzung dieser Ziele in die nationale Gesetzgebung ist den Mitgliedstaaten überlassen;
3. **Entscheidungen**; diese sind ebenfalls unmittelbar gültig, beziehen sich jedoch in der Regel auf einen eng begrenzten Themenbereich;
4. **Empfehlungen**; diese haben keinen verbindlichen Charakter; es werden lediglich zu erreichende Ziele definiert und damit anderen Handlungsträgern nahegelegt;
5. **Stellungnahmen**; über diese kann eine (politische) Lagebeurteilung zum Ausdruck gebracht werden.

Empfehlungen und Stellungnahmen, die sowohl von der Kommission als auch vom Ministerrat ohne Einbezug der jeweils anderen Organe erlassen werden können, bringen lediglich politische Optionen der europäischen Organe zum Ausdruck, können allerdings in einem späteren Stadium in verbindliche Rechtsakte einfließen. Dagegen sind Richtlinien, Verordnungen und Entscheidungen rechtsverbindliche Instrumente, deren Inhalte oder Regelungen von den Adressaten einzuhalten sind. Auch die Entscheidungen, über die meist Ausführungsmodalitäten in Bezug auf bereits vereinbarte Politiken geregelt werden, können jeweils von Ministerrat oder Kommission ohne Beteiligung anderer Organe getroffen werden, womit lediglich Richtlinien und Verordnungen den „normalen" Gesetzgebungsprozess durchlaufen.

In der rechtswissenschaftlichen Literatur werden die Verordnungen als die „schärfste Form" der Ausübung des Gemeinschaftsrechts bezeichnet, da diese „die Verdrängung nationaler Regelungen durch Gemeinschaftsnormen" beinhalten (Borchardt 1996, S. 138). Wenngleich diese Aussage richtig ist, ist sie doch insofern irreführend, als in der politischen Praxis Verordnungen primär da eingesetzt werden, wo es um die explizite Regelung von EG-Politiken

---

[140] Faktisch war die Terminologie noch etwas komplizierter als im Folgenden dargestellt, da der EGKS-Vertrag teilweise noch andere Termini benutzte, die aber inhaltlich denen der beiden anderen Gemeinschaften gleichwertig sind (vgl. Beutler et al. 1993, S. 192 f., Borchardt 1996, S. 138 f.).

[141] Im Verfassungsvertrag wurde diese Terminologie allerdings grundlegend verändert und damit etwas transparenter gemacht. So sollte zwischen folgenden Rechtshandlungen unterschieden werden (Art. I - 33, Abs. 1 VVE): 1. Europäisches Gesetz, 2. Europäisches Rahmengesetz, 3. Europäische Verordnung, 4. Europäischer Beschluss, 5. Empfehlung und Stellungnahme. Während das Europäische Gesetz die heutige Verordnung und das Europäische Rahmengesetz die Richtlinie ersetzt, handelt es sich bei der Europäischen Verordnung sowie dem Europäischen Beschluss um Rechtsakte ohne Gesetzescharakter, die der Durchführung von Gesetzen dienen und verbindlich sind. Sie ersetzen somit die derzeitigen Entscheidungen. Während die Verordnung allgemeine Geltung hat, richtet sich der Beschluss an bestimmte Adressaten. Empfehlung und Stellungnahme sind weiterhin nicht verbindlich und in ihrer Bedeutung deckungsgleich mit den derzeit gültigen gleichlautenden Rechtshandlungen (vgl. Art. I - 33, Abs. 1 VVE). Allerdings wurde in dem Mandat zur Erarbeitung eines Reformvertrags der Begriff Gesetz wieder fallengelassen und stattdessen die alte Terminologie beibehalten (Rat der EU 2007, Nr. 11177/07, S. 16).

und die Modalitäten ihrer Implementation (z.B. Strukturfonds) oder aber um Marktordnungen und die Definition von Produktqualitätsstandards etc. geht. Demgegenüber beinhalten Richtlinien wesentlich weitgehendere politische Zielbestimmungen, die meist EU-weite Harmonisierungen anstreben und somit sehr tief in die nationale Gesetzgebung und damit in die gesamte Logik politischer Regelungssysteme der Mitgliedstaaten einschneiden. So kann eine einzige Richtlinie – beispielsweise zur Gleichstellung von Mann und Frau beim Arbeitsentgelt – die Revision einer Vielzahl von Gesetzen und Regelungen auf der nationalen Ebene erfordern, um das Gesamtziel zu erfüllen. Nicht zuletzt erklären diese komplexen Folgewirkungen von Richtlinien auch, warum die Mitgliedstaaten so häufig, so lange und so systematisch in der Umsetzung solcher Richtlinien hinter dem gesetzten Zeitrahmen hinterherhinken (vgl. Falkner et al. 2005, Hartlapp 2005). Im politischen Sinne und in ihren Konsequenzen für die Mitgliedstaaten sind also eher die Richtlinien als die weitreichenderen Rechtshandlungen der Gemeinschaften zu werten, da sie sich generell auf ein wesentlich breiteres Feld von politischen Regelungen beziehen und zugleich die Transformation nationaler Gesetze und Regelsysteme erfordern.

Betrachtet man nun den Ablauf der Entscheidungsverfahren im Gesetzgebungsbereich, dann ist es zunächst die Kommission, die die Initiative ergreift. Allerdings kann sie zuvor vom Europäischen Rat oder Ministerrat und seit dem Vertrag von Maastricht auch vom Parlament aufgefordert worden sein, in Bezug auf bestimmte Themen oder Problemfelder tätig zu werden.[142] Solchen Aufforderungen kann wiederum die Lancierung entsprechender Vorschläge vonseiten der Kommission vorausgegangen sein. Es ist somit in der Praxis nur sehr schwer auszumachen, von wem die ursprünglichen Vorschläge zur Initiative stammen.[143] Allerdings ist anzunehmen, dass der größere Teil der Vorschläge seine Quelle direkt oder indirekt bei der Kommission findet, da diese über die umfangreichsten Ressourcen verfügt, um solche zu erarbeiten.[144] Mit dem Verfassungsvertrag sollte diese Vormachtstellung der Kommission allerdings ausgehöhlt werden: So sollten Gesetze nach Art. I - 34 sowie III - 345 VVE in be-

---

[142] Anlässlich der Revision der EG-Verträge in Maastricht hatte das Parlament auch für sich selbst ein Initiativrecht gefordert für den Fall, dass die Kommission nach Aufforderung nicht tätig wird; es konnte sich jedoch mit dieser Forderung nicht durchsetzen (vgl. Corbett et al. 1995, S. 215). Allerdings hatte das Parlament zuvor schon vielfältige informelle Wege gefunden, um die Kommission zur Initiative zu bewegen (Corbett et al. 1995, S. 217 f.).

[143] Laut Fitzmaurice waren 1991 21 Prozent und 1992 15 Prozent aller Gesetzesinitiativen nicht direkt von der Kommission, sondern auf Aufforderung vom Ministerrat oder den Mitgliedstaaten initiiert worden (Fitzmaurice 1994, S. 186).

[144] Insbesondere erarbeitet die Kommission neue Politikvorschläge, indem sie entsprechende Studien in Auftrag gibt. Letztendlich sind es dann externe Experten und Sachverständige, die die Vorschläge lanciert haben, während die Kommission sie – scheinbar – nur übernimmt. Außerdem ergeben sich für die Kommission viele Vorschläge aus den Erfahrungen mit der Politikimplementation oder aus den Spill-over-Effekten schon bestehender Politiken. Schließlich hat die Kommission, insbesondere unter Delors, spezifische Verfahren (Think-Tank-Gruppen etc.) entwickelt, um neue Initiativen zu erarbeiten (mündl. Inf. Kommissionsbeamter, Januar 1996).

4.1 Entscheidungsfindung und Politikformulierung

stimmten Fällen auch auf Initiative einer Gruppe von Mitgliedstaaten oder des Europäischen Parlaments erlassen werden, eine Regelung, die der Reformvertrag beibehalten wird.[145]

Vorerst ist es aber die Kommission, die auf der Grundlage ihrer internen Verfahren (vgl. ausführlich Kap. 4.2.1) einen entsprechenden Vorschlag erarbeitet. Nach Verabschiedung durch die Gesamtkommission wird ein solcher Vorschlag an den Rat weitergeleitet. Je nach Sachgebiet sind eventuell der Wirtschafts- und Sozialausschuss sowie der Ausschuss der Regionen zu hören, wobei deren Stellungnahmen jedoch keinerlei bindende Wirkungen haben. Der weitere Verfahrensablauf hängt nun von der Rolle des Parlaments im Gesetzgebungsprozess ab. Je nachdem, ob das Vorschlagsverfahren, das Verfahren der Kooperation oder das der Kodezision vertraglich vorgesehen ist, kommt es zu einer, zwei oder drei Lesungen im Parlament.

Im Falle des *Vorschlagsverfahrens* leitet der Rat den Kommissionsvorschlag dem Parlament zur Anhörung zu. In der Folge gibt das Parlament eine Stellungnahme ab, die jedoch für den Rat nicht bindend ist. Die Kommission kann allerdings die Stellungnahme des Parlaments ganz oder teilweise in ihren Vorschlag aufnehmen, womit diese ein stärkeres politisches Gewicht erhält.[146] Der Vorschlag kann sodann vom Rat definitiv verabschiedet werden.

Im Falle des mit der Einheitlichen Europäischen Akte (1987) eingeführten *Kooperationsverfahrens* (Art. 189 c, jetzt Art. 252 EGV) stellt der Rat nach Anhörung des Parlaments (erste Lesung) einen Gemeinsamen Standpunkt fest, mit dem er noch keine definitive Entscheidung trifft, aber seine voraussichtliche Option zum Ausdruck bringt. Das Parlament gibt nun, unter Berücksichtigung des Gemeinsamen Standpunktes des Rats, in zweiter Lesung erneut eine Stellungnahme ab, mit der es den Vorschlag bestätigt, ablehnt oder, am wahrscheinlichsten, weiter amendiert. Im Falle der Bestätigung ist die Entscheidung des Rates problemlos, da „lediglich" eine qualifizierte Mehrheit (in wenigen Ausnahmefällen auch Einstimmigkeit) zur Beschlussfassung benötigt wird. Im Falle der Ablehnung kann der Rat den Kommissionsvorschlag nur mit Einstimmigkeit annehmen, womit die Meinung des Parlaments definitiv überstimmt ist oder aber ignoriert wird. Hat das Parlament jedoch Amendierungen vorgeschlagen, kann die Kommission wiederum entscheiden, ob und inwieweit sie die Parlamentsvorschläge übernimmt. Der Vorschlag geht dann an den Rat, der nunmehr definitiv entscheidet. Hatte die Kommission die Änderungsvorschläge des Parlaments übernommen, kann der Rat mit qualifizierter Mehrheit entscheiden; war das nicht der Fall, muss er wiederum Einstimmigkeit zur Beschlussfassung erzielen. Das Verfahren der Kooperation wurde mit dem Amsterdamer Vertrag auf nur noch einige Anwendungsfälle reduziert.

Im Falle des mit dem Vertrag von Maastricht eingeführten *Kodezisionsverfahrens* (Art. 189 b, jetzt Art. 252 EGV) verläuft das Prozedere zunächst nach dem Muster des Kooperationsver-

---

[145] Nach Artikel I - 34 VVE können Gesetze in bestimmten Fällen auch auf Empfehlung der EZB oder auf Ersuchen des EuGH oder der EIB angenommen werden.

[146] Versuche des Parlaments, die grundsätzliche Übernahme seiner Vorschläge durch die Kommission verbindlich zu regeln, sind bisher am Widerstand von Kommission und Ministerrat gescheitert (vgl. Nicoll 1994).

fahrens, sieht aber insgesamt drei Lesungen vor und nimmt nach der zweiten Lesung einen anderen Verlauf. Denn wenn der Rat in zweiter Lesung einen abgeänderten Gemeinsamen Standpunkt formuliert, den das Parlament seinerseits abändern möchte, wenn also weiterhin Uneinigkeit zwischen beiden Organen besteht, wird ein Vermittlungsausschuss eingesetzt. Dieser besteht aus je 25 Vertretern von Rat und Parlament, während die Kommission als Vermittlerin, jedoch ohne Stimmrecht, ebenfalls vertreten ist.[147] Dem Vermittlungsausschuss obliegt die Aufgabe, Kompromisslösungen zwischen Rat und Parlament zu erarbeiten. Gelingt dies, wird die Vorlage in dritter Lesung problemlos das Parlament passieren (falls dieses sich mit absoluter Mehrheit dafür entscheidet) und vom Rat mit qualifizierter Mehrheit verabschiedet werden können. Gelingt dies nicht, kann der Rat den Gemeinsamen Standpunkt mit qualifizierter Mehrheit annehmen. Wenn aber das Parlament diesen Beschluss in dritter Lesung mit absoluter Mehrheit ablehnt, ist der Vorschlag definitiv abgelehnt. Das Parlament hat in diesem Falle ein Vetorecht ausgeübt.

Mit dem Amsterdamer Vertrag (in Kraft seit 1999) wurde das Verfahren der Kodezision deutlich gestrafft, entsprechend den inzwischen auskristallisierten praktischen Erfahrungen (vgl. Art. 251 EGV): So kann das Parlament seitdem einen Gesetzentwurf bereits in zweiter Lesung ablehnen, womit er definitiv als nicht erlassen gilt (Vetorecht). Umgekehrt gilt der Rechtsakt als erlassen, wenn das Parlament ihn in zweiter Lesung gebilligt hat; der Rat braucht dann nicht mehr zu entscheiden. Die dritte Lesung kann auch entfallen, wenn keine Einigung im Vermittlungsausschuss erzielt wird; der Entwurf ist dann abgelehnt. Bei Einigung auf einen gemeinsamen Entwurf müssen allerdings beide Organe in einer dritten Lesung ihre Zustimmung geben, damit der Rechtsakt angenommen ist. In allen Phasen der Entscheidung muss der Rat zumeist eine qualifizierte Mehrheit, das Parlament immer eine absolute Mehrheit (derzeit 393 Stimmen) erzielen (Art. 251 und 252 EGV). Wenn die Kommission Abänderungen des Parlaments nicht übernimmt, kann der Rat nur einstimmig über die Vorlage entscheiden (Art. 251, Abs. 3 EGV). Schaubild 1 zeigt den Ablauf des Kodezisionsverfahrens, wie es derzeit gültig ist. Allerdings sollte man sich von der Komplexität einer solchen Übersicht nicht abschrecken lassen; die meisten Verfahren führen nicht in die Sackgasse, sondern zum Erlass eines Rechtsaktes; dies bereits relativ häufig nach der ersten Lesung (ca. 40-50 Prozent der Fälle); zumeist nach der zweiten Lesung und nur noch selten (ca. 10 Prozent der Fälle) nach der dritten Lesung und einem entsprechenden Vermittlungsverfahren (Mitteilung Vertreter des Generalsekretariats des Rats, Juni 2005).

Fragt man nach dem Sinn und Zweck dieser komplizierten Verfahren – wobei in der obigen Darstellung die schwierige Entscheidungsfindung innerhalb der einzelnen Organe noch nicht

---

[147] Das Parlament entsendet hierbei drei feste Vertreter, die aus dem Kreise der Vizepräsidenten rekrutiert werden und die eine größere Erfahrung im Aushandeln von Kompromisslösungen aufbauen sollen; dazu können je nach Sachthema die Vorsitzenden oder Mitglieder der betroffenen Ausschüsse sowie die Berichterstatter zu der jeweiligen Thematik entsandt werden (vgl. Corbett 1994, S. 211 f. sowie verschiedene Interviews EP, Februar 1998). Den Rat vertreten in der Regel die Ständigen Vertreter beziehungsweise ihre Stellvertreter im Vermittlungsausschuss, die über sehr große Verhandlungserfahrung auf der europäischen Ebene verfügen. Dies wurde vor allem von den Parlamentariern in Interviews bestätigt.

einmal berücksichtigt ist –, dann kann man wohl annehmen, dass diese als solche von den verantwortlichen Politikern nicht bewusst intendiert waren, sondern im Prozess einer schrittweisen und kaum geordneten Erweiterung der Rechte des Parlaments bei gleichzeitiger Wahrung der strukturellen Vormachtstellung des Rats „herausgekommen" sind. Das ursprünglich komplementäre Verhältnis zwischen Kommission und Ministerrat, bei dem der Gesetzgebungsprozess wie ein Pingpong-Spiel organisiert war[148], wurde durch das Hinzukommen eines dritten Players zu einem wahren Jongleursakt ausgeweitet. Diesem dritten Player wurde zwar keine gleichberechtigte Position eingeräumt; wenn er aber den Ball geschickt aufwirft und der erste Player (die Kommission) ihn fängt, kann er dem zweiten (dem Rat) leichter zugespielt werden. Spielt der dritte Player jedoch zu hoch und der erste verweigert die Übernahme des Balls, wird es auch weniger wahrscheinlich, dass der zweite ihn auffängt. Wird der dritte Player von den anderen beiden an den Rand gespielt, kann er nur noch ins Spiel eingreifen, indem er den Ball wegnimmt (Vetorecht). Kommt dies jedoch häufiger vor, setzt er sich schnell dem Vorwurf eines Spielverderbers aus. Mit anderen Worten: Dem Parlament wurde – insbesondere über das Kodezisionsverfahren – eine gewichtige Stimme im Gesetzgebungsprozess verliehen, mit der es die Entscheidungsfindung zwar nicht bestimmen, aber doch erheblich beeinflussen kann.

Die Chancen hierfür steigen in dem Maße, wie seine Position den beiden anderen Organen oder einem von ihnen begründet erscheint. Ist dies nicht oder nur begrenzt der Fall, kann es die Hürden für die Beschlussfassung erhöhen und mit dem Vetorecht in der Hinterhand Kompromisslösungen abringen. Allerdings sind dieser Option auch Grenzen gesetzt, denn der allzu häufige Einsatz des Vetorechts würde die Konsensbereitschaft insbesondere des Rates wieder verringern (vgl. auch Corbett 1994). Nach einer anfänglichen Phase, in der das Vermittlungsverfahren relativ häufig in Anspruch genommen wurde, hat sich daher nunmehr ein Entscheidungsmodus herausgeschält, der den Kompromiss bereits im Rahmen von höchstens zwei Lesungen zu erzielen sucht. Dazu gibt es zwischen der ersten und der zweiten Lesung einen informellen Trilog, bei dem sich Kommission, Rat und Parlament auf gemeinsame Gesetzesformulierungen einigen (mündliche Mitteilung, Generalsekretariat des Rats, Juni 2005). Das Parlament muss also immer einen Balanceakt zwischen der Ausübung wirksamer Gegenmacht und dem Auftreten als kompromissbereitem Mitspieler vollbringen (verschiedene Interviews mit MEPs, Januar/Februar 1998), wobei die letztgenannte Haltung in der Praxis dominiert.

---

[148] Das Bild des Pingpong-Spiels wird hier benutzt, weil auch bei diesen „einfachen" Verfahren die Vorschläge häufig wieder zur Amendierung an die Kommission zurückgingen. Das Prinzip des Gemeinsamen Standpunktes des Rats wurde also schon lange vor seiner formalen Etablierung praktiziert.

Schaubild 1: Das Verfahren der Mitentscheidung (Kodezision)

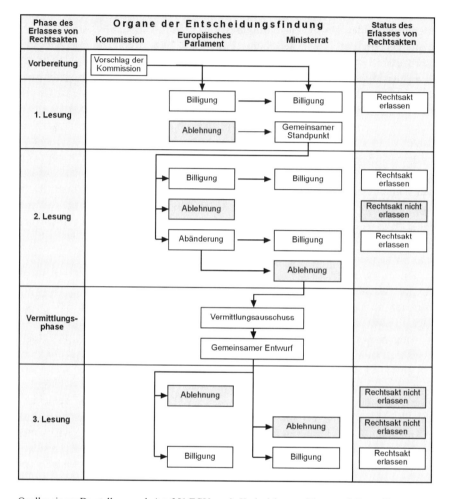

Quelle: eigene Darstellung nach Art. 251 EGV sowie Kodezisionsverfahren nach Darstellung des Ministerrates, http://ue.eu.int/codec/de/index.htm

Die Wirkung dieser komplizierten Entscheidungsverfahren liegt primär darin, dass die betroffenen Organe, je länger das Verfahren dauert und je stärker die Mitwirkung des Parlaments ist, in einen komplexen Prozess der Kompromiss- und Konsensfindung hineingezogen werden (Westlake 1994a, S. 134 ff., Earnshaw/Judge 1997). Das heißt: Ihnen obliegt die Aufgabe, aus der Vielzahl und Komplexität von Vorschlägen über einen schrittweisen Prozess der inhaltlichen Annäherung Konsensthemen und -bereiche herauszufiltern, Konfliktbereiche umzuformulieren und ehrgeizige Politikkonzepte und Integrationsstrategien zu allseits akzeptierbaren Regelungen kleinzuarbeiten. Allerdings sind in diesem Spiel die Karten ungleich verteilt: Die strukturelle Machtposition der einzelnen Organe entscheidet darüber, welche Positionen und welche Interessen sich in diesem Prozess am stärksten durchsetzen.

4.1 Entscheidungsfindung und Politikformulierung

Dennoch bedeutet das nicht, dass die Ergebnisse der Entscheidungsfindung einseitig von dieser strukturellen Machtposition abhängen und somit in der Praxis primär vom Ministerrat bestimmt würden. Im Gegenteil: Die Praxis europäischer Entscheidungsfindung zeigt, dass nicht nur einzelnen Mitgliedstaaten, sondern mitunter auch dem Ministerrat in seiner Gesamtheit Entscheidungen aufgenötigt werden, die er zunächst nicht favorisiert hat (Shackleton 2000). Diese paradox erscheinenden Ergebnisse der Entscheidungsfindung werden von einer Reihe von Faktoren beeinflusst:

- zum Ersten von den Kapazitäten zu einem erfolgreichen Verfahrensmanagement vonseiten der einzelnen Organe;
- zum Zweiten von den Kapazitäten, tragfähige und allseits akzeptable Kompromisslösungen zu finden;
- zum Dritten von den Kapazitäten zur Mobilisierung externer Akteure zur Unterstützung der jeweiligen Position beziehungsweise zur Beschaffung von zusätzlicher Legitimität (beispielsweise über die öffentliche Meinung oder starke Interessenverbände);
- zum Vierten von den Kapazitäten, intern zu einheitlichen Positionen zu gelangen.

Während vor allem die Kommission über die drei erstgenannten Kapazitäten verfügt, sind die erste und dritte für das Parlament von Bedeutung; beide Organe können so ihre Positionen in der Entscheidungsfindung stärken. Für den Ministerrat, aber auch das Parlament, ist der letztgenannte Punkt besonders relevant; dies umso mehr, als interne Uneinigkeit nicht nur die eigene Position schwächt, sondern auch von den anderen Organen, insbesondere dann, wenn sie an einem Strang ziehen, wie es bei Kommission und Parlament häufig der Fall ist, zugunsten ihrer Position genutzt werden kann. Der Druck zu Kompromisslösungen bestimmt somit nicht nur das Verhältnis zwischen den Organen im Entscheidungsprozess, sondern strukturiert auch in starkem Maße deren Binnenverhältnisse (vgl. auch Kap. 4.2).

Der aus der Konstruktion der Verfahren, aber auch aus den extrem komplexen und gegensätzlichen Interessenlagen resultierende Druck zu Kompromisslösungen, ohne die überhaupt keine Entscheidungen zu erzielen wären, hat aber seinerseits Rückwirkungen auf den Entscheidungs- und Politikfindungsprozess. Denn dieser verläuft in der Praxis nicht einfach nach dem Muster der oben skizzierten formalen Verfahren; vielmehr hat er sich als Prozess einer ständigen, simultanen Kompromiss- und Konsensfindung zwischen den Organen herausgebildet. Und dies ist nicht erst seit der Einführung des Kodezisionsverfahrens der Fall, sondern gilt ebenso für die Zeit „vor Maastricht" beziehungsweise auch für die nach dem Vorschlagsverfahren verlaufenden Entscheidungsprozesse (Westlake 1994a, S. 148 f., Corbett et al. 1995, S. 195). Die eigentliche Entscheidungsachse, auf der in aller Regel die größten Differenzen und Konflikte auftreten und komplexe Kompromisslösungen ausgehandelt werden müssen, ist die zwischen Kommission und Ministerrat. Denn es sind diese beiden Organe, die, vereinfachend gesprochen, die primären Interessen am europäischen Integrationsprozess in ihren Positionen zum Ausdruck bringen: die Kommission das Interesse am Fortgang der Integration, der Ministerrat die Interessen der (einzelnen) Mitgliedstaaten an diesem Prozess, zugleich aber auch an einer akzeptablen Verteilung von Nutzen und Lasten der Integration. Das Hinzutreten des Parlaments, das die Interessen der europäischen Bürger in diesen Prozess einbringen soll, hat den zuvor bereits komplexen Verfahren lediglich die Spitze aufgesetzt und zugleich die schwierige Kompromiss- und Konsensfindung deutlich sichtbarer gemacht.

Der Prozess einer beständigen, simultanen Kompromiss- und Konsensfindung beinhaltet einerseits, dass die Organe in starkem Maße an der Entscheidungsfindung der jeweils anderen beteiligt oder indirekt in diese einbezogen sind; andererseits, dass zusätzliche Verfahren entwickelt werden, die eine differenzierte Berücksichtigung der Position der anderen Organe beziehungsweise ihrer Einzelvertreter erlauben. Insbesondere der Kommission kommt auf beiden Schienen eine Schlüsselfunktion zu in der Organisation und Strukturierung von Verfahrensabläufen, die diesen Anforderungen gerecht werden (verschiedene Interviews Kommission, Parlament und Rat der Europäischen Union, Januar/Februar 1998).

So hat die Kommission komplexe Verfahren entwickelt, um die verschiedenen Standpunkte der Mitgliedstaaten schon in einem frühzeitigen Stadium zu eruieren und diese gegeneinander abzuwägen.[149] Des Weiteren versteht es die Kommission, ihren Vorschlägen Sachrationalität, aber auch politische Legitimität zu verschaffen, indem sie diese schon im Vorfeld ihrer Ausarbeitung intensiv mit Experten bespricht und mit Betroffenen abstimmt, wie im nächsten Abschnitt noch ausführlicher darzustellen sein wird. Soweit sie mit dem Parlament an einem Strang zieht, verleiht sie ihren Vorlagen zusätzliche Legitimität (Westlake 1994a, S. 42); außerdem stärkt sie so ihre Machtposition gegenüber dem Rat.[150] Schließlich hat die Kommission besondere Fertigkeiten entwickelt, um aus gegensätzlichen Standpunkten übereinstimmende Positionen und Konsensbereiche herauszuschälen, Konfliktthemen zu eliminieren, politische Grundsatzentscheidungen in technische Detailfragen aufzulösen und konfligierende Interessen zu vermitteln. Die oben skizzierten Aktivitäten – und Kapazitäten – der Kommission kommen vor dem Hintergrund eines ständigen Kontakts mit COREPER und seinen jeweiligen Arbeitsgruppen, aber auch dem Generalsekretariat des Ministerrats, zum Einsatz. Dem Ministerrat werden somit bereits vielfach modifizierte und mit seinen Unterorganisationen abgestimmte Kompromisslösungen zur Entscheidungsfindung vorgelegt.

Ist ein Kommissionsvorschlag auf diese Weise erarbeitet und dem Ministerrat als „definitiv" zugeleitet worden, hat sich die Rolle der Kommission noch lange nicht erschöpft. Vielmehr muss sie nun über die Übernahme von Parlamentsvorschlägen beziehungsweise Amendierungen entscheiden sowie ihre Vorschläge bei Entscheidungsproblemen im Ministerrat erneut anpassen. Zudem erfüllt sie eine wichtige Funktion in dessen Politikfindungsprozess: Indem sie in allen Sitzungen vertreten ist, kann sie in Konfliktfällen eine Vermittlerfunktion übernehmen. Sie ist es, die Kompromisslösungen lanciert, konkrete Änderungsvorschläge ausarbeitet oder auch Package Deals, Paketlösungen, zusammenschnürt. Die Entscheidungs-

---

[149] Nach Aussage eines Kabinettsmitglieds eines Kommissars hatte er sich vor Antritt seiner neuen Funktion nicht vorgestellt, wie eng die Verbindungen zu den Regierungen der Mitgliedstaaten sind (Interview, Januar 1998). Peterson kommt gar zu dem Schluss: "The point is that the Commission is permeated by 'national interests', and acts as an important forum for competition between them" (Peterson 1999, S. 59). Nicht von ungefähr kämpfen daher insbesondere die kleineren Mitgliedstaaten gegen ein Rotationsprinzip in der Kommission.

[150] Dieser stimmt in solchen Fällen mit qualifizierter Mehrheit ab, wodurch einzelne Staaten nicht mehr über Vetomacht verfügen.

findung im Ministerrat kommt somit nur über eine enge Kooperation mit der Kommission zustande.

Auch zwischen Kommission und Parlament findet eine enge Zusammenarbeit statt, um die Standpunkte in einem frühzeitigen Stadium einander anzunähern oder um zumindest die Position des anderen zu kennen (Westlake 1994b). So partizipieren Kommissionsbeamte regelmäßig an den Ausschusssitzungen des Parlaments, einerseits um dessen Meinungsbildungsprozess zu verfolgen, andererseits, um eigene politische Positionen und Konzepte zu erläutern. Jährlich legt die Kommission dem Parlament ihr Arbeitsprogramm vor, und auch Einzelpolitiken und -aktivitäten werden vor dem Plenum oder in den Ausschüssen erläutert. Umgekehrt nutzt das Parlament sein Fragerecht, um Detailplanungen der Kommission zu verfolgen. Es findet somit ein intensiver Informationsaustausch zwischen Kommission und Parlament statt, der fließend in die Herausbildung angenäherter oder konvergierender Standpunkte übergeht und die Übernahme von Amendierungsvorschlägen des Parlaments durch die Kommission erleichtert.[151]

Engere Beziehungen zwischen Parlament und Ministerrat haben sich demgegenüber erst in der jüngsten Zeit im Rahmen von Kooperations- und insbesondere Kodezisionsverfahren herausgebildet (Westlake 1994a, S. 37-40, Corbett et al. 1995, S. 209 f., Shackleton 2000, Hayes-Renschaw/Wallace 2006, S. 207-227). Auch hier wird in der Regel nicht auf die Formulierung Gemeinsamer Standpunkte oder die Abgabe negativer Voten gewartet, sondern in einem frühzeitigen Stadium versucht, Konfliktpunkte herauszuarbeiten und Interessenkonvergenzen zu verstärken. Die Haltung des Parlaments ist in allen Phasen des Entscheidungsverfahrens nicht ausschließlich von seinen inhaltlichen Positionen bestimmt, sondern auch von seiner Bereitschaft, die Konsensflagge zu hissen, um an anderer Stelle möglicherweise mehr zu gewinnen (verschiedene Interviews mit MEPs, Februar 1998; vgl. auch Shackleton 2000, S. 331).

Neben den bilateralen Beziehungen zwischen den europäischen Organen treten diese aber auch in einen trilateralen Dialog zur verbesserten Kompromiss- und Konsensfindung in Sachen europäische Gesetzgebung ein. Insbesondere im Falle der Einsetzung eines Vermittlungsausschusses kommt es zu zusätzlichen, informellen Vermittlungsverfahren in Form des Trilogs (vgl. Mitentscheidungsverfahren, http://ue.eu.int/codec/de/index.htm, S. 9; Interviews Generalsekretariat des Rats der Europäischen Union, COREPER und EP, Januar/Februar 1998; sowie insbesondere Shackleton 2000, S. 333-336). Am Trilog partizipieren Vertreter von COREPER, Parlament und Kommission. Ziel ist es, die jeweiligen Standpunkte auszutauschen, einander anzunähern und möglichst schon vor der ersten Sitzung des Vermittlungsausschusses einen Kompromiss zu erzielen, der dann nur noch abgesegnet werden muss. Gelingt das nicht, begleitet der Trilog das weitere Vermittlungsverfahren. Zusätzlich

---

[151] Es ist sogar üblich, während der Debatten in Ausschusssitzungen des Parlaments die anwesenden Kommissionsbeamten zu fragen, ob sie bereit sind, Amendierungsvorschläge des Parlaments zu übernehmen. Die Antwort auf solche Fragen bestimmt dann deutlich das Abstimmungsverhalten der Parlamentarier in Bezug auf Amendierungen (teilnehmende Beobachtung in Sitzungen von Parlamentsausschüssen, Januar/Februar 1998).

zum Trilog können auch noch fachbezogene Sitzungen auf der Ebene der Sekretariate der drei Organe einberufen werden, um Kompromisslösungen zu erzielen. Es findet somit ein intensiver Austausch zwischen den Organen statt, um die jeweiligen Gesetzesinitiativen zu einem erfolgreichen Abschluss zu bringen. Allerdings ist zu betonen, dass das Vermittlungsverfahren nur noch selten in Anspruch genommen wird; statt des Trilogs im Rahmen des Vermittlungsverfahrens wird der informelle Trilog zwischen der ersten und der zweiten Lesung extensiv genutzt, um das Gesetzgebungsverfahren zu beschleunigen (mündliche Mitteilung, Generalsekretariat des Rats, Juni 2005).

Insgesamt stellen sich somit die europäischen Entscheidungsverfahren als ein komplexes und simultanes Wechselspiel zwischen den Organen dar, wobei die formalen Verfahren lediglich das Gerüst abgeben, auf dessen Plattformen sich in verschiedenen Stadien der Konfliktaustrag sowie die Kompromiss- und Konsensfindung zwischen einer Vielzahl von Akteuren abspielt.

4.1.2 Politische Grundsatzentscheidungen

Beziehen sich die bisher skizzierten Verfahren vor allem auf die Gesetzgebung im Rahmen europäischer Politiken, so gelten für politische Grundsatzentscheidungen im EU-System, sowohl auf offener Bühne als auch hinter den Kulissen, andere Spielregeln. Als wichtigste Unterschiede sind zum einen die wesentlich „offenere" beziehungsweise weniger verregelte Entscheidungssituation, die das „Erfinden" neuer Verfahrensweisen ermöglicht, hervorzuheben; zum anderen die stärkere Rolle von Ministerrat und insbesondere Europäischem Rat, also der intergouvernementalen Seite, im Entscheidungsprozess bei gleichzeitig geschwächter Position der Kommission und marginaler Beteiligung des Parlaments. Die Gründe für diese Konstellation liegen auf der Hand: Bei solchen Grundsatzentscheidungen ist der Konsens zwischen den Mitgliedstaaten noch schwieriger zu finden, so dass sie keinerlei Entscheidungsmacht an andere Instanzen delegieren oder gar abtreten wollen. Kommission und Parlament können allerdings ihre geschwächte Position teilweise dadurch kompensieren, dass sie mehr noch als in den „regulären" Verfahren der Gesetzgebung ein geschicktes Verfahrensmanagement betreiben und/oder externe Machtressourcen mobilisieren.

Im Falle der Erweiterung der EU um neue Mitgliedstaaten sind die Entscheidungsverfahren noch am stärksten formalisiert (Art. 49 EUV). In der Regel entscheidet der Europäische Rat über die Aufnahme von Beitrittsverhandlungen mit einem Staat oder einer Staatengruppe; ein Mandat zur Führung dieser Verhandlungen, in dem auch die inhaltlichen Parameter für diese festgelegt sind, wird dann der Kommission übertragen. Der Inhalt der Verhandlungen steht insofern weitgehend fest, als die Neuankömmlinge den Acquis communautaire, also das bis dahin aufgebaute Rechts- und Regelsystem der EU, in seiner Gesamtheit übernehmen müssen. Allerdings können, je nach Sachlage im Beitrittsland, Ausnahmeregelungen und längere oder kürzere Übergangsfristen gewährt werden, um den Anpassungsprozess zu erleichtern. Zudem können über die Strukturfonds und andere Finanzinstrumente kompensatorische Maßnahmen zur Bewältigung von Anpassungsproblemen angeboten werden.

Es besteht also ein beträchtlicher Verhandlungsspielraum, der in aller Regel auch von beiden Seiten extensiv genutzt wird. Die Kommission erweist sich in solchen Verhandlungen als zähe Streiterin für die EU-Interessen, aber auch als geschickte Vermittlerin. Strittige Fragen

4.1 Entscheidungsfindung und Politikformulierung

muss sie jedoch jeweils mit dem Ministerrat abstimmen oder sogar vom Europäischen Rat abklären lassen. Sind die Beitrittsverträge entscheidungsreif, werden sie vom Ministerrat mit einstimmiger Beschlussfassung ratifiziert; das Parlament muss zuvor seine Zustimmung gegeben haben (Art. 49 EUV). Das Zustimmungsverfahren verleiht ihm eine gewisse Machtposition (bei Ablehnung kann der Beitritt nicht stattfinden), die aber in der Praxis vornehmlich zur Erzielung von einigen Zugeständnissen in Beitrittsfragen genutzt wird.

Zur Vereinbarung größerer Integrationsschritte – wie dem Binnenmarktprogramm oder der Einführung einer Wirtschafts- und Währungsunion – oder von grundlegenden Systemreformen, die in der Regel in weitreichenden Vertragsänderungen resultieren (EEA, Vertrag von Maastricht, Vertrag von Amsterdam, Vertrag von Nizza, Verfassungsvertrag beziehungsweise Reformvertrag), hat sich demgegenüber eine spezifische Praxis herausgebildet. Wieder ist es zunächst der Europäische Rat, der einen entsprechenden Grundsatzbeschluss fällt. Das bedeutet nicht, dass der Gesamtprozess hier seinen Anfang nimmt – im Gegenteil, meist hat es zuvor schon vielfältige Stimmen gegeben, die alle in eine bestimmte Richtung weisen[152] –, sondern nur, dass die Mitgliedstaaten ihre grundsätzliche Zustimmung zu einem solchen größeren Projekt signalisieren. In der Folge wird ein spezifisches Entscheidungsverfahren eingeleitet, das in der Regel in der Einberufung einer Intergouvernementalen Konferenz kulminiert (Art. 48 EUV). Solche Konferenzen sind im Prinzip nichts anderes als eine Sitzung des Europäischen Rates; da sie allerdings zu einer spezifischen Zielsetzung einberufen werden, sich als eine ganze Sitzungsabfolge mit einem abschließenden Verhandlungsmarathon über eine längere Zeitperiode hinziehen und damit auch unter einem gewissen Erfolgsdruck gegenüber der Öffentlichkeit stehen, sind sie doch auch als Spezialveranstaltungen und -verfahren zu werten (Reichenbach 1999, S. 44 ff.). Die Kommission erfüllt für solche Konferenzen eine Art Sekretariatsfunktion, indem sie alle nötigen Dokumente, Politikkonzepte und Vertragsänderungsentwürfe zusammenstellt. Allerdings geht ihre Funktion auch weit über die eines Sekretariats hinaus, indem sie ihre eigene Position zu den zu vereinbarenden Integrationsschritten darlegt (Nugent 1997, S. 7, Dinan 1997). In der Folge können alle Betroffenen oder Berufenen Stellungnahmen zu den Reformvorschlägen abgeben oder selbst solche lancieren. Das kann von einem ganzen Vertragsentwurf, wie er in den 80er Jahren vom Parlament vorgelegt wurde, bis zu kleinen Verbesserungsvorschlägen in Bezug auf einzelne Organe und Institutionen oder Politikfelder reichen.[153] Zudem können auch unabhängige Experten ihre Meinungen und Einschätzungen einbringen; häufig werden sie auch durch die Aufforderung zur Erstellung von Reformberichten und -gutachten formell dazu beauftragt.[154] Schließlich werden spezielle Ausschüsse eingesetzt, die die Klärung von inhaltli-

---

[152] Erinnert sei hier nur an die vielfältigen Reformvorschläge, die der Verabschiedung der Einheitlichen Europäischen Akte vorausgingen (vgl. Kap. 2.3).
[153] So hat beispielsweise der Ausschuss der Regionen in der Vergangenheit verschiedene Forderungen zur Verbesserung seiner Position erhoben, die von der Einrichtung eines eigenen Sekretariats bis zur Gewährung eines Klagerechts reichen (vgl. Kalbfleisch-Kottsieper 1993).
[154] In diesem Zusammenhang sind insbesondere die „großen" Reformberichte der 80er Jahre zu nennen: der Dooge-Report sowie der Bericht der Drei Weisen Männer.

chen Sachfragen sowie das Aushandeln von Kompromissen übernehmen.[155] Die meisten Aushandlungsprozesse zwischen den Regierungen werden von COREPER und seinen Arbeitsgruppen vorberaten.

Es könnte nun so scheinen, als seien die Intergouvernementalen Konferenzen eine Methode, um zumindest über weitreichende Integrationsschritte oder Reformvorhaben so etwas wie eine europäische Öffentlichkeit herzustellen. Eine solche Interpretation wäre allerdings verfehlt. Denn in der Regel sind die lancierten Vorschläge so detailliert, so technisch oder so juristisch gehalten, dass selbst der politisch interessierte und gebildete Bürger nichts mit ihnen anfangen, geschweige denn ihre Implikationen einschätzen kann. Das Verfahren ist denn auch nichts anderes als eine großangelegte und zeitlich terminierte Konsensfindungsmaschinerie, bei der Eliten und Experten weitgehend unter sich über kleinste Reformschritte und technische Detailfragen zäh verhandeln. Das Ergebnis, das schließlich wieder von einer Gipfelkonferenz verabschiedet (und später vom Ministerrat und den Mitgliedstaaten ratifiziert) wird, ist denn auch in aller Regel eine unübersichtliche Menge von kleineren Vertragsänderungen, die allerdings in der Summe bedeutende Integrationsschritte beinhalten können (vgl. Kap. 2).

Allerdings fand das Problem der fehlenden Öffentlichkeit in einem neuen Konzept zur Erarbeitung von Vertragsänderungen Berücksichtigung, indem der 2004 verabschiedete Entwurf eines Verfassungsvertrags nicht von einer Intergouvernementalen Konferenz, sondern von einem Konvent ausgearbeitet wurde (vgl. Kap. 2.5). Diese Methode war zuvor schon bei der Erarbeitung einer Charta der europäischen Grundrechte erfolgreich erprobt worden. Mit dem Verfassungskonvent, dem zu ca. zwei Dritteln Parlamentarier der Mitgliedstaaten, der Beitrittsstaaten sowie der europäischen Ebene angehörten, war die Erwartung verbunden, dass er aufgrund seiner direkteren demokratischen Legitimation eher in der Lage sei, die erarbeiteten Vorschläge in der Öffentlichkeit zu debattieren.[156] Dieses Kalkül ging allerdings nur teilweise auf. Denn auch der Konvent sah sich angesichts einer sehr umfangreichen Aufgabenstellung mit einer Reihe von „technischen" Fragen konfrontiert, die für die Öffentlichkeit kaum interessant oder transparent waren. Größere Debatten entspannen sich daher erst in der Schlussphase des Konvents sowie während der darauffolgenden Intergouvernementalen Konferenz; dabei ging es dann aber vor allem um die Frage, ob Europa eine Verfassung brauche, und damit um die Frage, ob eine weitergehende Integration erwünscht sei.[157]

---

[155] So wurde vor Abschluss des Vertrags von Maastricht ein Komitee zur Ausarbeitung des Konzepts einer Währungsunion sowie eines zur Erarbeitung von Vorschlägen für eine Politische Union eingerichtet (vgl. Pryce 1994, Ross 1995).

[156] Über die Mitglieder des Konvents hinaus waren auch Vertreter des Ausschusses der Regionen, des Wirtschafts- und Sozialausschusses, der Europäischen Sozialpartner sowie der Europäische Bürgerbeauftragte als Beobachter beim Konvent zugelassen (Wessels 2002, S. 87).

[157] Soweit andere Fragen öffentlich debattiert wurden, wie beispielsweise der Gottesbezug in der Präambel, ging es letztendlich kaum um die konkrete Ausgestaltung des politischen Systems der EU.

Trotz der Konventsmethode wurden die eigentlichen Entscheidungen in Bezug auf den Verfassungsvertrag letztendlich doch von den erfahrenen Profis der europäischen Integration gefällt.[158] Allerdings bleibt auch festzuhalten, dass die Konventsmethode zu einem wesentlich weitgehenderen Vertragsentwurf geführt hat, als es einer Intergouvernementalen Konferenz möglich gewesen wäre.

Insgesamt stellen sich die europäischen Entscheidungsverfahren über Grundsatzfragen der Integration als paradox dar: Einerseits kommt die Entscheidungsfindung nur sehr mühsam zustande; andererseits reichen die getroffenen Entscheidungen häufig wesentlich weiter, als die technischen und detailversessenen Vertragsänderungen vermuten lassen. In diesem Paradox zeigen sich wiederum einige Spezifika der europäischen Entscheidungsfindung: Systemveränderungen kommen nur über die Aneinanderreihung einer Vielzahl von kleineren, inkrementalistischen Reformschritten zustande; Entscheidungen, die im Wesentlichen weitreichende politische Implikationen haben, kommen im Gewande „technischer" Detailfragen und scheinbarer Spitzfindigkeiten daher, womit der Gesamtprozess der europäischen Integration vordergründig entpolitisiert wird, langfristig allerdings umso mehr politische Brisanz erhält. Jüngstes Beispiel hierfür ist der Verfassungsvertrag, dessen weitreichende Implikationen für die europäische Integration kaum von einer breiteren Öffentlichkeit erkannt wurden; der aber darum umso größeres Misstrauen hervorrief, wie die gescheiterten Referenden in Frankreich und den Niederlanden bezeugen.

4.2 Entscheidungsfindung und Performance der einzelnen Organe

Wurde im Vorgehenden der Prozess der Entscheidungsfindung im Wechselspiel der Organe dargestellt, so soll im Folgenden die – parallel dazu verlaufende – Entscheidungsfindung innerhalb der einzelnen Organe beleuchtet werden. Damit sind zugleich die interne Organisationsstruktur und Arbeitsweise sowie die – je spezifische – Performance der einzelnen Organe zu analysieren und ihre jeweiligen Besonderheiten herauszuarbeiten.

4.2.1 Die Kommission

Die Kommission stellt sich auch in ihrer internen Struktur und Funktionsweise als ein widersprüchliches Organ dar. Einerseits übernimmt und trägt sie kollektive Verantwortlichkeit, insbesondere durch die gemeinsame Beschlussfassung in allen Fragen; andererseits nimmt je-

---

[158] Im Konvent war es vor allem das Präsidium unter Giscard d'Estaing, das den Mitgliedern wiederholt weitreichende Grundsatzentscheidungen aufnötigte. In der nachfolgenden Regierungskonferenz konnten sich vor allem die großen Staaten und die Altmitglieder der EU durchsetzen; aber auch die kleineren Staaten konnten noch einige Zugeständnisse erringen (Göler/Marhold 2003, Tömmel 2004b, Wessels 2004).

der einzelne Kommissar ein bestimmtes Aufgabenfeld als spezifischen Verantwortungsbereich wahr; eine Situation, die sich mit der Ausweitung europäischer Politikfelder verstärkt hat. Eine zweite Widerspruchsebene ergibt sich aus den politischen Funktionen der Kommission einerseits, die insbesondere in ihrer Rolle als „Motor der Integration" zum Ausdruck kommen, sowie ihren administrativen Funktionen andererseits, die sich nicht nur auf die Durch- und Ausführung der Ministerratsbeschlüsse beziehen, sondern auch und besonders auf die Erarbeitung von Gesetzesvorlagen und Integrationskonzepten (Nugent 2001).

Diese Widersprüche spiegeln sich in der Organisationsstruktur der Kommission wider. Zwar ist jedem Kommissar ein Aufgabenbereich zugeordnet (vgl. Übersicht 1, Kap. 3); diese Zuordnung folgt aber nur bedingt einer besonderen fachlichen Qualifikation der Kommissare, vielmehr sind politische Aspekte und Proporzgesichtspunkte für deren Auswahl ebenso bestimmend (vgl. Nugent 1991, S. 64).[159] Den Generaldirektionen steht ein beamteter Generaldirektor vor, der die inhaltliche Verantwortung für den jeweiligen Sachbereich trägt und auch oberster Dienstherr des zugehörigen Beamtenstabs ist. Zwischen den Kommissaren und den Generaldirektionen gibt es ein Bindeglied, das die politischen und „technischen" Fragen und Themen vermittelt: die Kabinette der Kommissare. Solche Kabinette umfassen gegenwärtig sieben bis acht Mitglieder, wobei deren Zahl mit den Jahren und der wachsenden Aufgabenfülle der Kommission kontinuierlich zugenommen hat. In der Regel sind die Kabinette mit erfahrenen Politikern oder Fachleuten primär aus dem Herkunftsland der Kommissare besetzt; mindestens ein Mitglied des Kabinetts sollte eine andere Nationalität aufweisen; inzwischen ist es aber Usus, dass zwei bis drei Kabinettsmitglieder aus einem anderen Land als die jeweiligen Kommissare kommen.[160]

Die Kabinette der Kommissare, die ursprünglich lediglich zwei bis drei Mitglieder umfassten, haben sich zu einer wahren Substruktur unterhalb des Kollegialorgans der Kommission herausgebildet. Nugent schreibt ihnen sogar die Rolle einer eigenen Politik- und Entscheidungsebene zu (Nugent 1997, S. 4). Ähnlich wie im Falle von COREPER finden wöchentliche Sitzungen der „chefs de cabinet" statt, die zu einer Vorklärung und teilweise auch Vorentscheidung von Kommissionsbeschlüssen dienen. Zu den jeweiligen Sachfragen werden feste oder *ad-hoc*-Ausschüsse von Kabinettsmitgliedern mehrerer Generaldirektionen gebildet, und schließlich kommt jedem einzelnen Kabinett die Funktion eines Beratungsgremiums für den jeweiligen Kommissar zu (Interview mit Kabinettsmitglied eines Kommissars, Februar 1998). War den Kabinetten ursprünglich eine rein politische Funktion zugedacht, so entwickelten sie sich doch mehr und mehr zu einer Schaltstelle für inhaltliche Fragen (vgl. Ross 1995), womit die Kluft zwischen einer politisch handelnden Kommission und einem „technisch" orientierten Verwaltungsapparat tendenziell überbrückt wird (Nugent 1997,

---

[159] So üben größere Mitgliedstaaten Druck aus, dass ihren Kommissaren relevante Politikbereiche zugeordnet werden.

[160] Seit dem Antritt der Prodi-Kommission im Jahre 1999 wird danach gestrebt, die Kabinette stärker international zusammenzusetzen; dies vor allem um zu verhindern, dass die Kabinette zu sehr an nationalen Interessen orientiert sind. So zitiert Peterson einen Beamten des Generalsekretariats: „Intergovernementalism starts when proposals hit the *cabinets*. They're mini-councils within the Commission" (Peterson 1999, S. 56).

S. 4). In der Praxis entwickelt sich allerdings diese Schaltfunktion zu einem zusätzlichen Problem, indem es zu erheblichen Kompetenzkonflikten und Friktionen zwischen Kabinettsmitgliedern und Generaldirektoren kommt (Interviews mit verschiedenen Vertretern der Europäischen Kommission, Januar/Februar 1998).

Die Sach- beziehungsweise Aufgabengebiete der Generaldirektionen sind von sehr unterschiedlicher Qualität und Bedeutung: Auf der einen Seite umfassen sie sehr weite Politikbereiche und -felder, wie Außenbeziehungen, Wirtschaft und Finanzen, Beschäftigung, soziale Angelegenheiten und Chancengleichheit; auf der anderen Seite beziehen sie sich auf engere oder sehr spezielle Bereiche, wie Regionalpolitik, Fischerei und maritime Angelegenheiten, Erweiterung etc.. Zudem sind einige Generaldirektionen überhaupt nicht einem – engeren oder weiteren – Politikbereich gewidmet; vielmehr befassen sie sich mit EG-internen Funktionsmechanismen oder Verwaltungsaufgaben, wie Haushalt oder Personal und Verwaltung. Entsprechend dem Aufgabenbereich variiert auch der Umfang der einzelnen Direktionen – die Beschäftigtenzahl kann von maximal 2 932 (GD Personal und Verwaltung) bis zu minimal 212 (GD Unternehmen; Nugent 2001, S. 168) reichen – und damit auch ihr politisches Gewicht im Entscheidungsprozess.

Neben den Generaldirektionen verfügt die Kommission auch über ein Generalsekretariat, dessen Funktion es ist, einerseits für eine verbesserte Koordination zwischen den einzelnen Generaldirektionen und ihren sektoralen Aufgabenbereichen zu sorgen, andererseits den Präsidenten der Kommission in seiner Arbeit zu unterstützen. Wie alle institutionellen Arrangements der EU hat sich dieses Sekretariat jedoch weit über seine ihm ursprünglich zugedachten Funktionen hinaus entwickelt, indem es die Rolle einer Schaltstelle für ein breites Spektrum von organisatorischen Problemen und inhaltlich kontroversen Fragen übernimmt. Ihm oblag auch die Erarbeitung von Konzepten zur Reform der Kommission selbst (mündl. Information eines Mitglieds des Generalsekretariats, November 1999).

Betrachtet man nun den Prozess der Entscheidungsfindung näher, dann stellt sich dieser als ein recht komplexer und vielfältiger Abwägungsprozess dar, der sowohl ein breites Spektrum von kommissionsinternen Akteuren als auch zahlreiche externe Handlungs- und Entscheidungsträger umfasst (Cini 1996, S. 143 ff.). In der Regel arbeitet eine Abteilung einer GD – nachdem Aktivitäten in bestimmten Politikfeldern höheren Orts beschlossen wurden oder durch frühere Beschlüsse vorgegeben sind[161] – eine erste, noch vorläufige Vorlage aus (Hull 1993). Diese durchläuft zunächst einen vertikalen Abstimmungs- und Abänderungsprozess, der bis zum verantwortlichen Kommissar reicht. In der Folge wird sie dann einem horizontalen Abwägungsprozess ausgesetzt, indem sie anderen, von der Materie betroffenen Generaldirektionen zur Begutachtung vorgelegt wird. Je nach der Thematik können aber auch direktoratsübergreifende Sitzungen anberaumt oder spezielle Ausschüsse, Task Forces

---

[161] So wird in zahlreichen EG-Verordnungen ein Zeitpunkt für eine Revision festgelegt, der damit die Erarbeitung von Reformvorschlägen vorgibt, so beispielsweise in den Verordnungen zu den Strukturfonds; auch die Vertragsrevisionen enthalten jeweils Klauseln für die nächste Revision.

oder Arbeitsgruppen eingesetzt werden, um ein gemeinsames Vorgehen zu gewährleisten (mündl. Information verschiedener Kommissionsvertreter, 1995 und 1998). Hier ergeben sich Friktionen zwischen einerseits dem Interesse an einer Kooperation – über die bereits im Vorfeld von Entscheidungen Gewinnerkoalitionen aufgebaut werden können – und andererseits dem Konkurrenzverhältnis, in dem die Generaldirektionen zueinander stehen.

Die so erarbeitete Vorlage wird nun in einen vielfältigen Abstimmungsprozess mit internen und externen Akteuren eingespeist (Cini 1996, S. 143 ff.). Intern sind es vor allem das Kollegium der Kommissare, die „chefs de cabinet" sowie spezielle Ausschüsse von Kabinettsmitgliedern, die die Vorlage unter breiteren politischen, strategischen und integrationsspezifischen Gesichtspunkten unter die Lupe nehmen und entsprechend modifizieren oder gar ganz zurückweisen (Cini 1996, S. 151-154). Extern wird die Vorlage mit verschiedenen Kategorien von Akteuren abgestimmt: zum einen Mitgliedern nationaler Regierungen und Verwaltungen; zum Zweiten unabhängigen Experten und Beratern; zum Dritten Vertretern der verschiedensten Interessengruppierungen und -verbände.

Der Einbezug nationaler Vertreter in den Politikformulierungsprozess erfolgt in der Regel über die Bildung entsprechender beratender Ausschüsse (Wessels 1990, 1996, 1997b, 2000).[162] Neben Spitzenbeamten der betroffenen Ministerien werden in zunehmendem Maße auch mittlere Beamte oder Spezialisten anderer staatlicher Institutionen hinzugezogen. Mit dieser Vorgehensweise werden die unterschiedlichen Betroffenheiten der Mitgliedstaaten sowie eventuelle Widerstände gegen einen Vorschlag eruiert und, soweit möglich, die Vorschläge bereits im Vorfeld von formalen Entscheidungen unterschiedlichen Erwartungen und Haltungen der Mitgliedstaaten und Betroffenen anzupassen versucht. Experten und Berater werden dagegen in den Politikformulierungsprozess eingeschaltet, um qualifizierte, sachlich begründete Vorschläge vorlegen zu können und damit die Expertise der Kommission zu erweitern, aber auch, um den Entscheidungsprozess auf eine eher technische Ebene zu verlagern und darüber zu entpolitisieren. Experten und Berater fungieren einerseits direkt als Politikberater in den Ausschüssen, andererseits werden sie mit Studien oder Forschungsarbeiten beauftragt, die der Erarbeitung oder auch Begründung von Politikkonzepten dienen. Fand die Vergabe von entsprechenden Aufträgen zunächst eher *ad hoc* statt, so haben sich inzwischen formalisierte (und von den Mitgliedstaaten über entsprechende Verwaltungsausschüsse überwachte) Verfahren herausgebildet, die an die Kommission als deren Manager hohe Anforderungen stellen. Denn die im EG-Jargon Tenderings genannten Verfahren sollen einer Vielzahl von Ansprüchen genügen: Einerseits soll der beste und billigste Anbieter ausgewählt werden, andererseits sollen die Aufträge möglichst proportional über die Mitgliedstaaten verteilt werden. Es versteht sich, dass hier die Grenzen zwischen Markteffizienz, nationalem Proporz und Klientelismus nur sehr schwer zu ziehen sind.

---

[162] Nugent schätzt die Zahl solcher Ausschüsse auf über 500 (Nugent 2001, S. 243). Wessels geht dagegen für die Mitte der 90er Jahre „von mindestens 800" Expertengruppen der Kommission aus (Wessels 2000, S. 198).

4.2 Entscheidungsfindung und Performance

Auch der Einbezug von Interessengruppierungen, Verbänden und Lobbies in den Entscheidungsprozess stellt sich als ein schwieriger Balanceakt zwischen demokratisch-pluralistischer Interessenabwägung und Bevorteilung bestimmter Gruppierungen und Klientelen dar (vgl. Hull 1993, Mazey/Richardson 1993, 1995, Greenwood/Aspinwall 1998, Eising 2001, Eising/Kohler-Koch 2005). Die Schwierigkeiten ergeben sich einerseits aus der sehr unterschiedlichen Betroffenheit der Gruppierungen, andererseits aus deren unausgewogener Präsenz in Brüssel, die ihrerseits mit einer sehr unterschiedlichen Disposition über entsprechende Ressourcen zusammenhängt. Dies hat in der bisherigen Entscheidungspraxis zu einem starken Übergewicht von Industrieverbänden und -lobbies geführt (Eising/Kohler-Koch 1994, 2005, Kohler-Koch 1996a, Hix 2005a, S. 211 ff.). Die Kommission versucht zwar, auch andere Gruppierungen in den Entscheidungsprozess einzubeziehen, dies jedoch mit wechselndem Erfolg (Greenwood 1997).[163] Dabei richtet sie sich primär auf europäische Dachverbände – die teilweise sogar mit finanzieller Unterstützung vonseiten der Kommission rechnen können – da diese eine bereits zwischen den nationalen Verbänden abgewogene „europäische" Position in die Entscheidungsfindung einbringen können (Lahusen/Jauß 2001). Hier liegt aber gerade die Crux: Denn die meisten Interessenverbände haben gerade Schwierigkeiten, sich unter einem europäischen Dach zu organisieren, *weil* die Interessen der nationalen Verbände und ihrer Klientelen extrem widersprüchlich und somit schwer auf einen gemeinsamen Nenner zu bringen sind (vgl. auch Kap. 5.3.1). Große Unternehmen haben diese Problematik längst auf ihre Weise beantwortet, indem sie sich weniger durch ihren europäischen Dachverband UNICE oder die entsprechenden Branchenverbände vertreten lassen, als vielmehr über eigene Verbindungsbüros individuell Gehör zu finden versuchen.[164] Der systematische Einbezug von Interessengruppierungen in den Entscheidungsprozess erfolgt allerdings in aller Regel über die Teilnahme an entsprechenden Ausschüssen, während individuelle Lobbyisten eher hinter den Kulissen einzelne Kommissionsvertreter zu beeinflussen suchen (Hull 1993).

Ist ein Vorschlag schließlich intern und extern abgestimmt, dann geht er in die definitive Beschlussfassungsphase ein. Zunächst sind es die „chefs de cabinet", die als „Kommission im Kleinen" über die Vorlage entscheiden und, wo nötig, Kompromisse zwischen den Generaldirektionen aushandeln. Gelingt dies, wird der Vorschlag von der Gesamtkommission nicht mehr diskutiert, sondern nur noch formal abgestimmt. Bleiben Differenzen bestehen, werden diese im Plenum der Kommission – oder, im Falle von spezielleren Fragen, von einem kleineren Kreis von Kommissaren – ausdiskutiert und in der Folge wiederum einer Abstimmung durch das Gesamtgremium zugeleitet (Nugent 2001, S. 251).

---

[163] So versucht sie seit einigen Jahren Vertreter des europäischen Umweltbüros (EEB) in ihre Ausschussarbeit einzubeziehen; dies jedoch in einem so umfangreichen Maße, dass es die Ressourcen des EEB weit übersteigt (Interviews EEB, Februar 1998).

[164] So verfügten fast alle großen deutschen Unternehmen wie beispielsweise die Volkswagen-AG oder die Siemens-AG über eigene Verbindungsbüros in Brüssel.

Für die Beschlussfassung der Kommission genügt die absolute Mehrheit ihrer Mitglieder, das sind inzwischen 14 von 27 Stimmen. Damit ist es theoretisch möglich, 13 Kommissare und damit letztendlich auch 13 Mitgliedstaaten zu überstimmen. In der Regel wird deshalb ein Konsens aller Kommissionsmitglieder angestrebt; lediglich in schwierigen Konfliktfällen kommt es zu einer formalen Abstimmung.

Im Falle eines bereits bestehenden Konsenses zwischen den Kommissaren sowie bei Routineentscheidungen kann auch von der Möglichkeit eines schriftlichen Verfahrens der Beschlussfassung Gebrauch gemacht werden. Dazu wird den Kommissaren eine entsprechende Vorlage zugeleitet. Wird innerhalb einer festgelegten Frist (fünf Tage im „normalen" Verfahren und sogar nur drei Tage im beschleunigten Verfahren) kein Einspruch erhoben, gilt der Vorschlag als angenommen. Schließlich gibt es auch noch das Ermächtigungsverfahren, bei dem ein (oder auch mehrere) Mitglied(er) der Kommission ermächtigt wird (werden), im Namen des Gesamtgremiums Entscheidungen zu treffen. Dieses Verfahren kommt aber lediglich bei nicht kontroversen Maßnahmen der Verwaltung oder Ausführung zur Anwendung, z.B. im Agrarsektor (vgl. Borchardt 1996, S. 107 f.).

Aufgrund der vorangegangenen Darstellung könnte es nun so scheinen, als komme der Kommission lediglich während der Anfangs- und der Schlussphase der Beschlussfassung eine besondere Rolle zu. Ein solcher Eindruck wäre allerdings verfehlt. Denn die Kommission, die wöchentlich im Plenum tagt, begleitet und strukturiert den im Vorgehenden skizzierten Prozess in all seinen Phasen. Zudem strukturieren und beeinflussen die einzelnen Kommissare den in „ihren" Generaldirektionen ablaufenden Entscheidungsfindungs- und Abstimmungsprozess bis zur Erstellung einer Beschlussvorlage in entscheidendem Maße, und sie vertreten ihn auch im Kollegium der Kommission. Die Kommission ist somit nicht nur in alle Stadien der Entstehung von Gesetzentwürfen und anderen Regelungen involviert, womit ihr die Rolle des „Schnittstellenmanagers" (Grande 2000) im EU-System zufällt, sondern sie drückt diesen Entscheidungen auch einen starken inhaltlichen und damit auch politischen Stempel auf.

Die Konstruktion der kollektiven Entscheidungsfindung der Kommission – die ursprünglich vor allem das Durchschlagen nationaler Interessen im Entscheidungsprozess verhindern sollte – hat ihrerseits spezifische Rückwirkungen auf die Verfahrensmodi und Inhalte. Auch hier kommt es im Wesentlichen auf Konsensfindung an, wodurch die lancierten Vorschläge vielfältig angepasst und modifiziert werden. Neben der eigenen inhaltlichen Position muss dabei jeder Kommissar auch die Möglichkeiten der Koalitionsbildung im Auge behalten, was wiederum zu Tauschgeschäften und einer Art von Package Deals der Verabschiedung unterschiedlicher Vorschläge führt (Interview mit Kabinettsmitglied eines Kommissars, Februar 1998). Die notwendig konsensorientierte Haltung der Kommissare bietet aber umgekehrt eine Gewähr dafür, dass nationale Interessen, aber auch explizite politische Positionen, eher in den Hintergrund treten zugunsten der Herausbildung einer europäischen Corporate Identity (vgl. Ross 1995).

4.2 Entscheidungsfindung und Performance

Die vorgehenden Ausführungen bezogen sich primär auf die „reguläre" Recht- und Regelsetzung im Rahmen der EG; die Kommission lanciert aber auch umfassendere politische Vorhaben bis hin zu weitreichenden Integrationskonzepten. In solchen Fällen kann sie einerseits ihre eigenen politischen Ideen – wobei der Person des Präsidenten eine ganz besondere Rolle zukommt[165] – in die Debatte insbesondere zwischen den Mitgliedstaaten einbringen (Nugent 1997, S. 7); andererseits kann sie Verfahrensweisen etablieren, die zur Formulierung solcher Ideen oder Politikkonzepte führen. So hatte beispielsweise Präsident Delors während seiner Amtszeit neben den üblichen Beratungsstrukturen auch noch einen besonders kreativen Think-Tank beim Generalsekretariat eingerichtet, dessen einzige Aufgabe es war, zukunftsweisende Projekte und Ideen zu erarbeiten (mündl. Information Kommissionsbeamter, Januar 1996, Nugent 2001, S. 152). Diese Vorgehensweise wurde von seinen Nachfolgern fortgesetzt, indem nunmehr ein permanentes Beratungsgremium, das Bureau of European Policy Advisers (BEPA), als fester Bestandteil der Kommissionsstruktur eingerichtet wurde. Seine Aufgabe ist die Beratung des Präsidenten oder auch anderer Kommissare sowie die Erarbeitung von Politikempfehlungen (http://ec.europa.eu/dgs/policy_advisers/index_en.htm). Andere Verfahren der Ideengenerierung haben sich inzwischen schon zu anerkannten – und erwarteten – Routinehandlungen entwickelt. In diesem Kontext sind die Round Tables von Spitzenindustriellen sowie die Veranstaltung von großangelegten Konferenzen und Meetings zu nennen, während derer Ideen und Erfahrungen ausgetauscht und neue Politikkonzepte lanciert werden können (Tömmel 1994b). Die Ergebnisse solcher „major events" sowie insgesamt der Ideenproduktion werden in der Form von Berichten, Weiß- oder Grünbüchern publiziert, zu denen wiederum ein breiteres Spektrum von Interessierten und Betroffenen Stellungnahmen abgeben kann.[166] Auf diese Weise wird ein europaweiter Politikfindungsprozess organisiert, der zwar nicht die Öffentlichkeit im eigentlichen Sinne, wohl aber eine Vielzahl von Interessengruppierungen und direkt Betroffenen in die Debatte einbezieht. Über diese Vorgehensweise werden zudem, lange bevor der Ministerrat in die offizielle Debatte eintritt, transeuropäische Koalitionen zur Unterstützung bestimmter Politikkonzepte und Integrationsschritte geschmiedet.

4.2.2 Der Ministerrat

Der Ministerrat ist, ganz im Gegensatz zur Kommission, keine fest organisierte Institution mit einer klar gegliederten administrativen Struktur, sondern als Vertretung der Mitgliedstaaten ein heterogenes Gremium, eben ein Rat, dessen Vertreter in erster Linie Funktionsträger

---

[165] Insbesondere die Präsidentschaft Delors hat gezeigt, welche Rolle die Kommission unter einem ideenreichen Präsidenten, der Integrationskonzepte entwickeln und auch politisch vertreten kann, spielen kann (Ross 1995).

[166] Beispiele berühmter Weißbücher sind: das Weißbuch zum Binnenmarkt (Kommission 1985), das Weißbuch zu Wachstum, Wettbewerb und Beschäftigung (Kommission 1993) sowie das Weißbuch zur Governance in der EU (Kommission 2001).

im Rahmen nationaler politischer Systeme sind.[167] Seine wichtigste Rolle ist denn auch das Fällen von Entscheidungen, wodurch die Vorschläge der Kommission in legale Rechtsakte verwandelt werden.

Darüber hinaus ist der Rat aber auch heterogen, weil er selbst in eine Vielzahl von Komponenten zerfällt und zugleich über eine komplexe Substruktur verfügt, die seine Arbeit vorbereitet, unterstützt oder teilweise sogar trägt. Als Komponenten des Rats sind einerseits der Rat Allgemeine Angelegenheiten, der sich aus den Außenministern der Mitgliedstaaten zusammensetzt, andererseits die „technischen" Räte zu nennen (vgl. Kap. 3.2.2). Letztere gliedern sich wiederum in die wichtigen und sehr häufig tagenden Räte (ECOFIN und Agrarministerrat) sowie die übrigen. Während die erstgenannte Kategorie, ebenso wie der Allgemeine Rat, mindestens einmal monatlich zusammentritt, kommen Letztere zwischen zwei- und sechsmal pro Jahr zusammen (Kirchner 1992, S. 75, Hayes-Renschaw/Wallace 2006, S. 38 f. sowie mündliche Mitteilung, Generalsekretariat des Rats, Juni 2005). Die Frequenz der Sitzungen hängt davon ab, ob der betreffende Rat in Bezug auf etablierte EG-Politiken tätig wird oder ob es lediglich um die Harmonisierung nationaler Politiken geht (Kirchner 1992, S. 74, Hayes-Renschaw/Wallace 2006, S. 38 f.). Mit dem Verfassungsvertrag sollte die heterogene Struktur des Rats erstmals im Primärrecht der EU verankert werden. So heißt es dort: „Der Rat tagt in verschiedenen Zusammensetzungen" (Art. I - 24, Abs. 1 VVE). Zudem wird zwischen einem „Rat Allgemeine Angelegenheiten" und einem „Rat Auswärtige Angelegenheiten" unterschieden (Art. I - 24, Abs. 2 und 3 VVE), womit der Außenministerrat erstmals eine klare institutionelle Trennung entsprechend seiner unterschiedlichen Funktionen erfährt.

Die Substruktur des Rates besteht im Wesentlichen aus zwei Komponenten: zum einen COREPER und den ihm neben- oder untergeordneten Institutionen, zum anderen dem Generalsekretariat des Rates (Hayes-Renshaw/Wallace, 2006, S. 68-132). COREPER I und II, denen die inhaltliche und politische Vorbereitung aller Ratsbeschlüsse obliegt, tagen in wöchentlichem Rhythmus. Für den Agrarbereich werden die entsprechenden Aufgaben nicht von COREPER, sondern von einem Spezialausschuss für die Landwirtschaft wahrgenommen. Ebenso hat sich im Bereich des ECOFIN-Rates ein spezieller Ausschuss zur Vorbereitung seiner Arbeit herauskristallisiert, der sogenannte Monetäre Ausschuss beziehungsweise der Ausschuss für Wirtschafts- und Finanzfragen, wie er seit dem Vertrag von Maastricht heißt (Nicoll 1994).[168] Auch für Außenhandelsfragen besteht schon seit langem ein spezieller Ausschuss. Trotz dieser Zersplitterung nach Sachbereichen laufen aber die wichtigsten Fäden zu Entscheidungen des Ministerrats bei COREPER zusammen; Westlake sieht denn auch in diesem Gremium eines der mächtigsten Organe der EU (Westlake 1995, S. 285).

---

[167] Neben den Ministern nehmen an den Ratssitzungen auch Spitzenbeamte und Staatssekretäre der betroffenen Ministerien teil. In der Regel besteht eine nationale Delegation aus ungefähr zehn bis fünfzehn Mitgliedern (Kirchner 1992; mündliche Mitteilung Generalsekretariat des Rats, Juni 2005).

[168] Die für die Zweite und Dritte Säule zuständigen Ausschüsse werden in Kap. 5 behandelt.

Unterhalb von COREPER bearbeiten ungefähr 300 (Wessels 2000, S. 198) fest oder *ad hoc* eingerichtete Arbeitsgruppen[169], in denen wiederum alle Mitgliedstaaten vertreten sind, die Vorschläge der Kommission und klopfen sie auf ihre inhaltlichen Wirkungen auf die Mitgliedstaaten ab. Der Rat verfügt somit über einen weit aufgefächerten Unterbau zur Vorbereitung seiner Beschlüsse.

Diesem Konglomerat von Ausschüssen und Arbeitsgruppen steht das Ratssekretariat als eine relativ feste und permanente Organisationsstruktur gegenüber (Westlake 1995, S. 321-385, Hayes-Renshaw/Wallace 2006, S. 101-132). Seine Aufgaben bestehen im Wesentlichen darin, die Sitzungen des Rats technisch und logistisch vorzubereiten und zu begleiten; daneben hat es aber in zunehmendem Maße auch politische Funktionen entwickelt (Kirchner 1992, S. 27 f.). Diese liegen hauptsächlich darin begründet, dass es über eine lange Erfahrung mit zwischenstaatlichen Verhandlungsprozessen verfügt und somit die Präsidentschaft in der Verhandlungsführung sowie im Schmieden von Kompromissen beraten kann (Interviews Generalsekretariat des Rats der EU, Januar/Februar 1998). Es lässt sich allerdings auch unschwer erraten, dass es hierbei schnell zu Kompetenzkonflikten und Friktionen zwischen den Akteuren kommt (Kirchner 1992, Nicoll 1994, S. 199). Die politische Funktion des Generalsekretariats wurde erheblich aufgewertet, indem der Generalsekretär zugleich als Hoher Vertreter der Gemeinsamen Außen- und Sicherheitspolitik (GASP) der EU fungiert. Die ihm zugeordnete Strategieplanungs- und Frühwarneinheit hat explizit die Funktion, den Rat Auswärtige Angelegenheiten zu beraten und ihm Vorschläge für eine gemeinsame Politik zu unterbreiten, Vorschläge also, die in anderen Politikfeldern von der Kommission erarbeitet werden.

Die Präsidentschaft des Rates, die im halbjährlichen Turnus zwischen den Mitgliedstaaten rotiert, ist demgegenüber weniger als strukturelle Komponente des Rates zu betrachten. Vielmehr handelt es sich um einen Verfahrensmodus, der allerdings im Laufe der EG-Geschichte eine eigene Dynamik entfaltet hat und sich somit, gestützt auf die Autorität, die Kapazitäten sowie die Ressourcen des jeweiligen Vorsitzstaates, zu einer spezifischen Institution mit erheblichem, wenngleich wechselndem politischen Gewicht herausbilden konnte (Kirchner 1992, Westlake 1995, S. 45 ff., Elgström 2003a). Da eine erfolgreiche Präsidentschaft inzwischen eine Prestigefrage ist, versucht die den Vorsitz führende Regierung möglichst viele Ratsentscheidungen zu einem Abschluss zu bringen. Dies führt beim Agenda-Setting zur Auswahl von Themen und Issues, die nicht so kontrovers sind, aber auch solcher, für deren Abschluss der Mitgliedstaat besonders günstige Voraussetzungen mitbringt (Tallberg 2003). Allerdings wird die Auswahl der Themen auch in enger Abstimmung mit der

---

[169] Hayes-Renshaw/Wallace 2006 nennen 283 Arbeitsgruppen (S. 96). Die genaue Zahl der Arbeitsgruppen ist nur sehr schwer zu ermitteln, da ihre Zahl stark fluktuiert und der Ministerrat keine offiziellen Angaben darüber macht. Der Anteil der festen Ausschüsse wird auf 50 geschätzt (Hayes-Renshaw/Wallace 1997, S. 97).

Kommission sowie im Rahmen der Troika getroffen, sodass insgesamt auch auf eine zügige Abhandlung von Gesetzesvorschlägen geachtet wird.[170]

Die Qualität der Präsidentschaft hängt von den Kapazitäten und Ressourcen des jeweiligen Mitgliedstaates ab[171]; sie kann aber auch erheblich beeinträchtigt sein durch interne und externe Probleme (Kirchner 1992, S. 85 f., Elgström 2003a): Intern können bevorstehende Wahlen oder gar ein Regierungswechsel sowie größere innenpolitische Probleme einen erfolgreichen Vorsitz behindern; extern können extreme Situationen, unverhoffte politische Entwicklungen oder Ereignisse die Beschlussfassung erschweren.[172] Als ganz besonderes Hemmnis für eine erfolgreiche Präsidentschaft stellt sich allerdings der Zeitfaktor dar: Ein halbes Jahr ist nach Ansicht eines kritischen Beobachters „kaum länger als die Lernkurve" (de Bassompierre 1988, S. 153, zit. nach Kirchner 1992, S. 82). Aus den unterschiedlichen Erfahrungshorizonten des (wechselnden) Vorsitzes sowie des (permanenten) Ratssekretariats können sich denn auch erhebliche Diskrepanzen und Friktionen ergeben (Interviews Generalsekretariat des Rats der Europäischen Union, Januar/Februar 1998). Umgekehrt wäre aber auch eine längere Vorsitzperiode angesichts von nunmehr 27 Mitgliedstaaten problematisch, da dann jeder einzelne Staat nur sehr selten an die Reihe käme und somit kaum auf frühere Erfahrungen zurückgreifen könnte.

Dem den Vorsitz führenden Mitgliedstaat kommt auch der Vorsitz in allen Unterorganisationen des Rates zu, also in COREPER, den speziellen Ausschüssen sowie den Arbeitsgruppen. Das bedeutet für diese Gremien, dass sie ihre Aufgaben ebenfalls unter häufig wechselnder Führung wahrnehmen. Die Ratspräsidentschaft ist somit einerseits eine Konstruktion, die die Vielzahl der am Entscheidungsprozess beteiligten Gremien unter einheitlicher Führung koordiniert und somit insbesondere die vertikale Kommunikation zwischen allen Beteiligten erleichtert; andererseits erschwert sie aber aufgrund ihrer kurzfristigen Alternanz die Wahrung von Kontinuität und Kohärenz in der Beschlussfassung (vgl. die Beiträge in Elgström 2003a). In dieser Situation kommt einmal mehr zum Ausdruck, dass der Rat insgesamt kein kohärentes Gremium ist und sein kann, sondern aus Gründen der Gleichbehandlung bezie-

---

[170] Der Arbeitsplan wird auch dem Parlament vorgelegt, das aber in dieser Angelegenheit keine Entscheidungsbefugnisse besitzt.

[171] So gelten generell große Mitgliedstaaten sowie solche, die von Anfang an Mitglied der EG waren, als erfolgreicher im Gegensatz zu kleineren Staaten und neuen Mitgliedern. Diese Einschätzung kann jedoch nicht verallgemeinert werden. So wurde beispielsweise die deutsche Präsidentschaft des 2. Halbjahres 1994 als sehr schwach angesehen. Umgekehrt war die schwedische Präsidentschaft nach Einschätzung eines Mitarbeiters des Generalsekretariats des Ministerrats sehr erfolgreich. Nach Meinung dieses Informanten haben die großen Mitgliedstaaten eher Probleme, weil sie sich intern streiten, die Präsidentschaft die inneren Konflikte verschärft und es oft im letzten Moment neue Instruktionen gibt, die dann alles wieder umwerfen (mündl. Aussage, Vertreter des Generalsekretariats des Rats, Juni 2001; vgl. auch Elgström 2003a). Die zum 1.4.2004 beigetretenen Staaten sollen langsam an die Rolle der Präsidentschaft herangeführt werden (Hayes-Renshaw/Wallace 2006, S. 138).

[172] So war beispielsweise die deutsche Präsidentschaft der ersten Jahreshälfte 1999 sowohl durch interne als auch durch externe Schwierigkeiten belastet: intern, weil die neue Regierung von SPD und Bündnis 90/Die Grünen gerade erst angetreten war; extern, weil der Kosovo-Krieg eine enorme Herausforderung für die Außenpolitik der EU und damit zugleich eine Belastung der Präsidentschaft darstellte.

4.2 Entscheidungsfindung und Performance

hungsweise des Proporzes zwischen den Mitgliedstaaten von diesen gemeinsam gesteuert wird, was angesichts sehr unterschiedlicher Politikstile, Ressourcen und Integrationserfahrungen, ganz zu schweigen von den unterschiedlichen Zielsetzungen und Interessen der einzelnen Staaten, zu wechselnden Konjunkturen der Entscheidungsfindung führt und sich gelegentlich als Integrationshemmnis manifestiert. Allerdings wird in zunehmendem Maße von den Präsidentschaften erwartet, dass diese die Rolle eines „ehrlichen Maklers" übernehmen, also ihre nationalen Interessen während einer Präsidentschaft zurückstellen (Elgström 2003b).[173] Mit dem Verfassungsvertrag versuchte man, dieser Situation Rechnung zu tragen, indem für den „Rat Auswärtige Angelegenheiten" ein ständiger Vorsitz in der Person des Außenministers vorgesehen war (Art. I - 22, Abs. 7 VVE). Der Konventsentwurf hatte auch für die übrigen Ratsformationen einen zumindest einjährigen Vorsitz vorgesehen (Art. I - 23, Abs. 4); dieser Vorschlag wurde allerdings in den abschließenden Verhandlungen nicht übernommen (vgl. Crum 2003, Tömmel 2004b, Wessels 2004). Im Reformvertrag soll die Position des Außenministers und damit auch der feste Vorsitz für den Rat Auswärtige Angelegenheiten beibehalten werden; die Bezeichnung „Außenminister" wird allerdings fallengelassen (Rat der EU 2007, Nr. 11177/07, S. 18).

Die Entscheidungsprozesse des Rates verlaufen im Prinzip nach einem „hierarchischen" Muster, indem zunächst die unteren Gremien Vorentscheidungen treffen, während dem Rat die letztendliche Entscheidung obliegt. Auch hier ist der Ablauf in der Praxis komplexer, denn Gesetzentwürfe können wiederholt hin- und hergeschoben und revidiert werden (Lewis 1998). Letzteres ist zwar nur möglich, wenn die Kommission zur Revision ihrer Vorlage bereit ist. Diese Bereitschaft ist aber in der Regel hoch – geht doch die Kommission andernfalls das Risiko ein, dass es überhaupt nicht zu einer Beschlussfassung kommt. Ein von der Kommission offiziell übermittelter Vorschlag wird zunächst einer COREPER unterstellten Arbeitsgruppe zugeleitet und auf ihre Konsequenzen für die einzelnen Mitgliedstaaten hin untersucht. Handelt es sich um Routinefragen oder kaum kontroverse „technische" Detailregelungen, wird der Vorschlag schnell seinen Weg über COREPER in den Rat finden. Bei geringen Kontroversen liegt die faktische Entscheidung bereits bei COREPER, das einen entsprechenden Kompromiss aushandelt, während der Rat solchen, als A-Punkte figurierenden Vorlagen nur noch pauschal und ohne vorangegangene Diskussion zustimmt.[174] Geht es hingegen um eine komplexere Thematik, die größere Kontroversen beinhaltet, wird COREPER sich zwar um eine Vorentscheidung bemühen; die eigentliche Konfliktlösung wird jedoch

---

[173] In der Praxis erweist sich diese Anforderung allerdings als sehr großer Zielkonflikt. Eklatante Beispiele hierfür sind die Ratspräsidentschaft der Bundesrepublik (1. Hälfte 1999), unter der durch Intervention von Bundeskanzler Schröder eine bereits beschlussreife Richtlinie zur Verwertung von Altautos „gekippt" wurde, sowie die Frankreichs (2. Hälfte 2000), unter der der Vertrag von Nizza ausgehandelt wurde, wobei Frankreich bei der Frage der Stimmengewichtung im Ministerrat massiv seine Interessen vertrat. Demgegenüber gelang es der britischen Präsidentschaft in der zweiten Jahreshälfte 2005, die Finanzplanung der EU bis 2013 zu verabschieden, während gleichzeitig die Reduzierung des sogenannten „Briten-Rabatts" auf der Tagesordnung stand.

[174] Nach Schätzungen sind dies 90 Prozent der bearbeiteten Themen. Man darf diese Zahl allerdings nicht überschätzen, da die verbleibenden Themen die komplexen und zugleich schwierigeren sind.

erst im Rat erfolgen. Die entsprechenden Vorlagen werden als B-Punkte bezeichnet. Wenn keine Einigung erzielt wird, kann der Vorschlag auch wieder an die Kommission zur Abänderung zurückgehen beziehungsweise diese zieht ihn von sich aus zurück.

Durch die Einführung des Kooperations- und des Kodezisionsverfahrens, die dem Europäischen Parlament weitgehende Mitspracherechte einräumen, wird der Entscheidungsprozess, insbesondere in Konfliktfällen, weiter verkompliziert (Nicoll 1994, S. 198). Der Rat muss einen Gemeinsamen Standpunkt formulieren, mit dem er zu einer Grundposition kommt. Nach dieser Entscheidung kann die Kommission keine Amendierungen mehr von sich aus vornehmen, sondern allenfalls solche des Parlaments übernehmen.[175] Vor dem Hintergrund möglicher Amendierungen vonseiten des Parlaments – und der offenen Frage, ob die Kommission diese übernimmt – muss dann die Konsensfindung erneut in Gang gesetzt werden, wobei wiederum auch COREPER eine entscheidungsvorbereitende Rolle wahrnimmt. Auch wenn es zu größeren Kontroversen mit dem Parlament kommt und ein Vermittlungsverfahren in Gang gesetzt wird, fällt dem Rat neben der Konsensfindung mit Kommission und Parlament eine erneute Abstimmung seiner internen Position zu, insbesondere dann, wenn er aufgrund von einseitigen Amendierungen des Parlaments zu einer einstimmigen Beschlussfassung gezwungen ist.[176] Bei einer Gesamtzahl von inzwischen 27 Mitgliedstaaten und dementsprechend ebenso vielen Ministern ist dies keine leichte Aufgabe. Die interne Abstimmung im Rat kann auch dadurch erschwert werden, dass sich zwischenzeitlich aufgrund von externen Ereignissen oder Veränderungen erhebliche Verschiebungen in der Position der einzelnen Mitgliedstaaten ergeben können.[177]

Die im Vorgehenden skizzierte Situation verdeutlicht, dass das eigentliche Problem des Rates die interne Beschlussfassung ist, das heißt, das Erreichen eines tragfähigen Konsenses unter seinen Mitgliedern. Angesichts einer wachsenden Zahl von Mitgliedstaaten mit sehr unterschiedlichen Interessen wird dies aber zunehmend erschwert. Ein Großteil der Tätigkeit des Rates besteht denn auch darin, zwischen seinen Mitgliedern Konsens zu erzielen. Dies kann teilweise schon im Rahmen von COREPER und seinen Arbeitsgruppen gelingen. Dabei ist hervorzuheben, dass sich in COREPER und auch in den Arbeitsgruppen ein Verhandlungs- und Arbeitsstil herausgebildet hat, der weniger durch hartes Bargaining und Dominanz nationaler Interessen gekennzeichnet ist, als vielmehr durch einen kooperativen Umgang, der sich auch und besonders am gemeinsamen Ziel des Voranbringens der Integration sowie der Erhaltung der Funktionsfähigkeit des Gesamtsystems orientiert (mehrere Inter-

---

[175] Das bedeutet: Sie kann den Vorschlag nicht mehr einer möglichen Mehrheitsposition des Rates anpassen (Nicoll 1994, S. 198).

[176] Eine solche Konstellation kann dazu führen, dass das Parlament weniger auf umfangreichen Amendierungen besteht, um eine sichere Verabschiedung zu gewährleisten (vgl. Shackleton 2000, S. 330 f.).

[177] Ein berühmtes Beispiel hierfür ist die Verabschiedung einer Richtlinie für Abgaswerte von Autos, bei der sich infolge eines Urteils des EuGH insbesondere die Position Frankreichs grundlegend änderte. (Der EuGH hatte nationale Alleingänge in Umweltfragen als nicht im Gegensatz zum Prinzip der Marktintegration angesehen, womit generell zu befürchten war, dass höhere nationale Standards für Abgaswerte erlassen werden, wenn keine EG-Regelung zu Stande kommt. Moser 1997).

views Ständige Vertretung der BRD, 1998-2001; vgl. auch zu COREPER Lewis 1998, zu den Arbeitsgruppen Beyers/Dierickx 1998). Insbesondere COREPER ist daher eine ganz wesentliche Scharnierfunktion zwischen den nationalen Interessen der Mitgliedstaaten und dem EU-System in seiner Gesamtheit zuzuschreiben.

Bei tiefergreifenden Differenzen müssen allerdings die Minister beziehungsweise die nationalen Delegationen im Ministerrat selbst einen Kompromiss finden, wobei sie auch in dieser Phase noch häufig auf COREPER zurückgreifen. Bei der Kompromissfindung spielt die Präsidentschaft eine wichtige Rolle, indem sie Kompromissvorschläge ausarbeitet, Koalitionen für bestimmte Vorschläge zusammenschmiedet, Zögerer überredet, Gegenspieler isoliert oder auch für hartnäckige Verhandlungspartner Side-Payments in der Hinterhand hält (Kirchner 1992, Schmidt 2001).[178] Auch das Ratssekretariat mit seiner reichen Erfahrung in der Entscheidungsfindung kann mit taktischen Ratschlägen und Kompromissvorschlägen zur Seite stehen. Schließlich spielt auch die Kommission eine eminent wichtige Rolle in der Kompromiss- und Konsensfindung, indem sie ihre Vorschläge umformuliert – und damit häufig die entscheidende Kompromissformel lanciert (Nicoll 1994, S. 198) –, Issue Linkages organisiert und Paketlösungen zusammenschnürt. Wenn alle Stricke reißen, kann auch noch der Europäische Rat eingeschaltet werden. Zudem können hinter den Kulissen vielfältige bi- und multilaterale Verhandlungen geführt werden, um zu einem Durchbruch in der Entscheidungsfindung zu kommen. Bekannt und berühmt ist in diesem Kontext die Achse Deutschland–Frankreich, die einerseits als Repräsentant der Hauptkontrahenten, andererseits aber auch als Kristallisationskern sich ausbildender Kompromisse fungieren kann.[179]

Trotz all dieser elaborierten Verfahren der Kompromiss- und Konsensfindung kann es in der Praxis dennoch zu unüberwindbaren Patt-Situationen kommen, was in der Vergangenheit häufig der Fall war. In solchen Situationen ist es entscheidend, ob im Rat mit Einstimmigkeit oder mit qualifizierter Mehrheit abgestimmt wird.[180] Zwar legen die Verträge im Prinzip fest, welches Verfahren für welche Thematik anzuwenden ist, in der Praxis ist die Zuordnung jedoch nicht eindeutig, so dass sich ein erheblicher Spielraum für Interpretationen ergibt. Es

---

[178] Die Strukturfonds der EU werden häufig für solche Tauschgeschäfte benutzt. So wurde die Verdopplung der Finanzmittel der Fonds 1988 als Ausgleich für die Zustimmung der „ärmeren" Mitgliedstaaten zum Binnenmarkt vereinbart, der Kohäsionsfonds wurde auf Drängen Spaniens als Ausgleich für die Einführung der WWU eingesetzt, und ein neues Ziel 6 für dünnbesiedelte Gebiete wurde eigens geschaffen, um Schweden und Finnland die Akzeptanz des Acquis communautaire zu erleichtern. Bei der jüngsten Reform der Strukturfonds (2005) drohte Spanien mit der Verweigerung der Zustimmung zur Osterweiterung, falls die Mittelzuweisungen aus den Strukturfonds erheblich gekürzt werden. Nach dem Regierungswechsel in Spanien wurde diese Position allerdings nicht mehr aufrechterhalten.

[179] Die so genannte „Motorenfunktion" dieser beiden Staaten besteht, entgegen landläufiger Meinung, nicht darin, dass sie die gleichen Integrationsziele anstreben und verfolgen, sondern dass sie im Vorfeld von größeren Entscheidungen Kompromisse zwischen ihren häufig gegensätzlichen Positionen aushandeln, die dann weitere Integrationsschritte erleichtern. Das wohl deutlichste Beispiel für diese Konstellation ist das Zustandekommen der Währungsunion.

[180] Das Verfahren der einfachen Mehrheit kommt so selten zur Anwendung (meist nur in Verfahrensfragen), dass es hier vernachlässigt werden kann.

versteht sich, dass Kommission und Parlament so weit wie möglich das Mehrheitsprinzip favorisieren, während der Ministerrat häufiger die Einstimmigkeit angewendet sehen will. In jedem Falle hat die Wahl des Verfahrens erhebliche Rückwirkungen auf die Kompromiss- und Konsensfindung im Rat. Muss er bei Einstimmigkeit Rücksicht auf jede Einzelposition nehmen, so kann bei qualifizierter Mehrheit auch eine Koalition von mehreren Mitgliedstaaten überstimmt werden. Diese Konstellation beeinflusst das Verhalten der einzelnen Delegationen: Man kann nicht mehr rücksichtslos und eindeutig seine eigenen Standpunkte proklamieren und damit garantiert unliebsame Entscheidungen verhindern, sondern muss sich im Vorfeld um Koalitionspartner bemühen, um zumindest das Schlimmste zu verhindern (Interview Generalsekretariat des Rats der EU, Januar/Februar 1998). Schafft man es, eine Blockiererkoalition zustande zu bringen, kann man aus dieser Position heraus erhebliche Zugeständnisse abringen; bricht jedoch eine solche Koalition auseinander, kommen verbleibende Blockierer in die unliebsame Position, überhaupt keine Verhandlungsmacht mehr ausüben zu können (Teasdale 1996, S. 106). Aber auch bei einstimmigen Entscheidungen ist eine Blockiererhaltung nicht mehr angesagt; sie würde kaum noch als berechtigte Wahrung nationaler Interessen gewertet werden, sondern eher als Affront gegenüber den anderen Partnern (Teasdale 1996, S. 104; Interviews Generalsekretariat des Rats der EU, Ständige Vertretung der BRD, Januar/Februar 1998). Die Änderung der Abstimmungsverfahren im Rat und insbesondere die Ausweitung qualifizierter Mehrheitsbeschlüsse führt somit zu paradoxen Effekten: Einerseits erleichtert sie die Beschlussfassung und erhöht damit insgesamt die Effizienz europäischer Entscheidungsfindung; andererseits verkompliziert sie den ohnehin schon schwierigen Prozess der Kompromiss- und Konsensfindung, indem Kommission und Parlament jetzt mehr Einfluss gewinnen, was nicht selten in sibyllinischen Beschlüssen resultiert. Diese Situation wird sich erneut verändern, wenn die bereits im Verfassungsvertrag vorgesehenen erheblich gesenkten Schwellen für qualifizierte Mehrheitsbeschlüsse in Kraft treten. Zwar soll dies, entsprechend dem Mandat für einen Reformvertrag, erst 2014 der Fall sein; am Prinzip erleichterter Mehrheitsentscheidungen wurde aber festgehalten (Rat der EU 2007, Nr. 11177/07, S. 18). Die genauen Konsequenzen dieser einschneidenden Veränderungen lassen sich allerdings zum gegenwärtigen Zeitpunkt noch nicht absehen; fest steht aber schon jetzt, dass Vetopositionen einzelner Staaten oder sogar ganzer Staatengruppen erheblich erschwert sein werden (Tömmel 2004b).

Es wäre allerdings verfehlt, wollte man aus der bisherigen Ausweitung von Mehrheitsbeschlüssen bereits den Schluss ziehen, der Rat habe sich grundlegend verändert, sich etwa von einem eindeutig intergouvernemental orientierten Organ in ein tendenziell supranationales Gremium verwandelt. Eine solche Interpretation verkennt, dass sich die oben beschriebenen Verfahrensänderungen größtenteils auf weniger kontroverse Bereiche der EU-Politik beziehungsweise auf Folgeentscheidungen zu getroffenen Entscheidungen beziehen. Demgegenüber werden sensible Bereiche nicht nur weiterhin einstimmiger Beschlussfassung unterstellt, sondern zunehmend auch der Mitwirkung von Kommission und Parlament entzogen. Dies gilt nicht nur für die Zweite und Dritte Säule der Europäischen Union – für die der Rat als oberstes beschlussfassendes Organ fungiert, während der Kommission lediglich ein begrenztes und nicht ausschließliches Initiativrecht zuerkannt wird und das Parlament allenfalls seine Meinung äußern darf –, sondern es gilt auch für einen eminent wichtigen neuen Bereich im Rahmen der Ersten Säule: die Wirtschafts- und Währungsunion. Hier wurden den damit zu schaffenden Gremien und Institutionen – der Europäischen Zentralbank sowie dem Europäischen Zentralbankrat – weitgehende autonome Entscheidungsrechte eingeräumt, wobei lediglich der Rat, hier ECOFIN, ohne Mitwirkung der anderen Organe eine Aufsichtsfunktion ausübt sowie Rahmenbeschlüsse fassen kann.[181] Ein kritischer Kommentator hat in diesem Zusammenhang vorgeschlagen, man solle künftig bei den Schaubildern zur EU ehrlicherweise eine Vierte Säule in die Tempelkonstruktion einfügen (Nicoll 1994, S. 195 f.). Auch nach Inkrafttreten des anvisierten Reformvertrags, der die Säulenkonstruktion aufhebt, werden wichtige und sensible Bereiche, wie etwa die Außenpolitik, die Asyl- und Einwanderungspolitik oder die Währungsunion, weiterhin einstimmiger Beschlussfassung unterstehen und somit am intergouvernementalen Charakter des Rats nichts verändern.

4.2.3 Das Parlament

Im Gegensatz zu Kommission und Ministerrat nimmt das Parlament als Völkervertretung beziehungsweise als politischer Repräsentant der Bürger Europas eine gänzlich andere Rolle im europäischen Entscheidungsprozess wahr, und es muss deshalb auch seine interne Entscheidungsfindung anders organisieren. Seine jeweiligen Positionen bilden sich über einen politischen Abwägungsprozess zwischen den bestehenden Parteien und Parteienfraktionen, aber auch in der Auseinandersetzung mit den anderen europäischen Organen heraus. Dabei ergeben sich auch hier Schwierigkeiten, einerseits aufgrund des großen Bogens an Meinungen und Positionen, der überspannt werden muss; andererseits aufgrund des Drucks von außen, einig und konsensbereit aufzutreten, da andernfalls angesichts begrenzter Kompetenzen überhaupt kein Einfluss auszuüben wäre.

Da das Parlament bisher in den Mitgliedstaaten gesondert nach den dortigen Wahlverfahren und Parteiensystemen gewählt wird, setzt es sich aus einem bunten politischen Spektrum zusammen, das die Addition aller nationalen Parteienspektren repräsentiert. So sind beispielsweise die Niederlande als vergleichsweise kleiner Staat bei 27 Abgeordneten mit acht Parteien vertreten. Das Vereinigte Königreich, das seit der Europawahl von 1999 für diese das Verhältniswahlrecht praktiziert, bringt nunmehr neben den beiden großen Parteien (Labour und Conservatives) sieben weitere, teilweise regionale Parteien ins Parlament ein, und Italien ist allein schon in der Europäischen Volkspartei mit fünf Parteiengruppen vertreten (http://www.elections2004.eu.int/ep-election/sites/de/results1306/parties.html). Zusammengenommen ergibt sich so ein heterogenes Konglomerat, das aus wenigen größeren Gruppie-

---

[181] Innerhalb des ECOFIN-Rats gibt es die sogenannte Euro-Gruppe, die aus den Mitgliedstaaten gebildet wird, die der Währungsunion angehören. Die Euro-Gruppe ist ein informelles Gremium, das sich am Tag vor der Sitzung des ECOFIN-Rats trifft. Im ECOFIN-Rat werden Entscheidungen bezüglich der Währungsunion nur von den Mitgliedstaaten getroffen, die ihr angehören (http://www.consilium.europa.eu/cms3_fo/showPage.asp?id=250&lang=de).

rungen und vielen Repräsentanten kleiner Splittergruppen besteht.[182] Die Zersplitterung des Parteienspektrums hat sich mit den jüngsten Erweiterungsrunden noch einmal verschärft. Denn insbesondere mit den Transformationsstaaten Mittel- und Osteuropas kamen nicht nur Staaten mit stark fragmentierten, sondern auch mit noch nicht konsolidierten Parteiensystemen in die EU (Beichelt 2004, Lord/Harris 2006). Da bei der jüngsten Europawahl zumeist die jeweiligen Regierungsparteien abgestraft wurden, sind diese im Parlament teilweise kaum vertreten, während neu gebildete Oppositionsparteien, deren längerfristiger Bestand keineswegs gesichert ist, die Abgeordnetenmandate besetzen (Hrbek 2004, S. 215).

In der Praxis kommt es im Europäischen Parlament zur Bildung von Fraktionen, in denen sich politisch und ideologisch verwandte Parteiengruppierungen verschiedener Staaten zusammenschließen (Hix/Lord 1997). Die Regeln hierfür sind in der Geschäftsordnung des Parlaments festgelegt: Eine Fraktion muss aus mindestens 19 Mitgliedern bestehen; ihre Mitglieder müssen aus mindestens einem Fünftel (derzeit also sechs) der Mitgliedstaaten kommen (Art. 29, Abs. 2 der Geschäftsordnung des Europäischen Parlaments).[183]

Zwei große Fraktionen dominieren die Arbeit des Parlaments: einerseits die Europäische Volkspartei – Europäische Demokraten (EVP-ED), die als größte Fraktion im Wesentlichen christdemokratisch orientierte Parteien sowie einige konservative Gruppierungen zu einem Bündnis zusammenfasst und seit dem Beitritt Rumäniens und Bulgariens über 277 Mandate verfügt; andererseits die Sozialistische Partei Europas (SPE), die die sozialdemokratischen und sozialistischen Parteien bündelt und gegenwärtig insgesamt 217 Sitze einnimmt (Übersicht 4).

---

[182] Die Zersplitterung der Parteienlandschaft im EP wird dadurch verstärkt, dass die Wähler bei Europa-Wahlen ihre Stimme eher kleinen Parteien geben, die sie auf nationalem Niveau nicht wählen würden (Hix 2005a, S. 192 ff.).

[183] Bis zur gegenwärtigen Legislaturperiode (2004-2009) lautete diese Regelung noch anders: Je mehr Nationalitäten in einer Fraktion vertreten waren, desto geringer war die erforderliche Gesamtmitgliederzahl. Fraktionen, die nur aus einer Nationalität bestanden, mussten minimal 23 Mitglieder umfassen; bei zwei Nationalitäten waren es 18 und bei drei oder mehr Nationalitäten reichte eine Mindestzahl von zwölf aus (Nugent 1991, S. 147).

4.2 Entscheidungsfindung und Performance

Übersicht 4: Mitglieder des Europäischen Parlaments nach Staaten und Parteienfraktionen, 6. Wahlperiode, 2004-2009 (seit 1.1.2007)

Staat	EVP-ED	SPE	ALDE	Grüne/FEA	VEL/NGL	U/D	UEN	ITS	Frl	Gesamt
BE	6	7	6	2	0	0	0	3	0	24
BU	4	6	7	0	0	0	0	1	0	18
CZ	14	2	0	0	6	1	0	0	1	24
DK	1	5	4	1	1	1	1	0	0	14
DE	49	23	7	13	7	0	0	0	0	99
EE	1	3	2	0	0	0	0	0	0	6
EL	11	8	0	0	4	1	0	0	0	24
ES	24	24	2	3	1	0	0	0	0	54
FR	17	31	11	6	3	3	0	7	0	78
IE	5	1	1	0	1	1	4	0	0	13
IT	24	15	12	2	7	0	13	2	3	78
CY	3	0	1	0	2	0	0	0	0	6
LV	3	0	1	1	0	0	4	0	0	9
LT	2	2	7	0	0	0	2	0	0	13
LU	3	1	1	1	0	0	0	0	0	6
HU	13	9	2	0	0	0	0	0	0	24
MT	2	3	0	0	0	0	0	0	0	5
NL	7	7	5	4	2	2	0	0	0	27
AT	6	7	1	2	0	0	0	1	1	18
PL	15	9	5	0	0	3	20	0	2	54
PT	9	12	0	0	3	0	0	0	0	24
RU	9	12	8	0	0	0	0	6	0	35
SI	4	1	2	0	0	0	0	0	0	7
SK	8	3	0	0	0	0	0	0	3	14
FI	4	3	5	1	1	0	0	0	0	14
SE	6	5	3	1	2	2	0	0	0	19
UK	27	19	12	5	1	10	0	1	3	78
Gesamt	277	217	106	42	41	24	44	21	13	785

EVP-ED   *Fraktion der Europäischen Volkspartei (Christdemokraten) und Europäischer Demokraten*
SPE   *Sozialdemokratische Fraktion im Europäischen Parlament*
ALDE   *Fraktion der Allianz der Liberalen und Demokraten für Europa*
GRÜNE/FEA   *Fraktion der Grünen/Freie Europäische Allianz*
VEL/NGL   *Konföderale Fraktion der Vereinigten Europäischen Linken/Nordische Grüne Linke*
U/D   *Fraktion Unabhängigkeit/Demokratie*
UEN   *Fraktion Union für das Europa der Nationen*
IST   *Fraktion Identität, Tradition, Souveränität*
Frl   *Fraktionslos*

BE = Belgien; BU = Bulgarien; CZ = Tschechische Republik; DK = Dänemark; DE = Deutschland; EE = Estland; EL = Griechenland; ES = Spanien; FR = Frankreich; IE = Irland; IT = Italien; CY = Zypern; LV = Lettland;

LT = Litauen; LU = Luxemburg; HU = Ungarn; MT = Malta; NL = Niederlande; AT = Österreich; PL = Polen; PT = Portugal; RU = Rumänien; SI = Schweden; SK = Slowakische Republik; FI = Finnland; SE = Slowenien; UK = Vereinigtes Königreich

http://www.europarl.europa.eu/members/expert/groupAndCountry.do?language=DE

Mit Abstand folgt hinter diesen beiden Gruppierungen als drittgrößte Fraktion die Allianz der Liberalen und Demokraten für Europa (ALDE), ein Zusammenschluss meist liberaler Parteien, zu denen aber auch elf französische Zentristen gestoßen sind (Hrbek 2004, S. 216). Durch den Beitritt Bulgariens und Rumäniens erhielt die Fraktion noch einmal kräftigen Zuwachs, sodass sie nunmehr 106 Abgeordnete umfasst. Bis vor Kurzem belegten die Fraktion der Grünen/Europäische Freie Allianz (Grüne/EFA) sowie die Fraktion der Vereinigten Europäischen Linken – Nordische Grüne Linke (VEL/NLG) mit 42 beziehungsweise 41 Abgeordneten den vierten und fünften Platz. Vor diese Positionen hat sich jedoch die Union für das Europa der Nationen (UEN) geschoben, die zu Anfang der Legislaturperiode mit 27 Mandatsträgern kleinste Fraktion war; nachdem jedoch je eine weitere Partei aus Italien und Polen hinzustieß, konnte die Fraktion, die aus Mitgliedern rechter und nationalistischer Parteien besteht, mit 44 Abgeordneten den vierten Platz in der Rangfolge erobern[184], womit Grüne und Linke auf Platz fünf und sechs verwiesen wurden. Auf dem siebten Platz rangiert mit 24 Abgeordneten eine neue Fraktion aus Europa-skeptischen oder sogar -feindlichen Parteien, die unter dem Namen Unabhängigkeit/Demokratie (U/D) firmiert. Schließlich setzt sich die kleinste Fraktion des EP, die den Namen Identität, Tradition, Souveränität trägt und erst nach dem Beitritt Rumäniens und Bulgariens gebildet werden konnte, aus 21 Abgeordneten extrem rechter Parteien zusammen.[185] Da der Fraktionsstatus mit gewissen Vorteilen verbunden ist, lohnt es sich für Angehörige von Splitterparteien, ein Zweckbündnis einzugehen; solche Fraktionen sind jedoch häufig instabil oder von kurzer Dauer. Allerdings ist festzuhalten, dass sich in der gegenwärtigen Legislaturperiode und speziell durch den Beitritt der Staaten Mittel- und Osteuropas rechte, nationalistische und europafeindliche Parteien erstmals in nennenswertem Umfang als Fraktionen konsolidieren und somit das politische Spektrum des Parlaments in gewissem Maße verschieben konnten. 13 Abgeordnete gehören derzeit keiner Fraktion an. Ihnen wird aber ein gemeinsames Sekretariat für ihre Arbeit zur Verfügung gestellt (Hrbek 2004, S. 218).

Seit den 70er Jahren haben sich über den damals vier größten Fraktionen insgesamt vier europäische Parteienzusammenschlüsse herausgebildet, die als Föderationen gemeinsame Standpunkte und Positionen, insbesondere zu europabezogenen Themen erarbeiten und vertreten, jedoch in der Öffentlichkeit kaum in Erscheinung treten (Hix/Lord 1997, S. 167 ff.,

---

[184] 26 der 44 Mitglieder der UEN kommen aus den Beitrittsstaaten, die somit für die starke Position dieser Fraktion verantwortlich sind.

[185] Hierzu gehören beispielsweise der Front National, Vlaams Belang und die Freiheitliche Partei Österreichs.

4.2 Entscheidungsfindung und Performance

Maurer/Wessels 2003, S. 203 ff., Ovey 2004).[186] Ähnlich wie in den Dachverbänden von Interessengruppierungen geht es dabei eher um die Abwägung nationaler parteipolitischer Standpunkte als um die Generierung europäischer politischer Positionen. Zudem werden die Föderationen in erster Linie von den Euro-Parlamentariern getragen, statt dass sie umgekehrt deren Basis bildeten.

Im Parlament sind es hauptsächlich die beiden großen Fraktionen, die das Bild und vor allem die Entscheidungsprozesse bestimmen. Allerdings sind die Fraktionen intern wesentlich heterogener, als das auf nationalem Niveau der Fall ist (vgl. Maurer/Wessels 2003, S. 189 ff., Nugent 2003, S. 320). Denn zum Ersten gibt es – je nach Herkunftspartei – beträchtliche politische und ideologische Divergenzen, etwa zwischen britischen Labour-Abgeordneten, spanischen Sozialisten und deutschen Sozialdemokraten, die sich aufgrund unterschiedlicher nationaler politischer Kulturen und Traditionen noch weiter akzentuieren. Noch größer sind die ideologischen Divergenzen im Bereich der Fraktion der Europäischen Volkspartei, da diese in den letzten Jahren eine explizite Strategie der Gewinnung zusätzlicher Mitglieder verfolgt hat, was ihr so unterschiedliche Gruppierungen wie Forza Italia oder die portugiesischen Sozialdemokraten zuführte. Zum Zweiten können – wiederum je nach Herkunftsland – die Haltungen zur europäischen Integration beträchtlich divergieren, beispielsweise zwischen deutschen Sozialdemokraten und griechischen Sozialisten oder zwischen deutschen Christdemokraten und britischen Konservativen.[187] So war die europaskeptische Haltung der britischen Konservativen für elf Mitglieder der französischen Zentristen Grund genug, um die EVP-ED-Fraktion zu verlassen und sich den Liberalen anzuschließen (Hrbek 2004, S. 216). Zum Dritten fehlt, im Gegensatz zu Parteienfraktionen auf nationalem Niveau, die explizite Bindung an beziehungsweise die Disziplinierung durch die Rolle von Regierungs- oder Oppositionsparteien, wodurch individuelle Haltungen und Positionen stärker zum Zuge kommen können (Maurer 2002, S. 102 ff.).

Umgekehrt gibt es im Europäischen Parlament quer zur Fraktionsgliederung starke verbindende Elemente zwischen Abgeordneten: in erster Linie die Nationalität, die je nach Themen und Sachlage Abgeordnete verschiedener Parteien auf einen Nenner bringen kann; des Weiteren spezifische Haltungen zu Grundfragen der europäischen Integration oder auch zu Detailfragen, die in der Praxis zur Herausbildung einer Vielzahl von Intergruppen quer zu den Parteienfraktionen geführt hat (Corbett et al. 1995, S. 169 ff., Nugent 2003, S. 220 f.)[188]; und

---

[186] Dies sind: Die Europäische Volkspartei – Christliche Demokraten (EVP-CD); die Sozialdemokratische Partei Europas (SPE); die Europäische Liberale und Demokratische Reformpartei (ELDR) sowie die Europäische Föderation Grüner Parteien (EFGP) (Maurer/Wessels 2003, S. 203 ff.). Erst mit dem Vertrag von Maastricht haben sich die vier Föderationen in Parteien umbenannt, was aber nur wenig an ihrem Charakter änderte (Corbett 1994, S. 218 f.).

[187] In beiden Fällen sind jeweils die erstgenannten Parteien europaorientiert, während das für die letztgenannten nur bedingt gilt.

[188] Die bekanntesten Intergruppen sind der Krokodil-Club und die Känguruh-Gruppe, die sich in den 80er Jahren für das Vorantreiben der Integration eingesetzt haben; Erstere für die Schaffung eines föderalen Europas, Letztere für die Realisierung des Binnenmarktes. Der Krokodil-Club hat sich 1986 in „Federalist Intergroup for Eu-

schließlich das Geschlecht, das insbesondere in Gleichstellungsfragen eine wichtige Rolle spielt.[189] Das Europäische Parlament weist also intern eine Vielzahl von Kluftlinien auf, die sich nicht nur entlang von Parteiendifferenzierungen herausbilden, sondern diese auch vielfach durchkreuzen. In dieser Situation zeigt sich einmal mehr der fehlende Fraktionszwang oder, einfacher ausgedrückt, die relative Narrenfreiheit der Parlamentarier; umgekehrt macht sie aber zugleich auch deutlich, warum es im Parlament so häufig zu relativ breiten Konsenslösungen kommt.

Zur Vorbereitung seiner Entscheidungen und zur Gewährleistung der Effizienz seiner Arbeit hat das Parlament eine Reihe von ständigen Ausschüssen (derzeit 20) gebildet, die sich mit wichtigen Politikbereichen und Themenfeldern sowie mit institutionellen Fragen befassen oder aber politische Querschnittsthemen bearbeiten (vgl. Übersicht 5). In Ausschüssen mit einem besonders breiten Themenspektrum können auch Unterausschüsse gebildet werden; derzeit verfügt lediglich der Ausschuss für Auswärtige Angelegenheiten über zwei Unterausschüsse (zu den Themen Menschenrechte sowie Sicherheit und Verteidigung). Seit der letzten Legislaturperiode hat sich die Zahl der ständigen Parlamentsausschüsse von 17 auf 20 erhöht. Allerdings handelt es sich bei den neuen Ausschüssen (für Binnenmarkt und Verbraucherschutz, für Verkehr und Fremdenverkehr, für internationalen Handel) nicht um neue Aufgabenfelder: vielmehr kommen sie durch „Ausgründungen" aus bestehenden Ausschüssen zustande. In dieser Situation drückt sich das wachsende Aufgabenspektrum der Union, aber auch die mit der Erweiterung signifikant erhöhte Mitgliederzahl des Parlaments aus.

Das Arbeitsgebiet der Ausschüsse ist größtenteils deckungsgleich mit den Generaldirektionen der Kommission, was die Zusammenarbeit erleichtert. Zu speziellen Fragen können auch nicht-ständige Ausschüsse eingesetzt werden; gegenwärtig besteht allerdings nur einer, der sich mit dem Problem des Klimawandels befasst. In der letzten Legislaturperiode waren es dagegen noch fünf nicht-ständige Ausschüsse, die unter anderem zu Fragen der BSE-Krise sowie der Humangenetik eingesetzt worden waren. Seit dem Vertrag von Maastricht ist dem Parlament zudem die Einsetzung von Untersuchungsausschüssen zur Klärung von Missständen zugestanden (Art. 193 EGV; vgl. auch Corbett 1994, S. 216).[190]

Die Vorlagen und Stellungnahmen zu Gesetzentwürfen oder anderen Entscheidungen werden in der Regel in den Ausschüssen unter der Regie eines Berichterstatters (EG-Jargon: Rapporteur) erstellt. Die Vorsitzenden der Ausschüsse spielen eine wichtige Rolle, nicht nur in der Strukturierung von deren Arbeit, sondern auch beim Aushandeln von Kompromissen mit den anderen Organen – so insbesondere mit Kommission und Rat im Rahmen des Kodezisionsverfahrens – sowie innerhalb der parlamentsinternen Auseinandersetzungen. Jeder

---

ropean Union" umbenannt. Insgesamt wird die Zahl der Intergruppen auf ca. 50 (Corbett et al. 1995, S. 173 ff.) bis 100 (Nugent 2003, S. 220) geschätzt.

[189] Das Europaparlament weist mit 30 Prozent einen hohen Frauenanteil auf, der derzeit auf nationalem Niveau nur von den skandinavischen Ländern übertroffen wird. Nicht zuletzt hat diese Situation zu einer vergleichsweise progressiven Gleichstellungspolitik auf der europäischen Ebene geführt (Mazey 1998, Fuhrmann 2005).

[190] Ein solcher Ausschuss wurde vom Parlament beispielsweise zur Untersuchung der BSE-Krise eingesetzt.

4.2 Entscheidungsfindung und Performance

Parlamentarier ist in der Regel Mitglied in zwei Ausschüssen, wobei in einem der Schwerpunkt der Arbeit liegt.

Übersicht 5: Ausschüsse des Europäischen Parlaments – 6. Wahlperiode (2004-2009)

Ständige Ausschüsse: Interne Politiken	
BUDG	Haushaltsausschuss
CONT	Haushaltskontrollausschuss
ECON	Ausschuss für Wirtschaft und Währung
EMPL	Ausschuss für Beschäftigung und soziale Angelegenheiten
ENVI	Ausschuss für Umweltfragen, Volksgesundheit und Lebensmittelsicherheit
ITRE	Ausschuss für Industrie, Forschung und Energie
IMCO	Ausschuss für Binnenmarkt und Verbraucherschutz
TRAN	Ausschuss für Verkehr und Fremdenverkehr
REGI	Ausschuss für regionale Entwicklung
AGRI	Ausschuss für Landwirtschaft und ländliche Entwicklung
PECH	Fischereiausschuss
CULT	Ausschuss für Kultur und Bildung
JURI	Rechtsausschuss
LIBE	Ausschuss für bürgerliche Freiheiten, Justiz und Inneres
AFCO	Ausschuss für konstitutionelle Fragen
FEMM	Ausschuss für die Rechte der Frau und die Gleichstellung der Geschlechter
PETI	Petitionsausschuss
Ständige Ausschüsse: Externe Politiken	
AFET	Ausschuss für auswärtige Angelegenheiten
DROI	Unterausschuss Menschenrechte
SEDE	Unterausschuss für Sicherheit und Verteidigung
DEVE	Entwicklungsausschuss
INTA	Ausschuss für internationalen Handel
Nicht-ständige Ausschüsse	
CLIM	Klimawandel

www.europarl.europa.eu/activities/expert/committees.do?language=DE

Der Entscheidungs- und Politikformulierungsprozess des Parlaments ist einerseits ein abgestufter, andererseits aber auch ein von politischen Trennungslinien und dementsprechenden Konsensfindungsverfahren bestimmter Prozess. Eine Abstufung ergibt sich insofern, als die Vorschläge der Kommission in der Regel in den zuständigen Ausschüssen bearbeitet werden. Unter der Regie des Berichterstatters werden inhaltliche Stellungnahmen oder auch Abänderungsvorschläge erstellt und – soweit sachlich erforderlich – mit anderen Ausschüssen abgestimmt. Nach Verabschiedung durch den zuständigen Ausschuss wird die Vorlage dann dem Plenum zugeleitet. In dieser Phase geht der zunächst eher noch „technische" Vorschlag in den politischen Abwägungsprozess zwischen den Fraktionen ein.[191] Dabei sind die beiden großen Fraktionen die Hauptakteure, während den kleineren allenfalls eine Nebenrolle offensteht. Da keine der beiden großen Fraktionen für sich die meist erforderliche absolute Mehrheit erreichen kann – und dies häufig auch nicht mit Unterstützung kleiner Fraktionen gelingen würde –, hat sich die Praxis herausgebildet, dass die beiden großen Fraktionen untereinander die wichtigsten Kompromisse aushandeln; die kleineren haben dann nur die Wahl, sich diesen Kompromissen anzuschließen, günstigenfalls unter Einbringung zusätzlicher Modifikationen, oder aber auf einer Minderheitenposition zu beharren. In der Regel ziehen sie aber Ersteres vor, und sei es jeweils erst in der letzten Minute. Denn die Partizipation an einem „großen Konsens" bringt langfristig mehr Einflussmöglichkeiten mit sich als die Rolle der Daueropposition; dies umso mehr, als auch die beiden großen Parteiengruppierungen hieran interessiert sind. Denn mit der Unterstützung der kleineren Fraktionen kann entweder jede große die interne Kompromisslinie zu ihren Gunsten verschieben, oder aber beide zusammen können einen breiteren Konsens schmieden und damit in der Auseinandersetzung mit den anderen Organen über mehr Legitimation verfügen (verschiedene Interviews mit EP-Mitgliedern, Januar/Februar 1998, vgl. auch Hix 2001).

Diese stabile „große Koalition"[192] und ihr weiteres Umfeld von konsensorientierten kleineren Fraktionen hat weitreichende Auswirkungen auf den gesamten Politikfindungsprozess im Parlament: Denn zum Ersten werden Konfliktthemen weitgehend ausgeklammert oder in den Hintergrund gedrängt, während Konsenspunkte deutlicher die Agenda bestimmen. Zum Zweiten bilden sich politisch konvergierende Positionen, Haltungen und Erwartungen zwischen Vertretern unterschiedlicher politischer Parteien heraus (Judge 1992, Ovey 2002). Die Chancen hierfür sind umso größer, je mehr es sich um (neue) Themen oder Issues handelt, die nicht zum klassischen Spektrum parteipolitischer Positionen auf nationalem Niveau gehören. Nicht von ungefähr konnte das Parlament daher bisher in Fragen wie Schutz der Menschenrechte, Umweltschutz, Immigration sowie Gleichstellung von Mann und Frau eine wesentlich weitergehendere Übereinstimmung und damit auch Erfolg nach außen erzielen, als beispielsweise in Fragen der traditionell von den Mitgliedstaaten und ihren Parteien deutlich „besetzten" Sozialpolitik. Zum Dritten bildet sich auch in verfahrenstechnischer Hinsicht eine grundsätzliche Konsensorientierung heraus; zwar werden unterschiedliche Standpunkte durchaus formuliert, es fehlt aber die polemische Debatte und scharfe Parteienkonkurrenz, wie sie häufig nationale politische Systeme charakterisiert. Diese Situation wird dadurch weiter begünstigt, dass der Abstand zu den Wählern groß ist und somit die Parteien kaum

---

[191] Bei weniger kontroversen Themen wird allerdings das Votum des Ausschusses übernommen, der ja auch intern schon eine politische Vermittlung vorgenommen hat.

[192] Unter diesem Label wird häufig die Kooperation von EVP-ED und SPE kritisiert. Hrbek weist allerdings zu Recht darauf hin, dass es sich hier keineswegs um eine große Koalition handelt, da das „Zusammengehen der beiden großen Gruppen ... in jedem Einzelfall immer wieder ad hoc ausgehandelt und gefunden werden muss" (Hrbek 2004, S. 219).

4.2 Entscheidungsfindung und Performance

gezwungen sind, sich vor den Wählern durch die Akzentuierung der eigenen Position (und die Diffamierung der anderen Parteien) zu profilieren.

Der sich so ausbildende breite Grundkonsens beeinflusst auch die weitere Arbeit des Parlaments. So werden Posten und Ämter nach einem ausgehandelten Parteienproporz vergeben, wobei die großen Parteien die Spitzenämter unter sich aufteilen, die kleinen aber auch angemessen beteiligt werden. Das Amt des Parlamentspräsidenten wird während der Legislaturperiode von fünf Jahren in zwei Phasen aufgeteilt. Bis zur Parlamentswahl 1999 bekleidete während der ersten Phase ein Vertreter der Sozialisten, während der zweiten ein Christdemokrat das Präsidentenamt.[193] Als 1999 die EVP stärkste Fraktion wurde, wurde dieser Konsens allerdings aufgekündigt, indem während der ersten Hälfte der Legislaturperiode eine EVP-ED-Vertreterin (Nicole Fontaine, Frankreich) die Präsidentenposition besetzte, während für die zweite Hälfte ein Abgeordneter der Liberalen Fraktion (Pat Cox, Irland) benannt wurde. Nach der jüngsten Parlamentswahl, bei der die EVP-ED-Fraktion mit 36 Prozent der Mandate weiterhin stärkste Kraft, aber weit von der absoluten Mehrheit entfernt blieb, kehrte man wieder zum alten Modus zurück. Dementsprechend bekleidete für die erste Hälfte der Legislaturperiode ein Sozialist – der Spanier Josep Borrell – das Präsidentenamt; nach 2 1/2 Jahren, zum 1.1.2007, wurde er von einem Christdemokraten – dem Fraktionsvorsitzenden der EVP-ED, Hans-Gert Pöttering – im Präsidentenamt abgelöst.[194] Ähnlich kooperativ – wenngleich nach zähen und hart geführten Verhandlungen – werden auch die Ämter der Vizepräsidenten sowie die Vorsitze der Ausschüsse vergeben (Corbett et al. 1995, S. 112 ff., Hix 2005a, S. 96). Und auch die Funktionen von Berichterstattern werden möglichst proportional nach dem politischen Gewicht der Fraktionen aufgeteilt. Es versteht sich, dass in all diesen Fällen auch auf eine möglichst proportionale Aufteilung zwischen den Nationalitäten geachtet wird.

Diese Vorgehensweise hat ihrerseits zur Folge, dass politische Polarisierungen und harte Parteienkonkurrenz im Parlament kaum eine Rolle spielen – auch wenn hinter den Kulissen mit „soften" Methoden um Macht und Einfluss gerungen wird. Zudem bilden sich auch offene Haltungen zwischen den Nationalitäten heraus, was die Atmosphäre von Toleranz und Kosmopolitismus verstärkt (verschiedene Interviews mit MEPs, Januar/Februar 1998). Es

---

[193] Diese Alternanz wurde gelegentlich auch auf Kosten der Qualität der Amtsführung durchgehalten, wie es bei der Ablösung von Klaus Hänsch (SPD) durch den Spanier Gil-Robles 1997 der Fall war (siehe FR vom 15.01.1997, S. 3).

[194] Allerdings zeigte sich bei der Präsidentenwahl, das keineswegs die gesamten Fraktionen von EVP-ED und SPE hinter diesem Zweckbündnis stehen: So erhielt Borrell 388 Stimmen, also deutlich weniger als die Zahl der Mandate der beiden Fraktionen (468); demgegenüber konnte der von den Liberalen aufgestellte Pole Geremek 208 Stimmen auf sich vereinigen, also deutlich mehr, als die Zahl der Mandate der ALDE-Fraktion (Hrbek 2004, S. 219). Bei der Wahl Hans-Gert Pötterings (EVP-ED) für die zweite Hälfte der Legislaturperiode wurden demgegenüber 450 Stimmen für den designierten Kandidaten abgegeben, was aber auch nicht der Gesamtzahl der Stimmen der Fraktionen entsprach, die zuvor die Unterstützung Pötterings zugesagt hatten (EVP-ED, SPE, ALDE und UEN) (http://www.europarl.europa.eu/news/expert/infopress_page/008-1954-015-01-03-901-200701155IPRO1953-15-01-2007-2007-true/default_de.htm).

scheint allerdings, dass sich diese Haltung seit den jüngsten Erweiterungen noch nicht auf alle neuen Abgeordneten übertragen hat.

Mit der Einführung von Kooperations- und Kodezisionsverfahren wurde die Entscheidungsfindung für das Parlament komplizierter, da jetzt neben inhaltlichen Gesichtspunkten auch strategisch-taktische Erwägungen eine größere Rolle spielen. So kann das Parlament nicht einfach seine Wunschoption vertreten[195], sondern muss zur Erzielung maximaler Resultate bei seinen Vorschlägen einschätzen, wie groß die Chancen der Übernahme durch die Kommission sind und ob sich die Uneinigkeiten im Ministerrat für eventuelle Positionsgewinne ausnutzen lassen. Mit der Kommission hat sich – trotz zahlreicher Differenzen – über die Jahre hinweg eine relativ stabile Zusammenarbeit ergeben, die im Interesse beider Organe liegt. Da das Parlament über relativ begrenzte Ressourcen und fachinhaltliche Expertise verfügt, kann es seine diesbezüglichen Kapazitäten über die Kooperation mit der Kommission erweitern. Wichtiger ist aber die Übernahme seiner Vorschläge durch die Kommission, da dann der Ministerrat mit qualifizierter Mehrheit entscheidet, was die Zustimmungschancen deutlich erhöht. Um dieses Ziel zu erreichen, werden zahlreiche informelle Kontakte gepflegt und entsprechende Verhandlungen geführt (verschiedene Interviews mit MEPs, Januar/Februar 1998). Die Übernahme von Änderungsanträgen des Parlaments ist aber auch für die Kommission von Vorteil, kann sie doch so die Legitimität ihrer Vorschläge erhöhen und das Risiko von Nicht-Entscheidungen vermeiden.[196] In der Praxis kommt es denn auch beim Kodezisionsverfahren in der ersten Lesung zur Übernahme von mehr als 50 Prozent, in der zweiten Lesung sogar von mehr als 60 Prozent der Änderungsvorschläge des EP durch die Kommisson (Nugent 2001, S. 356). Nach verschiedenen empirischen Studien steigen die Chancen der Übernahme von Parlamentsvorschlägen durch den Rat ansehnlich, wenn die Kommission zuvor diese übernommen hat (vgl. Hix 2005a, S. 107 f.).

Mit dem Ministerrat hat das Parlament keine vergleichbar feste Beziehung herstellen können, was zum Ersten an der Natur der Beziehungen liegt – der Rat ist weniger an einer solchen Zusammenarbeit interessiert, ist doch das Parlament für ihn eher ein Störfaktor, der die eigene Kompromiss- und Konsensfindung erschwert –, zum Zweiten an der institutionellen Struktur des Rates, und zum Dritten an der relativ rezenten Veränderung der Entscheidungsverfahren. Erst seit diesen Veränderungen ist eine Umgehung oder Ignorierung der Parlamentsposition, wie sie bis in die 80er Jahre gang und gäbe war, nicht mehr möglich.[197] Insbesondere wenn der Rat an einer Beschlussfassung interessiert ist, kommt es zur Aushandlung von entsprechenden Kompromissen, meist im Rahmen eines Vermittlungsverfahrens

---

[195] Allerdings war das vor Einführung dieser Verfahren auch nicht der Fall, denn selbst bei einfacher Anhörung des Parlaments konnte dieses durch die Übernahme seiner Position durch die Kommission größeren Einfluss auf die Entscheidungsfindung gewinnen. Nach Schätzungen übernahm die Kommission bei der „einfachen Anhörung" schon ca. 75 Prozent der Änderungsvorschläge des Parlaments (Nugent 1991, S. 288).

[196] Dieses erhöht sich beträchtlich, wenn die Kommission die Vorschläge nicht übernimmt, da dann der Ministerrat nur noch einstimmig entscheiden kann.

[197] Insbesondere hat der Rat in diesen Jahren häufig entschieden, bevor das Parlament seine Stellungnahme vorgelegt hatte (Interview Kommission, GD Umwelt, Januar 1998).

4.2 Entscheidungsfindung und Performance

(Shackleton 2000). Da in solchen Verfahren der Rat durch COREPER repräsentiert wird, haben sich festere und zunehmend von Vertrauen und Kooperation geprägte Beziehungen zwischen den Akteuren beider Seiten herausgebildet. Nach Ansicht aller Beteiligten hat sich denn auch das Instrument des Vermittlungsverfahrens vor allem im Hinblick auf eine verbesserte Konsensfindung bewährt. Gelegentlich kann das Parlament unter besonders günstigen Rahmenbedingungen aber trotzdem seine „voting power" voll und ganz ausspielen, wie es beispielsweise im Jahre 1994 kurz nach Inkrafttreten des Kodezisionsverfahrens der Fall war (Shackleton 2000, S. 327).

Bezog sich das Vorhergehende auf den „regulären" Gesetzgebungsprozess, so trifft das Parlament darüber hinaus eine Reihe von politischen Entscheidungen, für die es keine klaren Vorgaben und Verfahrensregeln gibt. In solchen Fällen werden daher nicht nur neue Verfahrensweisen „erfunden", sondern zugleich auch bestehende Kompetenzen entweder systematisch überschritten oder in anderer als der ursprünglich intendierten Weise genutzt. Zudem wird das Parlament auch in Bereichen tätig, für die es keinerlei definierte Kompetenzen besitzt.

Als Beispiel für das erfolgreiche „Erfinden" neuer Verfahrensweisen kann das mit dem Vertrag von Maastricht erworbene Recht der Zustimmung zur Ernennung der Kommission angeführt werden. Obwohl sich dieses Recht auf die gesamte Kommission bezieht, nutzte das Parlament diese Gelegenheit, um die einzelnen Kommissare auf ihre Qualifikation für die ihnen zugeordneten Portefeuilles hin zu überprüfen. Dazu wurden die designierten Kommissare von den entsprechenden Ausschüssen aufs Intensivste befragt. Fünf von 20 designierten Kommissaren schienen dabei nicht über die nötige Sachkompetenz zu verfügen oder aber nicht zu einer aktiven Zusammenarbeit mit dem Parlament bereit zu sein. Damit sah es zunächst so aus, als sei die Zustimmung zur Gesamtkommission gefährdet.[198] In intensiven Verhandlungen hinter den Kulissen konnte das Parlament dann aber dem Kommissionspräsidenten eine Reihe von Zugeständnissen abringen, im Tausch für seine Zustimmung im „Investiturverfahren" der Kommission.[199] Bei der Investitur der Prodi-Kommission im Jahre 1999 hatten alle designierten Kommissare sich besser auf die Befragung vorbereitet, obwohl es auch hier Unstimmigkeiten gab. Die jüngste Investitur der Barroso-Kommission (2004) führte dann allerdings zum Eklat (Schild 2005): Das Parlament lehnte einige designierte Kommissare wegen mangelnder Eignung rundweg ab. Barroso verschob die Bestätigung der Kommission; die betreffenden Mitgliedstaaten zogen ihre Kandidaten zurück und entsandten andere. Der zunehmende Erfolg des Parlaments in der Praktizierung solcher „erfundener"

---

[198] Ein Euro-Parlamentarier kommentierte diese Situation wie folgt: „Das Parlament ist wie jemand, der eine Pistole hat, aber nur mit einem Schuss. Schießt er ab, steht er in der Folge machtlos da. Schießt er nicht, ebenfalls. Die Kunst besteht also darin, mit dem Schießen zu drohen und dabei glaubwürdig zu erscheinen" (Interview Januar 1995).

[199] So war Kommissionspräsident Santer zwar nicht bereit, den kritisierten Kommissaren gänzlich andere Ressorts zuzuweisen, aber doch zusätzliche institutionelle Arrangements zu schaffen, die die beanstandeten Mängel ausgleichen konnten (Interviews mit verschiedenen MEPs, Januar 1995; vgl. auch Maurer 1995, Hix/Lord 1996).

Verfahren liegt weniger im konkreten Einfluss auf die Zusammensetzung der Kommission, als vielmehr im längerfristigen Zugewinn dauerhafter Kompetenzen (Schild 2005). Folgerichtig sieht denn auch der Verfassungsvertrag vor, dass das Parlament den Kommissionspräsidenten wählen darf (Art. I - 27 VVE), eine Regelung, die auch in dem nunmehr anvisierten Reformvertrag beibehalten werden soll.[200]

Die systematische Überschreitung bestehender Kompetenzen findet in der Praxis des Parlaments ständig statt (van Schendelen 1984). So hat das Parlament schon lange vor dem Vertrag von Maastricht ein informelles Recht der Aufforderung der Kommission zur Initiative praktiziert, mit dem es die Kommission zum Tätigwerden in bestimmten Bereichen anstoßen oder überreden konnte (Lodge 1989, S. 66, Judge et al. 1994). Der bewährte Mechanismus hierfür ist die Erstellung spezieller Berichte, die auf notwendige Initiativen zur Gesetzgebung oder Politikgestaltung verweisen (Nugent 1991, S. 129 f.).[201] Nach der Einführung des Kooperationsverfahrens und vor der Einführung der Kodezision wurden bereits informelle Vermittlungsverfahren zwischen Rat und Parlament praktiziert (Fitzmaurice 1988, S. 391, Corbett 1989, S. 366 f., Earnshaw/Judge 1997). Auch an diesem Beispiel zeigt sich, dass ein informelles Vorgehen nicht nur zur Lösung des jeweiligen Problems, sondern auch zur Weiterentwicklung der institutionellen Struktur der EU dienlich ist, indem solche Arrangements zunächst in der Praxis entwickelt und erprobt und in der Folge dann vertraglich verankert werden.

Die Nutzung bestehender Befugnisse zu anderen als den intendierten Zwecken wird besonders extensiv in Budgetfragen praktiziert. Wiederholt lehnte es das Parlament mit dem Argument einer ungleichgewichtigen Verteilung der Haushaltsmittel zwischen den Politikbereichen und Ressorts ab, den Gesamthaushalt der EG zu genehmigen. Auch bei einzelnen Haushaltsposten im Rahmen der nicht-obligatorischen Ausgaben verlangte das Parlament häufiger eine andere Gewichtung (Bourguignon-Wittke et al. 1985, S. 45). Da Umschichtungen nicht ohne gleichzeitige Reformen der betroffenen Politikfelder möglich sind, konnte so das Parlament auch einen weitreichenden Einfluss auf deren Ausgestaltung ausüben (Lodge 1989, S. 65 f., Corbett et al. 1995, S. 233 f.).[202]

Das Entfalten von Initiativen, für die es keine expliziten Befugnisse gibt, kann auf vielfältige Weise geschehen, indem zum Beispiel über entsprechende Resolutionen Stellungnahmen zu

---

[200] Allerdings ist es nach wie vor der Europäische Rat, der einen solchen Kandidaten dem Parlament vorschlägt. Wenn dieser dann im Parlament nicht die absolute Mehrheit der Stimmen gewinnt, muss der Rat einen neuen Kandidaten vorschlagen. Mit anderen Worten: Dem Parlament kommt künftig ein explizites Vetorecht gegenüber dem Kandidaten des Rats zu (vgl. Art. I - 27 VVE). Auch diese Regelung wird vermutlich in den Reformvertrag aufgenommen werden.

[201] Nach Nugent werden jährlich ca. 100 dieser Berichte erstellt (Nugent 1991, S. 130).

[202] So hat das Parlament zu einer sukzessiven Zurückdrängung der Agrarausgaben beigetragen bei gleichzeitig starker Ausweitung der Ausgaben für Kohäsionszwecke. In beiden Fällen waren größere Reformen der EG-Politik erforderlich. Des Weiteren hat das Parlament die Durch- und Ausführung der Hilfsprogramme für die Transformationsstaaten Mittel- und Osteuropas über Budgeterhöhungen entscheidend beeinflusst (Tömmel 1994a, 1996).

4.2 Entscheidungsfindung und Performance

größeren oder kleineren politischen Ereignissen abgegeben werden (van Schendelen 1984, S. 59 f.). Solche Resolutionen werden in der Folge zwar nicht direkt von den EU-Organen aufgegriffen, üben aber Einfluss auf die öffentliche Meinung aus oder stellen in bestimmten Fragen überhaupt erst Öffentlichkeit her. Mitunter können sie aber auch Auswirkungen auf die EU-Politik haben. In diesem Zusammenhang ist z.B. das wiederholte Anprangern von Verletzungen der Menschenrechte zu nennen, das häufig zum Einfrieren von Handelsbeziehungen oder von Entwicklungshilfemaßnahmen für Drittländer geführt hat.

Am bedeutsamsten in diesem Kontext sind aber die Aktivitäten des Parlaments in Bezug auf die System-Entwicklung der EU und damit insbesondere auch auf die Ausweitung seiner eigenen Befugnisse zu werten (Bourguignon-Wittke et al. 1985, S. 49-52, Corbett et al. 1995, S. 299 ff.). So preschte das Parlament zu Anfang der 80er Jahre in der Reformdebatte um die EG mit einem „Vertragsentwurf zur Gründung einer Europäischen Union" vor (vgl. Kap. 2.2). Zwar wurde dieses Konzept von keiner Seite angenommen oder als konkrete Entscheidungsvorlage genutzt; es hat aber in der Folge die Diskussion um die Europäische Union nachhaltig beeinflusst, und zahlreiche seiner Einzelregelungen wurden bis heute realisiert. Auch in seinem beharrlichen Kampf um die Ausweitung seiner eigenen Kompetenzen konnte das Parlament mit der Einführung zunächst des Kooperations-, sodann des Kodezisionsverfahrens und schließlich der Ausweitung des Letzteren auf zahlreiche Politikbereiche zwar bisher noch nicht die angestrebte Gleichstellung mit dem Ministerrat erreichen; diese sollte aber mit dem Verfassungsvertrag hergestellt werden, indem das Kodezisionsverfahren zum regulären Gesetzgebungsverfahren der EU erhoben wurde.[203] Für den nun anvisierten Reformvertrag soll diese Regelung beibehalten werden. Auch viele kleinere Regelungen tragen zu einer deutlichen Aufwertung der Position des Parlaments bei.

Insgesamt kann somit in Bezug auf die Performance des Parlaments der Schluss gezogen werden, dass es ihm trotz begrenzter Kompetenzen gelungen ist – und gelingt –, sich eine beachtliche Position im europäischen Entscheidungs- und Politikfindungsprozess zu erwerben: einerseits durch die geschickte Handhabung der bestehenden Verfahren, andererseits durch die maximale Nutzung oder systematische Überschreitung der ihm zugewiesenen Kompetenzen, und zum Dritten durch das ständige und beharrliche Aufkommen für das Vo-

---

[203] Allerdings ist das Parlament damit faktisch nicht dem Rat gleichgestellt; denn in zahlreichen Entscheidungsbereichen, die keinen Gesetzgebungscharakter haben, wird es auch nach Annahme des Reformvertrags nicht oder nur marginal beteiligt sein. Dies trifft insbesondere auf die GASP zu.

rantreiben der europäischen Integration sowie eine Verbesserung seiner eigenen Position. Der Preis, den es für seine wachsenden Erfolge gegenüber den anderen Organen bezahlen muss, ist eine zunehmende Konsensorientierung nach innen, bei der parteipolitische Divergenzen und Konkurrenzkämpfe in den Hintergrund treten müssen. Dies hat die Erbringung eines weiteren Preises zur Folge: Die Bürger Europas sind kaum in der Lage, die politischen Positionen des Parlaments zu verstehen, geschweige denn, die sich größtenteils hinter den Kulissen abspielenden Machtkämpfe, aber auch Konsensfindungsprozesse mit den anderen Organen nachzuvollziehen. Die Folge sind gravierende Legitimationsprobleme (vgl. Kap. 6.3). Vor diesem Hintergrund schlagen manche Autoren vor, dass das Europäische Parlament stärker politisiert und vor allem entlang einer Links-Rechts-Dimension polarisiert werden müsse (z.B. Hix 2005b); angesichts seiner Position im institutionellen Gefüge der EU ist aber ein solcher Vorschlag kaum realisierbar und nicht einmal wünschenswert (vgl. Bartolini 2005).

4.3 Ausübung von Exekutivfunktionen und Politikimplementation

Die Exekutivfunktionen der EU und insbesondere die Politikimplementation decken einen weiten Bereich ab: dies nicht nur wegen der umfangreichen und stetig wachsenden Aufgabenbereiche und Politikfelder, sondern auch und besonders wegen der weit aufgefächerten Verantwortlichkeiten. Denn ein Großteil der Politikimplementation obliegt den nationalen Staaten, und ein wachsender Anteil wird an unabhängige, quasi-staatliche Institutionen und Agenturen delegiert (vgl. Majone 1996a, 2005); in manchen Politikfeldern wird ein Teil der Implementation zunehmend auch auf private oder korporative Akteure übertragen (vgl. Kap. 5.3.2.3). Gerade aber diese Auffächerung der Verantwortung erfordert ihrerseits eine entsprechende Rahmensteuerung vonseiten der EU, die sowohl Verfahren der Regelsetzung und Entscheidungsfindung als auch der Supervision der Politikimplementation beinhaltet. Vor diesem Hintergrund soll daher im Folgenden die Wahrnehmung von Exekutivfunktionen auf der europäischen Ebene betrachtet werden, wobei lediglich deren Grundmuster und nicht die inhaltliche Ausprägung im Einzelnen behandelt werden können.

Zunächst ist festzuhalten, dass die Exekutivfunktionen der EU Ministerrat und Kommission gemeinsam obliegen; allerdings gibt es auch hier eine klare Rollenverteilung, indem der Ministerrat primär die Rahmenregelungen setzt sowie Grundsatzentscheidungen in bestimmten Bereichen fällt, während die Kommission die im eigentlichen Sinne ausführenden Aufgaben wahrnimmt (Docksey/Williams 1995, S. 117). Diese Rollenverteilung beinhaltet allerdings nicht, dass es keine Kompetenzkonflikte zwischen den beiden Organen gäbe; im Gegenteil, der Ministerrat versucht, mit einschränkenden Regelungen und institutionellen Arrangements die Aktivitäten der Kommission unter Kontrolle zu halten, während Letztere umgekehrt bestrebt ist, ihren Handlungsspielraum maximal auszuweiten (vgl. z.B. Bendiek 2004). Diese komplexe Wechselbeziehung wird neuerdings durch das Hinzutreten des Parlaments weiter verkompliziert, indem es einerseits die Haltung der Kommission gegenüber dem Rat prinzipiell unterstützt, andererseits aber auch seine Kontrollfunktionen gegenüber der Kommission ausbaut (vgl. Docksey/Williams 1995).

4.3 Ausübung von Exekutivfunktionen und Politikimplementation

Grundsätzlich werden die meisten Exekutivfunktionen von der Kommission wahrgenommen, die dazu vom Ministerrat – meist im Rahmen der für spezifische Politikfelder erlassenen Verordnungen – ermächtigt wird. Dabei ist zwischen zwei Kategorien von Exekutivfunktionen zu unterscheiden, nämlich solchen der direkten und solchen der indirekten Ausführung (vgl. Borchardt 1996, S. 167).[204]

In den Bereich der *direkten Ausführung* fallen vor allem alle mit dem Wettbewerbsrecht zusammenhängenden Aufgaben, die Agrarpolitik sowie die Verwaltung der Finanzinstrumente der EG. Erstere reichen von der generellen Überwachung der Einhaltung der Wettbewerbsregeln über die Kontrolle von staatlichen Beihilfen für individuelle Unternehmen bis hin zur Fusionskontrolle (Mc Gowan/Wilks 1995, Mc Gowan 1997, 2000, 2005, Cini/Mc Gowan 1998, Schmidt 1998, S. 56 ff., Wilks 2005). Während im erstgenannten Bereich Regelverletzungen häufig von konkurrierenden Unternehmen gemeldet werden – und die Kommission dann prüft, ob eine formale Klage erforderlich ist –, sind in den letztgenannten Fällen die Mitgliedstaaten gehalten, die Kommission über vorkommende Fälle zu informieren. Auch hier können Klagen vor dem Gerichtshof eingeleitet werden; sie sind aber nur der letzte Rettungsanker in einer schwierigen Konfliktsituation. Ansonsten werden die meisten Fälle auf dem Verhandlungswege gelöst, womit allerdings eine strikte Rechtsgleichheit nicht immer gegeben ist.[205] Grundsätzlich gilt, dass diese Funktionen von der Kommission erst seit etwa Mitte der 80er Jahre mit größerer Konsequenz wahrgenommen werden, während ihre diesbezügliche Rolle zuvor eher schwach ausgeprägt war. In dieser Veränderung drückt sich auch ein wachsendes Interesse der Mitgliedstaaten an der Eindämmung von Wettbewerbsverzerrungen aus, auch wenn es für die Kommission nach wie vor schwierig ist, ihre Rechtsposition gegenüber den Mitgliedstaaten durchzusetzen (Mc Gowan 1997, S. 160 f.). Dies zeigt wiederum, dass selbst bei den direkten Exekutivfunktionen der Kommission die aktive Mitarbeit der Mitgliedstaaten eine große Rolle spielt.

In der Agrarpolitik kommen der Kommission weitreichende Exekutivbefugnisse zu, indem sie hier eine Reihe von Durchführungsentscheidungen fällt: z.B. die Festlegung von Interventionspreisen für die einzelnen Agrarprodukte, die Bestimmung der Höhe von Aus-

---

[204] Nugent (1991) und, in Anlehnung an ihn, Docksey und Williams (1994) unterscheiden vier Exekutivfunktionen der Kommission, nämlich 1. direkte Implementation, 2. Regelsetzung, 3. Supervision der Implementation in den Mitgliedstaaten sowie 4. Management der Gemeinschaftsfinanzen. Da aber diese Funktionen innerhalb einzelner Politikfelder nicht klar voneinander abgegrenzt sind – in den meisten Fällen der indirekten Ausführung kommen zwei bis vier zur Anwendung, ebenso spielen bei der direkten Ausführung eins, zwei und vier gleichzeitig eine Rolle –, ist die Zweigliederung trennschärfer.

[205] Als wichtigste Fälle der Beihilfenkontrolle, in die die BRD involviert war, ist zum einen die Beihilfe für die Werft „Bremer Vulkan" zu nennen, die eigentlich einem (übernommenen) Zweigwerk in Rostock zukommen sollte und damit unter die – erlaubte – regionale Strukturhilfe gefallen wäre, missbräuchlicherweise aber zur Sanierung des Stammwerks in Bremen eingesetzt wurde. Die Kommission konnte in diesem Falle einen Teil ihrer Beihilfe für Rostock zurückfordern. Zum Zweiten gab es eine größere Auseinandersetzung mit der Kommission um die ihrer Ansicht nach viel zu hohe Subventionierung eines VW-Zweigwerks in Sachsen. Nach zähen Verhandlungen einigte man sich auf einen niedrigeren Wert, der aber immer noch über dem zugelassenen Standard lag.

gleichszahlungen, die Festlegung von Außenzöllen sowie Quotierungen für Importe aus Drittländern (Beutler et al. 1993, S. 465 f.).[206] Hinzu kommen Verwaltungsaufgaben bei der Abwicklung von Grenzausgleichs- und anderen Subventionszahlungen. Da allerdings ein Großteil der eigentlichen Abwicklung von Ausgleichszahlungen den Mitgliedstaaten überlassen ist und gerade in diesem Bereich erheblicher Missbrauch und Betrug an der Tagesordnung ist, übt die Kommission darüber hinaus auch Kontrollfunktionen gegenüber diesen aus; bisher allerdings mit geringem Erfolg (Kapteyn 1996, S. 92 ff.).[207]

Neben diesen Aufgaben liegt ein weiterer umfangreicher und stetig wachsender Exekutivbereich in der Verwaltung der verschiedenen Fonds und Finanzinstrumente der EG. In erster Linie sind hier die Strukturfonds zu nennen, die sich von zunächst marginalen Beihilfetöpfen in eine mit umfangreichen Finanzmitteln ausgestattete Förderpolitik zugunsten gering entwickelter Länder und Regionen transformiert haben. In deren Kielwasser entstand dann in der Folge eine Vielzahl von weiteren kleineren Förderprogrammen, über die die Kommission erfolgreich neue Politiken initiieren oder die der Mitgliedstaaten beeinflussen konnte, wie beispielsweise die Tourismusförderung, spezifische Maßnahmen für Klein- und Mittelbetriebe oder das Armutsprogramm. Des Weiteren ist die europäische Technologiepolitik zu nennen, in deren Rahmen ebenfalls umfangreiche Förderprogramme aufgelegt wurden.[208] In all diesen Fällen obliegt es der Kommission, Entscheidungen über die Auszahlung von Fördergeldern zu treffen sowie die Ausführung der jeweiligen Projekte zu überprüfen. Dies impliziert seinerseits, dass Regeln für die Modalitäten der Implementation aufgestellt werden müssen, dass Verhandlungen mit den Mitgliedstaaten oder anderen in die Implementation involvierten Instanzen und Akteuren geführt werden müssen, und schließlich, dass ein Kontrollsystem, meist über den Einsatz indirekter Instrumente, entwickelt werden muss. Es sind also auch hier eher regelsetzende und supervisierende Funktionen, die die Kommission übernimmt, während die eigentliche Implementation der Maßnahmen in die Verantwortlichkeit der Mitgliedstaaten fällt.

In allen anderen Bereichen hat die Kommission nur *indirekte exekutive Funktionen*, indem sie die Einhaltung und Ausführung von Ministerratsbeschlüssen in den Mitgliedstaaten überwacht. Dies beinhaltet allerdings auch ein sehr umfangreiches Arbeitspensum. Denn bei der Umsetzung von Richtlinien in nationale Gesetzgebung kommen die Mitgliedstaaten ihren Verpflichtungen nur sehr schleppend nach. In solchen Fällen muss die Überschreitung der gesetzten Fristen zunächst eruiert werden, sodann folgen schriftliche Abmahnungen, und bei

---

[206] Allerdings wird ihr dabei immer ein Komitologieausschuss zugeordnet (siehe weiter unten in diesem Kapitel).
[207] Man vergleiche hierzu die Jahresberichte des Europäischen Rechnungshofs.
[208] Faktisch gehören hierzu aber noch wesentlich mehr Bereiche, da es in den letzten Jahren eine geradezu explosionsartige Proliferation von kleineren und größeren Förderprogrammen gegeben hat (z.B. Hilfe für Mittel- und Osteuropa, Erasmus und Sokrates zur Förderung des Hochschulaustauschs, Drogenprogramm etc.). In jüngster Zeit versuchen die Mitgliedstaaten allerdings wieder, diese Programme einzuschränken. So hat beispielsweise die BRD das Armutsprogramm der EG mit allen Mitteln zu bekämpfen versucht, bis es schließlich auf ein Minimum reduziert wurde. Hauptargument hierfür war, dass solche Programme in die Verantwortlichkeit nationaler oder regionaler staatlicher Instanzen fallen.

weiterer Nichterfüllung der Verpflichtungen kann der Gerichtshof angerufen werden. Meist führt aber eine anhängige Klage schon zu dem gewünschten Erfolg. Auch in diesem Bereich lässt sich konstatieren, dass die Kommission ihre diesbezüglichen Kompetenzen in letzter Zeit offensiver wahrnimmt (Nugent 2001, S. 282-284). Gleichzeitig kann sie aber wegen der Fülle der Fälle nur sehr selektiv vorgehen (Falkner et al. 2005, Hartlapp 2005).

Wie jede Exekutive versucht auch die Kommission, ihren Handlungsspielraum in der Praxis maximal auszuweiten. Hierfür bietet sich auf der europäischen Ebene aufgrund des lückenhaften Regelsystems und der insgesamt eher „offenen" Situation ein breites Spektrum von Möglichkeiten (Nugent 2001). Andererseits sind aber die Freiräume auch eingegrenzt, da die Kommission in den meisten Fällen nicht eigenständig handeln kann, sondern stets auf die Mitarbeit anderer Akteure – in erster Linie der staatlichen Instanzen der Mitgliedstaaten – angewiesen ist. Aus dieser Konstellation ergibt sich eine Handlungsweise, die insbesondere über die Schaffung von finanziellen Anreizen – Förderprogrammen – und die Regelsetzung zu deren Vergabe Einfluss auszuüben sucht (Tömmel 1992a, 1994a). Auch andere marktförmige oder marktanaloge Instrumente und Verfahrensweisen erweisen sich als beliebte Mittel zur Ausübung und Ausweitung von Exekutivfunktionen.[209]

Der Ministerrat versucht seinerseits, der wachsenden Eigenmächtigkeit der Kommission entgegenzutreten, indem er seine Rolle im Exekutivbereich stärkt und die Aktivitäten der Kommission mit zusätzlichen institutionellen Arrangements einzudämmen versucht. So hat er ein System von Ausschüssen geschaffen, die – alle zusammengesetzt aus Vertretern der Mitgliedstaaten – sozusagen als „Rat im Kleinen" die Tätigkeit der Kommission überwachen und – wo nötig – einschränken sollen. Nach offizieller Lesart dienen die Ausschüsse allerdings der Beratung und Unterstützung der Kommission. Dieses System der beratenden Ausschüsse firmiert im EU-Jargon unter dem Begriff Komitologie.

Je nach Sachlage gibt es drei Arten von Ausschüssen, denen unterschiedliche Kontrollbefugnisse zukommen (vgl. Docksey/Williams 1995, S. 121 ff., Dogan 1997, Töller 2002, S. 237 ff., Nugent 2003, S. 136 ff.):

1. **Beratende Ausschüsse;** die lediglich die Kommission beim Treffen von Verwaltungsentscheidungen beraten. Die Kommission ist nicht verpflichtet, die Stellungnahmen des Ausschusses zu übernehmen, auch wenn sie gehalten ist, diese bei ihren Entscheidungen zu berücksichtigen.
2. **Verwaltungsausschüsse;** diese sind ebenfalls vor Erlass von Maßnahmen anzuhören. Vertritt der Ausschuss mit qualifizierter Mehrheit eine andere Position als die Kommission, muss diese die Angelegenheit dem Rat vorlegen. Dann können zwei Verfahrensvarianten zur Anwendung kommen. Im Fall a) kann die Kommission sofort anwendbare Maßnahmen treffen. Fällt der Rat aber in der Folge einen anderslautenden Beschluss, ist

---

[209] In diesem Kontext sind vor allem die neuesten Verfahren der Koordinierung von Politiken der Mitgliedstaaten im Rahmen der Offenen Methode der Koordination zu nennen (vgl. beispielsweise Tömmel 2000, Hodson/Maher 2001, Eberlein/Kerwer 2004).

dieser für die Kommission bindend. Im Fall b) ist der Handlungsspielraum der Kommission noch weiter eingeschränkt: Bei einem negativen Votum des Ausschusses muss sie eine Entscheidung des Rates abwarten (Docksey/Williams 1995, S. 127).

3. **Regelungsausschüsse**; diese beinhalten eine noch striktere Kontrolle der Kommission, wobei wiederum zwei Verfahrensvarianten zur Verfügung stehen. Grundsätzlich muss die Kommission ihren Vorschlag dem Rat nicht nur dann vorlegen, wenn der Ausschuss mit qualifizierter Mehrheit ein negatives Votum fällt, sondern auch schon, wenn der Ausschuss zu keiner Entscheidung kommt. Dann gibt es zwei Verfahrensvarianten: Bei Variante a) kann der Rat innerhalb von drei Monaten den Vorschlag der Kommission entweder mit qualifizierter Mehrheit ablehnen oder annehmen, oder aber mit Einstimmigkeit verändern. Bei Variante b) kann der Rat den Kommissionsvorschlag mit einfacher Mehrheit ablehnen, womit er blockiert ist.

Zusätzlich zu diesen drei Ausschussverfahren mit insgesamt fünf Entscheidungsvarianten gibt es noch ein viertes Verfahren mit wiederum zwei Varianten, das sich auf sogenannte Schutzmaßnahmen bezieht. Solche Maßnahmen können in bestimmten Situationen aufgrund einer plötzlich auftretenden Problemlage nötig werden.[210] Die Kommission muss solche Maßnahmen dem Rat und den Mitgliedstaaten vor ihrer Durchführung mitteilen. Jeder Mitgliedstaat kann um eine Ratsentscheidung nachsuchen. Der Rat kann dann mit qualifizierter Mehrheit die Entscheidung annehmen, ablehnen oder abändern. Im Falle einer Nicht-Entscheidung des Rats tritt bei Variante a) die Entscheidung der Kommission in Kraft, bei b) ist sie abgelehnt (Docksey/Williams 1995, S. 129, Nugent 2003, S. 136 ff.).

Während die Beratenden Ausschüsse vor allem für alle mit der Verwirklichung des Binnenmarktes zusammenhängenden Fragen eingesetzt werden, gelten die Verwaltungsausschüsse hauptsächlich dem Agrarbereich; Regelungsausschüsse decken schließlich ein breites Spektrum von Politikfeldern ab.

Die Ausschüsse und deren Befugnisse sowie die daraus resultierende Möglichkeit der Einschaltung des Rats in bereits an die Kommission delegierte Kompetenzen bilden einen erheblichen Zankapfel zwischen Kommission und Rat (vgl. Docksey/Williams 1995, Töller 2002, S. 244-247). Dabei spielt sich der Machtkampf zwischen den Organen auf zwei Ebenen ab: zum einen bei der Entscheidung, welche Art von Ausschuss und welche Verfahrensvariante in welchen Situationen eingesetzt wird; zum anderen über die konkrete Arbeit der Ausschüsse. Das Parlament unterstützt dabei prinzipiell die Position der Kommission mit dem Argument, dass es, falls der Rat selbst in die Beschlussfassung eingreife, gehört werden müsse (Töller 2002, S. 247-253). Darüber hinaus zieht das Parlament aber auch grundsätzlich gegen die Komitologie-Ausschüsse zu Felde, wobei es auch die Handlungsweise der Kommission in diesen Ausschüssen kritisiert (Töller 2002, S. 247 ff.). In einem Komitologiebeschluss aus dem Jahre 1999 wurden dem Parlament gewisse, wenngleich beschränkte Rechte in den Komitologieverfahren zugestanden, die Handlungsspielräume der Kommissi-

---

[210] In der Regel beziehen sie sich auf Fragen des Außenhandels (Docksey/Williams1995, S. 129).

4.3 Ausübung von Exekutivfunktionen und Politikimplementation

on erweitert, zugleich aber auch die Entscheidungsfreiheit des Rates gewahrt (Töller 2002, S. 265 f., Nugent 2003, S. 136 f.).

Allerdings kann an der Wirksamkeit der Ausschüsse im Sinne der Interessen des Rates gezweifelt werden. Denn laut Kommission wurden im Bereich der Regelungsausschüsse, also dem „härtesten" Verfahren, lediglich in 2 Prozent aller Fälle Kommissionsentscheidungen von den Ausschüssen abgelehnt und somit dem Rat vorgelegt.[211] Dieser geringe Prozentsatz kann allerdings auch daran liegen, dass die Kommission – da sie wohl im Großen und Ganzen die Positionen der Mitgliedstaaten kennt – ihre Maßnahmen schon im Vorfeld an die Interessen und Erwartungen der Vertreter der Mitgliedstaaten anpasst (Nugent 2003, S. 139 f., Hix 2005a, S. 57). Auf der anderen Seite sind die Ausschüsse aufgrund der Interessengegensätze zwischen den Mitgliedstaaten nur eingeschränkt handlungsfähig (Docksey/Williams 1995, S. 127); häufig sind ihre Mitglieder einseitig darauf bedacht, Vorteile für ihr eigenes Land zu erzielen.[212] Teilweise können die Ausschüsse von der Kommission aber auch dazu genutzt werden, das Wissen über und den Konsens für *ihre* Politik zu verbreiten (Blumann 1992, S. 93 f., zitiert nach Docksey/Williams 1995, S. 122; vgl. auch Joerges/Neyer 1997, 1998, Töller 2000, 2002).

Die Exekutivfunktionen der Kommission werden aber nicht nur vom Ministerrat eingeschränkt, sondern auch vom Parlament überwacht (Maurer 2002, S. 107 ff., Maurer/Wessels 2003, S. 63 ff.). Dazu gibt es neben den jährlichen Berichten eine Vielzahl von Einzelberichten zu den jeweiligen Politikfeldern oder zu Teilbereichen ihrer Implementation, die den entsprechenden Ausschüssen des Parlaments vorgelegt – und von Kommissionsvertretern persönlich vorgetragen – werden. Das Parlament beziehungsweise die verantwortlichen Berichterstatter des zuständigen Ausschusses erstellen dann ihrerseits einen (kritischen) Bericht, in dem Schwachstellen der Kommissionspolitik aufgezeigt werden. Zu politisch umstritteneren Politikfeldern werden gelegentlich größere Hearings veranstaltet, in denen sich die Kommission parlamentsöffentlich für ihre Politik verantworten muss. Bei schweren Unterlassungen oder Fehlhandlungen der Kommission kann das Parlament auch Klage vor dem Gerichtshof erheben, und im Falle erheblichen Disfunktionierens steht ihm die Möglichkeit zur Verfügung, der Gesamtkommission das Misstrauen auszusprechen. Es versteht sich, dass ein solch hartes Sanktionsinstrument bisher noch nie zur Anwendung kam, auch wenn dies im Jahre 1999 beinahe der Fall gewesen wäre angesichts von Korruptionsvorwürfen gegen Teile der Kommission.[213] Auch Klagen vor dem Gerichtshof sind selten und beziehen sich kaum auf die Politikimplementation. In der Regel verlässt sich das Parlament auf die Wirksamkeit des „naming and shaming", das heißt, den drohenden Imageverlust durch die öffent-

---

[211] Fast alle diese Vorlagen wurden von der Kommission reformuliert, um die Ratsentscheidung zu erleichtern (Docksey/Williams 1995, S. 136).

[212] Dies war beispielsweise in den Verwaltungsausschüssen für die PHARE- und TACIS-Programme der Fall (Tömmel 1996).

[213] Die Kommission kam dabei einem drohenden Misstrauensvotum zuvor, indem sie selbst geschlossen zurücktrat. Vgl. Hummer/Obwexer 1999, Hix 2005a, S. 61.

liche Anprangerung von Missständen, als Druckmittel gegenüber der Kommission. Diese Vorgehensweise ist auch keineswegs unwirksam, ist doch die Kommission bei all ihren Handlungen – gerade wegen ihrer unklar definierten Position in der Politikimplementation und generell ihrer Legitimationsdefizite – auf ein positives Image angewiesen. Gleichzeitig kann man aber auch konstatieren, dass die Hearings und Kommentare des Parlaments weitgehend zahnlose Papiertiger sind; dies nicht, weil es sich nur um Papiere handelt, die als Kontrollinstrumente produziert und eingesetzt werden, sondern weil die Parlamentarier als Generalisten, denen nur begrenzte „technische" Ressourcen und Expertisen zur Verfügung stehen, kaum in der Lage sind, die labyrinthischen Wege einer misslingenden Implementation in ihren vielfältigen Ursachen und Einflussfaktoren zu erfassen und dementsprechend detailgenau zu kritisieren.[214]

4.4 Die Funktionsmechanismen des EU-Systems

Aus dem Vorgehenden ergeben sich eine Reihe von spezifischen Merkmalen und Besonderheiten, die die Funktionsweise des EU-Systems charakterisieren und die sich in der Herausbildung spezifischer Mechanismen der Politikformulierung und -implementation manifestieren. In diesem Kontext sind die folgenden Punkte hervorzuheben:

1. Aufgrund der spezifischen Machtverteilung im EU-System, insbesondere zwischen Kommission und Ministerrat, sind die Organe in der Beschlussfassung stark voneinander abhängig. Der Ministerrat braucht die Initiative, aber auch die Moderatorenfunktion der Kommission, um überhaupt zu vorwärtsweisenden Entscheidungen zu kommen; umgekehrt ist aber auch die Kommission bei ihren Vorschlägen vom Willen und der Bereitschaft des Ministerrats zur Zustimmung abhängig, sodass sie schon im Vorfeld dessen komplexe und vielfach divergierenden Haltungen zu antizipieren und zu berücksichtigen versucht.
2. Diese Konstellation bedingt zum einen die Herausbildung einer ausgeprägten Konsensorientierung zwischen den Organen. Soweit diese jedoch nicht ausreicht, um zu tragfähigen Beschlüssen zu kommen, bildet sich zum anderen eine umfangreiche und zunehmend ausdifferenzierte Konsensfindungsmaschinerie heraus. Diese manifestiert sich aufseiten des Ministerrats in einer umfangreichen institutionellen Substruktur zur Vorbereitung seiner Beschlüsse sowie in einer Suprastruktur zur Klärung von politischen Grundsatzfragen, während sich aufseiten der Kommission ein locker geknüpftes, aber weit ausgreifendes und hoch differenziertes Netzwerk[215] von Beratungsstrukturen und dementsprechenden Entscheidungsfindungsprozessen herausbildet.

---

[214] Insbesondere ist es nahezu unmöglich, die Rolle der Mitgliedstaaten beim Ge- oder Misslingen der Politikimplementation klar von der der Kommission abzugrenzen.
[215] Der Netzwerkbegriff wird hier zunächst nur deskriptiv verwendet und nicht im Sinne von Politiknetzwerken.

4.4 Die Funktionsmechanismen des EU-Systems

3. Diese „bizephale Struktur" wird durch die zunehmend stärkere Rolle des Europäischen Parlaments im Entscheidungsprozess in ein Dreiecksverhältnis transformiert, das die beteiligten Organe in noch kompliziertere Konsensfindungsprozesse hineinzieht und somit zur Herausbildung elaborierterer Verfahren der Entscheidungsfindung führt. Die Wirkung dieser Dreiecksbeziehung liegt wiederum primär in der wechselseitigen Eindämmung von Machtpositionen oder umgekehrt in der tendenziellen Ausweitung derselben über das Schmieden von Koalitionen.

4. Die Dominanz der Konsensfindung im Entscheidungsprozess schließt anhaltende Konflikte um Kompetenzen, Macht und Einflussnahme nicht aus. Im Gegenteil, angesichts der Situation, dass keines der Organe ausschließliche Entscheidungsmacht besitzt, erweisen sich Konflikte zwischen den und auch innerhalb der Organe(n) als treibende Kräfte der Politikformulierung und -implementation.

5. In diesen Konfliktsituationen werden von den einzelnen Organen unterschiedliche Machtmittel mobilisiert. Während der Ministerrat versucht – soweit seine formale Entscheidungsmacht nicht ausreicht –, seine Position vornehmlich über zusätzliche Institutionenbildungen zu stärken und damit insbesondere die Initiativkraft und den Aktivismus der Kommission einzudämmen, bedient sich die Kommission einer Vielzahl von Verfahrensmitteln, um ihre Macht auszuweiten: Zum Ersten entfaltet sie ein breites Spektrum von Initiativen, zum Zweiten praktiziert sie ein geschicktes Verfahrensmanagement, zum Dritten lanciert sie „technisch" elaborierte, „rationale" und vielseitig abgestimmte Vorschläge, und zum Vierten mobilisiert sie eine große Zahl von externen Akteuren zur Unterstützung ihrer Politik. Das Parlament nutzt dagegen systematisch seine formalen Handlungsmöglichkeiten bis hin zu deren tendenzieller Überschreitung; es „erfindet" neue Verfahrensweisen; es stellt zu besonders umstrittenen Themen Öffentlichkeit her, und es setzt die anderen Organe unter moralischen Druck.

6. Die anhaltenden Auseinandersetzungen zwischen den Organen haben einen starken Druck zur Konsensfindung nach innen zur Folge. Ist dies bei der Kommission schon durch die Konstruktion als Kollegialorgan vorgegeben, so bildet sie sich im Parlament über die erweiterte Mitsprache im Gesetzgebungsprozess heraus. Denn der Handlungsspielraum kann nur erfolgreich genutzt werden unter der Bedingung weitgehender interner Einigkeit oder zumindest klarer Mehrheiten. Dies hat zur Folge, dass selbst die Divergenzen zwischen politischen Parteien im Schmelztiegel der Konsenssuche weitgehend eingedampft werden. Auch der Ministerrat muss – unter der Prämisse von Mehrheitsentscheidungen – die zunehmende Dominanz von Konsensfindungsprozessen und die damit verbundenen taktischen Manöver gegenüber der expliziten Formulierung und Abwägung nationaler Interessen akzeptieren.

7. Die komplizierten Verfahren des Konfliktaustrags sowie der Konsensfindung haben ihrerseits weitreichende Konsequenzen für die sich herausbildenden Steuerungsfunktionen des Systems: Auf der einen Seite kommt es zu einer „offenen", widersprüchlichen, doppeldeutigen und in jedem Falle komplexen Regelsetzung, die kaum transparent ist und somit einerseits die „non-compliance" der Adressaten, insbesondere der nationalen Staaten, herausfordert, andererseits die Bürgerferne des Systems weiter verstärkt. Auf der anderen Seite verlagert sich das Steuerungsinstrumentarium – insbesondere über die „offenen" Modi der Politikimplementation – zunehmend auf den Einsatz marktförmiger oder marktanaloger Steuerungsinstrumente (finanzielle Anreize) sowie indirekter Mittel der

Macht- und Einflussnahme: interinstitutionelle Kooperation, Aushandlung von oder Überredung zu bestimmten Politiken (Persuasion), Nutzung des „naming and shaming".[216]
8. Insgesamt resultieren damit aus der Funktionsweise des EU-Systems eine Reihe von Mechanismen, Folge- und Wechselwirkungen, die die weitere Entfaltung des Systems – bei gleichzeitiger Erweiterung seiner Grundstruktur – bestimmen: zum Ersten eine Proliferation institutioneller Strukturen, Substrukturen und Arrangements; zum Zweiten eine zunehmende Ausweitung formeller und informeller Netzwerkbeziehungen unter Einbezug externer Akteure in die Entscheidungsfindung, Politikformulierung und -implementation; zum Dritten eine Verfeinerung von Konsensfindungsmechanismen bei zunehmend komplexeren und heterogeneren Konfliktlagen; zum Vierten eine Ausweitung von nicht autoritativen Steuerungsmechanismen und indirekten Mitteln der Machtausübung.

Insgesamt ist es somit der Prozesscharakter des Systems, der sowohl auf der institutionellen als auch auf der Verfahrensebene neue, dezentrale institutionelle Strukturen und „offene" Interaktionsmuster hervorbringt. Die sich aus diesen Entwicklungstendenzen ergebende erweiterte Systemstruktur soll im folgenden Kapitel näher analysiert werden.

---

[216] Hiermit sind vielfältige indirekte Druckmittel gemeint wie das Erstellen von Berichten, das Veranstalten von entsprechenden Sitzungen etc. In all diesen Situationen wird ein bestimmtes Verhalten nicht erzwungen, aber aufgrund andernfalls starker Imageverluste doch hervorgerufen.

5   Die erweiterte Systemstruktur

Im Vorgehenden wurde bereits deutlich, dass das EU-System eine inhärente Tendenz aufweist, sich auszuweiten und auszudifferenzieren: einerseits über die Bildung institutioneller Sub- und Suprastrukturen oder auch informeller Arrangements auf der europäischen Ebene; andererseits über den Einbezug bestehender Institutionen, Organisationen und Akteursgruppen in Entscheidungs- und Implementationsverfahren, allen voran die nationalen Staaten, ihre Regierungen und Verwaltungen, aber auch nicht-staatliche Akteure und ihre Organisationen sowie unabhängige, para-staatliche oder semi-private Institutionen. Solche System-Erweiterungen und -differenzierungen sind nicht so sehr das Resultat einer bewussten Strategie zum Auf- und Ausbau einer Europäischen Union, vielmehr sind sie eine Folge vielfältiger Widersprüche und Unvollkommenheiten, die sich im Integrationsprozess stellen und dabei jeweils mit Hilfskonstruktionen überbrückt, kompensiert oder überwunden werden müssen. Insbesondere die fehlende Bereitschaft der Mitgliedstaaten, starke, zentralisierte Institutionen auf der europäischen Ebene zu schaffen, bei gleichzeitig hohem und stetig wachsendem Problemlösungsdruck (Tömmel 1997a), führt zu einer Ausweitung des Systems in dezentralisierter Form sowie zur Durchdringung und tendenziellen Transformation der bestehenden politischen Systeme der Mitgliedstaaten. Die daraus resultierenden – lockeren – Strukturbildungen und Vernetzungen haben inzwischen einen so hohen Differenzierungs- und Komplexitätsgrad erreicht, dass sie ihrerseits als Charakteristika des EU-Systems zu werten sind (Kohler-Koch/Eising 1999).

So tendiert bereits das „engere" EU-System zu vielfältigen Ausdifferenzierungen, indem einerseits ganze Systembausteine angefügt werden, wie es mit der Schaffung der Zweiten und Dritten Säule der Fall war, andererseits neue, weitgehend unabhängige Institutionen und Agenturen zur Wahrnehmung spezifischer politischer Aufgaben geschaffen werden, wie beispielsweise die Europäische Zentralbank oder die Europäische Umweltagentur (Tömmel 2001b). Liegt die Säulenkonstruktion im Wunsch der Mitgliedstaaten nach einer starken intergouvernementalen Kontrolle der entsprechenden Politikbereiche begründet (vgl. Pryce 1994, Ross 1995, S. 143 ff.), so kommt in der Schaffung unabhängiger Agenturen und Institutionen genau das entgegengesetzte Interesse zum Ausdruck: nämlich die entsprechenden Politikfelder und Entscheidungen den Interessenkonflikten und Machtkämpfen zwischen den Mitgliedstaaten zu entziehen und somit einer rein „technischen" oder marktrationalen Logik zum Durchbruch zu verhelfen (vgl. Majone 1996a). In beiden Fällen wird eine weitere Vergemeinschaftung von Politikfeldern angestrebt, die Zentralisierung von Macht in Händen der Kommission jedoch bewusst vermieden. Das bedeutet allerdings nicht, dass das erweiterte EU-System nunmehr in Richtung einer intergouvernementalen Struktur ausgebaut wird (Nicoll 1994, S. 204). Vielmehr wird über die neu hinzugekommenen Säulen (überwiegend intergouvernemental organisiert) und die unabhängigen Agenturen (eher supranational orientiert) die bizephale oder zweiköpfige Struktur des EU-Systems reproduziert[217]; dies umso mehr, als im Rahmen der neuen Säulen zunehmend auch die supranational orientierten Organe Einfluss gewinnen und die unabhängigen Agenturen in intergouvernementale Rahmen-, Begleit- und Kontrollentscheidungen eingebettet werden. Zu beachten ist allerdings, dass die supranationale Integrationsdynamik aufgrund der institutionellen Fraktionierung der entsprechenden Systemkomponenten tendenziell abgeschwächt wird. Aber auch dies ist keineswegs eine auf Dauer angelegte Tendenz, wie die Aufhebung der Säulen im Verfassungsvertrag zeigt (Tömmel 2004b, Wessels 2004).

Darüber hinaus erweitert sich das System aber auch über die – partielle und selektive – Inkorporation einer Vielzahl von staatlichen Instanzen und Institutionen auf nationalem und, in wachsendem Maße, auf regionalem Niveau in europäische Politikformulierungsprozesse und Implementationsverfahren, wodurch – angesichts fehlender hierarchischer Beziehungen – nicht nur ein vertikaler Nexus zwischen den Ebenen hergestellt, sondern zugleich auch eine Transformation der Rolle und Performance der entsprechenden Institutionen und ihrer Akteure eingeleitet wird (vgl. Tömmel 1992b, 1994a, Beck/Grande 2004). Schließlich bildet das System komplexe Interaktionsformen mit nicht-staatlichen Akteuren und ihren Organisationen primär auf der europäischen, in wachsendem Maße aber auch auf der nationalen und sogar der regionalen Ebene aus (Grande 2000). Dabei hat diese Interaktion schon lange den Rahmen klassischer Interessenvertretung oder Regierungsberatung überschritten (Eichener/Voelzkow 1994a, Kohler-Koch 1996a, Eising/Kohler-Koch 2005), indem es zum aktiven Einbezug entsprechender Organisationen und Verbände in die legislative Verantwortung (Falkner 1998) sowie in die Politikimplementation kommt (Tömmel 1997b, 1998). Damit erweitert und differenziert sich nicht nur die Logik der System-Entscheidungen – indem diese marktnäher und, bezogen auf bestimmte Gruppierungen, interessengerechter ausgestaltet werden; vielmehr kann auch die Reichweite von deren Umsetzung und Ausführung erheblich ausgedehnt werden, insbesondere dort, wo diese direkt in para-staatliche oder private Hände gelegt wird (Tömmel 1994a, 1997b, Voelzkow 1996, Eichener 1996, 2000).

Die in diesem Sinne „erweiterte" Struktur des EU-Systems soll im Folgenden in ihren wesentlichen Komponenten anhand ausgewählter Beispiele dargestellt werden. Dabei sollen nicht nur einzelne Elemente des Systems in ihrer Organisationsstruktur und Verfasstheit vorgestellt, sondern zugleich auch ihre Funktionsweise sowie ihr Stellenwert im System beleuchtet werden. Ziel dieser Darstellung ist es, die spezifischen Charakteristika der System-Entwicklung und -Ausgestaltung herauszuarbeiten, die sich einerseits aus institutionellen Ausdifferenzierungsprozessen auf der europäischen Ebene, andererseits aus vielfältigen Überlagerungen, Durchdringungen und Vernetzungen von europäischer, nationaler und regionaler Politik- und Verwaltungsebene sowie aus der Inkorporation oder Kooptation nicht-

---

[217] Vgl. dazu den Begriff „bicephalism" bei Nicoll (1994, S. 201). Nicoll bezieht den Begriff allerdings nur auf die Rolle von Ministerrat und Kommission bei der Repräsentation der EU nach außen, während er hier auf die gesamte Systemstruktur angewendet wird (vgl. Kap. 7).

5.1 System-Differenzierung auf der europäischen Ebene

5.1.1 Intergouvernementale Ausdifferenzierung: die Zweite und Dritte Säule der EU

Mit dem Vertrag von Maastricht beziehungsweise dem Vertrag zur Europäischen Union wurde der Europäischen Gemeinschaft nicht nur ein neuer Name gegeben; vielmehr wurde auch ein neues Systemkonstrukt entwickelt: Im Rahmen einer imaginierten Tempelkonstruktion wurde die EG zu einer Säule umdefiniert, der – unter dem gemeinsamen Dach der EU – eine Zweite und Dritte Säule gleichrangig nebengeordnet wurde (Duff et al. 1994, Weidenfeld 1994). Während die Erste Säule, die EG, alle die Marktintegration betreffenden Politiken, aber auch ein weiteres Umfeld von später hinzugekommenen Politikbereichen einschließlich der Wirtschafts- und Währungsunion sowie die aus dem EGKS- sowie dem EURATOM-Vertrag resultierenden Aktivitäten umfasst, bezieht sich die Zweite Säule auf die Außen- und Sicherheitspolitik der EU und die Dritte Säule ist dem Bereich Justiz und Inneres gewidmet. Diese wohlklingenden Namen und die Reminiszenz an die klassische Antike verdecken aber nur mühsam, dass es bei den neu hinzugekommen Säulen lediglich um vorsichtige Schritte zu einer verbesserten Kooperation zwischen den Mitgliedstaaten geht, und das auch nur in einigen ausgewählten Bereichen. Auch die Tempelkonstruktion in ihrer Gesamtheit kann kaum verhüllen, dass die drei Säulen – ganz im Gegensatz zur Ausgewogenheit eines Tempels der klassischen Antike – sehr ungleichwertige Konstruktionen sind, trägt doch die Erste Säule den gesamten Acquis communautaire, und somit das Hauptgebäude der europäischen Integration, während die Zweite und Dritte Säule allenfalls als Versuche zur Schaffung der – nicht sehr tief verankerten – Fundamente für zwei Nebengebäude zu werten sind, die zudem aus gänzlich andersartigem Baumaterial bestehen. Allerdings könnte die Konstruktion von Nebengebäuden in Zukunft Schule machen und somit das bis dato einheitliche europäische Haus in einen locker zusammengewürfelten Bungalow-Komplex verwandeln.[218]

---

[218] Als erster Indikator hierfür ist die Sonderkonstruktion für die Währungspolitik zu werten, die Nicoll bereits als Vierte Säule gewertet sehen will (Nicoll 1994, S. 196). Allerdings verweist die Aufhebung der Säulenkonstruktion im Verfassungsvertrag sowie auch im anvisierten Reformvertrag bei gleichzeitiger Fortführung intergouvernementaler Entscheidungsverfahren, insbesondere in der GASP, auch auf das Streben, das europäische Haus zumindest nach außen einheitlicher zu gestalten.

Betrachtet man vor diesem Hintergrund zunächst die *Zweite Säule*, die die Gemeinsame Außen- und Sicherheitspolitik (GASP) umfasst, so kann diese auf eine lange Vorgeschichte von gescheiterten beziehungsweise nur mäßig erfolgreichen Integrationsversuchen zurückblicken (vgl. Regelsberger 1997, Peterson/Sjursen 1998, Bretherton/Vogler 1999, Forster/Wallace 2000, Schubert/Müller-Brandeck-Bocquet 2000, Smith 2004). Diese reicht vom – letztendlich nicht angenommenen – Konzept einer Europäischen Verteidigungsgemeinschaft (EVG) der frühen 50er Jahre (vgl. Kap. 2.2) über eine lange Phase von weitreichenden Vorschlägen bei gleichzeitig faktischer Inaktivität während der 60er Jahre bis hin zu bescheidenen Kooperationsversuchen unter dem Namen „Europäische Politische Zusammenarbeit" (EPZ) ab 1970 bis zur Mitte der 80er Jahre. Erst mit der EEA (1987) wurde eine neuerliche Integrationsanstrengung in der Außen- und Sicherheitspolitik unternommen, indem nunmehr präzise Verfahren der intergouvernementalen Entscheidungsfindung, ein begrenztes Handlungsinstrumentarium sowie Verfahren der Abstimmung der Politiken der Mitgliedstaaten vertraglich vereinbart wurden. Dies alles war im Rahmen eigens einzuberufender Sitzungen der Außenminister konzipiert, also deutlich als Aktivität *neben* den „regulären" EG-Entscheidungsverfahren.

Mit dem Vertrag von Maastricht wurde dann die Säulenkonstruktion erfunden, und damit die Gemeinsame Außen- und Sicherheitspolitik einerseits fest im EU-System verankert, andererseits aber als Aktivität kooperierender Regierungen *neben* den eigentlichen Gemeinschaftspolitiken und Entscheidungsverfahren fortgeführt (Janning 1994). Entscheidungen in diesem Bereich wurden dem Rat der Außenminister sowie dem Europäischen Rat unterstellt. Während Letzterer die allgemeinen Grundlinien der GASP festlegt, kommt Ersterem die konkrete Ausarbeitung und Umsetzung einer gemeinsamen Politik zu. Grundsatzbeschlüsse werden dabei einstimmig gefasst; davon abgeleitete Folgeentscheidungen können jedoch mit qualifizierter Mehrheit verabschiedet werden. Die Vorbereitung der Beschlüsse obliegt dem sogenannten „Politischen Komitee", das aus hohen Beamten der Mitgliedstaaten besteht und neben COREPER eingerichtet wurde. Kommission und Parlament bleiben von den Entscheidungsverfahren weitgehend ausgeschlossen, wobei Ersterer jedoch ein nicht exklusives Initiativrecht, Letzterem ein Anhörungsrecht in Grundsatzfragen eingeräumt wurde (Janning 1994, S. 61). Dem Gerichtshof kommen keinerlei Kompetenzen in Bezug auf die Zweite Säule zu (Smith 2001, S. 97).

Als Rechtshandlungen im Rahmen der GASP wurden zum einen die Annahme Gemeinsamer Aktionen, zum anderen die Formulierung Gemeinsamer Standpunkte vorgesehen; zudem sollte weiterhin die Abstimmung der Politiken der Mitgliedstaaten verfolgt werden (Art. 12 EUV). Damit erhielt die GASP nicht nur in ihren Entscheidungsverfahren, sondern auch in inhaltlicher Hinsicht einen ausgeprägt intergouvernementalen Charakter. Dennoch konstatiert Smith, dass es im Rahmen der Zweiten Säule zu einer Verrechtlichung der Verfahren kommt, obwohl keinerlei Gesetzgebungskompetenzen gegeben sind (Smith 2001).

Mit dem Vertrag von Amsterdam wurde die intergouvernementale Grundstruktur der Zweiten Säule erneut bestätigt und verstärkt, gleichzeitig aber auch eine weitergehende Integrationsanstrengung unternommen (vgl. Regelsberger/Jopp 1997). Als neues Politikinstrument wurden jetzt Gemeinsame Strategien eingeführt (Art. 12 EUV), die vom Europäischen Rat zu beschließen sind (Art. 13 EUV). Zudem wurde die Position eines Hohen Vertreters der GASP geschaffen (Art. 18, Abs. 3 EUV); als solcher fungiert der Generalsekretär des Rates

(Bretherton/Vogler 1999, S. 188 ff.). Unter seiner Verantwortung wurde zudem eine „Strategieplanungs- und Frühwarneinheit" eingerichtet (Erklärung für die Schlussakte des Vertrags von Amsterdam). Ihre Aufgaben liegen in der Analyse relevanter Entwicklungen, in der Beurteilung der außen- und sicherheitspolitischen Interessen der Union, in der rechtzeitigen Bewertung von Ereignissen sowie in der Ausarbeitung von Dokumenten über politische Optionen (Erklärung für die Schlussakte). Damit erhielt das Ratssekretariat (beziehungsweise Teile desselben) erstmalig offiziell die Funktion der inhaltlichen Vorbereitung von EU-Beschlüssen.

In der Benennung eines Hohen Vertreters der GASP und der Einrichtung einer „Strategieplanungs- und Frühwarneinheit" äußert sich der Wunsch der Mitgliedstaaten, Teilfunktionen der GASP an eine hierfür fest verantwortliche Instanz zu delegieren und damit deren supra- oder extranationale Funktionsfähigkeit zu stärken; gleichzeitig wird aber auch deutlich, dass man diese Funktion nicht der Kommission anvertrauen wollte – die im Vorfeld der IGK entsprechende Forderungen erhoben hatte –, wohl aus dem Grund, dass damit die nationalstaatliche Dominanz in der GASP nicht mehr gewährleistet wäre. Mit der Wahl des Ratssekretariats entschieden sich die Mitgliedstaaten somit für eine „schwache" Konstruktion zur Stärkung der GASP (vgl. Regelsberger/Jopp 1997). Dies hatte wiederum weitere Hilfskonstruktionen zur Folge. So sah das Ratssekretariat angesichts seiner begrenzten personellen Ressourcen schon vor Inkrafttreten des Vertrags Probleme auf sich zukommen, die Planungseinheit aufzustellen und funktionsfähig zu machen (Interview Generalsekretariat des Rates der EU, Februar 1998). Es musste somit auf die Ressourcen der Kommission zurückgreifen (Nutall 1995). Da die Kommission ohnehin weitreichende Kompetenzen in den Außenwirtschaftsbeziehungen hat und zudem über beträchtliche exekutive Kompetenzen und entsprechende Erfahrungen verfügt, wurde sie auch zunehmend in die GASP einbezogen. Dies kommt unter anderem in der Schaffung einer speziellen Troika für die GASP – bestehend aus dem Generalsekretär des Rates, dem Präsidenten der Kommission sowie dem Regierungschef des die Präsidentschaft innehabenden Mitgliedstaates – zum Ausdruck (Cameron 1998). Aber auch diese Konstruktion erwies sich in der Folge als nicht ausreichend tragfähig; der Verfassungsvertrag sah daher die Schaffung der Position eines europäischen Außenministers vor, der sowohl Mitglied der Kommission als auch Vorsitzender des Rats Auswärtige Angelegenheiten und somit einen „Doppelhut" tragen sollte. Für den Reformvertrag ist vorgesehen, auf die Bezeichnung „Außenminister" zu verzichten; die Doppelfunktion des Amtsträgers, der dann den Titel „Hoher Vertreter der Union für Außen- und Sicherheitspolitik" tragen soll, wird aber beibehalten. (Rat der EU 2007, Nr. 11177/07, S. 18). Ob es über diese Konstruktion gelingt, den Widerspruch zwischen einer gemeinsamen europäischen Politik und den außenpolitischen Strategien der Mitgliedstaaten zu überwinden, bleibt allerdings fraglich.

Verbunden mit der GASP wurde auch die Rolle einer europäischen Verteidigungsorganisation erneut zur Diskussion gestellt. Nach Prüfung verschiedener Konzepte zur Schaffung einer solchen Organisation einigte man sich zunächst darauf, der seit den 50er Jahren bestehenden, neben der NATO aber eher ein Schattendasein führenden WEU (Westeuropäischen Union) diese Rolle zuzuerkennen. Ein entsprechender Passus wurde in den EU-Vertrag aufgenommen (Art. 17 EUV). Allerdings kommen die diesbezüglichen Vertragsregelungen nicht über vage Formulierungen hinaus, da es in dieser Frage innerhalb der EU – aufgrund der Neutralität oder Nicht-Paktgebundenheit mehrerer Mitgliedstaaten – erhebliche Meinungsverschiedenheiten und Widerstände gibt. Auch der Vertrag von Amsterdam konnte in dieser Frage nur unwesentliche Fortschritte erbringen (Regelsberger/Jopp 1997, S. 261 f.).[219] Angesichts dieser schwachen institutionellen Konstruktion bei gleichzeitig hohem Problemdruck – erinnert sei hier an die Balkan-Kriege, aber auch an außereuropäische kriegerische Konflikte und Sicherheitsrisiken – kam es daher zur Formulierung eines neuen Konzepts, der Gemeinsamen Europäischen Sicherheits- und Verteidigungsidentität. Dieses vom Europäischen Rat auf mehreren Gipfelkonferenzen (insbesondere Helsinki, Dezember 1999) verabschiedete Konzept sieht die Bereitstellung von Verteidigungskontingenten durch die Mitgliedstaaten vor. Gleichzeitig werden neue institutionelle Strukturen zu deren Steuerung und zur verbesserten Beschlussfassung geschaffen: Neben Rat und Europäischem Rat wurde das Politische Komitee der GASP zu einem Politischen und Sicherheitspolitischen Komitee (Political and Security Committee, PSC) umgewandelt; ihm arbeitet der sogenannte Militärausschuss (European Union Military Committee, EUMC) zu, der seinerseits unterstützt wird vom Militärstab (European Union Military Staff, EUMS) (Patten 2000, Howorth 2001, Ehrhart 2002, Salmon/Shepherd 2003, Smith 2004, Diedrich 2007). Es bildet sich also auch hier eine neue Mischung aus politisch verantwortlichen Gremien und solchen, die mit Experten besetzt sind, heraus; diese bestehen allesamt aus Delegierten nationaler Regierungen oder aus Expertenstäben (vgl. Kap. 5.1.2). Der Prozess der institutionellen Ausdifferenzierung in der ESVP findet aktuell seine Fortsetzung in den Regelungen des Verfassungsvertrags, die die Möglichkeit einer „ständigen strukturierten Zusammenarbeit" zwischen einer kleineren Gruppe von Mitgliedstaaten vorsehen (Art. I - 41, Abs. 6 VVE, Wessels 2004). Diese Regelungen sollen auch im Reformvertrag beibehalten werden. Zudem kam es auf Beschluss des Europäischen Rats vom 12.06.2004 zur Einrichtung einer europäischen Rüstungsagentur, der insbesondere die Koordinierung des militärischen Beschaffungswesens obliegt (Diedrichs et al. 2004). Die ESVP ist somit insgesamt durch das Prinzip einer weitgehenden Delegation von Aufgaben an Spezialgremien und -agenturen bei gleichzeitiger Aufrechterhaltung intergouvernementaler Kontrollverfahren gekennzeichnet.

Auch die *Dritte Säule* der EU, die dem Bereich Justiz und Inneres gewidmet ist, wurde im Prinzip nach dem Muster der GASP ausgestaltet, wenngleich die Vorgeschichte hier etwas anders verlaufen und gleichzeitig komplizierter ist (Den Boer 1996, Den Boer/Wallace 2000, Knelangen 2001, Monar 2002, Lavenex/Wallace 2005). Denn die – begrenzte – Kooperation in diesem Bereich lässt sich durchaus als Spill-over-Effekt des Binnenmarktprogramms erklären. So beinhalten offene Grenzen für Waren, Kapital, Personen und Dienstleistungen nicht nur die Abschaffung von Grenzkontrollen sowie zusätzliche Freiheiten; vielmehr rufen sie auch ein weites Spektrum von Folgeproblemen hervor oder verstärken diese: Immigrati-

---

[219] So heißt es in Art.18, Abs. 1 des EUV: „Die Union fördert daher engere institutionelle Beziehungen zur WEU im Hinblick auf die Möglichkeit einer Integration der WEU in die Union, falls der Europäische Rat dies beschließt. Er empfiehlt in diesem Fall den Mitgliedstaaten, einen solchen Beschluss gemäß ihren verfassungsrechtlichen Vorschriften anzunehmen."

on und Asylsuche, Drogenhandel, Ausweitung der organisierten Kriminalität, Subventionsbetrug (Gimbal 1994, S. 72). Trotzdem reichte diese Problemlage nicht aus, um die entsprechenden Bereiche zu vergemeinschaften (Kapteyn 1996, Kap. 5). Vielmehr bedurfte es eines „koordinierten Alleingangs" (Gehring 1999) einer kleineren Gruppe von Staaten, um genügend Druck für einen breiteren Konsens im Ministerrat zu erzeugen. Dementsprechend wurde bereits im Jahre 1985 das Schengener Abkommen zwischen zunächst fünf Mitgliedstaaten außerhalb der EG-Strukturen vereinbart (Den Boer 1996, Gehring 1999).[220] Es sah einerseits die Aufhebung von Grenzkontrollen zwischen den beteiligten Staaten vor, andererseits aber auch eine verstärkte Zusammenarbeit in Immigrationsfragen, in der Verbrechensbekämpfung sowie im Polizeiwesen. 1990 wurde das sogenannte Schengener Durchführungsübereinkommen (SDU) geschlossen, in dem verschiedene Formen der Kooperation näher geregelt sind.[221] Um dieses Abkommen bildete sich in der Folge – trotz großer Schwierigkeiten bei seiner Umsetzung – ein breiter Konsens zwischen den Mitgliedstaaten heraus, der zur Schaffung der Dritten Säule führte.

Als weiterer Vorläufer der Dritten Säule ist die 1975 initiierte Kooperation zwischen den Mitgliedstaaten im Rahmen der Trevi-Gruppe zu nennen, die sich auf den internationalen Terrorismus bezog (Den Boer 1996, Gehring 1999, Monar 2002, S. 187). Schließlich hatten sich seit Mitte der 80er Jahre unterhalb des zuständigen Ministerrats eine Reihe von Arbeitsgruppen gebildet, die sich ebenfalls Fragen der Kooperation in ausgewählten Bereichen von Justiz und Innerem widmeten (Monar 2002, S. 187). Als Aufgabenbereiche der Dritten Säule wurden im Maastrichter Vertrag die folgenden vorgesehen (Gimbal 1994, S. 73 ff., Borchardt 1996, S. 365): Asylpolitik, Einwanderungspolitik, Schutz der Außengrenzen, Kampf gegen Drogenabhängigkeit, Bekämpfung der organisierten Kriminalität, justizielle sowie polizeiliche Zusammenarbeit. Ebenso wie bei der GASP war aber auch hier nicht an die Einrichtung genuin europäischer Politikfelder gedacht, sondern an die Stärkung der Kooperation zwischen den Mitgliedstaaten (Den Boer/Wallace 2000, Lavenex/Wallace 2005). Dementsprechend sind die Entscheidungsverfahren nahezu ausschließlich intergouvernemental konzipiert, wobei der Europäische Rat die Grundsatzentscheidungen sowie der Ministerrat (hier vertreten durch die Minister für Inneres und Justiz) die Durch- und Ausführung gemeinsamer Aktivitäten berät und verabschiedet (Gimbal 1994, S. 77-82). Ihre Entscheidungen werden ebenfalls von einem speziellen Ausschuss (neben COREPER), dem sogenannten K4-Ausschuss, vorbereitet. Es können auch hier Gemeinsame Standpunkte und Gemeinsame

---

[220] Dies waren: Deutschland, Frankreich und die Benelux-Staaten.
[221] Dieses Abkommen wurde zunächst zwischen Deutschland, Frankreich und den Benelux-Staaten geschlossen; später schlossen sich Italien (1990), dann Spanien, Portugal und Griechenland (1992), Österreich (1995) und schließlich Dänemark, Schweden, Finnland, Norwegen und Island (1996) an. Im Jahre 2000 folgten Großbritannien und Irland mit einer eingeschränkten Teilnahme. Am 5.6.2005 entschied die Schweiz in einem Referendum, dem Abkommen beizutreten. (Vgl. http://de.wikipedia.org/wiki/SchengenerAbkommen sowie Beichelt 2004, S. 200 f.). Das Abkommen trat aber erst 1995 in Kraft; für Österreich, Italien und Griechenland trat es erst 1998 in Kraft (Gehring 1999, S. 59). Zum Jahresende 2007 sollen alle neuen Beitrittsstaaten mit Ausnahme Zyperns, Rumäniens und Bulgariens dem Abkommen beitreten (http://derstandard.at/?url=/?id=2915520).

Maßnahmen vereinbart werden. Kommission und Parlament ist eine begrenzte Mitwirkung nach dem Muster der Zweiten Säule zugestanden; der EuGH hat praktisch keinerlei Funktionen (Art. 46 EUV).

Der Amsterdamer Vertrag hat dieses Konzept weiterentwickelt und zugleich verkompliziert (Rupprecht 1997). So wurden einige Kompetenzen im Bereich Innere Sicherheit auf die Europäische Gemeinschaft übertragen; das Schengener Abkommen wurde dem institutionellen Rahmen der Dritten Säule unterstellt. Da das entsprechende Protokoll nur von 13 der 15 Mitgliedstaaten unterzeichnet wurde, ist hiermit wiederum ein Konzept der flexiblen beziehungsweise variablen Integration verbunden.[222] Die Mitwirkungsrechte der Kommission (Ko-Initiativrecht in bestimmten Bereichen) sowie des Parlaments (Anhörungsrecht) wurden ausgeweitet; allerdings nicht so weitgehend, dass die intergouvernementale Entscheidungsfindung eingeschränkt wäre. Dementsprechend kommen Entscheidungen im Rahmen der Dritten Säule nur sehr langsam und meist in der Form von „soft law" zustande (Den Boer/Wallace 2000, S. 510 f., Lavenex/Wallace 2005).

Im Rahmen der justiziellen und polizeilichen Zusammenarbeit wurde die Schaffung einer europäischen Zentralstelle für die Kriminalpolizei (Europol) beschlossen. Eine solche spezialisierte Agentur soll vor allem gemeinsame Ermittlungsaufgaben durchführen, die Koordinierung nationaler Ermittlungen fördern, Informationsdateien anlegen und schließlich Ermittlungsarbeiten zentral auswerten (Monar 2002, S. 205 f.). Im Jahre 1999 wurde Europol voll einsatzfähig, nachdem die Agentur zuvor schon Teilfunktionen ausgeübt hatte (http://www.europol.europa.eu/index.asp?page=facts). Damit wurde eine weitgehend autonome Spezialinstitution mit exekutiven Funktionen geschaffen, die allenfalls der Kontrolle des Ministerrats untersteht (vgl. Kap. 5.1.2). Kritiker heben denn auch hervor, dass Europol einen Dammbruch in der Geschichte der europäischen Integration markiere, indem genuin nationalstaatliche Funktionen an eine supranationale Institution delegiert werden, die nur geringen Kontroll- und Überwachungsmechanismen unterliege. Befürworter halten dem entgegen, dass es nur so gelinge, der zunehmenden Internationalisierung der organisierten Kriminalität, die sich systematisch zwischenstaatliche Regulierungs- und Kontrolllücken zunutze mache, wirksam entgegenzutreten (Den Boer/Walker 1993). Nach dem Muster von Europol wurden im Rahmen der Dritten Säule weitere unabhängige Agenturen eingesetzt,[223] was auch auf die Entscheidungs- und Implementationsschwäche in diesem Bereich verweist (Monar 2002, S. 205 f.).

---

[222] Rechtlich firmiert dies denn auch unter der ebenfalls mit dem Vertrag von Amsterdam eingeführten Möglichkeit der „verstärkten Zusammenarbeit" zwischen einer Gruppe von Mitgliedstaaten (Rupprecht 1997, S. 268; vgl. auch Müller-Graff 1997).

[223] So wurde im Jahre 2002 Eurojust gegründet, die Europäische Einheit für justizielle Zusammenarbeit, die nationale Strafverfolgungsbehörden unterstützt (Monar 2002). Im Jahre 2004 wurde Frontex gebildet, eine Agentur für die operative Zusammenarbeit zum Schutz der Außengrenzen der EU (http://europa.eu/agencies/community_agencies/frontex/index_de.htm).

5.1 System-Differenzierung auf der europäischen Ebene

Eine Bewertung der Säulenkonstruktion im EU-System hängt von deren längerfristiger Perspektive im Integrationsprozess ab. Handelt es sich hier um erste, vorläufige Integrationsschritte, die lediglich in der Anfangsphase intergouvernemental organisiert sind, um dann, nach einer gewissen Bewährungszeit, voll in die EG-Entscheidungsverfahren integriert zu werden, oder handelt es sich um neue Muster der Integration, die, ähnlich wie beim Schritt von EGKS zu EWG und EURATOM, aufgrund vorangegangener Erfahrungen ein weniger supranational ausgerichtetes Systemmodell bevorzugen und dieses dann in Zukunft perpetuieren, ja vielleicht sogar weiter ausbauen? Eine Beantwortung dieser Frage zum derzeitigen Zeitpunkt wäre verfrüht. Die zweite These erscheint aber vorerst wahrscheinlicher, und das aus mehreren Gründen: In den Politikfeldern der Zweiten und Dritten Säule wird keine gemeinschaftliche Politik, sondern primär ein koordiniertes Vorgehen der Mitgliedstaaten angestrebt;[224] die gewählten Entscheidungsverfahren sind in sich stimmig und genügend ausdifferenziert; und schließlich versteht man es, soweit ein dringender supra- oder extranationaler (Vor-)Entscheidungs- und Handlungsbedarf besteht, solche Aufgaben an entsprechende, vergleichsweise unabhängige Institutionen oder Expertenstäbe zu delegieren, die persistentere Strukturen und Kapazitäten zu deren Wahrnehmung aufweisen, als sie der Rat bieten kann, zugleich aber auch den Einbezug der Kommission vermeidet. Das heißt, das Ziel einer Delegation von regulativen oder exekutiven Aufgaben (Majone 1996a, 2005) wird zunehmend unabhängig von der Kommission zu realisieren versucht (vgl. Kap. 5.1.2). In diesem Sinne ist die Säulenkonstruktion weniger als erster Schritt hin zu einer weiteren Zentralisierung von Politikfunktionen im Rahmen der Europäischen Gemeinschaft zu werten, als vielmehr als Anfang eines noch unvollkommenen Modells einer flexibleren und heterogeneren Ausgestaltung von Integrationsschritten unter einem gemeinsamen Dach, aber nicht in einem gemeinsamen Haus. Mit der Säulenkonstruktion wurde somit einmal mehr die Quadratur des Kreises im EU-System erfunden: Es soll und muss in bestimmten Politikfeldern koordiniert, harmonisiert oder sogar integriert werden; aber die Souveränität der einzelnen Staaten soll nicht aus der Hand gegeben werden (Kapteyn 1996). Deshalb setzen die Mitgliedstaaten einerseits auf rein intergouvernementale Entscheidungsverfahren unter weitgehendem oder gänzlichem Ausschluss von Kommission, Parlament und Gerichtshof; andererseits, soweit diese Form der Entscheidungsfindung und Politikimplementation offensichtlich nicht ausreicht, um effiziente und effektive Politikergebnisse zu erzielen, auf die Schaffung von expertokratischen Unterbaustrukturen oder weitgehend unabhängigen Spezialinstitutionen zur Wahrnehmung spezifischer Aufgaben. Allerdings ist fraglich, ob diese Formen der flexiblen Integration auch zu effizienten und effektiven Problemlösungen führen.[225] Nicht von ungefähr wurde deshalb im Verfassungsvertrag die Säulenstruktur aufgehoben;

---

[224] Dies wird im vorgesehenen Reformvertrag an verschiedenen Stellen explizit bestätigt. (Rat der EU 2007, Nr. 11177/07).

[225] Nach Aussagen eines Insiders verläuft die Arbeit im Rahmen der Zweiten und Dritten Säule „verdammt schlecht"; eine Aussage, die sich vor allem auf das Fehlen einer sorgfältigen inhaltlichen Vorbereitung der Entscheidungsverfahren bezieht, wie sie im Rahmen der Ersten Säule von der Kommission geleistet wird (Interview Generalsekretariat des Rates der EU, Januar 1998).

die intergouvernementale Entscheidungsfindung in den entsprechenden Politikfeldern wurde aber beibehalten. Diese veränderte Konstruktion erhält also die Entscheidungsmacht der Mitgliedstaaten, eröffnet zugleich aber auch begrenzte Beteiligungsmöglichkeiten der europäischen Organe.

5.1.2 Unabhängige Institutionen und Agenturen

Wird die Delegation von Politikfunktionen an weitgehend unabhängige Institutionen und Agenturen im Rahmen der Zweiten und Dritten Säule bisher nur in begrenztem Maße praktiziert, so hat diese Vorgehensweise insgesamt doch wesentlich weitreichenderen Eingang in das EU-System gefunden. Solche Formen der „statutory regulation" wurden nach Majone (1996a, 2005) zuerst und am weitgehendsten in den USA praktiziert, denen somit in diesem Bereich eine Vorreiterrolle zukommt; sie gewinnen aber in zunehmendem Maße – nachdem andere, stärker dirigistische Formen der Regulierung versagt haben – auch in den Staaten Europas an Bedeutung (vgl. die Beispiele in Majone 1996a). Besonders exzessiv werden jedoch nach Majone die Möglichkeiten der Delegation im EU-System genutzt, wobei er die Kommission in ihrer Gesamtheit als eine „regulatory agency" wertet, indem diese vom Ministerrat beziehungsweise den Mitgliedstaaten mit weitreichenden delegierten Befugnissen ausgestattet wurde (Majone 1996a, insbes. S. 61 ff.). Daneben sieht Majone eine Reihe weiterer unabhängiger Agenturen entstehen, die Regulierungsfunktionen übernehmen.[226] Im Folgenden sollen exemplarisch einige dieser Institutionen, die im EU-System eine wichtige Rolle spielen, dargestellt werden.

In diesem Kontext sind zunächst die „traditionellen" unabhängigen Agenturen zu nennen, die bereits seit Langem einen integralen Bestandteil des EU-Systems konstituieren: die Europäische Investitionsbank (EIB), der Europäische Rechnungshof (ERH) sowie eine Reihe von anderen, eher mit Verwaltungsfunktionen betrauten Einrichtungen (EUROSTAT, Amt für Amtliche Veröffentlichungen etc.).[227] Die *Europäische Investitionsbank*, die bereits 1958 gegründet wurde, hat primär die Funktion, Großprojekte zu finanzieren, die nach offizieller Lesart der Entwicklung der EG dienen (Nugent 1999, S. 289 f.). Zu diesem Zweck verleiht sie (zinsbegünstigte) Kredite, insbesondere an die ökonomisch geringer entwickelten Mitgliedstaaten und Regionen der EU, die über die Strukturfonds gefördert werden, aber auch an Drittländer, insbesondere die Transformationsstaaten Mittel- und Osteuropas, die Mittel-

---

[226] Ergänzend zu Majone sei hier betont, dass das Prinzip der Delegation von Aufgaben und Befugnissen im EU-System nicht nur im Bereich regulativer Politiken, sondern auch im Rahmen distributiver und redistributiver Politiken Anwendung findet, hier jedoch eher auf dezentraler Ebene (vgl. Tömmel 1994a).

[227] In diesem Kontext sind des Weiteren zu nennen: Amt für humanitäre Hilfe der Gemeinschaft (ECHO), EURATOM, Versorgungsagentur, Europäisches Zentrum für die Förderung der Berufsbildung (CEDEFOP), Europäische Stiftung zur Verbesserung der Lebens- und Arbeitsbedingungen (Borchardt 1996, S. 106).

5.1 System-Differenzierung auf der europäischen Ebene

meerländer außerhalb der EU sowie die AKP- oder Lomé-Staaten.[228] Die EIB ist somit als eine Entwicklungsbank zu werten, die sowohl Bankfunktionen wahrnimmt als auch öffentliche Interessen zu realisieren versucht.

Der *Europäische Rechnungshof* ging im Jahre 1975 aus einer Fusion von entsprechenden Vorgängerorganisationen der drei Gemeinschaften hervor (Nugent 1999, S. 298 ff., Laffan 2002, S. 233 ff.). Seine Aufgabe ist es, alle Finanztransaktionen, also Einnahmen und Ausgaben der Gemeinschaft, auf die Rechtmäßigkeit, die Effizienz sowie die Effektivität ihrer Ausführung hin zu überprüfen. Zu diesem Zwecke führt er entsprechende Kontrollen bei der Kommission, den Mitgliedstaaten sowie bei dezentralen Empfängern von EG-Finanzmitteln durch. Über die Ergebnisse werden jährlich Berichte erstellt, zu denen die Kommission wiederum eine Stellungnahme abgeben kann und die dem Parlament als Grundlage für die jährliche Entlastung der Kommission in Bezug auf die Haushaltsführung dienen.[229] Damit nimmt der Rechnungshof eine wichtige Kontrollfunktion gegenüber der Kommission wahr; diese hat sich zudem im Laufe der Zeit über die eigentliche Finanzkontrolle hinaus zu einer eigenständigen Politikfunktion entwickelt. So werden in den Berichten nicht nur der langsame Abfluss sowie säumige Auszahlungen von Fördermitteln kritisiert, sondern auch eine Vielzahl von Missständen angeprangert oder aufgedeckt (Laffan 2002, S. 243-245): Subventionsbetrug, beispielsweise im Agrarbereich, uneigentliche Verwendung von Fördergeldern, beispielsweise im Rahmen der Strukturfonds[230], oder ein unzureichendes Politikinstrumentarium, beispielsweise bei den Hilfsprogrammen für die Transformation in Mittel- und Osteuropa (PHARE und TACIS; vgl. hierzu die Jahresberichte des Rechnungshofes). Die Kommission reagiert auf solche Berichte sehr empfindlich, indem sie versucht, drohende Imageverluste zu vermeiden und angeprangerte Missstände so weit wie möglich zu beheben.[231] So war es denn auch der Rechnungshof, der im Jahre 1999 entscheidend zum Rücktritt der Santer-Kommission beigetragen hat (Laffan 2002, S. 246 f.). Dieser Rücktritt wiederum bildete den Anlass, eine weitere unabhängige Agentur im Bereich der Finanzkontrolle zu bilden, die speziell der Betrugsbekämpfung dient: OLAF (Office de la Lutte Anti-Fraude). Laffan kommentiert diesen Schritt der Prodi-Kommission: „In short, legal Europe is attempting to

---

[228] Die Abkürzung AKP- (d.h. Afrika-, Karibik-, Pazifik-) Staaten bezeichnet eine Gruppe von inzwischen 78 Ländern, zumeist vormalige Kolonien der EU-Mitgliedstaaten, die zunächst im Rahmen der sogenannten Lomé-Abkommen, seit 2000 im Rahmen des Abkommens von Cotonou in besonderer Weise mit der EU verbunden sind, so z.B. durch Assoziationsabkommen, Handelspräferenzen und Entwicklungshilfe (Nugent 1999, S. 462-466, Hix 2005a, S. 385-387).

[229] Das Parlament kann die Entlastungen mit Empfehlungen verbinden; die Kommission hat alles zu tun, um diesen nachzukommen; sie muss über die getroffenen Maßnahmen Bericht erstatten (Borchardt 1996, S. 112).

[230] Hier achtet der Rechnungshof vor allem auf die Wirtschaftlichkeit der Fördermaßnahmen. Er hat aber auch wiederholt die mangelnde Umweltverträglichkeit von geförderten Projekten angeprangert, was wiederum das Parlament veranlasste, eine stärkere Berücksichtigung von Umweltaspekten in den Förderprogrammen zu verlangen (vgl. dazu die Jahresberichte des Europäischen Rechnungshofs).

[231] Dabei gibt sie den vom Rechnungshof ausgehenden Druck gerne an andere Instanzen – insbesondere die Verwaltungen der Mitgliedstaaten – weiter, um ihre Politik in ein besseres Licht zu rücken (vgl. dazu die „Antworten der Organe" in den Jahresberichten des Europäischen Rechnungshofs).

catch up with criminal Europe" (Laffan 2002, S. 248). Über die beschriebenen Funktionen hinaus kann der Rechnungshof auch – auf eigene Initiative oder auf Aufforderung – zu bestimmten Themen Stellung beziehen. So hat der Ministerrat den Rechnungshof wiederholt mit Studien beauftragt, die als Gutachten gegen Versuche der Kommission, Förderpolitiken und Finanzinstrumente auf der europäischen Ebene auszuweiten, eingesetzt wurden.[232] Die unabhängige Position des Hofes kann also vom Rat genutzt werden, um die Rolle der Kommission tendenziell einzuschränken. Auch das Parlament kann die Arbeit des Rechnungshofs nutzen, um die Kommission wirksamer in Budget- und Finanzfragen zu kontrollieren.

An dieser Stelle wäre auch eine Kartellbehörde – die zum klassischen Spektrum unabhängiger Instanzen auf der nationalen Ebene gehört – für das EU-System zu nennen, wenn es denn zur Einsetzung einer solchen Behörde gekommen wäre. Denn in diesem Bereich gelang es den Mitgliedstaaten, trotz entsprechender Vorstöße und weit gediehener Planungen vonseiten der Kommission, die Einrichtung einer solchen Behörde zu verhindern und die entsprechenden Aufgaben der – in diesem Falle wesentlich schwächeren – Kommission zu übertragen;[233] gleichzeitig verblieb ein Teil der Kartellfunktionen in nationaler Hand (Laudati 1996, S. 243 f.).[234] Im Jahre 2004 wurden zudem Kartellfunktionen von der europäischen auf die nationale Ebene dezentralisiert; gleichzeitig wurde allerdings ein Netzwerk der nationalen Behörden unter Einschluss der Kommission gebildet, das die Vorgehensweisen der einzelnen Behörden harmonisieren soll (Mc Gowan 2005, Wilks 2005, S. 131-134).

Interessanter im vorliegenden Kontext sind jedoch die institutionellen Neuschöpfungen unabhängiger Institutionen und Agenturen der letzten Jahre, zeigen sie doch, anders als die „traditionellen", die noch häufiger dem Vorbild nationaler Institutionen folgten, einen neuen Trend der System-Entwicklung an (Majone 2002).[235] Zwar gilt auch hier, dass häufig nationale Vorbilder Pate gestanden haben, die Aufgaben- und Kompetenzstruktur entfernt sich aber zunehmend von diesen Vorbildern, indem vor allem kaum Funktionen des „rulemaking" übertragen werden (Majone 2002), während der Grad der Unabhängigkeit wächst, nicht zuletzt auch aufgrund unzureichender Kontrollstrukturen und insgesamt fehlender staatlicher beziehungsweise politischer Autorität im EU-System.

Als ein typisches Beispiel für unabhängige Agenturen der zweiten Generation ist die 1994 gegründete *Europäische Umweltagentur* zu nennen, die, anders als das Umweltbundesamt der BRD, nicht mit einem deutlich auskristallisierten Politikfeld auf der europäischen Ebene korrespondiert, sondern dieses erst (mit) aus der Taufe heben soll. Primäre Aufgabe der Agentur ist das Sammeln und Auswerten von Informationen zur Umweltentwicklung in Euro-

---

[232] Dies war z.B. der Fall, als die Kommission vor Abschluss des Vertrags von Maastricht eine neuerliche Verdopplung der Strukturfonds anvisierte (Tömmel 1992b, S. 192).

[233] Die Schwäche der Kommission resultiert hier vor allem aus der Vielzahl der Fälle, die sie angesichts einer schmalen personellen Besetzung zu einem sehr selektiven Vorgehen zwingt (vgl. Cini/Mc Gowan 1998).

[234] Nach Majone war es allerdings die Kommission, die eine solche Kartellbehörde nicht wollte (Majone 2002, S. 303).

[235] Majone spricht in diesem Kontext von „European agencies of ... second generation" (Majone 2002).

5.1 System-Differenzierung auf der europäischen Ebene

pa, das Erstellen von Forschungsberichten, die Ausübung von Monitoring-Funktionen sowie die Sensibilisierung der Öffentlichkeit (Majone 2002, S. 206 ff., Knill 2003, S. 100 f., Lenschow 2005). Hinter diesen nicht sehr spektakulär erscheinenden Aufgaben verbirgt sich allerdings ein neues Politikkonzept: So setzt die Umweltpolitik der EU nicht nur auf autoritative Maßnahmen, sondern in zunehmendem Maße auch auf marktorientierte, selbstregulierende sowie auf kommunikative oder informative Politikinstrumente (Lenschow 1999, Knill 2003, Lenschow 2005, Holzinger et al. i.E.). Der Umweltagentur kommt dabei eine zentrale Rolle bei der Umsetzung dieser veränderten Politikstrategie zu (Lenschow 1999, S. 48). Zudem leistet sie die sach- und fachbezogene Vorarbeit zur Lancierung von Politikkonzepten und Implementationsstrategien, die diesem Konzept verpflichtet sind. Schließlich nimmt die Agentur neben den ihr offiziell zugewiesenen Aufgaben eine faktische Lobbyfunktion in Sachen Umweltschutz wahr, wobei sie aufgrund ihrer Expertise ein ganz anderes Maß an Glaubwürdigkeit und Legitimität als „normale" Lobbygruppen für sich reklamieren kann. Die Wirksamkeit und Effektivität der Europäischen Umweltagentur ist zum gegenwärtigen Zeitpunkt noch schwer einzuschätzen. Es scheint aber, dass ein solcher spezialisierter und auf fachlicher Expertise basierender Sachwalter des Umweltschutzanliegens besonders geeignet ist, die fehlenden Exekutivfunktionen der Kommission und ihre fehlende politische Autorität in einem begrenzten Aktionsfeld zu kompensieren.

Die wohl bemerkenswerteste und vorerst mit den weitreichendsten Kompetenzen ausgestattete unabhängige Institution stellt die mit der dritten Stufe der Währungsunion eingerichtete *Europäische Zentralbank* (EZB) dar (McNamara 2002). So legt der Vertrag von Maastricht fest, dass die Bank die Währungspolitik der Union weitgehend autonom bestimmen kann (Art. 105 EGV). Das beinhaltet primär die Steuerung der Geldmenge, die Festlegung von Leitzinssätzen sowie die Bestimmung von Wechselkursparitäten gegenüber anderen Währungen. Oberstes Ziel ist dabei, die Preisstabilität zu gewährleisten (Art. 105, Abs. 1 EGV). Darüber hinaus kann die Bank selbständig Regeln setzen, denen Gesetzescharakter für die Mitgliedstaaten und ihre Bürger zukommt, ohne dass jedoch die regulären Gesetzgebungsorgane auf der europäischen Ebene an diesen Entscheidungen beteiligt wären (Art. 110 EGV, Nicoll 1994, S. 196, Majone 1996a, 2002). Die Unabhängigkeit der Bank ist durch zahlreiche Vertragsbestimmungen garantiert (Art. 108 EGV). So darf sie weder Weisungen von den EU-Organen noch von den Regierungen der Mitgliedstaaten entgegennehmen; diese sind ihrerseits gehalten, jeglichen Versuch der Einflussnahme zu unterlassen (Borchardt 1996, S. 130). Indirekte Einflussnahme auf die Bank kann allenfalls über die Ernennung der Mitglieder ihres Direktoriums – es besteht aus dem Präsidenten, dem Vizepräsidenten und vier weiteren Mitgliedern und nimmt die Geschäftsführung wahr – ausgeübt werden, da diese von den Regierungen der Mitgliedstaaten einvernehmlich vorgenommen wird (Art. 112, Abs. 2 b). Da es sich aber um fachlich besonders qualifizierte Persönlichkeiten handeln muss, ist der Spielraum hierfür von vornherein eingeschränkt.[236]

---

[236] Auch ist die Wiederwahl der Mitglieder des Direktoriums nach einer achtjährigen Amtszeit nicht möglich, was ebenfalls deren Unabhängigkeit fördert.

Im Zuge der Schaffung der Europäischen Zentralbank wurden auch die Zentralbanken der Mitgliedstaaten einem ähnlichen Unabhängigkeitsregime – nach dem Vorbild der BRD – unterstellt. Allerdings sind die nationalen Zentralbanken seit Tätigwerden der EZB ihrer wichtigsten Funktionen entkleidet; sie spielen somit nur noch über die europäische Zusammenarbeit eine relevante Rolle, indem sie unter dem Dach der EZB das Europäische Zentralbankensystem (EZBS) konstituieren. Zusammen mit den Mitgliedern des Direktoriums der EZB bilden die Präsidenten der nationalen Zentralbanken der Eurozone den EZB-Rat (Art. 112, Abs. 1 EGV). Ein sogenannter erweiterter Rat umfasst auch die Präsidenten der Zentralbanken der Mitgliedstaaten, die nicht zur Euro-Zone gehören. Auch im Rahmen dieser – institutionellen – Konstruktionen können weitreichende geldpolitische Entscheidungen unabhängig von den nationalen Regierungen oder europäischen Organen getroffen werden.

Skeptische Autoren erwarten allerdings, dass sich der Ministerrat und insbesondere der Europäische Rat ihre politischen Lenkungsfunktionen nicht ganz aus der Hand nehmen lassen wollen (so z.B. Nicoll 1994, S. 196 f.). So sehen die Vertragsregelungen vor, dass diese Organe „allgemeine Orientierungen" für die Wechselkurspolitik geben können (Art. 111 EGV). Zudem hat bereits die Praxis der Entscheidungsfindung über die Bildung einer WWU gezeigt, dass es der (Allgemeine) Ministerrat und vor allem der Europäische Rat waren, die das Projekt unter relativer Umgehung der Wirtschafts- und Finanzminister durchgedrückt haben (Dyson 1999, S. 104). Aber auch ECOFIN, der Rat der Wirtschafts- und Finanzminister, nimmt weitreichende Aufgaben wahr, die weniger in der Recht- und Regelsetzung, als vielmehr in der Überwachung der Konvergenzpolitiken der Mitgliedstaaten liegen.[237] Insbesondere durch die Vereinbarung des Stabilitätspaktes 1997, der sogar Sanktionen im Falle der Nicht-Einhaltung der Konvergenzkriterien des Maastrichter Vertrags vorsieht (Art. 104c EGV), wurde diese Aufgabe weiter aufgewertet.[238] Nach Aussage eines Insiders kommt dem ECOFIN-Rat zudem eine richtungsweisende Funktion zu, indem er wirtschaftspolitische Orientierungsdebatten führt, die ihrerseits eine stärkere Konvergenz der nationalen Politiken nach sich ziehen (Interview Generalsekretariat des Rates der EU, Januar 1998).

Auch der im Rahmen der Währungsunion gebildete Ausschuss für Wirtschafts- und Finanzfragen, dem für den ECOFIN-Bereich die Funktionen obliegen, die sonst COREPER wahrnimmt, kann weitgehende Rechte in der Politikformulierung und -implementation an sich ziehen (Nicoll 1994, S. 195). Seine Vorgängerorganisation, der Währungsausschuss, hatte großen Einfluss auf die Ausgestaltung der WWU ausgeübt (Dyson 1999). Der Ausschuss, dieses „seltsame Tier" (Interview Generalsekretariat des Rates der EU, Januar 1998), ist mit

---

[237] Diese Überwachung wurde bereits im Jahre 1991 begonnen. Zuvor gab es aber auch schon ähnliche Verfahren im Rahmen der vom IMF ausgehenden „multi-lateral surveillance" der Wirtschaftspolitik der Staaten (Interview Generalsekretariat des Rates der EU, Januar 1998).

[238] In diesem Rahmen werden jährlich die Haushaltsdefizite der einzelnen Staaten überprüft und die Ergebnisse im Rat diskutiert. Im Prinzip können sogar Sanktionen (finanzielle Bußen) verhängt werden, und im Falle einer dauernden Nichtrespektierung des entsprechenden Konvergenzkriteriums kann der Rückzug aus der WWU nahegelegt werden (Interview Generalsekretariat des Rates der EU, Januar 1998). Dies ist aber trotz Verletzung der Konvergenzkriterien bisher noch nicht der Fall gewesen.

5.1 System-Differenzierung auf der europäischen Ebene

Spitzenbeamten der Finanzministerien sowie mit Bankpräsidenten besetzt; er ist also als hochrangiges Experten- oder Spezialistengremium zu werten. Den Vorsitz des Ausschusses führt nicht die Ratspräsidentschaft, sondern jemand aus dem Kreise des Ausschusses, der für „drei Jahre residiert" (Interview Generalsekretariat des Rates der EU, Januar 1998). Dementsprechend ist der Ausschuss durch eine hohe Kontinuität sowie durch konvergierende Erwartungen und Haltungen seiner Teilnehmer bei gleichzeitigem Zurücktreten nationaler Interessen gekennzeichnet (Dyson 1999, S. 104 f.); kurzum: „durch eine andere Atmosphäre" (Interview Generalsekretariat des Rates der EU, Januar 1998). Die Bildung dieses Ausschusses neben und außerhalb von COREPER bringt also einmal mehr den Wunsch zum Ausdruck, die Währungspolitik weitgehend unabhängigen Institutionen zu übertragen. Soweit aber dennoch die Autonomie solcher Institutionen, ebenso wie die von EZB und EZBS, eingeschränkt wird, erfolgt dies ausschließlich über die intergouvernementale Schiene des EU-Systems, also über Ministerrat und Europäischen Rat (Verdun 2003).[239] Nicoll hat in diesem Zusammenhang das Bild von der Vierten Säule des EU-Systems geprägt und zugleich die mögliche Herausbildung einer europäischen Wirtschaftsregierung thematisiert (Nicoll 1994, S. 195 f.). Allerdings haben sich Befürchtungen, die Unabhängigkeit der EZB könne durch Kompetenzen des Rates in der Wechselkurspolitik eingeschränkt werden, nicht bewahrheitet (Endler 1998). Im Gegenteil: Der Europäische Rat von Luxemburg hat sogar die diesbezüglichen Rechte des Rates freiwillig eingeschränkt (Selmayr 1999). Insgesamt ist somit die Unabhängigkeit der EZB sowie des EZBS als höher einzuschätzen als die der Deutschen Bundesbank (Elgie 1998).

Neben den beschriebenen, weitgehend unabhängigen Institutionen und Agenturen haben sich in den letzten Jahren noch weitere herausgebildet, die zwar nicht so sehr im Zentrum des Geschehens stehen wie die EZB, wohl aber eine Reihe von wichtigen Funktionen in der Politikformulierung und -implementation wahrnehmen; so beispielsweise die Europäische Arzneimittelagentur (EMEA), die Arzneimittel europaweit zulassen kann, sowie die Europäische Behörde für Lebensmittelsicherheit (EFSA), die hauptsächlich Beratungsfunktionen in Bezug auf Lebensmittelsicherheit wahrnimmt (Gehring et al. 2007). In all diesen Fällen ist es in erster Linie die gebündelte fachliche Qualifikation und Expertise dieser Instanzen, die der europäischen Politik nicht nur einen passenden institutionellen Rahmen zu ihrer Durchführung verleiht – denn die Organe der EU verfügen als solche nicht über konkrete inhaltliche Expertise –, sondern zugleich auch die von Majone (1996a, 2005) so sehr betonte Glaubwürdigkeit.

---

[239] Hinter den Kulissen ist allerdings auch die Kommission und sogar das Parlament beteiligt. So wird Erstere vor allem als Think-Tank gebraucht, aber auch zur Vorlage von Berichten. So legte die Kommission – neben dem EWI (Europäisches Währungsinstitut) – einen Bericht über die Mitgliedstaaten für die Entscheidung über die Teilnahme an der Währungsunion vor. Das Parlament wird in Grundsatzfragen angehört, nicht zuletzt auch zur Beschaffung von Legitimation für das Währungsprojekt. So kann es zur Entscheidung über die Teilnahme an der Währungsunion eine Stellungnahme abgeben (Interview Generalsekretariat des Rates der EU, Januar 1998). In den aktuellen Debatten um eine eventuelle Lockerung des Stabilitätspaktes hat allerdings der Rat das Heft fest in der Hand.

Vor dem Hintergrund dieser Entwicklungen stellt sich die Frage, welche Bedeutung der Herausbildung weitgehend unabhängiger Institutionen und Agenturen im EU-System beizumessen ist. In der Fachliteratur wird für eine solche Entwicklung eine Reihe von – funktionalen – Gründen genannt. So bietet die Delegation von Politikfunktionen und regulativen Aufgaben an unabhängige Institutionen und Agenturen folgende Vorteile (vgl. Majone 1996a, S. 40 f., 49, 59, der die Diskussion hierzu zusammenfasst, sowie Majone 2002 und 2005, S. 92 ff.):

- die jeweiligen Aufgaben können auf der Grundlage größerer Expertise und „technischer Sachrationalität" ausgeführt werden;
- die jeweiligen Aufgaben können dem Tauziehen zwischen politischen Parteien oder anderen konfligierenden Interessengruppen entzogen werden;
- die jeweilige Politik erhält eine höhere Glaubwürdigkeit;
- die jeweilige Politik erhält eine größere Kontinuität; Output und Effizienz der Durchführung können erhöht werden;
- die jeweilige Politik kann flexibler, auf konkrete Situationen zugeschnitten, implementiert werden.

Diese Vorteile sind aber, wie betont, funktionaler Art; abgesehen davon, dass ihnen auch Nachteile gegenüberstehen[240], sagen sie in dieser Allgemeinheit noch nichts darüber aus, ob, inwieweit und aus welchen Gründen in bestimmten Situationen das Mittel der Delegation von regulativen Aufgaben verstärkt zur Anwendung kommt. Majone beantwortet diese Frage für die EU primär mit dem Argument der Glaubwürdigkeit, auf die das System in erhöhtem Maße angewiesen sei (Majone 1996a, S. 68 ff. sowie 2002, S. 319). Demgegenüber wird hier die These vertreten, dass die doppelte Konfliktsituation, die das EU-System strukturiert, den Einsatz des Mechanismus der Delegation hervorruft und zunehmend verstärkt.[241] So sind es zum einen die Konflikte und Interessengegensätze zwischen den Mitgliedstaaten, die bestenfalls eine gemeinsame Entscheidungsfindung, nicht jedoch die konkrete Ausgestaltung von Politikfunktionen und regulativen Aufgaben zulassen; in dieser Situation erweist sich die Delegation solcher Aufgaben an unabhängige Instanzen als ein Weg, diese Konflikte außer Kraft zu setzen.[242] Zum Zweiten ist es aber – in dem Maße, wie sich die Machtposition der Kommission ausweitet und verdichtet – der Konflikt zwischen Rat und Kommission, der die Einsetzung weiterer unabhängiger Institutionen und Agenturen fördert. Das heißt, der Zauberlehrling bekommt seinen entfesselten Besen nur in den Griff, indem er, falls wei-

---

[240] So gilt als Hauptnachteil die Gefahr, dass die regulative Instanz von den spezifischen Interessengruppen, die direkt von ihrer Arbeit betroffen sind, „eingefangen" („captured") wird und somit ihre Aufgaben nicht mehr in Unabhängigkeit durchführen kann (Majone 1996a, S. 18).

[241] Eine vergleichbare Konfliktsituation sieht Majone für das US-System als gegeben (zwischen Präsident und Kongress), die die frühe Herausbildung der „statutory regulation" dort begünstigt habe (Majone 1996a, S. 17).

[242] Damit erklärt Majone die hervorgehobene Rolle der Kommission, die er in ihrer Gesamtheit als eine „regulatory agency" gewertet sehen will (Majone 1996a, S. 61 ff.). In einem späteren Beitrag betont er allerdings, dass die Kommission zunehmend politisiert sei und somit immer weniger als unabhängige Agentur fungieren könne (Majone 2002, S. 319 f.).

teres Kehren erforderlich ist, zusätzliche – kleinere und spezialisiertere, und daher leichter zu kontrollierende – Besen und Bürsten herbeizuzaubern. Allerdings kann eine solche Strategie vom Rat nicht monopolisiert werden, vielmehr bedient sich auch die Kommission der gleichen Strategien, um ihre institutionellen Defizite auszugleichen, wie weiter unten noch zu zeigen sein wird.

Es sind somit einerseits die Interessenkonflikte zwischen den Mitgliedstaaten, andererseits der Strukturkonflikt zwischen Kommission und Rat, die die Proliferation unabhängiger Institutionen und Agenturen begünstigen; dies alles vor dem Hintergrund einer unvollkommen auskristallisierten Systemstruktur, die ohnehin ein ständiges Institution-Building beinhaltet. Da sich gleichzeitig das Versagen traditioneller, stärker dirigistischer Formen staatlicher Regulierung auf der nationalen Ebene deutlich manifestiert, stellt die EU auch die Ebene dar, die den beschleunigten Übergang zu neuen Formen der staatlichen Regulierung ermöglicht (Tömmel 1994a), dies gerade deshalb, weil ihr die Instrumente eines dirigistischen oder interventionistischen Staates fehlen. Aber auch die enorme Aufgabenfülle und Komplexitätserhöhung regulativer Politik auf der europäischen Ebene (Majone 2002, S. 306) – die sich schon aus der Notwendigkeit der Harmonisierung oder Koordinierung von inzwischen 27 nationalen Systemen ergibt – sowie der „mismatch between the increasingly specialized functions of the Community and the administrative instruments at its disposal" (Majone 2002, S. 306) begünstigen die Herausbildung expertokratischer Systemstrukturen und erhöhen den Bedarf an „credibility", an politischer Glaubwürdigkeit (Majone 1996a, S. 68 ff.).

5.2 Die Inkorporation der Mitgliedstaaten in das EU-System

Wurde im vorigen Abschnitt die Herausbildung institutioneller Innovationen und neuer Systemkomponenten auf der europäischen Ebene dargestellt, so soll im folgenden die Erweiterung des EU-Systems über den Einbezug oder die Einbindung bestehender staatlicher Institutionen und ihrer Akteure in sein Regelsystem beziehungsweise seine Verfahrensweisen der Entscheidungsfindung und Politikimplementation behandelt werden.

Während das europäische Regelsystem lediglich einen indirekten Nexus zwischen den Ebenen konstituiert, was jedoch weitreichende Folgewirkungen und Anpassungsprozesse aufseiten der Mitgliedstaaten nach sich zieht (Scharpf/Schmidt 2000a, 2000b, Cowles et al. 2001), beinhalten die EU-Verfahren der Entscheidungsfindung und Politikimplementation eine Fülle von direkten Interaktionen, die die „unteren" Ebenen nicht nur in die Funktionsweise des Systems einbeziehen (Wessels 2000), sondern partiell auch deren Performance transformieren. Dabei wird nicht nur die nationale Politik- und Verwaltungsebene von diesen Entwicklungen erfasst, sondern in zunehmendem Maße auch die regionale (Jones/Keating 1995, Hooghe 1996a, Marks/Mc Adam1996, Kohler-Koch et al. 1998); und dies unabhängig von der jeweiligen Staats- und Verwaltungsgliederung, die vom voll entwickelten Föderalismus bis hin zu ausgeprägten unitarischen Systemen reicht (Engel 1993).

Insbesondere die zunehmende Bedeutung der Regionen in der EU hat zu einer Fülle von Neuinterpretationen des Systems geführt, was in Begriffen wie „multi-level governance" (Marks 1993, 1996, Scharpf 1994, 1997) oder „Mehrebenensystem" (Jachtenfuchs/Kohler-Koch 1996b, Benz 1998c, Grande/Jachtenfuchs 2000) zum Ausdruck kommt. Zudem wird die Interaktion zwischen europäischer und nationaler Ebene als dichtes Geflecht von Policy-Netzwerken (Kohler-Koch/Eising 1999) oder gar als Fusion von Verwaltungsebenen (Wessels 1992, 1997b, 2000) interpretiert. Der Erklärungswert dieser Konzepte soll in Kapitel 7 näher beleuchtet werden; im vorliegenden Kontext sei lediglich betont, dass die „unteren" Ebenen nur partiell und selektiv in die Funktionsmechanismen des EU-Systems inkorporiert werden. Sie gehen somit nicht in diesem System auf, sondern figurieren weiterhin auch als autonome Einheiten (Beck/Grande 2004). Das EU-System induziert allerdings in den Mitgliedstaaten Transformations- und Modernisierungsprozesse staatlicher Organisation und Verwaltungstätigkeit, die langfristig erhebliche Folgewirkungen für die nationalen politischen Systeme beinhalten können (vgl. beispielsweise Scharpf/Schmidt 2000a, 2000b, Cowles et al. 2001, Héritier et al. 2001, Tömmel 2001a). Im Folgenden sollen die Grundlinien dieser Entwicklungen für die nationale sowie die regionale Ebene dargestellt werden.

5.2.1 Die nationale Politik- und Verwaltungsebene

Jacques Delors hat als erster darauf hingewiesen – und in der Folge wurde seine Argumentation vielfach zitiert –, dass nach der Realisierung des Binnenmarktes ca. 80 Prozent der nationalen Gesetzgebung im ökonomischen Bereich von EU-Rahmenregelungen und Vorgaben bestimmt sein werde. Damit ist die Handlungsfreiheit der nationalen Gesetzgebungsorgane nicht nur erheblich eingeschränkt, sondern sie hat sich auch in inhaltlicher Hinsicht einem ihr von außen vorgegebenen Rahmen weitgehend an- und einzupassen.

Die Gesetzgebung der EU konstituiert somit zwischen europäischer und nationaler Ebene – trotz deren formaler Unabhängigkeit voneinander – einen starken indirekten systemischen Nexus, über den die EU die nationalen Staaten „mit unsichtbarer Hand" lenkt und steuert. Allerdings variiert diese Steuerungsleistung sehr stark von Politikfeld zu Politikfeld; während sie im ökonomischen Bereich offensichtlich um die 80 Prozent-Marke gravitiert, liegt sie in anderen Bereichen wesentlich niedriger, etwa in der Kultur- und Bildungspolitik.[243] Außerdem variiert sie je nachdem, ob es sich um Regelungen der „negativen" oder der „positiven" Integration handelt (Scharpf 1999, Kap. 2). Entsprechend der selektiven Integration von Politikfeldern sind somit auch die indirekten Steuerungsleistungen der EU als selektiv wirksame Mechanismen zu werten. Hinzu kommt, dass die Steuerungsleistung, insbesondere im Falle der „positiven" Integration, keinen Dirigismus „von oben" beinhaltet, sondern – über das Medium der Richtlinie, die lediglich inhaltliche Zielvorgaben festlegt – einen beträchtlichen Handlungs- und Gestaltungsspielraum „nach unten" offen lässt (Falkner et al. 2005). Dabei werden die Möglichkeiten zur jeweils unterschiedlichen Umsetzung von Richtlinien

---

[243] Allerdings findet in diesem Bereich die Europäisierung nicht über Gesetzgebung, sondern über freiwillige Harmonisierungen oder entsprechende Förderprogramme Eingang. Zu nennen sind in diesem Kontext die europäische Medienpolitik, die Förderung von Austausch- und Bildungsprogrammen zwischen Hochschulen und anderen Bildungseinrichtungen (Bauer 1999) sowie der sogenannte Bologna-Prozess, der zu einer Harmonisierung von Studiengängen und -abschlüssen führt (Keeling 2006).

5.2 Die Inkorporation der Mitgliedstaaten in das EU-System

bereits bei der Erstellung von Gesetzestexten bewusst einkalkuliert (Eichener 1996, 2000); und dies nicht nur vom Ministerrat, sondern auch von der Kommission und sogar vom Parlament.[244] Die Kunst der europäischen Gesetzgebung besteht geradezu darin, einen flexiblen Rahmen zu schaffen, der vielfältige Umsetzungsmöglichkeiten zulässt. Dass dabei nicht immer optimal formulierte Gesetzestexte herauskommen, wie ein Insider konstatiert, wird als kleineres Übel akzeptiert (Interview Generalsekretariat des Rates der EU, Januar 1998).

An dieser Stelle ist denn auch hervorzuheben, dass die EU-Gesetzgebung nicht vom Himmel fällt, also nicht einfach den Mitgliedstaaten übergestülpt wird, sondern über eine gemeinsame Beschlussfassung in Ministerrat und Europäischem Rat zustande kommt, wobei an diesem Prozess in aller Regel eine Vielzahl von Akteuren der nationalen Politik- und Verwaltungsebene beteiligt ist. Der Schaffung eines indirekten Nexus zwischen europäischer und nationaler Ebene ist also immer eine vielschichtige direkte Interaktion zwischen den Ebenen vorausgegangen (vgl. Kap. 3 und 4 sowie Wessels 1996, 2000, insbes. S. 195 ff.).

Betrachtet man die direkten Interaktionsformen zwischen den Ebenen, so ist wiederum zwischen den Verfahren der Politikformulierung und denen der Implementation zu unterscheiden, auch wenn im Einzelnen fließende Übergänge zwischen beiden Bereichen bestehen können.

Im Rahmen der Politikformulierung, deren Kern die Gesetzgebung ist, kommt es, wie bereits oben beschrieben, zu vielfachen Verflechtungsbeziehungen zwischen den Ebenen (vgl. Kap. 3 und 4). So macht die Kommission bereits in einem frühzeitigen Stadium der Erarbeitung von Politikkonzepten und Gesetzestexten Gebrauch von den Beratungsdiensten sowie der Expertise einer Vielzahl von Spitzenbeamten, Experten und Spezialisten der betroffenen Ministerien und anderer relevanter Instanzen. Nach Schätzungen von Wessels ist für die zweite Hälfte der 80er Jahre von 600 Expertengruppen der Kommission auszugehen, „in denen pro Jahr mehr als 17 000 nationale Beamte und 10 000 andere Sachverständige zusammentrafen" (Wessels 1996, S. 171). Neuere Schätzungen, wiederum von Wessels, gehen „für die Mitte der 90er Jahre von mindestens 800" Sachverständigengruppen aus (Wessels 2000, S. 198). Zwar erfolgt die Teilnahme der Beamten „à titre personnel", es versteht sich aber, dass die in diesem Stadium eingebrachten Positionen nicht grundsätzlich von den nachfolgenden Entscheidungen abweichen; denn häufig partizipieren die gleichen Experten zu einem späteren Zeitpunkt in einer der Ratsarbeitsgruppen (Wessels 2000, S. 206 sowie Interviews Ständige Vertretung der BRD, Generalsekretariat des Rates der EU, Januar/Februar 1998). Die Vorteile dieses teilweise formalisierten, teilweise aber auch einen *ad-hoc*-Charakter aufweisenden Expertengruppenwesens liegen auf der Hand: Gesetzestexte und Vorschläge der

---

[244] Für Kommission und Ministerrat ist dies ohnehin klar, sind doch die Einzelstaaten und ihre Vertreter an der Ausformulierung von Gesetzestexten beteiligt (Kommission) beziehungsweise für diese ausschlaggebend (Ministerrat); auffällig ist aber, dass auch das Parlament „nationale" Interessen berücksichtigt, indem es sich bemüht, die jeweiligen Texte oder Amendierungen den unterschiedlichen Situationen in den Mitgliedstaaten anzupassen. Dies führt jedoch nicht zum kleinsten gemeinsamen Nenner, sondern zu noch komplexeren, „nicht immer optimalen", Texten (Interviews mit Mitgliedern des Europäischen Parlaments, Januar 1998).

Kommission können bereits im Vorfeld formaler Entscheidungen an Wünsche und Interessen der Mitgliedstaaten angepasst werden, sodass ein breiterer Konsens für die jeweiligen Vorhaben entsteht. Darüber hinaus stellen sich über die Zusammenarbeit in den Expertengruppen aber auch längerfristig wirksame Vorteile ein: Bei den Beteiligten bilden sich konvergierende Haltungen und Erwartungen heraus; sie werden in einen kollektiven Prozess des „institutional learning" hineingezogen, und sie tragen dazu bei, die europäische Perspektive in die Politiken der Mitgliedstaaten hineinzutragen (Wessels 1996). Es finden somit intensive Prozesse der institutionellen Verflechtung und wechselseitigen Durchdringung der Ebenen statt und es bilden sich, je nach inhaltlichem Bereich, Politik- und Issue-Netzwerke heraus (Héritier 1993, Eising/Kohler-Koch 1999, Wessels 2000), die auch jenseits des konkreten Entscheidungsbereichs dauerhaft Bestand haben und somit Integrationsschritte erleichtern.

Entsprechend der Theoriebildung über Politiknetzwerke (Mayntz 1992, 1993) ist dabei davon auszugehen, dass auch im EU-System solche Netzwerke zusammengehalten werden durch den Austausch unterschiedlicher Ressourcen zwischen den beteiligten Akteuren: Vertreter der nationalen Staaten stellen ihr Insiderwissen sowie ihre Expertise zur Verfügung im Austausch gegen Politikkonzepte, die ihren Interessen maximal angepasst oder angenähert sind. Darüber hinaus können aber beide Seiten auch im machtpolitischen Sinne von der Zusammenarbeit profitieren: Die Kommission erweitert ihre – institutionell schwache – Macht- und Legitimationsbasis für ihre Vorschläge (Wessels 1996); nationale Experten stärken ihre Position in der Auseinandersetzung mit anders orientierten Vertretern der jeweiligen Herkunftsinstitutionen oder mit anderen, für das jeweilige Politikfeld zuständigen Instanzen (Eichener 2000, Cowles et al. 2001, Knill/Lenschow 2001, Cowles/Risse 2002).

Neben der Kommission bildet aber auch der Ministerrat intensive Verflechtungsbeziehungen mit Vertretern nationaler Regierungen und Verwaltungen aus; das heißt, der Ministerrat besteht ja – sieht man einmal vom Ratssekretariat ab – faktisch nur aus nationalen Repräsentanten. Insbesondere durch die Schaffung einer weit aufgefächerten Substruktur von Ständigen und *ad-hoc*-Arbeitsgruppen, die COREPER und den jeweiligen Sonderausschüssen zuarbeiten – Wessels schätzt ihre Zahl auf knapp 300 (Wessels 2000, S. 198) –, kommt es zu einer Verdichtung des Beziehungsgeflechts zwischen europäischen Organen und nationalstaatlichen Akteuren. Zwar haben die nationalen Experten nunmehr die Funktion, die Vorschläge der Kommission auf ihre Kompatibilität mit nationalen Interessen zu überprüfen; da aber auch hier letztendlich Konsens erzielt werden muss, bilden sich längerfristig gemeinsame Haltungen und „europäische" Perspektiven heraus, insbesondere im Falle größerer personeller Kontinuität der Arbeitsgruppen und geringerer Verteilungskonflikte zwischen den Mitgliedstaaten. Auch die ständige Präsenz der Kommission in diesen Gruppen fördert eine solche Entwicklung. Es ist zu erwarten, dass die Beteiligten in der Folge die „europäische" Perspektive in die nationalen Politiken hineintragen (Interviews Ständige Vertretung der BRD, Generalsekretariat des Rates der EU, Januar 1998 sowie Oktober 2004).

Eine direkte Interaktion zwischen europäischer und nationaler Ebene findet aber nicht nur im Rahmen von Gesetzgebungs- und Politikformulierungsprozessen statt, vielmehr charakterisiert sie auch den Bereich der Umsetzung und Implementation europäischer Politik; ja sie ist für diesen geradezu konstitutiv. Als erste Schiene der Interaktion sind in diesem Kontext die verschiedenen Varianten von Verwaltungsausschüssen zu nennen, besser bekannt unter dem

5.2 Die Inkorporation der Mitgliedstaaten in das EU-System

Schlagwort Komitologie, die vom Ministerrat nicht nur jedem Politikfeld, sondern zum Teil auch deren Einzelbereichen zugeordnet werden.[245] Solche Ausschüsse haben einerseits die Funktion, den Erlass von sekundären Rechtsakten, die der Umsetzung und Ausführung von EU-Politiken dienen und die die Kommission eigenständig erlassen kann, zu überwachen; andererseits sollen sie den Implementationsprozess einzelner Politiken kontrollierend begleiten (vgl. Kap. 4.3). Dementsprechend sind sie ebenfalls mit Spitzenbeamten nationaler Ministerien und Verwaltungen besetzt. Doch obwohl zwischen Kommission und Ministerrat grundsätzliche Konflikte um den Einsatz dieser Ausschüsse sowie das Ausmaß ihrer Kontrollbefugnisse bestehen (vgl. Kap. 4.3), ist deren konkrete Arbeit unter dem Vorsitz der Kommission primär auf effiziente und effektive Beschlussfassung gerichtet und durch eine starke Konsensorientierung geprägt (Joerges/Neyer 1997). Mit 263 solcher Ausschüsse (nach Angaben der Kommission, siehe Fußnote 245), kommt diesen ebenfalls eine wichtige Rolle in der Verflechtung und Netzwerkbildung zwischen europäischer und nationaler Ebene zu, während die intendierte Kontrollfunktion eher in den Hintergrund tritt (Wessels 2000, Töller 2002).[246]

Bezogen sich die bisher beschriebenen Formen der institutionellen Verflechtung primär auf den Einbezug nationaler Akteure in die europäischen Strukturen, so kommt es im Rahmen der Politikimplementation doch auch umgekehrt zu einer zunehmenden „Einmischung" der europäischen Ebene in die nationalen Politiken und dementsprechend auch in die dortigen Entscheidungsverfahren. Eine solche „Einmischung" bildet sich sowohl im Bereich regulativer Politiken – dort, wo die EG über konkrete Handlungs- und Überwachungskompetenzen verfügt, beispielsweise in der Wettbewerbspolitik – als auch im Bereich distributiver und redistributiver Politiken, beispielsweise im Rahmen der Strukturfonds und anderer größerer und kleinerer Förderprogramme, heraus.

Bei den regulativen Politiken, insbesondere der Wettbewerbskontrolle, wird die Lösung von konkreten Problemfällen – beispielsweise bei größeren Fusions- oder Subventionsvorhaben – über Verhandlungen mit den verantwortlichen Instanzen auf nationalem Niveau angestrebt (Nugent 1999, S. 279, McGowan 2000, S. 144, van Miert 2000). Da die Kommission in den letzten Jahren diesbezügliche Missstände mit größerer Konsequenz verfolgt, kommt es aber auch hier zur Herausbildung festerer Beziehungen zwischen den Ebenen, dies umso mehr, als die Durchsetzung des Wettbewerbsrechts letztendlich nur über konkrete Überzeugungsarbeit – Persuasion – sowie über eine sorgfältige Abwägung der jeweiligen Interessenlagen und dementsprechende Verhandlungen zu gewährleisten ist.[247] Seit 2004 gibt es zudem

---

[245] So gibt es beispielsweise im Agrarbereich 30 solcher Ausschüsse, die jeweils die Politik in einem Produktbereich überwachen; im Bereich der Strukturfonds gibt es zwei Ausschüsse, im Bereich Umwelt 31. Insgesamt beläuft sich die Zahl der Ausschüsse auf 263 (http://ec.europa.eu/transparency/regcomitology/include/comitology_committees_EN.pdf, Stand: August 2007).

[246] Soweit es Konflikte in den Ausschüssen gibt, handelt es sich eher um Verteilungskonflikte zwischen den Mitgliedstaaten als um Konflikte zwischen Kommission und Ausschüssen (Interviews Kommission, Januar 1995).

[247] Als Beispiel sei hier der Fall der Ansiedlung eines VW-Tochterunternehmens in Sachsen angeführt. Im Rahmen der Strukturhilfen für den Aufbau Ost, die sich zum Teil auch aus dem europäischen Regionalfonds finanzieren,

ein institutionalisiertes Netzwerk der nationalen Wettbewerbsbehörden und der Kommission, in dem anstehende Fälle, aber auch Fragen der Regelsetzung erörtert werden. Diese Struktur dient der europaweiten Harmonisierung der Wettbewerbskontrolle (Mc Gowan 2005, Wilks 2005, Interview DG Wettbewerb, Februar 2007).

Bei den distributiven und redistributiven Politiken sind es demgegenüber die Verfahren der Subventionsvergabe, die zu einer intensiven Interaktion zwischen europäischer, nationaler und in zunehmendem Maße auch regionaler Ebene geführt haben. Waren es zunächst *ad-hoc*-Verhandlungen über die Zuweisung von Fördermitteln, die das Bild bestimmten, so wurde mit der „großen" Reform der Strukturfonds im Jahre 1989 ein formalisiertes Verfahren der Entscheidungsfindung eingeführt. Dieses unter dem Namen „Partnerschaft" geführte Verfahren beinhaltet einen mehrstufigen Verhandlungsprozess[248], bei dem zunächst die Mitgliedstaaten ihre Programmplanungsdokumente erstellen, die Kommission diese in der Folge begutachtet und nach intensiven Verhandlungen mit den zuständigen Instanzen der Mitgliedstaaten genehmigt (Staeck 1997). Es bilden sich auch in diesem Prozess längerfristig feste Netzwerkbeziehungen zwischen den beteiligten Akteuren heraus (Conzelmann 1995, Heinelt 1996), in deren Rahmen nicht nur Ideen, Einstellungen und Erwartungen zunehmend konvergieren, sondern teilweise auch gemeinsam Projekte oder Programme aus der Taufe gehoben werden. Das führt seinerseits innerhalb der Mitgliedstaaten zu Spaltungen zwischen Politikern und Verwaltern, die sich die europäische Perspektive zu eigen machen, und solchen, die an traditionellen, nationalen Perspektiven festhalten (vgl. ausführlich Tömmel 1994a, Kap. 5).

Sind die Programme schließlich angenommen und genehmigt, hat sich die Rolle der Kommission noch lange nicht erschöpft. Denn diese „begleitet" in zunehmendem Maße auch die eigentliche Politikimplementation, das heißt die Ausführung von Projekten sowie die Erfüllung von Programmvereinbarungen. Dabei wird die Einhaltung von Vereinbarungen nicht durch autoritative Maßnahmen erzwungen – dafür hätte die Kommission keinerlei Kompetenzen –, sondern durch Präsenz in den Begleitausschüssen sowie durch Verhandlungen mit den verantwortlichen Instanzen gefördert. Als Sanktionsmittel im Falle einer unzureichenden Umsetzung von Programmen stehen vor allem Imageverluste sowie – in ganz gravierenden

---

sollte VW einen hohen Subventionsbetrag erhalten. Die EG-Wettbewerbskontrolle stellte fest, dass die Subvention die zulässigen Förderprozentsätze überschritt und sich zudem auf Ausgabenposten bezog, die nicht subventionsfähig sind. VW drohte unterdessen, im Falle eines Wegfalls oder einer Reduktion der Subvention seinen Betrieb an anderer Stelle anzusiedeln. Sachsens damaliger Ministerpräsident Biedenkopf ging darum (regelwidrig) zur Auszahlung der Subvention über. Nach längeren Verhandlungen zwischen Kommission, Bundesregierung und Land einigte man sich schließlich auf einen erheblich reduzierten Subventionsbetrag, wobei aber auch vonseiten der Kommission – mit dem Argument, dass es um die Schaffung von Arbeitsplätzen gehe – gewisse Zugeständnisse gemacht wurden (Interviews Länderbüros der BRD sowie GD XVI Regionalpolitik der Europäischen Kommission, Januar/Februar 1998).

[248] Zunächst handelte es sich um einen dreistufigen Prozess für die Ziel-1-Gebiete, also die Gebiete mit Rückstand in der Entwicklung, die damit den größten Teil der Regionalförderung ausmachen, während für die Ziel-2-Gebiete (industrielle Umstrukturierungsgebiete) ein zweistufiges Verfahren galt. Gegenwärtig wird durchgängig ein zweistufiges Verfahren angewandt, in dem aber die ursprünglichen drei Stufen enthalten sind.

5.2 Die Inkorporation der Mitgliedstaaten in das EU-System

Fällen – der Entzug von Fördermitteln zu Verfügung. Aber selbst in diesem Falle kommt es nicht zu sichtbaren Strafaktionen, sondern zu einer dezenten Umlenkung der Fördermittel über „einvernehmliche Verhandlungen" mit den Verantwortlichen (Tömmel 1994a, Kap. 5).

Insgesamt bilden sich somit im Rahmen distributiver und redistributiver Politiken der EU vielfältige Interaktionen zwischen europäischer und nationaler Ebene (sowie weiteren, dezentralen Akteuren) heraus, wodurch ein direkter systemischer Nexus zwischen den Ebenen hergestellt wird. Diese Beziehungen strukturieren sich dabei primär über komplexe Verhandlungsverfahren und dementsprechende Kompromissfindungsprozesse; längerfristig resultieren sie in einer Anpassung von Entscheidungsverfahren und Performances der Mitgliedstaaten an die Politikmuster der EG (vgl. Tömmel 1994a, Heinelt 1996, Ast 1999, Voelzkow/Hoppe 1996, Hoppe/Voelzkow 2001, Heinelt et al. 2005).

Auf der Grundlage der im Vorgehenden beschriebenen Verfahrensweisen hat die Kommission aber auch einen neuen Typus von Politik „erfunden", der weder als regulativ noch als distributiv oder redistributiv charakterisiert werden kann. Vielmehr handelt es sich um einen Politiktypus, der ausschließlich auf koordinativen und kommunikativen Prozessen beruht. Majone hat auf die Schwierigkeiten hingewiesen, die sich für die Entfaltung von distributiven und redistributiven Politiken auf der europäischen Ebene ergeben (Majone 1993, 1996b). Dem ist hinzuzufügen, dass auch der Entfaltung regulativer Politiken der EU zunehmend engere Grenzen gesetzt sind.[249] Vor diesem Hintergrund wundert es denn auch nicht, dass die Kommission sich mehr und mehr auf politische Aktivitäten verlegt, die weder vom Ministerrat noch von den Mitgliedstaaten wirksam ausgebremst werden können. Entfaltete sie diese Aktivitäten zunächst im Rahmen etablierter Politiken oder in kleinem Maßstab auf der informellen Ebene (Tömmel 2000), so haben sie inzwischen Eingang in die offizielle Politik gefunden; ja sie wurden sogar vom Europäischen Rat in Lissabon (März 2000) formell sanktioniert und firmieren seitdem unter dem Label Offene Methode der Koordination (OMK).

Die Offene Methode der Koordination wird derzeit am systematischsten in der Europäischen Beschäftigungsstrategie eingesetzt. Der Bereich Beschäftigungspolitik war lange Zeit ein Zankapfel zwischen der Kommission und den Mitgliedstaaten: Noch unter Delors forderte Erstere eine solche Politik auf der europäischen Ebene; konkrete Vorschläge hierfür wurden mit dem entsprechenden Weißbuch lanciert (Kommission 1993). Letztere dagegen sahen solche Politiken als rein nationale Aufgabe an und wiesen jegliche Kompetenzübertragung zurück. Mit dem Amsterdamer Vertrag wurde dann aber doch ein Beschäftigungstitel in das

---

[249] So hat die Regelungsdichte nach der Schaffung des Binnenmarktprogramms wieder deutlich abgenommen (Wessels 2000, S. 202). Dies ist nicht nur dem Abschluss dieses Programms zuzuschreiben, sondern auch einer bewussten Entscheidung des Ministerrates, die europäische Gesetzgebung stärker zu beschränken (Interview Europäische Kommission, GD III Industrie, Februar 1998). Der Acquis communautaire umfasst bereits jetzt 80.000 Seiten Text; das größte Problem dabei ist die Überwachung der Implementation dieses Gesetzeskorpus.

Vertragswerk eingefügt.[250] Fortan kam es denn auch zur Koordinierung der nationalen Beschäftigungspolitik unter der Regie der Kommission, und die Offene Methode der Koordination wurde aus der Taufe gehoben (vgl. beispielsweise Goetschy 1999, De la Porte/Pochet 2002, Mosher/Trubek 2003, Eberlein/Kerwer 2004). Faktisch geht es dabei um ein formalisiertes Koordinationsverfahren, bei dem zunächst der Ministerrat auf Vorschlag der Kommission jährlich Leitlinien erstellt, die die Politiken der Mitgliedstaaten in bestimmte Bahnen lenken sollen. Die Mitgliedstaaten legen ihrerseits jährlich Berichte über ihre Beschäftigungspolitiken vor, die die Grundlage für Beratungen auf der europäischen Ebene bilden und möglicherweise zu Anpassungen der Leitlinien führen. Flankiert wird diese Politik von Verfahren des Benchmarking sowie der Peer-Reviews, die dazu dienen, Best-Practice-Beispiele transnational zu diffundieren und die Politiken der einzelnen Staaten zu optimieren (Bisopoulos 2003). Es versteht sich, dass ein solches Politikkonzept, bei dem der EG und speziell der Kommission vor allem eine koordinative und kaum eine dirigierende Rolle zukommt, die Interaktionsdichte zwischen der europäischen und der nationalen Ebene enorm erhöht.

Das Konzept der OMK, einmal erfunden, beschränkt sich aber keineswegs allein auf die Beschäftigungsstrategie. Vielmehr kommt es schon seit längerem vor allem dort zur Anwendung, wo die Mitgliedstaaten nicht gewillt sind, dauerhaft Kompetenzen auf die europäische Ebene zu übertragen, während die Kommission einen dringlichen Handlungsbedarf sieht. Beispiele hierfür sind Ansätze zu einer europäischen Industriepolitik (Tömmel 2003, S. 196 f.), sowie die neue Politik gegen Armut und soziale Exklusion (Ferrera et al. 2002). Manche Autoren sehen auch die Koordination der Wirtschaftspolitiken der Mitgliedstaaten im Rahmen der WWU als den eigentlichen Vorläufer der OMK (Hodson/Maher 2001).

Der neue Politikmodus breitet sich aber auch schnell im Rahmen bestehender Politikfelder aus, so beispielsweise in der Umweltpolitik (Héritier 2002) sowie in der Regionalpolitik der EU (Tömmel 2006). Mit der „Erfindung" der OMK werden somit systematisch die Ressourcen genutzt, die sich aus dem interaktiven und verhandlungsorientierten Charakter des Mehrebenensystems der EU ergeben. Zudem ermöglicht dieser Politikmodus, eine Harmonisierung nationaler Politiken zu erzielen, ohne dass es dirigistischer Maßnahmen „von oben" oder gar formeller Kompetenzübertragungen bedarf. Zwar stehen diese neuen Politiken noch in ihren Anfängen, es ist aber abzusehen, dass sie sich in Zukunft rasch entfalten werden (Wallace, H. 2005). Dies wird aber seinerseits zu einer weiteren Ausstrahlung von Verfahrensweisen und Politikstilen des EU-Systems in die Mitgliedstaaten hinein führen, wobei der Ausstrahlungseffekt primär über direkte Formen der Kommunikation und Interaktion zwischen den Akteuren und Institutionen der verschiedenen Ebenen und somit über weitere und dichtere Netzwerkbildungen zu erzielen ist (vgl. die Beiträge in Tömmel 2007a).

---

[250] Dies wird vor allem dem Regierungswechsel in Frankreich und den Legitimationsproblemen der neuen sozialistischen Regierung Jospin in Sachen Beschäftigungspolitik zugeschrieben (Müller-Brandeck-Bocquet 1997).

Insgesamt stellt sich somit die Erweiterung des EU-Systems unter Inkorporation der nationalen Regierungen und Verwaltungen als ein komplexer Prozess dar, der sowohl die betroffenen Akteure in die europäischen Entscheidungsprozesse einbindet als auch diese in ihrem nationalen Kontext bei der Umsetzung und Implementation europäischer Politiken – direkt oder indirekt – begleitet. Direkte Kommunikation und Interaktion, Verhandlungen und Netzwerkbildungen zwischen den Akteuren sind der lose Kitt, der diese Beziehungen zusammenhält. Damit werden jedoch weder die nationalen Systeme aufgelöst noch diese in das EU-System inkorporiert (vgl. Beck/Grande 2004). Vielmehr kommt es zu einer Diffusion von spezifischen, kommunikations- und verhandlungsgestützten Politikstilen und damit zu Adaptationen an diese Stile sowie zu veränderten Wahrnehmungen und Performances der nationalen Akteure (vgl. beispielsweise die Beiträge in Featherstone/Radaelli 2003). Erst in der Folge derart ausgelöster Modernisierungs- und Innovationsprozesse auf der nationalen Ebene können sich längerfristig kompatible Elemente eines gesamteuropäischen Systems herausbilden.

5.2.2 Die regionale Politik- und Verwaltungsebene

Sind die Interaktionen zwischen europäischer und nationaler Ebene insofern eine Selbstverständlichkeit, als ja die EU ein Produkt nationaler Politik ist – auch wenn sie sich seither von dieser Ausgangssituation weit entfernt und dementsprechend verselbstständigt hat –, so ist die Inkorporation der regionalen Ebene in das EU-System umso bemerkenswerter, als zunächst keinerlei systemische Verbindung zwischen diesen Ebenen bestand. Im Gegenteil, solche Verbindungen waren sogar explizit ausgeschlossen – EU-Angelegenheiten galten als Außenpolitik und somit als ausschließlich nationales Handlungsfeld – und wurden, soweit sie sich dennoch entwickelten, über einen langen Zeitraum hinweg von den Regierungen der Mitgliedstaaten misstrauisch überwacht oder explizit verhindert (vgl. beispielsweise die Beiträge in Keating/Jones 1985). Ein zweiter bemerkenswerter Aspekt ist die Tatsache, dass solche Verbindungen relativ unabhängig von der innerstaatlichen Politik- und Verwaltungsgliederung zustande kamen; das heißt, entgegen der landläufigen Annahme, dass lediglich starke regionale Gebietskörperschaften, wie beispielsweise die deutschen Bundesländer, über die notwendigen politischen Ressourcen verfügen, um im EU-System präsent zu sein, hat es sich erwiesen, dass eine solche Präsenz mehr oder weniger flächendeckend für alle EU-Staaten gegeben ist, auch wenn gewisse Disparitäten auftreten.[251] Aus diesem umfassenden Charakter der Inkorporation der Regionen in das EU-System kann man den Schluss ziehen, dass die Initiative eher „von oben" ausging, als dass die Regionen sich selbst ins Spiel gebracht hätten.

---

[251] So sind insbesondere die Regionen der kleineren und „ärmeren" EU-Mitgliedstaaten auf der europäischen Ebene personell wesentlich schwächer vertreten. Allerdings nutzen sie teilweise auch die Ressourcen der Wirtschaft für ihre Präsenz, indem ihre Büros zugleich als Dependancen von regionalen Entwicklungsgesellschaften fungieren, wie es zum Beispiel bei den britischen Verbindungsbüros der Fall ist.

In der Tat hat die Kommission im Rahmen des Regionalfonds bereits im Jahre 1977 (!) eine erste Strategie entwickelt, um die Regionen stärker als Akteure in die europäische Politik einzubeziehen (Tömmel 1994a, 1997b, 1998, Hooghe 1996b). Flankiert wurde diese Politik durch eine Reform des Sozialfonds, die einen relevanten Teil von dessen Mitteln für geringer entwickelte Regionen vorsah. Trotz enormer Schwierigkeiten – die Empfängerregionen waren in keiner Weise auf eine solche Rolle vorbereitet – gelang es der Kommission, ihre diesbezügliche Strategie schrittweise auszubauen, insbesondere durch die Einführung von Förderprogrammen, die sich speziell an die Regionen richteten (Spezifische Maßnahmen des quota-freien Sektors ab 1979; Integrierte Mittelmeerprogramme ab 1983; Nationale Programme von gemeinschaftlichem Interesse ab 1985). Mit der „großen" Reform der Strukturfonds (1989) im Gefolge der EEA wurden dann die Regionen ganz explizit als Partner in die europäische Strukturpolitik einbezogen.

Eine solche Strategie beinhaltete vor allem das Führen direkter Verhandlungen um die Erstellung, Genehmigung, Ausführung und Evaluation von Förderprogrammen (vgl. Kap. 5.2.1). Neben den offiziellen Verhandlungen, die häufig von der nationalen Ebene im Namen der Regionen, teilweise aber auch unter deren Beteiligung geführt wurden, bildeten sich aber auch eine Reihe von informellen Verhandlungen und Kontakten zwischen Kommission und Regionen heraus, die der Feinabstimmung zwischen politikinitiierender Instanz und den Trägern der Implementation dienten. Eine weitere Plattform für direkte Kontakte bieten die mit der 89er Reform eingeführten – aber zuvor schon in vielfachen Experimenten erprobten – Begleitausschüsse, die jedem Programm zugeordnet werden und in denen – neben allen an der Programmimplementation beteiligten Akteuren und Institutionen – die Kommission mit Sitz und Stimme vertreten ist. Indem diese Ausschüsse alle relevanten Entscheidungen während des Implementationsprozesses treffen, kann die Kommission über diese Schiene besonders tief in den Politikprozess der Regionen eingreifen. Allerdings kann sie diesen nur mit „weichen" Steuerungsmodi in die von ihr gewünschte Richtung lenken (vgl. ausführlich Tömmel 1994a, Kap. 5, Heinelt 1996, Heinelt et al. 2005).

Die direkte Interaktion zwischen Kommission und Regionen im Rahmen der europäischen Strukturpolitik führte – und führt – somit ebenfalls zur Herausbildung von Netzwerkbeziehungen, im Rahmen derer nicht nur alle Beteiligten „Freunde" sind (verschiedene Interviews über die Implementation der EU-Politik in Italien, 1989-1992), sondern jede Seite ihre Interessen vertritt und somit die resultierenden Entscheidungen die Folge oft zäher und langwieriger Verhandlungsprozesse sind (Tömmel 1994a, Ansell et al. 1997). Während die Kommission eine intensive Überzeugungsarbeit (Persuasion) betreibt, um die Diffusion ihrer Politikkonzepte zu erreichen, versuchen die Regionen, ihre Präferenzen so weit wie möglich in die europäische Politik einzuspeisen. Besonders bemerkenswert ist aber, dass es über diese Verhandlungen zur Herausbildung neuer Interessenskoalitionen zwischen den Ebenen kommt. So können nationale und regionale Ebene an einem Strang ziehen gegen die Kommission oder aber Letztere gemeinsam mit der nationalen Regierung; wesentlich häufiger

5.2 Die Inkorporation der Mitgliedstaaten in das EU-System

bildet sich aber eine Konstellation heraus, bei der die regionale und die europäische Ebene zusammengehen (Hooghe/Marks 2001). Dies ist umso bemerkenswerter, als ja die regionale Ebene in vielen Mitgliedstaaten den Weisungen der nationalen Regierung unterliegt.[252] Im Zustandekommen solcher Koalitionen, die mitunter die nationalen Regierungen zu einer Veränderung ihrer Politik zwingen können, drückt sich einerseits eine tendenzielle Lockerung von hierarchischen Beziehungen innerhalb der Mitgliedstaaten aus, andererseits die Herausbildung eines direkten systemischen Nexus zwischen europäischer und regionaler Ebene. (Für empirische Beispiele hierzu vgl. McAleavy 1993, 1994, Tömmel 1994a, Heinelt 1996, Hooghe 1996a, Kohler-Koch et al. 1998, Hoppe/Voelzkow 2001, Conzelmann/Knodt 2002, Conzelmann 2003, Heinelt et al. 2005).

Angesichts solcher sicht- und greifbaren Erfolge entwickelte die Kommission weitere Strategien zur Aktivierung und Mobilisierung der Regionen als Akteure im System der EU (Tömmel 1994a, 1997b, 1998, Hooghc 1995, Marks/McAdam 1996). So legte sie im Rahmen der Strukturfonds spezielle experimentelle Programme auf (Gemeinschaftsinitiativen und Pilotprojekte), die sich nicht nur auf die vorgesehenen Fördergebiete bezogen, sondern im Prinzip alle Regionen Europas einbeziehen konnten. Im Falle der Pilotaktionen konnte die Förderung zudem direkt bei der Kommission eingeworben werden; gegenüber den nationalen Regierungen bestand lediglich ein Informationsgebot. Schließlich waren die Programme in inhaltlicher Hinsicht häufig auf eine interregionale Zusammenarbeit ausgerichtet, wie beispielsweise die Gemeinschaftsinitiative INTERREG, die nach drei Phasen einer sehr erfolgreichen Implementation mit der anstehenden Reform der Strukturfonds in den Hauptstrom der Förderpolitik aufgenommen werden soll (Tömmel 2006). Die Folgen dieser Initiativen sind vielfältiger Natur: Zum einen erlangen die Regionen eine größere Autonomie in der Planung und Durchführung von Förderprojekten und -programmen; zum Zweiten treten mehr Regionen direkt in Kontakt mit dem EU-System und speziell der Kommission, und zum Dritten bilden sich zwischen den Regionen neue Kooperationsformen und Netzwerkbeziehungen heraus, die ihrerseits die Gründung beziehungsweise Stärkung einer Reihe von transnationalen Spezialorganisationen zu einer verbesserten Kooperation, aber auch zur Interessenvertretung auf der europäischen Ebene begünstigen (Schmitt-Egner 2000).

In der Folge der beschriebenen Entwicklungen waren die Regionen aber nicht mehr länger die – mehr oder weniger – passiven Objekte europäischer Inkorporationsstrategien, vielmehr „emanzipierten" sie sich zunehmend von der nationalen Bevormundung und beschritten eigene Wege im Rahmen europäischer Politik. Als wohl bemerkenswertester Schritt in diesem

---

[252] Dies ist insbesondere in unitarischen Systemen der Fall, wo die regionalen und lokalen Gebietskörperschaften praktisch dezentralisierte Verwaltungseinheiten des Staates sind, so z.B. in Großbritannien. Gerade hier kam es aber im Rahmen der Strukturpolitik der EU zu großen Konflikten, die letztendlich zugunsten der unteren Ebene entschieden wurden (vgl. McAleavy 1993). Allerdings hat die seit 1997 regierende Labour-Regierung einen beachtlichen Prozess der politischen und administrativen Dezentralisierung in Gang gesetzt und dabei insbesondere Schottland und Wales weitgehende Rechte zugestanden.

Kontext ist die Gründung von eigenen „Vertretungen" in Brüssel zu werten.[253] Die deutschen Bundesländer waren die ersten, die ab Mitte der 80er Jahre diesen Weg wählten und nunmehr mit insgesamt 15 solcher Vertretungen in Brüssel präsent sind.[254] Ihnen folgten aber schon bald andere Regionen Europas und zwar zunächst die der großen Mitgliedstaaten: Frankreich, Großbritannien, Spanien und Italien. Aber auch die kleineren Staaten beschritten bald diesen Weg, auch wenn ihre Regionen nicht immer flächendeckend vertreten sind. Schließlich sind auch die Beitrittsstaaten bereits mit Regionalbüros in Brüssel präsent.[255] Neben den Regionen haben aber auch Kommunen eigene Büros in Brüssel eingerichtet; teils sind es die großen Städte (z.B. Wien), teils aber auch Zusammenschlüsse von Kommunen (z.B. die bayrischen Kommunen), die auf diese Weise ihre Interessen vertreten (Greenwood 1997, S. 225 ff.).

Es wäre allerdings verfehlt, wollte man die Regionalbüros als Replik der Vertretungen der Mitgliedstaaten in kleineren Dimensionen werten. Eine solche Wertung verbietet sich schon wegen der völlig anders gearteten Kompetenzen: Während die Ständigen Vertretungen der Staaten eine eminent wichtige Position *im* System der EU einnehmen – faktisch vertreten sie den Ministerrat vor Ort –, spielen die Verbindungsbüros der Regionen und Kommunen eher die Rolle von Interessenvertretern oder Lobbyisten ihrer Herkunftsgebiete (Greenwood/Aspinwall 1998). Dies äußert sich zum einen in der Art und Weise, wie sie ihre Aufgaben gestalten, zum anderen in ihren Beziehungen zum „engeren" EU-System. Zudem gibt es sehr unterschiedliche Typen von Regionalbüros: Während die der deutschen Bundesländer „Zweigstellen" der Länderregierungen und -verwaltungen darstellen, sind beispielsweise die britischen Büros „gemischte" Einrichtungen, die von öffentlich-privaten Konsortien verschiedener, auf regionaler Ebene wirkender Instanzen und Unternehmen getragen werden (Jeffery 1997).[256] Zwischen diesen Extremen gibt es eine Reihe von Mischformen.[257] Angesichts solch unterschiedlicher Verfasstheiten, die auch in unterschiedlichen Formen der Aufgabenstellung und -wahrnehmung resultieren, wäre die Übernahme einer offiziellen Funktion im EU-System kaum möglich.

---

[253] Die Verwendung des Ausdrucks „Vertretung" wurde den Bundesländern zunächst ausdrücklich von der Bundesregierung untersagt. Lediglich Bayern nutzte dennoch diesen Begriff für sein Brüsseler Büro (mündl. Mitteilung Vertreter eines Regionalbüros der BRD, Januar 1996). Inzwischen hat sich die Lage allerdings beruhigt, und der Begriff Vertretung wird von allen Bundesländern offiziell genutzt.

[254] Die Bundesländer Hamburg und Schleswig-Holstein führen ein gemeinsames Büro unter dem Namen „Hanse-Office", so dass sich nur eine Gesamtzahl von 15 Ländervertretungen für die BRD ergibt.

[255] Von den Altmitgliedern der EU sind lediglich Portugal sowie Luxemburg bisher nicht mit Regionalbüros bei der EU vertreten.

[256] So wird beispielsweise das Büro Schottlands von einer regionalen Entwicklungsgesellschaft, mehreren größeren Unternehmen sowie einem Konsortium lokaler Gebietskörperschaften getragen (mündl. Mitteilung Büro Schottland, Januar 1997, sowie Mitchell 1995, Greenwood 1997, S. 230).

[257] So sind viele Büros zwar von den regionalen Gebietskörperschaften eingerichtet, ihre Mitarbeiter sind jedoch keine detachierten Beamten.

5.2 Die Inkorporation der Mitgliedstaaten in das EU-System

Trotz aller Komplexität und Diversität zwischen den Verbindungsbüros ist dennoch ein gemeinsamer Nenner festzustellen: die Vertretung von Interessen der jeweiligen Herkunftsregion. Dies kann vom Versuch der Beeinflussung europäischer Entscheidungsprozesse über die Vermittlung von Entscheidungen der sowie von Know-how zur EU in die Herkunftsregionen hinein bis zur Einwerbung europäischer Fördergelder und schließlich zur Promotion der „eigenen" Unternehmen, Forschungsinstitute, öffentlichen Einrichtungen oder der Region in ihrer Gesamtheit reichen. Im Einzelnen können allerdings das Gewicht sowie der Mix solcher Aktivitäten erheblich variieren.

Schon die Aktivitäten der Vertretungen der deutschen Bundesländer unterscheiden sich in dieser Hinsicht beträchtlich (Interviews verschiedene Länderbüros der BRD, Januar/Februar 1998; vgl. auch Jeffery 1997, Knodt 1998). Während einige auf die Promotion ihrer Region einschließlich der Präsentation von Kunst und Kultur setzen, vertreten andere die direkten Interessen von Wirtschaftsunternehmen ihres Territoriums; während sich einige auf den Erhalt oder – besser – die Erhöhung der ihnen zukommenden Fördermittel richten, versuchen andere – im Tausch gegen einen entsprechenden Verzicht – eine größere Handlungsfreiheit auf der unteren Ebene „herauszuschlagen".[258] Das Medium, über das all diese Strategien verfolgt werden, ist aber immer das gleiche: die direkte Kommunikation.

Diese erstreckt sich zum Ersten auf die Kommission, einerseits um frühzeitig Informationen über europäische Entscheidungen zu erlangen, andererseits um Fördermöglichkeiten zu eruieren. Soll der europäische Entscheidungsprozess in der Folge beeinflusst werden, wird dies allerdings nur selten über direkte Verbindungen zur Kommission versucht; häufiger bedient man sich dazu der nationalen Schiene – insbesondere dann, wenn die gleiche politische Partei die Zentralregierung stellt –, die dann wiederum in den Ministerrat hineinreicht. Zum Zweiten gilt ein Großteil der Kommunikation der eigenen Landesregierung, die über alle relevanten Entwicklungen in Brüssel auf dem Laufenden gehalten werden muss. Dabei geht es nicht nur um die Vermittlung von Informationen, vielmehr werden auch – aus der genaueren Kenntnis der „Szene" vor Ort – den Länderregierungen Handlungsoptionen und -strategien nahegelegt („Jetzt müsst ihr kommen", Interview Ländervertretung der BRD, Februar 1998). Zur Informationsvermittlung für die Länder gehört auch eine gewisse didaktische Aufgabe, indem Politiker und Beamte im Rahmen von Arbeitsbesuchen mit der Funktionsweise sowie dem Diskussionsstand der „Brüsseler Bürokratie" vertraut gemacht werden, denn „die sind nicht im Film" (Interview Länderbüro der BRD, Januar 1998). Zum Dritten wird auch eine intensive Kontaktpflege mit nicht-staatlichen Akteuren der eigenen Region betrieben – also mit Unternehmen, mit Forschungsinstituten, mit den Verantwortlichen für die Implementation von Strukturpolitiken etc. –, um auch diese über relevante Entscheidungen oder interes-

---

[258] So hatte die Vertretung Bayerns anlässlich der Reform der Strukturfonds des Jahres 2000 schon sehr frühzeitig wissen lassen, dass man auf eine Förderung im Rahmen von Ziel-2- oder 5b-Gebieten verzichte, wenn stattdessen dem Land erlaubt werde, eigene Förderprogramme durchzuführen. Dies wurde allerdings auf EU-Ebene kritisiert mit dem Argument, dass es nicht angehe, dass Regionen mit gut gefüllten Steuerkassen stärker fördern als „arme" Regionen (Interview Länderbüro der BRD, Februar 1998).

sante Förderprogramme zu informieren oder umgekehrt deren Interessen gegenüber europäischen Institutionen zu vertreten. Und zum Vierten schließlich werden intensive Kontakte zwischen den Vertretungen gepflegt, teilweise zum Austausch von Informationen, von denen man gemeinsam betroffen ist, teilweise um gemeinsame Interessen zu vertreten. Letzteres ist allerdings seltener der Fall, da die Regionalvertretungen häufig auch in einem Konkurrenzverhältnis zueinander stehen. Den Informationsaustausch haben die deutschen Bundesländer untereinander systematisiert, indem sie eine Reihe von gemeinsamen Arbeitsgruppen zu wichtigen (und wiederkehrenden) Themenbereichen eingerichtet haben[259]; diese, zwecks „Quellenschonung" eingesetzte Strategie ermöglicht mehr direkte Gespräche mit Kommissionsvertretern, als wenn jedes Büro gesondert einladen oder vorsprechen würde.[260] Auch über Staatsgrenzen hinweg werden vielfältige Kontakte – meist über Einladungen zu entsprechenden Events – gepflegt und gelegentlich sogar Projekte oder politische Aktivitäten in Zusammenarbeit entwickelt.[261]

Insgesamt bilden die Länder- beziehungsweise Regionenvertretungen ein wichtiges Bindeglied zwischen einerseits dem EU-System und andererseits den Regionen, seien es selbständige, föderale Gliedstaaten wie in der BRD, semi-autonome Regionen wie in Spanien oder lediglich dezentralisierte, lokale Verwaltungseinheiten wie im Großteil von Großbritannien (Interview Regionalbüros Großbritanniens und Spaniens, Januar 1997 sowie Februar 1998). Über eine intensive Kontakt- und Kommunikationspflege in verschiedene Richtungen, die „nach unten" die Diffusion europäischer Entscheidungen sowie die Vermittlung von politischem Know-how in Sachen EU leistet, während „nach oben" Ideen, Vorschläge, politische Positionen und Optionen oder Förderprojekte und -programme eingespeist beziehungsweise weitergereicht werden, kommt es zur Herausbildung eines direkten Nexus mit dem EU-System.

Ein weiteres Bindeglied zwischen EU und regionaler und lokaler Politik- und Verwaltungsebene stellt der mit dem Vertrag von Maastricht eingesetzte Ausschuss der Regionen (AdR) (im Volltext: „Ausschuss der regionalen und lokalen Gebietskörperschaften") dar (Hesse 1995, 1996, Loughlin 1997, Hrbek 2000, Schmitt-Egner 2000, S. 187 ff., Jeffery 2002). Diesem nach dem Muster des Wirtschafts- und Sozialausschusses konzipierten Gremium kommt eine Beratungsfunktion im europäischen Entscheidungsprozess in allen die Regionen betreffenden Angelegenheiten zu (Art. 265 EGV, Engel 1995). Insbesondere in den Bereichen

---

[259] Derzeit bestehen zehn solcher Arbeitsgruppen zu verschiedenen Themen (mündliche Mitteilung Mitarbeiter einer Landesvertretung der BRD, August 2007).

[260] Die Vielzahl der Vertretungen und Büros und dementsprechend der Einladungen an die Kommission führte bei dieser zu einer zunehmend reservierten Haltung und dem Vorschlag, die Interessen doch stärker zu bündeln (mündl. Mitteilung Kommissionsvertreter, Januar 1997).

[261] So haben Niedersachsen und die Region Ost-Niederlande ein gemeinsames verkehrspolitisches Projekt durchgeführt (Interview Länderbüro der BRD, Januar 1998); aktuell haben sich eine Reihe von Regionen, die durch die Chemieproduktion geprägt sind, zu einem gemeinsamen Vorgehen im Zusammenhang mit der REACH-Initiative (Neufassung der EU-Gesetzgebung zur Chemikalienkontrolle) entschlossen (mündliche Mitteilung Mitarbeiter einer Landesvertretung der BRD, April 2005).

5.2 Die Inkorporation der Mitgliedstaaten in das EU-System

Bildung, kulturelle Fördermaßnahmen, öffentliche Gesundheit, Kohäsionspolitik, Grundregeln der Strukturfonds sowie Durchführungsbestimmungen des Regionalfonds ist der Ausschuss zu hören (Borchardt 1996, S. 129). Mit dem Amsterdamer Vertrag wurde dieser Katalog um die Bereiche Beschäftigung, Sozialpolitik, Umwelt, Berufsbildung und Verkehr ausgeweitet (Degen 1998). Darüber hinaus verfügt der AdR aber auch über ein Initiativrecht in allen die Regionen betreffenden Fragen. Damit kommt ihm nahezu eine allgemeine Zuständigkeit zu. Zwar ist der Ausschuss kein Organ der EU, als festes Beratungsgremium ist er jedoch dem EU-System zuzuordnen und wäre somit bereits in Kapitel 3 zu behandeln gewesen. Aufgrund seiner spezifischen Rolle, die er als Forum und Plattform für die Manifestation regionaler und lokaler Interessen spielt, ist er jedoch eher der erweiterten Systemstruktur zuzurechnen.

Eine solche Rolle war jedoch keineswegs bei der Einsetzung des Ausschusses intendiert; vielmehr war seine endgültige Form das Resultat eines halbherzigen Kompromisses zwischen den an der Entscheidung beteiligten Organen und Akteuren. So waren die deutschen Bundesländer seinerzeit mit Maximalforderungen nach der Schaffung einer Dritten Kammer aufgetreten; die Kommission favorisierte ein eher „technisches" Beratungsgremium; der Ministerrat war gespalten zwischen Befürwortern eines begrenzten Mitspracherechts unter dem Motto der Subsidiarität und strikten Gegnern (vgl. Tömmel 1994b, 1998, Benz/Benz 1995). Damit konnte der Ausschuss im formalen Sinne nicht viel mehr werden als ein „schwaches" Beratungsgremium (Jeffery 2002). Gerade aber das Missverhältnis zwischen beschränkten formalen Kompetenzen des Ausschusses und der realen Machtposition seiner Mitglieder förderte in der Folge die Herausbildung seiner spezifischen Rolle (Engel 1995). Oder, konkreter formuliert: Weil der Ministerrat keine Konkurrenz wollte (Fernziel: Dritte Kammer), die Regionen aber mit Macht in die EU drängten und die Kommission dieses Ansinnen aktiv unterstützte, kam es zur Herausbildung eines Gremiums, das trotz geringer formaler Kompetenzen eine nicht zu überhörende Stimme in das europäische Konzert einbrachte.

Diese Rolle ist zum einen der hochrangigen Besetzung des Ausschusses zu verdanken, die ebenfalls als solche nicht intendiert war. Vielmehr legte der Vertrag lediglich die Gesamtzahl der Mitglieder (die von 189 bei 12 Mitgliedstaaten auf 344 seit dem Beitritt Bulgariens und Rumäniens stieg), den Proporz zwischen den Mitgliedstaaten (große Staaten entsenden 21 bis 24, kleinere 5 bis 15 Delegierte) sowie das Verfahren zur Ernennung der Delegierten fest (Ernennung durch den Rat auf Vorschlag der Mitgliedstaaten).[262] In der Folge entspann sich dann ein Konflikt, ob die Delegierten über ein politisches Mandat verfügen sollten oder auch Beamte der jeweiligen Gebietskörperschaften sein konnten; die Entscheidung fiel letzt-

---

[262] Das gesamte Verfahren entspricht dem für den WSA geltenden Verfahren. Der Proporz zwischen den Mitgliedstaaten stellt sich wie folgt dar: Deutschland, Frankreich, Italien und Vereinigtes Königreich: 24 Sitze; Polen, Spanien: 21; Rumänien: 15; Belgien, Bulgarien, Griechenland, Niederlande, Österreich, Portugal, Schweden, Tschechische Republik, Ungarn: 12; Dänemark, Finnland, Irland, Litauen, Slowakei: 9; Estland, Lettland, Slowenien: 7; Luxemburg, Zypern: 6; Malta: 5. Damit sind die kleinen Staaten, wie in allen EU-Gremien, deutlich überrepräsentiert.

endlich zugunsten der Politiker aus, was weitreichende Konsequenzen für die Arbeit des Ausschusses hatte (Tömmel 1994b). Auch über den Proporz zwischen Vertretern der regionalen und lokalen Ebene kam es zu Konflikten; hier folgte man im Wesentlichen der Staats- und Verwaltungsgliederung der Mitgliedstaaten, was aber in der Gesamtheit zu einer vergleichsweise ausgewogenen Struktur – bei einer gewissen Dominanz der Regionen – führte.[263] Bei der Besetzung des Ausschusses stellte sich dann heraus, dass sich Ministerpräsidenten, Provinz- und Regionsoberhäupter oder Bürgermeister bedeutender europäischer Städte um die Wahrnehmung eines Mandats rangelten.[264] Könnte man dies in der ersten Runde noch einer Überschätzung der Bedeutung des Ausschusses zuschreiben, so zeigte die Neuverteilung der Sitze zu Beginn der zweiten und dritten Amtsperiode (Jahresanfang 1998 sowie 2002), dass weiterhin Verteilungskämpfe geführt wurden[265] und sich demzufolge die hochrangige Besetzung des Ausschusses eher noch verstärkte.[266] Auch ist es keineswegs so, dass Landes- und Provinzfürsten oder Stadtväter und – seltener – -mütter die Posten nur formal besetzen, um dann die reale Arbeit ihren Mitarbeitern zu überlassen; vielmehr zeichnen sie sich durch erstaunlich regelmäßige Anwesenheit, zumindest zu den Plenarsitzungen, aus (Interview Generalsekretariat des AdR, Februar 1998). Einen Anreiz für diese Anwesenheit stellt einerseits die Möglichkeit zum Knüpfen von direkten Kontakten mit Amtskollegen dar; andererseits die potenzielle Nutzung der europäischen Bühne zur politischen Profilierung, stets aufmerksam verfolgt von Presse und Fernsehen, worüber man „zu Hause punkten kann" (Interview Länderbüro der BRD, Januar 1998). Die Besetzung des Ausschusses mit Politikern, die in ihren Herkunftsländern über erhebliches politisches Gewicht, nicht nur auf der lokalen und regionalen Ebene, verfügen, verleiht ihm im EU-System eine Bedeutung, die ihm aufgrund seines formalen Status kaum zukäme (Loughlin 1997, S. 160, Degen 1998, S. 113 f., Nugent 1999, S. 288, Interview Generalsekretariat des AdR, Februar 1998). Zudem verleiht diese Besetzung dem Ausschuss demokratische Legitimität, ein seltenes und kostbares Gut auf der europäischen Ebene. Allerdings ist die hochrangige Besetzung des Ausschusses gegenwärtig eher rückläufig, was sich beispielsweise darin zeigt, dass die Ministerpräsidenten der deutschen Bundesländer nur noch als Stellvertreter präsent sind (siehe Fußnote 268).

---

[263] Die Zurechnung zu einer der beiden Kategorien ist nicht immer klar zu ziehen (beispielsweise im Falle der deutschen Stadtstaaten oder der Region Brüssel). Nach Einschätzung eines Mitglieds des Sekretariats sind in der dritten Legislaturperiode etwa zwei Drittel der Delegierten der regionalen und ein Drittel der lokalen Ebene zuzurechnen (mündl. Information, April 2002).

[264] In der Bundesrepublik wollten die Bundesländer alle 24 Sitze besetzen, mussten dann aber drei an die kommunalen Spitzenverbände abtreten (Tömmel 1994b).

[265] Insbesondere in Frankreich waren die Sitze besonders hart umkämpft (Interview Generalsekretariat des AdR, Februar 1998).

[266] Vonseiten der Bundesrepublik waren in der ersten Amtsperiode drei und in der zweiten vier Ministerpräsidenten vertreten. In der dritten Amtsperiode war ein Ministerpräsident Mitglied, fünf weitere waren stellvertretend im AdR. Außerdem hatten sechs weitere Mitglieder des AdR Ministerrang in ihren Herkunftsstaaten (Tömmel 1994b sowie www.cormembers.cor.eu.int). In der gegenwärtigen, vierten Amtsperiode sind fünf Ministerpräsidenten von Bundesländern nur noch stellvertretend im AdR (http://www.rgre.de/pages/del_rgre.htm).

5.2 Die Inkorporation der Mitgliedstaaten in das EU-System

Ein zweiter Faktor für die Bedeutung des Ausschusses ist die Haltung der Kommission, die nicht nur an seinem Zustandekommen maßgeblich beteiligt war, sondern auch in der Folge für weitere Unterstützung sorgte (Degen 1998, S. 119 f.). So entschied die Kommission bereits im Jahre 1994 per Mitteilung, den Ausschuss nicht nur in den vom Vertrag vorgeschriebenen Themenbereichen, sondern auch in einer Reihe von weiteren Fragen von sich aus zu Rate zu ziehen. Die Pflege der Beziehungen zum Ausschuss wurde dem Portefeuille des für Regionalpolitik zuständigen Kommissionsmitglieds unterstellt; die jeweiligen Kommissare nehmen diese Aufgabe sehr ernst, was sich nicht zuletzt in zahlreichem Erscheinen vor dem Plenum und in Diskussionen mit dem Ausschuss äußert. Auch andere Kommissare pflegen intensive Kontakte zum Ausschuss: „Es gibt kein Plenum, wo nicht ein oder zwei Kommissare auftauchen" (Interview, Ländervertretung der BRD, August 2007). Darüber hinaus wurde auch beim Generalsekretariat der Kommission eine „équipe" gebildet, die die Arbeit des Ausschusses verfolgt und unterstützt beziehungsweise diese auch in die von der Kommission gewünschten Bahnen zu lenken versucht (Interview Generalsekretariat der Kommission, Februar 1998). Des Weiteren ist die Kommission bereit, den Ausschuss nicht erst im Rahmen der regulären Gesetzgebungsverfahren zu konsultieren, wie es der Vertrag vorsieht, sondern bereits im Stadium der Erstellung eines Kommissionsvorschlags (Jeffery 2002, S. 341). Damit erhält der Ausschuss einen privilegierten Zugang zum Entscheidungsprozess innerhalb der Kommission; zugleich wird er aber auch in deren Verfahren der Konsensbildung vor und außerhalb der eigentlichen politischen Entscheidungsfindung eingebunden und somit von der direkten Beeinflussung von Parlaments- und Ratsentscheidungen ferngehalten. Schließlich hat sich die Kommission auch bereit erklärt, dem Ausschuss regelmäßig über die Verwendung seiner Empfehlungen Bericht zu erstatten und ihm somit über seine Bedeutung für den Entscheidungsprozess Feedback zu geben (Cole 2005, S. 65).

Die Gründe für die entgegenkommende Haltung der Kommission liegen auf der Hand: Sie kann den Ausschuss nutzen, um die Akzeptanz und Konsensfähigkeit ihrer Vorschläge zu testen, das heißt, um auszuloten, „wo die Schmerzgrenze ist" (Interview Generalsekretariat des AdR, Februar 1998). Über den Ausschuss können die vielfältigen und divergierenden Interessen der Regionen gebündelt und Interessengegensätze in einem frühzeitigen Stadium ausgeglichen oder vermittelt werden; zudem kann der Ausschuss Ideen und Anregungen für neue Politikkonzepte liefern (Engel 1995). Über die Berücksichtigung der Anregungen und Stellungnahmen des Ausschusses kann die Kommission schließlich eine gestärkte Position gegenüber dem Ministerrat einnehmen: „Mit Zustimmung der regionalen Ebene geht sie (die damalige Kommissarin Wulf-Mathies) gerne beim Ministerrat ans Pult; dann kann sie argumentieren, dass sie die Zustimmung von unten hat" (Interview Generalsekretariat des AdR, Februar 1998). Ein Insider formulierte es so: „Die Kommission sucht immer nach Verbündeten. Der Ausschuss lebt davon, dass die Kommission Bündnispartner braucht" (Interview, Ländervertretung der BRD, August 2007).

Die beiden angeführten, über die vertraglichen Regelungen hinausgehenden Besonderheiten des Ausschusses der Regionen, die seine Pluspunkte beinhalten, bilden aber zugleich auch Basis und Ausgangspunkt für einen grundlegenden Widerspruch, der die gesamte Arbeit des Ausschusses durchzieht: zwischen einerseits einer politischen Funktion als Wortführer der „dritten Ebene" im EU-System und andererseits einer Rolle als „technisch" orientiertem Beratungsgremium, insbesondere im Dienste der Kommission. Die Kommission verfolgt dabei eindeutig das Interesse, den Ausschuss in die „technische" Richtung zu lenken oder zu ziehen, bietet er ihr so doch die Gelegenheit, Politikkonzepte zu lancieren, die nicht nur mit den unteren Ebenen abgestimmt und somit beim Ministerrat durchsetzungsfähiger sind, sondern die zugleich auch die Chancen ihrer späteren Umsetzung vor Ort erhöhen. Sie lockt den Ausschuss in diese Richtung mit dem Angebot einer privilegierten Position im Entscheidungsprozess und damit einer hohen Wahrscheinlichkeit, dass seine Vorschläge und Stellungnahmen auch tatsächlich Politik werden. Allerdings hat der Ausschuss hierfür auch einen Preis zu zahlen: Er verliert die Möglichkeit, sich als lautstarker Wortführer regionaler und lokaler Interessen im EU-System zu profilieren (Cole 2005, S. 66-68).

Gerade aber eine solche Rolle ist für den Ausschuss ebenso verlockend, bietet er doch seinen Mitgliedern eine *gemeinsame* Plattform, um das ganze politische Gewicht regionaler und lokaler Instanzen erstmals gebündelt in die europäische Waagschale zu werfen.[267] Denn ganz gleich, wie die formalen Entscheidungsverfahren strukturiert sind, es kann sich keines der europäischen Organe erlauben, die Stimme der Regionen zu überhören (Engel 1995, S. 273). Der Ministerrat versucht zwar, den Ausschuss zu ignorieren (Jeffery 2002, S. 341), jede einzelne Regierung muss aber bei Nichtbeachtung seiner Meinung mit erheblichen Widerständen rechnen. Das Parlament, obwohl im Vorfeld immer Förderer eines solchen Gremiums, fürchtet zwar die unerwartete Konkurrenz – insbesondere das politische Gewicht der Mitglieder und die Legitimität ihrer Anliegen nähren solche Interpretationen –, braucht aber auch Verbündete für die Durchsetzung seiner Positionen im Ministerrat (Degen 1998, S. 118 f.). Indem der Vertrag von Amsterdam dem Parlament ein Anhörungsrecht gegenüber dem Ausschuss konzedierte, wurden die Grundlagen für engere und direktere Beziehungen gelegt. Vor diesem Hintergrund wird es verständlich, dass der Ausschuss sich nicht als rein „technisches" Beratungsorgan der Kommission einbinden lassen will, sondern den Kontakt zu allen Organen der EU sucht. Darüber hinaus sucht er auch den Kontakt zur europäischen Öffentlichkeit, indem er Kongresse und Diskussionsforen organisiert, auf denen klare Forderungen zur Demokratisierung der EU über eine entsprechende Mitwirkung der „dritten Ebene" erhoben werden.[268]

Auch in seiner konkreten Tätigkeit versucht der Ausschuss, sich eher auf politische Stellungnahmen denn auf technische Details zu konzentrieren (Engel 1998). Eine solche Schwerpunktsetzung liegt aus mehreren Gründen auf der Hand: Die Vertreter des Ausschusses sind allesamt in ihren Herkunftsregionen Spitzenpolitiker in wichtigen exekutiven Funktionen und damit Funktionsträger, die die großen Entscheidungen treffen, während die tech-

---

[267] Zwar gibt es auch zwei Interessenverbände – VRE (Versammlung der Regionen Europas) und RGRE (Rat der Gemeinden und Regionen Europas) –, die seit Jahren auf der europäischen Ebene aktiv sind; deren Arbeit ist jedoch nicht mit einem direkten Beratungsgremium der regionalen und lokalen Gebietskörperschaften zu vergleichen (Schmitt-Egner 2000, S. 413 ff. und 471 ff.; vgl. auch Engel 1998).

[268] So hat der Ausschuss kurz vor dem Amsterdamer Gipfel ein großes Forum organisiert, auf dem politische Forderungen nach wesentlich mehr Mitsprache im EU-System erhoben wurden (Degen 1998, S. 110, Schmitt-Egner 2000, S. 134 f.).

5.2 Die Inkorporation der Mitgliedstaaten in das EU-System

nischen Details von ihren Mitarbeiterstäben geklärt werden; es liegt daher nahe, dass sie sich auf der europäischen Bühne ebenso verhalten. Die technischen Details sind auch deswegen schwieriger zu handhaben, weil auf dieser Ebene der Konsens zwischen den Ausschussmitgliedern schwerer zu finden wäre. Und schließlich ist der Ausschuss – analog zum Rat – eine Wanderzirkusveranstaltung, zu der sich die Mitglieder an wenigen Terminen des Jahres treffen (fünf Plenarsitzungen pro Jahr). Anders als der Rat besteht er jedoch nicht aus 25, sondern inzwischen aus 344 Vertretern verschiedener territorialer Einheiten, was die Konsensfindung erschwert. Und anders als der Rat verfügt er nicht über eine hochdifferenzierte Substruktur von einerseits technisch versierten Arbeitsgruppen und andererseits europa- und verhandlungserfahrenen Ständigen Vertretern. Stattdessen muss er sich mit einem nicht allzu umfangreichen Sekretariat[269] sowie den Assistenten seiner individuellen Mitglieder, die aber auch nicht in Brüssel, sondern in den jeweiligen Herkunftsregionen stationiert sind, begnügen.[270] Der Vergleich hinkt natürlich, denn der Rat hat Entscheidungen von ganz anderer Tragweite zu treffen; er macht aber immerhin deutlich, dass es für die Mitglieder des AdR schwer ist, sich für ihre Mitwirkung im europäischen Entscheidungsprozess zu organisieren (vgl. auch Cole 2005). Dementsprechend spielt denn auch das Generalsekretariat eine große Rolle bei der Erarbeitung von Berichten und Beschlussvorlagen (Interview Ländervertretung BRD, August 2007).

In der Schwierigkeit der internen Bündelung von Positionen liegt denn auch ein weiteres Problem des Ausschusses (Engel 1998, Jeffery 2002). Diese Schwierigkeit resultiert nicht so sehr aus der Vielfalt der Positionen und Interessen, als vielmehr aus dem Fehlen passender politischer „alignments". Zwar haben sich inzwischen, analog zum Europäischen Parlament, vier Parteienfamilien herausgebildet – die Europäische Volkspartei, die Sozialdemokratische Partei Europas, die Liberale und Demokratische Partei Europas sowie die Union für das Europa der Nationen/Europäische Allianz –, diese bieten jedoch keineswegs so viel Bindekraft, dass sie andere „alignments" wirksam außer Kraft setzen könnten (Schmitt-Egner 2000, S. 132 f.). Als alternative „alignments" fungieren einmal die nationale Schiene, zum Zweiten der Gegensatz zwischen regionalen und lokalen Delegierten und zum Dritten der Gegensatz zwischen Nord und Süd (Degen 1998, Jeffery 2002). Allerdings werden auch diese „alignments" in der Praxis überlagert und damit teilweise weiter fraktioniert von vielfältigen Interessengegensätzen und wenigen Gemeinsamkeiten: dem Gegensatz zwischen „Arm" und „Reich" beziehungsweise zwischen ökonomisch entwickelten und weniger entwickelten Regionen sowie zwischen kompetenzrechtlich „starken" und „schwachen" Regionen (Engel 1998); den Gemeinsamkeiten zwischen Berg-, Küsten- und Grenzregionen; zwischen von

---

[269] Das Sekretariat des AdR umfasst 459 Beschäftigte, einschließlich Planstellen auf Zeit; Zahlen aus Amtsblatt der Europäischen Union, L 077, v. 6.3.2007, S. 121, Stand: 2006.

[270] In einigen Fällen wird allerdings die Vorbereitung der Sitzungen von den Länderbüros beziehungsweise Landesvertretungen in Brüssel besorgt. Diese sind in jedem Falle eng in die Arbeit des AdR einbezogen. Andererseits knüpfen auch die Assistenten der Delegierten zunehmend Kontakte untereinander, so dass die Arbeit des Ausschusses doch auch einen – wenngleich fluideren – Unterbau erhält (mündl. Mitteilungen Verbindungsbüros sowie Assistenten von Mitgliedern des AdR, Januar/Februar 1998).

Industrie oder von Tourismus geprägten Regionen (Degen 1998) sowie zwischen großen Städten.[271] Die Folge dieser Situation ist, dass der Ausgang von Abstimmungen nur schwer einzuschätzen ist (Degen 1998, S. 115).

Allerdings gewinnen die Parteienfamilien in letzter Zeit zunehmend an Gewicht, eine Entwicklung, die sich insbesondere in Anlehnung an das Europäische Parlament vollzieht. Ähnlich wie bei diesem bildet sich dabei eine „große Koalition" zwischen Christ- und Sozialdemokraten heraus, die sich bemüht, politische Entscheidungen vorzuklären, Mehrheiten vorab zu bündeln und Ämter im Proporz zu verteilen.[272] Diese Vorgehensweise stößt aber zugleich auf größeren Widerstand, da einerseits ganze nationale Delegationen Schwierigkeiten haben, sich den Parteienfamilien anzuschließen,[273] andererseits die kleineren Parteien sich grundlos von der Mitentscheidung ausgeschlossen fühlen, und drittens Parteibindungen nicht die wirklichen Interessen und Optionen der Mitglieder widerspiegeln. Denn diese gehören zwar fast immer einer politischen Partei an, als Funktionsträger der Exekutive sind sie aber mit wesentlich konkreteren und spezifischeren Problemen befasst. Soweit daher die Parteien die Arbeit des Ausschusses bestimmen, geschieht dies eher aus pragmatischen Gründen denn aufgrund von ideologischen Bindungen; dementsprechend sind die Loyalitäten schwach ausgeprägt und werden, je nach Sachlage, zugunsten anderer Erwägungen gewechselt. Empirische Studien kamen denn auch zu dem Ergebnis, dass in einer übergroßen Zahl von Fällen nicht entlang von Parteiendifferenzen, sondern konsensual unter Einschluss aller Parteiengruppierungen abgestimmt wird (Hönnige/Kaiser 2003).[274]

Die beschriebenen Pluspunkte und Widersprüche des AdR, die hemmenden und fördernden Faktoren seiner Arbeit haben eines gemeinsam: Sie alle drängen den Ausschuss in eine Entwicklungsrichtung, die ihn von der Wahrnehmung der ihm zugedachten (begrenzten) Aufgaben wegbringt beziehungsweise zu deren Übersteigung herausfordert (Degen 1998). Dementsprechend entwickelt sich der Ausschuss – so unprofessionell wie er auf der europäischen Ebene erscheinen mag, da wenig eingebunden in die eingeölte Maschinerie der geräuschlosen europäischen Konsensfindung – zu einem Interessenvertreter der „dritten Ebe-

---

[271] Vgl. dazu auch die entsprechenden Zusammenschlüsse zu Interessenverbänden (Schmitt-Egner 2000).

[272] So gelang es dieser „großen Koalition" seit der zweiten Amtsperiode, die Ämter des Präsidenten und Stellvertretenden Präsidenten vorab zwischen Christ- und Sozialdemokraten zu verteilen und dabei ein Rotieren nach zwei Jahren zu vereinbaren. Diese Entscheidung stieß allerdings bei anderen Ausschussmitgliedern auf große Widerstände (Teilnehmende Beobachtung, Plenarsitzung des AdR am 18./19.2.1998). Auch in der dritten Amtsperiode teilt sich die „große Koalition" das Präsidentenamt im Zwei-Jahres-Rhythmus. In der gegenwärtigen vierten Amtsperiode bekleidet Michel Delebarre (Frankreich) das Präsidentenamt, der der PSE angehört. Ihm soll nach zwei Jahren wieder ein Christdemokrat folgen, der Flame Luc Van den Brande. (http://www.cor.europa.eu/de/presentation/president.htm).

[273] Dies gilt insbesondere für die italienische Delegation, deren Mitglieder seit dem Zusammenbruch und der Neuformierung der italienischen Parteien sich nicht mehr den bekannten „Familien" zuordnen lassen. Häufig sind die Delegierten auch Vertreter eines Bündnisses, das mehrere Parteien umfasst.

[274] Hönnige/Kaiser (2003, S. 15) stellten fest, dass 66,2 Prozent aller Abstimmungen im AdR einstimmig angenommen wurden. Dabei ist allerdings zu berücksichtigen, dass Konflikte in der Regel bereits zuvor in den Fachausschüssen ausgetragen werden.

ne", den die EU-Organe, ob sie wollen oder nicht, berücksichtigen müssen. Dass er als solcher gehört, beachtet oder sogar hofiert wird, liegt weniger an der Qualität seiner Arbeit im engeren Sinne als vielmehr einerseits an der Leerstelle, die die regionale und lokale Ebene bisher im EU-System darstellte und in die der Ausschuss erfolgreich vorstoßen konnte, andererseits am politischen Gewicht seiner Mitglieder, das seinerseits eine Funktion der zunehmenden Bedeutung der „unteren" Ebenen in den nationalen politischen Systemen ist, und zum Dritten an den in die Ausschussmitglieder gesetzten Erwartungen, nämlich, dass sie in der Lage sind, das EU-System „nach unten" zu vermitteln, dem „Mann auf der Straße verständlich zu machen" (Interview Generalsekretariat des AdR, Februar 1998). Das Flickwerk, das der Ausschuss zunächst darstellte, wird so unter dem Druck eines unerwartet hohen Inputs „von unten" sowie einer offenen bis stimulierenden Haltung „von oben" zu einem Baustein der Ausdifferenzierung des EU-Systems; dies jedoch nicht im Sinne einer konsistenten und kohärenten systemischen Einbindung (Stichwort: Dritte Kammer) sondern in der Form einer strukturierten Interessenvertretung „von unten" sowie einer Übersetzungs- und Vermittlungsleistung „nach unten".

Insgesamt stellt sich somit der Einbezug der regionalen und lokalen Politik- und Verwaltungsebene in das EU-System als ein Prozess dar, der über mehrere Schienen verläuft: zum einen über die direkte Interaktion zwischen europäischer und regionaler Ebene im Rahmen der Implementation europäischer Politik; zum Zweiten über die Präsenz der Regionen in Brüssel mit dem Ziel, ihre Einzelinteressen wirksam zu vertreten; zum Dritten über den Ausschuss der Regionen als Beratungsgremium im europäischen Entscheidungsprozess mit dem Ziel, die gebündelten Interessen der „dritten Ebene" einzubringen. In allen Fällen kommt es aber nicht zur Herausbildung eindeutig formalisierter oder gar hierarchisch strukturierter Beziehungen; vielmehr wird allenfalls ein loser institutioneller Rahmen für formelle und informelle Verhandlungen und direkte Kommunikations- und Interaktionsformen geschaffen; dies mit dem Ziel, die Interessen und Präferenzen der Regionen wirksam in das System einzubringen beziehungsweise diese in die System-Entscheidungen einzubeziehen. Dabei ist diese Konstellation vonseiten der Mitgliedstaaten kaum erwünscht, geschweige denn, dass sie gefördert würde; vielmehr bildet sie sich auf der Grundlage einer partiellen und keineswegs widerspruchsfreien Interessenkongruenz von europäischer und regionaler/lokaler Ebene heraus.[275]

---

[275] Eine solche Interessenkongruenz besteht vor allem darin, dass sowohl die europäische (repräsentiert durch die Kommission) wie auch die regionale Ebene Autonomiegewinne anstrebt (Tömmel 2002).

5.3 Die Inkorporation nicht-staatlicher Akteure in das EU-System

Bezogen sich die bisher dargestellten Erweiterungen des EU-Systems sowohl in horizontaler als auch in vertikaler Richtung auf die Schaffung beziehungsweise den Einbezug staatlicher Institutionen und ihrer Akteure in die Systemstruktur und ihre Funktionsmechanismen, so weitet sich das System zugleich aber auch über den Einbezug nicht-staatlicher Organisationen und Akteure in seine Entscheidungsprozesse und – bemerkenswerterweise – seine Verfahren der Politikimplementation aus. Im Rahmen der europäischen Entscheidungsfindung kommt es dabei zu fließenden Übergängen von „klassischen" Formen der Interessenvertretung oder des Lobbying vonseiten einzelner Unternehmen, kleinerer und größerer Lobbygruppen oder umfassender Interessenverbände über organisierte Formen einer verantwortlichen Mitwirkung an Entscheidungen, insbesondere im Rahmen der Sachverständigengruppen der Kommission, bis hin zum Sozialen Dialog zwischen Unternehmerverbänden und Gewerkschaften, der in Vereinbarungen mit Legislativcharakter ausmünden kann (Greenwood 1997, Falkner 1998, Keller 2001, Falkner et al. 2005, Huget 2007).

Hauptadressat des Lobbying in den verschiedenen Formen ist die Kommission; mit den zunehmenden Kompetenzen des Parlaments im Gesetzgebungsprozess sind aber auch dessen Mitglieder immer mehr Versuchen einer organisierten Beeinflussung ausgesetzt (Mazey/Richardson 1993, Kohler-Koch 1996a, verschiedene Interviews mit MEPs, Januar/Februar 1998). Umgekehrt ist es aber auch die Kommission, die den Kontakt zu Verbänden und Interessengruppen sucht (Mazey/Richardson 1995), die diese bei der (Selbst-)Organisation auf europäischer Ebene unterstützt, die bestimmte Verbände bevorzugt in ihre Arbeit einbezieht und die schließlich auch Formen der direkten Förderung über Forschungs- und Projektaufträge praktiziert (MacLaughlin/Greenwood 1995). Es bildet sich somit eine intensive Wechselwirkung zwischen EU-Organen und Verbänden heraus, in deren Folge Letztere häufig erst eine spezifisch europäische Dimension annehmen (Lahusen/Jauß 2001).

Im Rahmen der Politikimplementation ist die Rolle nicht-staatlicher Akteure wesentlich variationsreicher und zugleich fraktionierter. Hier versucht die Kommission, solche Akteure und ihre Organisationen als Träger von Förderprojekten oder sogar als Verwalter von Finanzmitteln (beispielsweise im Rahmen der Strukturfonds; Tömmel 1994a), als Vorreiter von Umwelt- oder Beschäftigungsinitiativen (beispielsweise im Rahmen des Öko-Auditing sowie der territorialen Beschäftigungspakte; Lenschow 1999, Huget 2002) oder als Organisatoren transnationaler Forschungsprogramme (im Rahmen der Technologiepolitik; Sharp 1990) zu gewinnen. Darüber hinaus werden nicht-staatliche Akteure auch systematisch in Entscheidungsprozesse auf dezentraler Ebene einbezogen.

Schließlich bildet sich aber auch ein umfangreiches und stetig wachsendes Mittelfeld heraus, das weder eindeutig dem europäischen Entscheidungsprozess noch der Politikimplementation zuzurechnen ist, sondern Merkmale und Elemente beider umfasst, und in dem nicht-staatliche Akteure über den Mechanismus der Delegation eine bedeutende Rolle spielen. Genannt seien hier beispielhaft der Bereich der technischen Normung (Eichener/Voelzkow 1994b, Eichener 1996, Voelzkow 1996, Egan 2001) sowie die pharmazeutische Industrie (Greenwood/Ronit 1994). In all diesen Fällen werden den entsprechenden Verbänden – nach Absteckung eines allgemeinen Handlungsrahmens durch die EU – weitreichende Kompetenzen zur Ausformulierung von Detailregulierungen und zur Überwachung von deren Einhaltung überantwortet. Über diesen Weg wird nicht nur die Selbstregulierung unter den betroffenen Akteuren stimuliert (Mayntz/Scharpf 1995), sondern zugleich auch häufig erst eine europäische Regulierung der entsprechenden Felder möglich gemacht. Anders formuliert: Nur über den Einbezug nicht-staatlicher Akteure in die Steuerungs- und Harmonisierungsarbeit der EU gelingt es, die Gesamtreichweite europäischer Regulierung signifikant auszuweiten (vgl. Scharpf 1994).

Insgesamt erhalten somit nicht-staatliche Akteure eine bedeutende Funktion im EU-System, wobei sie nicht nur einen inhaltlichen Input in dessen Gesetzgebungstätigkeit leisten, sondern zugleich auch dessen Output, im Sinne von Durch- und Ausführung sowie Überwachung der Einhaltung europäischer Regelungen und Politikinitiativen, signifikant erhöhen. Damit werden im EU-System neue Formen öffentlich-privater beziehungsweise staatlich-gesellschaftlicher Zusammenarbeit erprobt, was sich jedoch keineswegs nur auf die europäische Ebene beschränkt, sondern zugleich auch in zunehmendem Maße die dezentralen Ebenen erreicht und erfasst. Die System-Erweiterungen in Bezug auf die staatliche sowie die nicht-staatliche Dimension verlaufen somit auf den „unteren" Ebenen parallel und teilweise sogar als synergetische Prozesse. In der so von der EU induzierten Neuformierung öffentlich-privater sowie staatlich-gesellschaftlicher Beziehungen liegt die eigentliche Systeminnovation begründet (Tömmel 1994a, S. 388 ff.).

5.3.1 Interessenvertretung im europäischen Entscheidungsprozess

Bereits in der Gründungsphase der Europäischen Gemeinschaften konnte sich eine Vielzahl von Interessenverbänden und -organisationen auf der europäischen Ebene manifestieren. Insbesondere dem Landwirtschaftssektor gelang es über die Bildung eines entsprechenden Dachverbandes – COPA[276] – die Interessenvielfalt seiner nationalen Mitgliedverbände zu bündeln und darüber erfolgreich die Agrarpolitik der Gemeinschaft zu beeinflussen; so erfolgreich, dass er als Musterfall europäischer „Verbandsmacht" (Kohler-Koch 1996a, S. 193) oder gar als Beispiel für Neo-Korporatismus auf der europäischen Ebene galt (vgl. Andersen/Eliassen 1994 sowie Rieger 1994).[277] Mehr noch als der Agrarsektor war es aber die europäische Industrie und die übrige private Wirtschaft, die sich passende Einflusskanäle zu schaffen wusste: sei es im Alleingang einzelner großer Unternehmen, sei es im Rahmen von Branchen-, Sektor- oder nationalen Zusammenschlüssen, sei es in der Form eines allum-

---

[276] Die Abkürzung COPA steht für Committee of Professional Agricultural Organisations. Der Verband umfasst 59 (nationale) Mitgliedverbände, einen assoziierten Mitgliedverband (Rumänien) sowie 28 Partnerorganisationen. Mit 47 festangestellten Mitarbeitern ist er einer der am besten ausgestatteten Euro-Verbände; zudem verfügt er über die entwickeltste interne Struktur (Nugent 1999, S. 416-420; http://www.copa-cogeca.be/en/copa_ members.asp; sowie schriftliche Mitteilung COPA vom 20.08.2007).

[277] Allerdings ist hierbei zu berücksichtigen, dass der Agrarsektor auf der nationalen Ebene meist noch enger mit dem verantwortlichen Ministerium verzahnt ist (Nugent 1999, S. 417).

fassenden Dachverbandes, nämlich UNICE, der sich seit Januar 2007 BUSINESSEUROPE nennt (Kohler-Koch 1992, Eising/Kohler-Koch 1994).[278] Die Präsenz und Dominanz privater Unternehmen und ihrer Verbände auf der europäischen Ebene wurde in der Fachliteratur primär als einseitiges Übergewicht der Kapitalseite und damit als Problem für das Regieren im EG-System gewertet. Vor dem Hintergrund der Tatsache, dass die europäische Gesetzgebung und Regulierungsleistung lange Zeit vornehmlich in der Definition von Marktordnungen, Produktstandards oder der Regelung des Kapitalverkehrs bestand und somit Unternehmensinteressen direkt berührt waren, erscheint sie allerdings erklärlich. Hinzu kommt, dass im Rahmen von EGKS und EURATOM weitreichende spezifische Sektorbefugnisse der Kommission eine enge Zusammenarbeit mit den – wenigen – betroffenen Großunternehmen förderten. Umgekehrt konnte die Kommission im eigenen Haus kaum die erforderliche spezielle Expertise poolen, so dass sie von Anfang an auf die „Beratertätigkeit" von Interessenverbänden und Lobbygruppen angewiesen war. Schließlich mag auch die explizit technokratische und zugleich unpolitische Selbstdefinition zunächst der Hohen Behörde und später der Europäischen Kommission zu dieser Situation beigetragen haben.

Trotz der unbestreitbaren Dominanz der Unternehmensseite konnten sich aber auch die Gewerkschaften schon frühzeitig auf der europäischen Ebene formieren, auch wenn es erst 1973 zur Gründung eines einheitlichen Dachverbandes – des EGB – kam[279], der allerdings aus einer Gruppe von Vorgängerorganisationen hervorging (Visser/Ebbinghaus 1992). Als Hemmnis einer früheren Einigung erwiesen sich im Nachkriegseuropa die ideologischen Gegensätze zwischen einerseits parteipolitisch orientierten Gewerkschaften, wie sie insbesondere die romanischen Länder kennzeichnen, und andererseits Einheitsgewerkschaften mit einer Branchen- und Sektor-Struktur, wie sie für Deutschland, die Niederlande, Großbritannien und die skandinavischen Länder typisch sind.[280] In dem Maße jedoch, wie ideologische Gegensätze an Bedeutung verloren, gewann der EGB an Mitgliedverbänden und somit auch an politischem Gewicht. Der Anreiz zur Einflussnahme im EG-System blieb aber für die Gewerkschaften auch deswegen schwach, weil sich die EG – sieht man einmal von den Aktivitäten des Sozialfonds und dem Erlass von einigen Gleichstellungsrichtlinien in den 70er Jahren ab – kaum auf Arbeitnehmerfragen richtete. Soweit die Kommission dennoch ent-

---

[278] UNICE steht für Union of Industries of the European Community. Der Verband, der jetzt BUSINESSEUROPE heißt, vertritt 39 Unternehmensverbände aus 33 Staaten. Seine Mitgliedschaft ist somit nicht deckungsgleich mit dem Gebiet der EU (http://www.businesseurope.eu/Content/Default.asp).

[279] EGB steht für den Europäischen Gewerkschaftsbund, der im Euro-Jargon häufiger unter der englischen Abkürzung ETUC (European Trade Union Confederation) firmiert. Der Verband umfasst inzwischen 93 Mitgliedorganisationen, wovon 81 nationale Verbände aus insgesamt 36 Staaten sind, während 12 europäische Sektorföderationen darstellen. Damit hat der Verband eine Doppelstruktur. Zudem ist er, wie UNICE beziehungsweise BUSINESSEUROPE, nicht deckungsgleich mit EU-Europa, sondern greift auch nach den jüngsten Erweiterungen über dieses hinaus (www.etuc.org; Stand: August 2007).

[280] Dabei ging es vor allem darum, die kommunistisch orientierten Gewerkschaften aus dem europäischen Dachverband herauszuhalten (mündl. Information EGB, 1998).

sprechende Vorschläge lancierte, wurden diese regelmäßig vom Ministerrat abgeblockt.[281] Demgegenüber standen in den Mitgliedstaaten mit Tarifverhandlungen und dem Ausbau des Sozialstaates kontinuierlich „große" Themen und Aufgaben auf der Tagesordnung. Dennoch formierten sich auch die sektor- und branchenbezogenen Einzelgewerkschaften in zunehmendem Maße in europäischen Dachverbänden, um zumindest die ihren Bereich betreffenden Entscheidungen verfolgen zu können. Schließlich suchten auch nationale Gewerkschaftsverbände sowie Einzelgewerkschaften eine Präsenz in Brüssel, waren sie doch je spezifisch von EG-Entscheidungen betroffen. Insgesamt zeichnet sich somit das Gewerkschaftslager – ebenso wie das der Unternehmer – durch eine weitgehende Diversifizierung oder sogar Fraktionierung seiner Präsenz auf der europäischen Ebene aus (Greenwood 1997).

Unternehmensverbände und Gewerkschaften – wie asymmetrisch auch immer vertreten – bildeten somit frühzeitig die Eckpfeiler europäischer Interessenvertretung. Über den WSA stand ihnen ein Beratungsgremium zur Verfügung, über das sie ein offizielles Mitspracherecht im Entscheidungsprozess wahrnehmen konnten; darüber hinaus wurden sie aber auch von der Kommission in vielfältigen Einzelfragen konsultiert.

Mit dem „Projekt Europa 1992" sowie der Verabschiedung der Einheitlichen Europäischen Akte und der damit einhergehenden Ausweitung von Kompetenzen der Gemeinschaft, nicht nur im Bereich des Binnenmarktes, sondern auch in Bezug auf ein breites Spektrum von neuen Politikfeldern, kam es dann aber zu einer Proliferation – einige Autoren sprechen sogar von einer Explosion (Kohler-Koch 1992, Mazey/Richardson 1993) – von Interessengruppierungen und Lobbies auf der europäischen Ebene. Unternehmen und Verbände stärkten ihre Präsenz in Brüssel oder ließen sich durch professionelle Lobbyisten vertreten (Greenwood 1997). Neben privaten und gesellschaftlich orientierten Gruppierungen begaben sich auch staatliche und para-staatliche Institutionen auf den Weg der organisierten Interessenvertretung (vgl. Kap. 5.2.2; Tömmel 1994b, Lahusen/Jauß 2001). Außerdem bildeten sich Lobbygruppen heraus, die dem Spektrum neuer sozialer Bewegungen zuzurechnen sind, wie beispielsweise das Europäische Umweltbüro (EEB) oder die Europäische Frauenlobby (Eising/Kohler-Koch 1994, Marks/Mc Adam 1996). Trotz dieser Entwicklungen blieb allerdings die Unternehmensseite weiterhin sehr dominant. So waren nach Mazey und Richardson (1993, S. 7), die sich wiederum auf Angaben der Kommission stützten, 95 Prozent der Euro-Gruppierungen dem Unternehmerlager zuzurechnen, während sich Gewerkschaften, Umwelt- und Verbrauchergruppen die restlichen 5 Prozent teilten.

Was jedoch für alle selbsternannten oder delegierten Interessenvertreter gleichermaßen galt und gilt, ist, dass sie nicht im Rahmen oder im Namen großer bürokratischer Verbände auftreten, sondern in der Form kleiner, flexibler, häufig nur von einer Person geführter Büros (Lahusen/Jauß 2001). Nach einem Bericht der Kommission aus dem Jahre 1992 sollen etwa 3000 Verbände und Organisationen mit insgesamt 10000 Beschäftigten die Brüsseler Inte-

---

[281] Erinnert sei in diesem Zusammenhang an die Entwürfe der Vredeling-Richtlinie zu Europäischen Betriebsräten sowie zu verschiedenen Richtlinien über atypische (geringfügige) Beschäftigungsverhältnisse (Falkner 1996).

ressenvertretungsszene beherrschen; es ist anzunehmen, dass ihre Zahl bis heute weiter gewachsen ist (Greenwood 1997, S. 3). Damit übersteigt die Zahl der Lobbyisten bei weitem die der A-Beamten der Kommission (Mazey/Richardson 1993). Gleichzeitig bleibt jedoch jede einzelne Organisation kleinmaßstäblich: So sind beispielsweise nationale Gewerkschaftsverbände zumeist nur mit einigen wenigen Personen vertreten, Branchendachverbände beschäftigen ca. 5-10 Mitarbeiter (davon einige auf Basis der Delegation von nationalen Verbänden), und selbst der EGB besteht nur aus 35 Mitarbeitern (einschließlich Sekretariate; mündl. Information EGB, 1998).

Mag dies auf den ersten Blick angesichts der Vielfalt an Aufgaben als geringe oder gar als Unterausstattung mit Ressourcen erscheinen, so ist doch andererseits zu berücksichtigen, dass Dachverbände in vieler Hinsicht auf die Ressourcen ihrer Mitgliedverbände – in Bezug auf Know-how, wissenschaftliche Forschung, spezielle Recherchen oder die Bereitstellung von Experten für die Beratungsgremien der Kommission – zurückgreifen können. Auch die Unternehmensseite erscheint in diesem Sinne „schlecht ausgestattet". Große Unternehmen beschäftigen häufig nur einen Vertreter in Brüssel;[282] machtvolle Verbände, wie der der chemischen Industrie (European Chemical Industry Council, CEFIC), stellen mit ca. 80 Angestellten den größten Verband, während UNICE mit nur 30 Mitarbeitern auskommt (Hix 2005a, S. 214).[283] Viele Unternehmen haben gar keine Präsenz in Brüssel; lassen sich aber in für sie wichtigen Fragen von professionellen Beratern oder Anwaltskanzleien vertreten (Lahusen 2005).

Die kleinteilige Organisation der Interessenvertretung beinhaltet Vor- und Nachteile. Einerseits ist sie unübersichtlich und vielfältig fraktioniert, ja „zerfasert" (Eising/Kohler-Koch 1994), was es insbesondere der Kommission erschwert, die richtigen Gesprächspartner für Konsultationen zu finden. Noch schwieriger ist es in dieser Situation, seriöse von unseriösen Lobbyisten zu trennen oder gar für einen gerechten und gleichen Zugang zu den Entscheidungen der EU zu sorgen.[284] Andererseits bietet die Kleinteiligkeit aber auch vielfältige Möglichkeiten der inhaltlichen Spezialisierung sowie zum flexiblen Auftreten gegenüber den jeweiligen Dienststellen der Kommission (Lahusen/Jauß 2001). Zudem können Netzwerkbeziehungen in verschiedene Richtungen geknüpft werden: Gewerkschafts- oder Unternehmensvertreter können sich je nach Themenstellung im eigenen Lager vernetzen und dementsprechend mehr politisches Gewicht in die Waagschale werfen; sie können die jeweils andere Seite, beispielsweise der gleichen Branche oder Nationalität, anhören und im Vorfeld von Kommissionsentscheidungen gewisse Absprachen machen; und sie können sich auf vielfäl-

---

[282] Das Siemens-Büro Brüssel umfasst allerdings 12 Mitarbeiter. Interview mit Vertreter des Siemens-Büros, Oktober 2004.
[283] Nach Nugent hat der Dachverband der chemischen Industrie (CEFIC, European Chemical Industry Council) etwa 100 Beschäftigte; an zweiter Stelle steht COPA mit 47 Beschäftigten (Nugent 2003, S. 284).
[284] Kommission und Parlament haben versucht, zu einer Regulierung beziehungsweise Selbstregulierung der Lobbyisten zu kommen, allerdings nur mit begrenztem Erfolg (Mc Laughlin/Greenwood 1995, Greenwood 1997, S. 80 ff., van Schendelen 2002, S. 268 ff.).

tige Weise in die Politiknetzwerke der Kommission oder des Parlaments einklinken. Die kleinteilige Organisationsstruktur erlaubt somit flexible Aggregationen und damit eine passgenauere Reaktion auf Vorschläge und Vorhaben der Kommission.

Einen ähnlichen Effekt hat die Fraktionierung der Interessenvertretungen entlang nationaler Trennlinien. Zwar sind nach Ermittlungen der Kommission von den 3 000 Vertretungen 535 europäische Dachverbände oder Zusammenschlüsse, und ihre Zahl hat sich – nicht zuletzt aufgrund des Drucks, aber auch der Förderung vonseiten der Kommission[285] – im Laufe der Zeit deutlich erhöht.[286] Dennoch bleibt die übergroße Zahl der Interessenvertretungen an ihre nationale Herkunft gebunden. Mag man dieses Faktum einerseits bedauern – da es ein untrüglicher Indikator für den nicht gelingenden Interessenausgleich zwischen den Mitgliedstaaten ist –, so ist es doch andererseits auch Ausdruck der realen Verhältnisse: Solange die nationalen Staaten relativ geschlossene Regelungssysteme bleiben, werden Unternehmen, aber auch Arbeitnehmer und sonstige Interessengruppen von europäischen Regelungen in sehr unterschiedlicher Weise getroffen. Vor diesem Hintergrund ist es logisch, dass diese zu erwartenden Unterschiede auch in der Entscheidungsfindung eine große Rolle spielen und somit von den entsprechenden Interessengruppen in den Diskussionsprozess eingebracht werden müssen. Umgekehrt bietet die Aufsplitterung nach europäischen, nationalen oder anders definierten Verbänden auch die Möglichkeit, wiederum im Vor- oder Umfeld von EU-Entscheidungen unterschiedliche Positionen explizit zu formulieren, zu vermitteln oder gar gemeinsame Lösungsansätze zu finden. In diesem Sinne kann man die vielfältig fraktionierte Interessenvertretungs-„Landschaft" auch als adäquaten Ausdruck von sehr komplexen Gemengelagen im Rahmen des EU-Systems werten. Oder, umgekehrt formuliert: In der verstärkten oder gar ausschließlichen Bildung von Euro-Gruppen läge keineswegs der Schlüssel zu einer besseren oder einflussreicheren Interessenvertretung begründet; im Gegenteil, sie würde die tatsächlichen Interessengegensätze nur verschleiern oder ignorieren.

In der Fachliteratur werden die komplexen und vielfach fraktionierten Formen der Repräsentation nicht nur der Vielschichtigkeit von EG-Entscheidungen zugeschrieben, sondern auch der wesentlich offeneren und vielfach fraktionierten Systemstruktur der EU (Kohler-Koch 1992, Eising/Kohler-Koch 1994, 2005, Andersen/Eliassen 1994, van Schendelen 2002). In der Tat ist das EU-System offener und zugänglicher für externe Einflüsse, indem insbesondere die Kommission den Kontakt mit oder die Konsultation von externen Akteuren sucht. Dies mag seinerseits die Präsenz einer Vielzahl von Akteuren auf der europäischen Ebene stimulieren. Zudem ist das System offener, indem seine fraktionierte Struktur vielfältige Ansatzpunkte für die organisierte Beeinflussung bietet (Greenwood 1997, S. 27 ff.). So ist nicht nur die Kommission, sondern auch das Parlament in dem Maße, wie seine Gesetzgebungskompetenzen sich ausweiten, Adressat von Lobbyisten. Auch der Ministerrat beziehungs-

---

[285] So können in der Regel nur Euro-Verbände eine Förderung durch die Kommission erhalten; außerdem betont die Kommission immer wieder, dass sie es vorzieht, mit Euro-Verbänden zu verhandeln.
[286] Nugent spricht von ca. 700 Euro-Gruppen (Nugent 2003, S. 281 f.); Eising/Kohler-Koch nennen 941 EU-Verbände (Eising/Kohler-Koch 2005, S. 15).

weise die Ständigen Vertretungen sehen sich zunehmend externer Beeinflussung ausgesetzt, wenngleich diese sich nach wie vor primär auf die einzelstaatlichen Akteure bezieht. Der Übergang zu Mehrheitsentscheidungen im Ministerrat hat allerdings die Beeinflussungsversuche der Lobbyisten wiederum auf die Kommission zurückgeworfen, da ein einzelner Mitgliedstaat nicht mehr die Entscheidungen ausschlaggebend beeinflussen oder wenigstens blockieren kann (Mazey/Richardson 1995). Umgekehrt ist eine erfolgreiche Beeinflussung des Ministerrates nur noch über die Bildung von Koalitionen zu erreichen. Insgesamt erfordert somit die komplexe Struktur des EU-Systems und die Vielfalt möglicher Zugangswege zu seinen Entscheidungen eine flexible und differenzierte Lobbyarbeit, was sich auch auf die Organisationsstrukturen auswirkt.

Fragt man nun, in welcher Weise sich die organisierte Beeinflussung von EU-Entscheidungen *in concreto* vollzieht und welche Interessen dabei vertreten werden, so sind es zunächst die Lobbyisten selbst, die den Zugang zu den entsprechenden Instanzen – in erster Linie zur Kommission – suchen. Dabei stellt sich die Schwierigkeit einer genauen Information über die Vorhaben der Kommission und die Verantwortlichen für ihre Ausarbeitung. Wiewohl die Kommission ihr Arbeitsprogramm immer früher vorlegt, ergeben sich doch zahlreiche Informationsprobleme und -lücken; nicht zuletzt wegen späterer Prioritätsverschiebungen oder Programmänderungen, die sich kaum vermeiden lassen. Es entstehen also bereits in diesem Stadium Ungleichheiten zwischen Eingeweihten mit guten Kontakten und Außenstehenden. Hat eine Organisation den richtigen Zugang gefunden, dann stellt sich das Problem einer erfolgreichen, das heißt, einer im Interesse des Lobbyisten liegenden, aber auch für die Kommission vorteilhaften Form der Beeinflussung. Laut Aussagen eines Insiders der Kommission ist der übergroße Teil der Lobbyarbeit von schlechter Qualität: schlecht vorbereitet, schlecht organisiert und offensichtlich auch schlecht auf die anstehende Problematik abgestimmt (Hull 1993). Mag diese Aussage übertrieben sein, so zeigt sich doch deutlich, dass die Kommission nur für solche Lobbyisten ein offenes Ohr hat, die einen relevanten inhaltlichen Input in *ihre* Arbeit zu leisten imstande sind.[287] Das heißt, zwischen Lobbyisten und der Kommission stellen sich vielfältige konkrete Abstimmungsprobleme. Vor diesem Hintergrund wird verständlich, dass die Kommission eher feste Beziehungen zu ausgewählten Interessenvertretern sucht, die in der Lage sind, in ihren Problemdefinitionen mitzudenken, als dass sie für alle offensteht (Mazey/Richardson 1995). Das beinhaltet, dass sie technisch versierten Experten den Vorzug gibt vor allgemein politisch oder zielsetzungsorientiert argumentierenden Interessenvertretern. Zudem bevorzugt die Kommission Inputs, die schon im Vorfeld mit mehreren Gruppen oder Akteuren abgestimmt sind und Interessendivergenzen bündeln; insofern sind Gruppen, die diese Vorarbeit leisten, in der Regel erfolgreicher in der Beeinflussung als individuelle Interessenvertreter.

---

[287] Diese Einschätzung wurde auch von Mitarbeitern des Europäischen Umweltbüros immer wieder betont (Interviews EEB, Januar/Februar 1998).

Trotz der Bevorzugung „technischer" Experten, meist aus Unternehmerkreisen, haben aber auch politisch oder gesellschaftlich orientierte Gruppen Chancen der Einflussnahme (Greenwood 1997, Kap. 7 und 8). So sind etwa die Gewerkschaften mit ihrem Ziel des Ausbaus der „sozialen Dimension" der EU immer dann besonders willkommen, wenn es darum geht, konkrete Politiken und Initiativen im Ministerrat durchzudrücken. Ihre Mitarbeit ist auch deswegen erwünscht, weil sie ein großes Spektrum von Mitgliedverbänden und Mitgliedern hinter sich wissen, denen die jeweiligen Positionen und Kompromisse vermittelt werden können (Interview EGB, Januar 1998). Aber auch Umweltgruppen oder andere „schwach organisierte" Interessen finden zunehmend Gehör (Marks/Mc Adam 1996, Lahusen/Jauß 2001, S. 176 ff.)[288], dies einerseits, weil solche Gruppen sehr genau die Regelungslücken und Umsetzungsdefizite im System indizieren, andererseits, weil sie als wichtige Verbündete bei der Durchsetzung weiterer Regelungen auf der europäischen Ebene fungieren, und zum Dritten, weil sie dem System und insbesondere der Kommission Legitimation verleihen (Greenwood 1997, S. 177 ff.).

Vor dem Hintergrund der begrenzten Brauchbarkeit und der selektiven Akzeptanz organisierter Interessenvertretung wird es auch verständlich, dass die Kommission ihrerseits Schritte unternimmt, um die Interessenvertretung zu ordnen, zu strukturieren oder sogar ihren Bedürfnissen anzupassen.

Als Schritt der Ordnung ist der 1993 auf Druck des Parlaments, aber auch einer zunehmend kritischer reagierenden Öffentlichkeit erlassene „code of conduct" für Lobbyorganisationen sowie die Einführung eines Registers für diese zu werten (MacLaughlin/Greenwood 1995). Darüber hinaus legte die Kommission den Lobbyisten nahe, einen Berufsverband zu gründen, der eine Reihe von selbstregulativen Funktionen übernehmen sollte; allerdings kam ein solcher Verband bisher nicht zustande. Eine weitergehende Strukturierung verfolgt die Kommission vor allem dadurch, dass sie die Bildung von europäischen Interessengruppen anregt und teilweise nur diese in ihre Arbeit einbezieht, was einen starken indirekten Anreiz zu deren Formierung darstellt. Darüber hinaus werden solche Gruppen auch finanziell gefördert, indem sie entsprechende Projekte ausführen und damit auch indirekt Systemfunktionen übernehmen (Greenwood 1997, S. 10). Die Vorteile solcher europäischen Interessengruppen als Konsultationspartner der Kommission liegen auf der Hand: Sie leisten die Vermittlung von Interessendivergenzen, insbesondere entlang nationaler Trennlinien, und nehmen damit der Kommission (die schwierige) Abwägungsarbeit ab. Dennoch ist aber auch die Kommission auf genaue Informationen über national unterschiedliche Effekte ihrer Vorhaben angewiesen, so dass sie in zahlreichen Situationen, trotz der Förderung der Euro-Gruppen, den Kontakt zu national organisierten oder individuell agierenden Interessenvertretern sucht.

Die Anpassung von Interessenvertretern an die Bedürfnisse der Kommission vollzieht sich in einem längerfristigen Interaktionsprozess zwischen den beteiligten Akteuren. So ist die –

---

[288] So berichteten Vertreter des EEB, dass die Kommission sie in über 30 Sachverständigengruppen einbeziehen wollte; eine Arbeit, die das kleine Büro aber kaum leisten konnte (Interview EEB, Januar 1998).

wiederholte – Einladung zur Partizipation in Sachverständigengremien an sich schon ein starker Anreiz, um sich zunehmend an die Erwartungen der Kommission anzupassen oder – kritischer formuliert – sich von dieser einbinden zu lassen. Diese Erwartungen beziehen sich vor allem auf die Vorlage technisch versierter und detailgenauer Vorschläge, während politische Grundsatzargumentationen eher unerwünscht sind (vgl. Hull über das EEB, 1993, Interview EEB, Januar/Februar 1998). Im Tausch für eine in diesem Sinne konstruktive Partizipation bietet die Kommission Gelegenheit zur Mitarbeit an der Ausformulierung von Gesetzestexten oder Politikprogrammen, laut Hull eine lohnende Arbeit, da in der Regel 80 Prozent des Kommissionstextes letztendlich auch vom Ministerrat angenommen werden (Hull 1993, S. 83).[289] Es versteht sich, dass diese Form der technischen Detailarbeit eher von direkt Involvierten – insbesondere den betroffenen Unternehmen – geleistet werden kann, während indirekt Betroffene – beispielsweise Umwelt- oder Verbrauchergruppen – eher politisch reagieren und argumentieren. In der technischen Ausrichtung der Kommission liegt somit bereits eine inhärente Tendenz zur Ungleichbehandlung ökonomischer und sozialer Interessen begründet. Dennoch kann man selbst für sozial orientierte Gruppen feststellen, dass sie sich im Laufe der Jahre zunehmend an die Erwartungen der Kommission angepasst haben und somit mehr und mehr im Gewande von Experten auftreten (verschiedene Interviews EEB, Januar 1998).

Bei der Erstellung von Gesetzestexten oder anderen Vorlagen überprüft die Kommission sorgfältig, welche Interessenvertreter in den Entscheidungsprozess und konkret in die Sachverständigengruppen einzubeziehen sind. Dabei wählt sie einerseits gerne Gesprächspartner aus, die ohnehin zu ihren Vorschlägen tendieren; andererseits muss sie aber den Konsens im Ministerrat so weit wie möglich vorwegnehmen und somit auch die Kontrahenten einladen. Zudem bezieht sie bevorzugt solche Verbände ein, bei denen sie darauf rechnen kann, dass diese in der Lage sind, den erreichten Konsens in ihre Mitgliedverbände hinein zu vermitteln und somit die Unterstützung für die Kommission zu verbreitern. Die Auswahl passender Verbände und Gesprächspartner stellt somit eine schwierige Gratwanderung zwischen dem Weg des geringsten Widerstandes, der maximalen Erschließung technischer Expertise, der Mobilisierung von Unterstützung sowie dem Postulat nach politischer Ausgewogenheit und demokratischer Gerechtigkeit beim Zugang zum Entscheidungsprozess dar (Interview GD XI Umwelt, Februar 1998).

Während die Kommission eher die technisch orientierten Akteure anzieht – und auch stärker belohnt –, bildet das Parlament den primären Ansprechpartner für politisch und gesellschaftlich orientierte Gruppierungen (Kohler-Koch 1997). Das ist auch kaum verwunderlich, ist das Parlament doch selber eher auf politische Grundsatzfragen und -erwägungen gerichtet, während technische Details in den Hintergrund treten. Dementsprechend finden Gewerkschaften, Umwelt- und Verbrauchergruppen sowie Frauenlobbies hier eher ein offenes Ohr für ihre Forderungen. Trotz dieser dominierenden Grundkonstellation sind aber auch das

---

[289] Allerdings ist diese Prozentzahl nicht allzu aussagekräftig, enthalten doch vermutlich die verbleibenden 20 Prozent die brisanten Themen.

Parlament beziehungsweise einzelne Parlamentarier zunehmenden Beeinflussungsversuchen auch von Unternehmensseite ausgesetzt. Dabei wird häufig die Schiene der nationalen oder regionalen Solidarität genutzt, um spezifische Interessen in den Meinungsbildungsprozess einzubringen. Die Argumentation zahlreicher Parlamentarier, dass diese oder jene Regelung in ihrem Lande zu unerwünschten Effekten führe, belegt den Erfolg einer solchen Strategie (teilnehmende Beobachtung, Ausschusssitzungen des Parlaments, verschiedene Interviews mit MEPs, Januar/Februar 1998). Darüber hinaus nutzen die Europarlamentarier in zunehmendem Maße Interessenvertreter, um an die auch von ihnen benötigten Detailkenntnisse heranzukommen. Insbesondere die Berichterstatter zu Gesetzesvorlagen oder Politikkonzepten spielen hierbei eine entscheidende Rolle. Es scheint allerdings, dass die Interessenvertreter nicht immer die Regeln demokratischer Gepflogenheiten respektieren, was nicht zuletzt das Parlament bewogen hat, eine striktere Begrenzung und Kontrolle des Lobbywesens einzufordern und die Kommission entsprechend unter Druck zu setzen; dies alles allerdings nur mit begrenztem Erfolg (vgl. MacLaughlin/Greenwood 1995, Eising 2001, S. 455 f.).

Schließlich bezieht sich die organisierte Beeinflussung auch auf den Ministerrat; hier findet sie aber eher im Vorfeld der Entscheidungen dieses Organs, nämlich auf der Ebene der Einzelstaaten sowie in Bezug auf dessen Substruktur, die Ständigen Vertretungen und die Arbeitsgruppen, statt. Es geht somit hierbei meist um die Verfolgung nationaler (oder entlang nationaler Trennlinien divergierender) Interessen und weniger um auf Europäisierung gerichtete Strategien.

Insgesamt stellt sich somit die organisierte Interessenvertretung auf der europäischen Ebene als ein sehr komplexes Geschehen dar. Eine große Zahl von vielfach divergierenden und fraktionierten Interessenverbänden, -gruppierungen und individuellen Lobbyisten versucht über verschiedene Zugangswege zur EU den europäischen Entscheidungsprozess zu beeinflussen. Zwar ist die Kommission in all ihren Differenzierungen – Kommissare, Kabinette, Dienststellen – der erste Ansprechpartner; parallel dazu werden aber auch das Parlament und die gesamte nationale Schiene – Regierungen, Ministerien, Ständige Vertretungen und Arbeitsgruppen – bearbeitet. Umgekehrt nutzen insbesondere die Kommission, aber auch das Parlament die Interessenvertreter als Informationsquelle, Lieferanten von Expertenwissen sowie Mobilisierer von Unterstützung im Entscheidungsprozess. Es bildet sich so in gewissem Sinne eine Symbiose zwischen EU und Interessenvertretern heraus. Dabei bleiben die Formen und Strukturen der Interessenvertretung in Anpassung an das „offene" System der EU fluid. Vor diesem Hintergrund sind Begriffsbildungen wie Pluralismus (Streeck/Schmitter 1991) oder gar Neo-Korporatismus (Falkner 1998, Keller 2001) nicht nur verfrüht (MacLaughlin/Greenwood 1995), sondern gehen möglicherweise am eigentlichen Kern der Entwicklung vorbei. Denn diese tendiert, in Reaktion auf die offene und komplexe Systemstruktur der EU, eher zur Herausbildung von lose geknüpften Formen der Netzwerkbildung als zu systematischen und politisch motivierten Abwägungsprozessen zwischen den beteiligten Akteuren unter der Regie einer übergreifenden Instanz (Lahusen/Jauß 2001), wie sie sowohl für ein pluralistisches als auch ein korporatistisches System der Interessenvermittlung auf nationalem Niveau kennzeichnend sind (Streeck/Schmitter 1991). Es bilden sich somit im Rahmen der EU neue Formen der Interessenrepräsentation sowie des Einbezugs der jeweiligen Akteure in den Entscheidungsprozess heraus.

5.3.2 Mitentscheidung, delegierte Verantwortung, Politikimplementation

Interessenrepräsentanten und generell nicht-staatliche Akteure spielen aber nicht nur die im Vorgehenden beschriebene Rolle im europäischen Entscheidungsprozess; vielmehr werden sie noch auf wesentlich weitergehendere Weise in die Verantwortung einbezogen. In diesem Kontext ist zum einen der Soziale Dialog zwischen Arbeitgebern und Gewerkschaften zu nennen, der in Vereinbarungen mit Legislativcharakter ausmünden kann; zum Zweiten ist die Delegation von Verantwortung an Verbände zu nennen, die in der Folge auf dem Wege der Selbstregulierung Politikentscheidungen treffen und teilweise auch umsetzen; und zum Dritten ist auf die Rolle nicht-staatlicher Akteure in der Politikimplementation zu verweisen, wobei diese nicht nur an dezentralen Entscheidungen mitwirken, sondern auch exekutive Funktionen ausüben. In allen genannten Fällen übernehmen nicht-staatliche Akteure Funktionen, die normalerweise dem Staat oder öffentlichen Instanzen vorbehalten sind. Es kommt hier somit zu Formen der System-Erweiterung, die zugleich eine Transzendierung traditioneller Staatlichkeit beinhalten.[290] Im Folgenden sollen die genannten Tendenzen anhand ausgewählter Beispiele dargestellt werden.

5.3.2.1 Sozialpartner als Akteure der Gesetzgebung

Der *Soziale Dialog* zwischen Arbeitgebern und Gewerkschaften wurde im Rahmen des Maastrichter Vertrages erstmals formal geregelt, nachdem zuvor vielfältige Versuche, insbesondere vonseiten der Kommission, ihn auf freiwilliger Basis zwischen den beteiligten Akteuren zu stimulieren, vor allem am Widerstand der Unternehmerseite gescheitert waren (Streeck/Schmitter 1991, Falkner 1996, 1998, 2000, 2002, Keller/Sörries 1997, Hartenberger 2001, Keller 2001, Falkner et al. 2005, Huget 2007). Im Rahmen eines dem Vertrag angefügten „Sozialprotokolls", das von elf Mitgliedstaaten unterzeichnet wurde und somit eine Selbstverpflichtung zum Ausbau einer europäischen Sozialpolitik darstellte, wurde ein spezielles Verfahren zum Erlass von europäischen Regelungen im sozialpolitischen Bereich eingeführt: Die Kommission teilt den Sozialpartnern mit, dass sie gesetzgeberische Maßnahmen in einem bestimmten Bereich plant. Sofern Arbeitgeber und Gewerkschaften – nach erfolgter Erteilung eines Verhandlungsmandats für eine bestimmte Thematik – im Dialog miteinander zu einem Regulierungsvorschlag kommen, der vom Konsens beider Seiten getragen ist, kann dieser unmittelbar in europäische Gesetzgebung umgesetzt werden. Der Ministerrat trifft dann zwar noch – auf Vorschlag der Kommission – eine formale Entscheidung, er kann jedoch den Vorschlag nicht mehr in seiner Substanz verändern. Die Reichweite dieser Regelung – die Delors auf dem Maastrichter Gipfel nach einem Verhandlungspatt aufgrund des britischen Widerstandes gegen jegliches sozialpolitisches Engagement der EU in letzter Minute durchgesetzt hatte (vgl. Ross 1995, S. 151 ff.) – ging zunächst in der all-

---

[290] Solche Entwicklungen sind auch in den nationalen politischen Systemen festzustellen; auf der europäischen Ebene erhalten sie allerdings wegen des Fehlens auskristallisierter staatlicher Strukturen eine größere Bedeutung.

gemeinen Enttäuschung über die schwache Positionierung der Sozialpolitik unter. Denn diese war ja nur im Anhang des Vertrages festgelegt, von nur elf Staaten unterzeichnet und mit scheinbar wenig innovativen Inhalten ausgestattet worden. Lediglich das Parlament erkannte die Brisanz der Regelung und monierte schon im Vorfeld ihrer Verabschiedung, dass es von der Mitwirkung ausgeschlossen sei und somit die demokratische Legitimation fehle. Auch UNICE lehnte die Regelung ursprünglich ab; stimmte ihr aber in der Annahme, dass sie ohnehin am Widerstand der Briten scheitern werde, zu (Ross 1995, vgl. auch Falkner 2002, S. 229). Aber auch nach seiner unerwarteten Annahme durch die elf Unterzeichnerstaaten maß man dem neuen Verfahren zunächst nicht allzu viel Gewicht bei angesichts der notorischen Schwäche der Gewerkschaften auf der europäischen Ebene und dem allenthalben bekannten Unwillen der Arbeitgeberseite, sich auf bilaterale Verhandlungen einzulassen (Keller 2001). In der Folge kam es aber gänzlich anders als erwartet: Mit dem Amsterdamer Vertrag, der kurz nach dem Regierungswechsel in Großbritannien vereinbart wurde, stimmte auch die neue Labour-Regierung unter Blair dem Sozialprotokoll zu, sodass dieses in den EG-Vertrag aufgenommen werden konnte. Damit wurde auch das Verfahren von Vereinbarungen zwischen den Sozialpartnern vertraglich verankert (Art. 139 EGV). Der Vertrag sieht zwei Arten von Vereinbarungen vor: zum einen solche, deren Durchführung „nach den jeweiligen Verfahren und Gepflogenheiten der Sozialpartner und der Mitgliedstaaten" erfolgt; zum anderen solche, die auf Antrag der Sozialpartner „durch einen Beschluss des Rates auf Vorschlag der Kommission" verabschiedet, also in die Form einer Richtlinie gegossen werden (Art. 139, Abs. 2 EGV).

Ein entsprechendes Verhandlungsmandat kam bereits vor der Verabschiedung des Amsterdamer Vertrags im Jahre 1995 zustande, sodass das Verfahren erstmals in Gang gesetzt werden konnte (Keller 2001, S. 147-150). In der Folge zeigte sich, dass beide Verhandlungspartner im Rahmen des Verfahrens grundlegenden Lernprozessen ausgesetzt waren und sich neu positionieren mussten (Falkner 1999; Interviews EGB und UNICE, Januar/Februar 1998). Während die Gewerkschaften in eine gänzlich neue Rolle als Akteure eines Gesetzgebungsverfahrens – und nicht als Wortführer mit politischen Forderungen, deren Umsetzung in die Verantwortung anderer fällt – hineinwachsen mussten (Interview EGB, Januar 1998), sah sich die Arbeitgeberseite, hauptsächlich vertreten durch UNICE[291], in der Situation, Kompromisse mit den Arbeitnehmern als kleineres Übel im Vergleich zu einer drohenden europäischen Regulierung zu akzeptieren (Interview UNICE, Februar 1998, vgl. auch Keller 2001). Der bisherige Verlauf von entsprechenden Verhandlungen ist denn auch durchaus von Erfolgen *und* Misserfolgen begleitet. Als Misserfolg erwies sich gleich der erste Versuch der Selbstregulierung in Bezug auf eine Richtlinie über Europäische Betriebsräte. Es zeigte sich, dass das Thema zu kontrovers war, um von den Sozialpartnern alleine verabschiedet zu werden. Mehr noch als die Gegensätze zwischen ihnen behinderte der Dissens innerhalb der jeweiligen Gruppe eine Einigung. Insbesondere der britische Industriellenver-

---

[291] Neben UNICE ist auch CEEP (Centre Européen des Entreprises á participation publique) als Vertretung der Interessen staatlicher Unternehmen an den Verhandlungen beteiligt.

band wollte eine entsprechende Regelung verhindern und UNICE war noch nicht so weit, eine solche Fundamentalopposition einfach zu übergehen (Falkner 1999). Aber auch in verfahrenstechnischer Hinsicht wurden Fehler gemacht. So traten die Sozialpartner zunächst in Vorverhandlungen über Verhandlungen ein, um kontroverse Punkte abzuklären. Dies führte jedoch nur zur Verfestigung gegensätzlicher Standpunkte und damit zum Scheitern der Verhandlungen. Der tiefere Grund hierfür liegt nach Aussage von UNICE in dem Problem, dass solchen Vorverhandlungen der Außendruck fehle und somit keine Kompromisse erzielt werden könnten (Interview UNICE, Februar 1998; vgl. auch Falkner 1999). Die Sozialpartner mussten schließlich der Kommission das Scheitern ihrer Verhandlungen mitteilen und damit den Weg für ein „normales" Gesetzgebungsverfahren freimachen. Eine entsprechende Richtlinie wurde denn auch bald darauf verabschiedet.

Als Erfolg erwiesen sich dann aber zwei weitere Verfahren im Rahmen des Sozialen Dialogs, nämlich eines über eine Richtlinie zum Elternurlaub von Arbeitnehmern und ein zweites zur Problematik atypischer Beschäftigungsverhältnisse. Beim Thema Elternurlaub handelt es sich um eine enger begrenzte Materie; bei den atypischen Beschäftigungsverhältnissen wurde die Begrenzung hergestellt, indem nur ein Bereich aus dem gesamten Komplex herausgeschnitten wurde, nämlich Teilzeitarbeit. Trotz der inhaltlichen Begrenzungen erwies sich der Verhandlungsverlauf in beiden Fällen keineswegs als einfach. Im Falle des Elternurlaubs waren unverhältnismäßig viele Sitzungen und Diskussionen nötig, um zu einer Einigung zu kommen (Interview UNICE, Februar 1998). Für die Gewerkschaftsseite stellte sich die Schwierigkeit, ihre vielfältig zersplitterte Anhängerschaft auf einen gemeinsamen Nenner zu bringen. Insbesondere bei einem Thema wie Elternurlaub gibt es nicht nur die unterschiedlichsten – oder gar keine – Regelungen in den Mitgliedstaaten; vielmehr sind auch kulturelle Traditionen wie das Rollenverständnis von Mann und Frau berührt (Falkner et al. 2002, 2005, Fuhrmann 2005). Für die Unternehmerseite war es ebenso schwierig, den günstigsten Trade-off zwischen einer europäischen Regelung, die Konkurrenzverfälschung, aber auch die unverhältnismäßig hohe Anhebung des Elternurlaubs vermeidet, und einer variablen Lösung für jeden Mitgliedstaat herauszufinden. Angesichts derart komplexer Gemengelagen von divergierenden Interessen konnte die Lösung denn auch nichts anderes sein als eine flexible Regelung auf der europäischen Ebene, die wiederum den Mitgliedstaaten und ihren Sozialpartnern einen erheblichen Entscheidungsspielraum zur konkreten Ausfüllung dieses Rahmens offenlässt. In ähnlicher Weise verliefen auch die Verhandlungen zur Richtlinie über Teilzeitarbeit: Der Diskussionsprozess dauerte noch länger, und das Ergebnis war wiederum ein Kompromiss, der den Rahmen definiert (über eine allgemeine Nicht-Diskriminierungsklausel), während alle konkreten Fragen – einschließlich der Definition von „casual workers", die von der Regelung ausgeschlossen werden sollten – den „unteren" Ebenen übertragen wurden (Interview UNICE, Februar 1998). Schließlich wurde in den Jahren 1998/99 ein drittes Abkommen zwischen den Sozialpartnern vereinbart, das als Rahmenrichtlinie Grundprinzipien zu befristeten Beschäftigungsverhältnissen festlegt (Falkner 2000, S. 710 f., Keller 2001, S. 153 f.). Allerdings erhält die Richtlinie eine Vielzahl von Soll-Bestimmungen, deren Interpretation und Implementation wiederum den nationalen Entscheidungsträgern überantwortet wird. Die Ausgestaltung von gesetzlichen Regelungen durch die Sozialpartner tendiert also – mehr noch als die „regulären" Gesetzgebungsverfahren der EU – zur Formulierung flexibler, vielfältig interpretier- und umsetzbarer Lösungen (Hartenberger 2001, S. 154, Falkner 2002, S. 231 f.). In der Folge kam es noch in drei Fällen

5.3 Die Inkorporation nicht-staatlicher Akteure in das EU-System

zum Erlass von sektorspezifischen Richtlinien für eng begrenzte Bereiche;[292] seit 2004 wurde keine Richtlinie mehr auf der Grundlage von Vereinbarungen der Sozialpartner erlassen. Stattdessen wurden zwischen 2002 und 2004 immerhin drei Vereinbarungen der Sozialpartner auf europäischer Ebene getroffen, die lediglich in den Mitgliedstaaten durchgeführt werden (http://ec.europa.eu/employment_social/social_dialogue/typology_de.htm).

Die Formulierung sehr offener und flexibler Vereinbarungen scheint von allen Seiten erwünscht zu sein: Die Kommission hat sie offensichtlich antizipiert, indem sie bereits in das Sozialprotokoll das Verfahren eingebracht hatte, nach dem Vereinbarungen der Sozialpartner auch auf mitgliedstaatlicher Ebene ohne Richtlinie nach den dortigen Gepflogenheiten umgesetzt werden konnten, eine Regelung, die dann in den EG-Vertrag einfloss (Art. 139, Abs. 2); UNICE betrachtet die Schaffung relativ offener Rahmenregelungen als explizite Strategie, um starre und übermäßig detaillierte Regelungen zu verhindern (Interview UNICE, Februar 1998, Keller 2001, S. 158); und auch der EGB muss sich auf diese Strategie einlassen, gelingt es doch nur so, die vielfältigen Positionen und Traditionen seiner Mitgliedverbände adäquat zu berücksichtigen.

Die eingeschlagene Strategie, die teils aus dem Unvermögen, zu einheitlichen Regelungen zu kommen, teils aus bewusster Einsicht resultiert, hat aber noch weitreichendere Konsequenzen: Sie ermöglicht nicht nur, überhaupt zu einer Einigung auf der europäischen Ebene zu kommen und damit die Sozialpolitik nach einer langen Stagnationsphase zumindest in kleinen Schritten voranzutreiben, sondern eröffnet auch neue Handlungsspielräume auf der nationalen Ebene, und dies nicht nur für die staatlichen Akteure, sondern auch und besonders für die Sozialpartner (Falkner et al. 2005). Denn mit der Ausgestaltung der Sozialpolitik in den Mitgliedstaaten werden die Positionen nationaler Verbände – die möglicherweise zuvor im verbandsinternen Abstimmungsprozess bestimmte Kompromisse blockiert haben – über das Medium von flexiblen Rahmenrichtlinien oder auch nur von Rahmenvereinbarungen zu den Positionen der Euro-Verbände in Beziehung gesetzt oder sogar in diese eingepasst (Falkner 2002). Es entstehen somit auch auf der Schiene nicht-staatlicher Akteure systemische Beziehungen zwischen europäischer und nationaler oder auch regionaler Ebene.

Zugleich ziehen die neuen Verfahren aber auch Veränderungen auf der europäischen Ebene nach sich: So werden die Organe der EU mit einem veränderten Rollenverständnis konfrontiert. Die Kommission muss sich wieder stärker mit dem Verfahrensmanagement begnügen, während sie in den Verhandlungsprozess nicht eingreifen darf. Allerdings kann sie die Rahmenbedingungen des Prozesses abstecken, da sie es ist, die das Gesetzesvorhaben definiert und die inhaltlichen Parameter eines Verhandlungsmandats eingrenzt (Falkner 2002). Zudem kann sie mit ihrem bekanntermaßen geschickten Verfahrensmanagement die Weichen in die von ihr gewünschte Richtung stellen (Eichener 1996). Das Parlament, das sich ein Recht zur Information über die Verhandlungslösung erkämpft hat, muss nicht nur den Verlust von –

---

[292] Diese bezogen sich auf die Regelung der Arbeitszeit von Seeleuten (1998); die Arbeitsorganisation für das fliegende Personal der Zivilluftfahrt (2000); sowie auf Arbeitsbedingungen mobiler Eisenbahnarbeiter (http://ec.europa.eu/employment_social/social_dialogue/typology_de.htm).

gerade erst erworbenen – Kompetenzen im Gesetzgebungsprozess verschmerzen, sondern offensichtlich auch Vorbehalte in Bezug auf den „offenen" Charakter der vereinbarten Regelungen überwinden (Interview mit Mitglied des EP, Januar 1998). Am weitgehendsten aber muss der Ministerrat zurückstecken: Erstmals in der EG-Geschichte hat er nur noch die Möglichkeit, eine Vorlage anzunehmen oder abzulehnen (Falkner 2002, S. 231). Die erste Entscheidung im Rahmen des neuen Verfahrens war denn auch für die Minister „ein Schock, weil sie nichts mehr verändern konnten" (Interview UNICE, Februar 1998). Das heißt, die eingespielten und subtilen Verfahren, die Zustimmung einzelner Mitgliedstaaten über größere oder kleinere Zugeständnisse im Einzelnen zu erkaufen, sind mit einem Mal außer Kraft gesetzt; die Beschneidung nationaler Souveränität tritt sichtbar zutage.

Für die betroffenen Verbände stellte sich die Situation ganz anders dar; UNICE und EGB erfuhren als Euro-Verbände eine deutliche Aufwertung, indem sie von ihren Mitgliedorganisationen mit einem klaren Verhandlungsmandat ausgestattet wurden (Falkner 1998, 1999). Beim EGB veränderte sich auch die interne Entscheidungsstruktur, unter anderem, da die europäischen Sektorföderationen – neben den nationalen Verbänden – zu stimmberechtigten Mitgliedern erhoben wurden, womit insgesamt die europäische Orientierung der Gewerkschaftsseite verstärkt wurde. Über die gleichzeitig intensivierte Rückkopplung zu den nationalen Mitgliedverbänden bildeten beide Dachverbände – UNICE und EGB – veränderte Beziehungen zu diesen heraus: Die Kompromisse auf der europäischen Ebene werden lockerer und flexibler geknüpft; die nationalen Verbände werden stärker in die europäische Verantwortung einbezogen.

Insgesamt führt somit die Übertragung weitreichender, quasi-legislativer Entscheidungen auf die Sozialpartner zu einer Reihe kaum erwarteter, geschweige denn intendierter Konsequenzen. Zum Ersten bringt sie – erstmals in der EG-Geschichte – einen Sozialen Dialog in Bezug auf die europäische Gesetzgebung zustande, und dies teilweise gegen den erklärten Widerstand der beteiligten Akteure (UNICE). Zum Zweiten entwickelt sich dieser keineswegs zum vielbeschworenen Neo-Korporatismus auf der europäischen Ebene – dazu fehlen fast alle Voraussetzungen, insbesondere aber der „starke" Staat (vgl. Streeck/Schmitter 1991) –, sondern zu einer neuen Form öffentlich-privater Kooperation, die auch mit dem Begriff Pluralismus nur unzureichend beschrieben wäre. Vielmehr kommt es ohne explizite Vermittlungsfunktion von staatlicher Seite zu Verhandlungslösungen zwischen den Partnern, die aufgrund des Fehlens eines Schiedsrichters notwendigerweise offene und flexible, multidimensionale Regelungen hervorbringen, gerade aber darum eher mit den unterschiedlichen Traditionen in den Mitgliedstaaten kompatibel sind und Handlungsspielräume für Innovationen eröffnen. Damit wird zum Dritten der Integrationsprozess in seiner inhaltlichen Ausrichtung *und* in seiner institutionellen Ausgestaltung in eine offene und multidimensionale Richtung weitergetrieben. Zum Vierten schließlich wird ein erweiterter systemischer Nexus zwischen europäischer und nationaler Ebene hergestellt, indem nicht nur die staatlichen Instanzen, sondern auch und besonders die betroffenen Verbände in die Umsetzung und Ausgestaltung europäischer Richtlinien aktiv einbezogen werden.

Bei all dem ist allerdings zu berücksichtigen, dass die beschriebenen Entwicklungen bisher nur einen begrenzten Themenbereich abdecken, dass sie nur unter Schwierigkeiten und Verzögerungen zustande kamen und dass ihre Ausstrahlungseffekte auf die nationale Ebene sehr begrenzt und nur selektiv wirksam sind. Anderseits sind die bisher erzielten Veränderungen als weitreichend zu qualifizieren, insbesondere vor dem Hintergrund, dass die betroffenen Akteure und Verbände eher in diesen Prozess hineingezogen wurden, als dass sie freiwillig „hinsanken" oder ihn gar von sich aus gefordert hätten (Hartenberger 2001, S. 206 ff.). In dieser Situation zeigt sich einmal mehr die Kapazität des EU-Systems, unter traditionellen Begriffen und scheinbar bekannten Mechanismen der Repräsentation („Sozialer Dialog") innovative institutionelle Arrangements und komplexe Interaktionsformen zwischen einer Vielzahl von Akteuren zu institutionalisieren. Die Zukunft dieser Form der partiellen Selbstregulierung der Sozialpartner ist aber ungewiss; in den letzten Jahren kamen keine Neuregelungen dieser Art mehr zustande (http://ec.europa.eu/employment_social_ social_dialogue/typology_de.htm).

5.3.2.2 Selbstregulierung durch nicht-staatliche Akteure

Ein weiteres – und weites – Feld der Delegation staatlicher Verantwortung an nicht-staatliche Akteure stellen die verschiedenen Verfahren der Verabschiedung europäischer Rahmenregelungen bei gleichzeitiger Übertragung ihrer konkreten Ausgestaltung *und* Umsetzung an betroffene Fach- oder Interessenverbände dar. Als Beispiel für eine solche Vorgehensweise sei hier der Bereich der *technischen Normung* im Rahmen des Arbeitsschutzes angeführt. Versuche zum Erlass einheitlicher oder auch nur harmonisierter Normen auf der europäischen Ebene waren lange Zeit – ähnlich wie die Sozialpolitik – einerseits an den enormen Divergenzen zwischen den Mitgliedstaaten, andererseits an der zunehmenden Komplexität und somit auch Kompliziertheit der Regelungsmaterie gescheitert (Eichener/Voelzkow 1994b, Eichener 1996, Voelzkow 1996, insbes. Kap. 8, Egan 2001). Während die Divergenzen zwischen den Mitgliedstaaten sowohl die Regelungsinhalte und -verfahrensweisen als auch die zugrunde liegende Regulierungs-„Philosophie" betreffen, liegt die Komplexität der Regelungsmaterie vor allem im Problem einer zunehmend beschleunigten technologischen Innovation begründet, hinter der staatliche Regulierungen nur hinterherhinken können (Voelzkow 1996, S. 271 f.). Für die EG als regulierende Instanz stellt sich das zusätzliche Problem ihrer langwierigen und schwierigen Verfahren der Entscheidungs- und Konsensfindung, die das Schritthalten mit beschleunigten und divergierenden Entwicklungen aussichtslos erscheinen lassen. So konnte der Erlass von europäischen Richtlinien bis zu zehn Jahre dauern, womit sie aber noch nicht in nationale Gesetzgebung umgesetzt waren (Eichener 1996, S. 253).

Angesichts dieser Situation kam es im Zuge der Verwirklichung des Binnenmarktes – bei der die Normungsfrage relevant wurde, da unterschiedliche nationale Normen erhebliche nicht-tarifäre Handelshemmnisse darstellen – zur Herausbildung einer gänzlich neuen Herangehensweise an die Problematik (Eichener/Voelzkow 1994b, Eichener 1996, Voelzkow 1996, S. 272 ff., vgl. auch Scharpf 1994 sowie Egan 2001). Analog dem deutschen Modell wurden auf der europäischen Ebene nur noch Rahmenrichtlinien erlassen, die die Festlegung grundlegender Prinzipien beinhalten, während die konkrete Spezifizierung der einzelnen

Normen und technischen Standards Normungsinstituten überantwortet wurde. An diesen europäischen Instituten – CEN und CENELEC[293] – sind einerseits europäische Industrieverbände, andererseits die nationalen Normungsinstitute und -instanzen direkt beteiligt. In speziellen Ausschüssen werden die Normen und Standards für verschiedene Richtlinien ausgearbeitet beziehungsweise definiert und spezifiziert.

Die auf diese Weise festgelegten Normen haben zwar keinen Gesetzescharakter; zudem ist es den betroffenen Industrien freigestellt, sie einzuhalten. Da aber Produkte oder Produktionsprozesse, die diesen Normen konform sind, gleichzeitig auch den allgemeineren Rahmenrichtlinien der EG entsprechen, werden sie als richtlinienkonform anerkannt und unterliegen somit keinerlei Handelsbeschränkungen; im anderen Falle müssen die Unternehmen selbst nachweisen, dass ihre Produkte oder die Herstellungsverfahren europäischen Regelungen entsprechen, was ein erhebliches Marktrisiko beinhalten kann (vgl. Scharpf 1994).

Die Vorteile der Delegation der Normung an Verbände und Spezialinstitute liegen auf der Hand: Auf der einen Seite können komplizierte Kompromissfindungsverfahren im Ministerrat, bei denen jeder Mitgliedstaat so viel wie möglich seinen eigenen Regulierungsansatz einbringen will (Héritier et al. 1994), vermieden und somit der Entscheidungsprozess beschleunigt und die Regelungsdichte erhöht werden (Eichener/Voelzkow 1994b, Scharpf 1994); auf der anderen Seite werden die Inhalte der Normung flexibler, schlagkräftiger und zugleich offener gestaltet.

Über diese offensichtlichen Vorteile der veränderten Vorgehensweise hinaus sind aber nach Eichener und Voelzkow (1994b) auch noch drei weitere Aspekte bemerkenswert: Zum Ersten kam es über die Übernahme des deutschen Modells nicht einfach zur Übertragung dieses Vorbilds auf die europäische Ebene, sondern zugleich auch zur Herausbildung grundlegender Innovationen im Arbeitsschutz. So ist der europäische Arbeitsschutz – anders als der auf das 19. Jahrhundert zurückgehende deutsche – weniger technikzentriert als vielmehr humanzentriert. Er bezieht sich nicht nur auf die physische, sondern auch auf die psychische Gesundheit sowie auf menschengerechte Arbeitsverhältnisse; er beinhaltet eine dynamische Risikobewertung, und er strebt die Partizipation der Betroffenen an der Gestaltung der Arbeitsumwelt an. Diese Innovationen basieren auf einer Kombination der fortschrittlichsten Regulierungsansätze und -philosophien der einzelnen Mitgliedstaaten.

Zum Zweiten führte dieser Weg zur Herausbildung von inhaltlichen Regelungen, die keineswegs dem Niveau des kleinsten gemeinsamen Nenners zwischen den Mitgliedstaaten entsprechen, sondern im Gegenteil, in vielen Fällen sogar das Niveau des avanciertesten Mitgliedstaates übertreffen. Auch dieses hohe Schutzniveau ergibt sich teilweise aus der Kombination der fortschrittlichsten nationalen Regelungen sowie dem „legislativen Eklektizis-

---

[293] CEN steht für Comité Européen de Normalisation beziehungsweise Europäisches Komitee für Normung; CENELEC steht für Comité Européen de Normalisation Electrotechnique beziehungsweise Europäisches Komitee für elektrotechnische Normung.

5.3 Die Inkorporation nicht-staatlicher Akteure in das EU-System

mus" im Ministerrat, teilweise aber auch aus der Aufnahme neuer, bisher in keinem Mitgliedstaat praktizierter Regelungen (Eichener 1996, S. 268-270, 272 f.).

Zum Dritten führt diese Entwicklung nicht, wie zu erwarten gewesen wäre, zu einem Verlust nationaler Kompetenzen und Handlungsspielräume, sondern umgekehrt zur Eröffnung neuer Perspektiven sowie zu innovativen Impulsen. Dies gilt sowohl für die regelsetzenden staatlichen Instanzen als auch für die mit der Spezifizierung der Regeln betrauten nicht-staatlichen Akteure. Letztere können einerseits auf der europäischen Ebene an der Spezifizierung von Normen und Standards mitwirken, andererseits auf der nationalen Ebene vor allem dort, wo die EG nur Mindeststandards vorgibt, innovative Regelungen erarbeiten.

Über den Einbezug nicht-staatlicher Akteure in die technische Normung gelingt es so einerseits, europäische Regulierungsleistungen von übermäßigen technischen Details zu befreien und auf die Festlegung grundlegender Prinzipien zu beschränken. Dies eröffnet seinerseits die Möglichkeit, überhaupt erst in diesen Bereich regulierend einzugreifen, die Regelungsdichte, auch im Vergleich zu den Mitgliedstaaten, signifikant zu erhöhen, ein vergleichsweise hohes Schutzniveau zu etablieren und schließlich auch noch innovative Ansätze einzuführen. Andererseits gelingt es, mit technologischen Innovationen Schritt zu halten und somit die Komplexitätserhöhung im Normungsbereich erfolgreich zu gestalten (Voelzkow 1996). Der „Preis" dieser Vorgehensweise ist, dass ein Großteil der faktischen Umsetzung solcher Regelungen den Akteuren selbst überlassen und höchstens über „softe" Mechanismen – freiwillige Akzeptanz, gefördert durch Markt- und Konkurrenzvorteile – stimuliert wird. Gleichzeitig wird auch ein hohes Maß an divergenten Reaktionen in den Mitgliedstaaten – konsequente oder laxe Umsetzung, staatliche Regulierung oder akteurzentrierte Selbstregulierung, traditionelle oder innovative Orientierung – einkalkuliert (Eichener 1996, S. 274 f., vgl. auch Eichener 2000, S. 314 ff.) und damit letztlich den unterschiedlichen Konkurrenzpositionen der Mitgliedstaaten Rechnung getragen.

Bezogen auf die Systemstruktur der EU werden so neue Beziehungen zwischen öffentlichen und privaten Akteuren sowie zwischen europäischer und nationaler Ebene hergestellt. Während die EU-Institutionen lediglich die Grundprinzipien oder die Mindeststandards der technischen Normung abstecken, bleibt es den verbandlichen Akteuren überlassen, diesen Rahmen inhaltlich zu füllen und zu spezifizieren. Schließlich ist es auch den Adressaten – der Industrie – teilweise überlassen, sich normkonform zu verhalten oder nicht; im letzteren Falle drohen keine staatlichen Sanktionen, wohl aber Konkurrenznachteile auf dem Markt. Über diese Vorgehensweise werden nicht nur systemische Verbindungen zwischen öffentlichen und privaten Akteuren – zunächst auf der europäischen, in der Folge aber auch auf der nationalen Ebene – hergestellt sowie die vertikalen Beziehungen zwischen staatlichen und privaten Akteuren der europäischen und nationalen Ebene transformiert; vielmehr kommt es auch zur Herausbildung eines systemischen Nexus zwischen autoritativen Regelungen, optionalen Normen und markt- beziehungsweise konkurrenzvermittelten Durchsetzungsmechanismen.

Auch gegenüber dieser Entwicklung kann man einwenden, dass sie bisher erst in Ansätzen und nur in Teilbereichen realisiert sei und somit kaum die Systemstruktur der EU entscheidend beeinflusse. Einer solchen Argumentation ist zum einen entgegenzuhalten, dass die Grundprinzipien der beschriebenen Entwicklung schon jetzt in einer Reihe von anderen Feldern praktiziert werden, beispielsweise in der Zusammenarbeit mit der pharmazeutischen Industrie (vgl. Greenwood/Ronit 1994). In all diesen Fällen beinhaltet der Einbezug nicht-staatlicher Akteure in System-Entscheidungen und -leistungen nicht nur eine Delegation von Staatsaufgaben, sondern zugleich auch die Etablierung eines neuen Mix von staatlicher Regulierung und Selbststeuerung, dem angesichts des vielfältigen Versagens traditioneller autoritativer Steuerungsmechanismen eine größere Durchschlagskraft beigemessen werden kann (vgl. auch Majone 1996a, 2005). Als zweites Gegenargument kann vor dem Hintergrund der EG-Geschichte angeführt werden, dass solche neuen Prinzipien, die geeignet sind, den Integrationsprozess unter geschickter Umschiffung der üblichen Barrieren signifikant voranzutreiben, nach ihrer „Erfindung" sehr schnell in einer Vielzahl von Bereichen eine umfassende Umsetzung und Praktizierung erfahren (vgl. auch Héritier 1999).

5.3.2.3 Nicht-staatliche Akteure in der Politikimplementation

Als dritter und letzter Fall sei hier die Rolle nicht-staatlicher Akteure in der *Politikimplementation* am Beispiel der *europäischen Strukturpolitik* angeführt. Der Einbezug externer Akteure erfolgt dabei über zwei Schienen: zum einen über ihre Mitwirkung an dezentralen Entscheidungsprozessen, die eng an die Implementation gekoppelt sind; zum Zweiten über die Zuweisung direkter Verantwortung in der Politikimplementation für die Vergabe und Verwaltung europäischer Fördermittel. Beide Verfahrensweisen wurden im Rahmen der „großen" Reform der Strukturfonds im Jahre 1989 formal eingeführt und in der Folge ausgebaut; allerdings waren auch hier vielfältige Experimente in diese Richtung auf informeller Basis vorausgegangen (Tömmel 1994a, 1997b, 1998).

Der Einbezug nicht-staatlicher Akteure und insbesondere der Sozialpartner in dezentrale Entscheidungsprozesse erfolgt über das Prinzip der „Partnerschaft", das 1989 in den Strukturfondsverordnungen erstmalig definiert wurde (Tömmel 1994a). Allerdings bezog sich die „Partnerschaft" zunächst nur auf die staatliche „Schiene", indem sie die offenen und nicht durch Hierarchien oder Abhängigkeiten definierten Beziehungen zwischen europäischer und nationaler sowie regionaler Ebene zu definieren und zu formalisieren versuchte. Mit Begriffen wie „Kooperation zwischen allen Beteiligten" und „Verfolgung gemeinsamer Ziele" wurde der Netzwerkcharakter dieser Beziehungen betont. Im Rahmen einer weiteren Reform der Strukturfonds (1994) wurde die „Partnerschaft" dahingehend erweitert, dass auch die Sozialpartner in alle Entscheidungen der Politikimplementation – von der Programm-Erstellung über die Projektförderung bis hin zur abschließenden Evaluation – einzubeziehen waren. Mit der dann folgenden Reform der Strukturfonds (2000) wurde das Prinzip der Partnerschaft auch auf zivilgesellschaftliche Gruppen wie Umweltverbände und Frauenlobbies ausgedehnt (Axt 2000, Huget 2007). Die jüngste Reform des Jahres 2006 legte schließlich fest, dass Vertreter der Zivilgesellschaft in alle Stadien der Politik einzubeziehen sind (Tömmel 2006). Konkretisiert wurden diese Regelungen, indem die Kommission den Einbezug der nicht-staatlichen Akteure in die Begleitausschüsse einforderte, die jedem Förderprogramm zuzuordnen sind. Es sind diese Ausschüsse, die alle relevanten Entscheidungen der Implementation treffen – die Vergabe von Fördermitteln an Projektträger, die möglicherweise notwendig werdende Änderung oder Anpassung des Programms oder seiner Teilbereiche während der Implementationsperiode sowie die zwischenzeitliche und abschließende Evaluation der Durchführung.

Diese Regelungen trafen zunächst auf erhebliche Widerstände aufseiten der Mitgliedstaaten, wurden doch so die vielfältigen Mängel der Implementation deutlich und vor allem stärker

5.3 Die Inkorporation nicht-staatlicher Akteure in das EU-System

an die Öffentlichkeit gebracht. Aber auch die Sozialpartner standen dem Ansinnen der Kommission nicht einfach positiv gegenüber. Für die Gewerkschaften stellte sich die Schwierigkeit, dass sie häufig nicht auf regionaler Ebene, das heißt auf territorialer Basis, organisiert sind; vor allem in den am meisten betroffenen, strukturschwachen und kaum industrialisierten Gebieten sind sie am wenigsten präsent (Albers 1993). Zudem fehlte den Gewerkschaften aber auch die notwendige Expertise, um in solche Implementationsentscheidungen eine qualifizierte Stimme einbringen zu können. Es waren somit erhebliche Anpassungen an die neuen Aufgaben notwendig, die bis heute noch keineswegs abgeschlossen sind (Tömmel 1998, Huget 2007). Auch die Unternehmerseite nahm den neuen Vorschlag keineswegs mit besonderem Enthusiasmus auf. Zwar ist die Präsenz entsprechender Verbände auf der regionalen Ebene eher gegeben als bei den Gewerkschaften; gleichzeitig ist das Spektrum der Verbände aber segmentierter, so dass sich Probleme der Repräsentation stellten. Es dauerte also auch hier einige Zeit, bis die betroffenen Akteure zur Mitarbeit in den entsprechenden Ausschüssen bereit waren. Allerdings lässt sich für die Unternehmer die Partizipation direkter in konkrete ökonomische Vorteile umsetzen: Über die Ausschüsse erhalten sie frühzeitig Zugang zu Informationen über Förderprogramme und -maßnahmen; sie können deren Inhalte zu ihren eigenen Gunsten mitprägen; und schließlich kann die Verteilungsgerechtigkeit bei der Vergabe von Fördermitteln direkter überwacht werden. Der Einbezug zivilgesellschaftlicher Akteure in strukturpolitische Entscheidungs- und Implementationsprozesse erweist sich als noch schwieriger. So stellen sich einerseits Probleme einer demokratisch legitimierten Repräsentanz; andererseits sind solche Akteure noch weniger darauf vorbereitet und entsprechend organisiert, um öffentliche Aufgaben wahrzunehmen (Huget 2007). Zudem sind regionale und lokale staatliche Instanzen in der Regel kaum geneigt, solche Akteure aktiv in ihre Arbeit einzubeziehen.

Trotz der zögerlichen Haltung der Betroffenen sowie teilweise massiver Widerstände von staatlicher Seite gelang es, die öffentlich-privaten Entscheidungsverfahren in der Strukturpolitik schrittweise zu etablieren (Heinelt et al. 2005). Dazu war – und ist bis heute – aber auch erheblicher „sanfter" Druck vonseiten der Kommission nötig: Allein um in Deutschland den Einbezug der Gewerkschaften in die Begleitausschüsse durchzusetzen, musste Kommissarin Wulf-Mathies zwei Jahre lang mit entsprechenden Mahnbriefen an die verantwortlichen Stellen appellieren; in anderen Ländern kam es nicht einmal zu einem solchen Anmahnungsprozess (Interview GD XVI Regionalpolitik, Januar 1998). Soweit allerdings die erweiterte Entscheidungsfindung zustande kommt, bietet sie allen beteiligten Akteuren Vorteile: Die Implementation von Förderprojekten und -programmen kann wirtschaftsnäher oder – beispielsweise im Falle von Ausbildungs- und Umschulungsprogrammen – arbeitnehmernäher gestaltet werden; der Implementationsprozess kann zügiger organisiert werden; und insgesamt werden säumige oder anderweitig versagende öffentliche Instanzen stärker unter Druck gesetzt, ihren Verpflichtungen nachzukommen. Darüber hinaus bilden sich aber in den betroffenen Regionen längerfristige Vernetzungen und Kooperationsbeziehungen zwischen den beteiligten Akteuren und damit teilweise auch innovationsorientierte „advocacy-coalitions" heraus (Sabatier 1993). Zudem fördert auch hier die öffentlich-private Kooperation eine tendenzielle Umverteilung und Neudefinition von staatlichen Aufgaben: Während sich die öffentlichen Akteure stärker auf Organisations- und Managementfunktionen ausrichten, können sie einen wachsenden Teil der konkreten Umsetzung, aber auch der inhaltlichen Definition und Spezifizierung von wirtschaftsbezogenen und zunehmend auch sozialpolitischen Fördermaßnahmen an nicht-staatliche Akteure delegieren.

Neben dieser veränderten Rolle im Entscheidungsprozess können private Akteure auch direkt Verantwortung bei der Verteilung und Verwaltung von Fördermitteln übernehmen. Der Verfahrensmodus, der eine solche Rolle ermöglicht, ist der sogenannte Globalzuschuss (Tömmel 1994a, 1997b, 1998). Globalzuschüsse können „intermediären Instanzen" zugewiesen werden, die ihrerseits kleinere Zuschüsse an bestimmte Empfängerkategorien vergeben, z.B. kleine und mittlere Unternehmen, Betriebe eines bestimmten Sektors oder einer Branche sowie Betriebe, die einen bestimmten Typus von Innovationen planen. Als intermediäre Instanz können örtliche oder regionale Unternehmerverbände, Konsortien oder andere Formen kooperativer Zusammenschlüsse fungieren; Industrie- und Handelskammern, Innovationszentren oder regionale Entwicklungsgesellschaften, allesamt mit eher parastaatlichem Charakter, können ebenfalls entsprechende Aufgaben übernehmen. Die jeweilige Organisation erstellt im Rahmen ihres Antrags an die Kommission ein programmatisches Dokument, in dem die Ziele, Inhalte und Verfahrensweisen der Subventionsvergabe an Dritte definiert beziehungsweise beschrieben werden, ebenso wie die Verfahren der Kontrolle und Evaluation des anvisierten Programms. Dieses Dokument bildet die Grundlage eines Programm-Kontrakts mit der Europäischen Kommission. Aber auch die nationale oder regionale Ebene der Mitgliedstaaten übernimmt konkrete Funktionen im Rahmen dieses Konzepts: Ihr unterliegt in der Regel die Aufgabe, die ordnungsgemäße Durchführung des vereinbarten Programms und die Verwaltung des Globalzuschusses zu überwachen und der Kommission entsprechend Bericht zu erstatten. Auch kommen den staatlichen Behörden Koordinierungs- und Entscheidungsfunktionen zu, indem sie den Rahmen für das Ausmaß der Vergabe von Globalzuschüssen abstecken und die Auswahl konkreter Programme vorentscheiden.

Es entsteht somit auch hier, analog zu den zuvor genannten Beispielen, eine Neuverteilung öffentlicher und privater Aufgaben, wobei die öffentlichen Instanzen, von der EU bis herunter zur regionalen Ebene, Koordinierungs-, Management-, Überwachungs- und Kontrollfunktionen wahrnehmen sowie den gesamten institutionellen und prozeduralen Rahmen festlegen, innerhalb dessen sich diese Entwicklungen abspielen sollen. Innerhalb dieses Rahmens ist es dann den betroffenen Akteuren selbst überlassen, für eine zielkonforme, effiziente und effektive Durchführung der Subventionsvergabe zu sorgen. Auch hier sind die Vorteile einer solchen Vorgehensweise evident: Der Staat wird von einer Vielzahl von konkreten Entscheidungen und Durchführungsmaßnahmen, für die er aufgrund seiner internen Verfahrenslogik nur unzureichend gerüstet ist, befreit, während umgekehrt wirtschaftsnahe oder wirtschaftliche Akteure die entsprechenden Funktionen zum Vorteil ihrer Klientel selbst in die Hand nehmen und meist schneller, rationeller und verteilungsgerechter ausführen. Vor diesem Hintergrund erstaunt es denn auch nicht, dass gerade das Land mit den größten Problemen einer effizienten und effektiven staatlichen Organisation – Italien – das Instrument des Globalzuschusses bisher am konsequentesten genutzt hat.

Über die Delegation staatlicher Aufgaben der Politikimplementation an para-staatliche oder private Akteure bildet sich somit ebenfalls ein veränderter systemischer Nexus zwischen öffentlicher Hand und privaten Akteuren heraus: Erstere reduziert ihre exekutiven Funktionen zugunsten komplexerer Formen des Verfahrensmanagements und der Kontrolle nicht-staatlicher Akteure; Letztere übernehmen quasi-öffentliche Verantwortung, die nicht nur der direkten Nutzenmaximierung dient, sondern auch weitreichendere gesellschaftspolitische Implikationen hat, da damit ökonomische Gesamtentwicklungen vorangetrieben oder die Verteilungsgerechtigkeit von Subventionen erhöht werden kann. Darüber hinaus kann – unter bestimmten Voraussetzungen – sogar die demokratische Legitimation von EU-Politiken erhöht werden (Huget 2002, 2007).

Insgesamt zeigen somit alle behandelten Beispiele des Einbezugs nicht-staatlicher Akteure in die Funktionsweise des EU-Systems von der Mitwirkung in der Gesetzgebung bis zur Politikimplementation auf dezentraler Ebene, dass über diese Vorgehensweise zum Ersten die Kapazität des EU-Systems, in bestimmten Politikfeldern tätig zu werden, signifikant erhöht beziehungsweise in manchen Fällen überhaupt erst hergestellt wird. Zum Zweiten steigt die Zielgenauigkeit und Effizienz der entsprechenden Politiken; ihre Reichweite wird ausgedehnt und die Umsetzungsdefizite lassen sich reduzieren. Diese Veränderungen haben ihrerseits weitere Implikationen für die Entwicklung des EU-Systems sowie seine Durchdringung nationaler und regional differenzierter politischer Systeme: Zum einen kommt es zu einer Neudefinition und Umverteilung staatlicher Aufgaben, indem ein Teil der legislativen und exekutiven, aber auch der konzeptionellen Funktionen an nicht-staatliche Akteure delegiert wird, während sich die staatlichen Instanzen stärker auf Organisations-, Management-, Kontroll- und Überwachungsfunktionen richten. Eine solche Entwicklung bildet sich zuerst und am ausgeprägtesten auf der europäischen Ebene heraus, durchdringt aber sekundär auch die nationale und sogar die regionale Ebene. Zum anderen bildet sich ein systemischer Nexus zwischen staatlichen und nicht-staatlichen Akteuren heraus, dessen Klammer die funktionale Arbeitsteilung zwischen den Akteuren konstituiert, während er die Form von losen oder fester geknüpften Netzwerkbeziehungen annimmt. Damit wird gleichzeitig ein inhaltlicher Nexus zwischen der Funktionslogik von Markt- und Konkurrenzmechanismen sowie der Logik staatlicher Entscheidungen hergestellt. Auch diese Innovationen betreffen zunächst das engere EU-System, beeinflussen und durchdringen aber in der Folge auch die nationalen und regional differenzierten politischen Systeme.

5.4 Die Logik der Erweiterung des EU-Systems

Im Vorgehenden wurden die zentralen Aspekte der Erweiterung des EU-Systems dargestellt: der Ausbau der institutionellen Strukturen auf der europäischen Ebene, insbesondere über die Stärkung der intergouvernementalen Schiene sowie über die Delegation von Aufgaben an weitgehend unabhängige Institutionen und Agenturen; der partielle und selektive Einbezug staatlicher Institutionen und Akteure sowohl der nationalen als auch der regionalen Ebene in die Entscheidungsfindung und Politikimplementation; und schließlich der Einbezug nicht-staatlicher Akteure in Politikprozesse und Umsetzungsstrategien. Vor dem Hintergrund dieser vielgestaltigen Entwicklungen stellt sich die Frage, worin – sofern es ihn überhaupt gibt – der gemeinsame Nenner dieser Entwicklungen besteht und welche Logik ihnen zugrunde liegt.

Eine solche Frage kann dahingehend beantwortet werden, dass zwar die Wege und Lösungen der System-Erweiterung im Einzelnen sehr vielfältig und divers sind, dass aber die Problemsituationen oder Ursachen, die diese Entwicklungen hervorbringen, strukturelle Gemeinsamkeiten aufweisen, die ihrerseits die System-Entwicklung – trotz aller konkreter Vielfalt – in eine bestimmte Richtung vorantreiben. Vor diesem Hintergrund sind die folgenden Aspekte zu nennen:

- Zum Ersten ist das EU-System mit einer wachsenden Aufgabenfülle konfrontiert, für deren Bewältigung es weder strukturell noch institutionell gerüstet ist. Es tendiert daher dazu, die wachsende Fülle und Komplexität dieser Aufgaben zu bewältigen, indem es die direkt betroffenen oder am stärksten involvierten Institutionen und Akteure in die System-Entscheidungen und generell in die Verantwortung einbezieht. Aufgrund seiner eigenen, offenen Struktur kann dieser Einbezug allenfalls über spezielle Formen funktionaler Spezialisierung und kooperativer Arrangements, über locker geknüpfte Netzwerkbeziehungen sowie über institutionelle Neubildungen geschehen, die allesamt den Betroffenen weitgehende Autonomie zuweisen beziehungsweise belassen.
- Zum Zweiten ist das EU-System mit einer Reihe von Blockaden konfrontiert, die in seiner widersprüchlichen Struktur begründet liegen (Scharpf 1985, 1999): zum einen im Widerspruch zwischen supranationalem Anspruch und intergouvernementaler Entscheidungspraxis, zum anderen im Widerspruch zwischen dezentraler Umsetzungskompetenz und unzureichenden zentralen Steuerungskompetenzen (vgl. auch Beck/Grande 2004). Um diese Blockaden zu überwinden – Entscheidungsblockaden im Ministerrat, Implementationsblockaden in den Mitgliedstaaten, Akzeptanzblockaden bei nicht-staatlichen Akteuren – tendiert das System dazu, Entscheidungen und konkrete Verantwortung auf eine Vielzahl von Institutionen und Akteuren zu dezentralisieren oder an diese zu delegieren, was zugleich die Herausbildung neuer, komplexerer Methoden des Entscheidungsfindungs- und Implementationsmanagements beinhaltet. Ein solcher, indirekter Weg der Ausweitung europäischer Macht und Einflussnahme ist aber wiederum nur um den Preis der Teilung der Macht mit den involvierten Akteuren und Institutionen zu haben, denen allen auch ein eigener Beitrag zur Ausgestaltung des Systems zugestanden werden muss.
- Zum Dritten ist das EU-System in seiner Struktur und Funktionsweise nicht kompatibel mit den nationalen und regional differenzierten Systemen der Mitgliedstaaten (Scharpf 1994); das heißt, es bildet mit diesen kein durch Hierarchien verknüpftes System, und seine Verfahrensweisen der Entscheidungsfindung sowie die inhaltliche Ausgestaltung seiner Politiken sind kaum mit denen der Mitgliedstaaten kongruent. Um dieses Kompatibilitätsproblem zu überwinden, tendiert das EU-System zur Herausbildung spezieller Vermittlungsmechanismen, die die unterschiedlichen Systeme zueinander in Beziehung setzen, sie miteinander verknüpfen oder deren jeweilige Logik in die der anderen Seite „übersetzen".[294] Die Inkompatibilität der Systeme führt somit zur Herausbildung vielfältiger institutioneller Arrangements oder lockerer Netzwerkverbindungen zwischen unterschiedlichen Akteuren, die die Funktionen von Binde- und Zwischengliedern, von

---

[294] In zahlreichen Interviews mit betroffenen Akteuren wurde diese Übersetzungsfunktion besonders hervorgehoben.

5.4 Die Logik der Erweiterung des EU-Systems

Schalt- und Übersetzungsstellen sowie von Schnittstellenmanagern übernehmen (vgl. auch Scharpf 1994, Grande 2000).

Aus dem Zusammenspiel dieser drei Konstellationen ergibt sich wiederum ein spezifischer Modus der System-Entwicklung der EU:

- Zum Ersten tendiert das System kaum zu einer Konzentration und Zentralisierung von politischer Macht, sondern eher zu deren Dezentralisierung und Fragmentierung unter Einbezug einer Vielzahl von Institutionen und Akteuren in Entscheidungprozesse und Politikimplementation.
- Zum Zweiten bildet sich das EU-System nicht neben, aber auch nicht über den bestehenden politischen Systemen heraus; vielmehr entfaltet es sich über deren – partiellen und selektiven – Einbezug in seine Funktionsmechanismen, wodurch es diese durchdringt, transformiert und adaptiert.
- Zum Dritten beschränkt sich die System-Erweiterung der EU nicht auf die staatliche Schiene; vielmehr greift sie in die ökonomische und gesellschaftliche Sphäre aus und stellt so – in inhaltlicher und in institutioneller Hinsicht – einen systemischen Nexus zwischen Staat und Markt sowie zwischen Staat und Gesellschaft her.
- Zum Vierten stützt sich die System-Entwicklung der EU in zunehmendem Maße auf Mechanismen der gesellschaftlichen Selbststeuerung, beziehungsweise sie mobilisiert diese bei den involvierten Akteuren.

In diesen Tendenzen der System-Erweiterung der EU liegt zusammengenommen ein enormes innovatives Potential begründet, das langfristig geeignet ist, die „klassischen" Funktionsmechanismen und institutionellen Settings des Staates zu transzendieren.

6 Funktionsprobleme des EU-Systems: Effizienz, Effektivität, demokratische Legitimation

In den vorangegangenen Kapiteln wurde das EU-System in seiner Struktur sowie seiner Funktionslogik analysiert. Dabei wurde einerseits die Dynamik der Herausbildung und Weiterentwicklung des institutionellen Gefüges der EU, andererseits die Komplexität der Entscheidungs- und Konsensfindungsprozesse zwischen den europäischen Organen, den Mitgliedstaaten sowie einer Vielzahl von beteiligten und betroffenen Akteuren herausgearbeitet. Struktur und Funktionsweise des Systems wurden jedoch nicht einer expliziten Bewertung unterzogen.

Im vorliegenden Kapitel sollen nunmehr Bewertungsfragen im Zentrum des Interesses stehen, und zwar Fragen nach den Leistungen des EU-Systems, nach Form, Verfahrensmodi und Aufwand zur Erbringung dieser Leistungen sowie nach deren Bewertung. Ein solcher Fragenkatalog kann natürlich auf vielfältige Weise operationalisiert werden. Im vorliegenden Kontext soll er anhand von drei Aspekten beziehungsweise Bewertungsmaßstäben konkretisiert werden, die in der kritischen Debatte um die EU eine große Rolle spielen: zum Ersten dem Aspekt der Effizienz; zum Zweiten dem Aspekt der Effektivität und zum Dritten dem Aspekt der demokratischen Legitimation des EU-Systems und seiner Entscheidungen.

Aber auch diese drei Aspekte sind weitläufige Begriffe, die einer stärkeren Eingrenzung und konkreteren Operationalisierung bedürfen. So soll im vorliegenden Kontext der Begriff *Effizienz* zum einen auf die Struktur des Systems, zum anderen auf die Ausgestaltung seiner Entscheidungsverfahren angewendet werden. Weist das System eine institutionelle Struktur auf, die es erlaubt, die anstehenden Aufgaben mit angemessenem Zeitaufwand und Personaleinsatz zu bewältigen, oder zeichnet es sich durch eine gigantische Bürokratie, eine Verdopplung bestehender nationaler Apparate sowie durch eine übermäßige Zersplitterung auf der europäischen Ebene aus? Gelangt das System mit angemessenem Zeitaufwand zu relevanten Entscheidungen oder handelt es sich um eine schwerfällige Verhandlungsmaschinerie, die letztendlich nur Leerlauf, Non-Decision oder, schlimmer noch, einen vertieften Dissens zwischen den Beteiligten hervorruft?

Unter dem Begriff *Effektivität* des Systems und seiner Politikgestaltung ist hingegen zu fragen, ob Entscheidungen der EU die Realisierung angestrebter Zielsetzungen und die Lösung anstehender Probleme ermöglichen oder ob umgekehrt die jeweiligen Entscheidungen und entsprechende Politiken ihre Ziele gänzlich verfehlen oder allenfalls näherungsweise, in reduzierter oder gar deformierter Form, realisieren. In diesem Kontext ist zu beachten, dass die

Steuerungskette im Rahmen der EU sehr lang ist; das heißt, europäische Entscheidungen und Politiken können schon wegen des Faktums, dass die EU die nationalen Staaten überlagert, selten direkte Wirkungen entfalten. Vielmehr kann Effektivität meist nur indirekt über die Einwirkung auf Mitgliedstaaten und nicht-staatliche Organisationen und Akteure erzielt werden. Die Frage nach der Effektivität des Systems muss somit in modifizierter Form gestellt werden: Gelingt es, die dezentralen, staatlichen und nicht-staatlichen Institutionen, Organisationen und Akteure auf die Erzielung der gewünschten Effekte hin zu orientieren, oder verfolgen Letztere im Rahmen der EU eigene, gegenläufige Interessen, so dass die Effektivität von EU-Entscheidungen unterlaufen oder sogar konterkariert wird?

Der dritte Begriff, die *demokratische Legitimation* des EU-Systems, wird in der wissenschaftlichen und publizistischen Debatte in der Regel unter umgekehrtem Vorzeichen diskutiert, nämlich als „demokratisches Defizit". Nach dieser Lesart sind EU-Entscheidungen, selbst wenn sie effizient und effektiv wären, nur unzureichend demokratisch legitimiert. Das „demokratische Defizit" wird ebenfalls einerseits am institutionellen Gefüge der EU und speziell an der EG festgemacht, insbesondere an der unvollständigen Legislativfunktion des Europäischen Parlaments, aber auch generell an der unzureichenden Gewaltenteilung zwischen den europäischen Organen; andererseits an den Verfahrensweisen der Entscheidungsfindung und speziell deren mangelnder Transparenz und Kontrollierbarkeit (vgl. ausführlich Abromeit 1998, Huget 2007, Kap. 1). Vor diesem Hintergrund ist im Folgenden zu fragen, worin genau die demokratischen Defizite des EU-Systems und seiner Entscheidungsverfahren liegen und wie gravierend sie die Legitimität des Systems in Frage stellen. Allerdings ist auch umgekehrt die Frage aufzuwerfen, ob der Demokratiegehalt eines Systems jenseits von national verfasster Staatlichkeit nicht notwendigerweise in anderen Strukturkomponenten und Verfahrensmechanismen zu verorten ist, als dies in nationalen politischen Systemen der Fall ist.[295] Dabei ist zu unterstellen, dass gerade die Defizite des EU-Systems den Ausgangspunkt für die Entwicklung neuer Formen der demokratischen Repräsentation und Partizipation und damit neuer Quellen der Legitimation europäischer Institutionen und Entscheidungen bilden (Tömmel 1999).

Im Folgenden sollen die Funktionsprobleme des EU-Systems unter den genannten drei Aspekten herausgearbeitet und einer kritischen Bewertung unterzogen werden. Dabei können aber nur die augenfälligsten und wesentlichsten Funktionsprobleme des Systems diskutiert werden. Zudem können diese lediglich aufgezeigt, nicht jedoch abschließend bewertet werden. Hierfür sind mehrere Gründe maßgebend: Zum Ersten fehlt es an fundierten, empirisch belegten Studien, die insbesondere die Effizienz und die Effektivität des EU-Systems genauer ausloten; zum Zweiten unterliegt das EU-System einem raschen Entwicklungs- und Ausdifferenzierungsprozess, der jede Beurteilung und Bewertung zu einer vorläufigen macht; zum Dritten stellen sich grundsätzliche Erkenntnis- und Bewertungsprobleme, da sich die

---

[295] Eine Reihe von neueren politikwissenschaftlichen Arbeiten befasst sich intensiv mit der Frage post-nationaler Demokratie (vgl. beispielsweise Held 1995, Andersen/Eliassen 1996, Abromeit 1998, Benz 1998a, 1998b, Zürn 1998, Scharpf 1999, Schmalz-Bruns 1999, Wolf 2000, Lord 2004, Lord/Harris 2006, Huget 2007).

EU (bisher) in Ergänzung zu und Überlagerung von nationalen politischen Systemen herausgebildet hat und somit klare Zuweisungen von Defiziten – ebenso wie von Verdiensten – kaum möglich sind.

6.1 Effizienz: institutionelles Gefüge und Entscheidungsverfahren

6.1.1 Institutionelles Gefüge

Betrachtet man zunächst das institutionelle Gefüge der EU im Hinblick auf Effizienzkriterien, so ist zum einen die Struktur der Institutionen zu durchleuchten, zum anderen ihre Ausstattung und Aufgabenwahrnehmung.

In Bezug auf die Struktur könnte man das EU-System wegen seiner Doppelstruktur kritisieren: Kommission und Ministerrat (einschließlich Europäischem Rat) stellen zwei Machtzentralen dar, zwischen denen es keine klare Aufteilung der Kompetenzen gibt – beide erfüllen Legislativ- und Exekutivfunktionen –, was in einer Verdopplung der Arbeit sowie in unnötig verlängerten und komplizierten Entscheidungsverfahren resultiert. Andererseits ist aber auch klar, dass die „Doppelspitze" benötigt wird, solange die EU kein supranationaler Staat ist, sondern ein System, in dem die europäische die nationale Ebene überlagert und somit den beiden zentralen Institutionen die Funktion zukommt, einerseits die supranationalen, andererseits die nationalen Interessen zu artikulieren und in relativ aufwendigen Entscheidungsverfahren gegeneinander abzuwägen oder miteinander auszutarieren (vgl. auch Kap. 7).

Auch die übrigen Organe der EU – Europäisches Parlament und Gerichtshof – erfüllen unabdingbare Funktionen im System, die weder von den anderen Organen übernommen noch wirksam von entsprechenden Institutionen auf der nationalen Ebene wahrgenommen werden könnten: Während das Parlament als einzige Institution eine direkte Repräsentanz der Bürger beziehungsweise der Völker Europas darstellt – inwieweit es diese Funktion tatsächlich im Sinne von demokratischer Legitimation wahrnehmen kann, wird weiter unten zu klären sein –, erfüllt der Gerichtshof eine unabdingbare Funktion in der Überwachung der Rechtmäßigkeit von EU-Beschlüssen und der Durchsetzung der Einhaltung dieser Beschlüsse. Das Fehlen des Europäischen Parlaments würde somit möglicherweise Effizienzgewinne in der Beschlussfassung mit sich bringen, ginge aber zwangsläufig mit einem Verlust an demokratischer Legitimation einher; das Fehlen des Gerichtshofs würde hingegen enorme Effizienz- und Effektivitätsverluste beinhalten, da EU-Beschlüsse leichter unterlaufen oder gar ignoriert werden könnten.

Demgegenüber werden die beiden vertraglich verankerten Beratungsorgane, der Wirtschafts- und Sozialausschuss sowie der Ausschuss der Regionen, in der Fachdebatte, aber auch in der politischen Öffentlichkeit häufiger als unwichtig, als unnötig aufgebläht, als ineffizient oder gar insgesamt als bedeutungslos betrachtet. Die relative Bedeutungslosigkeit beider Organe wird vor allem in ihrer reinen Beratungsfunktion gesehen, aus der sich keine bindenden Wirkungen für die anderen Organe ergäben. Diese Art der Kritik verkennt allerdings den ausgeprägt informellen Charakter von EU-Entscheidungen und den zweigleisigen Verkehr zwischen den europäischen Organen – insbesondere zwischen der Kommission und den Beratungsgremien und den Gruppierungen, die sie vertreten. So kann sowohl für den WSA als auch für den AdR gesagt werden, dass sie im Wesentlichen die Vergemeinschaftung von Politiken unterstützen und somit faktisch die Position der Kommission stärken. Darüber hinaus sind sie aber durchaus in der Lage, speziellere Interessen der von ihnen vertretenen funktional beziehungsweise territorial aggregierten Gruppierungen in den europäischen Entscheidungsprozess einzuspeisen, vorausgesetzt, es gelingt ihnen intern, zu gemeinsamen Positionen zu kommen. Gerade im Zustandebringen dieses internen Abstimmungs- und Konsensfindungsprozesses liegt aber die Hauptfunktion der beiden Beratungsgremien. Eine weitere Aufgabe ist die (Rück-)Vermittlung europäischer Themen und Entscheidungen in die diese Gremien beschickenden Organisationen, Gruppierungen oder Territorien hinein. Insgesamt kommt den beiden Beratungsorganen somit eine wichtige Funktion als Sprachrohr von, Vermittlungsinstanz zwischen und direkter Kommunikationsschiene zu den jeweiligen sektoralen und territorialen Gruppierungen in der EU zu und somit langfristig eine bedeutende Rolle im Prozess der europäischen Integration. Ihre zahlenmäßig breite Besetzung ist nicht so sehr als Beleg mangelnder Effizienz des institutionellen Gefüges der EU zu werten; vielmehr trägt sie zu einer höheren Effektivität sowie zur demokratischen Legitimation europäischer Beschlüsse bei.

Des Weiteren bezieht sich die Kritik an der Struktur des EU-Systems auf die im Gefolge des Maastrichter Vertrages beschleunigte institutionelle Ausdifferenzierung der Union, wie sie insbesondere in den Institutionen der Zweiten und Dritten Säule sowie der Europäischen Währungsunion, der sogenannten „Vierten Säule" (Nicoll 1994), zum Ausdruck kommt. Indem hier spezielle Ministerräte neben den regulären geschaffen wurden, dazu spezielle Sekretariate und Task Forces bei den nationalen Ministerien, aber auch spezielle Task Forces in den korrespondierenden Generaldirektionen der Kommission, schließlich Sonderinstitutionen wie die EZB und das EZBS und nicht zuletzt ein Sonderrat für „Euroland" (an dem nur die Mitgliedstaaten der WWU teilnehmen; vgl. Kap. 5.1), kann man zu Recht von einer Verdopplung oder gar Vervielfältigung von Institutionen und ihren jeweiligen Aufgaben sprechen. Zudem ist kein Ende des institutionellen Wildwuchses abzusehen; vielmehr wurden mit den Verträgen von Amsterdam und Nizza weitere institutionelle Ausdifferenzierungen beschlossen (Tömmel 2001b), und auch mit dem Verfassungsvertrag beziehungsweise nunmehr mit dem Reformvertrag gelingt es kaum, dieser Entwicklung Einhalt zu gebieten.

Ohne Zweifel sind solche institutionellen Verdopplungen – und es wurden hier nur die sichtbarsten, sozusagen die Spitze des Eisbergs, angeführt, während der gesamte Unterbau außer Betracht blieb – unter Effizienzgesichtspunkten zu kritisieren. Sie lassen sich nur erklären oder rechtfertigen vor dem Hintergrund eines Integrationsmodus, bei dem die Quadratur des Kreises erprobt – und realisiert – wird: die Vergemeinschaftung von Politiken, ohne die entsprechenden Kompetenzen an eine supranationale Instanz zu delegieren (vgl. beispielsweise Kapteyn 1996). Da gleichzeitig in der Praxis offenkundig wird, dass die Vergemeinschaftung ohne Mitwirkung einer entsprechenden Instanz – der Kommission – kaum möglich ist, kommt es zwangsläufig zu deren Einbezug und dementsprechend auch zu den beschriebenen Verdopplungen. Faktisch handelt es sich aber nicht einfach nur um Verdopplungen, sondern auch um den institutionellen Ausdruck der Abwägung nationaler und gemeinschaftlicher beziehungsweise europäischer Interessen. Die damit einhergehenden Ineffizienzen lassen sich somit nur in dem Maße reduzieren, wie der Konsens zwischen den Mitgliedstaaten in den

6.1 Effizienz: institutionelles Gefüge und Entscheidungsverfahren

Politikfeldern der Zweiten und Dritten Säule wächst. Möglicherweise wird dies mit dem Inkrafttreten des Reformvertrags, der ebenso wie zuvor schon der Verfassungsvertrag die Aufhebung der Säulenstruktur vorsieht, gelingen.

Bietet die Betrachtung des institutionellen Gefüges der EU unter Effizienzgesichtspunkten nur wenige Angriffsflächen, so scheint eine entsprechende Analyse der einzelnen Organe und Institutionen vielversprechender. So figuriert insbesondere die Kommission in der öffentlichen Debatte häufig als aufgeblähte Bürokratie, als „Brüsseler Wasserkopf", als schwerfälliger und neuerdings sogar als korrupter Apparat. All solchen (Vor-)Urteilen zum Trotz sind allerdings die Institutionen und Apparate auf der europäischen Ebene – einschließlich der Kommission – minimal ausgestattet. Der Personalbestand entspricht in keiner Weise der Fülle und Komplexität der Aufgaben. Dieses Paradox klärt sich schnell, wenn man berücksichtigt, dass der Löwenanteil der Entscheidungen von Institutionen und Gremien getragen wird, die von den Mitgliedstaaten beschickt werden und, gleichsam einem Wanderzirkus, an wechselnden Orten und in wechselnder Zusammensetzung tagen. Noch stärker dezentralisiert und delegiert sind die Aufgaben der Umsetzung von EU-Politiken und -Entscheidungen, so dass der Verwaltungsaufwand auf der europäischen Ebene klein gehalten werden kann. Allerdings kann man diesen Zusammenhang auch unter einer umgekehrten Kausalität formulieren: Weil die europäischen Dienststellen unterdimensioniert sind, müssen sie eine Vielzahl von Aufgaben dezentralisieren und delegieren; eine Situation, die von den Mitgliedstaaten durchaus so gewollt ist, aber auch eine Reihe von spezifischen Ineffizienzen mit sich bringt.[296]

Betrachtet man vor diesem Hintergrund zunächst die Kommission, so steht ihr mit 22 Generaldirektionen, einem Generalsekretariat und einigen speziellen Diensten der bei weitem größte Verwaltungsapparat auf der europäischen Ebene zur Verfügung. Mit 23 470 Mitarbeitern[297], von denen etwa ein Drittel auf den Übersetzungsdienst entfällt, übertrifft sie zwar jede andere europäische Institution; ihr Personalbestand liegt aber kaum höher als der eines größeren Ministeriums in den Mitgliedstaaten oder einer europäischen Großstadtverwaltung.

Demgegenüber werden Ministerräte, Europäischer Rat, COREPER und eine Vielzahl von ständigen und nicht-ständigen beratenden Ausschüssen und Arbeitsgruppen von Delegierten nationaler Regierungen und Beamtenapparate beschickt. Ihnen allen ist, mit Ausnahme der Ständigen Vertreter und ihrer Mitarbeiterstäbe in Brüssel, gemeinsam, dass sie Funktionsträger auf der nationalen Ebene sind und somit die EU-Geschäfte als Nebentätigkeit betreiben.[298] Allerdings werden sie in dieser Funktion von festen Apparaten vor Ort unterstützt:

---

[296] Diese Situation führt dazu, dass die EU von den Implementationskapazitäten der Mitgliedstaaten abhängig ist. Dies führt seinerseits zu einer häufig lückenhaften, selektiven und in jedem Falle unregelmäßigen Implementation (vgl. beispielsweise Kapteyn 1996, Falkner et al. 2005, Hartlapp 2005).

[297] Zahlen aus: Amtsblatt der Europäischen Gemeinschaften, L 077 v. 16.3.2007, Bd. 1, S. 121. Stand für 2006 einschließlich Planstellen auf Zeit.

[298] Selbst im Bereich der Ständigen Vertretungen arbeitet ein Großteil der Mitarbeiter auf der Basis einer zeitweiligen Detachierung von nationalen Ministerien.

Dem Ministerrat steht ein Generalsekretariat in Brüssel zur Verfügung, das mit 3440 Bediensteten[299] zwar ebenfalls als gut ausgestattete Institution erscheint; faktisch sind es aber nur ca. 400 „inhaltliche" Funktionsträger, die die Verhandlungen vorbereiten und betreuen, während alle übrigen auf den hier im Vergleich zur Kommission wesentlich umfangreicheren Übersetzungsdienst sowie auf Sekretariatstätigkeiten entfallen (Interview Generalsekretariat des Rats der EU, Juni 2005).

Die Ständigen Vertretungen in Brüssel sind ebenfalls keine üppig ausgestatteten „Botschaften"[300]; ihr Personal weist allerdings in letzter Zeit eine stark steigende Tendenz auf, was vor dem Hintergrund der enorm gestiegenen Aufgabenfülle und damit auch des Sitzungsquantums nicht verwunderlich ist. Als feste Beratungsgremien verfügen der Wirtschafts- und Sozialausschuss sowie der Ausschuss der Regionen über einen Personalstand von respektive 671 und 459 Personen.[301]

Die dritte Komponente des institutionellen Gefüges der EU, das Europäische Parlament, übersteigt mit nunmehr 785 Abgeordneten deutlich die Zahl der Parlamentarier in den großen Mitgliedstaaten; dies ist aber erst seit den jüngsten EU-Erweiterungen der Fall. Zuvor lag die Größe des Europäischen Parlaments mit 626 Abgeordneten im Mittelfeld der großen Mitgliedstaaten.[302] Gemessen am Arbeitspensum und vor allem an der Notwendigkeit einer angemessenen Repräsentation aller Nationalitäten ist auch dieses Gremium nicht als überdimensioniert zu betrachten. Sein Stab an Mitarbeitern, Sekretariaten sowie spezialisierten Diensten ist mit 5 801 Planstellen[303] eher als unterdimensioniert zu werten, insbesondere, wenn man die hochkomplexen Themen und Gesetzesvorhaben, die zu bewältigen sind, berücksichtigt. Der Europäische Gerichtshof schließlich, der neben seinen 27 Richtern einen Mitarbeiterstab von 1 757 Personen[304] mit Sitz in Luxemburg umfasst, ist ebenfalls in seinem Umfang im Vergleich zu jedem Provinzialgericht der Mitgliedstaaten klein dimensioniert. Allerdings stieß dieses Gremium schon sehr schnell an seine Kapazitätsgrenzen; deshalb wurde ihm im Jahre 1989 der Gerichtshof Erster Instanz zugeordnet (vgl. Kap. 3.2.4).

Handelt es sich bei der EU also alles in allem um ein effizient organisiertes politisches System, da es mit geringem Personalbestand und geringer Organisationstiefe auskommt und dennoch eine Fülle von hochkomplexen Aufgaben bewältigt? Eine vorbehaltlose Bejahung

---

[299] Zahlen aus: Amtsblatt der Europäischen Gemeinschaften, L 077 v. 16.3.2007, Bd. I, S. 121. Stand für 2006 einschließlich Planstellen auf Zeit.

[300] Die Bundesrepublik weist mit insgesamt 164 Beschäftigten die größte Vertretung auf (Zahl nach Information der Ständigen Vertretung der BRD, April 2005).

[301] Zahlen aus: Amtsblatt der Europäischen Gemeinschaften, L 077 v. 16.3.2007, Bd. I, S. 121. Stand für 2006 einschließlich Planstellen auf Zeit.

[302] So lagen Großbritannien, die BRD und Italien mit respektive 659, 656 und 630 Parlamentsabgeordneten über dem EP, während Frankreich mit 577 noch darunter lag (Fischer Weltalmanach 2002).

[303] Zahlen aus: Amtsblatt der Europäischen Gemeinschaften, L 077 v. 16.3.2007, Bd. I, S. 121. Stand für 2006 einschließlich Planstellen auf Zeit.

[304] Zahlen aus: Amtsblatt der Europäischen Gemeinschaften, L 077 v. 16.3.2007, Bd. I, S. 121. Stand für 2006 einschließlich Planstellen auf Zeit.

dieser Frage wäre sicherlich verfehlt. Denn zum Ersten sind die EU-Institutionen schon jetzt chronisch überlastet beziehungsweise unterausgestattet; ihr kleiner Apparat ist somit eher ein Problem, als dass er Beleg für besondere Effizienz wäre. Ein adäquater institutioneller Ausbau ist aber kaum zu erwarten, da er notwendigerweise mit einer Machtverschiebung von der nationalen auf die europäische Ebene einherginge, was von den Mitgliedstaaten kaum gewünscht wird.

Zum Zweiten wird im EU-System ein Großteil der Entscheidungslast und der Politikimplementation von den Mitgliedstaaten getragen beziehungsweise umgesetzt, ein Verfahrensmodus, der in der Konstruktion des Systems von Anfang an angelegt war, jedoch mit steigendem Problemdruck und entsprechend gewachsener Aufgabenfülle – bei gleichzeitigem Unwillen, die europäischen Institutionen auszubauen – exponentiell zugenommen hat. Die Ausweitung der Politikfunktionen der EU geht also vor allem mit einer Ausweitung der Verantwortlichkeiten der Mitgliedstaaten einher (vgl. Kap. 5.2).[305]

Zum Dritten wird ein Teil der Arbeitslast abgewälzt über die Einsetzung neuer, weitgehend unabhängiger Agenturen und Instanzen, die spezielle, teils exekutive, teils aber auch politikgenerierende Funktionen wahrnehmen (z.B. EZB, Europäische Umweltagentur etc.; vgl. Kap. 5.1.2). Allerdings werden auch diese relativ klein gehalten und auf eine enge Kooperation mit entsprechenden Institutionen in den Mitgliedstaaten verpflichtet.

Zum Vierten ist eine Vielzahl von externen Akteuren und Organisationen in die EU-Entscheidungsprozesse in der Weise einbezogen, dass sie faktisch auch inhaltliche und administrative Aufgaben des Systems wahrnehmen: z.B. Interessengruppen, die nicht nur ihre Expertise, sondern ganze Gesetzestextentwürfe bereitstellen; Expertenräte, die administrative (Vor-)Entscheidungen treffen; Wirtschaftsverbände, die die Erstellung von technischen Normen und die Überwachung ihrer Einhaltung teilweise selbst in die Hand nehmen oder intermediäre Organisationen, die weitgehend selbständig Subventionen zuweisen und verwalten (vgl. Kap. 5.3).

Schließlich wird, zum Fünften, ein wachsender Teil von Aufgaben und Verwaltungstätigkeiten der EU privaten Firmen oder semi-privaten Organisationen überantwortet: Das reicht von der redaktionellen Überarbeitung von offiziellen Dokumenten und Berichten über die Erstellung von entscheidungsvorbereitenden Expertisen bis hin zur Durchführung und Abwicklung von Förder- und Hilfsprogrammen und schließlich zur Evaluation solcher Programme (Tömmel 1996, Levy 2000).

Insgesamt ist somit festzuhalten, dass die (scheinbare) Effizienz eines vergleichsweise klein gehaltenen institutionellen Gefüges auf der europäischen Ebene erkauft wird mit einer Vielzahl von Externalitäten, die bei den Mitgliedstaaten oder anderen Organisationen und Akteuren zu Buche schlagen und somit auf diese abgewälzt werden (vgl. auch Majone 1996a).

---

[305] Selbst der EuGH arbeitet in enger Kooperation mit nationalen Gerichten zusammen, woraus sich ein Teil der Verschiebung der Aufgabenlast „nach unten" ergibt (vgl. Weiler 1994).

Aussagen über die Effizienz des Systems müssten also dieses vielschichtige und mehrdimensionale Gefüge und vor allem die dabei insgesamt anfallenden Kosten berücksichtigen.

Allerdings könnte man – aufgrund der Verschränkung von europäischer und mitgliedstaatlicher Ebene sowie von staatlichen und nicht-staatlichen Instanzen und Organisationen und der Doppelrollen eines Großteils der beteiligten Akteure – insgesamt eine höhere Effizienz im Vergleich zu herkömmlichen bürokratischen Apparaten oder zu einer hypothetischen, umfassender ausgestatteten EU annehmen. Solche Annahmen sind aber an die Erfüllung zahlreicher Voraussetzungen gebunden. So können nur dann Effizienzgewinne erzielt werden, wenn die Vielzahl von Akteuren einen systemisch relevanten Output erbringt; wenn die Doppelrollen adäquat eingelöst werden; wenn die Verschränkung zwischen den Ebenen sowie den funktional differenzierten Segmenten gelingt; und insgesamt, wenn die einbezogenen Akteure sich stärker an gemeinsamen europäischen Zielsetzungen orientieren als dass sie die Nutzenmaximierung partikularer Interessen verfolgen (Scharpf 1988). Es hängt somit einerseits von der Steuerungskapazität der EU-Institutionen und speziell der Kommission, andererseits vom Willen und den Interessen der beteiligten Instanzen, Organisationen und Akteure ab, ob das System in seiner Gesamtheit effizient funktionieren kann (und damit auch ein hohes Maß an Effektivität erreicht), oder ob es erhebliche Diskfunktionalitäten und negative Externalitäten hervorbringt.

Während eine genaue Beurteilung dieser Situation und ihrer vielfältigen Facetten kaum möglich ist, wird eine Reihe von konkreten Problemen derzeit schon deutlich. So fehlen beispielsweise der Kommission die institutionellen Kapazitäten, um private Firmen in der Ausübung delegierter Aufgaben wirksam zu steuern oder gar zu kontrollieren (Levy 2000, insbes. S. 195 ff., Jahresberichte des Europäischen Rechnungshofs). Selbst die eigenen Dienststellen unterliegen häufig nicht der notwendigen Kontrolle. Die 1997/98 aufgedeckten Korruptionsskandale um die Organisation ECHO, die faktisch die gesamte Katastrophenhilfe der EU abwickelt, sind nicht zuletzt auch vor dem Hintergrund der unzureichenden administrativen Kapazitäten der Kommission zu verstehen. Angesichts dieser Situation erschien die Delegierung der Katastrophenhilfe an ECHO als einfachster Weg der Implementation solcher Spezialaufgaben. Indem ECHO seinerseits die Abwicklung der Hilfe an private Firmen delegierte, die dabei teilweise eine Monopolposition erwarben, kam es zu Missbrauch und Korruption (Levy 2000, S. 195 ff., Bendiek 2004, S. 108 f.). Aber auch dort, wo sich private Consultancy-Firmen entsprechenden Ausschreibungs- und damit Wettbewerbsverfahren unterziehen müssen, ist die Kommission mit den Entscheidungen über den Zuschlag häufig überfordert (Levy 2000). Die Situation wird durch die ihr zugeordneten Ausschüsse, bestehend aus Vertretern der Mitgliedstaaten, nicht unbedingt erleichtert, da diese häufig auf die Anwendung politischer Kriterien, nämlich die Berücksichtigung des Verteilungsproporzes zwischen den Mitgliedstaaten in Bezug auf die Herkunft der Anbieterfirmen pochen (Tömmel 1996, Bendiek 2004). Unter solchen Umständen ist es kaum möglich, den billigsten *und* den besten Anbieter zu begünstigen und damit ein effizientes Management von Förderprogrammen zu betreiben. Insgesamt belegen Detailstudien somit eine Vielzahl von schwer zu behebenden Ineffizienzen.

6.1.2 Entscheidungsverfahren

Betrachtet man die *Entscheidungsverfahren* der EU, die ja den Löwenanteil ihrer Funktionen ausmachen, so stellen sich diese auf den ersten Blick alles andere als effizient dar. Einen solchen Eindruck vermitteln vor allem die endlosen Ketten von vorläufigen Entscheidungen, Nicht-Entscheidungen, Verhandlungs-Patts, erneuten Verhandlungen oder gar das Wiederaufrollen von bereits getroffenen Entscheidungen[306], wobei es bis zum Schluss offen bleibt, ob es überhaupt zu einer durchschlagenden Lösung kommt. Hinzu kommt der Umstand, dass in den schließlich erzielten Vereinbarungen eine Unmenge von aufgewendeter Arbeits- und vor allem Verhandlungszeit einer Vielzahl von Akteuren enthalten ist, die wiederum durch ein hohes Maß an kaum quantifizierbaren Externalitäten erkauft wird. Aber auch wenn man nur die direkt an europäischen Entscheidungen beteiligten Organe der EU und die ihnen zuarbeitenden nationalen Regierungen berücksichtigt, ergibt sich schon ein sehr hoher und in der Tendenz steigender Beratungs- und damit letztendlich Entscheidungsfindungsaufwand. Hinzu kommen die Kosten für Sitzungen an wechselnden Verhandlungsorten, Übersetzungsleistungen etc.

Während die Kommission, das Generalsekretariat des Ministerrats, die Ständigen Vertretungen der Mitgliedstaaten sowie, in anderer Funktion, das Europäische Parlament den übergroßen Anteil ihrer Arbeitsleistung Entscheidungsfindungsverfahren widmen, treten Ministerräte, Europäischer Rat, WSA und AdR regelmäßig zusammen, um EU-Entscheidungen zu treffen oder an ihnen mitzuwirken. Rechnet man den „Unterbau" des Ministerrats, eine Vielzahl von Ratsarbeitsgruppen (knapp 300 Gruppen, Wessels 2000, S. 198), aber auch ein fest geknüpftes Netz von Ständigen Ausschüssen neben COREPER hinzu, dann steigert sich die Zahl der Beteiligten um ein Vielfaches. Eine noch weitere Ausuferung der Beteiligung beinhaltet der Unterbau, den sich die Kommission im Laufe der Zeit geschaffen hat, indem sie ein breites Spektrum von staatlichen und nicht-staatlichen Akteuren, von Experten und Lobbyisten und neuerdings auch von NGOs in die Ausarbeitung von Gesetzesinitiativen und anderer Vorhaben einbezieht (vgl. Kap. 5.2 und 5.3 sowie Wessels 1992, 1996, 1997b, 2000).

Die Effizienz europäischer Entscheidungsfindungsprozesse kann aber nicht nur wegen des quantitativen Zeit- und Kostenaufwands, sondern auch wegen der Qualität der getroffenen Entscheidungen infrage gestellt werden. Sieht man einmal von der Unmenge von konkreten Regelungen, die im Rahmen der Marktordnungen erforderlich sind, ab, so kommen die umfangreicheren Gesetzesvorhaben in der Regel in der Form von Richtlinien zustande, deren

---

[306] Als eklatantestes Beispiel der jüngsten Zeit ist die Beschlussfassung zur Altauto-Richtlinie zu nennen, bei der unter dem Vorsitz von Bundesumweltminister Trittin ein eigentlich nur noch formal zu verabschiedender Richtlinienentwurf aufgrund einer Intervention von Bundeskanzler Schröder zugunsten der Interessen von VW erneut aufgerollt wurde. Diese Intervention, die die neutrale Rolle der deutschen Präsidentschaft infrage stellte, wurde in Brüssel zwar als schwere Verletzung der ungeschriebenen Verhaltensregeln registriert; sie führte aber dazu, dass die Altauto-Richtlinie mit einer einjährigen Verzögerung und unter Abschwächung der ursprünglich vorgesehenen Regelungen verabschiedet wurde (Interviews Generalsekretariat des Rats der EU, Länderbüro der BRD, Juni 1999, Ständige Vertretung der BRD, November 1999).

Inhalte vergleichsweise offen und vielfältig interpretierbar gehalten sind. Meist werden nur die zu erreichenden Ziele, Eckwerte, Minimalstandards, „Korridore" oder auch Verfahrensmodi festgelegt, während die eigentliche inhaltliche Ausgestaltung dieses Rahmens – und damit der Löwenanteil der anfallenden Gesetzgebungsarbeit – wiederum von nationalen Regierungen zu leisten ist (die dieser Aufgabe allerdings häufig mehr schlecht als recht nachkommen).[307]

Der Trend zur Setzung lediglich eines gemeinsamen rechtlichen Rahmens für die Gesetzgebung der Mitgliedstaaten verstärkt sich in jüngster Zeit, indem immer mehr „Rahmenrichtlinien" erlassen werden, die eine Vielzahl von älteren, meist detailliertere Einzelregelungen betreffende und in ihrer Regelungsdichte sehr unvollständige Richtlinien ersetzen (z.B. in der Umweltpolitik, Sbragia 2000a, Knill 2003, Lenschow 2004, 2005). Folgt dieser Trend einerseits der Logik der nach wie vor ausgeprägten Divergenzen zwischen den Mitgliedstaaten und dem somit erschwerten Konsensfindungsprozess in der Beschlussfassung, so ist er andererseits auch als Eingeständnis zu werten, dass auf der europäischen Ebene eine den nationalen Staaten vergleichbare Regelungsdichte und -präzision angesichts der langwierigen und aufwendigen Entscheidungsverfahren und der langen Entscheidungsketten grundsätzlich nicht sinnvoll, aber auch nicht realisierbar ist (Scharpf 1994, Eichener 1996, 2000). Das Projekt eines die nationalen Staaten langfristig ersetzenden supranationalen Staates musste somit aufgegeben werden zugunsten eines Modells, das sich auf die Setzung von Rahmenregelungen beschränkt und darüber die Gesetzgebungstätigkeit der Mitgliedstaaten in engere und harmonisiertere Bahnen lenkt. Ein solches Modell impliziert, dass ein Großteil des Entscheidungs- und Gesetzgebungsaufwands externalisiert werden muss. Dabei sind es nicht nur die Regierungen der Mitgliedstaaten, denen die inhaltliche Ausgestaltung der Gesetzgebung überantwortet wird; vielmehr werden auch in gewissem Maße nicht-staatliche Akteure in die gesetzgeberische Verantwortung einbezogen.[308] Eine solche Vorgehensweise muss ein hohes Maß an Varianz in der Recht- und Regelsetzung in Kauf nehmen.

Die Effizienz europäischer Gesetzgebungsprozesse wird auch dadurch eingeschränkt, dass eine Vielzahl von Regelungen, wiewohl von der Kommission sorgfältig vorbereitet und ausgearbeitet, gar nicht verabschiedet wird. Zwar ist die Zeit der grundsätzlichen Nicht-Entscheidungen, wie sie die späten 70er und frühen 80er Jahre kennzeichneten, definitiv vorbei; dennoch bleibt nach wie vor eine Reihe von Kommissionsvorschlägen trotz sorgfältiger Vorbereitung – und das beinhaltet immer auch inhaltliche Vorklärung und Abstimmung mit den Mitgliedstaaten sowie einer Vielzahl von externen Akteuren – im Netz der schwieri-

---

[307] Hier treten auf vielfältige Weise Modifikationen, aber auch erhebliche Verzögerungen in der Umsetzung europäischer Richtlinien auf (Falkner et al. 2005, Hartlapp 2005).

[308] In diesem Zusammenhang sei noch einmal an die Möglichkeit der Aushandlung und Ausformulierung von Gesetzen durch die Sozialpartner auf der europäischen Ebene (Falkner 1998, Keller 2001, Falkner et al. 2005) sowie an die Feinregulierung und Umsetzung von Arbeitsschutzregelungen und technischer Normung durch die entsprechenden Verbände erinnert (vgl. Eichener/Voelzkow 1994b sowie Kap. 5.3.2).

6.1 Effizienz: institutionelles Gefüge und Entscheidungsverfahren

gen Konsensfindung hängen.[309] Es ist somit weniger die Performance der Kommission bei der Ausarbeitung von Gesetzesinitiativen und der Vorbereitung anderer Entscheidungen, die die Ineffizienz der Verfahren bewirkt – im Gegenteil, man kann der Kommission sogar ein äußerst geschicktes Verfahrensmanagement bescheinigen –, als vielmehr die schwierige Konsensfindung mit und zwischen den Mitgliedstaaten. Diese ist ihrerseits weniger der Ausdruck mitgliedstaatlicher Ineffizienz, als vielmehr die Folge hochkomplexer und widersprüchlicher Interessenkonstellationen, unterschiedlicher Betroffenheiten von europäischen Regelungen sowie von wechselnden, nur schwer kalkulierbaren politischen Konjunkturen.

Das Gesagte trifft nicht nur auf die regulären Gesetzgebungsverfahren zu, sondern auch und mehr noch auf Grundsatzentscheidungen, die die Weiterentwicklung des Systems, die Vertiefung der Kooperation, den Aus- und Umbau des institutionellen Gefüges sowie die Erweiterung um neue Mitgliedstaaten betreffen; kurz, auf alle Vertragsänderungen. Solche Entscheidungen, soweit sie denn zustande kommen, gelingen nur um den Preis groß angelegter Intergouvernementaler Konferenzen, die nichts anderes beinhalten als eine gigantische Steigerung der sonst schon üblichen Verhandlungsmarathons unter Berücksichtigung einer Vielzahl von Beratungsgremien, Entscheidungsträgern, Instanzen, Organisationen und Akteuren. Der stetig wachsende Aufwand kann allerdings nicht verhindern, dass die jeweils auf den abschließenden Gipfelkonferenzen getroffenen Entscheidungen eher den Vergleich aufdrängen, dass der Berg kreißt, aber nur eine Maus gebärt, als dass sich das Bild eines entscheidungsfähigen und -freudigen Staaten(ver)bundes böte. Mit anderen Worten: Auch und gerade die Vertragsänderungen im Rahmen der EU sind begleitet von erheblichen Verzögerungen, vom Eingehen schwacher Kompromisse auf niedrigem Niveau[310] sowie von einem relevanten Anteil an Non-Decision, was allerdings nicht darüber hinwegtäuschen sollte, dass dennoch regelmäßig beachtliche Integrationsschritte erzielt werden (Galloway 2001).

Mit der Entscheidung der Gipfel-Konferenz von Laeken (Dezember 2001), die Ausarbeitung einer grundlegenden Revision der EU-Verträge nicht mehr nur einer Intergouvernementalen Konferenz, sondern auch der vorbereitenden Arbeit eines Konvents anzuvertrauen, an dem neben Regierungsvertretern, Mitgliedern des EP und der Kommission auch Abgeordnete der nationalen Parlamente beteiligt sind, wurden die Verhandlungsmarathons systematisch auf weitere Akteursgruppen ausgeweitet, was nicht zuletzt mit der notwendigen Demokratisierung der EU begründet wurde. Zwar kann man bezweifeln, ob das neue Verfahren sehr viel demokratischer als die bisherigen war, denn auch die Mitglieder des Konvents und vor allem die maßgeblichen Kräfte dieses Gremiums rekrutierten sich aus dem Kreise europäischer Eliten. Nicht zu bestreiten ist allerdings aus der Rückschau, dass die Konventsmethode und

---

[309] Als Beispiel sei hier der vergebliche Versuch der Einführung einer Ökosteuer genannt (Sbragia 2000a, S. 311 f.).
[310] Es wird hier bewusst der Ausdruck „Kompromisse auf dem kleinsten gemeinsamen Nenner" vermieden, weil diese faktisch kaum zustande kommen; vielmehr wird bei mangelnder Konsensfindung viel eher auf die Möglichkeit der Nicht-Entscheidung rekurriert. Das Schlagwort vom „kleinsten gemeinsamen Nenner" gehört denn auch eher ins Repertoire einer polemischen Kritik an der EG/EU als in wissenschaftliche Analysen.

die nachfolgende Intergouvernementale Konferenz – trotz des anfänglichen Entscheidungspatts unter italienischer Präsidentschaft – sehr schnell zu sehr weitreichenden Entscheidungen führte: der Verabschiedung eines Verfassungsvertrags für die EU. Damit war die Beschlussfassung allerdings noch lange nicht abgeschlossen; vielmehr bedurfte es noch der Ratifizierung des Vertragswerks in den Mitgliedstaaten. Da diese aufgrund negativer Referenden in der Sackgasse endete, konnte der Ausweg nur in weiteren Verhandlungsmarathons liegen. Dementsprechend verabschiedete der Europäische Rat im Juni 2007 – nach zähen Verhandlungen – ein Mandat für eine neuerliche Intergouvernementale Konferenz. Vorausgesetzt, es gelingt dieser Konferenz, den anvisierten Reformvertrag zu verabschieden, bedarf es noch der Ratifizierung in 27 Mitgliedstaaten, was erneut eine hohe Hürden bedeutet. Grundsatzentscheidungen zur Weiterentwicklung des EU-Systems sind somit nur über langwierige und aufwendige Prozesse der Kompromiss- und Konsensfindung zu erreichen.

In der Debatte um die Non-Decision und die verwässerten Kompromisse in der EU scheint es, als hätten sich die Probleme aufgelöst oder ansehnlich verringert, seit der Ministerrat in zunehmendem Maße mit qualifizierter Mehrheit entscheiden kann. Da solche Entscheidungen mit der EEA, insbesondere für den Binnenmarkt, eingeführt und seitdem auf eine Reihe von weiteren Themen und Politikfeldern ausgeweitet wurden, konnten in der Tat die Entscheidungsfülle und das Entscheidungstempo in zahlreichen Bereichen deutlich erhöht und somit auch die Effizienz der Verfahren gesteigert werden. Dieser veränderten Situation steht allerdings eine Reihe von Einschränkungen gegenüber (Golub 1999). Denn zum Ersten beziehen sich diese Entscheidungsverfahren nur auf solche Bereiche, in denen schon ein genereller Grundkonsens gegeben ist (z.B. die Schaffung des einheitlichen Binnenmarktes), während gleichzeitig eine Reihe von neuen Themen und Politikbereichen hinzugekommen ist, für die ein solcher Grundkonsens nicht besteht und in denen dementsprechend nach wie vor einstimmige Entscheidungen erforderlich sind.[311] Zum Zweiten wurden dem Parlament, gerade in den Bereichen, in denen der Rat mit qualifizierter Mehrheit entscheidet (und somit wiederum ein erhöhter Grundkonsens gegeben ist), erweiterte Mitbestimmungsrechte eingeräumt. Damit wird aber die erleichterte Konsensfindung im Ministerrat konterkariert durch die Mitentscheidung oder sogar Vetomöglichkeit des Parlaments, die in der Regel, insbesondere über das Vermittlungsverfahren, den Verhandlungsaufwand deutlich steigert und Entscheidungen verzögert (Golub 1999). Zum Dritten wird im Ministerrat nach wie vor versucht, alle Fragen unabhängig vom Abstimmungsmodus per Konsens zu entscheiden. Die Position von Minderheiten unter den Mitgliedstaaten wird somit weiterhin respektiert, auch wenn man sie formal überstimmen könnte.[312] Allerdings hat sich nach übereinstimmenden Aussagen von Insidern der Verhaltenskodex im Ministerrat seit der (Wieder-)Einführung von Mehrheitsentscheidungen signifikant verändert: Kein Land kann es sich heute mehr leis-

---

[311] Dies gilt insbesondere – aber nicht nur – für die Zweite und Dritte Säule der EU.

[312] Als signifikantes Beispiel sei hier noch einmal auf die Altauto-Richtlinie verwiesen, bei der es den übrigen Staaten ein Leichtes gewesen wäre, ihre alte Position mit Hilfe des EP durchzudrücken. Im Gegensatz dazu entschied man sich, der BRD entgegenzukommen (Interview Generalsekretariat des Rates der EU, Juni 1999).

ten, immer wieder als Nein-Sager aufzutreten oder gar mit einem Veto zu drohen; ein solches Verhalten wird von der Mehrheit mit Isolierung bestraft (verschiedene Interviews Generalsekretariat des Rates der EU, Ständige Vertretung der BRD sowie Kommission, Februar 1998; vgl. auch Nugent 2001, S. 167 ff.).[313] Mehr noch zeigte die schnelle Verabschiedung des Verfassungsvertrags trotz erheblicher Widerstände einzelner Staaten, dass Vetospieler unter den Mitgliedstaaten zunehmend isoliert und damit zur Aufgabe ihrer Blockadehaltung genötigt werden.[314]

Fasst man nun abschließend das Gesagte zu einem Gesamtbild zusammen, so stellen sich die europäischen Entscheidungsverfahren aufgrund ihrer quantitativen und qualitativen Aspekte nicht eindeutig als effizient dar. In quantitativer Hinsicht schlagen die langwierigen und aufwendigen Verfahren, die Beteiligung einer Vielzahl von Akteuren, die Unmenge an Sitzungs- und Verhandlungszeit sowie die damit verbundenen Kosten negativ zu Buche. In qualitativer Hinsicht sind es die begrenzte Regelungsdichte und -tiefe, die zunehmende Beschränkung auf die Setzung von rechtlichen Rahmen, die kleinschrittigen Vertragsänderungen sowie der nach wie vor hohe Anteil von Non-Decision, die das Bild der Verfahrenseffizienz eintrüben. Dabei ist es weniger das Verfahrensmanagement als solches, das zu wünschen übrig lässt, als vielmehr die nach wie vor schwierige Konsensfindung zwischen den Mitgliedstaaten, die den Entscheidungsprozess abbremst. Zwar wurde diese durch die Änderung der Entscheidungsverfahren im Ministerrat deutlich erleichtert, zugleich aber durch die Mitbeteiligung des Parlaments und mehr noch durch das Vordringen in neue, bisher nicht vergemeinschaftete Politikfelder und -bereiche erneut erschwert. Zwar trägt der immer differenziertere Einbezug von Vertretern der Regierungen der Mitgliedstaaten sowie von externen Akteuren zu einer verbesserten Konsensfindung schon im Vorfeld von formalen Entscheidungen und damit zu deren beschleunigtem Zustandekommen bei; gleichzeitig brechen aber mit dem Ausgreifen der Integration in weitere Bereiche nationaler Verantwortlichkeit immer wieder neue und oftmals vertiefte Interessengegensätze auf. Durch die jüngsten EU-Erweiterungen könnte sich diese Situation weiter verschärfen. Eine gewisse Entschärfung könnte aber nach Inkrafttreten des Reformvertrags einsetzen, indem qualifizierte Mehrheitsentscheidungen erheblich erleichtert werden. Allerdings sollen die betreffenden Regelungen erst ab dem Jahre 2014 Geltung erlangen.

Insgesamt bleibt festzuhalten, dass Effizienzgewinne in den Entscheidungsverfahren regelmäßig abgeschwächt werden durch den Einbezug weiterer Akteure in die Entscheidungsfin-

---

[313] Eine Vetodrohung verliert auch bei der Notwendigkeit einer einstimmigen Beschlussfassung zunehmend an Kraft, weil es inzwischen viele Wege gibt, ein solches Veto zu unterlaufen; erinnert sei hier an das Maastrichter Protokoll zur Sozialpolitik, das letztendlich genauso viel Wirkung entfaltete wie eine reguläre Aufnahme in den Vertrag, sowie an die Möglichkeiten der „verstärkten Zusammenarbeit" eines Teils der Mitgliedstaaten nach dem Amsterdamer Vertrag sowie dem Vertrag von Nizza.

[314] Beim jüngsten Gipfel (Juni 2007), auf dem der Reformvertrag verhandelt wurde, schien allerdings den Vetospielern, insbesondere Polen, viel Einfluss zuzukommen. Der Eindruck täuscht aber m.E.; das Konzept des Reformvertrags weist noch viele Neuregelungen des Verfassungsvertrags auf.

dung, weiterer Staaten in die EU sowie die Vergemeinschaftung weiterer Politikfelder, kurz: durch den fortschreitenden Integrationsprozess. Umgekehrt werden zunehmende Effizienzverluste aber auch immer wieder korrigiert durch die Ausweitung und Erleichterung von Mehrheitsentscheidungen. Das beinhaltet, Ineffizienzen treten im europäischen Entscheidungsprozess besonders dann auf, wenn die Integration auf neue Bereiche ausgreift. Umgekehrt werden sie regelmäßig in den Bereichen reduziert, die bereits konsolidiert sind und somit einem gesicherten Konsens zwischen den Mitgliedstaaten unterliegen. Ineffizienzen sind daher nicht nur im Verhältnis zu den bereits weitgehend integrierten und daher effizienteren Bereichen zu gewichten – womit die Bilanz sehr viel positiver ausfällt –, sondern auch als Indikator eines dynamisch fortschreitenden Integrationsprozesses zu werten, der vor allem dort Probleme aufwirft, wo integrationspolitisches Neuland erschlossen wird.

Vor diesem Hintergrund wäre es denn auch verfehlt, wollte man die europäischen Entscheidungsverfahren einseitig als ineffizient abqualifizieren. Denn gemessen am Umfang und der Komplexität der zu lösenden Aufgaben, an der Einmaligkeit des Vorhabens einer supranationalen Integration auf freiwilliger Basis und am bisherigen quantitativen und qualitativen Output von gesetzlichen Regelungen in einer Fülle von Politikfeldern und -bereichen ist die EU trotz aller Schwerfälligkeit und Aufwendigkeit ihrer Verfahren als ein in hohem Maße kooperations- und konsensfähiges System zu werten. In Brüsseler Kreisen zirkuliert denn auch das immer wieder vorgetragene Argument, dass es seit Bestehen der EG/EU in Europa keine Kriege (zumindest nicht zwischen den Beteiligten) gegeben habe und sich somit der Verhandlungs- und Konsensfindungsaufwand mehr als lohne (Interviews verschiedene Organe der EU sowie in Brüssel akkreditierte Interessenvertreter, Januar/Februar 1998). Aber auch ohne eine solche Fundamentalargumentation zu bemühen, lässt sich der Schluss ziehen, dass das hoch differenzierte Verhandlungssystem, zu dem sich die EU entwickelt hat, trotz geringerer Effizienz im Einzelnen ein hohes Maß an Gesamteffizienz erzielt. Indem es die unterschiedlichen Belange der Mitgliedstaaten und einzelner transnational oder national organisierter gesellschaftlicher Gruppierungen so weit wie möglich berücksichtigt, werden Konflikte minimiert beziehungsweise im Rahmen eines ausgeklügelten und zunehmend differenzierten Systems von Verhandlungsrunden zu einem beachtlichen Korpus von gemeinschaftlichen Rechtsregeln und davon abgeleiteten Verfahrensweisen kleingearbeitet.

6.2 Effektivität: Regelungs- und Steuerungskapazität

Eine nähere Betrachtung der *Effektivität* des EU-Systems muss sich als Erstes die Frage stellen, inwieweit das System über seine Entscheidungen und die damit anvisierten Steuerungsleistungen tatsächlich in der Lage ist, gestaltend in die Entwicklung der Mitgliedstaaten beziehungsweise der gesamten Union einzugreifen und dabei die anvisierten Ziele zu erreichen und die anstehenden Probleme zu lösen. Die Beantwortung einer solchen Frage würde eine genaue Analyse nicht nur der Gesetzgebungsverfahren, sondern auch der einzelnen Politikfelder der EU und ihrer Implementation in den Mitgliedstaaten voraussetzen. Angesichts der Breite eines solchen Vorhabens sollen im vorliegenden Kontext lediglich die Grundkonstanten der Steuerungsfähigkeit der EU – und damit die Möglichkeiten und Grenzen der Effektivität des Systems – anhand ausgewählter Beispiele herausgearbeitet werden.

6.2 Effektivität: Regelungs- und Steuerungskapazität

Einer solchen Analyse ist zunächst vorauszuschicken, dass das EU-System spezifische Charakteristika aufweist, die seine Steuerungsfähigkeit entscheidend determinieren:

- Zum Ersten bilden sich im EU-System sehr lange „Steuerungsketten" heraus, da EU-Entscheidungen nur selten direkte Wirkung entfalten[315], sondern fast immer erst über die staatlichen Instanzen der Mitgliedstaaten oder – in geringerem Maße – über nichtstaatliche Akteure wirksam werden können. Es können also „unterwegs" alle Arten von Reibungsverlusten auftreten, die sich dann am Ende der Steuerungskette in einer verminderten Effektivität manifestieren.
- Zum Zweiten stellt sich die relative Autonomie der Kettenglieder – allen voran der Regierungen der Mitgliedstaaten – als ein erhebliches Problem für das reibungslose Funktionieren von Steuerungsleistungen dar. Das heißt, die Intentionen der Steuerung können von dezentralen Akteuren erheblich reduziert, deformiert oder gar pervertiert werden.
- Zum Dritten kommt der EU keine Allzuständigkeit, das heißt keine Kompetenz-Kompetenz zu, was ihre Steuerungsfähigkeit erheblich einschränkt. Stattdessen muss sie mit den von den Mitgliedstaaten nur sehr zögernd übertragenen und insgesamt sehr unvollständigen Kompetenzen „haushalten" und damit einen erheblichen Teil ihrer Energien darauf verwenden, überhaupt erst die benötigten Kompetenzen zu erlangen; ein Prozess, der sich in einzelnen Politikfeldern über Jahre hinziehen kann, in anderen überhaupt nicht zum Erfolg führt.[316] Die Folge ist, dass das EU-System zunehmend Steuerungsmodi entwickelt, die nicht auf expliziten Kompetenzzuweisungen basieren (vgl. Tömmel 2007b).

In der fachwissenschaftlichen Debatte werden die Steuerungsleistungen des EU-Systems und speziell der EG in erster Linie unter dem Label regulative versus distributive Politiken[317] oder Maßnahmen der „negativen" gegenüber solchen der „positiven" Integration[318] diskutiert (Scharpf 1999). Allerdings ist zu beachten, dass diese beiden Kategorisierungen nicht deckungsgleich sind; vielmehr können bestimmte Maßnahmen der positiven Integration unter die regulativen Politiken fallen. Dabei wird der regulative Bereich und auch der Bereich der negativen Integration übereinstimmend als in quantitativer Hinsicht dominierend, als sehr weitreichend entwickelt und teilweise auch als effektiv angesehen; insbesondere dort, wo es

---

[315] Als direkt wirksam sind lediglich die Marktregelungen der EG zu werten. Selbst die Wettbewerbspolitik, die häufig auch als direkt wirksame Politik der EU genannt wird, ist in erheblichem Maße auf die Abstimmung mit den Mitgliedstaaten angewiesen.

[316] Für beide Sachverhalte gibt es vielfältige Beispiele. So ist es im Rahmen der europäischen Strukturpolitik gelungen, nach und nach beachtliche Kompetenzen auf der europäischen Ebene zu „poolen" (Tömmel 1994a), während beispielsweise im Steuerbereich trotz intensiver Bemühungen nach wie vor kaum eine gemeinsame europäische Politik realisierbar ist (vgl. Genschel 2002, Genschel et al. 2007).

[317] Regulative Politiken benutzen primär gesetzliche Regelungen als Steuerungsmodus, während distributive Politiken mit finanziellen Instrumenten arbeiten und somit verteilende Wirkungen erzielen.

[318] Unter „negativer" Integration versteht man die Politiken, die Barrieren, primär für das Funktionieren des gemeinsamen Marktes, beseitigen, während „positive" Integration Politiken beinhaltet, die bewusst gestaltend eingreifen.

um deregulierende Wirkungen geht. Demgegenüber werden distributive Politiken sowie der Bereich der positiven Integration als weniger bedeutsam für das EU-System beziehungsweise als schwer zu realisieren qualifiziert, da sie den Konsens im Ministerrat benötigen (Wallace, W. 1983, Majone 1996b, Scharpf 1999). Redistributive Politiken fehlen nach dieser Argumentation völlig, da es sowohl am nötigen Konsens zwischen den Mitgliedstaaten als auch an einer transnationalen Solidaritätsbereitschaft in den jeweiligen Gesellschaften, kurz, am Staatscharakter der EU fehlt (Wallace, W. 1983, Majone 1996a, 1996b). Allerdings wird in jüngster Zeit deutlich, dass sich ein wachsender Anteil von EU-Politiken und ihrer Steuerungsleistungen jenseits der Kategorien regulativ und distributiv entfaltet (Tömmel 2000, Wallace, H. 2000, Scharpf 2001, Héritier 2002). Es handelt sich hier um eine Reihe von Steuerungsmodi, die seit dem Gipfel von Lissabon (2000) unter dem Label „Offene Methode der Koordination", in der Fachliteratur auch als „Offene Koordinierung" (Scharpf 2001) oder „coordination and bench-marking" (Wallace, H. 2000, S. 72) geführt werden, und die ihre Ziele mit „weichen" Instrumenten zu realisieren versuchen: Kommunikation und Überredung, Einsatz indirekter oder simulierter Marktmechanismen, Organisation von Politiknetzwerken, die sekundär entsprechende Steuerungsleistungen erbringen, oder Verhaltenssteuerung über die Erstellung freiwillig zu befolgender Regelungen (vgl. beispielsweise Hodson/Maher 2001, De la Porte/Pochet 2002, Mosher/Trubek 2003, Eberlein/Kerwer 2004). Es versteht sich allerdings, dass beim Einsatz solcher Steuerungsmodi konkrete Effektivitätsziele noch schwerer anzuvisieren oder gar zu realisieren sind, als dies bei regulativen und distributiven Politiken der Fall ist.

Im Folgenden soll eine Einschätzung der Effektivität des EU-Systems im Rahmen von (a) regulativen, (b) distributiven und (c) nicht-regulativen oder -distributiven beziehungsweise koordinativen Politiken herausgearbeitet werden.[319] Dabei ist für jeden Bereich zu fragen, wie im EU-System die oben skizzierten Probleme verarbeitet werden, nämlich (a) die Länge der Steuerungskette, (b) die Autonomie der involvierten Instanzen, Organisationen und Akteure sowie (c) die begrenzten Kompetenzen sowie die fehlende Kompetenz-Kompetenz.

Wendet man sich zunächst den *regulativen Politiken* zu, so werden deren Steuerungsleistungen dort als sehr effektiv gesehen, wo es um die Schaffung des gemeinsamen Binnenmarktes und damit primär um die Deregulierung nationaler Regelungen geht, oder anders gesagt, um Maßnahmen der negativen Integration (Scharpf 1999, Young/Wallace, H. 2000). Der Erfolg in diesem Bereich wird im Allgemeinen dem Umstand zugeschrieben, dass die entsprechenden Regelungen, nämlich die Beseitigung von Barrieren für den freien Verkehr von Waren, Kapital, Personen und Dienstleistungen, in erster Linie ein Akt der Deregulierung waren, der den Konsens der Mitgliedstaaten fand und zugleich wenig konkreten Regelungs- oder Umsetzungsaufwand auf der nationalen Ebene mit sich brachte. Allerdings ist das Binnenmarktprogramm auch von einem erheblichen Re-Regulierungsaufwand begleitet

---

[319] Diese Einteilung wird als eine rein deskriptive benutzt. Die Erarbeitung einer analytisch begründeten Einteilung, die den Besonderheiten des EU-Systems gerecht wird, steht noch aus.

6.2 Effektivität: Regelungs- und Steuerungskapazität

(vgl. etwa Dehousse 1992), der aber ebenfalls mit großer Effektivität geleistet wurde (Young/Wallace, H. 2000, Young 2005).

Der Erfolg des Binnenmarktprogramms hängt dabei nicht nur vom Erlass entsprechender gesetzlicher Regelungen ab, vielmehr muss er auch von einer konsequenten Kontrolle der Einhaltung dieser Regelungen begleitet werden. Diese Kontrolle wurde und wird von der Kommission und speziell dem zuständigen Kommissar im Rahmen der Wettbewerbspolitik mit wachsender Autorität ausgeübt und zum Teil mit Hilfe des Europäischen Gerichtshofs durchgesetzt (Allen 1996, McGowan 1997, 2000, 2005, Cini/Mc Gowan 1998, Schmidt 1998, Van Miert 2000, Wilks 2005). In der Regel einigt man sich aber schon im Vorfeld von juristischen Entscheidungen auf dem Verhandlungswege, wobei die Verhandlungsmacht der Kommission sukzessive gestärkt und somit ihre Autorität in Wettbewerbsfragen ausgebaut werden konnte. Umgekehrt lässt sich aufseiten der Regierungen der Mitgliedstaaten sowie der betroffenen Unternehmen eine erstaunlich hohe „compliance" in Bezug auf die Wettbewerbsregeln der EU feststellen. Unterstützt und gestärkt wird die Arbeit der Kommission in Wettbewerbsfragen auch dadurch, dass die Regierungen der Mitgliedstaaten oder auch einzelne betroffene Unternehmen, die sich durch Konkurrenzverfälschungen benachteiligt sehen, in zunehmendem Maße weitere Regelsetzungen oder aber die Einleitung von Kontrollverfahren einfordern.

Nach Scharpf (1999) ist die Wettbewerbspolitik der EG inzwischen so effektiv, dass sie sogar weit über die von den Mitgliedstaaten intendierten Zielsetzungen hinausschießt. Indem nämlich unter dem Motto der Herstellung freier Konkurrenz die staatlichen Monopole sukzessive aufgelöst und die entsprechenden Märkte dereguliert wurden – zuerst der Bereich der Telekommunikation, dann das Versicherungswesen, gegenwärtig der Energiesektor und insbesondere die Elektrizitätswirtschaft sowie Teile der Verkehrswirtschaft –, wurden nicht nur der Marktsektor ausgeweitet und internationale Konkurrenzbeziehungen etabliert; vielmehr greift diese Politik tief in die sozialstaatliche Verfassung der einzelnen Mitgliedstaaten ein. Dabei werden sowohl kommunale Versorgungsnetze, die immer noch teilweise gemeinwohlorientierten Aufgaben verpflichtet sind, wie auch gesamtstaatliche Unternehmen, in deren Rahmen ein hohes Maß an Quersubventionierung üblich ist, die aber häufig auch direkt am Subventionstropf des Staates hängen, unterminiert; gleichzeitig wird aber auch die Arbeitsverfassung solcher Unternehmen, die sich zumeist am Beamtenstatus orientiert und somit beachtliche Privilegien für die Beschäftigten beinhaltet, ausgehebelt. Die Durchsetzung von Wettbewerbsbedingungen in bis dato staatlich organisierten Wirtschaftssektoren zieht somit tiefgreifende Umstrukturierungsprozesse in den Mitgliedstaaten nach sich (vgl. ausführlich Scharpf 1999, S. 60 ff. sowie Scharpf/Schmitt 2000a, 2000b).

Betrachtet man den Erfolg des Binnenmarktprogramms sowie der Wettbewerbspolitik vor dem Hintergrund der eingangs genannten Spezifika des EU-Systems, so kann für diesen Bereich konstatiert werden, dass (a) die Steuerungskette in der Regel nicht sehr lang ist – die meisten Regelungen zur Marktordnung und zur Herstellung der vier Grundfreiheiten müssen nicht erst in Gesetzgebung der Mitgliedstaaten umgesetzt werden, sondern sind direkt wirksam; (b) die Mitgliedstaaten in geringem Maße Obstruktion betreiben, teils, weil sie dem Gesamtprogramm zustimmen, teils, weil Fehlverhalten von den anderen Staaten oder aber auch von privaten Akteuren „angezeigt" werden kann; und schließlich (c) die EG und speziell die Kommission in diesem Bereich über weitreichende und auch eindeutig zugewiesene exekutive Kompetenzen verfügt (vgl. Schmidt 1998, Scharpf 1999). Dennoch treten auch in diesem Bereich Friktionen auf der mitgliedstaatlichen Ebene auf, die einerseits von Rechtsunsicherheit, andererseits von ergänzenden oder kompensatorischen Regulierungen begleitet sind (Schmidt et al. 2007).

Betrachtet man dagegen die regulative Tätigkeit der EG in anderen Bereichen, die eher der positiven Integration zuzurechnen sind, so stellt sich diese als deutlich weniger effektiv dar. Als Beispiel sei hier der Umweltbereich angeführt, der in den Verträgen zunächst nicht vorgesehen war, bis zur Gegenwart jedoch eine wachsende Bedeutung in der europäischen Regulierung erlangt hat (Sbragia 2000a, Knill 2003). Dabei ging es in diesem Bereich überhaupt erst einmal um die Erlangung von Kompetenzen, was in formaler Hinsicht erstmals mit der Einheitlichen Europäischen Akte (EEA, 1987) gelang (Art. 130 r-t, jetzt: Art. 174-176 EGV).[320] Nach Dehousse war dieser Schritt nur dem Umstand zu verdanken, dass die hoch regulierten Länder im Rahmen des Binnenmarktprogramms ein Umweltdumping vonseiten der niedrig regulierten Länder befürchteten (Dehousse 1992, S. 395). Sodann ging es um die Herausbildung eines regulativen Modells, wobei insbesondere die hoch regulierten Länder um die Durchsetzung ihrer nationalen regulativen Modelle auf der europäischen Ebene konkurrierten, was aber nur partiell gelang (Héritiér et al. 1994). Demgegenüber ist gegenwärtig die Herausbildung eines gänzlich neuen, die Modelle der Mitgliedstaaten transzendierenden Regulationsmodus zu verzeichnen, der sich einerseits auf die Setzung eines weiten regulativen Rahmens beschränkt, der den Mitgliedstaaten erhebliche Handlungsspielräume belässt, andererseits auf nicht-regulative und distributive Politikformen setzt, was ein hohes Maß an freiwilliger Mitarbeit der „unteren" Instanzen oder anderer betroffener Akteure und Organisationen impliziert (Lenschow 1999, Eichener 2000, Sbragia 2000a, Holzinger et al. 2003, Knill 2003, Lenschow 2004, 2005, Holzinger et al. i. E.). Allerdings lässt sich die Freiwilligkeit durch den Einsatz marktförmiger Instrumente oder auch immaterieller Anreize – z.B. die Vergabe von Öko-Zeichen für die Teilnahme an Umwelt-Audit-Verfahren, mit denen sowohl private Firmen als auch öffentliche Instanzen Imagepflege betreiben können – erheblich steigern und in die gewünschte Richtung lenken.

Die Herausbildung eines neuen Regulierungsmodus in der europäischen Umweltpolitik ist nicht nur eine Reaktion auf die unzureichende Kompetenzübertragung vonseiten der Mitgliedstaaten sowie auf die erwiesene Unmöglichkeit, strikte Standards vereinheitlichend festzulegen (Eichener 1996, 2000); vielmehr kommt in ihr auch der Versuch zum Ausdruck, den Problemen einer in hohem Maße retardierenden und divergierenden Umsetzung von EU-Richtlinien sowie dem allenthalben großen Vollzugsdefizit mit anderen Mitteln zu begegnen (Sbragia 2000a). Ob über die erweiterten Spielräume der nationalen Regierungen oder die freiwillige Mitarbeit von dezentralen Akteuren – regionalen Regierungen oder Verwaltungen, Gemeinden, privaten Unternehmen oder Umweltaktivisten – ein höheres Maß an „compliance" und damit eine effektivere europäische Umweltpolitik zu erzielen ist, lässt sich

---

[320] Allerdings gab es zuvor schon Aktivitäten in diesem Bereich, die in den Umweltrahmenprogrammen gebündelt wurden (Sbragia 2000a).

im jetzigen Stadium noch nicht entscheiden. Deutlich ist allerdings schon jetzt, dass erhebliche Varianzen in der Politikimplementation auftreten werden (Knill/Lenschow 2000, Sbragia 2000a, S. 305).

Insgesamt kann man den Schluss ziehen, dass der regulativen Steuerung der EU im Umweltbereich im Vergleich zum Binnenmarktprogramm eine geringere Effektivität zuzuschreiben ist. Zwar kommt es im Einzelnen durchaus zu innovativen Regelungen mit hohem Schutzniveau (Eichener 2000); die Widerstände der Mitgliedstaaten sind aber sowohl bei der Kompetenzübertragung als auch, und mehr noch, bei der Umsetzung europäischer Richtlinien erheblich, noch ganz zu schweigen von den Vollzugsdefiziten (Sbragia 2000a). Dies trifft nicht nur für die Staaten mit niedrigen Standards zu, die unter dem Druck der EU überhaupt erst umweltpolitische Regelsysteme einführen müssen, sondern auch und besonders für die hoch regulierten Staaten, die sich nur schwer von ihren traditionellen Vorgehensweisen trennen können und somit erhebliche Kompatibilitätsprobleme aufwerfen (vgl. Knill/Lenschow 2000, 2001). Anders formuliert: Im Umweltbereich ist die Steuerungskette in der Regel sehr lang, was zu hohen Reibungsverlusten führt; die Mitgliedstaaten verhalten sich relativ autonom und der EU fehlt es an durchschlagenden Kompetenzen. In dieser Situation nutzt die Kommission das Argument der Konkurrenzverfälschung für umweltpolitische Vorstöße; zudem entwickelt sie einen Set von nicht-regulativen oder -distributiven Initiativen, für die es keiner formalen Kompetenzen bedarf, die aber auch keine Garantien für eine erfolgreiche Implementation bieten.

Im Bereich der *distributiven Politiken* stellt sich die Steuerungsfähigkeit der EU als deutlich problematischer dar. Das wohl am meisten ins Auge springende und viel kritisierte negative Beispiel bildet die gemeinsame Agrarpolitik (Rieger 2005). Insbesondere der Mechanismus der Agrarpreisstützung, der trotz seiner Zurückdrängung auch heute noch fast die Hälfte des EU-Budgets aufzehrt, entwickelte sich zu einem Fiasko der europäischen Politik. Dabei war diese Maßnahme in den 60er Jahren – ganz im Gegensatz zu dem seinerzeit in den meisten Mitgliedstaaten dominierenden Agrarinterventionismus und -protektionismus – als eine das Funktionieren eines internationalisierten Agrarmarktes unterstützende Vorgehensweise konzipiert; insbesondere für den Fall des Unterschreitens von bestimmten Mindestpreisen sollte mit Preisstützungsmaßnahmen interveniert werden (Nugent 2001, S. 421).[321] In der Folge beschränkte sich dieses Vorgehen aber nicht auf Ausnahmesituationen, sondern wurde zum Regelfall (Rieger 2005). Produzenten stellten sich darauf ein, indem sie die Produktion ohne Rücksicht auf die Aufnahmekapazitäten der Märkte steigerten. Die daraufhin anschwellenden Butterberge, Milch- und später Weinseen wurden, nachdem die Lagerhaltungskosten ins Absurde stiegen, mit Hilfe von weiteren Subventionsleistungen auf dem Weltmarkt gedumpt. Gleichzeitig mussten im Zuge der Süderweiterung der EU die Stützungsmaßnahmen auch auf mediterrane Produkte ausgeweitet werden, womit sich wiederum der Subventionsbedarf erhöhte.

---

[321] Dabei lag das ursprüngliche Preisniveau deutlich *unter* dem bestimmter Mitgliedstaaten, etwa der BRD (Pinder 1991, S. 80).

In der Folge gelang es – trotz vielfältiger Versuche – nur schwer, die einmal aus dem Ruder gelaufene Politik wieder funktionsfähig zu machen. Der schon zu Ende der 60er Jahre lancierte Mansholt-Plan, der eine konsequente europäische Strukturpolitik für den Agrarsektor vorsah, scheiterte am Widerstand der Mitgliedstaaten (Pinder 1991, S. 83 ff.). Die vorsichtigeren Konzepte der 80er Jahre – Förderung des Strukturwandels im Agrarsektor, Preissenkungen und Produktionsquoten zur Eindämmung der agrarischen Überschüsse und schließlich Prämien für die Brachlegung von Agrarflächen – waren in Bezug auf die anvisierten Ziele in gewissem Maße effektiv (Pinder 1991, S. 90-93, Nugent 2001, S. 422 ff.); allerdings verstärkten sie, ganz im Gegensatz zum Marktbias der EU, den Interventionismus in der Agrarpolitik und lösten damit weitere unerwünschte Folgen aus: Störung oder gar Verzerrung der Märkte und Subventionsmentalität bei den Adressaten.[322]

Erst ab den 90er Jahren gelang es, unter massivem internationalem Druck – im Rahmen der GATT- beziehungsweise WTO-Verhandlungen sowie insbesondere vonseiten der USA und anderer großer Agrarexporteure – die Agrarpreisstützungen schrittweise zurückzudrängen (Fouilleux 2003, Rieger 2005, S. 180 ff.). Damit sind allerdings die Agrarstrukturprobleme eines vereinigten Europas keineswegs gelöst. So drohen angesichts der Osterweiterung erneut Marktverzerrungen, die weder durch eine neuerliche Subventionspolitik noch durch interventionspolitische Abstinenz zu lösen sein werden. Nicht von ungefähr hat sich denn auch mit den Jahren ein gewisses Maß an Renationalisierung der gemeinsamen Agrarpolitik herausgebildet (Rieger 2005, S. 174 f.).

Fragt man nun nach den Gründen für das Fiasko der europäischen Agrarpolitik, so sind diese sicher vielfältig und vielschichtig. Als wichtigste im vorliegenden Kontext sind die folgenden hervorzuheben: Zum Ersten waren und sind in diesem Politikfeld immer einzelne Mitgliedstaaten sehr dominante Player, die ihre Interessen gegenüber anderen, notfalls mit Hilfe von Tauschgeschäften, durchsetzen konnten.[323] Zum Zweiten gelang es mächtigen Agrarverbänden schon frühzeitig, die Institutionen der EG für ihre Partikularinteressen einzunehmen (Capture) (Rieger 1994, Nugent 1999, S. 416 ff.); dies paradoxerweise aber nicht zum Vorteil der europäischen Bauern, die wie keine andere berufsständische Gruppe extrem unzufrieden mit der EU-Politik sind. Obwohl also das EU-System im Agrarsektor über weitreichende direkte Kompetenzen verfügt, gelang es nicht, eine effektive Politik zu etablieren. Allerdings ist die Agrarpolitik der EU als – zugegebenermaßen gewichtiger – Ausnahmefall zu betrachten, da sie für europäische Verhältnisse stark dirigistisch angelegt ist (Rieger 1996, S. 401, 407). Dieser Umstand ist aber – ähnlich wie der seinerzeit konzipierte, aber sang- und klanglos fallengelassene Dirigismus für Kohle und Stahl sowie den Atombereich –

---

[322] Es wäre hier noch eine Reihe weiterer Disfunktionalitäten zu nennen, wie beispielsweise die enormen Ungerechtigkeiten gegenüber den Produzenten oder die unzureichende Berücksichtigung von Umweltbelangen.

[323] Hier ist in erster Linie Frankreich zu nennen, das die Agrarsubventionen mit Nachdruck einforderte (Pinder 1991, S. 77 f.) und bis in die Gegenwart hinein auf ihrer Fortführung beharrt.

eher als extrem zähes Relikt der Anfangsjahre der EG zu werten, denn als typisches Produkt europäischer Politikgestaltung.[324]

Demgegenüber ist die europäische Strukturpolitik geradezu als paradigmatisch für die Vorgehensweise der EU im distributiven Bereich zu werten, und das in zweifacher Hinsicht: Zum einen hat sich im Rahmen der Strukturpolitiken und insbesondere in der Regionalpolitik ein Set von spezifischen Verfahrensweisen herausgebildet, der in der Folge für eine Reihe von weiteren distributiven Politiken und Maßnahmen „Pate stand", ja Letztere überhaupt erst ermöglichte und somit in einer Proliferation solcher Politiken ausmündete (Tömmel 2002). Zum Zweiten, und das ist zugleich der tiefere Grund für die zuvor skizzierte Entwicklung, reflektieren diese Verfahrensmodi in besonderer Weise die Charakteristika des EU-Systems, das heißt, sie haben sich auf deren Grundlage und in enger Anpassung an diese herausgebildet, wodurch sie sich insgesamt – trotz aller Funktionsprobleme im Einzelnen – zu einem konsistenten und effektiven Steuerungsmodus entfalten konnten.

Das Besondere an der europäischen Strukturpolitik ist, dass sie von den Mitgliedstaaten völlig anders konzipiert war als von der Kommission; Letztere konnte sich jedoch mit ihrer Konzeption durchsetzen, wenngleich nur über Fallen und Aufstehen (vgl. ausführlich: Tömmel 1994a, insbes. Kap. 2 und 3, Axt 2000, Heinelt et al. 2005). So sahen die Mitgliedstaaten in der Strukturpolitik lediglich ein Side-Payment für die ökonomisch schwächeren Länder der EU und dementsprechend einen reinen Finanztransfer zwischen Arm und Reich. Demgegenüber strebte die Kommission von Anfang an eine moderne Form der regionalen Wirtschaftsförderung an, und es gelang ihr auch, diese Konzeption über mehrere Reformen durchzusetzen. Darüber hinaus gelang es der Kommission, die Zuweisung von Fördermitteln schrittweise mit dem Ausbau eines komplexen Verhandlungsmodus mit Vertretern der Mitgliedstaaten zu verbinden: zunächst mit den nationalen Regierungen sowie kompetenten Sonderbehörden, sodann aber mehr und mehr auch mit den regionalen Regierungen oder Verwaltungen („System der Partnerschaft", Poth-Mögele 1993, Staeck 1997, Heinelt et al. 2005). Mit weiteren, bisher dreistufigen Schritten konnte diese Vorgehensweise dann auch auf nicht-staatliche Akteure – Wirtschafts- und Sozialpartner, Sonderinstitutionen, weitere Interessengruppen und Verbände sowie generell Vertreter der Zivilgesellschaft – ausgeweitet werden (Tömmel 1997b, 1998, 2006).

Insgesamt gelang es somit im Bereich der Strukturpolitik, die Möglichkeiten der Subventionsvergabe für den Ausbau eines vertikal und horizontal organisierten Verhandlungssystems zu nutzen (Benz 1998c, Benz/Esslinger 2000, Hooghe/Marks 2001) und damit einen Steuerungsmodus zu entwickeln, der die betroffenen dezentralen – staatlichen oder nichtstaatlichen – Akteure sowohl in inhaltlicher Hinsicht als auch in Bezug auf die Verfahrensweisen der Politikimplementation mit – scheinbar – unsichtbarer Hand lenkt. Der Erfolg die-

---

[324] Der Dirigismus auf der europäischen Ebene hat seine Wurzeln primär in der französischen Politik und den entsprechenden Vorschlägen französischer Politiker; trotz vielfältiger diesbezüglicher Vorstöße, insbesondere in der Anfangsphase der Integration, konnte er sich aber außerhalb des Agrarsektors kaum durchsetzen (vgl. Loth 1991).

ser Art von distributiver Politik ist denn auch nicht primär in den konkret initiierten und implementierten Förderprojekten und -programmen zu suchen – im Gegenteil, auf der dezentralen Ebene stellt sich eine ganze Reihe von Funktionsproblemen (Tömmel 1994a, Levy 2000) –, sondern in der Herausbildung eben dieses neuartigen Steuerungsmodus, der über multilaterale Verhandlungen auf die „unteren" Ebenen sowie auf nicht-staatliche Akteure einwirkt (Kohler-Koch et al. 1998). Nicht von ungefähr hat der Begriff des Mehrebenensystems beziehungsweise der „multi-level governance" die stärkste Resonanz im Zusammenhang mit der europäischen Strukturpolitik gefunden (vgl. Marks 1993, Hooghe 1996a, Kohler-Koch 1996b, Marks et al. 1996a, Benz 1998c, Hooghe/Marks 2001).

Im Bereich der europäischen Strukturpolitik ist es somit erstmals gelungen, bei vergleichsweise geringer Kompetenzausstattung auf der europäischen Ebene, einer extrem langen Steuerungskette und gleichzeitig einem hohen Maß an Autonomie *und* Divergenz aufseiten der Mitgliedstaaten eine relativ effektive Politik zu betreiben. Diese kann zwar nicht die konkreten Outcomes der Politik am Ende der Steuerungskette determinieren, wohl aber die dezentralen Akteure auf die gewünschten Ziele, Politikinhalte und Verfahrensweisen hin orientieren und somit die Kette überhaupt erst als solche konstituieren.

Betrachtet man die *nicht-regulativen* und *-distributiven* beziehungsweise *die koordinativen Politiken* der EU, so ist zunächst nach den Hintergründen der Herausbildung solcher Politiken zu fragen. Sie liegen sowohl im relativen Versagen regulativer Politiken in den Bereichen, in denen der Konsens zwischen den Mitgliedstaaten schwach ausgeprägt ist (z.B. Umweltpolitik), als auch in den Erfolgen der distributiven Politiken in der Handhabung einer langen Steuerungskette begründet (z.B. Strukturpolitik). Mit anderen Worten: Solche neuen Politiken basieren auf der Erkenntnis, dass lange Steuerungsketten – und das beinhaltet fehlende direkte Kompetenzen oder gar Weisungsbefugnisse – kaum über regulative Politiken, sondern eher über den Verhandlungsweg zu steuern sind. Wenn aber auch für diesen Weg keine Anreize für die dezentralen Akteure in Form von Subventionen bereitstehen – der Geldhahn für distributive Politiken wird von den Mitgliedstaten derzeit immer weiter abgedreht, nicht zuletzt auch deshalb, weil die Kommission solche Vorgehensweisen *in extenso* genutzt hat, um in neue Handlungsfelder vorzudringen[325] –, dann wird der Verhandlungsweg in eine lediglich auf Kommunikation basierende Steuerungskette modifiziert. Anders formuliert: Wenn die Mitgliedstaaten weder Kompetenzen noch Finanzmittel zugestehen wollen, also eigentlich keine weiteren Politiken auf der europäischen Ebene wünschen, dann versucht die Kommission ihren Handlungsradius durch den Übergang zu nicht-regulativen und -distributiven Politiken auszuweiten (vgl. Tömmel 2000).

Als Beispiel für eine Politik in diesem Sinne sei hier die europäische Beschäftigungsstrategie angeführt. Für eine solche liegen bisher kaum Kompetenzen vor, und es sind auch keine größeren Übertragungen zu erwarten. Gleichzeitig besteht aber ein hoher Problem- und sogar Legitimationsdruck, sehen doch viele Bürger im intensivierten Wettbewerb im Rahmen

---

[325] Erinnert sei hier beispielsweise an Programme zur Armutsbekämpfung sowie zum Drogenmissbrauch.

6.2 Effektivität: Regelungs- und Steuerungskapazität

der EU einen Hauptgrund für die Persistenz hoher Arbeitslosigkeit. Der Amsterdamer Vertrag schließt daher auch ein Beschäftigungskapitel ein, das aber in erster Linie die Koordination der Politiken der Mitgliedstaaten vorsieht und somit von den meisten Kommentatoren des Vertrags als Kosmetik abgetan wurde (Titel VIII Beschäftigung, Art. 125 - 130 EGV).

Dennoch gelang es der Kommission, auch in diesem Bereich ein gewisses Maß an Steuerung in Gang zu setzen (Tömmel 2000, De la Porte/Pochet 2002, Huget 2002, Goetschy 2003, Mosher/Trubek 2003). So stellte sie auf der Grundlage des schon im Jahre 1994 veröffentlichten Weißbuches zur Beschäftigungspolitik (Kommission 1994) eine Reihe von Leitlinien für eine solche Politik auf mit einer durchaus klaren inhaltlichen Intention. Diese Leitlinien werden seit dem Amsterdamer Vertrag (Art. 128, Abs. 2 EGV) jährlich angepasst und vom Europäischen Rat verabschiedet. Von den Mitgliedstaaten werden die Leitlinien in erster Linie als Rahmen für die vereinbarte jährliche Berichterstattung genutzt. Es lässt sich dabei schwer ausmachen, ob die Leitlinien als Anregung für die Erarbeitung nationaler Politikkonzepte fungieren oder lediglich als Gliederungsprinzip für die Erstellung der Berichte. Wohl fällt beim Vergleich der Berichte auf, welche Staaten in allen Bereichen innovative Konzepte einer Beschäftigungspolitik vorweisen und welche alten Wein in neuen Schläuchen präsentieren oder deutliche Leerstellen offen lassen. Die Mitgliedstaaten können somit explizit oder implizit miteinander verglichen – und bewertet – werden, auch wenn es auf der europäischen Ebene offiziell keine Bewertungen gibt.[326] Stattdessen werden auf rein intergouvernementaler Basis im Rahmen von entsprechenden Gipfeltreffen die Berichte erörtert und Schlussfolgerungen gezogen. Man kann sich aber darauf verlassen, dass betroffene gesellschaftliche Gruppierungen in den Mitgliedstaaten den nötigen politischen Druck zur Beseitigung der Leerstellen sowie zum Aufschließen an innovativere Mitgliedstaaten ausüben werden. Über die Koordination europäischer Beschäftigungspolitiken gelingt es somit: 1. einen inhaltlichen Rahmen für die Koordination vorzugeben, 2. Vergleichs- und Bewertungsmaßstäbe für die Beurteilung der Politiken der Mitgliedstaaten zu formulieren, 3. implizite Konkurrenzbeziehungen zwischen den Mitgliedstaaten zu etablieren, 4. Möglichkeiten des Erfahrungsaustausches zu schaffen sowie 5. Transparenz herzustellen, was es beispielsweise nicht-staatlichen Akteuren ermöglicht, verstärkt wirksame Beschäftigungspolitiken einzufordern. Insgesamt bildet sich so eine sehr offene Form der Steuerung heraus, die vor allem ergebnisoffen ist; die Mitgliedstaaten werden jedoch über kommunikative Instrumente auf die Implementation innovativer und stärker konvergierender Politikkonzepte hin orientiert. Flankiert wird diese Vorgehensweise von der Implementation entsprechender Vorhaben im Rahmen der Strukturfondsförderung, den sogenannten Territorialen Beschäftigungspakten (Huget 2002, 2007). Es handelt sich hier somit um eine Form des Policy-Making, die ohne besondere Kompetenzzuweisungen an die europäische Ebene auskommt, die die Autonomie der Mitgliedstaaten respektiert, ja sogar einkalkuliert, und die die Steuerungskette an einer sehr langen Leine führt.

---

[326] Soweit dennoch implizite Bewertungen vorgenommen werden, werden diese in der Form von „peer reviews" organisiert. Damit wird die Bewertungsarbeit an unabhängige Experten delegiert (Bisopoulos 2003).

Eine zusammenfassende Betrachtung der Steuerungsfähigkeit der EU und damit auch der Effektivität des Systems führt notwendigerweise zu einer differenzierten Bewertung. So ist die Steuerungskapazität des Systems im regulativen Bereich dann groß, wenn die EU über direkte Kompetenzen verfügt, die Steuerungskette somit kurz ist, und wenn zugleich die europäischen Aktivitäten vom Grundkonsens der Mitgliedstaaten getragen werden. Umgekehrt erweisen sich regulative Politiken der EU als weniger effektiv, wenn die Steuerungskette sehr lang, die Autonomie der Mitgliedstaaten und der Dissens zwischen ihnen groß ist und die Kompetenzen auf der europäischen Ebene begrenzt sind.

In den distributiven Politiken stellen sich die Beziehungen umgekehrt dar: Hier konnten bei weitreichenden direkten Kompetenzen der EU einzelne Player zu viel Einfluss gewinnen und somit eine effektive Politik verhindern (Agrarpolitik); während es umgekehrt der Kommission bei scheinbar ungünstigen Bedingungen – begrenzte direkte Kompetenzen, lange Steuerungswege, hohe Autonomie der Mitgliedstaaten – gelang, einen wirksamen Steuerungsmodus zu entwickeln, der sich auf komplexe Verhandlungsabläufe stützt (Regionalpolitik). Als begünstigende Rahmenbedingung ist hier allerdings auf beträchtliche Finanzmittel zu verweisen, die für die staatlichen oder nicht-staatlichen Akteure in den Mitgliedstaaten erst den Anreiz für die Teilnahme an entsprechenden Verhandlungen bilden. Als Einschränkung ist zu betonen, dass über diese Form der Steuerung nicht die konkreten Outcomes der Politik determiniert, sondern lediglich die dezentralen Akteure mobilisiert werden können. In Bezug auf die koordinativen Politiken ist es bisher noch offen, ob ein vergleichbares Modell – das aber weniger auf konkreten Verhandlungen als vielmehr nur noch auf multilateralen Kommunikationsprozessen basiert – langfristig eine ebenso hohe Wirksamkeit entfalten kann, insbesondere im Hinblick auf die Mobilisierung dezentraler Akteure, oder ob hier umgekehrt mit großem Zeit- und Koordinationsaufwand letztendlich nur Leerlauf produziert wird.[327]

Fest steht aber schon jetzt, dass sich die Steuerung über Verhandlungsprozesse sowie über rein kommunikative Instrumente in Zukunft zu genuin europäischen Steuerungsmodi weiterentwickeln wird, sei es „im Schoße" der bestehenden regulativen[328] und distributiven Politiken[329], sei es in unabhängiger Form. Gleichzeitig werden sich auch regulative und distributive Politiken weiter entfalten – beide sind schon jetzt „offener" gehalten als vergleichbare Politiken der Mitgliedstaaten, Erstere wegen ihrer Beschränkung auf Rahmenregelungen, Letztere wegen des Fehlens „harter" Konditionen bei der Subventionsvergabe –, indem sie noch stärker auf die Erbringung indirekter Steuerungsleistungen oder auf eine Funktion als Flankenschutz für koordinative Politiken ausgerichtet werden.[330]

---

[327] Die Meinungen hierzu sind in der Literatur gespalten.

[328] Es sei hier noch einmal daran erinnert, dass auch schon die Wettbewerbspolitik einen Großteil ihres Erfolges den vielfältigen Verhandlungen mit den Mitgliedstaaten oder den betroffenen Akteuren verdankt.

[329] Die Reform der Strukturfonds des Jahres 2006 umfassen zahlreiche neue Vorschläge, mit denen Verfahren der OMK in die Strukturpolitik inkorporiert werden (Tömmel 2006).

[330] Es ist aber auch denkbar, dass die Funktion eines stärker interventionistischen Flankenschutzes in den Fällen, in denen es keiner weitreichenderen Vereinheitlichung auf der europäischen Ebene bedarf, von den Politiken der

Insgesamt hat sich somit gezeigt, dass im politischen System der EU stark dirigistische regulative oder distributive Politiken nicht unbedingt funktionsfähig sind, während sich indirekte Steuerungsmodi im regulativen, distributiven sowie im koordinativen Bereich durchaus bewähren und sich somit zunehmend entfalten (vgl. die Beiträge in Tömmel 2007a). Diese neuen Steuerungsmodi, sei es in der Form der Amalgamierung mit klassischen Formen der Steuerung auf europäischem oder nationalem Niveau, sei es in „reiner" Form, sind in Anlehnung an Willke (und Luhmann) als Kontextsteuerung zu werten, indem vonseiten der EU nicht konkret gelenkt, gestaltet oder gar dirigiert wird, sondern der Kontext für gestaltendes Handeln der Regierungen und Verwaltungen der Mitgliedstaaten, der subnationalen Ebene sowie nicht-staatlicher Akteure oder auch gesellschaftlicher Subsysteme gestaltet beziehungsweise strukturiert wird (Willke 1995, vgl. auch Landfried 2005). Dabei bezieht sich diese Form der Kontextsteuerung nicht nur auf gesellschaftliche Subsysteme innerhalb der nationalen Staaten, sondern auch und besonders auf solche, die sich transnational konstituieren (vgl. Voelzkow 2000). Wichtig ist allerdings, zwischen intendierten und nicht intendierten Formen der Kontextsteuerung zu unterscheiden. So ist beispielsweise die von der EU ausgelöste Deregulierung der staatlichen Monopole als nicht oder allenfalls partiell intendierter Fall der Kontextsteuerung zu werten, der in seiner Intensität, in seinen Resultaten und in seinen Folgewirkungen weit über das hinausgeht, was die Akteure – auf der europäischen *und* der nationalen Ebene – vor Augen hatten, geschweige denn mit „normalen" politischen Mitteln zu realisieren gewagt hätten. Das heißt, über die Kontextsteuerung werden Legitimationsfragen weitgehend ausgeklammert beziehungsweise externalisiert, was allerdings langfristig zu größeren Akzeptanzproblemen im EU-System führt.

6.3 Demokratische Legitimation

Legitimationsprobleme und das damit verbundene demokratische Defizit stellen wohl das meist diskutierte Funktionsproblem des EU-Systems dar. Die intensive Erörterung dieser Problematik ebenso wie konkrete Vorschläge zu ihrer Behebung begleiten denn auch den Integrationsprozess von seinen Anfängen bis zur Gegenwart. Allerdings hat sich die Debatte seit dem Maastrichter Vertrag deutlich intensiviert, weil in dessen Folge erstmals deutlich wurde, dass die Bürger Europas den Integrationsprozess keineswegs wohlwollend tolerieren, sondern umgekehrt seine unabsehbaren Konsequenzen fürchten und somit lieber das Bremspedal bedient sehen wollen. Seit also die Zeit vorbei ist, dass die Eliten das Ob, Wie und Wieviel der europäischen Integration unter sich ausmachen können, steht die Schaffung einer demokratischeren EU auf der Tagesordnung. Ein solches Unterfangen erweist sich aber schnell als Zwickmühle, denn alle „gängigen" Methoden der Demokratisierung des Systems würden dessen Staatscharakter und damit die supranationale Integrationsdynamik stärken;

Mitgliedstaaten beziehungsweise deren regulativen, distributiven *und* redistributiven Aktivitäten übernommen wird.

eine Entwicklung, die nicht nur die politischen Eliten, sondern gerade die Bürger Europas am wenigsten wünschen.

Bei der Betrachtung demokratischer Legitimation unterscheidet Scharpf zwischen zwei Dimensionen: einerseits der Input-orientierten, andererseits der Output-orientierten Legitimation (Scharpf 1999, S. 16 ff.). Während Erstere die Herrschaft „durch das Volk", also das Zustandekommen von politischen Entscheidungen entsprechend dem Willen des Volkes betont, bezieht sich Letztere auf die „Herrschaft für das Volk", also politische Entscheidungen, die „auf wirksame Weise das allgemeine Wohl im jeweiligen Gemeinwohl fördern" (Scharpf 1999, S. 16). Im Folgenden soll allerdings nur auf die erstgenannte Dimension, nämlich die Input-orientierte Legitimation eingegangen werden.

6.3.1 Demokratisches Defizit

Eine nähere Betrachtung des demokratischen Defizits des EU-Systems macht deutlich, dass es sich hier um ein vielschichtiges Problem und somit um eine Reihe von Defiziten handelt. Diese werden in der Regel anhand dreier Aspekte diskutiert (für eine gute Übersicht des Problems siehe Royce 1993, Corbett 1994, Grande 1996a, von Kielmannsegg 1996, Abromeit 1998, Lord 2004, Huget 2007; als Gegenposition vgl. Moravcsik 2002):

- zum Ersten der unzureichenden und vor allem der unüblichen Gewaltenteilung zwischen den EU-Organen, die insbesondere dem europäischen Parlament nur begrenzte legislative Funktionen zugesteht;
- zum Zweiten der Rolle von Interessenverbänden und anderer organisierter Pressure Groups im Entscheidungsprozess der EU;
- zum Dritten der Verschiebung von Entscheidungen von der Legislative zur Exekutive und damit der mangelnden Kontrollierbarkeit der Entscheidungen durch demokratisch legitimierte Organe.

Als weiteres Argument für ein demokratisches Defizit der EU gilt auch der Umstand, dass durch die sukzessive Übertragung von Kompetenzen von der nationalen auf die europäische Ebene den demokratisch legitimierten Organen der Mitgliedstaaten Rechte entzogen werden, die jedoch die EU wegen des Fehlens ähnlich legitimierter Organe nicht zugewinnt (z.B. Grande 1996a, Abromeit 1998, Greven 2000). Diese Argumentation bezieht sich allerdings eher auf die geringe demokratische Legitimität des EU-Systems in seiner Allgemeinheit und weniger auf konkrete Defizite, die nicht schon in den oben angeführten Punkten enthalten wären.

Unterzieht man diese drei Punkte einer näheren Betrachtung, dann ist zum Thema *Gewaltenteilung* in der EU festzuhalten, dass diese unzureichend und sehr unüblich ist: Kommission und Ministerrat nehmen beide Legislativ- und Exekutivfunktionen wahr, wenngleich in sehr unterschiedlicher Gewichtung. Darüber hinaus teilen sich Ministerrat und Europäisches Parlament die Entscheidungsmacht in der Legislativfunktion, wobei aber dem Ministerrat eine klare Dominanz zukommt (vgl. Kap. 3 und 4). Das Parlament, das einzige durch Direktwahlen demokratisch legitimierte Organ der EU, erfüllt nur eine begrenzte Funktion im Gesetzgebungsprozess, während die beiden anderen gesetzgebenden Organe, Kommission und Ministerrat, gar nicht (Kommission) oder allenfalls indirekt, nämlich über die nationalen Parlamente (Ministerrat), demokratisch legitimiert sind. Alle drei Organe haben kaum Kontrollrechte gegenüber den jeweils anderen; lediglich das Parlament kann die Kommission in begrenztem Maße kontrollieren; gegenüber dem Ministerrat besitzt es jedoch keinerlei Kontrollmacht. Eine solche dürfte sich allerdings auch nur auf die exekutiven und nicht auf die legislativen Funktionen beziehen. Die Kommission kann vom Ministerrat lediglich über die Ernennung ihrer Mitglieder beeinflusst werden, ist aber im Wesen eine weitgehend unabhängige Instanz.[331] Ministerrat und Europäischer Rat werden von keinem Organ kontrolliert, allenfalls ihre einzelnen Mitglieder sind im Rahmen der jeweiligen nationalen politischen Systeme den dortigen Parlamenten rechenschaftspflichtig. Aufgrund der mangelnden Transparenz europäischer Entscheidungsprozesse bestehen aber kaum operationalisierte Verfahren, über die Regierungsvertreter für europäische Entscheidungen zur Verantwortung gezogen werden könnten.

Der zweite Punkt, der *Einfluss organisierter Interessen*, wird auf nationalem Niveau unter der Pluralismusperspektive als funktional im Interesse demokratischer Willensbildung angesehen – die Pluralismustheorie unterstellt, dass Interessenverbände und -gruppierungen gesellschaftliche Interessen aggregieren und adäquat artikulieren, was seinerseits dem Staat die Berücksichtigung und systematische Abwägung widersprüchlicher Interessen ermöglicht. Auf der europäischen Ebene dagegen gilt der Einfluss organisierter Interessen unter demokratischen Aspekten häufig als disfunktionales Element im Entscheidungsprozess. Als Hauptgrund hierfür wird die einseitige Dominanz von Wirtschaftsinteressen angeführt und dementsprechend umgekehrt die Unterrepräsentierung anderer, insbesondere zivilgesellschaftlicher sowie diffuser, schwach organisierter Interessen kritisiert (vgl. beispielsweise Kohler-Koch 1992, 1996a, Pollack 1997b, Heinelt 1998, Eising/Kohler-Koch 2005). Darüber hinaus werden aber auch die mangelnde Transparenz europäischer Entscheidungsprozesse sowie die hohe Fragmentierung politischer Macht im EU-System als Hindernis einer gleichgewichtigen Partizipation aller Interessengruppen am Entscheidungsprozess gesehen. Schließlich wird den EU-Organen, insbesondere Kommission und Ministerrat, eine einseitige Bevorzugung von Wirtschaftsinteressen vorgeworfen; ja manche meinen sogar, dass das ganze Unternehmen der europäischen Integration nur der ungestörteren Wahrnehmung solcher Interessen diene.

Der dritte Punkt, die *Verschiebung von Entscheidungen von der Legislative zur Exekutive*, hängt eng mit dem ersten zusammen, weist aber zugleich auch über diesen hinaus. So liegen die Hauptentscheidungen auf der europäischen Ebene bei Kommission und Ministerrat, die beide im Wesen exekutive Organe sind (die Minister sowie die Regierungschefs sind die Spitzen der Exekutiven in den Mitgliedstaaten). Auch eine Reihe von untergeordneten Entscheidungen, sei es in den Beratungsgremien der Kommission, sei es in den Arbeitsgruppen

---

[331] Natürlich wird die Kommission in vielfältiger Weise vom Ministerrat beeinflusst; sie ist diesem aber nicht rechenschaftspflichtig und kann nicht von ihm kontrolliert werden. Majone sieht denn auch die Beziehung zwischen Ministerrat und Kommission als Principal-Agent-Verhältnis, bei dem der Kommission ein beachtliches Maß an Autonomie zukommt (Majone, 1996a, S. 61 ff.; vgl. auch Pollack 1997a).

des Ministerrats, sei es in den der Kommission zugeordneten Verwaltungsausschüssen (Stichwort: Komitologie), fallen in die Verantwortung von Vertretern vornehmlich der nationalen Exekutiven; und selbst der Ausschuss der Regionen, der häufig als Beitrag zur Verminderung des demokratischen Defizits präsentiert wird, besteht fast ausschließlich aus Vertretern regionaler und kommunaler Exekutiven (vgl. Kap. 5.2.2). Aber nicht nur auf der europäischen Ebene, auch in den nationalen politischen Systemen wurden infolge der europäischen Integration Parlamente und demokratisch legitimierte Organe von ihren Entscheidungsrechten depriviert. Das gilt sowohl für nationale Parlamente, die ihre Minister in EU-Fragen kaum zur Verantwortung ziehen, ihnen meist aber auch kein Mandat mitgeben können (Stanat 2006), als auch für solche auf der regionalen Ebene, die häufig nicht einmal gefragt oder gehört werden, wenn Teile ihrer Kompetenzen der EU übertragen werden.[332] Schließlich gilt das Obengesagte auch für Wirtschafts- und Sozialpartner und andere organisierte Interessen, deren direkte Einflussmöglichkeiten auf öffentliche Entscheidungsprozesse minimiert werden (Grande 1996b, 1996c, Falkner 2000).

Der stattliche Katalog von demokratischen Defiziten lässt sich noch weiter anreichern, wenn man die einzelnen Punkte einer detaillierteren Betrachtung unterzieht. Dies soll im Folgenden exemplarisch für das Europäische Parlament vorgenommen werden, an dessen Demokratiedefiziten sich die Debatte besonders entzündet, nicht zuletzt deshalb, weil das Parlament selber regelmäßig eine solche Argumentation bemüht, um mehr Rechte zu bekommen. Das Parlament weist nämlich nicht nur wegen seiner unzureichenden Legislativfunktionen, sondern auch wegen einer Reihe von weiteren Besonderheiten, die eng miteinander zusammenhängen, erhebliche Legitimationsdefizite im Vergleich zu parlamentarischen Vertretungen in den Mitgliedstaaten auf.

Als Erstes ist in diesem Zusammenhang das Wahlverfahren zu nennen, das bis dato nach den jeweiligen Verfahren der Mitgliedstaaten erfolgt und somit sehr verschiedenartige Systeme umfasst. Zwar ist Großbritannien für die Europawahlen zum Verhältniswahlrecht übergegangen (seit der Wahl im Sommer 1999), das nunmehr von allen Mitgliedstaaten praktiziert wird; trotzdem ergeben sich aus den verbleibenden Unterschieden der nationalen Wahlsysteme immer noch Unterschiede in der Repräsentation (Ovey 2002).[333] Schwerwiegender als die formalen Verfahren macht sich – zweitens – das Faktum bemerkbar, dass die Wahlkämpfe mit nationalen Themen bestritten werden. Könnte man dies in einem voll ausgebildeten föderalen System akzeptieren, indem man die Europa-Wahlen als „second-order"-Wahlen

---

[332] Dies hat in der BR Deutschland bereits mehrfach zu heftigen Konflikten zwischen Bund und Ländern geführt, die vor dem Verfassungsgericht ausgetragen werden mussten. Anlässlich der Ratifizierung des Verfassungsvertrags konnten die Bundesländer Zugeständnisse, das heißt, mehr Mitsprache in Europa-Angelegenheiten abringen im Tausch gegen ihre Bereitschaft, den Verfassungsvertrag im Bundesrat vor dem Referendum in Frankreich zu ratifizieren. Diese Form der Amtshilfe der Bundesregierung für die französische Regierung hat aber bekanntermaßen nicht zu einem positiven Ausgang des Referendums führen können.

[333] So hat beispielsweise die Bundesrepublik eine 5 Prozent-Klausel, weswegen die FDP in den vergangenen Legislaturperioden regelmäßig gescheitert ist, während andere Staaten eine solche Klausel nicht haben und somit mit Kleinstparteien in das Parlament einziehen können (vgl. Kap. 3.2.3 und 4.3.2).

wertet (vgl. Reif/Schmitt 1980, Hix/Lord 1997, S. 90 ff.), so stellt es sich im Falle eines so umstrittenen Projektes wie der europäischen Integration als äußerst problematisch dar; denn die Wähler können sich so an keiner Stelle über das Ob und das Wie der Integration aussprechen (Bogdanor 1986, 1989). Dieses Problem wird – drittens – weiter verschärft durch das Fehlen von europäischen Parteien, die entsprechende Alternativen zur Diskussion stellen könnten. Stattdessen treten bei Wahlen die jeweiligen nationalen Parteien an – wobei in einzelnen Ländern einige wenige, in anderen dagegen mehr als 20 Parteien zur Auswahl stehen –, die sich jedoch auf europäischer Ebene – viertens – zu ganz anderen Bündnissen aggregieren (Hix/Lord 1997, S. 93 ff.). So bilden die Delegierten einer Vielzahl von politischen Parteien im Europäischen Parlament zwar Fraktionen, die aber in keiner Weise die Kohärenz nationaler Parlamentsfraktionen erreichen (vgl. Kap. 3.2.3). Denn während schon die großen Fraktionen ein weit gespanntes Spektrum von politischen Parteien umfassen – die Sozialisten, weil es in den Mitgliedstaaten nach wie vor große ideologische Divergenzen gibt; die EVP-ED, weil sie es zur Politik gemacht hat, alle möglichen Anwärter zu integrieren, um stärkste Fraktion zu sein –, können die kleineren ohnehin nur Zweckbündnisse der Übriggebliebenen eingehen. Die Fraktionen des EP sind somit kaum in der Lage, klare parteipolitische Profile, geschweige denn politische Polarisierungen, auszubilden.[334]

Eine mangelnde politische Polarisierung verhindert ihrerseits – fünftens – die Ausbildung einer echten Parteienkonkurrenz. Eine solche wird auch erschwert, weil das EP keine Exekutive oder gar eine Regierung zu wählen hat und somit weder Stützungsfunktionen noch weitreichende Kontrollmöglichkeiten gegenüber einer solchen ausüben kann. Aufgrund dieser Konstellation kann es im Parlament auch nicht zu einer klaren Polarisierung zwischen Regierungs- und Oppositionsparteien kommen, was wiederum die Verdeutlichung unterschiedlicher Positionen und Optionen gegenüber den Wählern behindert (Bogdanor 1989). Eine klare parteipolitische Polarisierung wird darüber hinaus erschwert, weil das Parlament im Rahmen von Kooperations- und Kodezisionsverfahren nur dann wirksam Einfluss auf den Ministerrat ausüben kann, wenn es mit absoluter Mehrheit entscheidet. Solche Entscheidungen sind aber meist nur über den Konsens zwischen den großen Parteienfraktionen zu erzielen, weswegen sich zwischen diesen eine Art „große Koalition" herausgebildet hat (die allerdings jeweils Issue-spezifisch zustande kommt und somit in keiner Weise mit Koalitionen in nationalen politischen Systemen zu vergleichen ist). Eine solche große Koalition – sofern sie denn überhaupt von den Wählern wahrgenommen wird – trägt allerdings kaum dazu bei, den Gang zur Wahlurne zu motivieren. Die Beteiligung an EP-Wahlen liegt denn auch in allen Mitgliedstaaten notorisch niedrig, mit weiter sinkender Tendenz. Damit schließt sich der Kreis: Dem Parlament fehlt – sechstens – auch die Rückbindung an sein Elektorat, was seine Legitimität und somit auch die Durchschlagskraft gegenüber anderen europäischen Organen mindert (Bogdanor 1986).

---

[334] Hix sieht allerdings sehr wohl Polarisierungen entlang parteipolitischer Linien. Vgl. Hix 2001.

Insgesamt sind die demokratischen Defizite des Europäischen Parlaments somit sehr vielschichtig: Es fehlt einerseits an Repräsentativität, andererseits an adäquaten Kompetenzen und insgesamt an demokratischer Legitimation. Diese Hauptaspekte lassen sich zu einer ganzen Kette von weiteren Defiziten aufschlüsseln, die miteinander verknüpft sind. Gerade aber diese Verknüpfungen stellen sich in ihrer Gesamtheit als ein Teufelskreis dar, aus dem es kein Entrinnen zu geben scheint: Es fehlen weitreichende Kompetenzen und somit ausgeprägte politische Polarisierungen, die wiederum die Ausbildung europäischer Parteien verhindern, was in niedriger Wahlbeteiligung und damit geringer Unterstützung durch das Elektorat resultiert und seinerseits die Durchsetzungskraft des Parlaments einschränkt; oder umgekehrt.

Allerdings kommt das Bild eines Teufelskreises von demokratischen Defiziten des Europäischen Parlaments, ebenso wie das der zuvor angeführten Defizite in Bezug auf andere Besonderheiten des EU-Systems, vor allem dadurch zustande, dass die EU in diesen Argumentationen explizit oder implizit am Vorbild eines voll auskristallisierten nationalen politischen Systems gemessen wird. Ein solcher Vergleich mag zwar zweckdienlich sein, um überhaupt erst das Problem einer mangelnden demokratischen Legitimation des EU-Systems und seiner Entscheidungsprozesse offen zu legen; er verstellt aber den Blick in zweierlei Hinsicht: Zum Ersten unterstellt er implizit, dass demokratische Legitimation nur im Rahmen von nationalstaatlich oder vergleichbar verfassten Systemen zu haben sei, während denkbare andere Formen demokratischer Legitimation außerhalb des Blickfelds bleiben (vgl. Schmalz-Bruns 1999, Lord 2004); zum Zweiten ignoriert er die Besonderheiten des EU-Systems und die gerade in ihnen angelegten Potentiale für die Herausbildung neuer, post- oder transnationaler Formen von Demokratie (Heinelt 1998, Zürn 1998, Tömmel 1999, Wolf 2000, Benz 2003, Lord 2004, Lord/Harris 2006, Huget 2007). Vor diesem Hintergrund sollen im Folgenden verschiedene Konzepte zur Ausgestaltung post-nationaler Demokratie beleuchtet werden.

6.3.2 Möglichkeiten und Konzepte post-nationaler Demokratie

Angesichts der Debatte um die demokratischen Defizite der EU und des wachsenden Legitimationsbedarfs des Systems richtet sich das aktuelle Bemühen der Disziplin zunehmend auf die Frage, wie diese Defizite zu beheben oder zumindest abzumildern seien. Diese Bemühungen resultieren einerseits in verstärkten theoretischen Anstrengungen zur Erfassung der Bedingungen und Möglichkeiten transnationaler Formen von Demokratie, die teilweise auch in konkreten Lösungsvorschlägen ausmünden (Abromeit 1998, Scharpf 1999, Zürn 1998, Schmalz-Bruns 1999, Wolf 2000, Benz 2003, Lord 2004, Huget 2007), andererseits im empirischen Aufspüren von Demokratisierungspotentialen innerhalb des EU-Systems (Joerges/Neyer 1997, Benz 1998a, 2003, Tömmel 1999, Lord 2004, Lord/Harris 2006, Huget 2007).

Im Folgenden sollen allerdings nicht diese theoretischen Konzepte und empirischen Befunde diskutiert, sondern lediglich die daraus resultierenden Vorschläge einer stärkeren Demokratisierung des EU-Systems resümiert werden. Dabei ist zu unterscheiden zwischen Autoren, die sich primär aus dem Instrumentenkasten nationaler politischer Systeme bedienen, und solchen, die sich von Konzepten post- oder transnationaler Formen von Demokratie inspirieren lassen. Während die erstgenannte Gruppe primär eine schrittweise, inkrementalistische

6.3 Demokratische Legitimation

Erhöhung der demokratischen Legitimation der EU anvisiert, setzt Letztere eher auf den Durchbruch radikaler Neuerungen demokratischer Willensbildung.

Betrachtet man die Vorschläge zur schrittweisen Verbesserung des Demokratiegehalts der EU, so sind sich zunächst alle Autoren einig, dass dieser Weg *nicht* über die Ausweitung der Befugnisse des Parlaments, wie es häufig und insbesondere vom Parlament selbst gefordert wurde, sowie generell *nicht* über die Schaffung all der Voraussetzungen, die auf nationalem Niveau gegeben sind, erfolgen kann. Vielmehr wird betont, dass die EU kein ausgefeiltes staatliches System sei und werden könne, und dass das System nach wie vor entlang nationaler Trennlinien segmentiert, ja sogar versäult sei, womit sich eine konsequente und weitgehendere Anwendung des majoritären Prinzips verbiete (vgl. beispielsweise Abromeit 1998, Hix 1998).

Vor diesem Hintergrund werden begrenzte Verbesserungen vorgeschlagen, die sich auf verschiedene Facetten des demokratischen Defizits beziehen:

1. Schaffung eines präsidentiellen Systems (Hix 1998, vgl. auch Bogdanor 1986),
2. Einsatz von direktdemokratischen Instrumenten (Referenden) (Grande 1996a, 1997, Abromeit 1998, 2002),
3. Ausbau verbandlicher und insbesondere zivilgesellschaftlicher Repräsentation (Heinelt 1998, Voelzkow 2000, Huget 2007),
4. Ausbau institutioneller Kontrollmechanismen im EU-System (Checks and Balances) (Grande 1996a, 1997).
5. Die Schaffung eines *präsidentiellen Systems* sieht als ersten Schritt in diese Richtung die Direktwahl des Kommissionspräsidenten vor. Damit könnte es auf der europäischen Ebene erstmals „first-order"-Wahlen geben, was die Bindung des Elektorats an das System stärken würde. Um das Amt müssten verschiedene Anwärter konkurrieren, womit unterschiedliche Integrationswege zur Diskussion gestellt werden könnten (Hix 1998). Allerdings brächte ein solcher Schritt auch eine Reihe von Kehrseiten mit sich: Zum Ersten würde er die Position der Kommission stärken, was von den Mitgliedstaaten kaum gewünscht wird. Zum Zweiten ist unklar, wie der nationale Proporz bei einer solchen Wahl berücksichtigt werden könnte. Zum Dritten ist offen, ob die Kandidaten eine parteipolitische Ausrichtung haben sollten: Wenn ja, könnte die Wahl wiederum von nationalen Gesichtspunkten beeinflusst werden; außerdem würde die Kommission übermäßig politisiert, ihre Unabhängigkeit und ihr eher „technischer" Charakter wären nicht mehr gewährleistet; wenn nein, ginge es bei der Wahl nur noch um persönliche Verdienste (oder Versprechen), was die Wähler wohl kaum stark motivieren würde, zumal ihnen bekannt ist, dass der Kommissionspräsident nur begrenzte Entscheidungs- und Handlungsmacht besitzt.[335]

---

[335] In diesem Zusammenhang wird gerne der Vergleich zum System der USA gezogen; allerdings liegt ja auch dort die Wahlbeteiligung sehr niedrig.

6. Zum Einsatz von *direktdemokratischen Instrumenten* hat Abromeit den wohl elaboriertesten Vorschlag unterbreitet. Demnach sollen zwei Formen von Referenden mit der Möglichkeit von Vetopositionen eingeführt werden, und zwar zum einen regionale Referenden, zum anderen sektorale oder funktionale Referenden. Dieser Vorschlag trägt dem Gedanken Rechnung, dass regionale und funktionale Interessen aufgrund der starken Dominanz nationalstaatlicher Positionen im europäischen Entscheidungsprozess ungenügend Berücksichtigung finden. Solche Vetos sollen sich auf den Erlass einzelner Richtlinien beziehen. Darüber hinaus ist aber auch zu größeren Integrationsschritten oder Vertragsänderungen ein obligatorisches Referendum, an dem alle EU-Bürger teilnehmen sollen, vorgesehen (Abromeit 1998, S. 95 ff. sowie 2001, S. 288 ff., 2002).

Die Vorteile dieser Vorschläge liegen auf der Hand: Die Bürger Europas könnten zumindest über den gesamten Integrationsprozess regelmäßig und direkt entscheiden, was ihre Bindung an das Projekt sicherlich erhöhen würde; dazu könnten gewichtige, jedoch ungenügend berücksichtigte Minoritäten regelmäßig solche Integrationsprojekte in Frage stellen, die ihren Interessen oder Präferenzen entgegenstehen, womit das allgemeine Misstrauen gegenüber europäischer Gesetzgebung reduziert werden könnte. Schließlich würde im Rahmen von Referenden der europapolitische Diskurs intensiviert (Zürn 1998, S. 354).

Allerdings ergeben sich auch bei diesen Vorschlägen eine Reihe von Problemen: Referenden sind teuer und aufwendig, können also nur zu den wichtigsten Fragen organisiert werden; Referenden können von politischen Parteien oder anderen relevanten Akteuren instrumentalisiert werden. Der Einbau von Vetopositionen und mehr noch von obligatorischen Referenden würde den ohnehin nur langsam voranschreitenden Integrationsprozess weiter abbremsen oder ganz lahmlegen. Mit anderen Worten: Der nach jahrelangen Blockaden erzielte Fortschritt der Durchsetzung von Mehrheitsentscheidungen im Ministerrat würde durch die Referenden wieder ausgehebelt (vgl. dazu auch Schmalz-Bruns 1999).[336]

7. Der Ausbau *verbandlicher und insbesondere zivilgesellschaftlicher Repräsentation* hat bisher noch kaum einen Niederschlag in konkreten Vorschlägen gefunden, sondern wird primär als Postulat diskutiert (Heinelt 1998, Zürn 1998, Voelzkow 2000). Für die verbandliche Repräsentation, einschließlich der Übernahme von Verantwortung für regulative Aufgaben, hat Voelzkow auf deren notwendige Einbindung in staatliche Rahmenregelungen und autoritative Beziehungen hingewiesen, eine Bedingung, die auf europäischem Niveau aufgrund des fehlenden Staatscharakters der EU nur unzureichend gegeben sei. Für die zivilgesellschaftliche Repräsentation hat Heinelt auf die Bedeutung entsprechender Vermittlungs- oder Brückeninstanzen hingewiesen, ohne jedoch der Frage nachzugehen, welche Instanzen konkret hierfür in Frage kämen und wo genau im EU-

---

[336] Das von Abromeit angeführte Beispiel für ein regionales Veto zeigt darüber hinaus, dass solche Vetos vor allem da ansetzen sollen, wo ein starkes Misstrauen gegenüber der EU besteht und dem nationalen Staat mehr Regulierungskraft zugetraut wird. Eine solche Vorstellung ist aber in Bezug auf die Rolle der EU als auch die Kapazitäten der nationalen Staaten immer weniger realistisch (Abromeit 1998, S. 127).

6.3 Demokratische Legitimation

System deren Einfluss im Sinne demokratischer Partizipation geltend gemacht werden könnte (Heinelt 1998).[337] Huget hat demgegenüber am Beispiel der europäischen Strukturpolitik nachgewiesen, dass zivilgesellschaftliche Beteiligungsformen auf der regionalen und lokalen Ebene nur unzureichend zustande kommen und kaum die normativen Kriterien demokratischer Partizipation erfüllen (Huget 2007, insbesondere Kap. 4 und 5).

8. Auch der Ausbau *institutioneller Kontrollen* spielt derzeit nur als Postulat eine Rolle, wobei Grande diesen Schritt gewährleistet sähe, wenn das Parlament zu einer gleichberechtigten Zweiten Kammer ausgebaut würde (Grande 1996a, 1997). Einer solchen Option stehen aber nicht nur die Widerstände der Mitgliedstaaten im Wege, sondern auch alle theoretischen Überlegungen, die vor einer weiteren Stärkung parlamentarisch-majoritärer Entscheidungsprinzipien warnen (z.B. Abromeit 1998).

Insgesamt sind somit schon alle kleineren Schritte zur Demokratisierung des EU-Systems, die überwiegend vom Instrumentenkasten demokratischer Verfahrensweisen auf nationalem Niveau abgeleitet sind, mit erheblichen Problemen und zu erwartenden gegenläufigen Effekten behaftet, was einmal mehr die Schwierigkeiten des gesamten Unterfangens illustriert. Allerdings erwarten die meisten Autoren erst von der Kombination verschiedener Vorgehensweisen positive Effekte (Grande 1996a, Benz 1998a, 2003, Zürn 1998, vgl. auch Hix 2005b). Zudem wird implizit oder explizit von der nach wie vor bestehenden Möglichkeit der Rückbindung aller Entscheidungen an die nationalen politischen Systeme ausgegangen, was allerdings schon jetzt häufig eine Illusion ist (Stanat 2006).

Betrachtet man demgegenüber die Ansätze oder Modelle post-nationaler Demokratie, dann erweist sich nur ein Konzept als vergleichsweise neuer Typus demokratischer Willensbildung, nämlich das der *deliberativen Demokratie*. Alle anderen visieren wiederum eine mehr oder weniger komplexe Kombination verschiedener Formen demokratischer Willensbildung an. Die Behebung demokratischer Defizite jenseits des nationalen Staates wird somit primär in der Potenzierung und Rekombination bestehender und bekannter Verfahrensweisen gesucht, wobei im Einzelnen durchaus originelle Vorschläge lanciert werden (vgl. beispielsweise Zürn 1998, Lord 2004).

Das Konzept der deliberativen Demokratie, das insbesondere durch Habermas in die deutschsprachige Demokratie-Debatte (wieder-)eingeführt wurde, bezieht sich zwar ebenfalls primär auf Entscheidungsprozesse in nationalen politischen Systemen; es ist aber insofern speziell auf der europäischen Ebene (und generell in internationalen Zusammenhängen) von Bedeutung, weil dort die Bedingungen seines Funktionierens besonders ausgeprägt sind: Es stützt sich weder auf majoritäre, noch auf verhandlungsgeleitete Entscheidungsverfahren, sondern geht von der Konsenssuche (und -findung) zwischen den beteiligten Akteuren aus. Die Konsensfindung wird möglich, weil die einzelnen Akteure nicht mit einem Mandat zur

---

[337] Deliberativen Netzwerken von Interessengruppen und Experten wird von Zürn „eine hohe demokratische Qualität" zugeschrieben, wenn sie „ihre Mitgliedschaft angemessen repräsentieren und nicht selektiv ausgewählt" werden (Zürn 1998, S. 359). Seine konkreten Vorschläge, wie diese doppelte Repräsentativität zu gewährleisten beziehungsweise zu überprüfen ist, erscheinen allerdings wenig praktikabel (Zürn 1998, S. 359 f.).

Durchsetzung bestimmter Interessen ihrer Constituencies ausgestattet sind, sondern nach jeweils optimalen Problemlösungen suchen; weil sie in der Lage sind, die Haltungen und Positionen der jeweils anderen mit zu reflektieren und zu berücksichtigen, und schließlich, weil sie für argumentative Überzeugung offenstehen. Es sind also offene, argumentative Diskurse, die die Entscheidungsfindung in entsprechenden Gremien im Konsensverfahren ermöglichen oder erleichtern. Solche deliberativen Formen der Entscheidungsfindung kommen vor allem in Expertengremien oder „epistemic communities" (Haas 1989) zustande, wie sie die internationalen Organisationen kennzeichnen. Joerges und Neyer sehen diese Form demokratischer Entscheidungsfindung insbesondere in den Komitologie-Ausschüssen des EU-Systems verwirklicht, die zwar vom Ministerrat eher als Aufsichts- oder Kontrollorgane gegenüber der Kommission eingesetzt wurden, faktisch jedoch in einvernehmlicher Kooperation mit dieser arbeiten (Joerges/Neyer 1997). Deliberative Formen der Entscheidungsfindung lassen sich aber auch für eine ganze Reihe weiterer europäischer Entscheidungsgremien oder -arenen, seien es die offiziellen Organe der EU oder ihre mehr oder weniger institutionalisierten Substrukturen, seien es informelle Politiknetzwerke oder Arenen, konstatieren.

Allerdings ist hier kritisch anzumerken, dass für ein Konzept deliberativer Demokratie mehr erforderlich ist als problemlösungsorientierte Entscheidungsprozesse. Insbesondere kommt es darauf an, den Zugang der Öffentlichkeit zu solchen Entscheidungsprozessen zu gewährleisten und sie in die Lage zu versetzen, solche Prozesse nachzuvollziehen und eventuell zu kontrollieren. Vor diesem Hintergrund sind die Chancen der Realisierung eines normativen Konzepts deliberativer Demokratie eher als gering einzustufen (Huget 2007).

Alle weiteren Formen „komplexen Weltregierens" (Zürn 1998), die sich aber auch auf die europäische Integration anwenden lassen und auch konkret auf sie angewendet werden, sind als Mischformen konzipiert, wobei auf eine Kombination von:

- deliberativen, majoritären und verhandlungsgestützten Entscheidungsverfahren,
- unterschiedlichen Verhandlungs- oder Entscheidungsarenen (inter-gouvernementalen, assoziativen, parlamentarischen),
- vertikalen und horizontalen Entscheidungsarenen, die über Vernetzungen oder „lose Kopplung" (Benz 1998a, 1998b) miteinander verbunden werden, sowie
- von deliberativen und assoziativen Formen demokratischer Repräsentation

gesetzt wird (vgl. Andersen/Burns 1996, Benz 1998a, 1998b, 2003, Heinelt 1998, Zürn 1998, Schmalz-Bruns 1999, Huget 2007). Mit diesen Konzepten, die zunächst einmal die konkrete Vielfalt von Entscheidungsverfahren und -arenen sowie die Beziehungen zwischen ihnen ausloten, ist allerdings die Demokratiefrage bei weitem noch nicht gelöst; es wird aber der Blick geöffnet für die Wahrnehmung der Herausbildung neuer Möglichkeiten und Potenziale demokratischer Willensbildung jenseits der nationalen Staaten und damit den pessimistischen Einschätzungen staatszentrierter Demokratietheoretiker begründet widersprochen (Zürn 1998, S. 347 ff., Lord 2004).

6.3.3 Ansätze post-nationaler Demokratie im EU-System

Demokratisierungskonzepte für das EU-System, wie elaboriert und durchdacht sie auch im Einzelnen sein mögen, haben allerdings nur dann eine Chance auf Realisierung, wenn sie an

6.3 Demokratische Legitimation

den realen Bedingungen des Systems, den austarierten Machtverhältnissen zwischen seinen Akteuren und generell der Machtbalance zwischen seinen Institutionen ansetzen beziehungsweise diese berücksichtigen. Vor diesem Hintergrund sollen im Folgenden das institutionelle Gefüge sowie die Entscheidungsverfahren der EU auf die in ihnen angelegten Potentiale für die Herausbildung post-nationaler Formen von Demokratie hin „überprüft" werden (Tömmel 1999). Grundthese ist dabei, dass es gerade die vielzitierten Defizite des EU-Systems sind, die die Grundlage und den Ausgangspunkt für die Herausbildung neuer Formen demokratischer Willensbildung bilden. Diese These soll anhand dreier ausgewählter Facetten des EU-Systems exemplifiziert werden:

- dem Verhältnis von Kommission und Ministerrat als den Machtzentralen des Systems;
- der Position des europäischen Parlaments und der Funktionslogik seiner Entscheidungen;
- dem Einbezug nicht-staatlicher Akteure in europäische Entscheidungsprozesse.

(1) Das *Verhältnis von Kommission und Ministerrat* wird unter demokratietheoretischen Aspekten häufig kritisiert, weil es zum Ersten keine klare Gewaltenteilung und zum Zweiten keine Kontrollbeziehungen zwischen den beiden Organen gibt. Diese Sichtweise ist wiederum von der Situation nationaler politischer Systeme geprägt, während sie die Bedeutung der Besonderheiten des EU-Systems verkennt. Die Aufgabenverteilung zwischen Kommission und Ministerrat ist nämlich als ein Verhältnis wechselseitiger Abhängigkeit konzipiert: Indem die Kommission über das alleinige Initiativrecht verfügt, kann der Ministerrat nicht ohne sie tätig werden; indem der Ministerrat über die (nahezu) alleinige Entscheidungsmacht verfügt, ist die Kommission auf diesen angewiesen. Dabei geht der wissenschaftliche Common Sense allerdings davon aus, dass dem Ministerrat aufgrund seines Entscheidungsmonopols sozusagen eine Allmacht zukomme, die Kommission sich ihm demzufolge fügen müsse.[338] Die Praxis der Integration lehrt allerdings, dass die Kommission dem Ministerrat sehr wohl entscheidende Machtmittel entgegenzusetzen hat:[339] Diese liegen primär in der geschickten Handhabung der Entscheidungsverfahren; in der Vorlage „rationaler" und gut begründeter Vorschläge, die ihrerseits über ein ausgeklügeltes Verfahren der Anhörung von Interessengruppen, Experten und Betroffenen erarbeitet wurden; im Schmieden von multidimensionalen und breit akzeptierbaren Kompromisslösungen; und schließlich in der Mobilisierung von transnationalen Interessengruppen und -organisationen sowie generell von nicht-staatlichen Akteuren zur Unterstützung dieser Vorschläge begründet. Die Kommission verfügt somit gegenüber dem Ministerrat über *Verfahrensmacht*, über die sie die Entscheidungen weitgehend präfigurieren und somit die *Entscheidungsmacht* des Rats einschränken kann.

---

[338] Dieser Position sind letztendlich alle Neo-Intergouvernementalisten zuzurechnen, auch wenn sie im Einzelnen sehr differenziert argumentieren (vgl. beispielsweise Moravcsik 1998, Pollack 1998).

[339] Hierzu sind eine Reihe von empirischen Studien erschienen, vgl. beispielsweise Tömmel (1994a), Cram (1997), Schmidt (1998) sowie zusammenfassend Sandholtz/Stone Sweet (1998).

Damit stellt sich das reale Verhältnis zwischen Kommission und Ministerrat anders dar, als es aufgrund der formalen Kompetenzverteilung zu erwarten wäre: Zwischen den zentralen Organen des EU-Systems besteht eine Machtbalance, wobei mal die eine, mal die andere Seite dominiert, aber keine Seite kann alleine den Integrationsprozess bestimmen; vielmehr werden beide Seiten von der jeweils anderen in ihrer Machtausübung eingeschränkt (vgl. Kap. 7). Das EU-System ist somit nicht von einer obersten Machtzentrale dominiert; vielmehr bildet es aufgrund seiner bizephalen Struktur eine Doppelspitze aus, die in wechselseitiger Abhängigkeit zueinander steht und umgekehrt auch in wechselseitiger Einschränkung einseitiger Machtausübung (vgl. auch Majone 2005).

Eine solche Konstellation hat die Funktion, die komplexen Interessenlagen im Prozess der europäischen Integration sorgfältig zu vermitteln und gegeneinander abzuwägen. Dabei steht die Kommission für das gemeinsame Interesse am Vorantreiben der Integration, während der Ministerrat eher die Partikularinteressen der einzelnen Mitgliedstaaten repräsentiert. Faktisch stehen allerdings beide Organe für ein wesentlich komplexeres Interessenbündel, indem die Kommission im Vorfeld von Entscheidungen nicht nur multiple, sektorale und/oder funktionale Interessen, die sich transnational konfigurieren, einbezieht, sondern auch deren Segmentierung nach nationalen Trennlinien berücksichtigt. Zudem bezieht sie in zunehmendem Maße auch zivilgesellschaftliche Interessen ein (s. Pkt. 3). Umgekehrt vertritt der Rat nicht einfach die jeweiligen nationalen Interessen, sondern auch die einzelner Constituencies in den Mitgliedstaaten ebenso wie er in zunehmendem Maße sich herausbildende transnationale Interessenkonvergenzen berücksichtigt. Diese Berücksichtigung hochkomplexer Interessenlagen wird möglich, weil ein Großteil der Interessenartikulation und -vermittlung, des Aufspürens von „rationalen" Problemlösungen und der konstruktiven Konsensfindung über die von beiden Organen geschaffenen Substrukturen und die entsprechenden Beratungs-, Verhandlungs- und Entscheidungsgremien zustande kommt. Kommission und Ministerrat stellen somit nur die Spitze(n) eines Eisberges dar; ihre jeweilige funktionale Ausrichtung wirft einen Doppelschatten,[340] der allen Arenen der institutionellen Substruktur signalisiert, dass jeweils zweifache Interessen zu berücksichtigen sind.

In der Perspektive einer post-nationalen Form von Demokratie ist die Ausbildung dieser Doppelspitze und deren wechselseitige Abhängigkeit, die auch die gesamten jeweiligen Substrukturen durchzieht, als institutioneller Ausdruck der Berücksichtigung hochkomplexer gesellschaftlicher Interessenlagen im Prozess der europäischen Integration zu werten. Diese Konstellation bietet somit einen Verfahrensmechanismus der Repräsentanz von in erster Linie sektoralen und territorialen Interessen. Zudem kann die in dieser Konstellation angelegte wechselseitige Einschränkung der Machtausübung des jeweils anderen Organs – und auch hier wirkt ein langer Schatten auf die gesamten Substrukturen in gleicher Richtung ein – als ein Mechanismus der institutionellen Kontrolle zwischen den beiden Machtzentralen der EU im Sinne der demokratietheoretischen Überlegungen Madisons in den Federalist Papers ge-

---

[340] Diese Formulierung wurde in Analogie zur Formulierung „in the shadow of the law" gewählt.

6.3 Demokratische Legitimation

wertet werden. Das beinhaltet: Keines der von den jeweiligen Organen repräsentierten Interessen kann einseitig dominieren oder umgekehrt unberücksichtigt bleiben. Schließlich bewirkt die wechselseitige Abhängigkeit, aber auch die Ungleichheit zwischen beiden Organen, dass diese die Lösung nicht einfach aushandeln können – der Ministerrat wäre nach außen nicht verhandlungsfähig, da er intern gespalten ist, die Kommission kann sowieso nicht als verhandelnde Partei auftreten, vielmehr ist und bleibt sie auf die Rolle einer moderierenden Instanz festgelegt –, sondern sich zunehmend konsensualen Lösungen zuwenden müssen, eine Situation, die wiederum auch für die gesamte Substruktur gilt. Insgesamt bildet somit die unzureichende Gewaltenteilung die Grundlage für die Herausbildung einer neuen institutionellen Konstruktion der *geteilten Gewalt*.[341]

Es sei in diesem Kontext noch einmal betont, dass das relative Machtgleichgewicht, auf dem diese Konstruktion beruht, keineswegs als solches mit dem institutionellen Design der europäischen Gemeinschaft intendiert war; vielmehr hat es sich erst unter dem Druck integrationsfördernder und -hemmender Kräfte herausgebildet und in der bizephalen Struktur von Kommission und Ministerrat seinen institutionellen Ausdruck gefunden. Das relative Gleichgewicht von Integrationskräften und ihren Gegengewichten bildet seinerseits die Voraussetzung für die Praktizierung von vornehmlich konsensualen Formen demokratischer Willensbildung.

Allerdings reicht eine solche Grundstruktur bei weitem nicht aus, um die EU in ein demokratischeres System zu transformieren. Denn zum Ersten ist trotz aller Pluralität nur ein Bruchteil gesellschaftlicher Interessen, und dies auch nur in hoch aggregierter Form, in der „Doppelspitze" repräsentiert – insbesondere zivilgesellschaftliche und diffuse, schwach organisierte Interessen kommen kaum zum Zuge; zum Zweiten bietet sie keine adäquate Repräsentation der Interessen der Bürger Europas. Vor diesem Hintergrund stellt sich die Frage, ob das Europäische Parlament diese Funktionen wahrnimmt oder wahrnehmen kann.

(2) Dem *Europäischen Parlament* fehlt nach der gängigen Lesart eine Reihe von Attributen, die einem „normalen" Parlament auf nationalem Niveau zukommen (siehe Kap. 6.3.1). Fragt man dagegen umgekehrt, welche Funktionen das Parlament im EU-System erfolgreich wahrnimmt, dann sind es gerade diese fehlenden Attribute oder die Defizite, die seine Arbeit im positiven Sinne strukturieren. Die fehlende Bindung an eine Regierung[342] und die große Unabhängigkeit von den anderen Organen verleihen dem Parlament die Freiheit, eigene Positionen zu entwickeln und notfalls auch im Gegensatz zu den anderen Organen zu vertreten (Bogdanor 1986, 1989). In die gleiche Richtung wirken die relative Unabhängigkeit von den nationalen politischen Parteien und die geringere ideologische Bindungskraft der Parla-

---

[341] Vgl. hierzu auch die Literatur zum „power sharing" beziehungsweise „power pooling" der EU (z.B. Keohane/Hoffmann 1991, Neyer 2002 sowie auch Majone 2005).

[342] Demokratietheoretisch ginge es um die (fehlende) Bindung der Regierung an ein Parlament. Mit der obigen Formulierung soll kritisch darauf verwiesen werden, dass nationale Parlamente und vor allem die Regierungsparteien in ihnen häufig in Abhängigkeit von der Regierung handeln und nicht umgekehrt.

mentsfraktionen (Ovey 2002). Soweit dennoch parteipolitische Positionen eine Rolle spielen, werden sie häufig zurückgestellt zugunsten der Erzielung breiter Kompromisse, die erforderlich sind, falls die Verfahrensmöglichkeiten der Kooperation und Kodezision voll ausgeschöpft werden sollen. Auch die Trennlinien zwischen nationalen Interessen spielen im Parlament zwar eine Rolle, werden aber ebenfalls häufig zugunsten der Erzielung von Kompromissen zurückgestellt oder über elaborierte Verfahren des Interessenausgleichs entschärft (vgl. Ovey 2002; verschiedene Interviews mit MEPs, 1998-2001).

Eine bedeutsame Folge dieser Gesamtkonstellation ist, dass das Europäische Parlament sich in ganz spezifischen Fragen und Themenbereichen profilieren konnte, nämlich solchen, die nicht oder kaum von der Parteienkonkurrenz besetzt sind und die sich häufig als neue gesellschaftliche Probleme infolge von Internationalisierungs- und Globalisierungsprozessen stellen: Umweltschutz, Menschenrechte, Minderheitenschutz, Gleichstellung von Mann und Frau, Gesundheitsschutz, Umgang mit neuen Technologien, speziell Gentechnologie etc. (vgl. Abels 2002). Der Konsens in diesen Fragen ist dabei nicht nur aufgrund der oben beschriebenen institutionellen Komponenten leichter zu erzielen; vielmehr spielt auch die subjektive kosmopolitische Ausrichtung der einzelnen Parlamentarier eine nicht zu unterschätzende Rolle.[343] Insofern vertritt das Parlament *nolens volens* häufig diffuse, schwach oder gar nicht organisierte Interessen sowie Interessenlagen, die sich infolge von Prozessen der Internationalisierung und Globalisierung erst als solche herausbilden; in beiden Fällen also Interessen, die bisher in den polarisierten Parteiensystemen auf nationaler Ebene kaum Berücksichtigung fanden. Mit dieser Art der Interessenvertretung gewinnt das Parlament auch Profil gegenüber Kommission und Ministerrat, die ja beide eher die funktionalen und sektoralen beziehungsweise bestimmte territoriale Interessen repräsentieren und dementsprechend Konzepte erarbeiten, die von technischer Expertise bestimmt sind, während das Parlament diesen mit ethischen und moralischen Argumenten entgegentritt (so beispielsweise in der Forschungspolitik zum menschlichen Genom, bei der das Parlament erheblichen Einfluss ausüben konnte; vgl. Abels 2002). Nicht von ungefähr bürgerte sich denn auch für das Parlament schon sehr früh die Metapher vom „Gewissen der EG" (und später der EU) ein.

Diese Funktion übt das Parlament nicht nur über seine inhaltliche und vor allem gesetzgeberische Arbeit aus, sondern auch durch seine Rolle in der konstitutionellen und institutionellen Weiterentwicklung der EU. So hat das Parlament wie keine andere Institution der EG/EU regelmäßig eine weitere Demokratisierung und Bürgernähe des Systems angemahnt beziehungsweise eingefordert; ja es hat überhaupt erst den Gedanken des „demokratischen Defi-

---

[343] Eine solche Ausrichtung bringen viele Euro-Parlamentarier teilweise schon mit; sie wird aber auch durch Sozialisationsprozesse im Parlament weiter verstärkt. So äußerte sich eine (niederländische) Euro-Parlamentarierin in einem Interview wie folgt: „Also am schwierigsten sind hier die Schweden. Die meinen, bei ihnen zu Hause ist alles am besten. Ich kann ja verstehen, dass man das meint, wenn man hier neu hereinkommt. Aber dass man das nach zwei Jahren immer noch meint, das kann ich nicht verstehen" (Interview MEP, Januar 1998). Ähnlich werden auch viele Europarlamentarier aus den Beitrittsstaaten als (noch) nicht den Gepflogenheiten des Parlaments angepasst gesehen. (Interview Ländervertretung der BRD, August 2007).

6.3 Demokratische Legitimation

zits" publik gemacht und die Debatte darüber immer wieder entfacht.[344] Zudem legt es zu jeder Regierungskonferenz weitreichende Vorschläge zur Demokratisierung des Systems vor – in der Regel Vorschläge zur Verbesserung seiner eigenen, insbesondere legislativen Position –, die zwar nur selten volle Berücksichtigung finden, umgekehrt aber auch nicht einfach übergangen werden können, sondern in einem beachtlichen Inkrementalismus der Stärkung des parlamentarischen Einflusses resultiert haben. Ihren vorläufigen Höhepunkt fand diese Entwicklung mit dem Verfassungsvertrag, der das Mitentscheidungsverfahren zum regulären Verfahren der europäischen Gesetzgebung erhebt, eine Regelung, die auch der Reformvertrag beibehalten soll. Unter dem Banner der Demokratie verschafft das Parlament auch in kleinerem Rahmen sich selbst mehr Einfluss sowie der Öffentlichkeit eine stärkere Transparenz.[345] In diesem Sinne fungiert das Parlament – wenngleich nicht immer mit konkretem, kurzfristigem Erfolg – langfristig doch als Wortführer und Motor einer weitergehenden Demokratisierung des EU-Systems und damit nicht zuletzt auch als Repräsentant des europäischen Elektorats.

Schließlich tritt das Europäische Parlament auch durch die Art und Weise seiner Performance eher als eine „echte" Volksvertretung auf denn als integrierter Teil eines Regierungssystems. So scheut es sich nicht, etwaige Missstände aufseiten der Kommission anzuprangern und auch von seinem Recht der Entbindung der Kommission Gebrauch zu machen, wie es im Sommer 1999 trotz entgegengesetzten politischen Drucks vonseiten der Mitgliedstaaten geschehen ist.[346] Auch in anderen Fragen scheut sich das Parlament nicht, die vorhandenen Kompetenzen nicht nur voll auszuschöpfen, sondern auch tendenziell zu überschreiten. Die volle Ausschöpfung von Kompetenzen wird vor allem bei Kooperations- und Kodezisionsverfahren praktiziert, wobei das Parlament durch geschickte Handhabung der Verfahren wesentlich mehr an Mitsprache realisieren konnte, als es den Intentionen des Ministerrats, aber auch den Erwartungen kritischer Beobachter entsprach.[347] Die tendenzielle Überschreitung von Kompetenzen ergibt sich einerseits über die Nutzung bestimmter Kompetenzen für

---

[344] Bereits unmittelbar nach der Konstituierung der „Parlamentarischen Versammlung" im Rahmen der EGKS im Jahre 1952 forderte das Parlament eine Erweiterung seiner Rechte und damit eine Demokratisierung des europäischen Verbunds.

[345] Zu erinnern ist hier an allerlei informelle Verfahren der Mitsprache beziehungsweise der Konsultation, beispielsweise bei Themen der Zweiten und Dritten Säule, oder etwa bei der Zustimmung zur Ernennung des Präsidenten der EZB sowie der Bestätigung der Kommission. Über diese Verfahren kann indirekt Einfluss auf die Entscheidungen der anderen Organe ausgeübt sowie die Öffentlichkeit über die unterschiedlichen Motive des Ministerrats aufgeklärt werden.

[346] Allerdings kam es gar nicht zur faktischen Entbindung der Kommission, da diese einem entsprechenden Beschluss durch ihren Rücktritt zuvorkam. Von einem nationalen Parlament kann man die Nutzung der rechtlich verbrieften Möglichkeit zur Auflösung der Regierung nur in Ausnahmesituationen erwarten, meist dann, wenn ein Koalitionspartner aus dem Regierungsbündnis aussteigt. Eine echte Kontrollfunktion ist damit also kaum gegeben.

[347] So wurde insbesondere nach Einführung des Kooperationsverfahrens mit Erstaunen festgestellt, dass dieses Verfahren den Ministerrat zu wesentlich mehr Kompromissen zwingt, als vorher angenommen (Fitzmaurice 1988).

andere Zwecke – so werden die Haushaltsentscheidungen regelmäßig dazu genutzt, bestimmte Politiken stärker zu begünstigen und damit entgegen den Positionen von Kommission und Ministerrat auszuweiten[348] –, andererseits über die Ausübung von moralischem und öffentlichem Druck auf die anderen Organe, die dann über gemeinsam vereinbarte Verfahrensordnungen mehr Rechte zugestehen, als in den Verträgen vorgesehen sind.[349] Zudem versteht es das Parlament, über eine geschickte Kombination von Drohung und Konsensbereitschaft gegenüber den anderen Organen regelmäßig eine Reihe von Zugeständnissen auszuhandeln, die seinen informellen Einfluss ausweiten.[350] Über all diese Verfahrensweisen, bei denen es einerseits um grundsätzliche Fragen geht, andererseits um die Kontrolle der EU-Organe, erfüllt das Parlament nicht eine Repräsentationsfunktion im Sinne spezifischer gesellschaftlicher Interessen, sondern eine allgemeine Kontroll- und Korrektivfunktion gegenüber den anderen Organen der EU, mit dem Ziel, ordnungsgemäße und politisch korrekte Entscheidungen und Verfahrensabläufe, kurz: „good governance", abzusichern. Bei der Verfolgung solch allgemeiner Zielsetzungen stellt sich somit das Problem majoritärer Entscheidungen beziehungsweise das Problem nationaler Cleavages oder eines hochgradig segmentierten politischen Systems kaum.

Schließlich gilt auch für das Europäische Parlament, dass es all diese Funktionen nur erfolgreich wahrnehmen kann, weil es sich eines deliberativen Stils der Entscheidungsfindung bedient. Dies gilt sowohl für die Entscheidungen innerhalb des Parlaments als auch für die, die es in Übereinkunft mit den anderen Organen treffen muss. Sind die Beziehungen zum Ministerrat durch den im Kodezisionsverfahren vorgesehenen Vermittlungsausschuss in diese Richtung präfiguriert, so haben sich die Beziehungen zur Kommission schon seit langem entlang einer solchen Entwicklungslinie entfaltet, weil beide Seiten von einer engen Kooperation profitieren.[351] Aber auch innerhalb des Parlaments liegt es angesichts der vielfachen

---

[348] Dies war etwa regelmäßig der Fall bei den Strukturfonds sowie den Hilfsprogrammen für Mittel- und Osteuropa. Dabei handelt das Parlament in solchen Fällen oft auch im Interesse der Kommission, die ursprünglich auch höhere Fördersummen vorgesehen hatte, solche Forderungen jedoch angesichts einer restriktiven Haltung des Ministerrates hintenan stellte.

[349] So wird das Parlament inzwischen gehört beziehungsweise informiert über bestimmte Komitologieverfahren, in außenpolitischen Fragen sowie im Bereich der Sozialgesetzgebung, soweit sie von den Sozialpartnern direkt ausgehandelt wird.

[350] Als Beispiel sei hier das Verfahren der Zustimmung bei der Einsetzung der Kommission angeführt. Das Parlament hat dabei seit 1995 lediglich das Recht, der gesamten Kommission die Zustimmung zu verweigern. Es „erfand" sich jedoch dazu ein Anhörungsverfahren für jede/n einzelne/n Kommissar/in, verdeutlichte die Schwächen einzelner Kommissare und drohte, der gesamten Kommission die Zustimmung zu verweigern. Ihren vorläufigen Höhepunkt fand diese Strategie bei der Einsetzung der Barroso-Kommission im Jahre 2004, bei der erstmals designierte Kommissare von den Mitgliedstaaten zurückgezogen werden mussten (Schild 2005).

[351] So sind Kommissionsvertreter immer in den jeweiligen Ausschusssitzungen vertreten; steht eine bestimmte Frage zur Entscheidung an – etwa Änderungsanträge zu einem Gemeinsamen Standpunkt des Rats – so werden die anwesenden Kommissionsmitglieder gleich gefragt, ob die Kommission diese übernehme, was dann seinerseits das Abstimmungsergebnis im Ausschuss stark beeinflusst. Nach Auskunft eines interviewten Euro-Parlamentariers kommt es sogar vor, dass Mitglieder der Kommission Parlamentarier hinter den Kulissen bitten,

6.3 Demokratische Legitimation

Cleavages zwischen politischen Parteien und Nationalitäten näher, den Konsens zu suchen, statt auf starren Prinzipien und Positionen zu beharren.[352] Nicht von ungefähr werden denn auch die meisten Entscheidungen des Europäischen Parlaments von sehr breiten Mehrheiten getragen, die nicht nur die erforderliche absolute Mehrheit weit überschreiten, sondern auch wesentlich mehr Parteiengruppen als die der „großen Koalition" umfassen.[353]

Insgesamt ist das Europäische Parlament somit nicht nur als Repräsentant des – gebündelten *und* polarisierten – Willens der Völker Europas zu werten, als vielmehr auch und besonders als Vertretung grundlegender gemeinsamer Interessen der Bürger Europas, insbesondere soweit sich diese einerseits aus einer zunehmenden Internationalisierung und Globalisierung ergeben, andererseits aus der fortschreitenden europäischen Integration und deren asymmetrischen, demokratische Artikulationsformen vernachlässigenden institutionellen Entwicklung.[354] Damit fungiert das Parlament – weit mehr, als bisher wahrgenommen – als Repräsentant zivilgesellschaftlicher Interessen in der EU, auch wenn ihm dabei nach wie vor enge Grenzen gezogen sind (vgl. auch Heinelt 1998).[355]

Allerdings sei auch hier noch einmal betont, dass diese Rolle dem Parlament nicht aufgetragen war; vielmehr hat es sich diese selbst zugeschrieben und dementsprechend auch seinen institutionellen Ausbau mit Nachdruck verfolgt. Dieser zielte zwar primär auf die Schaffung einer „normalen" Legislative; unter dem Druck der gegebenen Kräfteverhältnisse von sektoralen, funktionalen sowie territorialen Interessen, repräsentiert durch Ministerrat und Kommission, sowie insgesamt unter den Bedingungen des institutionellen Settings der EU, konnte das Parlament aber nur Profil gewinnen, indem es erfolgreich die verbliebenen sowie die sich neu ergebenden Repräsentationslücken besetzte, sowohl in Bezug auf die europäische Ebene als auch in Bezug auf die nationalen politischen Systeme. Damit bleiben aber die klassischen Funktionen parlamentarischer Vertretung und Kontrolle im EU-System nach wie vor unbesetzt.

Somit kann dem EU-System aufgrund der spezifischen Rolle des Europäischen Parlaments auch nicht eine ausreichende demokratische Legitimation zugeschrieben werden; vielmehr

---

bestimmte Themen, mit denen sie sich im Rahmen der Kommission nicht durchsetzen konnten, aufzugreifen (Interview MEP, Februar 1998).

[352] Soweit dies dennoch geschieht, beispielsweise durch Vertreter neuer Mitgliedstaaten oder kleinerer, stärker ideologisch festgelegter politischer Parteien, wird dieses Verhalten von den Parlamentariern als uneuropäisch oder nicht realistisch kritisiert (verschiedene Interviews, Februar 1998).

[353] Vor diesem Hintergrund geht die Forderung von Hix, zu einer stärkeren parteipolitischen Polarisierung überzugehen, an den realen Verhältnissen und den Errungenschaften des EP vorbei. (vgl. Hix 2005b sowie die Kritik an dessen Position von Barlolini 2005).

[354] Dieser Situation entspricht auch die Tatsache, dass ein Teil der Parlamentarier sich weniger als Delegierte ihrer nationalen Parteien oder Staaten fühlt, sondern als „trustee", der das allgemeine „common best" zu vertreten hat, wie Katz (1997) in einer detaillierten empirischen Studie ermittelt hat (vgl. auch Ovey 2002).

[355] Diese Grenzen ergeben sich nicht nur aus den institutionellen Rahmenbedingungen der EU, sondern auch aus dem Druck von Seiten der nationalen politischen Systeme auf die Parlamentarier, so z.B. von Seiten der sie delegierenden politischen Parteien, der nationalen Regierungen sowie verschiedenster Lobbyisten (vgl. Ovey 2002, verschiedene Interviews mit MEPs, 1998, 2001).

bedarf es weiterer Formen demokratischer Willensbildung und Partizipation, um das Demokratiedefizit zumindest abzumildern. Als eine Möglichkeit in diesem Sinne könnte sich der Einbezug externer Akteure in europäische Entscheidungsprozesse erweisen.

(3) Der *Einbezug externer Akteure* in europäische Entscheidungsprozesse wird unter demokratietheoretischen Überlegungen häufig kritisiert, weil zum Ersten diesbezügliche Formen der Repräsentation hochgradig asymmetrisch sind – vor allem Wirtschaftsverbände dominieren – und zum Zweiten keine gleichberechtigten, offenen und transparenten Zugangsmöglichkeiten bestehen – die Auswahl von am Entscheidungsprozess Beteiligten liegt primär in Händen der Kommission (vgl. Huget 2007). Hinzu kommen Faktoren wie ungleiche Ressourcenverteilung zwischen Interessenvertretern – in finanzieller Hinsicht, aber auch in Bezug auf Information – sowie die sehr unterschiedliche Organisationsfähigkeit von Interessen auf der europäischen Ebene. So hat sich gezeigt, dass hochkomplexe Interessenlagen, sowohl im ökonomischen Bereich als auch und mehr noch im Bereich sozialer Belange, sehr schwer zu organisieren sind, weil zu den ohnehin schon gegebenen vielfachen Differenzen auch noch die zwischen den nationalen Entitäten hinzukommen.

Allerdings übersieht die oben skizzierte Argumentation, die wiederum primär am Maßstab nationaler politischer Systeme orientiert ist, die Herausbildung neuer Formen der Interessenartikulation und -vertretung auf der europäischen Ebene. Denn dabei handelt es sich immer weniger um den Einbezug der ressourcenreichsten und lautstärksten Lobbyisten in den Entscheidungsprozess; vielmehr trifft die Kommission eine zunehmend sorgfältigere Auswahl ihrer Gesprächspartner (Hull 1993). Ihre Auswahlkriterien orientieren sich jedoch weniger am Prinzip einer ausgewogenen politischen oder gesellschaftlichen Repräsentation – die Kommission ist selbst schon ein zu wenig politisierter Apparat, als dass sie zu einer solchen Auswahl in der Lage wäre[356] – als vielmehr an der Frage, ob die Partizipanten über eine entsprechende technische Expertise verfügen. Dabei ist „technisch" nicht so zu verstehen, dass es lediglich um eine zweckrationale Lösung geht. Vielmehr bemüht sich die Kommission in der Regel um eine Abwägung zwischen verschiedenen technischen Lösungen in Bezug auf ein konkretes Problem. Um eine solche leisten zu können, kann sie sich aber nicht nur – und mit fortschreitender europäischer Integration immer weniger – auf Wirtschaftsvertreter verlassen, die meist die für sie kostengünstigste oder profitabelste oder die unter Konkurrenzgesichtspunkten vorteilhafteste Lösung anstreben.[357] Vielmehr bedarf es auch solcher Expertise, die sich an Umwelt-, Verbraucher- oder Arbeitnehmerbelangen orientiert, kurz: die Lösungen einbringt, die breiteren, allgemeineren Interessen entsprechen. Solcherart Expertise ist aber – abgesehen von den Vertretern nationaler Regierungen und Verwaltungen sowie

---

[356] Hier ist zu berücksichtigen, dass die Besetzung von Beratungsgremien der Kommission zu konkreten Themen meist von den Dienststellen, also dem Verwaltungsapparat, entschieden wird. Mitunter wird die Zusammensetzung solcher Beratungsgremien sogar an einen externen Experten delegiert (mündl. Information eines beauftragten Experten der DG XI Umwelt, Februar 1998).

[357] Allerdings ist zunehmend zu beobachten, dass auch Wirtschaftsvertreter breitere, am „common good" orientierte Lösungen vertreten (Knill 2001).

6.3 Demokratische Legitimation

Experten zu den jeweiligen Issues – weit eher bei neu sich formierenden, Issue-spezifischen Gruppen beziehungsweise Vertretern schwach organisierter Interessen zu finden als bei den klassischen, hoch aggregierten Interessenverbänden.

Vor diesem Hintergrund wundert es denn auch nicht, dass die Kommission gerade solche Interessenvertreter und Gruppierungen in zunehmendem Maße in ihre Arbeit einbezieht: Umweltgruppen, Konsumentenverbände, Frauenlobbies, Dritte-Welt-Gruppen etc., wobei diese, das sei noch einmal betont, weniger als Lobbyisten gehört werden, sondern eher als Experten, die kreative Lösungswege vorzuschlagen haben.[358]

Die Kommission bezieht solche Gruppen aber nicht nur in ihre beratenden Ausschüsse ein, vielmehr wirkt sie auch strukturierend oder sogar organisierend auf diese ein (vgl. Eising 2001, S. 469 ff. sowie Kap. 5.3.1). Die einfachste Form dieser Einflussnahme ist die der finanziellen Unterstützung, zumeist in der Form von Projektaufträgen, deren Ziel wiederum die Erarbeitung einer entsprechenden (wirtschaftsunabhängigen) Expertise ist.[359] Des Weiteren übt sie einen indirekt organisierenden Einfluss aus, indem sie von entsprechenden Gruppen die Präsentation gemeinsamer – also zwischen gleichgerichteten Gruppen bereits abgewogener – Standpunkte und Stellungnahmen einfordert (Knill 2001). Um dieser Forderung gerecht zu werden, müssen sich die Gruppen untereinander stärker abstimmen und koordinieren.[360] Darüber hinaus aktiviert die Kommission weitere Betroffene, indem sie über die Vorlage von Grünbüchern zu einer breiteren Diskussion über ihre Vorhaben einlädt. Und schließlich fördert sie auch die Vernetzung von Regierungsvertretern, Experten und Betroffenen in bestimmten Themenfeldern, indem sie groß angelegte Konferenzen, Symposien, Workshops oder andere „joint events" organisiert, die wiederum der Erarbeitung gemeinsamer Positionen und praktikabler Problemlösungen dienen (vgl. Tömmel 1997b, 1998). Über diese, die Beratungsfunktion neuer Akteure erschließende Strategie hinaus macht sich die Kommission auch die Expertise klassischer Verbände, subnationaler Regierungen und Verwaltungen sowie halbstaatlicher Organisationen und Akteure in vielfacher Hinsicht für die Formulierung oder Implementation europäischer Politiken zunutze, was aus der Perspektive

---

[358] Dies wurde in verschiedenen Interviews mit Vertretern des EEB bestätigt. Demnach bezieht die Kommission diese Gruppen erst ein, seitdem sich stärker auf die Lancierung von konkret umsetzbaren Lösungen zu bestimmten Problemen spezialisieren, während sie zuvor, bei lediglich moralisch unterlegten Forderungen nach Berücksichtigung von Umweltbelangen, kaum Gehör fanden (Interviews mit Mitgliedern des EEB, Januar/Februar 1998).

[359] Indem die Kommission dabei den Inhalt solcher Aufträge definieren und zugleich die passenden Bearbeiter auswählen kann, wirkt sie zugleich selektierend auf solche Gruppen ein. Es versteht sich, dass die Gruppen sich ihrerseits an diese „Rahmenbedingung" anpassen (Lahusen/Jauß 2001).

[360] So haben sich acht international operierende Umweltgruppen, die sich selber die Umwelt-G-8 nennen, zu einem losen Dachverband zusammengeschlossen, der gemeinsam Forderungen und Vorschläge lanciert und arbeitsteilig, je nach der spezifischen Expertise, an Kommissionsarbeitsgruppen partizipiert. Die Gruppe ist bis zur Gegenwart (2007) auf 10 Mitglieder angewachsen und nennt sich jetzt G-10. Ebenso haben sich Regionen und Gemeinden zu Verbänden zusammengeschlossen, und selbst die Regionalvertretungen in Brüssel kooperieren nun stärker, um von der Kommission gehört zu werden (verschiedene Interviews EEB und Länderbüros, Januar/Februar 1998).

demokratischer Legitimation ebenfalls als Ausweitung von Mitsprache- und Partizipationsmöglichkeiten zu werten ist. Dabei ist es nicht nur der direkte Einbezug der genannten Akteure in den gesamten europäischen Politikprozess, sondern auch die Forderung an diese, ihrerseits Wirtschafts- und Sozialpartner, Umwelt- oder Frauengruppen und andere Betroffene in ihre dezentralen Entscheidungs- und Implementationsprozesse einzubeziehen, über die der Partizipationsradius der an europäischen Politiken Beteiligten um ein Vielfaches ausgeweitet[361] und zugleich Partizipationsangebote von der europäischen auf die nationale und insbesondere die regionale und lokale Ebene dezentralisiert werden (Huget 2002, 2007).

Diese Strategie der Kommission wurde in der Literatur vielfach als Versuch beschrieben, den eigenen Vorschlägen und Initiativen mehr Legitimität gegenüber dem Ministerrat zu verschaffen beziehungsweise im Vorfeld von Ratsentscheidungen transnationale, befürwortende Koalitionen zur Unterstützung dieser Vorschläge zu schmieden. Andersen und Burns (1996) verweisen allerdings darauf, dass diese Vorgehensweise noch wesentlich weitere Dimensionen beinhaltet, indem sie zu einer grundlegenden Transformation demokratischer Interessenvertretung führt. Demnach findet diese immer weniger über große, ein breites Spektrum von Interessen bündelnde und aggregierende Verbände statt, die in zunehmendem Maße auch spezifischere Interessen ausklammern und somit immer weniger in der Lage sind, sich als legitime Vertreter auszuweisen. Vielmehr gehen kleinere Gruppen, Betroffene und sich verantwortlich Fühlende dazu über, direkt und Issue-spezifisch Interessen zu artikulieren und in entsprechenden Netzwerken zu partizipieren, mit anderen Worten: sich quasi selbst zu vertreten (Andersen/Burns 1996, vgl. auch Heinelt 1998).

Ein solcher Prozess, der auch in nationalen politischen Systemen wahrzunehmen ist, findet auf der europäischen Ebene wesentlich günstigere Bedingungen für seine beschleunigte Entfaltung, und dies aus mehreren Gründen:

1. Die Konkurrenz traditioneller Verbände, die als Gate-Keeper fungieren könnten, ist kaum gegeben oder fällt kaum ins Gewicht.[362]
2. Das scheinbar unpolitische, problemlösungsbezogene Handeln der Kommission fördert eine solche Entwicklung.
3. Der Legitimationsbedarf des Systems, der sich über die für nationale politische Systeme typischen Kanäle kaum entfalten kann, kann so zumindest partiell gedeckt werden.

---

[361] Man vergleiche hierzu die Verordnungen zu den Strukturfonds: Während die Reform von 1989 zunächst die Partnerschaft zwischen EU und nationalen oder regionalen Verwaltungen etablierte, kamen 1994 die Wirtschafts- und Sozialpartner hinzu; im Jahre 2000 wurden auch Umwelt- und Gleichstellungsgruppen explizit in der Verordnung genannt, und im Jahre 2006 wurde dann generalisierend von Zivilgesellschaft gesprochen (vgl. Tömmel 1998, 2006, Axt 2000).

[362] Auf der europäischen Ebene sind hoch aggregierte Interessenverbände entweder gar nicht oder sehr schwach vertreten, während die vielzitierten Wirtschaftsverbände, häufig branchen- und betriebsgrößenspezifisch organisiert und nur aus wenigen Großbetrieben bestehend, auch eher als sich selbst vertretende Lobbyisten charakterisiert werden können. So haben fast alle europäischen Großunternehmen eigene Büros in Brüssel, die sie dazu nutzen, direkt ihre Wünsche und Belange an die Kommission heranzutragen (Interview mit Vertreter der Siemens-AG, Brüssel, Oktober 2004).

6.3 Demokratische Legitimation

Es sind also einmal mehr die demokratischen Defizite des EU-Systems, die Raum bieten für die Entfaltung alternativer Formen der Interessenartikulation und -repräsentation. Zwar kann man das EU-System aufgrund der unzureichenden Ausprägung organisierter Interessenvertretung sowie einer nicht systematisch nach politischen und gesellschaftlichen Gerechtigkeits- oder gar Gleichheitskriterien betriebenen Auswahl von Interessenvertretern kritisieren. Andererseits darf man unterstellen, dass die Mechanismen der Selbst-Repräsentation, verbunden mit einer zwar technisch motivierten, letztendlich aber auch politische Kriterien mitreflektierenden Auswahl von Repräsentanten und deren Aktivierung durch offene, marktanaloge Anreizsysteme zumindest zu einem wesentlich breiteren und ausgewogeneren Spektrum der Repräsentation führt, als es auf den ersten Blick scheinen mag. Mehr noch als zu einer ausgewogenen führt diese Vorgehensweise zu einer verstärkten Repräsentation schwach organisierter Interessen und somit wiederum zu einer in Bezug auf die nationalen politischen Systeme komplementären Entwicklung.

Indem sich so unter der Regie der Kommission neue Netzwerke von Experten, Beteiligten und Betroffenen herausbilden, die problemlösungsorientiert Entscheidungen treffen oder, genauer, diese vorbereiten, können einerseits breitere und allgemeinere, andererseits spezifischere und auf nationalem Niveau häufig unterrepräsentierte Interessen Berücksichtigung finden.[363] Da aber die aus solchen Entscheidungen resultierenden Problemlösungen das Parlament und den Rat passieren müssen, können sie in diesen Gremien expliziter nach bestimmten politischen sowie interessengeleiteten Kriterien (Rat) oder auch im Hinblick auf ihre Gemeinwohlorientierung (Parlament) überprüft und entsprechend modifiziert werden.[364]

Analog zur institutionellen Struktur der EU kommt es somit auf der europäischen Ebene zur Herausbildung eines zweistufigen Prozesses der Entscheidungsfindung: Während auf der ersten Stufe unter der Regie der Kommission eher technisch orientierte Problemlösungen unter extensiver Partizipation von Beteiligten und Betroffenen sowie Experten bearbeitet werden, finden auf der zweiten Stufe „klassische" Abwägungsprozesse zwischen breiteren funktionalen und sektoralen sowie territorialen Interessen statt, dies jedoch nicht mehr unter systematischer Beteiligung externer Akteure (Grande 1996c, S. 391). Eine solche Vorgehensweise erlaubt es, angesichts einer hochkomplexen Gemengelage widerstreitender Interessen sowohl passgenaue Problemlösungen zu finden, als auch eine Abwägung unter expliziten politischen Kriterien zu treffen. Zudem gelingt es, die politische Ebene der EU beziehungsweise die Arenen des Bargaining (Scharpf 1999), die ohnehin schon mit einer Vielzahl ungelöster Probleme überfrachtet sind, im Falle von Konsens auf der „technischen" Ebene von

---

[363] Als wohl deutlichstes Erfolgsbeispiel ist in diesem Kontext die Verabschiedung der Gleichstellungsrichtlinien der 70er und frühen 80er Jahre zu nennen, an deren Zustandekommen Frauengruppen einen hohen Anteil hatten und die zugleich zur damaligen Zeit die Regelungen jedes Mitgliedstaates weit übertrafen (Mazey 1998). Auch das neue Konzept des Gender-Mainstreaming konnte sich unter dem Druck von Frauengruppen zuerst auf der europäischen Ebene und nur sekundär in den Mitgliedstaaten durchsetzen (Fuhrmann 2005).
[364] Nicht von ungefähr sind es denn auch der Ministerrat beziehungsweise die einzelnen Regierungsvertreter, die am ehesten Adressaten des traditionellen Lobbyings sind.

einer Reihe von Detailentscheidungen zu entlasten (vgl. auch Gehring 2005, Gehring et al. 2007). Und schließlich gelingt es auf diese Weise, eine Vielzahl von externen Akteuren in europäische Entscheidungen einzubeziehen, was die Legitimation des Systems erhöht. Allerdings ist umgekehrt auch nicht auszuschließen, dass die so geschaffenen Entscheidungsnetzwerke sich verfestigen und zu einer unkontrollierten Form des „sub-government" führen (Andersen und Burns 1996); zudem gilt nach wie vor, dass bei weitem nicht alle Interessen gleichermaßen Berücksichtigung finden, und dass es all diesen Entscheidungsprozessen an Transparenz mangelt, was nicht nur eine gleichgewichtigere Partizipation, sondern auch Formen demokratischer Kontrolle erheblich erschwert. Huget sieht denn auch in der Stärkung einer kritischen Öffentlichkeit den besten und direktesten Weg zur Reduzierung des demokratischen Defizits der EU (Huget 2007, Kap. 6).

6.4 Die EU: effizient, effektiv und demokratisch?

Eine abschließende, zusammenfassende Bewertung des EU-Systems in Bezug auf Effizienz, Effektivität und demokratische Legitimation kann kaum zu einem eindeutig positiven oder negativen Ergebnis führen. Vielmehr ist zu betonen, dass Positives und Negatives eng beieinander liegen; es hängt somit vom jeweiligen Bewertungsmaßstab beziehungsweise von der systemischen Perspektive ab, wie die einzelnen Phänomene zu werten sind.

1. So erscheint das EU-System in Bezug auf seine *Effizienz* aus der nationalen Perspektive wegen der Vielzahl sowie der Doppelstruktur seiner Institutionen, der vielfältigen Verflechtungen und Überlappungen dieser Institutionen mit nationalen Entscheidungsgremien und -arenen, seiner aufwendigen und häufig ergebnisarmen Entscheidungsprozesse und schließlich wegen der Abwälzung eines Großteils des Arbeitsaufwands sowie der Folgekosten auf die Mitgliedstaaten als wenig effizient. Bezogen auf die Aufgabe der System-Bildung auf supranationaler Ebene unter Einschluss einer Vielzahl sehr heterogener und intern hoch differenzierter nationaler politischer Systeme erscheint hingegen der Aufwand gerechtfertigt und das bisherige Ergebnis als beachtlich, ja im Vergleich zu anderen internationalen Zusammenschlüssen als einmalig.
2. Auch die *Effektivität* des EU-Systems, das heißt, seine Steuerungs- und Problemlösungskapazität, erscheint im Vergleich zur nationalen Ebene als eher gering, da die Steuerungsmechanismen nur sehr indirekt wirken, die Steuerungsketten sehr lang sind und die Wirksamkeit der Steuerungsleistungen in hohem Maße vom guten Willen oder umgekehrt dem Ausmaß an Obstruktion der Steuerungsadressaten abhängig ist. Eine vergleichsweise hohe Effektivität wird lediglich im Bereich der Marktregulierung oder auch -deregulierung erzielt, wo die EU über weitreichende Kompetenzen verfügt und die Marktteilnehmer direkt – das heißt ohne oder mit vergleichsweise geringfügiger Zwischenschaltung der Regierungen der Mitgliedstaaten – beeinflussen kann. Betrachtet man allerdings die Effektivität des EU-Systems aus der Perspektive der System-Entwicklung, die wiederum die Überlagerung und Transformation der nationalen politischen Systeme einschließt, dann wurden über die Marktregulierung hinaus gänzlich neue Mechanismen der politischen Steuerung entwickelt, die weniger geeignet sind, die Outcomes oder Wirkungen einzelner Politiken eindeutig zu determinieren, dafür aber umso wirksamer die

dezentralen Adressaten solcher Politiken – nationale und regionale Regierungen und Verwaltungen, nicht-staatliche Organisationen und Akteure – für die Erreichung der gewünschten Ziele mobilisieren. Diese neuartigen Steuerungsmodi, die in Anlehnung an Willke als Kontextsteuerung zu werten sind (Willke 1995), konstituieren zum Teil erst die EU als seiner Wirkung nach supranationales System.

3. Die *demokratische Legitimation* des EU-Systems ist im Vergleich zu nationalen Staaten ebenfalls als gering zu bewerten, da insbesondere das Europäische Parlament als Vertretung der Völker Europas nur begrenzte legislative, budgetäre und Kontrollbefugnisse besitzt. Auch die anderen Organe sind nicht oder allenfalls indirekt demokratisch legitimiert, zudem besitzen sie kaum Rechte zur gegenseitigen Kontrolle. Vor dem Hintergrund der Entfaltung des politischen Systems der EU sind allerdings vielfältige Ansätze der Herausbildung neuartiger, post-nationaler Formen demokratischer Willensbildung und Partizipation erkennbar: zum Ersten eine sorgfältig austarierte institutionelle Doppelstruktur des Systems, die die supranationale Systemdynamik und das intergouvernementale Kontrollbedürfnis gegenüber einer solchen Entwicklung repräsentiert, vermittelt sowie – aufgrund der Abhängigkeitsbeziehungen zwischen den betreffenden Institutionen – wechselseitig einschränkt; zum Zweiten eine Völkervertretung, die sich in starkem Maße der Vertretung allgemeiner und breiter, zivilgesellschaftlicher Interessen im EU-System widmet, während die klassischen, parteipolitischen Differenzen und Polarisierungen eher zurücktreten; zum Dritten neue Formen der Interessenvertretung in und Partizipation an europäischen Entscheidungsprozessen, bei denen in zunehmendem Maße auch kleinere, spezialisiertere Gruppierungen und schwach organisierte Interessen Zugang finden und dementsprechend in der Lage sind, sich selbst zu repräsentieren. Zudem verbindet all diese Aspekte ein insgesamt problemlösungsorientierter, deliberativer Entscheidungsstil, der seinerseits als neue Form demokratischer Willensbildung zu werten ist.

Fragt man nach den Querbezügen zwischen Effizienz, Effektivität und demokratischer Legitimation, dann lässt sich die gängige These, derzufolge Erstere häufig im Widerspruch zu der Letzteren stehen, nicht bestätigen. Insbesondere der weitreichende Einbezug gesellschaftlicher Akteure und Organisationen, die funktionale und zivilgesellschaftliche Interessen vertreten, in europäische Entscheidungsprozesse und teilweise sogar in die Politikimplementation, der ja zunächst vor allem aus Effizienz- und Effektivitätsgesichtspunkten erfolgte, erweist sich in der Folge als Möglichkeit einer erweiterten Legitimationsbeschaffung im EU-System, teilweise bis hinunter auf die regionale und lokale Ebene (Huget 2002, 2007, Benz 2003). Dabei ist allerdings zu beachten, dass solche Formen demokratischer Repräsentation und Partizipation an die Einhaltung bestimmter Bedingungen geknüpft sind und dass sie andere Formen demokratischer Willensbildung allenfalls ergänzen können (vgl. Scharpf 1999).

Insgesamt zeichnet sich damit ab, dass sich auf der europäischen Ebene ein neuartiges politisches System herausbildet, dessen Effizienz, Effektivität und Legitimation nur adäquat im Kontext dieser System-Bildung zu bewerten ist. Derzeit lässt sich somit kein endgültiges Urteil fällen, da die offensichtlichen Mängel oder gar Defizite des Systems nicht eindeutig zuzuordnen sind. Das heißt, es ist derzeit noch offen, ob es sich bei diesen Mängeln um grundsätzliche Defizite eines fehlkonstruierten oder gar eines funktionsunfähigen Systems, um inhärente Begleiterscheinungen, sozusagen die *faux Frais*, oder aber um Anfangsschwierigkeiten der Formierung neuartiger politischer Strukturen jenseits des nationalen Staates handelt.

Darüber hinaus ist offen, ob die sich formierenden systemischen Strukturen und die sie charakterisierenden Formen von Politics, Policy und Governance als komplementär zu den entsprechenden Strukturen und Prozessen auf der nationalen Ebene zu werten sind, oder ob sie diese langfristig ersetzen werden.

Vor diesem Hintergrund steht denn auch lediglich fest, dass der Prozess des „trial and error", der vielfältigen Versuche der Behebung kleinerer und größerer Funktionsmängel und Legitimationsdefizite, weitergehen wird, während das Gesamtergebnis einer solchen Entwicklung erst in Zukunft einer definitiven Bewertung unterzogen werden kann. Allerdings enthebt dies nicht von der Aufgabe, die System-Entwicklung der EU einer permanenten kritischen Bewertung zu unterziehen.

7 Das EU-System in seiner Gesamtheit

In diesem abschließenden Kapitel sollen die Fäden der vorangegangenen Analyse zu einem Gesamtstrang gebündelt werden, das heißt, das EU-System soll einer zusammenfassenden Betrachtung und theoretischen Erörterung unterzogen werden. Zwei Fragen stehen dabei im Vordergrund: Zum einen, wie erklärt sich die Dynamik der Entfaltung des EU-Systems? Zum Zweiten, wie ist das EU-System in seiner Gesamtheit zu charakterisieren?

Diese beiden Fragen haben die Debatte um die europäische Integration seit ihren Anfängen in den 50er Jahren bestimmt (Haas 1958, Lindberg/Scheingold 1970, Pentland 1973). Anders allerdings als seinerzeit sollen sie hier in umgekehrter Reihenfolge geklärt werden. Es geht also zunächst darum, die charakteristischen Merkmale des EU-Systems zu erfassen; in einem zweiten Schritt sollen dann die Triebfedern der Entfaltung des Systems herausgearbeitet werden. Die Umkehr der Reihenfolge bietet sich nicht nur an, weil die EU inzwischen voll auskristallisiert ist, es somit nicht mehr primär wie zu Haas' Zeiten um ihre Entwicklungsdynamik geht, sondern auch, weil so vom eher deskriptiven zum stärker theoretisch argumentierenden Teil übergegangen wird. Den Abschluss des Kapitels bildet ein Ausblick, in dem die Zukunftsperspektiven der EU angesichts wachsender externer Herausforderungen und andauernder interner Funktionsprobleme beleuchtet werden sollen.

7.1 Struktur und Funktionsweise der EU: Verhandlungs-, Verflechtungs- und Mehrebenensystem

Die wissenschaftliche Debatte um die EU kreiste lange Zeit um die Frage, ob diese eher einem nationalen Staat oder einer internationalen Organisation vergleichbar sei. Auch wenn diese Debatte bis heute nicht abgeschlossen ist, hat sich parallel dazu die Sichtweise etabliert, dass die EU ein System *„sui generis"*, also ganz eigener Art sei (vgl. beispielsweise Jachtenfuchs 1997). Zusammen mit dieser Feststellung werden inhaltliche Charakterisierungen vorgenommen wie Verhandlungssystem (Scharpf 1985, Benz 2000, 2001, Beck/Grande 2004), Mehrebenensystem (Scharpf 1993, 1997, Jachtenfuchs/Kohler-Koch 1996b, 2003, Benz 2000, 2004a, Grande 2000) oder System der „multi-level governance" (Marks et al. 1996a, Hooghe/Marks 2001) sowie der „network-governance" (Kohler-Koch 1999).

Im Folgenden soll die EU entsprechend ihrer Funktionsweise in erster Linie als ein Verhandlungssystem charakterisiert werden, das aber aufgrund seiner strukturellen Grundlagen – der vielfachen Verschränkung von nationaler und europäischer Ebene – zugleich auch als Verflechtungssystem zu werten ist (Benz et al. 1992, Benz 2003).

Darüber hinaus ist die EU aufgrund der ausgeprägten Beziehungen zwischen europäischer, nationaler und – zunehmend – regionaler Ebene, insbesondere im Prozess der Politikimplementation, auch als Mehrebenensystem zu bezeichnen. Im Folgenden sollen daher diese drei Systembegriffe in ihrer Aussagekraft zur Charakterisierung der EU überprüft werden; abschließend ist dann die Frage zu klären, ob die EU eher als ein System „*sui generis*" oder als ein den nationalen Staaten beziehungsweise den internationalen Organisationen vergleichbares System zu werten ist.

7.1.1 Die EU als Verhandlungssystem

Verhandlungssysteme sind dadurch gekennzeichnet, dass politische Entscheidungen nicht nach dem majoritären Prinzip, sondern eben als Verhandlungslösungen gefällt werden. Dies bietet gegenüber majoritären Entscheidungen den Vorteil, dass selbst bei Unterstellung nutzenmaximierender Akteure dennoch gemeinwohlorientierte Entscheidungen getroffen werden können (Scharpf 1992a). Allerdings sind Verhandlungsentscheidungen auch von einem Dilemma gekennzeichnet: Auf der einen Seite erfordern sie „Kreativität, Teamarbeit, vertrauensvollen Informationsaustausch, kurz, einen auf `Problemlösung´ gerichteten Verhaltensstil (...). Auf der anderen Seite unterscheiden sich die erreichbaren Lösungen jedoch fast immer in ihren Verteilungsfolgen für die einzelnen Beteiligten" (Scharpf 1992a, S. 21). Die Folge ist, dass es in Verhandlungssituationen sowohl zu Kooperation wie zu intensivem Bargaining, also hartem Verhandeln angesichts von Verteilungskonflikten kommt, was beides jedoch nur schwer zu vereinbaren ist. Dies kann seinerseits zu Entscheidungsblockaden führen oder zu Entscheidungen auf dem Niveau des kleinsten gemeinsamen Nenners. Scharpf empfiehlt denn auch als Lösung des Verhandlungsdilemmas die Entkopplung von kooperativen Entscheidungssituationen und solchen, die eher durch Bargaining geprägt sind (Scharpf 1992a, vgl. auch Gehring 2005).

Betrachtet man vor diesem Hintergrund die EU, dann ist diese unschwer als Verhandlungssystem zu erkennen (Grande 2000). Angesichts der freiwilligen Partizipation der Mitgliedstaaten am Staatenverbund zu ihrem jeweiligen Nutzen wären majoritäre Entscheidungen kaum durchführbar. Zudem betreffen Entscheidungen im EU-System fast immer fundamentale Verteilungsfragen, und dies nicht nur, wenn es um die direkte Zuteilung von Fördergeldern geht. Denn jede Regelung auf europäischem Niveau verteilt Nutzen und Lasten, je nach der jeweiligen ökonomischen Struktur, der gesellschaftspolitischen Verfasstheit sowie dem historisch gewachsenen politischen Regelsystem, oder, anders ausgedrückt, je nach dem „misfit" zwischen europäischen Regelungen und nationalen Bedingungen (Börzel/Risse 2000, Cowles et al. 2001), sehr ungleichmäßig auf die einzelnen Staaten (Scharpf 1999). Es bedarf also jeweils immer auch eines intensiven Bargainings, um Nutzen und Lasten möglichst gerecht zu verteilen oder um zumindest einseitige Verlierer oder Gewinner zu vermeiden.

Betrachtet man vor diesem Hintergrund die Systemstruktur der EU, dann ist der Ministerrat als oberstes Entscheidungsorgan der Ort, an dem intensives Bargaining stattfindet, zugleich

7.1 Struktur und Funktionsweise der EU

aber auch integrationsfördernde Schritte zum Nutzen aller Beteiligten gefällt werden. Dementsprechend kommen nach wie vor alle relevanten Entscheidungen einstimmig zustande. Mehrheitsentscheidungen betreffen in der Regel nur solche Fragen, für die bereits ein Grundkonsens hergestellt worden ist (wie beispielsweise für den Binnenmarkt), während explizite Verteilungsfragen vorerst noch ausgenommen bleiben (so unterliegt z.B. die Rahmenverordnung für die Strukturfonds noch der einstimmigen Beschlussfassung). Aber auch in den Fällen, in denen mit qualifizierter Mehrheit entschieden wird, ist das Quorum vergleichsweise hoch und die Entscheidungspraxis so ausgelegt, dass letztendlich die Interessen (fast) aller Mitgliedstaaten Berücksichtigung finden.

Aber nicht nur der intergouvernementale Ministerrat, sondern auch die als supranational angesehenen Organe der EU – Kommission und Parlament – sind durch verhandlungsbasierte Entscheidungen gekennzeichnet. Zwar entscheidet die Kommission laut Vertrag mit einfacher Mehrheit; in der Regel werden aber auch hier Lösungen angestrebt, die von allen Kommissaren gleichermaßen getragen werden. Im Parlament werden im formalen Sinne majoritäre Entscheidungen gefällt; faktisch sind aber auch hier Verhandlungslösungen dominant. Denn da bei allen einflussreichen Entscheidungen eine absolute Mehrheit erforderlich ist, die aber keine der großen Fraktionen für sich erreichen kann, müssen auf dem Verhandlungswege breite Koalitionen zwischen sehr unterschiedlichen Fraktionen geschmiedet werden; dies umso mehr, als der faktische Einfluss des Parlaments in dem Maße steigt, wie seine Beschlüsse nicht nur eine knappe absolute Mehrheit, sondern einen wesentlich breiteren Konsens repräsentieren.[365] Ähnliches gilt auch für die festen beratenden Ausschüsse der EU, den Wirtschafts- und Sozialausschuss sowie den Ausschuss der Regionen, die sich ebenfalls um weitgehend einstimmige Beschlüsse bemühen, um nach außen Gehör zu finden. Darüber hinaus sind aber auch die Beziehungen *zwischen* den europäischen Organen als verhandlungsbestimmt zu charakterisieren; erinnert sei in diesem Kontext lediglich an die Vermittlungsverfahren im Rahmen der Kodezision sowie an die vielen inter-institutionellen Vereinbarungen, über die sich insbesondere das Parlament auf dem Verhandlungswege mehr Mitspracherechte erstreitet, als ihm vertraglich zugestanden wurden.

Sind schon die zentralen Organe der EU und die Beziehungen zwischen ihnen als verhandlungsbestimmt gekennzeichnet, so gilt dies noch mehr für die gesamte Sub- und Suprastruktur der einzelnen Organe, denn diese hat sich ja gerade deshalb so reich entfaltet, weil von allen Seiten eine Optimierung der Verhandlungslösungen angestrebt wurde. So sind aufseiten des Rates Europäischer Rat, Fachministerräte, COREPER I und II sowie die Arbeitsgruppen und Speziellen Ausschüsse ebenso wie aufseiten der Kommission die beratenden sowie die Komitologie-Ausschüsse als Gremien zu bezeichnen, in denen vor allem hoch differenzierte Verhandlungslösungen erarbeitet werden.

---

[365] Deshalb werden Abstimmungen im Parlament, die einen sehr breiten Konsens finden, von den Vorsitzenden fast immer mit der Bemerkung kommentiert, dass dies eine gute Abstimmung war (teilnehmende Beobachtung, verschiedene Sitzungen des Plenums des Parlaments, 1995-2001).

Schließlich ist das gesamte EU-System bis in seine letzten Verzweigungen hinein von verhandlungsbestimmten Entscheidungsstilen durchzogen: Ob es um die Durchsetzung der Wettbewerbsregeln, die Umsetzung von Forschungsprogrammen, die Implementation der Strukturfonds oder die Koordination von Beschäftigungspolitiken geht, immer wird mit Regierungen oder Verwaltungen der Mitgliedstaaten, der Regionen oder mit nicht-staatlichen Akteuren um die adäquate Lösung der anstehenden Probleme verhandelt, ja es werden diesen „dezentralen" Akteuren wiederum verhandlungsbestimmte Politikfindungs- und Entscheidungsverfahren in ihren Beziehungen zu weiteren dezentralen Akteuren nahegelegt oder auch auferlegt.[366]

Ist somit die EU in all ihren Facetten als Verhandlungssystem zu charakterisieren, so stellt sich die Frage, inwieweit das System von Entscheidungsblockaden belastet ist (Scharpf 1985). Solche Blockaden spielen zweifelsohne eine große Rolle, haben sie doch in der Vergangenheit teilweise sogar eine Stagnation des gesamten Integrationsprozesses bewirkt, und auch in der Gegenwart kennzeichnen sie zumindest bestimmte Politikfelder.[367] Dennoch erscheint es eher erklärungsbedürftig, warum es angesichts des Fehlens autoritativer Entscheidungen so häufig und so regelmäßig zu vorwärtsweisenden Beschlüssen kam und kommt. Die Antwort liegt darin begründet, dass im EU-System wie in kaum einer anderen politischen Ordnung systematisch Strategien und institutionelle Arrangements entwickelt beziehungsweise „erfunden" wurden, um Entscheidungsblockaden zu verhindern, abzumildern, zu entschärfen oder zu überwinden.

Das bedeutsamste und zugleich folgenreichste Blockadepotential stellt sich im Ministerrat, der oftmals nur schwer zu einer Einigung findet, was bei einem intergouvernemental zusammengesetzten Organ auch kaum erstaunlich ist. Allerdings wurde diesem Blockadepotential von Anfang an ein starkes Gegengewicht gegenübergestellt, indem die Kommission mit weitreichenden legislativen und exekutiven Kompetenzen ausgestattet wurde. Auch wenn dies von den „Designern" der europäischen Gemeinschaften so nicht intendiert war, hat sich die bizephale Struktur des EU-Systems als institutionelles Arrangement zur Entkopplung von gemeinwohlorientierten Entscheidungen und Verteilungskonflikten entwickelt: Indem die Kommission das (allen Mitgliedstaaten gemeinsame) Interesse am Voranschreiten der Integration mit Nachdruck verfolgt, kann sich der Ministerrat aufs Bargaining konzentrieren. Allerdings reicht diese Konstellation nicht aus, um dauerhaft Entscheidungsblockaden zu vermeiden, nicht zuletzt deshalb, weil auch das gemeinsame Interesse an der Integration nicht für alle Mitgliedstaaten in der gleichen Weise gegeben ist.

Angesichts dieser Situation schuf sich die Kommission einen beratenden Unterbau, über den schon im Vorfeld von Entscheidungen Legislativvorschläge auf ihre Verteilungskonsequenzen hin überprüft – und entsprechend angepasst – werden können. Darüber hinaus ordnete

---

[366] Erinnert sei hier an die Verfahren der „Partnerschaft" im Rahmen der Strukturfonds (Tömmel 1997b, 1998).
[367] Als deutlichstes Beispiel sind hier die Entscheidungsschwierigkeiten in der GASP zu nennen. Aber auch Bereiche wie die Steuerpolitik sind von erheblichen Blockaden belastet (Genschel 2002, Genschel et al. 2007).

der Rat ihr mit den Komitologie-Ausschüssen einen Unterbau zu, der im Implementationsprozess nicht zuletzt auch Verteilungsfragen zwischen den Mitgliedstaaten berücksichtigt. Demgegenüber entwickelte der Unterbau des Rates – insbesondere COREPER, in geringerem Maße aber auch die Arbeitsgruppen – zunehmend konvergierende Sichtweisen, womit weniger das Bargaining, als vielmehr die gemeinsame Problemlösung ins Zentrum des Interesses rückte. Zudem konnten die betreffenden Akteure als in Brüssel basierte Unterhändler ein gemeinsames Wissen in Sachen Integration aufbauen. Soweit diesen Gremien die Problemlösung nicht gelingt, kann das Bargaining auf den Rat verlagert werden. Auch manche Fachministerräte sind nach vielfältigen Einschätzungen eher als problemlösungsorientiert denn als harte Bargaining-Foren zu werten. Lediglich der Europäische Rat ist weniger einer Seite zuzuordnen, sondern in besonderer Weise vom Verhandlungsdilemma geprägt; dessen fallweise Lösung ist ja seine wichtigste Aufgabe. Nicht von ungefähr sind es denn auch die Gipfeltreffen, die regelmäßig ein publizitätsträchtiges Schauspiel von Erfolg und Versagen des EU-Systems, und damit eine öffentliche Inszenierung seiner Dilemmata, bieten.[368]

Insgesamt kann also konstatiert werden, dass die zentralen Organe des EU-Systems, Kommission und Ministerrat, ein komplementäres institutionelles Arrangement darstellen, das die Entkopplung von Problemlösung und Bargaining ermöglicht. Über die Auskristallisierung entsprechender Substrukturen auf beiden Seiten wird zudem in vertikaler Richtung innerhalb jedes einzelnen Organs eine entkoppelte Behandlung von Problemlösung und Bargaining gewährleistet. Gleichzeitig ermöglichen diese Konstrukte jedem Organ die partielle Einbindung der jeweils anderen Seite des Entscheidungsdilemmas in die eigene Entscheidungsfindung, womit die Rückkopplung von Problemlösung und Bargaining gewährleistet ist, so dass insgesamt komplexere Entscheidungen hervorgebracht werden.

Auch das komplementäre Verhältnis von Kommission und Ministerrat im Entscheidungsprozess stellt einen Mechanismus der Kopplung von Problemlösung und Bargaining dar. Schließlich dient auch die Suprastruktur des Rates, der Europäische Rat, der systematischen Rückkopplung der beiden Seiten des Verhandlungsdilemmas auf höchstem Niveau. Parallel zu diesen ausgefeilten institutionellen Arrangements wurden im EU-System auch die inhaltlichen Strategien zur Überwindung von Verhandlungsdilemmata mit dem Fortschreiten der Integration ausgebaut und verfeinert. So ist das EU-System bekannt für seine ausgeklügelten Koppelgeschäfte und Paketlösungen ebenso wie für systematische Side-Payments (Scharpf 1992b), sei es in direkter Form als finanzielle Transfers, sei es indirekt in der Form von Opting-outs oder Sonderregelungen.

Allerdings reichen auch solche Methoden nicht immer aus, um integrationspolitische Entscheidungen auf dem Verhandlungswege herbeizuführen. Deshalb sind auch alle Methoden der abgestuften Integration – sei es in der „mildesten" Form des Opting-outs, sei es in der

---

[368] Dabei wird in der Öffentlichkeit meist der Misserfolg hervorgehoben, während vorwärtsweisende Entscheidungen oft erst sehr viel später wahrgenommen und dann als von anonymen Kräften von oben auferlegt interpretiert werden.

„härteren" Formen der „verstärkten Zusammenarbeit" oder der Partizipation aufgrund der Erfüllung von Zulassungskriterien (Währungsunion) – als Versuch zu werten, das Verhandlungsdilemma zu überwinden. In diesen Fällen geschieht dies allerdings nicht durch Entkopplung von verschiedenen Verhandlungs-Arten, sondern durch Entkopplung von Staaten, die eher an der Integration interessiert sind, von solchen, die die Verteilungsfragen voranstellen (wobei anzunehmen ist, dass die erstgenannte Gruppe auch weniger von Verteilungsfragen betroffen ist beziehungsweise mehr von der Integration profitiert). Nicht von ungefähr wurde diese Vorgehensweise in dem Moment vertraglich verankert, in dem die Erweiterung der EU um Staaten ansteht, für die Verteilungsfragen auf lange Sicht die primären, mit der Integration verbundenen Probleme darstellen werden.

Insgesamt ist die EU somit als ein ausgeprägtes Verhandlungssystem zu charakterisieren, dies nicht nur, weil Verhandlungen alle Entscheidungsprozesse im legislativen wie im exekutiven Bereich sowie bei Vertragsrevisionen bestimmen, sondern auch, weil die zentralen Organe und ihre Sub- und Suprastrukturen sich entsprechend der Entkopplung des Verhandlungsdilemmas ausdifferenzieren und zugleich komplementär konfigurieren. Dies erlaubt beziehungsweise erleichtert seinerseits die Rückkopplung von Problemlösung und Bargaining und somit – trotz extrem ausgeprägter Interessendivergenzen zwischen den Akteuren – das regelmäßige Fassen von integrationsfördernden Beschlüssen.

7.1.2 Die EU als Verflechtungssystem

Verflechtungssysteme – in der Regel handelt es sich um föderale Staaten – sind dadurch gekennzeichnet, dass die untere Ebene in relevantem Maße an den Entscheidungen der oberen Ebene beteiligt ist, wie es beispielsweise in der Bundesrepublik der Fall ist. Da allerdings die unteren Einheiten aufgrund je spezifischer Interessenlagen und Perspektiven andere Präferenzen als die zentralstaatliche Ebene haben, kommt es auch in solchen Systemen zu Entscheidungsblockaden, was in die von Scharpf so benannte Politikverflechtungsfalle ausmünden kann (Scharpf 1985).

Wenngleich die EU nicht oder allenfalls bedingt als föderales System zu bezeichnen ist (Scharpf 1991, Sbragia 1993, Burgess 2000, Nicolaïdis/Howse 2003, Hueglin/Fenna 2005, Benz 2006), ist sie dennoch als Verflechtungssystem zu werten, sind doch die „unteren" Einheiten, die Mitgliedstaaten, maßgeblich an allen Entscheidungen auf der europäischen Ebene beteiligt. Allerdings sind sie nicht nur beteiligt, vielmehr bilden sie im EU-System gemeinsam die oberste beziehungsweise letztendliche Entscheidungsinstanz. Hueglin und Fenna (2005, S. 202-207) sprechen in diesem Zusammenhang von „council governance" beziehungsweise von „second chamber governance". Die Definition der EU als Verflechtungssystem kann also nicht am Kriterium der Beteiligung der unteren Instanzen scheitern; vielmehr könnte sie an der Frage scheitern, ob es überhaupt eine eigenständige europäische Ebene unabhängig von den nationalen Staaten gibt.

Tatsächlich wird in der Fachliteratur nach wie vor von manchen Autoren die Ansicht vertreten, dass die EU eine rein intergouvernementale Organisation sei (Moravcsik 1998), womit das Verflechtungssystem hinfällig wäre. Allerdings gibt es wesentlich mehr und empirisch gut fundierte Gegenstimmen, die der europäischen Ebene, insbesondere repräsentiert durch die Kommission, eine eigenständige Rolle zuerkennen (beispielsweise Sandholtz/Stone

7.1 Struktur und Funktionsweise der EU

Sweet 1998, Beck/Grande 2004). Diese letztgenannte Position wird hier ebenfalls mit Nachdruck vertreten.

Vor diesem Hintergrund ist die EU, wenngleich sie nicht mit einer zentralen, regierungsähnlichen Instanz ausgestattet ist, als Verflechtungssystem zu werten, da sie über Organe und Institutionen verfügt, die zusammengenommen eine eigenständige europäische Politik- und Verwaltungsebene konstituieren, und da sie zugleich auf einer spezifischen Verbindung und Verflechtung von Organen und Institutionen beruht, die einerseits von europäischen Zielsetzungen und Perspektiven geprägt, andererseits aber auch nationalen Sichtweisen und Interessen verpflichtet sind (Grande 2000). Anders allerdings als in nationalen föderalen Systemen ist die zentrale europäische Ebene nicht hierarchisch über-, sondern allenfalls nebengeordnet (Tömmel 1992b). Dies bewirkt aber seinerseits, dass die Verflechtung zwischen den Ebenen sowie zwischen Organen oder auch Akteuren, die mehr oder weniger die verschiedenen Ebenen repräsentieren, eine wesentlich intensivere ist, als dies in klassischen Föderationen der Fall ist. Es besteht somit ein höheres Maß an Interdependenz zwischen den Ebenen beziehungsweise den sie repräsentierenden Institutionen und Akteuren.

Die relative Eigenständigkeit der europäischen Ebene kommt sowohl in der Struktur als auch in der Funktionsweise des EU-Systems zum Ausdruck: Die Kommission, die laut Vertrag ausdrücklich als unabhängig von den Mitgliedstaaten konzipiert ist, nimmt weitgehende legislative und exekutive Funktionen wahr. Der Gerichtshof fällt autoritative Entscheidungen, an die die nationalen Gerichte, die nationalen Staaten und auch die Bürger der EU gebunden sind. Das Europäische Parlament folgt in seinen Entscheidungen weitgehend einer europäischen Logik, weshalb die Mitgliedstaaten ihm ja auch nur sehr zögerlich weitere Entscheidungsrechte zugestehen. Selbst die Entscheidungen des Ministerrats sind primär an einer europäischen Perspektive orientiert, auch wenn im Vorfeld solcher Entscheidungen erst einmal die nationalen Interessen auf den Tisch kommen.

Allerdings ist auch die Verflechtung mit der nationalen Perspektive sowohl in der Struktur als auch in der Funktionsweise des EU-Systems angelegt und in der Folge weiter ausgebaut worden. An erster Stelle ist hier die komplementäre, interdependent strukturierte Beziehung zwischen Kommission und Ministerrat zu nennen, die als institutioneller Ausdruck der engen Verflechtung von europäischer und nationaler Perspektive zu werten ist (Beck/Grande 2004). Ebenso bilden die Substrukturen dieser Organe die komplementäre Ergänzung beider Perspektiven ab: Während die Substruktur der Kommission eher an der nationalen Perspektive orientiert ist, weist die des Ministerrats einen europaorientierten Bias auf. Der Europäische Gerichtshof inkorporiert die nationale Perspektive in seine Tätigkeit, indem er eng mit den nationalen Gerichten kooperiert, und dies nicht nur im Falle der Vorabentscheidungsverfahren. Und auch das Europäische Parlament ist durch eine starke Rückkopplung an die nationale Ebene gekennzeichnet: Dies ergibt sich schon zum einen über die politischen Parteien, die die Parlamentarier entsenden; zum anderen wird der Bezug explizit hergestellt über die Kooperation mit den nationalen Parlamenten und insbesondere deren Europa-Ausschüssen im Rahmen von COSAC.

Neben diesen „äußeren" Rückbindungen der europäischen Organe an die nationale Ebene ist aber auch jedes einzelne Organ von beiden Prinzipien inhärent durchzogen (Mayntz 1999). So sind die als supranational eingestuften Organe – eine solche Bezeichnung beinhaltet eine sehr grobe Vereinfachung – allesamt mehr oder weniger paritätisch mit Vertretern der nationalen Staaten besetzt, und diese werden jeweils gesondert von den Mitgliedstaaten benannt oder, im Falle des Parlaments, gewählt. Und nicht von ungefähr gelang es bisher trotz mehrerer Anläufe nicht, die Zahl der Kommissare auf ein an Effizienzgesichtspunkten orientiertes Maß zurückzustutzen, weil kein Mitgliedstaat auch nur temporär auf einen Kommissar verzichten möchte (vgl. Kap. 2.5).[369] Die Repräsentation der nationalen Ebene *in* den europäischen Organen wird somit als essenziell betrachtet, auch dann, wenn die Organe explizit dem europäischen Interesse verpflichtet sind.

Das Phänomen „äußerer" und „innerer" Rückbindungen zwischen europäischer und nationaler Ebene wird noch deutlicher, wenn man auch die erweiterte Systemstruktur der EU berücksichtigt. Exemplarisch sei hier nur auf die bedeutsamsten Beispiele verwiesen: die Europäische Zentralbank, die aufs engste mit den nationalen Zentralbanken verflochten ist, oder die Zweite und Dritte Säule, die zwar rein intergouvernemental konzipiert sind, aber trotzdem extensiv Gebrauch machen von den Dienstleistungen oder auch autonomen Aktivitäten der Kommission und der moralischen Unterstützung des Parlaments. Als bemerkenswert bleibt hier festzuhalten, dass das EU-System, stärker wiederum und systematischer als jedes nationale föderale System, durch eine intensive institutionelle und prozedurale Verflechtung der oberen und „unteren" Ebene charakterisiert ist, was es ermöglicht, beide Perspektiven adäquat in die Beschlussfassung einzubeziehen und somit zu verbinden und zu vermitteln.

Im Verflechtungssystem der EU werden aber nicht nur die europäische und die nationale, sondern in zunehmendem Maße auch die regionale Ebene in die Verflechtungsstruktur eingebunden. So hat die „dritte Ebene" mit dem Ausschuss der Regionen ein eigenes Sprachrohr auf der europäischen Ebene gefunden, dem zwar keine bindende Mitsprache zukommt, das aber entgegen landläufiger Meinung weitgehend Gehör und damit auch Berücksichtigung im Entscheidungsprozess findet (vgl. Kap. 5.2.2). Ebenso übt aber auch die europäische Ebene – repräsentiert durch die Kommission – Mitsprache in den Regionen, beispielsweise im Rahmen der Strukturpolitik, aus.[370] Das europäische Verflechtungssystem zeichnet sich somit durch einen hohen Grad der Kopplung von Entscheidungsarenen der verschiedenen Ebenen aus (Benz 1998c).

Damit lässt sich auch die Frage nach den Entscheidungsblockaden im europäischen Verflechtungssystem beantworten. Wie im vorangegangenen Abschnitt bereits festgestellt wurde, gibt es zwar genügend Anlässe und Gründe für solche Blockaden; Vetopositionen kommen aber nicht übermäßig zur Geltung. Denn aufgrund der intensiven Verflechtung zwischen den Ebenen können konfliktbelastete Entscheidungen entzerrt, entkoppelt, durch

---

[369] Die Anzahl der Kommissare war denn auch einer der wenigen Punkte, der bei der Verabschiedung des Verfassungsvertrags bis zuletzt umstritten war und bei dem der Europäische Rat in seiner Entscheidung signifikant vom Konventsvorschlag abrückte. Allerdings war vorgesehen, die Zahl der Kommissare ab der zweiten Legislaturperiode nach Inkrafttreten der Verfassung um ein Drittel gegenüber der Zahl der Mitgliedstaaten zu reduzieren. Im Reformvertrag soll diese Regelung beibehalten werden.

[370] Dies geschieht nicht nur über Verhandlungen mit den Regionen, sondern auch über die Partizipation in den Begleitausschüssen (Tömmel 1994a, vgl. auch Heinelt et al. 2005).

Tauschgeschäfte oder Side-Payments kompensiert oder aber durch zunehmend konvergierende Sichtweisen entschärft werden, so dass insgesamt die Politikverflechtungsfalle wesentlich seltener zuschnappt, als angesichts der komplexen Gemengelage von widerstreitenden Interessen zu erwarten wäre (Benz 1998c, Scharpf 1999).

Insgesamt ist die EU somit als ein Verflechtungssystem *par excellence* zu werten, wobei die Politikverflechtung zwischen den Ebenen sowohl die zentralen Organe der EU strukturiert als auch deren gesamte Substruktur ebenso wie die erweiterte Systemstruktur durchzieht. Dieses Verflechtungssystem bildet die strukturelle Grundlage des Verhandlungssystems der EU, wobei die hochgradige Politikverflechtung angesichts konfligierender Problemlagen Verhandlungsentscheidungen eher erleichtert, als dass sie umgekehrt diese erschwert.

7.1.3 Die EU als Mehrebenensystem

Aus dem Vorgehenden ergibt sich als Evidenz, dass die EU in ihrer Struktur auch ein Mehrebenensystem sein muss; sind doch Verflechtungs- und Verhandlungssystem inhärent mit einer Mehrebenenstruktur verknüpft. Dennoch soll hier auch explizit auf die EU als Mehrebenensystem eingegangen werden; dies nicht nur, weil dieser Aspekt des EU-Systems der bisher in der Literatur am meisten diskutierte ist (vgl. Jachtenfuchs/Kohler-Koch 1996b, 2003, Grande 2000, Hooghe/Marks 2001, Benz 2004a), sondern auch, weil es um mehr geht als die Systemverflechtung auf der europäischen Ebene, nämlich um die Frage, ob es einen systemischen Nexus zwischen den sich überlagernden Ebenen gibt, und wenn ja, über welche Mechanismen er hergestellt wird.

Die EU konstituiert sich nämlich nicht nur wegen der maßgeblichen Mitwirkung der nationalen Ebene an europäischen Entscheidungen als Mehrebenensystem, sondern auch wegen der (Rück-)Wirkungen solcher Entscheidungen auf die nationale und – zunehmend – auch die regionale Ebene; und erst über diese Wirkungen bildet sich ein systemischer Nexus zwischen den Ebenen heraus. So sind es einerseits die direkte Wirksamkeit europäischer Gesetzgebung in den Mitgliedstaaten, andererseits die notwendige Umsetzung europäischer Richtlinien in nationales Recht, die auf der „unteren" Ebene nachhaltige Anpassungsprozesse auslösen und damit einen systemischen Nexus zwischen den Ebenen herstellen. Wechselseitige Anpassung beziehungsweise Komplementarität zwischen den Ebenen bildet sich auch im inhaltlichen Sinne heraus, indem europäische Gesetzgebung nach dem Prinzip „autonomieschonend und gemeinschaftsverträglich" zustande kommt (Scharpf 1993) und somit entweder auf die Schließung von Regelungslücken oder aber auf das Auffinden des „gemeinsamen Dritten" unterschiedlicher nationaler Regelsysteme zielt. Solche Mechanismen der Recht- und Regelsetzung schließen aber nicht aus, dass im Ergebnis die Autonomie der nationalen Staaten mehr oder weniger empfindlich eingeschränkt wird (Scharpf 1999, insbes. Kap. 3), womit sich der systemische Nexus zwischen den Ebenen verfestigt.

Als eine weitere Schiene zur Herstellung und Festigung eines europäischen Mehrebenensystems stellt sich der Prozess der Politikimplementation dar. Über systematische Verhandlungen zwischen den Ebenen werden die Handlungsspielräume nationaler und regionaler Politik im Rahmen europäischer Recht- und Regelsetzung eingegrenzt (beispielsweise in der Wettbewerbspolitik) oder aber die Modalitäten der Politikimplementation als Kompromisslösungen erarbeitet (Beispiel Strukturpolitik). Ebenfalls im Rahmen der Strukturpolitik wurde das System der „Partnerschaft" als institutioneller Rahmen und zugleich Verfahrensmodus für Verhandlungen zwischen den Ebenen geschaffen. Darüber konnte das Fehlen autoritativer Weisungsbefugnisse auf der europäischen Ebene beziehungsweise das Fehlen hierarchischer Beziehungen zwischen den Ebenen kompensiert werden (Tömmel 1992b, 1994a). Gleichzeitig gelang es, das Mehrebenensystem auch gegen den erklärten Willen der Mitgliedstaaten bis hinunter auf die „dritte Ebene" auszuweiten, womit diese Ebene beachtliche Autonomiegewinne gegenüber den nationalen Regierungen erzielen konnte. Schließlich reichen neuerdings auch schon koordinative Verfahren auf der europäischen Ebene aus, um nationale und regionale Politiken auf gemeinsame Ziele auszurichten oder einem transnationalen Wettbewerb auszusetzen (zum Beispiel in der Beschäftigungspolitik; vgl. Scharpf 2000, 2001, Tömmel 2000, Héritier 2002, Mosher/Trubek 2003).

Bezieht sich der Begriff Mehrebenensystem in der Regel auf die strukturierte Interaktion zwischen staatlichen Instanzen, so wird er neuerdings auch auf den systemischen Verbund von EU und nicht-staatlichen Akteuren angewandt (Grande 2000). Damit entfaltet sich das europäische Mehrebenensystem zu einem multisektoralen und multidimensionalen System. Über den Einbezug nicht-staatlicher Akteure und Organisationen sowohl in die Gesetzgebung als auch in die Politikimplementation wird nicht nur ein systemischer Nexus zwischen europäischer Politik- und Verwaltungsebene sowie transnational, national oder sogar lokal organisierten Akteuren hergestellt; vielmehr wird das Prinzip der Einbindung dieser Akteure in die Aktivitäten der öffentlichen Hand auch auf die unteren Ebenen – beispielsweise durch entsprechende Implementationsvorgaben – dezentralisiert.

Das Organisationsprinzip, über das die Ebenen und die Sektoren miteinander verbunden und damit auch handlungs- und interaktionsfähig gemacht werden, sind die vielzitierten Politiknetzwerke. Kohler-Koch (1999) hat in diesem Zusammenhang den Begriff der „network-governance" geprägt. Allerdings sind die Netzwerke allenfalls das Medium der Steuerung und nicht ihr Instrument oder gar ihr Ursprung. Dieser liegt auch im EU-System in den unterschiedlichen Machtressourcen der beteiligten institutionellen Akteure begründet; über die Netzwerke werden sie lediglich gebündelt und koordiniert und so in Handlungssequenzen transformiert (Heinelt et al. 2005).

Insgesamt stellt sich die EU somit als ein komplexes Mehrebenensystem dar, das nicht nur die europäische und die nationale, sondern in zunehmendem Maße auch die regionale Ebene – unabhängig von der jeweiligen innerstaatlichen Verfasstheit – in die Systemstruktur einbezieht. Dabei wird die nationale Ebene tendenziell in ihrer Autonomie eingeschränkt, während die regionale Ebene Autonomiegewinne verbuchen kann (Keating 1998, Tömmel 2002). Darüber hinaus tendiert das System auch zur Einbindung nicht-staatlicher Akteure und Organisationen in die Systemstruktur, wodurch diese sich zu einer multi-sektoralen und -dimensionalen Struktur entfaltet. Bemerkenswert ist, dass der systemische Nexus zwischen den Ebenen und den Sektoren nicht durch hierarchische Beziehungen, sondern über „weiche" Bindungen hergestellt wird: Verhandlungen, Kooperation sowie konkurrenzgesteuerte Verfahrensweisen (Tömmel 2002). Darüber hinaus kommt es zur Herausbildung systemischer Verbindungen über nicht explizit gesteuerte wechselseitige Adaptationen beziehungsweise über die weitgehende Selbststeuerung von Subsystemen im Rahmen der europäischen Integration (Scharpf 2000).

7.1.4 Die Gesamtstruktur der EU

Abschließend bleibt die Frage zu diskutieren, wie das EU-System in seiner Gesamtheit zu bewerten ist. Zwar wurde die Wertung der EU als internationale Organisation, insbesondere mit dem Argument, dass sie über spezifische, europäische Institutionen verfügt, bereits zurückgewiesen; umso mehr könnte man dann aber annehmen, dass sie damit einem föderalen System gleichkomme, nicht zuletzt, weil Verhandlungs-, Verflechtungs- und Mehrebenensystem allesamt Charakteristika föderaler Staaten sind. Dennoch wäre die Bezeichnung einer Föderation kaum passender als die der internationalen Organisation, denn der EU fehlen einige Charakteristika von (föderalen) Staaten: Zum Ersten ist die oberste Ebene nicht souverän, es fehlt ihr also die Kompetenz-Kompetenz; zum Zweiten sind die „unteren" Einheiten, die Mitgliedstaaten, wesentlich autonomer als die obere Ebene; und zum Dritten ist der Zusammenschluss der Staaten im Rahmen der EU wesentlich lockerer als dies im allgemeinen für Föderationen gilt.[371] Damit scheint nur noch das System *„sui generis"* als Charakterisierungsmöglichkeit übrig zu bleiben (Jachtenfuchs 1997). In der Tat spricht einiges dafür, die EU als System ganz eigener Art zu werten, unterscheidet sie sich doch sowohl deutlich von den nationalen Staaten als auch den internationalen Organisationen. Allerdings verstellt eine solche Sichtweise auch den Blick für die Analogien zwischen der EU und bestehenden politischen Ordnungen auf nationalem wie internationalem Niveau (Scharpf 2000) und vor allem auch für die Genese des EU-Systems als Amalgamierung bekannter System-Elemente zu einer neuartigen Kombination.[372]

Vor diesem Hintergrund wird die EU im vorliegenden Kontext als ein System charakterisiert, das auf einer (bisher) einmaligen Kombination und Durchdringung zweier Systemprinzipien beruht, nämlich einerseits dem Intergouvernementalismus und andererseits dem Supranationalismus.[373] Die Kombination dieser beiden Prinzipien findet ihren institutionellen Ausdruck in einer Systemstruktur, deren zentrale Organe – Kommission und Ministerrat – sich in einer bizephalen (also zweiköpfigen) Konstellation konfigurieren. Es ist diese, in den beiden zentralen Organen verankerte Doppelstruktur des EU-Systems, die im Kern seine Besonderheit ausmacht, es zugleich aber auch, je nachdem, ob man die eine oder die andere Seite stärker hervorhebt, in die augenfällige Nähe entweder zur internationalen Organisation oder zum (föderalen) Staat rückt (vergleiche zur Kritik an solchen einseitigen Sichtweisen ausführlich Beck/Grande 2004). Und es ist auch diese Doppelstruktur der EU, die es bisher

---

[371] Es sei hier daran erinnert, dass einige Mitgliedstaaten den Gedanken einer Föderation strikt (Großbritannien) oder zumindest dezidiert (Frankreich) ablehnen.

[372] Beck und Grande haben neuerdings den Versuch unternommen, die EU mit einem eigenen Begriff zu charakterisieren, nämlich als posthegemoniales Empire. Damit heben die Autoren insbesondere auf die expansive und zugleich inklusive Logik der System-Entfaltung ab. Im Einzelnen betrachten aber auch diese Autoren die EU als Verhandlungssystem, das sowohl von einer intergouvernementalen als auch einer supranationalen Dimension durchzogen ist (Beck/Grande 2004).

[373] Dieser Gedanke ist natürlich nicht neu, sondern wurde in der Literatur vielfach explizit (so beispielsweise von Weiler 1981) und implizit lanciert. Er führt aber selten zu weitergehenden theoretischen Überlegungen.

unmöglich gemacht hat, die Debatte zwischen Intergouvernementalisten und Neo-Funktionalisten (oder, seltener: Föderalisten) zugunsten der einen oder anderen Seite zu entscheiden.[374] Die Doppelstruktur des EU-Systems ist auch der Grund dafür, dass sich dieses System in so ausgeprägter Weise zu einem Verhandlungs-, Verflechtungs- sowie einem Mehrebenensystem entfaltet hat, das in diesen Dimensionen vergleichbare Systemstrukturen auf nationalem Niveau, aber auch in internationalen Zusammenhängen, bei weitem übertrifft.

Vor diesem Hintergrund bleibt festzuhalten, dass das EU-System aus der Kombination und wechselseitigen Durchdringung zweier Systemprinzipien hervorgegangen ist, die sich nicht zugunsten der einen oder anderen Seite aufheben, sondern sich dynamisch entfalten und darüber einen neuen Typus politischer Ordnung hervorbringen. Diese Ordnung ist zwar den nationalen politischen Systemen, zumindest ihrer Wirkung nach, übergeordnet; gleichzeitig wird sie aber auch von diesen gesteuert. Damit folgt sie den Prinzipien intergouvernementaler Kooperation; zugleich entfaltet sie aber auch eine Dynamik, die die üblichen Formen intergouvernementaler Zusammenarbeit weit übersteigt. Es ist somit die einmalige Kombination von bisher bekannten Ordnungsprinzipien, die ein neuartiges politisches System konstituiert. Im folgenden Abschnitt soll die in der Doppelstruktur des EU-Systems angelegte Dynamik und deren Wirkung für die Entfaltung des Systems näher analysiert werden.

7.2 Die Dynamik der Entfaltung des EU-Systems

Im Vorgehenden wurde das EU-System durch die Verbindung und wechselseitige Durchdringung zweier widerstreitender Systemprinzipien charakterisiert, nämlich Intergouvernementalismus und Supranationalismus, oder, anders formuliert: nationalstaatliche und europäische Perspektive sowie Staatswerdung und Regimebildung. Im Folgenden geht es nun darum, die Bedeutung und die Konsequenzen dieser spezifischen Mischung für die Entfaltung des EU-Systems zu erfassen und damit auch die Gründe für seine Entwicklungsdynamik zu klären.

Dazu sollen zunächst mehrere Thesen vorangestellt werden, die das Grundgerüst der folgenden Argumentation bilden:

1. Die Kombination und wechselseitige Durchdringung zweier widerstreitender Systemprinzipien im Rahmen der EU ist nicht als vorübergehender Zustand, als Ausdruck einer unvollendeten Integration oder gar als Fehlentwicklung der Geschichte zu werten; vielmehr stellt sie ein konstitutives Charakteristikum des EU-Systems dar.
2. Die Kombination zweier widerstreitender Systemprinzipien findet ihren institutionellen Ausdruck in der bizephalen Struktur des EU-Systems, das heißt, in zwei mehr oder we-

---

[374] Dies ist wohl auch der Grund, warum sich die Debatte weitgehend erledigt hat und in der Gegenwart anderen Erklärungsansätzen Platz macht (Faber 2005).

niger ebenbürtigen und zugleich interdependenten Machtzentralen, Kommission und Ministerrat. Die übrigen Organe und Institutionen der EU gravitieren um diese beiden Machtzentren.
3. Aufgrund der Interdependenz zwischen diesen beiden Machtzentralen bilden sich auf der Handlungsebene spezifische Muster der Interaktion zwischen den institutionellen Akteuren heraus, die sich in einem permanenten Machtkampf um die Dominanz in der Ausgestaltung des Integrationsprozesses manifestieren.
4. Indem Kommission und Ministerrat über je unterschiedliche Machtressourcen verfügen – Erstere setzt Verfahrensmacht, Letzterer Entscheidungsmacht ein, um die jeweiligen Ziele zu erreichen –, resultiert der Kampf um die Vorherrschaft in der Ausgestaltung des Integrationsprozesses in einem dynamischen, zweigleisigen Prozess der institutionellen Entfaltung und Ausdifferenzierung des EU-Systems: Während die Kommission in erster Linie das Institution-Building auf der informellen Ebene vorantreibt, um ihren Einfluss auszuweiten, schafft der Ministerrat vor allem formelle Institutionen, um Macht und Einfluss der Kommission einzudämmen beziehungsweise seine eigene Entscheidungsfähigkeit zu stärken.

In den folgenden Abschnitten sollen zunächst die zweite und sodann die dritte und vierte These kombiniert erläutert und begründet werden, womit zugleich auch die erste These erhärtet wird. Insgesamt soll so ein theoretischer Ansatz zur Erklärung der Dynamik der Entfaltung des EU-Systems entwickelt werden.

7.2.1 Die bizephale Struktur des EU-Systems

Nimmt man die Bizephalität oder Zweiköpfigkeit der Systemstruktur der EU zum Ausgangspunkt, dann ist darunter die Aufteilung der politischen Macht auf zwei mehr oder weniger ebenbürtige, aber von ihrer Kompetenzausstattung und Funktion her komplementäre Organe zu verstehen. Während dem Ministerrat und seiner Suprastruktur, dem Europäischen Rat, alle formale Entscheidungsgewalt, sowohl im Primärrecht (Vertragsänderungen) als auch im Sekundärrecht (Gesetzgebung) zukommt, verfügt die Kommission in all diesen Angelegenheiten (mit Ausnahme der Vertragsänderungen) über ein nahezu ausschließliches Initiativrecht sowie über eine Reihe von weitreichenden Exekutivfunktionen. Kommission und Ministerrat verfügen somit jeweils über sehr spezifische und unterschiedliche Machtressourcen, die aber einander komplementär sind und somit beide Organe, wollen sie entscheidungs- und handlungsfähig sein, voneinander abhängig machen. Das heißt, der Ministerrat braucht die Kommission mit ihrem Initiativrecht als Antrieb und Motor der Integration, eine Funktion, die er aufgrund seiner internen Fraktionierung entlang der Interessen der Mitgliedstaaten nicht selbst erfüllen kann; zudem braucht er die Kommission als Exekutive, das heißt, als zentrale Instanz, der die Überwachung der Durchführung sowie die Durchsetzung seiner Beschlüsse obliegt. Umgekehrt braucht die Kommission den Ministerrat zum Fällen aller kleinen und großen Entscheidungen sowie zum Aushandeln der dazu notwendigen Kompromisse; zudem braucht sie den Konsens des Ministerrats bei der Durch- und Ausführung sowie der Umsetzung seiner Beschlüsse. Diese Konstellation der komplementären Kompetenzverteilung zwischen den zentralen Organen der EU beinhaltet, dass es im EU-System keine Zentralisierung von politischer Macht in Händen eines Organs gibt und geben kann; vielmehr stehen sich zwei relativ autonome, aber wechselseitig voneinander abhängige Machtzentren gegenüber, sozusagen zwei Pole, die sich anziehen und abstoßen, sich gegenseitig im Gleichgewicht halten und um die alle anderen Organe gravitieren.

Gegen eine solche Konzeptionierung des EU-Systems können allerdings mehrere Einwände erhoben werden.

Als *erster Einwand* lässt sich formulieren, dass die EU gar nicht bizephal, sondern hierarchisch strukturiert sei. Nach der gängigen Lesart der Lehrbücher, aber auch einiger Theoretiker (Moravcsik 1998), wäre dann der Ministerrat die eigentliche Machtzentrale der EU, da er mit allen formalen Entscheidungsbefugnissen ausgestattet ist, während die Kommission ihm eindeutig untergeordnet wäre, da sie allenfalls über delegierte, jederzeit rückrufbare Macht verfüge. Die Kommission könnte sich laut dieser Lesart zwar aus institutionellem Eigeninteresse bis zu einem gewissen Grad verselbstständigen; dieser Tendenz werde aber vom Ministerrat regelmäßig Einhalt geboten, was wiederum seine übergeordnete Position bestätige.

Tatsächlich lässt sich das Auf und Ab im europäischen Integrationsprozess so interpretieren, und eine solche Interpretation erscheint umso plausibler, wenn man als Machtmittel lediglich die formalen Entscheidungsbefugnisse anerkennt. Bezieht man allerdings die eher hinter den Kulissen wirksamen Machtressourcen der Kommission mit ein, lässt sich eine solche Argumentation nicht aufrechterhalten, zumal sie die faktischen Machtbeziehungen zwischen den Organen unberücksichtigt lässt. Denn wenngleich die Macht der Kommission ursprünglich von den Mitgliedstaaten delegiert worden ist, hat sie sich doch nach mehr als 50 Jahren Integrationsgeschichte zu einer eigenständigen Ressource verdichtet, die auch gegen die Interessen der Mitgliedstaaten einsetzbar, jedoch nicht rückrufbar ist, es sei denn, man wollte das gesamte EU-System aushebeln.[375] Auf die Machtbeziehungen zwischen Kommission und Ministerrat wird im folgenden Abschnitt noch näher einzugehen sein.

Als *zweiter Einwand* lässt sich vorbringen, dass die Kommission zwar erstaunlich viel Macht besitze; diese sei ihr aber lediglich vom Ministerrat delegiert worden, damit sie als unabhängige Agentur (Agency) relativ losgelöst von den Zwängen politischer Bargaining-Prozesse im Sinne eines technischen Expertenteams die gemeinsamen, vom Ministerrat definierten Ziele verfolgen könne (vgl. Majone 1996a, 2005). Dies schließe nicht aus, dass die Kommission, wie alle unabhängigen Agenturen, sich tendenziell verselbstständigen und damit ihre eigenen institutionellen Interessen verfolgen könne.

Eine solche Position bestätigt zwar die erstaunlich starke faktische Machtposition der Kommission gegenüber dem Ministerrat, berücksichtigt aber kaum die Wechselwirkung zwischen beiden Organen. Denn die Kommission ist keine unabhängige Expertenagentur, sondern ein politisches Organ, auch wenn sie Politik mit anderen als den bisher üblichen Mitteln betreibt (Landfried 2005). Ihr Handeln ist auch nicht primär auf Verselbstständigung gerichtet – auch

---

[375] Aber auch hierfür sind vertraglich keinerlei Regelungen vorgesehen.

7.2 Die Dynamik der Entfaltung des EU-Systems

wenn sie im Einzelnen durchaus nach Autonomiegewinnen strebt –, sondern auf die Beeinflussung des Ministerrats sowie auf die Steuerung des Gesamtsystems. Dementsprechend besteht die Kommission auch nicht aus sektoralen Experten, sondern aus besonders breit agierenden politischen Generalisten.[376]

Ein *dritter Einwand* gegenüber der These der Bizephalität wäre, dass das EU-System sich in dem Maße, wie dem Parlament wichtige Entscheidungsbefugnisse zugestanden wurden, auf drei Machtzentralen stütze. Dieser Argumentation ist entgegenzuhalten, dass das Parlament sich mit zunehmender Geschicklichkeit im Rahmen der Bizephalität verortet, das heißt, es macht sich die Widersprüche zwischen den beiden „großen" Organen zunutze für die Realisierung eigener Autonomiegewinne. Gleichzeitig ist es aber in starkem Maße von diesen Organen abhängig, so dass es kaum als ein diesen vergleichbarer autonomer Akteur zu werten ist.

Gegenüber allen hier vorgebrachten Einwänden ist somit zu betonen, dass die bizephale Struktur nicht nur in der komplementären Kompetenzverteilung zwischen Kommission und Ministerrat zum Ausdruck kommt, sondern auch in der spezifischen Interaktion zwischen diesen beiden Organen. Zudem wird sie durch die Verortung der übrigen Organe im widerstreitenden Verhältnis zwischen den beiden „großen" Organen bestätigt, wobei Parlament und Gerichtshof, insbesondere in der Vergangenheit, eher den Schulterschluss zur Kommission suchten, während sie gegenwärtig teilweise auch in die Nähe der vom Ministerrat vertretenen Prinzipien rücken.

Es wäre allerdings falsch, wollte man die Doppelstruktur des EU-Systems einzig und allein in der bizephalen Konfiguration seiner zentralen Organe verorten, etwa nach dem Muster: Der Rat *ist* das intergouvernementale Organ, während Kommission, Parlament und Gerichtshof supranational *sind*. Eine solche Sichtweise beziehungsweise Terminologie, die leider in der Literatur dominiert, verstellt den Blick für die vielfältigen Prozesse, über die sich die beiden Prinzipien durchdringen, und sie verstellt auch den Blick für das Faktum, dass jedes einzelne Organ der EU und ihre jeweiligen Sub- und Suprastrukturen von der Durchdringung dieser beiden Prinzipien durchzogen sind (Mayntz 1999). Dementsprechend sind auch Kommission und Ministerrat trotz ihrer Komplementarität jeweils mit den Prinzipien der anderen Seite, insbesondere durch ihre Substrukturen, verbunden, was ihre Position im Kampf um die Dominanz in der Ausgestaltung des Integrationsprozesses stärkt. Die Dynamik der Interaktion zwischen diesen beiden Organen soll denn auch im Folgenden analysiert werden.

---

[376] Nicht von ungefähr werden die Kommissare in der Regel und in zunehmendem Maße aus den Reihen erfahrener Politiker, die auf nationaler Ebene häufig Ministerpositionen oder sogar das Amt des Ministerpräsidenten wahrgenommen haben, rekrutiert.

7.2.2 Die Interaktion zwischen Kommission und Ministerrat

Da Kommission und Ministerrat aufgrund ihrer unterschiedlichen Funktionen im EU-System in einem strukturellen Gegensatz zueinander stehen bei gleichzeitig hoher wechselseitiger Interdependenz, kommt es auf der Ebene der handelnden Akteure zu einem Machtkampf zwischen den Organen, indem jede Seite versucht, eine relative Dominanz in Bezug auf die Ausgestaltung der europäischen Integration zu erlangen. Ein solcher Machtkampf spielt sich allerdings nicht in der Form eines realen Gefechtes zwischen den Akteuren beider Organe ab – im Gegenteil, auf der Ebene der konkreten Beziehungen prägen Kooperationsgeist und Konsensbereitschaft das Bild –, vielmehr sind die jeweiligen Handlungsstrategien darauf gerichtet, faktisch eine relative Dominanz zu erlangen oder zu behaupten.

Dabei stehen den Kontrahenten sehr unterschiedliche Machtressourcen zur Verfügung: Der Ministerrat verfügt über alle formale Entscheidungsgewalt; er kann nicht nur die Recht- und Regelsetzung, und damit die Inhalte der Integration, sondern auch die institutionelle Ausgestaltung und konstitutionelle Weiterentwicklung des Systems steuern – oder auch bremsen. Allerdings unterliegt er dabei auch Einschränkungen, da er intern wegen der Interessendivergenzen zwischen den Mitgliedstaaten fraktioniert ist.

Demgegenüber verfügt die Kommission scheinbar über keine spezifischen Machtressourcen; vielmehr kommt ihr nur die delegierte Macht des Initiativrechts und der Exekutivfunktionen zu, die aber beide letztendlich von den Entscheidungen des Ministerrats abhängen. Allerdings hat die Kommission im Zuge der Ausübung ihrer Kompetenzen sukzessive Verfahrensmodi entwickelt, die ihr eine weitgehende Verfahrenshoheit sichern, sowohl bei den Entscheidungsprozessen auf der europäischen Ebene als auch im Prozess der Politikimplementation gegenüber den Regierungen und Verwaltungen der Mitgliedstaaten. Es ist also letztendlich Verfahrensmacht, die die Kommission nutzt, um ihre Rolle als Motor der Integration und als Hüterin der Verträge zu erfüllen.

Indem in der Interaktion zwischen Kommission und Ministerrat sehr unterschiedliche Machtmittel zum Einsatz kommen, die sich nicht gegenseitig aufheben oder neutralisieren, sondern ergänzen, treiben beide Seiten – *nolens volens* – die institutionelle Entfaltung und Ausdifferenzierung des EU-Systems voran. Denn während die Kommission über den geschickten Einsatz von Verfahrensmacht die Outcomes der Entscheidungen des Ministerrates so weit wie möglich zu präjudizieren versucht, reagiert der Ministerrat auf den so erzeugten ständig hohen Entscheidungsdruck mit den ihm eigenen Machtmitteln: der Einschränkung der Verfahrensmacht der Kommission durch den Ausbau seiner eigenen Entscheidungsmacht. Die Kommission wiederum reagiert auf diese Situation mit der Verfeinerung und Ausdifferenzierung ihrer Verfahrensmechanismen, was insbesondere in einem zunehmenden Einbezug von externen Akteuren in die Politikformulierung und -implementation resultiert. Dabei werden diese Akteure zunächst aufgrund ihrer Orientierung an nationalen Perspektiven rekrutiert; im Zuge der Interaktion im Rahmen transnationaler Vernetzungen entwickeln sie aber auch gemeinsame, europäische Perspektiven (Héritier 1993) beziehungsweise erwerben eine „europäische Kompetenz" (Schmitt-Egner 1996, 2005). Gestützt von solchen Akteursgruppen gelingt es der Kommission, den Entscheidungsdruck auf den Ministerrat zu erhöhen, was diesen wiederum veranlasst, seine Entscheidungsverfahren auszudifferenzieren und entsprechend institutionell zu zementieren.

7.2 Die Dynamik der Entfaltung des EU-Systems

Insgesamt tragen beide Seiten damit zu einem Ausbau der Systemstruktur der EU und einer Ausdifferenzierung ihrer Funktionsweise bei, wie ein kurzer Überblick über die Integrationsgeschichte zeigt. So gelang es der Kommission, abgesehen von der Etablierung hochdifferenzierter Entscheidungsverfahren zwischen den europäischen Organen, in die insbesondere das Europäische Parlament und teilweise auch der Gerichtshof sowie die beratenden Organe einbezogen sind, sukzessive einen ganzen Kranz von Beratern zur Politikfindung zu rekrutieren, der sich aus Vertretern staatlicher Instanzen, regionaler Regierungen und Verwaltungen, unabhängigen Experten, Repräsentanten einzelner großer Unternehmen sowie von national, europaweit oder branchenspezifisch organisierten Unternehmerverbänden und Gewerkschaften und schließlich Wortführern schwach organisierter Interessen zusammensetzt. Dieser große Kreis von „Betroffenen" wird in losen oder fester geknüpften Netzwerken der Entscheidungsvorbereitung und Politikformulierung organisiert. Darüber hinaus gelang es der Kommission, europäische, nationale und regionale Politik- und Verwaltungsebenen über vertikale Netzwerke zu verknüpfen und damit einen systemischen Nexus zwischen den Ebenen herzustellen (vgl. Kap. 7.1.3). Schließlich gelang es ihr auch, sektorale beziehungsweise funktionale Akteure in Prozesse der Politikimplementation einzubeziehen und zugleich deren Interaktion mit den staatlichen Akteuren der jeweiligen Ebenen zu veranlassen und auszubauen. Die Kommission konnte so nicht nur die europäische Entscheidungsfindung und Politikimplementation im Sinne der Verfolgung gemeinsamer Ziele optimieren; vielmehr trug sie damit auch die europäische Perspektive über vielfältige Wege in die Mitgliedstaaten bis hinunter auf die regionale Ebene und in nicht-staatliche Akteursgruppen hinein.

Demgegenüber betrieb der Ministerrat in einer Reihe aufeinanderfolgender Schritte den Ausbau der Systemstruktur auf der europäischen Ebene primär durch die Stärkung intergouvernementaler Entscheidungsmacht. Ein solcher Ausbau begann mit dem Luxemburger Kompromiss und der institutionellen Festigung von COREPER in den 60er Jahren; er setzte sich in den 70er und 80er Jahren fort über die Etablierung und spätere vertragliche Verankerung des Europäischen Rats sowie den zunehmenden Einsatz von Komitologie-Ausschüssen in der Politikimplementation. In den 90er Jahren folgte die Schaffung der Zweiten und Dritten Säule, die die Beteiligung der Kommission lediglich als eine Option vorsieht. Daneben wurde eine Reihe von unabhängigen Agenturen gebildet, die gleichermaßen dem Zugriff der Kommission wie dem des Ministerrates entzogen sind. Ihren vorläufigen Höhepunkt findet diese Entwicklung in den Regelungen des Verfassungs- und künftig des Reformvertrags, die eine feste Präsidentschaft des Europäischen Rates sowie des Außenministerrats vorsehen.[377] In diesen Regelungen zeigt sich, dass die Räte mit mehr Autorität und Führungsmacht ausgestattet werden sollen.

---

[377] Auch der Vorsitz der übrigen Räte sollte nach den Vorschlägen des Konvents nicht mehr im halbjährlichen Rhythmus rotieren, sondern mindestens von einjähriger Dauer sein. Diese Regelung wurde aber in den nachfolgenden Vertragsverhandlungen wieder zurückgenommen.

Mit der EEA wurde die qualifizierte Mehrheitsentscheidung im Ministerrat (erneut) eingeführt und in der Folge – parallel zur Ausweitung der Entscheidungsrechte des Parlaments – über mehrere Vertragsrevisionen signifikant ausgeweitet. Auch diese Entwicklung findet ihren Höhepunkt in den Regelungen des Verfassungs- beziehungsweise des Reformvertrags, indem künftig Mehrheitsentscheidungen nur noch von 55 Prozent der Mitgliedstaaten getragen werden müssen, die mindestens 65 Prozent der EU-Bevölkerung repräsentieren. Es handelt sich somit kaum noch um qualifizierte Mehrheitsentscheidungen. Die schrittweise Zurückdrängung zunächst von einstimmigen und schließlich von qualifizierten Mehrheitsentscheidungen wird häufig als Ausdruck einer tendenziellen Supranationalisierung des EU-Systems gewertet. Faktisch handelt es sich aber eher um einen weiteren Schritt zur Stärkung der intergouvernementalen Entscheidungsmacht, indem einzelnen und zunehmend auch Gruppen von weniger integrationsorientierten Staaten die Vetomacht entzogen wird. In ähnlicher Weise ist eine Reihe von rezenten, sehr erfolgreichen Verfahren der Integration ohne Zustimmung aller Mitgliedstaaten zu werten: das Schengener Abkommen, das Maastrichter Sozialprotokoll, die Währungsunion und schließlich die vertragliche Verankerung der „verstärkten Zusammenarbeit". In all diesen Fällen, soweit sie denn bereits implementiert wurden, gelang es eher, eine breitere Zustimmung als ursprünglich erwartbar für Integrationsschritte zu erzielen, als dass es zu einem Europa „verschiedener Geschwindigkeiten" oder gar zu einer Spaltung in Kern- und Randeuropa gekommen wäre.

All diese Schritte des Ministerrats wären wohl kaum nötig gewesen, wenn ihm ohnehin alle Entscheidungsmacht zukäme, wie es manche Lehrbuchweisheit, aber auch hochgesteckte Theorieansätze suggerieren, und wenn er – ungehindert von internen Divergenzen – seine Entscheidungsmacht voll ausspielen könnte. Da dies aber nicht der Fall ist, sind sie allesamt als Optimierungsversuche der eigenen Entscheidungsfähigkeit und damit auch als Reaktionsbildungen auf die stetig gewachsene Verfahrensmacht der Kommission zu werten. Denn auch wenn Letztere sich kaum sichtbar manifestiert, zeigt sie dennoch Wirkung, indem sie, gleichsam dem „schwarzen Loch" im Weltall, als ein kaum fassbares Schwergewicht ohne Masse alles an sich zieht.

Zusammenfassend lässt sich somit schlussfolgern, dass Kommission und Ministerrat in der Verfolgung ihrer jeweiligen institutionellen Interessen und in der Auseinandersetzung mit dem relativen Gewicht des jeweils anderen den Ausbau des EU-Systems vorantreiben und zugleich konkret strukturieren: Während die Kommission die Entscheidungsverfahren der Politikformulierung und -implementation strukturiert und darüber eine Vielfalt von informellen oder „schwach" institutionalisierten Netzwerken der Interaktion konstituiert, baut der Ministerrat insbesondere die intergouvernementale Entscheidungsmacht auf der europäischen Ebene in formalisierten Strukturen aus. Dies geschieht sowohl über die Schaffung zusätzlicher Institutionen und Organe zu einer differenzierteren Beschlussfassung als auch über die Änderung der Entscheidungsverfahren zur Ausschaltung wirkmächtiger Vetopositionen in seinen eigenen Reihen. Beide Strategien finden eine weitere Steigerung in den diesbezüglichen Regelungen des Verfassungs- beziehungsweise des Reformvertrags.

Kommission und Ministerrat sind auch die wichtigsten Akteure in der Ausformung der EU als Verhandlungs-, Verflechtungs- und Mehrebenensystem. Während das Verhandlungssystem über die Interaktionen beider Organe unter Einschluss weiterer Beteiligter ausgebaut wird, gestaltet die Kommission insbesondere seine informelle Seite, der Ministerrat seine

7.2 Die Dynamik der Entfaltung des EU-Systems

formale Struktur. Während der Ministerrat vorrangig die Auskristallisierung eines europäischen Verflechtungssystems vorantreibt, leistet die Kommission den Ausbau des Mehrebenensystems, indem sie insbesondere über den Einsatz indirekter Steuerungsmodi einen vertikalen systemischen Nexus zwischen den Ebenen konstituiert. Darüber hinaus leisten beide Seiten die Vermittlung von europäischer und nationaler Perspektive im Integrationsprozess: Während die Kommission die europäische Perspektive in die Mitgliedstaaten hinein bis hinunter auf die regionale und lokale Ebene sowie unter nicht-staatlichen Akteursgruppen und Organisationen diffundiert, bündelt der Ministerrat die nationalstaatliche(n) Perspektive(n) in immer neuen Entscheidungsarenen auf der europäischen Ebene.

An dieser Stelle fällt auf, dass Ministerrat und Kommission nicht nur in der Entscheidungsfindung, sondern in der gesamten Ausgestaltung des EU-Systems komplementär agieren, auch wenn sich dies konkret häufig in der Form eines Gegeneinanders abspielt. Damit begründet sich auch, warum das relative Machtgleichgewicht zwischen den beiden Organen stets erhalten blieb und bleibt; das heißt, der Ministerrat hat trotz einer Vielfalt von Reformschritten – sieht man einmal vom Übergang von der EGKS zu EWG und EURATOM ab, mit dem die Bizephalität des Systems konstituiert wurde[378] – niemals die formale Position der Kommission zu verändern oder zu schwächen versucht, sondern ihr lediglich eine differenziertere Entscheidungsmacht gegenübergestellt (beispielsweise mit den Komitologieausschüssen oder dem Europäischen Rat). Dies und auch das Faktum, dass die Kommission in Aktivitäten der Zweiten und Dritten Säule – stillschweigend, aber darum nicht weniger weitreichend – einbezogen ist, ja dass die Säulenstruktur mit dem Verfassungs- sowie dem Reformvertrag zurückgenommen wird, allerdings unter weitgehender Beibehaltung einstimmiger Entscheidungen in diesen Bereichen, beweist einmal mehr, dass die EU zwei relativ autonome und zugleich interdependente Machtzentralen braucht, um das System in der gebotenen Komplexität steuern zu können.

Fragt man nun nach einer theoretischen Begründung für die bizephale Struktur des EU-Systems, dann lassen sich hierfür leicht funktionalistische Argumente anführen. Denn das doppelte, aber intern widersprüchliche Interesse der Mitgliedstaaten sowohl an einer möglichst weitreichenden und effektiven Integration als auch an einer „autonomieschonenden" (Scharpf 1993), das heißt, die gewachsenen politischen, gesellschaftlichen und ökonomischen Strukturen der Mitgliedstaaten respektierenden Ausgestaltung ihrer konkreten Inhalte lässt sich nur über ein institutionelles Setting austarieren, das die Integrationsorientierung (die gemeinwohlorientierten Entscheidungen) von der Interessenvertretung nutzenmaximierender Akteure (dem Bargaining) tendenziell entkoppelt (vgl. Scharpf 1992a). Mit einer solchen Begründung lässt sich aber allenfalls die bizephale Grundstruktur der EU erklären; sie reicht jedoch nicht aus, um die konkreten Strategien und die Interaktion der institutionellen Akteure, und noch weniger deren Outcomes zu erhellen: einerseits die jeweiligen Kompro-

---

[378] In der EGKS hatte die Hohe Behörde eher den Charakter einer unabhängigen Agentur, deren weitreichende Befugnisse dann aber mit der Einsetzung der Kommission bei den beiden anderen Gemeinschaften nicht repliziert wurde.

misse in Bezug auf die Ausgestaltung der Integration, andererseits die institutionelle Ausdifferenzierung des EU-Systems. Deshalb ist auf den von Mayntz und Scharpf (1995) entwickelten Ansatz des akteurzentrierten Institutionalismus zu rekurrieren, um die von der Beziehungsstruktur zwischen den Machtzentralen der EU ausgehende Dynamik zu begründen.

Dabei ist von der Annahme auszugehen, dass Kommission und Ministerrat im Prinzip die ihnen zugedachten Funktionen erfüllen und entsprechende Strategien verfolgen. Als institutionelle Akteure unterliegen sie aber nicht nur Incentives zur Ausübung ihrer jeweiligen Funktionen; vielmehr stellen sich ihnen auch erhebliche Constraints durch die Handlungsweise des jeweils anderen Organs. So treffen die elaboriertesten Politikvorschläge und Integrationskonzepte der Kommission regelmäßig auf Entscheidungsblockaden im Ministerrat, was in Non-Decision oder in der Verwässerung der Vorschläge bis zur Unkenntlichkeit resultiert. Umgekehrt sieht sich der Ministerrat regelmäßig mit hochkomplexen und vor allem sehr weitreichenden Integrationsvorschlägen konfrontiert, deren Konsequenzen für die nationalen politischen Systeme, und mehr noch für einzelne Constituencies nur schwer absehbar und einschätzbar sind. Zwar stellen diese Situationen keine Constraints im eigentlichen Sinne dar; sie setzen aber den Ministerrat unter erheblichen Entscheidungs- beziehungsweise Handlungsdruck und aktivieren zugleich über die Akzentuierung der Interessendivergenzen zwischen den Mitgliedstaaten die internen Constraints seiner Entscheidungsfähigkeit.

Vor diesem Hintergrund versucht die Kommission, die durch den Rat gesetzten Constraints zu überwinden, indem sie im Vorfeld von Entscheidungen diese mit Vertretern nationaler Staaten und anderen „Betroffenen" abzustimmen versucht. Damit perfektioniert sie aber nicht nur die Entscheidungsfindung, sondern organisiert längerfristig auch transnationale Koalitionen von Akteursgruppen, die ein explizites Interesse am Voranschreiten der Integration verbindet. Ähnliche Folgen hat auch die Perfektionierung der Politikimplementation über Verhandlungen und Kooperation mit nationalen und regionalen Verwaltungen und nichtstaatlichen Akteuren. Es ist diese, unter der Regie der Kommission veränderte Akteurskonstellation, die ihr einen erheblichen Machtzuwachs über ihre formale Position hinaus sichert.

Der Ministerrat „wehrt" sich umgekehrt gegen die von der Kommission ausgehende Einschränkung seiner Entscheidungsfreiheit und -fähigkeit, indem er die Verfahren seiner Entscheidungsfindung und damit deren Filterfunktion ebenfalls ausdifferenziert: vertikal und horizontal, auf höherer politischer Ebene sowie auf Expertenniveau, im Gesetzgebungs- und Vertragsänderungsprozess sowie in der Politikimplementation. In der Regel setzt er dabei formalisierte Verfahren und entsprechende Institutionen als Gegengewicht zum informellen Machtzuwachs der Kommission ein. Auch der Ministerrat schafft somit differenziertere Möglichkeiten der Artikulation und Repräsentation der Interessen einzelner Staaten beziehungsweise ihrer jeweiligen Constituencies; zugleich schaltet er allerdings extreme Vetopositionen zunehmend aus, was seine Handlungsfähigkeit in Sachen Integration, nicht zuletzt gegenüber der Kommission, stärkt.

Es ist somit letztendlich das Kräfteverhältnis zwischen den von beiden Seiten mobilisierten beziehungsweise repräsentierten Akteuren und Interessen, das die Outcomes der Entscheidungsfindung und damit auch Form, Inhalte und Ausmaß der Integration bestimmt. Dass dabei eine Reihe von Interessen strukturell unterrepräsentiert bleibt, steht außer Zweifel.[379]

Abschließend kann also konstatiert werden, dass die bizephale Struktur des EU-Systems nicht nur der Ausdruck des Nebeneinanders zweier Systemprinzipien ist und der Erfüllung der jeweiligen Funktionen dient; vielmehr entfaltet sich über diese Systemstruktur auch eine dynamische Interaktion zwischen den jeweiligen institutionellen Akteuren. Diese resultiert zum Ersten in der Organisierung und differenzierteren Repräsentierung der vielfältigen und teilweise widersprüchlichen gesellschaftlichen Interessen am Fortgang der Integration einerseits sowie an einer mit den gewachsenen nationalen politischen Systemen verträglichen beziehungsweise kompatiblen Ausgestaltung der Integration andererseits. Zum Zweiten resultiert sie in der Auskristallisierung sowohl von formalisierten wie auch von informellen oder „schwach" formalisierten Institutionen und Verfahrensweisen, die zusammengenommen das EU-System vielfältig ausdifferenzieren und zugleich in seiner Doppelstruktur reproduzieren.

7.3 Ausblick: die Perspektiven der EU

Zum Abschluss dieses Buches sollen im Rahmen eines kurzen Ausblicks die Perspektiven des EU-Systems beleuchtet und dabei die aktuellen Debatten um deren weitere Entwicklung aufgegriffen werden. So wurde die Europa-Debatte zu Beginn des 21. Jahrhunderts eingeläutet mit dem geflügelten Wort von der „finalité européenne", also der Frage nach dem Endziel der europäischen Integration.

Den Auftakt zu dieser Debatte machte Bundesaußenminister Joschka Fischer, indem er vor Studenten der Humboldt-Universität die „finalité" klar benannte: eine europäische Föderation (Fischer 2000). Eleganterweise ließ er dabei die Kernfrage offen, nämlich ob eher die Kommission oder der Ministerrat zu einer europäischen Regierung auszubauen sei. Umso überzeugter vertrat er aber eine konsequente Demokratisierung der EU, indem er Ministerrat und Parlament zu einem echten Zwei-Kammer-System ausbauen wollte.

Das Echo aus Frankreich auf die Vorschläge Fischers ließ nicht lange auf sich warten: Ebenfalls in einer Rede, die er vor dem deutschen Bundestag hielt, lehnte Staatspräsident Chirac, in der Formulierung betont höflich, in der Sache aber dezidiert, die föderale Option rundweg ab.[380] Stattdessen lancierte er wortreich eine abgemilderte Neuauflage der Konzeption De Gaulles: ein Europa der Vaterländer. Aus Großbritannien waren noch kritischere Stimmen

---

[379] In der Literatur war es bisher üblich, die schwach organisierten Interessen im EU-System als generell unterrepräsentiert anzusehen; eine solche Position lässt sich allerdings angesichts neuerer Forschungsergebnisse nicht mehr halten (vgl. beispielsweise Pollack 1997b, Eising 2001, Eising/Kohler-Koch 2005).

[380] Rede von Jacques Chirac vor dem Bundestag am 27.6.2000 (http://www.bundestag.de/blickpkt/arch_bkp/chirac1.htm).

zu vernehmen, auch wenn die Regierung sich gar nicht erst offiziell zu der Debatte äußerte. Diese Szenerie signalisiert einmal mehr, dass es eine ernsthafte Debatte um die „finalité européenne" nicht gibt und nicht geben kann: Zu sehr gehen auch nach mehr als 50 Jahren Integrationsgeschichte die Meinungen der Mitgliedstaaten auseinander; nach wie vor stehen die intergouvernementale und die föderale Option als unversöhnliche Gegensätze im Raum. Wie sollte es auch anders sein, beruht doch das EU-System, wie im Vorgehenden gezeigt wurde, auf einer Kombination dieser beiden Prinzipien, die über kleine, inkrementalistische Integrationsschritte jeweils im Konsens zwischen unterschiedlichen Optionen der Mitgliedstaaten reproduziert werden. Für einen großen Zukunftsentwurf in die eine oder andere Richtung reicht dieser Konsens nicht aus; umgekehrt, er würde durch ein solches Vorhaben aufgekündigt werden und die EU vor eine unnötige Zerreißprobe stellen. Zudem hat die Geschichte der Integration mehrfach bewiesen, dass selbst überfällige, von einem breiten Konsens getragene Integrationsschritte, wie beispielsweise die Vollendung des Binnenmarkts, erst im Nachhinein ihre weitreichenden und teilweise auch unerwünschten Konsequenzen offenbarten. Jeder Integrationsschritt muss somit von einer nachträglichen Konsolidierung auf nationalem Niveau begleitet werden, die die unerwünschten Folgen der Integration zumindest abmildert. Erst danach lässt sich die Richtung und Reichweite neuerlicher Integrationsschritte abschätzen. Der Inkrementalismus der Integration und die Dissonanz zwischen den Mitgliedstaaten sind somit auch als funktionale Bestandteile des Systems zu werten, verhindern sie doch allzu schnelle und in ihren Folgen nicht absehbare Integrationsschritte oder solche, deren Folgen die nationalen politischen Systeme nicht bewältigen können.

Aber auch ohne Erarbeitung einer Zukunftsvision stand die EU zu Anfang des 21. Jahrhunderts vor einer Zerreißprobe: die anstehende Osterweiterung um weniger integrationsorientierte Staaten drohte die gängigen Mechanismen der Konsensfindung zu überfordern; die Handlungs- und weitere Integrationsfähigkeit der EU schien bedroht. In dieser Situation verschwand das Thema der „finalité européenne" so schnell in der Versenkung wie es aufgetaucht war; stattdessen wandte man sich nun wieder der Bewältigung der nächsten Integrationsschritte zu: einerseits der Erweiterung der Union, andererseits der Vertiefung der Integration.

Während die Erweiterung der Union nach Abschluss der entsprechenden Verhandlungen einem klaren Zeitplan folgte – zum Jahresende 2002 wurde das Beitrittsdatum für zehn Kandidaten auf den 1.5.2004 festgelegt, zwei weiteren Staaten wurde der Beitritt bis 2007 versprochen – musste die Vertiefung der Integration über eine erneute Vertragsrevision implementiert werden. Für ein solches Vorhaben standen die unterschiedlichsten Forderungen im Raum: Allen voran die Straffung der Entscheidungsfähigkeit der Organe, die aber nicht zulasten der verbrieften Rechte der Mitgliedstaaten gehen durfte; des Weiteren die Demokratisierung der EU, die aber nicht den Staatscharakter des Gemeinwesens ausbauen durfte; und schließlich die Stärkung der Rechtsgrundlagen der Union, denen aber kein Verfassungsrang zukommen sollte. Das Finden von Lösungen für diese widersprüchlichen Zielsetzungen wurde dem Konvent übertragen; ein Gremium, dem aufgrund seiner Zusammensetzung nicht nur eine erhöhte Entscheidungsfähigkeit, sondern zugleich auch eine demokratische Legitimation zugeschrieben wurde.

Tatsächlich gelang es dem Konvent, zwar nicht alle ihm gestellten Aufgaben zu lösen, wohl aber den Entwurf eines Verfassungsvertrags zu erarbeiten, der den vorsichtigen Inkrementalismus der vorangegangenen Vertragsänderungen deutlich überstieg. Und entgegen allen pessimistischen Voraussagen landete dieses Konzept nicht in der Sackgasse einer zerstrittenen intergouvernementalen Konferenz; vielmehr einigten sich die Regierungen der Mitgliedstaaten – wenn auch erst im zweiten Anlauf, so doch erstaunlich schnell – auf ein nur unwesentlich abgeändertes Konzept; und das, obwohl die neuen Beitrittsstaaten nicht nur wohlwollend zu den Beratungen zugelassen waren, wie dies im Konvent der Fall war, sondern als Vollmitglieder der EU am Verhandlungstisch saßen.

Die Erweiterung der Union ging denn auch nach vergleichsweise zügigem Abschluss der Verhandlungen zum 1. Mai 2004 relativ geräuschlos über die Bühne; und auch die kurz darauf folgenden Wahlen zum – erweiterten – europäischen Parlament schienen nur Routine zu sein, sieht man einmal von der erschreckend niedrigen Wahlbeteiligung in den Beitrittsstaaten ab. Auch Rumänien und Bulgarien wurden pünktlich zum 1.1.2007 in die Union aufgenommen, obwohl Zweifel an der Erfüllung der Beitrittskriterien bestanden. Trotz dieser sichtbaren Erfolge bleibt aber eine Reihe von Fragen offen. So ist es zum Ersten fraglich, ob die bisherigen, subtil austarierten Mechanismen der Kompromiss- und Konsensfindung auch bei einer wesentlich größeren Zahl von Mitgliedstaaten, die zudem durch stärkere Interessendivergenzen gekennzeichnet sind und nicht auf eine lange Erfahrung der zwischenstaatlichen Kooperation zurückblicken können[381], funktionsfähig sind. Zum Zweiten ist fraglich, ob die Beitrittsstaaten wirklich in der Lage sind, den Acquis communautaire nicht nur zu übernehmen, sondern auch umzusetzen, und, falls es zu Problemen kommt, welches Maß an Übergangs- und Ausnahmeregelungen die EU verkraften kann, ohne ihren eigenen Besitzstand in Frage zu stellen. Zum Dritten ist offen, ob die Osterweiterung zu bewältigen ist, ohne die EU in ein Kern- und Randeuropa zu spalten, und, falls sich eine solche Entwicklung nicht vermeiden lässt, wie sie konkret ausgestaltet werden kann, ohne strukturelle Verlierer zu produzieren. Zum Vierten schließlich ist fraglich, wie die Bürger der alten EU sowie der Neumitglieder die unvermeidbar auftretenden Probleme bewerten: ob es zu weiteren Akzeptanzverlusten kommt oder ob es gelingt, zumindest nachträglich einen permissiven Konsens für die Erweiterungen herzustellen.

Als größtes Problem der jüngsten Integrationsgeschichte erwies sich allerdings die Ratifizierung des Verfassungsvertrags. Trotz seiner zügigen Verabschiedung auf der europäischen Ebene gelang es nicht, die Zustimmung der Bürger für dieses ambitiöse Integrationsprojekt zu gewinnen. Zwar wurde der Vertrag in 18 Staaten – zumeist von den Parlamenten – ratifiziert; Volksentscheide fielen aber weniger positiv aus; in Frankreich und in den Niederlanden endeten sie mit einem klaren Nein. Da es sich dabei um Gründungsmitglieder der EG handelt, die sich bisher durch eine pro-europäische Haltung auszeichneten, wog das Nein umso schwerer. Aber auch und gerade dort, wo die Parlamente positive Entscheidungen fällten, wie etwa in der BRD, stellte sich das Risiko einer mangelnden Akzeptanz vonseiten der Bürger, dies umso mehr, als der Verfassungsvertrag in Sachen demokratische Partizipation

---

[381] Schon bei 15 Mitgliedstaaten fiel auf, dass die „alten" sechs am ehesten zu Kompromissen finden. Diese Staaten bildeten denn auch nicht von ungefähr den Kern des Schengener Abkommens.

kaum sichtbare Fortschritte erbrachte. Die EU geriet somit einmal mehr in ein fundamentales Dilemma: Würde der Vertrag zügig ratifiziert, käme es zu einer weiter sinkenden Akzeptanz der Bürger. Entschiede man sich für Nichtratifizierung, wäre die Glaubwürdigkeit der EU und vor allem ihre Handlungsfähigkeit eingeschränkt, was ebenfalls zu Akzeptanzverlusten führen könnte. In dieser Situation, die in den Medien schnell zur Krise der EU hochgespielt wurde, verordneten sich die Regierungschefs zunächst einmal eine „Reflexionsphase", die von Gipfel zu Gipfel verlängert wurde. Erst die deutsche Ratspräsidentschaft in der ersten Jahreshälfte 2007 setzte es sich zum Ziel, den Verfassungsprozess wiederzubeleben. Die Reflexionsphase wurde für beendet erklärt und als Nahziel die Erarbeitung eines „Fahrplans" für das weitere Vorgehen festgelegt. Statt eines Fahrplans kam es aber dann zu wesentlich weitergehenden Festlegungen: Auf der Gipfelkonferenz vom Juni 2007 wurde nach extrem schwierigen und zähen Verhandlungen ein Mandat für eine Intergouvernementale Konferenz ausgearbeitet, die bis zum Jahresende 2007 statt des bisherigen Verfassungsvertrags einen Reformvertrag verabschieden soll. Und bei dem Mandat handelt es sich keineswegs nur um ein paar lose Handlungsanweisungen für die IGK, sondern um detailliert ausgearbeitete Formulierungen zur Anpassung des Verfassungsvertrags, wobei zugleich deutlich gemacht wurde, dass Neuverhandlung der mühsam erarbeiteten Kompromisse nicht mehr möglich sei. Die anvisierten Vertragsrevisionen beziehen sich vor allem auf kosmetische Anpassungen, die den Bedenken und Befürchtungen der Bürger Rechnung tragen; fundamentale Veränderungen am Entwurf des Verfassungsvertrags sind demgegenüber selten. Soweit es sie gibt, beziehen sie sich primär auf die Stärkung der Position der Mitgliedstaaten im EU-System. Der jüngste Gipfel blieb somit nicht hinter den Erwartungen der Öffentlichkeit zurück, sondern trieb umgekehrt unter einem „low-profile"-Etikett den Integrationsprozess wesentlich weiter voran, als es den Bürgern lieb ist. Ob diese das Täuschungsmanöver durchschauen, ist eine offene Frage. Fest steht allerdings schon jetzt, dass Referenden über den Reformvertrag so weit wie möglich vermieden, die Bürger also wieder zu Statisten im Integrationsprozess reduziert werden sollen; schließlich haben sie ihre Rolle nicht entsprechend den Erwartungen der Regisseure gespielt.

Auch unabhängig von den Vertragsrevisionen wird die erweiterte und künftig möglicherweise stärker verfasste Union kaum eine längere Verschnaufpause haben, um die Folgen der jüngsten Integrationsschritte, sowohl auf der europäischen Ebene als auch in den Mitgliedstaaten, konsolidieren zu können. Denn schon stehen weitere, große Herausforderungen auf der Tagesordnung, die der Logik der Erweiterung der Union und der Vertiefung der Integration entspringen. So ist es zum Ersten die verlockende Beitrittsperspektive, die eine Reihe von weiteren Staaten mit Macht an die Tür der EU klopfen lässt. Die Türkei konnte nach 40 Jahren im Wartestand im Jahre 2005 endlich den Auftakt von Verhandlungen als Erfolg verbuchen. Allerdings könnte sich diese Entscheidung für die EU weniger als Erfolg entpuppen, macht sie doch das Problem mangelnder Akzeptanz virulent. Beitrittsverhandlungen mit Kroatien wurden zunächst – mit harter Konditionalität – zurückgestellt; dann gab das Land den Forderungen der EU nach und die Verhandlungen wurden im Juni 2006 aufgenommen. Ob sie zu einem baldigen Erfolg führen, bleibt abzuwarten. Ebenso bleibt abzuwarten, wie sich die übrigen Staaten des ehemaligen Jugoslawiens zwischen verlockender Beitrittsperspektive und abschreckender Konditionalität positionieren werden. Dabei bildet das Kosovo-Problem den größten Stolperstein. Am Beispiel der Ukraine wird das Dilemma der EU besonders deutlich: Will sie den Nachbarstaaten zu einer demokratischen Konsolidierung und sich selbst zu mehr Sicherheit verhelfen, muss sie eine glaubwürdige Beitrittsperspektive bieten; bietet sie allen Aspiranten eine Beitrittsperspektive, der dann früher oder später der Beitritt folgen muss, setzt sie sich dem Risiko einer „imperialen Überdehnung" (Beck/Grande 2004) mit all ihren negativen Konsequenzen aus.

Zum Zweiten ist die EU aber auch in ihrem Inneren einer Reihe von Dilemmata ausgesetzt. Kann sie sich eine weiter sinkende Akzeptanz der Bürger leisten und sich ausschließlich als Elitenprojekt entfalten oder müssen die Völker Europas verstärkt in die Integration einbezogen werden? Wird es nach den Regeln des Reformvertrags gelingen, die EU handlungsfähiger zu machen und zugleich die gleichberechtigte Mitwirkung aller Staaten aufrechtzuerhalten? Wird die erweiterte Union auch künftig gemeinsam Integrationsschritte vornehmen, oder werden Formen der abgestuften Integration unvermeidlich sein? Wird die EU mit einer außenpolitischen Stimme sprechen, oder sind es weiterhin die Mitgliedstaaten, die den Ton angeben, und damit nicht nur Kakophonie erzeugen, sondern auch die Bedeutungslosigkeit der EU als außenpolitischem Akteur festschreiben?

Was immer die künftigen Entwicklungen sein werden, eines steht schon jetzt fest: Auch in Zukunft wird die EU auf hochentwickelte und differenzierte Mechanismen der Konsensfindung und des Interessenausgleichs zwischen den Mitgliedstaaten und den von ihnen vertretenen Constituencies angewiesen sein, will sie den erreichten Integrationsstand konsolidieren und weiter ausbauen. Damit steht aber auch fest: An der Grundstruktur der EU, der Kombination und wechselseitigen Durchdringung zweier Systemprinzipien und ihrer institutionellen Verankerung in der bizephalen Struktur des Systems, wird sich kurzfristig wohl kaum etwas verändern, bietet doch nur diese Struktur, wenn schon nicht eine Garantie, so doch zumindest die Chance, den Integrationsprozess über inkrementalistische Schritte „gemeinschaftsverträglich und autonomieschonend" (Scharpf 1993) voranzutreiben, auszugestalten und zu konsolidieren. Allerdings wird es künftig auch nötig sein, die bisher von diesem Prozess Ausgeschlossenen stärker zu beteiligen, das heißt, das Elitenprojekt Europäische Integration zu einer Angelegenheit der Bürger Europas zu machen.

Durchgeführte Interviews[382]: Institutionen, Organisationen und Akteure

Kommission der Europäischen Union:
Generalsekretariat (1 Interview)
GD III Industrie (1 Interview)
GD XI Umwelt (1 Interview)
GD XII Wissenschaft, Forschung und Entwicklung (1 Interview)
GD XVI Regionalpolitik und Kohäsion (1 Interview)
Kabinett eines Kommissars (1 Interview)

Generalsekretariat des Rats der Europäischen Union:
Kabinett des Generalsekretärs (1 Interview)
Dienststellen (3 Interviews)

Europäisches Parlament:
8 Interviews, davon:
2 Ausschussvorsitzende
1 stellvertretender Fraktionsvorsitzender
1 britischer Abgeordneter
5 deutsche Abgeordnete
1 spanischer Abgeordneter
1 niederländische Abgeordnete

Ausschuss der Regionen:
2 Interviews

Ständige Vertretung Deutschlands bei der EU:
2 Interviews

---

[382] Diese Interviews wurden im Januar und Februar 1998 durchgeführt. Weitere Interviews wurden zu späteren Zeitpunkten ergänzend durchgeführt, werden aber hier nicht genannt.

Vertretung des Landes Niedersachsen bei der EU:
3 Interviews

Informationsbüro des Freistaates Sachsen:
2 Interviews

Vertretung des Freistaates Bayern bei der EU:
1 Interview

UNICE (europäischer Industrieunternehmerverband):
1 Interview

Europäischer Gewerkschaftsbund:
3 Interviews

Europäisches Umweltbüro:
3 Interviews

Literaturverzeichnis

Abels, G. (2002), Strategische Forschung in den Biowissenschaften: Der Politikprozess zum europäischen Humangenomprogramm. Berlin (rainer bohn).

Abromeit, H. (1998), Democracy in Europe. Legitimising Politics in a Non-State Polity. New York u.a. (Berghahn).

Abromeit, H. (2001), Wie demokratisch ist die EU – Wie ist sie demokratisierbar? In: Tömmel, I. (Hrsg.), Europäische Integration als Prozess von Angleichung und Differenzierung (Forschungen zur Europäischen Integration 3), Opladen (Leske+Budrich), S. 263-283.

Abromeit, H. (2002), Wozu braucht man Demokratie? Die postnationale Herausforderung der Demokratietheorie. Opladen (Leske+Budrich).

Aglietta, M. (1979), A Theory of Capitalist Regulation. The US Experience. London (New Left Books).

Albers, D. (Hrsg.) (1993), Regionalpolitik der europäischen Gewerkschaften. Eine vergleichende Bestandsaufnahme. Köln (Bund).

Allen, D. (1996), Competition Policy. In: Wallace, H./Wallace, W. (Hrsg.), Policy-Making in the European Union. Oxford (Oxford University Press), S. 157-183.

Alter, K. J. (2001), Establishing the Supremacy of European Law: The making of an International Rule of Law in Europe. Oxford (Oxford University Press).

Ambrosi, G. M. (2001), Währungskrisen als Wegbereiter der Europäischen Währungsunion. In: Kirt, R. (Hrsg.), Die Europäische Union und ihre Krisen. (Schriften des Zentrum für Europäische Integrationsforschung 30) Baden-Baden (Nomos), S. 171-188.

Andersen, S. S./Burns, T. (1996), The European Union and the Erosion of Parliamentary Democracy: A Study of Post-parliamentary governance. In: Andersen, S. S./Eliassen, K. A. (Hrsg.), The European Union: how democratic is it? London (Sage), S. 227-251.

Andersen, S. S./Eliassen, K. A. (Hrsg.) (1994), Making policy in Europe: the Europeification of national policy-making. London u.a. (Sage).

Andersen, S. S./Eliassen, K. A. (Hrsg.) (1996), The European Union: how democratic is it? London (Sage).

Ansell, Ch. K./Parsons, C. A./Darden, K. A. (1997), Dual Network in European Regional Development Policy. In: Journal of Common Market Studies (35) 3, S. 347-375.

Ast, S. (1999), Koordination und Kooperation im europäischen Mehrebenensystem: Regionalisierung europäischer Strukturpolitik in Deutschland und Frankreich. Köln (Omnia).

Avery, G. (2004), The enlargement negotiations. In: Cameron, F. (Hrsg.), The Future of European Integration and Enlargement. London, S. 35-62.

Axelrod, R. (1984), The Evolution of Cooperation. New York (Basic Books).

Axt, H. J. (2000), Solidarität und Wettbewerb – die Reform der EU-Strukturpolitik. Gütersloh (Bertelsmann-Stiftung).

Bartolini, S. (2005), Should the Union be Politicised? Prospects and Risks. In: Notre Europe Policy Paper 19, S. 39-50.

Bauer, P. (1999), Europäische Integration und deutscher Föderalismus – Eine Untersuchung des europäischen Mehrebenenregierens im Bildungsbereich (Diss.). Münster (agenda).

Bauer, P. (2002), Die politischen Strukturen der EU in der Osterweiterungspolitik. In: Tömmel, I./Kambas, Ch./Bauer, P. (Hrsg.), Die EU: eine politische Gemeinschaft im Werden? Opladen (Leske+Budrich), S. 139-162.

Bauer, P./Voelzkow, H. (2004), Die Europäische Union – Marionette oder Regisseur? Wiesbaden (VS).

Beck, U./Grande, E. (2004), Das kosmopolitische Europa. Frankfurt a.M. (Suhrkamp).

Beichelt, T. (2004), Die Europäische Union nach der Osterweiterung. Wiesbaden (VS).

Bendiek, A. (2004), Der Konflikt im ehemaligen Jugoslawien und die europäische Integration. Eine Analyse ausgewählter Politikfelder (Diss.) Opladen (Leske+Budrich).

Benz, A. (1998a), Ansatzpunkte für ein europafähiges Demokratiekonzept. In: Kohler-Koch, B. (Hrsg.), Regieren in entgrenzten Räumen (PVS-Sonderheft 29). Opladen/Wiesbaden (Westdeutscher Verlag), S. 345-368.

Benz, A. (1998b), Postparlamentarische Demokratie? Demokratische Legitimation am kooperativen Staat. In: Greven, M. Th. (Hrsg.), Demokratie – eine Kultur des Westens? 20. Wissenschaftlicher Kongreß der Deutschen Vereinigung für Politische Wissenschaft. Opladen (Leske+Budrich), S. 201-222.

Benz, A. (1998c), Politikverflechtung ohne Politikverflechtungsfalle – Koordination und Strukturdynamik im europäischen Mehrebenensystem. In: Politische Vierteljahresschrift 3, S. 558-589.

Benz, A. (2000), Entflechtung als Folge von Verflechtung: theoretische Überlegungen zur Entwicklung des europäischen Mehrebenensystems. In: Grande, E./Jachtenfuchs, M. (Hrsg.), Wie problemlösungsfähig ist die EU? Regieren im europäischen Mehrebenensystem. Baden-Baden (Nomos), S. 141-163.

Benz, A. (2001), Der moderne Staat. Grundlagen der politologischen Analyse. München (Oldenbourg).

Benz, A. (2003), Demokratie in der Europäischen Union. In: Katenhusen, I./Lamping, W. (Hrsg.), Demokratien in Europa: der Einfluss der europäischen Integration auf Institutionenwandel und neue Konturen des demokratischen Verfassungsstaates. Opladen (Leske+Budrich), S. 157-180.

Benz, A. (Hrsg.) (2004a), Governance - Regieren in komplexen Regelsystemen. Eine Einführung. Wiesbaden (VS).

Benz, A. (2004b), Multilevel Governance - Governance in Mehrebenensystemen. In: Benz, A. (Hrsg.), Governance – Regieren in komplexen Regelsystemen. Eine Einführung. Wiesbaden (VS), S. 125-146

Benz, A. (2006), Federal and Democratic? Reflections on Democracy and the Constitution of the EU. In: University of Tokyo Journal of Law and Politics, 3, S. 27-43.

Benz, A. (2007), Entwicklung von Governance im Mehrebenensystem der EU. In: Tömmel, I. (Hrsg.), Die Europäische Union: Governance and Policy-Making (PVS-Sonderheft 2007/2), S. 37-57.

Benz, A. (1995), Der Ausschuß der Regionen der Europäischen Union. In: Hesse, J. J. (Hrsg.), Regionen in Europa. Bd. 1: Die Institutionalisierung des Regionalausschusses. Baden-Baden (Nomos), S. 229-262.

Benz, A./Esslinger, T. (2000), Compounded Representation in EU Multilevel Governance. In: Auel, K./Benz, A./Esslinger, T., Democratic Governance in the EU. The Case of Regional Policy (Polis 48). S. 3-30.

Benz, A./Scharpf, F. W./Zintl, R. (1992), Horizontale Politikverflechtung: zur Theorie von Verhandlungssystemen (Schriften des MPI für Gesellschaftsforschung Köln, 10). Frankfurt a.M./New York (Campus).

Beutler, B./Bieber, R./Pipkorn, J./Streil, J. (1993), Die Europäische Union: Rechtsordnung und Politik. 4. Aufl., Baden-Baden (Nomos).

Beyers, J./Dierickx, G. (1998), The Working Groups of the Council of the European Union: Supranational or Intergouvernmental Negotiations? In: Journal of Common Market Studies (26) 3, S. 289-317.

Bieber, R./Epirey, A./Haag, M. (2005), Die Europäische Union. Europarecht und Politik. 6. Aufl., Baden-Baden (Nomos).

Bieling, H.-J./Deppe, F. (1996), Internationalisierung, Integration und politische Regulierung. In: Jachtenfuchs, M./Kohler-Koch, B. (Hrsg.), Europäische Integration. Opladen (Leske+Budrich), S. 481-511.

Bieling, H.-J./Lerch, M. (Hrsg.) (2005), Theorien der Europäischen Integration. Wiesbaden (VS).

Bisopoulus, A. (2003), Die Europäische Beschäftigungsstrategie: Innovative Steuerung durch Peer Review. In: Holzinger, K. (et al.) (Hrsg.), Politische Steuerung im Wandel: Der Einfluss von Ideen und Problemstrukturen, Opladen (Leske+Budrich), S. 151-165.

Boerzel, T./Risse, Th. (2000), When Europe Hits Home: Europeanization and Domestic Change. Badia Fiesolana (EUI), Working Paper RSC 2000/56.

Bogdandy, A. von (1999), Die Europäische Union als supranationale Föderation. In: integration (22) 4, S. 95-112.

Bogdanor, V. (1986), The Future of the European Community: Two Modes of Democracy. In: Government and Opposition (21) 2, S. 161-176.

Bogdanor, V. (1989), Direct Elections, Representative Democracy and European Integration. In: Electoral Studies (8) 3, S. 205-216.

Borchardt, K.-D. (1996), Die rechtlichen Grundlagen der Europäischen Union. Heidelberg (Müller).

Borchardt, K.-D. (2002), Die rechtlichen Grundlagen der Europäischen Union. 2. Aufl., Heidelberg.

Bourguignon-Wittke, R. et al. (1985), Five Years of the Directly Elected European Parliament: Performance and Prospects. In: Journal of Common Market Studies (14) 1, S. 39-58.

Breckinridge, R. E. (1997), Reassessing Regimes: The International Regime Aspects of the European Union. In: Journal of Common Market Studies, (35) 2, S. 173-187.

Bretherton, C./Vogler, J. (1999), The European Union as a global actor. London (Routledge).

Brok, E. (2001), Die Ergebnisse von Nizza. Eine Sichtweise aus dem Europäischen Parlament. In: integration (24) 2, S. 86-93.

Bulmer, S. (1994), The Governance of the European Union: A New Institutionalist Approach. In: Journal of Public Policy (13) 4, S. 351-380.

Bulmer, S. J. (1998), New institutionalism and the governance of the Single European Market. In: Journal of European Public Policy (5) 3, S. 365-386.

Burgess, M. (2000), Federalism and the European Union. London u.a. (Routledge).

Burley, A.-M./Mattli, W. (1993), Europe Before the Court: A Political Theory of Legal Integration. In: International Organization (47) 1, S. 41-76.

Busch, K. (1978), Die Krise der Europäischen Gemeinschaft. Köln/Frankfurt (EVA).

Busch, K. (1991), Umbruch in Europa: Die ökonomischen, ökologischen und sozialen Perspektiven des einheitlichen Binnenmarktes. Köln (Bund).

Busch, K. (1994), Europäische Integration und Tarifpolitik. Lohnpolitische Konsequenzen der Wirtschafts- und Währungsunion. Köln (Bund).

Cameron, F. (1995), Keynote Article: The European Union and the Fourth Enlargement. In: Journal of Common Market Studies (33) Annual Review, S. 11-34.

Cameron, F. (1998), Building a common foreign policy. Do institutions matter? In: Petersen, J./Sjursen, H. (Hrsg.), A Common Foreign Policy for Europe. London (Routledge), S. 59-76.

Caporaso, J. (1996), The European Union and Forms of State: Westphalian, Regulatory or Post-Modern? In: Journal of Common Market Studies (34) 1, S. 29-52.

Cecchini, P. (1988), Europa '92: Der Vorteil des Binnenmarktes. Baden-Baden (Nomos).

Cecchini, P. et al. (1988), The European challenge 1992: the benefits of a single market. Aldershot (Wildwood House).

Cini, M. (1996), The European Commission: leadership, organisation and culture in the EU administration. Manchester (Manchester University Press).

Cini, M./McGowan, L. (1998), Competition policy in the European Union (The European Union Series). Hampshire u.a. (Macmillan).

Cole, T. (2005), The Committee of the Regions and subnational representation to the European Union. In: Maastricht Journal of European and Comparative Law, (12) 1, S. 49-73.

Conzelmann, Th. (1995), Networking and the Politics of EU Regional Policy: Lessons from North Rhine-Westfalia, Nord-Pas de Calais and North West England. In: Regional & Federal Studies (5) 2, S. 134-172.

Conzelmann, Th. (2002), Große Räume, kleine Räume: europäisierte Regionalpolitik in Deutschland und Großbritannien. Baden-Baden (Nomos).

Conzelmann, Th./Knodt, M. (Hrsg.) (2002), Regionales Europa – Europäisierte Regionen. Frankfurt a.M./New York (Campus).

Corbett, R. (1989), Testing the New Procedures: The European Parliament's First Experiences with its New 'Single Act' Powers. In: Journal of Common Market Studies (27) 4, S. 359-372.

Corbett, R. (1992), The Intergovernmental Conferences on Political Union. In: Journal of Common Market Studies (30) 3.

Corbett, R. (1994), Representing the People. In: Duff, A./Pinder, J./Pryce, R. (Hrsg.), Maastricht and Beyond. Building the European Union. London (Routledge), S. 207-227.

Corbett, R./Jacobs, F./Shackleton, M. (1995), The European Parliament. 3. Aufl., London (Longman).

Corbey, D. (1993), Stilstand is vooruitgang. De dialectiek van het Europese integratie-proces. Proefschrift. Assen (Van Gorcum).

Corbey, D. (1995), Dialectical Functionalism: Stagnation as a Booster of European Integration. In: International Organization (49) 2, S. 253-284.

Cowles, M./Caporaso, J. A./Risse, Th. (Hrsg.) (2001), Transforming Europe. Europeanization and Domestic Change. Ithaca/New York (Cornell University Press).

Cowles, M./Risse, Th. (2002), Europäisierung und die Transformation des Nationalstaates: Ergebnisse empirischer Fallstudien. In: Tömmel, I./Kambas, C./Bauer, P. (Hrsg.), Die EU: Eine politische Gemeinschaft im Werden? Opladen (Leske+Budrich), S. 23-46.

Cram, L. (1997), Policy-making in the European Union: conceptual lenses and the integration process. London (Routledge).

Crum, B. (2004), Towards Finality? An assessment of the achievements of the European Convention. In: Verdun, A./Croci, O. (Hrsg.), Institutional and Policy-making Challenges to the European Union in the Wake of Eastern Enlargement. Manchester (Manchester University Press).

Cutler, T. et al. (1989), 1992 – The Struggle for Europe: A critical evaluation of the European Communities. New York/Oxford/Munich (Berg).

Degen, M. (1998), Der Ausschuß der Regionen – Bilanz und Perspektiven. In: Borkenhagen, F. H. U. (Hrsg.), Europapolitik der deutschen Länder. Bilanz und Perspektiven nach dem Gipfel von Amsterdam. Opladen (Leske+Budrich), S. 103-126.

Dehousse, R. (1992), Integration vs. Regulation? On the Dynamics of Regulation in the European Community. In: Journal of Common Market Studies (30) 4, S. 383-402.

Dehousse, R. (1998), The European Court of Justice. New York (St. Martin's).

De la Porte, C./Pochet, Ph. (Hrsg.) (2002), Building Social Europe through the Open Method of Coordination. Brüssel u.a. (PIE Lang).

DellaSala, V. (1997), Hollowing Out and Hardening the State: European Integration and the Italian Economy. In: West European Politics (20) 1, S. 14-33.

Den Boer, M. (1996), Justice and Home Affairs. In: Wallace, H./Wallace, W. (Hrsg.), Policy-Making in the European Union. Oxford (Oxford University Press), S. 389-409.

Den Boer, M./Walker, N. (1993), European Policing after 1992. In: Journal of Common Market Studies (31) 1, S. 3-28.

Den Boer, M./Wallace, W. (2000), Justice and Home Affairs. In: Wallace, H./Wallace, W. (Hrsg.), Policy-Making in the European Union. 4. Aufl., Oxford (Oxford University Press), S. 493-520.

Deutsch, K. W./Burrell, S. A./Kann, R. A. (1957), Political Community and the North Atlantic Area. International Organization in the Light of Historical Experience. Princeton (Princeton University Press).

Diedrichs, U. (2007), Neue Dynamik in der Europäischen Außen- und Sicherheitspolitik: auf dem Weg zu einer EU Security Governance. In: Tömmel, I. (Hrsg.), Die Europäische Union: Governance and Policy-Making (PVS-Sonderheft 2007/2), S. 343-364.

Diedrichs, U./Jopp, M./Sandawi, S. (2004), Möglichkeiten und Grenzen militärischer Integration im Rahmen der ESVP. In: integration (27) 3, S. 223-233.

Dinan, D. (1994), Ever closer union? An introduction to the European Community. Boulder (Lynne Rienner).

Dinan, D. (1997), The Commission and the Intergovernmental Conferences. In: Nugent, N. (Hrsg.), At the heart of the Union. Studies of the European Commission. New York (St. Martin's), S. 245-264.

Dinan, D. (1999), Treaty Change in the European Union: The Amsterdam Experience. In: Cram, C./Dinan, D./Nugent, N. (Hrsg.), Developments in the European Union. New York (St. Martins Press), S. 290-310.

Docksey, C./Williams, K. (1995), The Commission and the execution of Community policy. In: Edwards, G./Spence, D. (Hrsg.), The European Commission, 2. Aufl., London (Cartermill), S. 117-145.

Dogan, R. (1997), Comitology – Little Procedures with Big Implementations. In: West European Politics (20) 3, S. 31-60.

Drake, H. (2000), Jacques Delors: Perspectives on a European Leader. London (Routledge).

Duff, A. (1994), The Main Reforms. In: Duff, A./Pinder, J./Price, R. (Hrsg.), Maastricht and Beyond. Building the European Union. London (Routledge), S. 19-35.

Duff, A./Pinder, J./Price, R. (Hrsg.) (1994), Maastricht and Beyond. Building the European Union. London (Routledge).

Dyson, K. (1999), Economic and monetary union in Europe - A transformation of governance. In: Kohler-Koch, B./Eising, R. (Hrsg.), The Transformation of Governance in the European Union. London (Routledge), S. 98-118.

Earnshaw, D./Judge, D. (1996), From co-operation to co-decision – the European parliament's path to legislative power. In: Richardson, J. (Hrsg.), European Union – power and policy-making. London (Routledge), S. 96-126.

Earnshaw, D./Judge, D. (1997), The Life and Times of the European Union's Co-operation Procedure. In: Journal of Common Market Studies (35) 4, S. 543-564.

Eberlein, B./Kerwer, D. (2004), New Governance in the EU: A Theoretical Perspective. In: Journal of Common Market Studies, (42) 1, S. 121-142.

Edwards, G./Spence, D. (1994), The Commission in Perspective. In: Edwards, G./Spence, D. (Hrsg.), The European Commission. London (Cartermill), S. 1-30.

Edwards, G./Spence, D. (Hrsg.) (1995), The European Commission. 2. Aufl., London (Cartermill).

Egan, M. (2001), Constructing a European Market. Standards, Regulations and Governance. Oxford (Oxford University Press).

Ehlermann, C.-D. (1990), Die institutionelle Entwicklung der EG unter der Einheitlichen Europäischen Akte. In: Außenpolitik 2, S. 136-146.

Ehlermann, C.-D. (1998), Differentiation, Flexibility, Closer Co-Operation. The New Provisions of the Amsterdam Treaty. In: European Law Journal 4, S. 246-270.

Ehrhart, H.G. (2002), Die europäische Sicherheits- und Verteidigungspolitik: Positionen, Perzeptionen, Probleme, Perspektiven. Baden-Baden (Nomos).

Eichener, V. (1996), Die Rückwirkungen der europäischen Integration auf nationale Politikmuster. In: Jachtenfuchs, M./Kohler-Koch, B. (Hrsg.), Europäische Integration. Opladen (Leske+Budrich), S. 249-280.

Eichener, V. (2000), Das Entscheidungssystem der Europäischen Union. Institutionelle Analyse und demokratietheoretische Bewertung. Opladen (Leske+Budrich).

Eichener, V./Voelzkow, H. (Hrsg.) (1994a), Europäische Integration und verbandliche Interessenvermittlung. Marburg (Metropolis).

Eichener, V./Voelzkow, H. (1994b), Europäische Integration und verbandliche Interessenvermittlung: Ko-Evolution von politisch-administrativem System und Verbändelandschaft. In: Eichener, V./ Voelzkow, H. (Hrsg.), Europäische Integration und verbandliche Interessenvermittlung. Marburg (Metropolis), S. 9-25.

Eising, R. (2001), Interessenvermittlung in der Europäischen Union. In: Reutter, W./Rütters, P. (Hrsg.), Verbände und Verbandssysteme in Westeuropa. Opladen (Leske+Budrich), S. 453-476.

Eising, R./Kohler-Koch, B. (1994), Inflation und Zerfaserung: Trends der Interessenvermittlung in der Europäischen Gemeinschaft. In: Streeck, W. (Hrsg.), Staat und Verbände (PVS-Sonderheft 25). Opladen (Westdeutscher Verlag), S. 175-205.

Eising, R./Kohler-Koch, B. (Hrsg.) (1999), The transformation of governance in the European Union (ECPR studies in European political science 12). London u.a. (Routledge).

Eising, R./Kohler-Koch, R. (2005), Interessenpolitik im europäischen Mehrebenensystem. In: Eising, R./Kohler-Koch, R. (Hrsg.), Interessenpolitik in Europa: Regieren in Europa Bd. 7. Baden-Baden (Nomos), S. 11-78.

Elgie, R. (1998), Democratic Accountability and Central Bank Independence: Historical and Contemporary, National and European Perspectives. In: West European Politics (21) 3, S. 53-76.

Elgström, O. (Hrsg.) (2003a), European Union Council Presidencies: A Comparative Perspective. London u.a. (Routledge).

Elgström, O. (2003b), 'The honest broker'? The Council Presidency as a mediator. In: Elgström, O. (Hrsg.), European Union Council Presidencies: A Comparative Perspective. London u.a. (Routledge), S. 38-54.

Endler, J. (1998), Europäische Zentralbank und Preisstabilität. Eine juristische und ökonomische Untersuchung der institutionellen Vorkehrungen des Vertrags von Maastricht zur Gewährleistung der Preisstabilität. Stuttgart (Boorberg, Schriften zum öffentlichen, europäischen und internationalen Recht, 6).

Endo, K. (1999), The Presidency of the European Commission under Jacques Delors: The Politics of Shared Leadership. Basingstoke (Macmillan).

Engel, C. (1993), Regionen in der EG - rechtliche Vielfalt und integrationspolitische Rollensuche, Bonn (Europa Union Verlag).

Engel, Ch. (1995), Der Ausschuß der Regionen im institutionellen Wandel der Europäischen Union. In: Hesse, J. J. (Hrsg.), Regionen in Europa. Bd. 1: Die Institutionalisierung des Regionalausschusses. Baden-Baden (Nomos), S. 263-280.

Engel, Ch. (1998), Das „Europa der Regionen" seit Maastricht. In: Borkenhagen, F. H. U. (Hrsg.), Europapolitik der deutschen Länder. Bilanz und Perspektiven nach dem Gipfel von Amsterdam. Opladen (Leske+Budrich), S. 153-178.

Europäische Kommission (1994), Wachstum, Wettbewerbsfähigkeit, Beschäftigung. Herausforderungen der Gegenwart und Wege ins 21. Jahrhundert. Weißbuch. Luxemburg (Amt für amtliche Veröffentlichungen der Europäischen Gemeinschaften).

Faber, A. (2002), Die Rolle supranationaler Institutionen bei der Weiterentwicklung des europäischen Integrationsprozesses: Policy entrepreneurs oder Logistik-Dienstleister? In: Tömmel, I./Kambas, Ch./Bauer, P. (Hrsg.), Die EU: eine politische Gemeinschaft im Werden? Opladen (Leske+Budrich), S. 47-62.

Faber, A. (2005), Europäische Integration und politikwissenschaftliche Theoriebildung: Neofunktionalismus und Intergouvernementalismus in der Analyse. Forschungen zur Europäischen Integration, Band 14, Wiesbaden (VS).

Falkner, G. (1996), European Works Councils and the Maastricht Social Agreement: towards a new policy style? In: Journal of European Public Policy (3) 2, S. 192-208.

Falkner, G. (1998), EU Social Policy in the 1990s. Towards an Corporatist Policy Community. London (Routledge).

Falkner, G. (1999), European social policy: towards multi-level and multi-actor governance. In: Kohler-Koch, B./Eising, R. (Hrsg.), The Transformation of Governance in the European Union. London (Routledge), S. 83-97.

Falkner, G. (2000), The Council or the social partners? EC social policy between diplomacy and collective bargaining. In: Journal of European Public Policy (7) 5 Sonderbd., S. 705-724.

Falkner, G. (2002), Zwischen Recht und Vertrag: Innovative Regulierungsformen im EG-Arbeitsrecht. In: Zeitschrift für europäisches Privatrecht (10) 1, S. 222-235.

Falkner, G./Hartlapp, M./Leiber, S./Treib, O. (2002), Transforming Social Policy in Europe? The EC's Parental Leave Directive and Misfit in the 15 Member States. MPIfG Working Papers (02) 11, Köln (MPI).

Falkner, G./Treib, O./Hartlapp, M./Leiber,S. (2005), Complying with Europe: EU Harmonisation and Soft Law in the Member States. Cambridge (Cambridge University Press).

Ferrera, M./Matsaganis, M./Sacchi, S. (2002), Open coordination against poverty: the new EU 'social inclusion process'. In: Journal of European Social Policy (12) 3, S. 227-239.

Fischer Weltalmanach 2002, Fischer Taschenbuchverlag, Frankfurt a.M.

Fischer, J. (2000), Vom Staatenbund zur Föderation – Gedanken über die Finalität der europäischen Integration. In: integration (23) 3, S. 149-156.

Fitzmaurice, J. (1988), An Analysis of the European Community's Co-operation Procedure. In: Journal of Common Market Studies (26) 4, S. 389-400.

Fitzmaurice, J. (1994), The European Commission. In: Duff, A./Pinder, J./Pryce, R. (Hrsg.), Maastricht and Beyond. Building the European Union. London (Routledge), S. 179-189.

Forster, A./Wallace, W. (2000), Common Foreign and Security Policy. In: Wallace, H./Wallace, W., Policy-Making in the European Union. 4. Aufl., Oxford (Oxford University Press), S. 461-492.

Fouilleux, E. (2003), The Common Agricultural Policy. In: Cini, M. (Hrsg.), European Union Politics, Oxford (Oxford University Press), S. 246-263.

Fuhrmann, N. (2005), Geschlechterpolitik im Prozess der europäischen Integration. Forschungen zur Europäischen Union, Band 11. Wiesbaden (VS).

Galloway, D. (2001), The Treaty of Nice and Beyond. Realities and Illusions of Power in the EU. Sheffield (Sheffield Academic Press).

Gehring, Th. (1997), Die Europäische Union: Legitimationsstrukturen eines Regimes mit föderativen Bestandteilen. In: Wolf, K. D. (Hrsg.), Projekt Europa im Übergang? Probleme, Modelle und Strategien des Regierens in der Europäischen Union. Baden-Baden (Nomos), S. 125-153.

Gehring, Th. (1999), Die Politik des koordinierten Alleingangs. In: Zeitschrift für Internationale Beziehungen 5, S. 43-78.

Gehring, Th. (2005), Gesellschaftliche Rationalität durch die Differenzierung von Entscheidungsverfahren. In: Gehring Th./Krapohl, S./Kerler, M./Stefanova, S., Rationalität durch Verfahren in der Europäischen Union. Europäische Arzneimittelzulassung und Normung technischer Güter. Baden-Baden (Nomos), S. 27-61.

Gehring, Th./Kerler, M.A./Krapohl, S. (2007), Risikoregulierung im europäischen Binnenmarkt: Regulierungsagenturen, Normungsinstitute und Komitologieausschüsse. In: Tömmel, I. (Hrsg.), Die Europäische Union: Governance and Policy-Making (PVS-Sonderheft 2007/2), S. 231-252.

Genschel, Ph. (2002), Steuerharmonisierung und Steuerwettbewerb in der Europäischen Union. Frankfurt a.M. (Campus).

Genschel, Ph./Rixen, T./Uhl, S. (2007): Die Ursachen des europäischen Steuerwettbewerbs. In: Tömmel, I. (Hrsg.), Die Europäische Union: Governance and Policy-Making (PVS-Sonderheft 2007/2), S. 297-320.

Giering, C. (1997), Europa zwischen Zweckverband und Superstaat: die Entwicklung der politikwissenschaftlichen Integrationstheorie im Prozeß der europäischen Integration. Bonn (Europa-Union).

Gimbal, A. (1994), Innen- und Justizpolitik – die dritte Säule der Europäischen Union. In: Weidenfeld, W. (Hrsg.), Maastricht in der Analyse. Gütersloh (Bertelsmann).

Goetschy, J. (1999), The European Employment Strategy: Genesis and Development. In: European Journal of Industrial Relations (5) 2, S. 117-137.

Goetschy, J. (2003), The European Employment Strategy, Multi-level Governance, and Policy Coordination: Past, Present and Future. In: Zeitlin, J./Trubek, D. M. (Hrsg.), Governing Work and Welfare in a New Economy: European and American Experiments. Oxford (Oxford University Press), S. 59-87.

Golub, J. (1996), The Politics of Judicial Discretion: Rethinking the Interaction between National Courts and the European Court of Justice. In: West European Politics (19) 2, S. 360-385.

Golub, J. (1999), In the shadow of the vote? Decision making in the European Community. In: International Organization (53) 4, S. 733-764.

Göler, D. (2002), Der Gipfel von Laeken: Erste Etappe auf dem Weg zu einer Europäischen Verfassung? In: integration (25) 2, S. 99-110.

Göler, D./Marhold, H. (2003), Die Konventsmethode. In: integration (26) 4, S. 317-330.

Goosmann, T. (2007), Die ‚Berliner Erklärung' – Dokument europäischer Identität oder pragmatischer Zwischenschritt zum Reformvertrag? In: Integration (30) 3, S. 251-263.

Grande, E. (1996a), Demokratische Legitimation und europäische Integration. In: Leviathan (24) 3, S. 339-360.

Grande, E. (1996b), The state and interest groups in a framework of multi-level decision-making: the case of the European Union. In: Journal of European Public Policy (3) 3, S. 318-338.

Grande, E. (1996c), Das Paradox der Schwäche. Forschungspolitik und die Einflußlogik europäischer Politikverflechtung. In: Jachtenfuchs, M./Kohler-Koch, B. (Hrsg.), Europäische Integration. Opladen (Leske+Budrich), S. 373-399.

Grande, E. (2000), Multi-Level Governance: Institutionelle Besonderheiten und Funktionsbedingungen des europäischen Mehrebenensystems. In: Grande, E./Jachtenfuchs, M. (Hrsg.), Wie problemlösungsfähig ist die EU? Baden-Baden (Nomos), S. 11-30.

Grande, E./Jachtenfuchs, M. (Hrsg.) (2000), Wie problemlösungsfähig ist die EU? Regieren im europäischen Mehrebenensystem. Baden-Baden (Nomos).

Grant, S. (1994), Inside the house that Jacques built. London (Brealey).

Greenwood, J. (1997), Representing interests in the European Union. New York (St. Martin's).

Greenwood, J./Aspinwall, M. D. (Hrsg.) (1998), Collective action in the European Union – interests and the new politics of associability. London (Routledge).

Greenwood, J./Ronit, K. (1994), Interest Groups in the European Community: Newly Emerging Dynamics and Forms. In: West European Politics (17) 1, S. 31-52.

Greven, M. (2000), Can the European Union Finally Become a Democracy? In: Greven, M./Pauly, L. (Hrsg.): Democracy beyond the State? The European Dilemma and the Emerging Global Order. Lanham, Maryland and Oxford (Rowman & Littlefield)

Haas, E. B. (1958), The Uniting of Europe: Political, Social and Economic Forces 1950-1957. London (Stevens & Sons Limited).

Harbrecht, W. (1984), Die Europäische Gemeinschaft. 2. Aufl., Stuttgart (Fischer).

Hartenberger, U. (2001), Europäischer sozialer Dialog nach Maastricht. EU-Sozialpartnerverhandlungen auf dem Prüfstand. Baden-Baden (Nomos).

Hartlapp, M. (2005), Die Kontrolle der nationalen Rechtsdurchsetzung durch die Europäische Kommission. Frankfurt a.M. (Campus).

Hayes-Renshaw, F./Wallace, H. (1997), The Council of Ministers. New York (St Martin´s Press).

Hayes-Renshaw, F./Wallace, H. (2006), The Council of Ministers. 2. Aufl., Houndmills, Basingstoke/ Hampshire and New York (Palgrave Macmillan).

Heinelt, H. (Hrsg.) (1996), Politiknetzwerke und europäische Strukturfondsförderung. Ein Vergleich zwischen EU-Mitgliedstaaten. Opladen (Leske+Budrich).

Heinelt, H. (1998), Zivilgesellschaftliche Perspektiven einer demokratischen Transformation der Europäischen Union. In: Zeitschrift für Internationale Beziehungen (5) 1, S. 79-107.

Heinelt, H./Kopp-Malek, T./Lang, J./Reissert, B. (2005), Die Entwicklung der EU-Strukturfonds als kumulativer Politikprozess. Baden-Baden (Nomos).

Held, D. (1995), Democracy and the global order – from the modern state to cosmopolitan governance. Stanford (Stanford University Press).

Héritier, A. (1993), Policy-Netzwerkanalyse als Untersuchungsinstrument im europäischen Kontext: Folgerungen aus einer empirischen Studie regulativer Politik. In: Héritier, A. (Hrsg.), Policy-Analyse. Kritik und Neuorientierung. Opladen (Leske+Budrich), S. 432-447.

Héritier, A. (1999), Policy-making and diversity in Europe: escaping deadlock. Cambridge u.a. (Cambridge University Press).

Héritier, A. (2001), New Modes of Governance in Europe: Policy-Making without Legislating? (Preprints aus der Max-Planck-Projektgruppe Recht der Gemeinschaftsgüter, Bonn, 2001/14).

Héritier, A. (2002), New Modes of Governance in Europe: Policy-Making without Legislating? In: Hériter, A. (Hrsg.), Common Goods: Reinventing European and International Governance, Lanham u.a. (Rowman & Littlefield), S. 185-206.

Héritier, A./Mingers, S./Knill, C./Becka, M. (1994), Die Veränderung von Staatlichkeit in Europa. Ein regulativer Wettbewerb: Deutschland, Großbritannien und Frankreich in der Europäischen Union. Opladen (Leske+Budrich).

Héritier, A./Kerwer, D./Knill, C./Lehmkuhl, D./Teutsch, M./Douillet, A.C. (2001), Differential Europe. The European Union Impact on National Policymaking. Lanham u.a. (Rowman & Littlefield).

Hesse, J. J. (Hrsg.) (1995), Regionen in Europa. Bd. 1: Die Institutionalisierung des Regionalausschusses. Baden-Baden (Nomos).

Hesse, J. J. (Hrsg.) (1996), Regionen in Europa. Bd. 2: Das regionale Potential. Baden-Baden (Nomos).

Hitzel-Cassagnes, T. (2000), Der Europäische Gerichtshof: Ein europäisches „Verfassungsgericht"? In: Aus Politik und Zeitgeschichte (Beilage zur Wochenzeitung Das Parlament) 52-53, S. 22-30.

Hix, S. (1998), Elections, Parties and Institutional Design: A Comparative Perspective on European Union Democracy. In: West European Politics (21) 3, S. 19-52.

Hix, S. (1999), The political system of the European Union. New York (St. Martin's).

Hix, S. (2001), Legislative Behaviour and Party Competition in the European Parliament: An Application of Nominate to the EU. In: Journal of Common Market Studies (39) 4, S. 663-688.

Hix, S. (2005a), The Political System of the European Union (European Union Series), Second Edition. New York u.a. (Palgrave Macmillan).

Hix, S. (2005b), Why the EU needs (Left-Right) Politics? Policy Reform and Accountability are impossible without it. In: Notre Europe Policy Paper 19, S. 1-28.

Hix, S./Lord, Ch. (1996), The Making of a President: The European Parliament and the Confirmation of Jacques Santer as President of the Commission. In: Government and Opposition (31) 1, S. 62-76.

Hix, S./Lord, Ch. (1997), Political Parties in the European Union (European Union Series). Houndmills u.a. (Macmillan).

Hodson, D./Maher, I. (2001), The Open Method as a New Mode of Governance: the Case of Soft Economic Policy Co-ordination. In: Journal of Common Market Studies 39 (4), S. 719-745.

Hönnige, Ch./Kaiser, A. (2003), Opening the black box: decisions-making in the Committee of the Regions. In: Regional and Federal studies, (13) 2, S. 1-30.

Hörber, Thomas (2006), The Foundations of Europe. European Integration Ideas in France, Germany and Britain in the 1950s. Wiesbaden (VS).

Hoffmann, S. (1966), Obstinate or Obsolete: The Fate of the Nation State and the Case of Western Europe. In: Daedalus (Sommerheft), S. 862-915.

Hoffmann, S. (1982), Reflections on the Nation-State in Western Europe Today. In: Journal of Common Market Studies (21) 1/2, S. 21-37.

Holzinger, K./Knill, C./Schäfer, A. (2003), Steuerungswandel in der europäischen Umweltpolitik? In: Holzinger, K./Knill, C./Lehmkuhl, D. (Hrsg.), Politische Steuerung im Wandel: Der Einfluss von Ideen und Problemstrukturen. Opladen (Leske+Budrich).

Holzinger, K./Knill, C./Lenschow, A. (i.E.), A Turn toward New Modes of Governance in EU Environmental Policy? In: Tömmel, I./Verdun, A., Governance and Policy-Making in the European Union. Boulder (Co).

Hooghe, L. (1995), Subnational Mobilisation in The European Union. In: West European Politics (18) 3, S. 175-198.

Hooghe, L. (Hrsg.) (1996a), Cohesion Policy and European Integration: Building Multi-Level Governance. Oxford (Oxford University Press).

Hooghe, L. (1996b), Building a Europe with the Regions: The Changing Role of the European Commission. In: Hooghe, L. (Hrsg.), Cohesion Policy and European Integration: Building Multi-Level Governance. Oxford (Oxford University Press), S. 89-126.

Hooghe, L./Marks, G. (2001): Multi-Level Governance and European Integration. Lanham (Rowman & Littlefield).

Hoppe, A./Voelzkow, H. (2001), Angleichung und Differenzierung in der Europäischen Strukturpolitik: Deutschland und Großbritannien im Vergleich. In: Tömmel, I. (Hrsg.), Europäische Integration als Prozess von Angleichung und Differenzierung (Forschungen zur Europäischen Integration 3). Opladen (Leske+Budrich), S. 185-208.

Howorth, J. (2001), European Defence and the Changing Politics of the European Union: Hanging Together or Hanging Separately? In: Journal of Common Market Studies (39) 4, S. 765-789.

Hrbek, R. (2000), Der Ausschuß der Regionen – Eine Zwischenbilanz zur Entwicklung der jüngsten EU-Institutionen und ihrer Arbeit. In: Jahrbuch des Föderalismus 1, Föderalismus, Subsidiarität und Regionen in Europa (Sonderdruck). Baden-Baden (Nomos), S. 461-478.

Hrbek, R. (2003), Der Entwurf eines Verfassungsvertrags für die Grundordnung einer erweiterten EU. In: Wirtschaftsdienst (83) 10, S. 655-661.

Hrbek, R. (2004), Europawahl 2004: neue Rahmenbedingungen – alte Probleme. In: integration (27) 3, S. 211-222.

Hueglin, T./Fenna, A. (2006): Comparative Federalism. A Systematic Inquiry. Peterborough/Ontario (Broadview Press).

Huget, H. (2002), Europäische Mehrebenen-Demokratie? Dezentrale Steuerung und demokratische Legitimation am Beispiel europäischer Beschäftigungspolitik. In: Tömmel, I./Kambas, Ch./Bauer, P. (Hrsg.), Die EU: eine politische Gemeinschaft im Werden? Opladen (Leske+Budrich), S. 63-94.

Huget, H. (2007), Demokratisierung der EU. Normative Demokratietheorie und Governance-Praxis im europäischen Mehrebenensystem. Wiesbaden (VS).

Hull, R. (1993), Lobbying Brussels: A View from Within. In: Mazey, S./Richardson, J. (Hrsg.), Lobbying in the European Community. Oxford (Oxford University Press), S. 82-92.

Hummer, W./Obwexer,W. (1999), Der „geschlossene" Rücktritt der Europäischen Kommission: Von der Nichtentlastung für die Haushaltsführung zur Neuernennung der Kommission. In: integration (22) 2, S. 77-94.

Jachtenfuchs, M. (1997), Die Europäische Union – ein Gebilde sui generis? In: Wolf, K. D. (Hrsg.), Projekt Europa im Übergang? Probleme, Modelle und Strategien des Regierens in der Europäischen Union. Baden-Baden (Nomos).

Jachtenfuchs, M. (2001), The Governance Approach to European Integration. In: Journal of Common Market Studies (39) 2, S. 245-264.

Jachtenfuchs, M./Kohler-Koch, B. (Hrsg.) (1996a), Europäische Integration. Opladen (Leske+ Budrich).

Jachtenfuchs, M./Kohler-Koch, B. (1996b), Regieren im dynamischen Mehrebenensystem. In: Jachtenfuchs, M./Kohler-Koch, B. (Hrsg.), Europäische Integration. Opladen (Leske+Budrich), S. 15-44.

Jachtenfuchs, M./Kohler-Koch, B. (2003), Regieren und Institutionenbildung. In: Jachtenfuchs, M./Kohler-Koch, B. (Hrsg.), Europäische Integration (2.Auflage). Opladen (Leske+Budrich).

Rechnungshof der Europäischen Gemeinschaften (2006), Jahresberichte zum Haushaltsjahr 2005. In: Amtsblatt der Europäischen Union, C 263 vom 31.10.2006.

Janning, J. (1994), Außen- und Sicherheitspolitik nach Maastricht. In: Weidenfeld, W. (Hrsg.), Maastricht in der Analyse (Strategien und Optionen für Europa). Gütersloh (Bertelsmann), S. 55-70

Jeffery, Ch. (1997), Regional Information Offices in Brussels and Multi-Level Governance in the EU: A UK-German Comparison. In: Jeffery, Ch. (Hrsg.), The Regional Dimension of the European Union – Towards a Thrid Level in Europe? London/Portland (Frank Cass), S. 183-203.

Jeffery, Ch. (2002), Social and Regional Interests: ESC and Committee of the Regions. In: Peterson, J./Shackleton, M. (Hrsg.), The Institutions of the European Union. Oxford (Oxford University Press), S. 326-346.

Jessop, B. (2003), The Future of the Capitalist State. Cambridge (Polity Press).

Joerges, Ch./Neyer, J. (1997), From Intergovernmental Bargaining to Deliberative Political Processes: the Constitutionalisation of Comitology. In: European Law Journal (3), S. 273-299.

Joerges, Ch./Neyer, J. (1998), Von intergouvernementalem Verhandeln zu deliberativer Politik: Gründe und Chancen für eine Konstitutionalisierung der Komitologie. In: Kohler-Koch, B. (Hrsg.), Regieren in entgrenzten Räumen, PVS-Sonderheft 29, S. 207-245.

Jones, B./Keating, M. (Hrsg.) (1995), The European Union and the Regions. Oxford (Clarendon).

Judge, D. (1992), 'Predestined to Save the Earth`: The Environment Comnmittee of the European Parliament. In: Environmental Politics (1) 4, S. 186-212.

Judge, D./Earnshaw, D./Cowan, N. (1994), Ripples or waves: the European Parliament in the European Community policy process. In: Journal of European Public Policy 1.

Kalbfleisch-Kottsieper (1993), Fortentwicklung des Föderalismus in Europa – vom Provinzialismus zur stabilen politischen Perspektive? In: Die Öffentliche Verwaltung (46) 13, S. 541-551.

Kapteyn, P. (1996), The Stateless Market. London (Routledge).

Katz, R. S. (1997), Representational Roles. In: European Journal of Political Research (32), S. 211-226.

Kazakos, P. (2000), Stabilisierung ohne Reform. Konvergenz und Pfadabhängigkeit im Griechenland der 90er Jahre (Discussion Paper C 66). Bonn (Zentrum für Europäische Integrationsforschung).

Keating, M. (1998), The New Regionalism in Western Europe: Territorial Restructuring and Political Change. Cheltenham/Northhampton, MA (Edward Elgar).

Keating, M./Jones, B. (Hrsg.) (1985), Regions in the European Community. Oxford (Clarendon Press).

Keeling, R. (2006), The Bologna Process and the Lisbon Research Agenda: The European Commission's expanding role in the higher ducation discourse. In: European Journal of Education (41) 2, S. 203-223.

Keller, B. (1996), Sozialdialog als Instrument europäischer Arbeits- und Sozialpolitik? In: Industrielle Beziehungen 3, S. 207-228.

Keller, B. (2001), Europäische Arbeits- und Sozialpolitik. München (Oldenbourg).

Keller, B./Sörries, B. (1997), The new social dialogue: procedural structuring, first results and perspectives. In: Industrial Relations Journal, European Annual Review, S. 77-98.

Keohane, R. O. (1984), After Hegemony – Cooperation and Discord in the World Political Economy. Princeton (Princeton University Press).

Keohane, R. O./Hoffmann, S. (Hrsg.) (1991), The New European Community: Decisionmaking and Institutional Change. Boulder (Westview Press).

Kielmannsegg, P. G. von (1996), Integration und Demokratie. In: Jachtenfuchs, M./Kohler-Koch, B. (Hrsg.), Europäische Integration (UTB). Opladen (Leske+Budrich), S. 47-71.

Kirchner, E. J. (1992), Decision-making in the European Community: The Council Presidency and European integration. New York (St. Martin`s).

Knelangen, W. (2001), Das Politikfeld innere Sicherheit im Integrationsprozess: die Entstehung einer europäischen Politik der inneren Sicherheit. Opladen (Leske+Budrich).

Knill, Ch. (2001), Private governance across multiple arenas: European interest associations as interface actors. In: Journal of European Public Policy (8) 2, S. 227-246.

Knill, Ch. (2003), Europäische Umweltpolitik: Steuerungsprobleme und Regulierungsmuster im Mehrebenensystem. Opladen (Leske+Budrich).

Knill, Ch./Lenschow, A. (2000), Implementing EU Environmental Policy: New Directions and Old Problems. Manchester (Manchester University Press).

Knill, Ch./Lenschow, A. (2001), Adjusting to EU Environmental Policy: Change and Persistence of Domestic Administrations. In: Green Cowles, M./Caporaso, J. A./Risse, Th. (Hrsg.), Transforming Europe. Europeanization and Domestic Change. Ithaca, New York (Cornell University Press), S. 116-136.

Knipping, F. (2004), Rom, 25. März 1957: Die Einigung Europas. 20 Tage im 20. Jahrhundert. München (dtv).

Knipping, F./Schönwald, M. (2004), Aufbruch zum Europa der zweiten Generation. Die europäische Einigung 1969-1984. (Europäische und Internationale Studien, Bd. 3), Trier (WVT).

Knodt, M. (1998), Tiefenwirkung europäischer Politik. Eigensinn oder Anpassung regionalen Regierens? Baden-Baden (Nomos).

Kohler-Koch, B. (1992), Interessen und Integration. Die Rolle organisierter Interessen im westeuropäischen Integrationsprozeß. In: Kreile, M. (Hrsg.), Die Integration Europas (PVS-Sonderheft 23). Opladen, S. 81-119.

Kohler-Koch, B. (1996a), Die Gestaltungsmacht organisierter Interessen. In: Jachtenfuchs, M./Kohler-Koch, B. (Hrsg.), Europäische Integration. Opladen (Leske+Budrich), S. 193-222.

Kohler-Koch, B. (1996b), Regionen im Mehrebenensystem der EU. In: König, Th./Rieger, E./Schmitt, H. (Hrsg.), Das europäische Mehrebenensystem. Frankfurt a.M./New York (Campus), S. 203-227.

Kohler-Koch, B. (1997), Organized Interests in the EC and the European Parliament. In: European Integration Online Papers (1) 9, S. 1-17.

Kohler-Koch, B. et al. (1998), Interaktive Politik in Europa. Regionen im Netzwerk der Integration. Opladen (Leske+Budrich).

Kohler-Koch, B. (1999), The evolution and transformation of European governance. In: Kohler-Koch, B./Eising, R. (Hrsg.), The Transformation of Governance in the European Union. London (Routledge), S. 14-35.

Kohler-Koch, B./Eising, R. (Hrsg.) (1999), The Transformation of Governance in the European Union. London (Routledge).

Kohler-Koch, B./Conzelmann, Th./Knodt, M. (2004), Europäische Integration – Europäisches Regieren. Wiesbaden (VS).

Kommission der Europäischen Gemeinschaften (1985), Vollendung des Binnenmarktes. Weißbuch der Kommission an den Europäischen Rat. Brüssel/Luxemburg (Amt für Veröffentlichungen der Europäischen Gemeinschaften).

Kommission der Europäischen Gemeinschaften (1993), Wachstum, Wettbewerbsfähigkeit, Beschäftigung. Herausforderungen der Gegenwart und Wege ins 21. Jahrhundert. Weißbuch, Luxemburg (Amt für amtliche Veröffentlichungen der Europäischen Gemeinschaften).

Kommission der Europäischen Gemeinschaften (1997), Agenda 2000: Eine stärkere und erweiterte Union. Brüssel: Europäische Kommission.

Kommission der Europäischen Gemeinschaften (2001), Europäisches Regieren. Ein Weißbuch. KOM 428 endg., Brüssel: Europäische Kommission.

Kreile, M. (1989), Politische Dimensionen des europäischen Binnenmarktes. In: Aus Politik und Zeitgeschichte 24, S. 25-35.

Laffan, B. (2002), Financial Control: The Court of Auditors and OLAF. In: Peterson, J./Shackleton, M. (Hrsg.), The Institutions of the European Union. Oxford (Oxford University Press), S. 233-253.

Lahr, R. (1983), Die Legende vom „Luxemburger Kompromiß". In: Europa-Archiv 7, S. 223-232.

Lahusen, Ch. (2004), Institutionalisierung und Professionalisierung des europäischen Lobbyismus. In: Zeitschrift für Parlamentsfragen, (35) 4, S. 777-794.

Lahusen, Ch. (2005), Kommerzielle Beratungsfirmen in der Europäischen Union. In: Eising, R. (Hrsg.), Interessenpolitik in Europa. Baden-Baden (Nomos), S. 251-280.

Lahusen, Ch./Jauß, C. (2001), Lobbying als Beruf – Interessengruppen in der Europäischen Union. Baden-Baden (Nomos).

Landfried, C. (2005), Das politische Europa: Differenz als Potenzial der Europäischen Union. 2. Aufl., Baden-Baden (Nomos).

Laudati, L. (1996), The European Commission as regulator: the uncertain pursuit of the competitive market. In: Majone, G. (Hrsg.), Regulating Europe. London u.a. (Routledge).

Lavenex, S./Wallace, W. (2005), Justice and Home Affairs. Towards a 'European Public Order'?. In: Wallace, H./Wallace, W./Pollack, Mark A. (Hrsg.), Policy-Making in the European Union. 5. Aufl., Oxford (Oxford University Press), S. 457-480.

Leggewie, C. (1979), Die Erweiterung der Europäischen Gemeinschaft nach Süden. In: Leviathan 2, S. 174-198.

Lenschow, A. (1999), Transformation in European environmental governance. In: Kohler-Koch, B./Eising, R. (Hrsg.), The Transformation of Governance in the European Union. London (Routledge), S. 39-60.

Lenschow, A. (2004), Environmental Policy: At a Crossroads? In: Green Cowles, M./Dinan, D. (Hrsg.), Developments in the European Union 2. New York u.a. (Palgrave Macmillan).

Lenschow, A. (2005), Environmental Policy: Contending Dynamics of Policy Change. In: Wallace, H./Wallace, W./Pollack, M. (Hrsg.), Policy-Making in the European Union. 5th edition. Oxford (Oxford University Press), S. 305-327.

LeRoy Bennett, A. (1995), International Organizations. Principles and Issues. 6. Aufl., Englewood Cliffs (Prentice-Hall).

Levy, R. (2000), Implementing European Union public policy. Cheltenham (Elgar).

Lewis, J. (1998), Is the 'Hard Bargaining` Image of the Council Misleading? The Committee of Permanent Representatives and the Local Elections Directive. In: Journal of Common Market Studies (36) 4, S. 479-504.

Lindberg, L./Scheingold, A. (1970), Europe's Would-be Polity. Englewood Cliffs (Harvard).

Lipgens, W. (Hrsg.) (1986), 45 Jahre Ringen um die europäische Verfassung: Dokumente 1939 - 1984 – Von den Schriften der Widerstandsbewegung bis zum Vertragsentwurf des Europäischen Parlaments. Bonn (Europa-Union-Verlag).

Lodge, J. (1989), The European Parliament – from 'assembly' to co-legislature: changing the institutional dynamics. In: Lodge, J. (Hrsg.), The European Community and the challenge of the Future, London (Pinter), S. 58-79.

Lord, Ch. (2004), A democratic audit of the European Union. Basingstoke u.a. (Macmillan).

Lord, C./Harris, E. (2006), Democracy in the New Europe. Houndmills, Basingstoke/Hampshire and New York (Palgrave Macmillan).

Loth, W. (1991), Der Weg nach Europa: Geschichte der europäischen Integration 1939-1957. 2. Aufl., Göttingen (Vandenhoeck und Ruprecht).

Loth, W. (1997), Vor 40 Jahren: Die Verhandlungen über die Römischen Verträge. In: integration (20) 1, S. 1-12.

Loth, W. (Hrsg.) (2001), Theorien europäischer Integration. Opladen (Leske+Budrich).

Loughlin, J. (1997), Representing Regions in Europe: The Committee of the Regions. In: Jeffery, Ch. (Hrsg.), The Regional Dimension of the European Union – Towards a Thrid Level in Europe? London/Portland (Frank Cass), S. 147-165.

Majone, G. (1993), The European Community between Social Policy and Social Regulation. In: Journal of Public Policy (11) 1, S. 79-106.

Majone, G. (Hrsg.) (1996a), Regulating Europe. London/New York (Routledge).

Majone, G. (1996b), Redistributive und sozialregulative Politik. In: Jachtenfuchs, M./Kohler-Koch, B. (Hrsg.), Europäische Integration. Opladen (Leske+Budrich), S. 225-247.

Majone, G. (2002), Functional Interests: European Agencies. In: Peterson, J./Shackleton, M. (Hrsg.), The Institutions of the European Union. Oxford (Oxford University Press), S. 299-325.

Majone, G. (2005), Dilemmas of European integration. The ambiguities and pitfalls of integration by stealth. Oxford (Oxford University Press).

Marks, G. (1993), Structural Policy and Multilevel Governance in the European Community. In: Cafruny, A./Rosenthal, G. (Hrsg.), The State of the European Community. New York (Lynne Rienner), S. 491-511.

Marks, G. (1996), Politikmuster und Einflußlogik in der Strukturpolitik. In: Jachtenfuchs, M./Kohler-Koch, B., Europäische Integration. Opladen (Leske+Budrich), S. 313-343.

Marks, G./McAdam, D. (1996), Social Movements and the Changing Structure of Political Opportunity in the European Union. In: West European Politics (19) 2, S. 249-278.

Marks, G./Hooghe, L./Blank, K. (1996a), European Integration from the 1980s: State-Centric versus Multi-level Governance. In: Journal of Common Market Studies 34, S. 341-378.

Marks, G. et al. (1996b), Competencies, Cracks and Conflicts: Regional Mobilization in the European Union. In: Marks, G./Scharpf, F. W./Schmitter, P. C./Streeck, W. (Hrsg.), Governance in the European Union. London (Sage), S. 40-63; auch erschienen in: Comparative Political Studies (29) 2, S. 164-192.

Maurer, A. (1995), Das Europäische Parlament und das Investiturverfahren der Kommission – Bilanz eines Experiments. In: integration (18) 2, S. 88-97.

Maurer, A. (2000), Die Ständige Vertretung Deutschlands bei der EU. In: Knodt, M./Kohler-Koch, B. (Hrsg.), Deutschland zwischen Europäisierung und Selbstbehauptung. Frankfurt a.M. (Campus), S. 293-324.

Maurer, A. (2002), Parlamentarische Demokratie in der Europäischen Union: Der Beitrag des Europäischen Parlaments und der nationalen Parlamente. Baden-Baden (Nomos).

Maurer, A. (2003), Die Methode des Konvents – ein Modell deliberativer Demokratie? In: integration (26) 2, S. 130-140.

Maurer, A./Wessels, W. (2003), Das Europäische Parlament nach Amsterdam und Nizza: Akteur, Arena oder Alibi? Schriften des Zentrum für Europäische Integrationsforschung Band 38. Baden-Baden (Nomos).

Mayntz, R. (1992), Modernisierung und die Logik von interorganisatorischen Netzwerken. In: Journal für Sozialforschung (32) 1, S. 19-32.

Mayntz, R. (1993), Policy-Netzwerke und die Logik von Verhandlungssystemen. In: Héritier, A. (Hrsg.), Policy-Analyse. Kritik und Neuorientierung. Opladen (Leske+Budrich), S. 39-56.

Mayntz, R. (1999), Multi-level governance: German federalism and the European Union. In: Lankowski, C. (Hrsg.): Governing beyond the nation-state. Global Public Policy, Regionalism or Going Local? AICGS Research report 11, S. 101-114.

Mayntz, R. (2004), Governance im modernen Staat. In: Benz, A. (Hrsg.): Governance – Regieren in komplexen Regelsystemen. Eine Einführung. Wiesbaden (VS), S. 65-76

Mayntz, R./Scharpf, F. W. (1995), Der Ansatz des akteurzentrierten Institutionalismus. In: Mayntz, R./Scharpf, F. W. (Hrsg.), Gesellschaftliche Selbstregelung und politische Steuerung. Frankfurt a.M. (Campus), S. 39-72.

Mazey, S. (1998), The European Union and women's rights: from the Europeanization of national agendas to the nationalization of a European agenda? In: Journal of European Public Policy (5) 1, S. 131-152.

Mazey, S./Richardson, J. (Hrsg.) (1993), Lobbying in the European Community. Oxford/New York (Oxford University Press).

Mazey, S./Richardson, J. (1995), The Commission and the lobby. In: Edwards, G./Spence, D. (Hrsg.), The European Commission. 2. Aufl., London (Cartermill), S. 167-201.

McAleavy, P. (1993), The Politics of European Regional Development Policy: Additionality in the Scottish Coalfields. In: Regional Politics and Policy (3) 2, S. 88-107.

McAleavy, P. (1994), The Political Logic of the European Community Structural Funds Budget: Lobbying Efforts by Declining Industrial Regions (EUI Working Paper RSC 94/2). Florence (European University Institute).

McGowan, F. (1997), Safeguarding the Economic Constitution: The Commission and Competition Policy. In: Nugent, N. (Hrsg.), At the heart of the Union. Studies of the European Commission. New York (St. Martin's), S. 145-166.

McGowan, F. (2000), Competition Policy. In: Wallace, H./Wallace, W., Policy-Making in the European Union. 4. Aufl., Oxford (Oxford University Press), S. 115-148.

McGowan, L. (2005), Europeanization unleashed and rebounding. Assessing the modernization of EU cartel policy. In: Journal of European Public Policy (12) 6, S. 986-1004.

McGowan, L./Wilks, S. (1995), The first supranational policy in the European Union: Competition policy. In: European Journal of Political Research (28) 2, S. 141-169.

McLaughlin, A. M./Greenwood, J. (1995), The Management of Interest Representation in the European Union. In: Journal of Common Market Studies (33) 1, S. 143-156.

McNamara, K. R. (2002), Managing the Euro: The European Central Bank. In: Peterson, J./Shackleton, M. (Hrsg.), The Institutions of the European Union. Oxford (Oxford University Press), S. 164-185.

Meunier, S./Nicolaïdis, K. (2005), The European Union as a Trade Power. In: Hill, Ch./Smith, M. (Hrsg.), International Relations and the European Union. Oxford (Oxford University Press).

Middlemas, K. (1995), Orchestrating Europe. The Informal Politics of the European Union 1973-95. London (Fontana).

Milward, A. S. (1984), The Reconstruction of Western Europe, 1945-51. London (Methuen).

Milward, A. S. (2000), The European rescue of the nation-state. London u.a. (Routledge).

Milward, A. S./Lynch F. M. B./Romero, F./Ranieri, R./Soerensen, V. (1994), The Frontier of National Sovereignty. History and theory 1945-1992. London (Routledge).

Milward, A. S./Sørensen, V. (1994), Interdependence or integration? A national choice. In: Milward, A. S. et al., The frontier of national sovereignty. History and theory 1945-1992. 2. Aufl., London u.a. (Routledge), S. 1-32.

Mitchell, J. (1995), Lobbying 'Brussels': The Case of Scotland Europa. In: European Urban and Regional Studies (2) 4, S. 287-298.

Mitrany, D. (1966), A Working Peace System. Chicago (Quadrangle Books) (Erstveröffentlichung 1943).

Monar, J. (2001), Justice and home affairs after Amsterdam. In: Monar, J./Wessels, W. (Hrsg.), The European Union after the treaty of Amsterdam. London (Continuum), S. 267-295.

Monar, J. (2002), Institutionalizing freedom, security, and justice. In: Peterson, J./Shackleton (Hrsg.), The institutions of the European Union, Oxford (Oxford University Press), S. 186-209.

Moravcsik, A. (1991), Negotiating the Single European Act: national interests and conventional statecraft in the European Community. In: International Organization (45) 1, S. 19-56.

Moravcsik, A. (1993), Preferences and Power in the European Community: A Liberal Intergovernmentalist Approach. In: Journal of Common Market Studies (31) 4, S. 473-524.

Moravcsik, A. (1998), The Choice for Europe: Social Purpose and State Power From Rome to Maastricht. Ithaca NY (Cornell University Press).

Moravcsik, A. (2002): In Defence of the 'Democratic Deficit': Reassessing Legitimacy in the European Union. In: Journal of Common Market Studies (40) 4, S. 603-624.

Moravcsik, A./Nicolaïdis, K. (1999), Explaining the Treaty of Amsterdam: Interests, Influence, Institutions. In: Journal of Common Market Studies (37) 1, S. 59-85.

Mosher, J. S./Trubek, D. M. (2003), Alternative Approaches to Governance in the EU: EU Social Policy and the European Employment Strategy. In: Journal of Common Market Studies (41) 1, S. 63-88.

Müller-Brandeck-Bocquet, G. (1997), Der Amsterdamer Vertrag zur Reform der Europäischen Union: Ergebnisse Fortschritte, Defizite. In: Aus Politik und Zeitgeschichte (Beilage zur Wochenzeitung Das Parlament) B 47/97, S. 21-29.

Müller-Graff P.-C. (1997), Justiz und Inneres nach Amsterdam – Die Neuerungen in erster und dritter Säule. In: integration (20) 4, S. 271-284.

Müller-Graff, P.-C. (2004), Strukturmerkmale des neuen Verfassungsvertrages für Europa. In: integration (27) 3, S. 186-201.

Neunreither, K./Wiener, A. (Hrsg.) (2000), European integration after Amsterdam – institutional dynamics and prospects for democracy. Oxford (Oxford University Press).

Neyer, J. (2002), Politische Herrschaft in nicht-hierarchischen Mehrebenensystemen. In: Zeitschrift für Internationale Beziehungen (9) 1, S. 9-38.

Nicolaïdis, K./Howse,R. (Hrsg.) (2003), The Federal Vision: Legitimacy and Levels of Governance in the United States and the European Union. Oxford (Oxford University Press).

Nicoll, W. (1994), Representing the States. In: Duff, A./Pinder, J./Pryce, R. (Hrsg.), Maastricht and Beyond. Building the European Union. London (Routledge), S. 190-206.

Nugent, N. (1991), The Government and Politics of the European Communities. 2. Aufl., London (Macmillan).

Nugent, N. (1994), The Government and Politics of the European Communities. 3. Aufl., London (Macmillan).

Nugent, N. (Hrsg.) (1997), At the heart of the Union. Studies of the European Commission. Houdmills u.a. (Macmillan u.a.).

Nugent, N. (1999), The Government and Politics of the European Union. 4. Aufl., London (Macmillan).

Nugent, N. (2001), The European Commission. Houndmills u.a. (Palgrave).

Nugent, N. (2003), The Government and Politics of the European Union. Fifth Edition, Durham (Duke University Press).

Nuttall, S. (1995), The Commission and foreign policy-making. In: Edwards, G./Spence, D. (Hrsg.), The European Commission, London (Cartermill), S. 287-302.

Ovey, J.-D. (2002), Between Nation and Europe. The SPD and Labour in the European Parliament, 1994-1999. Opladen (Leske+Budrich).

Ovey, J.-D. (2004), Parteien in Europa – europäische Parteien? In: Bauer, P./Voelzkow,H. (Hrsg.), Die Europäische Union – Marionette oder Regisseur? Forschungen zur Europäischen Integration. Wiesbaden (VS).

Padoa-Schioppa, T. (1987), Efficiency, stability, and equity: a strategy for the evolution of the economic system of the European Community: a report. Oxford (Oxford University Press).

Padoa-Schioppa, T. et al. (1988), Effizienz, Stabilität und Verteilungsgerechtigkeit: Eine Entwicklungsstrategie für die Europäische Gemeinschaft. Wiesbaden (VS).

Patten, Ch. (2000), Die Zukunft der Europäischen Sicherheits- und Verteidigungspolitik und die Rolle der Europäischen Kommission. In: integration (23) 1, S. 7-17.

Pentland, C. (1973), International Theory and the European Commmunity. London (Faber).

Peterson, J. (1999), The Santer era: the European Commission in normative, historical and theoretical perspective. In: Journal of European Public Policy (6) 1, S. 46-65.

Peterson, J. (2004), The Prodi Commission: fresh start or free fall? In: Dimitrakopoulos, D. G. (Hrsg.), The changing European Commission, Manchester (Manchester Univ. Press), S. 15-32.

Peterson, J./Shackleton, M. (Hrsg.) (2002), The Institutions of the European Union. Oxford (Oxford University Press).

Peterson, J./Sharp, M. (1998), Technology policy in the European Union. Basingstoke, Hampshire (Macmillan).

Peterson, J./Sjursen, H. (Hrsg.) (1998), A common foreign policy for Europe? Competing visions of the CFSP. London u.a. (Routledge).

Pierson, P. (2000), The Limits of Design: Explaining Institutional Origins and Change. In: Governance – An International Journal of Policy and Administration (13) 4, S. 475-499.

Pinder, J. (1986), European Community and nation-state: a case for neo-federalism? In: International Affairs (62) 2, S. 41-54.

Pinder, J. (1989), The Single Market: a step towards European Union. In: Lodge, J. (Hrsg.), The European Community and the challenge of the future. London (Pinter).

Pinder, J. (1991), European Community. The building of a Union. Oxford (Oxford University Press).

Pleuger, G. (2001), Der Vertrag von Nizza: Gesamtbewertung der Ergebnisse. In: integration (24) 1, S. 1-7.

Polanyi, K. (1997), The great transformation: Politische und ökonomische Ursprünge von Gesellschaften und Wirtschaftssystemen. Frankfurt a.M. (Suhrkamp) (Erstveröffentlichung 1944).

Pollack, M. A. (1997a), Delegation, agency, and agenda setting in the European Community. In: International Organization (51) 1, S. 99-134.

Pollack, M. A. (1997b), Representing Diffuse Interests in EC Policymaking. In: Journal of European Public Policy 4, S. 572-590.

Pollack, M. A. (1998), The Engines of Integration? Supranational Autonomy and Influence in the European Union. In: Sandholtz, W./Stone Sweet, A. (Hrsg.), European Integration and Supranational Governance. Oxford (Oxford University Press), S. 217-249.

Porte, C. de la/Pochet, P. (2002), Supple Co-ordination at EU Level and the Key Actors' Involvement. In: Porte, C. de la/Pochet, P. (Hrsg.), Building Social Europe through the Open Method of Co-ordination. Brüssel (Peter Lang), S. 27-68.

Poth-Mögele, A. (1993), Das Prinzip der „Partnerschaft" in der Strukturpolitik der Europäischen Gemeinschaft, dargestellt an den Beispielen Bayerns und Schottlands. Frankfurt a.M. (Lang).

Pryce, R. (1994), The Treaty Negotiations. In: Duff, A./Pinder, J./Pryce, R. (Hrsg.), Maastricht and Beyond. Building the European Union. London (Routledge), S. 36-52.

Puchala, D. J. (1972), Of Blind Men, Elephants and International Integration. In: Journal of Common Market Studies (10) 4, S. 267-284.

Regelsberger, E. (Hrsg.) (1997), Foreign policy of the European Union: from EPC to CFSP and beyond. Boulder u.a. (Rienner).

Regelsberger, E./Jopp, M. (1997), Und sie bewegt sich doch! Die Gemeinsame Außen- und Sicherheitspolitik nach den Bestimmungen des Amsterdamer Vertrages. In: integration (20) 4, S. 255-263.

Reichenbach, H. (1999), Integration: Wanderung über europäische Gipfel. Baden-Baden (Nomos).

Reif, K./Schmitt, K. (1980), Nine Second-order National Elections: A Conceptual Framework for the Analysis of European Election Results. In: European Journal of Political Research 8, S. 3-44.

Rieger, E. (1994), Herrschaft kraft Interessenkonstellation: Agrarverbände in der Europäischen Gemeinschaft und in der Bundesrepublik Deutschland. In: Eichener, V./Voelzkow, H. (Hrsg.), Europäische Integration und verbandliche Interessenvermittlung. Marburg (Metropolis), S. 303-319.

Rieger, E. (1996), Agrarpolitik: Integration durch Gemeinschaftspolitik? In: Jachtenfuchs, M./Kohler-Koch, B. (Hrsg.), Europäische Integration (UTB), Opladen (Leske+Budrich), S. 401-428.

Rieger, E. (2000), The Common Agricultural Policy. In: Wallace, H./Wallace, W., Policy-Making in the European Union. 4. Aufl., Oxford (Oxford University Press), S. 179-210.

Rieger, E. (2005), Agricultural Policy. Constrained Reforms. In: Wallace, H./Wallace, W./Pollack, M. A. (Hrsg.), Policy-Making in the European Union. 5. Aufl., Oxford (Oxford University Press), S. 161-190.

Rometsch, D. (1999), Die Rolle und Funktionsweise der Europäischen Kommission in der Ära Delors. Frankfurt a.M. (Lang).

Roobeek, A. J. M. (1992), De politieke dimensie van het Europese technologiebeleid. In: Tömmel, I. (Hrsg.), Europese Gemeenschap en nationale staat: integratie en diversificatie door overheidsbeleid. Amsterdam (Thesis), S. 31-61.

Rosamond, B. (2000), Theories of European Integration. Houndmills (Palgrave).

Rosenau, J./Czempiel, E.-O. (1992), Governance without Government. Order and Change in World Politics. Cambridge (Cambridge University Press).

Ross, G. (1995), Jacques Delors and European Integration. Cambridge (Polity Press).

Royce, B. (1993), The Democratic Deficit of the European Community. In: Parliamentary Affairs (46), S. 458-477.

Rupprecht, R. (1997), Justiz und Inneres nach dem Amsterdamer Vertrag. In: integration (20) 4, S. 264-270.

Sabatier, P. A. (1993), Advocacy-Koalitionen, Policy-Wandel und Policy-Lernen: Eine Alternative zur Phasenheuristik. In: Héritier, A. (Hrsg.), Policy-Analyse. Kritik und Neuorientierung (PVS-Sonderheft 24). Opladen, S. 116-148.

Salmon, T.C./Sheperd, A.J.K. (2003), Toward a European army: a military power in the making? Boulder u.a. (Rienner).

Sandholtz, W. (Hrsg.) (1998), European integration and supranational governance. Oxford (Oxford University Press).

Sandholtz, A./Stone Sweet A.(Hrsg.) (1998), European Integration and Supranational Governance. Oxford (Oxford University Press).

Sandholtz, W./Zysman, J. (1989), 1992: Recasting the European bargain. In: World Politics (41) 1, S. 95-128.

Sbragia, A. M (1993), The European Community: A Balancing Act. In: Publius: The Journal of Federalism (23), S. 23-38.

Sbragia, A. M. (2000a), Environmental Policy. In: Wallace, H./Wallace, W., Policy-Making in the European Union. 4. Aufl., Oxford (Oxford University Press), S. 293-316.

Sbragia, A. M. (2000b), Italy Pays for Europe: Political Leadership, Political Choice, and Institutional Adaptation. In: Green Cowles, M./Caporaso, J. A./Risse, Th. (Hrsg.), Transforming Europe. Europeanization and Domestic Change. Ithaca, New York (Cornell University Press), S. 79-98.

Scharpf, F. W. (1985), Die Politikverflechtungs-Falle: Europäische Integration und deutscher Föderalismus im Vergleich. In: Politische Vierteljahresschrift (26) 4, S. 323-356.

Scharpf, F. W. (1988), Verhandlungssysteme, Verteilungskonflikte und Pathologien der politischen Steuerung. In: Schmidt, M. G., Staatstätigkeit : international und historisch vergleichende Analysen (PVS-Sonderheft 19). S. 61-87.

Scharpf, F. W. (1991), Kann es in Europa eine stabile föderale Balance geben? In: Wildenmann, R. (Hrsg.), Staatswerdung Europas? Optionen für eine Europäische Union. Baden-Baden (Nomos), S. 415-428.

Scharpf, F. W. (1992a), Einführung: Zur Theorie von Verhandlungssystemen. In: Benz, A./Scharpf, F. W./Zintl, R. (Hrsg.), Horizontale Politikverflechtung: Zur Theorie von Verhandlungssystemen (Schriften des MPI für Gesellschaftsforschung Köln 10). Frankfurt a.M./New York (Campus), S. 11-27.

Scharpf, F. W. (1992b), Koordination durch Verhandlungssysteme: Analytische Konzepte und institutionelle Lösungen. In: Benz, A./Scharpf, F. W./Zintl, R. (Hrsg.), Horizontale Politikverflechtung: Zur Theorie von Verhandlungssystemen (Schriften des MPI für Gesellschaftsforschung Köln 10). Frankfurt a.M./New York (Campus), S. 51-96.

Scharpf, F. W. (1993), Autonomieschonend und gemeinschaftsverträglich. Zur Logik der europäischen Mehrebenenpolitik, Köln (MPIFG Discussion Paper 93/9); auch erschienen unter: Scharpf, F. (1994), Optionen des Föderalismus in Deutschland und Europa. Frankfurt a.M./New York (Campus), S. 31-55.

Scharpf, F. W. (1994), Community and Autonomy: Multi-level Policy-making in the European Union. In: Journal of European Public Policy (1) 2, S. 219-242.

Scharpf, F. W. (1997), Introduction: the problem-solving capacity of multi-level governance. In: Journal of European Public Policy (4) 4, S. 520-538.

Scharpf, F. W. (1999), Regieren in Europa: Effektiv und demokratish? Frankfurt a.M./New York (Campus).

Scharpf, F. W. (2000), Notes Toward a Theory of Multilevel Governing in Europe (MPIfG Discussion Paper 5).

Scharpf, F. W. (2001), What Have We Learned? Problem Solving Capacity of the Multi-level European Polity. (Evaluation by the Scientific Advisory Board) Köln (MPIfG).

Scharpf, F. W. (2002), Regieren im europäischen Mehrebenensystem. Ansätze zu einer Theorie. In: Leviathan (30) 1, S. 65-92.

Scharpf, F. W./Schmidt, V. A. (Hrsg.) (2000a), Welfare and Work in the Open Economy. Vol. 1: Diverse Responses to Common Challenges. Oxford (Oxford University Press).

Scharpf, F. W./Schmidt, V. A. (Hrsg.) (2000b), Welfare and Work in the Open Economy. Vol. 2: From Vulnerability to Competitiveness. Oxford (Oxford University Press).

Schendelen, R. van (1984), Het Europese Parlement. Utrecht. Antwerpen (Spectrum).

Schendelen, R. van (2002), Machiavelli in Brussels: the art of lobbying the EU. Amsterdam (Amsterdam University Press).

Schild, J. (2005), Barrosos ‚blind date' in Brüssel – Auf dem Weg zu einer Parlamentarisierung der Kommissionsinventur? In: integration (28) 1, S. 33-46.

Schmalz-Bruns, R. (1999), Deliberativer Supranationalismus - Demokratisches Regieren jenseits des Nationalstaats. In: Zeitschrift für Internationale Beziehungen (6) 2, S. 185-244.

Schmidt, S. K. (1998), Liberalisierung in Europa. Frankfurt a.M. (Campus).

Schmidt, S. K. (2001), A constrained Commission: informal practices of agenda-setting in the Council. In: Schneider, G./Aspinwall, M. (Hrsg.), The rules of integration. Institutionalist approaches to the study of Europe. Manchester/New York (Manchester University Press), S. 125-146.

Schmidt, S./Blauberger, M./Nouland, W. van den (2007), Jenseits von Implementierung und Compliance – Die Europäisierung der Mitgliedstaaten. In: Tömmel, I. (Hrsg.), Die Europäische Union: Governance and Policy-Making. PVS-Sonderheft 2007/2, S. 275-296.

Schmitt-Egner, P. (1996), Die „Europäische Kompetenz" von Regionen – Ein Paradigma des Transnationalen Regionalismus? Eine propädeutische Skizze zur Theorie, Empirie und Praxis transnationaler Kooperation von Regionen in Europa. In: INTERREGIONES 5, S. 7-56.

Schmitt-Egner, P. (2000), Handbuch der europäischen Regionalorganisationen. Baden-Baden (Nomos).

Schmitt-Egner, P. (2005), Handbuch zur Europäischen Regionalismusforschung. Wiesbaden (VS).

Schmitter, Ph. C. (1971), A Revised Theory of Regional Integration. In: Lindberg, L. N./Scheingold, S. A. (Hrsg.), Regional Integration. Theory and Research. Cambridge, S. 232-264.

Schmuck, O. (1992), Der Maastrichter Vertrag zur Europäischen Union. In: Europa-Archiv 4, S. 92-106.

Schubert, K./Müller-Brandeck-Bocquet, G. (2000), Die Europäische Union als Akteur der Weltpolitik. Opladen (Leske+Budrich).

Schumann, W. (1996), Neue Wege in der Integrationstheorie. Ein policyanalytisches Modell zur Interpretation des politischen Systems der EU. Opladen (Leske+Budrich).

Selmayr, M. (1999), Wie unabhängig ist die EZB? Eine Analyse anhand der ersten geldpolitischen Entscheidungen der EZB. In: Scholz, R. (Hrsg.), Europa als Union des Rechts – Eine notwendige Zwischenbilanz im Prozess der Vertiefung und Erweiterung. Köln (Bachem), S. 98-107.

Shackleton, M. (2000), The Politics of Codecision. In: Journal of Common Market Studies (38) 2, S. 325-342.

Shapiro, M. (1992), The European Court of Justice. In: Sbragia, A. M. (Hrsg.): Euro-Politics. Institutions and Policymaking in the „New" European Community. Washington, D.C. (Brookings), S. 123-156.

Sharp, M. (1989), The Community and New Technologies. In: Lodge, J. (Hrsg.), The European Community and the Challenge of the Future. London (Pinter), S. 202-220.

Sharp, M. (1990), Technology and the dynamics of integration. In: Wallace, W. (Hrsg.), The Dynamics of European Integration. London (Pinter).

Smith, M. E. (2001), Diplomacy by Decree: The Legalization of EU Foreign Policy. In: Journal of Common Market Studies (39) 1, S. 79-104.

Smith, M. E. (2004), Europe's foreign and security policy : the institutionalization of co-operation. Cambridge u.a. (Cambridge Univ. Press).

Staeck, N. (1997), Politikprozesse in der Europäischen Union. Eine Policy-Netzwerkanalyse der europäischen Strukturfondspolitik. Baden-Baden (Nomos)

Stanat, M. (2006), Die französische Nationalversammlung und die Europäische Union. Zwischen parlamentarischer Tradition und europäischer Integration. Wiesbaden (VS).

Stone Sweet, A./Brunell, Th.(1998), The European Court and the National Courts: A Statistical Analysis of Preliminary References, 1961-95. In: Journal of European Public Policy (5)1, S. 66-97.

Streeck, W./Schmitter, P.C. (1991), From National Corporatism to Transnational Pluralism: Organized Interests in the Single European Market. In: Politics and Society (19) 2, S. 109-132.

Tallberg, J. (2003), The agenda-shaping powers of the Council Presidency. In: Elgström, O. (Hrsg.), European Union Council Presidencies: A Comparative Perspective. London u.a. (Routledge), S. 18-37.

Taylor, P. (1983), The Limits of European Integration. London (Croom Helm).

Teasdale, A. L. (1996), The Politics of Majority Voting in Europe. In: The Political Quarterly Publishing (67), S. 101-115.

Thiel, E. (1998), Die Europäische Union. Opladen (Leske+Budrich).

Timmermann, H. (2001), Die „Politik des leeren Stuhls" und der Luxemburger Kompromiß. In: Kirt, R. (Hrsg.), Die Europäische Union und ihre Krisen. (Schriften des Zentrums für Europäische Integrationsforschung 30) Baden-Baden (Nomos), S. 111-118.

Töller, A. E. (2000), Der Beitrag der Komitologie zur politischen Steuerung in der europäischen Umweltpolitik. In: Grande, E./Jachtenfuchs, M. (Hrsg.), Wie problemlösungsfähig ist die EU? Regieren im europäischen Mehrebenensystem. Baden-Baden (Nomos), S. 313-342.

Töller, A. E. (2002), Komitologie. Theoretische Bedeutung und praktische Funktionsweise von Durchführungsausschüssen der Europäischen Union am Beispiel der Umweltpolitik. Opladen (Leske+Budrich).

Tömmel, I. (1989), Europäischer Binnenmarkt und mediterrane Peripherie. In: Prokla, Zeitschrift für politische Ökonomie, Nr. 75, Vol. 19, 1989, Nr. 2, S. 29-46.

Tömmel, I. (Hrsg.) (1992a), Europese Gemeenschap en nationale staat: integratie en diversificatie door overheidsbeleid. Amsterdam (Thesis).

Tömmel, I. (1992b), System-Entwicklung und Politikgestaltung in der Europäischen Gemeinschaft am Beispiel der Regionalpolitik. In: Kreile, M. (Hrsg.), Die Integration Europas (PVS-Sonderheft 23/1992). S. 185-208.

Tömmel, I. (1994a), Staatliche Regulierung und europäische Integration: Die Regionalpolitik der EG und ihre Implementation in Italien. Baden-Baden (Nomos).

Tömmel, I. (1994b), Transnationale Politik-Kooperation im Rahmen der EU. In: Eichener, V./Voelzkow, H. (Hrsg.), Europäische Integration und verbandliche Interessenvermittlung. Marburg (Metropolis), S. 263-282.

Tömmel, I. (1996), Die Strategie der EU zur System-Transformation in den Staaten Mittel- und Osteuropas. In: Osnabrücker Jahrbuch Frieden und Wissenschaft III, Osnabrück (Rasch), S. 145-161.

Tömmel, I. (1997a), Die Europäische Union: weniger als ein Staat, mehr als ein Regime? In: Széll, G. (Hrsg.), Europäische Integration und sozialwissenschaftliche Theoriebildung. Fünf Osnabrücker Antrittsvorlesungen. Osnabrück (Universitätsverlag Rasch), S. 53-67.

Tömmel, I. (1997b), The EU and the Regions: towards a three-tier system or new modes of regulation? In: Environment and Planning C: Government and Policy 15, S. 413-436.

Tömmel, I. (1998), Transformation of Governance. The European Commissions Strategy for Creating a "Europe of the Regions". In: Regional and Federal Studies (8) 2, S. 52-80.

Tömmel, I. (1999), The Political System of the EU, a Democratic System? In: Milios, J./Katseli, L./Pelagidis, T. (Hrsg.), Rethinking Democracy and the Welfare State, Athen (Ellinika Grammata), S. 257-290.

Tömmel, I. (2000), Jenseits von regulativ und distributiv: Policy-Making der EU und die Transformation von Staatlichkeit. In: Grande, E./Jachtenfuchs, M. (Hrsg.), Wie problemlösungsfähig ist die EU? Regieren im europäischen Mehrebenensystem. Baden-Baden (Nomos), S. 165-187.

Tömmel, I. (Hrsg.) (2001a), Europäische Integration als Prozess von Angleichung und Differenzierung. Opladen (Leske+Budrich).

Tömmel, I. (2001b), Die Entfaltung des EU-Systems als Prozess von Angleichung und Differenzierung. In: Tömmel, I. (Hrsg.), Europäische Integration als Prozess von Angleichung und Differenzierung. Opladen (Leske+Budrich), S. 53-81.

Tömmel, I. (2002), Die Regionalpolitik der EU: Systementwicklung durch Politikgestaltung. In: Conzelmann, Th./Knodt, M. (Hrsg.), Regionales Europa – Europäisierte Regionen. Frankfurt a.M./New York (Campus), S. 39-68.

Tömmel, I. (2003), Das politische System der EU. 1.Aufl., München u.a. (Oldenbourg).

Tömmel, I. (2004a), Die EG in den Jahren 1970 bis 1984: Neue Politikmuster als Katalysator der Integration. In: Knipping, F. (Hrsg.), Aufbruch zum Europa der zweiten Generation. Die europäische Einigung 1969-1984. Trier (Wissnschaftlicher Verlag Trier), S. 269-284.

Tömmel, I. (2004b), Eine Verfassung für die EU: institutionelle Anpassung oder Systemreform? In: integration (27) 3, S. 202-210.

Tömmel, I. (2006), Die Reform der Strukturpolitik der EU – eine Reform europäischer Governance? In: Kleinfeld, R./Plamper, H./Huber, A. (Hrsg.), Regional Governance Band 2: Steuerung, Koordination und Kommunikation in regionalen Netzwerken als neue Formen des Regierens. Osnabrück (V & R unipress).

Tömmel, I. (2007a), Die Europäische Union: Governance and Policy-Making (PVS-Sonderheft 2007/2).

Tömmel, I. (2007b), Governance and Policy-Making im Mehrebenensystem der EU. In: Tömmel, I. (Hrsg.), Die Europäische Union: Governance and Policy-Making (PVS-Sonderheft 2007/2), S. 11-35.

Tömmel, I./Kambas, C./Bauer, P. (Hrsg.) (2002), Die EU: Eine politische Gemeinschaft im Werden? Opladen (Leske+Budrich).

Tsebelis, G. (1994), The Power of the European Parliament as a Conditional Agenda Setter. In: American Political Science review (88) März, S. 88-142.

Tsebelis, G./Garrett, G. (2001), The Institutional Foundations of Intergovernmentalism and Supranationalism in the European Union. In: International Organization (55) 2, S. 391-438.

Urwin, D. W. (1993), The community of Europe: a history of European integration since 1945. 8. Aufl., London (Longman).

Van Miert, K. (2000), Markt, Macht, Wettbewerb: Meine Erfahrungen als Kommissar in Brüssel. Stuttgart/München (Deutsche Verlagsanstalt).

Visser, J./Ebbinghaus, B. (1992), Making the Most of Diversity? European Integration and Transnational Organization of Labour. In: Greenwood, J./Grote, J./Ronit, K., Organized Interests and the European Community, London (Sage), S. 206-237.

Verdun, A. (2003), Economic and Monetary Union. In: Cini, M. (Hrsg.), European Union Politics, Oxford (Oxford University Press), S. 312-330.

Voelzkow, H. (1996), Private Regierungen in der Techniksteuerung. Frankfurt a.M. (Campus).

Voelzkow, H. (2000), Von der funktionalen Differenzierung zur Globalisierung: Neue Herausforderungen für die Demokratietheorie. In: Werle, R./Schimanck, U. (Hrsg.), Gesellschaftliche Komplexität und kollektive Handlungsfähigkeit. Festschrift zum 70. Geburtstag von Renate Mayntz. Frankfurt a.M./New York (Campus), S. 270-296.

Voelzkow, H./Hoppe, A. (1996), „Druck von oben und von unten": zu Reformansätzen der deutschen Regionalpolitik als Reaktion auf Implementationsprobleme des Europäischen Regionalfonds in den neuen Bundesländern. In: Heinelt, H. (Hrsg.), Politiknetzwerke und europäische Strukturfondsförderung. Ein Vergleich zwischen EU-Mitgliedstaaten. Opladen (Leske+Budrich), S. 108-130.

Wallace, H. (2005), An Institutional Anatomy and Five Policy Modes. In: Wallace, H./Wallace, W./Pollack, M. A. (Hrsg.), Policy-Making in the European Union. 5. Aufl., Oxford (Oxford University Press), S. 49-90.

Wallace, H./Wallace, W. (2000), Policy-Making in the European Union. 4. Aufl., Oxford (Oxford University Press).

Wallace, W. (1983), Less than a Federation, more than a Regime: The Community as a Political System. In: Wallace, H./Wallace, W./Webb, C.: Policy-Making in the European Community. 2. Aufl., Chicester, New York (John Wiley and Sons), S. 403-436.

Weidenfeld, W. (Hrsg.) (1994), Maastricht in der Analyse. Gütersloh (Bertelsmann).

Weiler, J. H. H. (1981), The Community System: The Dual Character of Supranationalism. In: Yearbook of European Law 1, S. 267-306.

Weiler, J. H. H. (1994), Journey to an Unknown Destination: A Retrospective and Prospective of the European Court of Justice in the Arena of Integration. In: Bulmer, S./Scott, A. Economic and Political Integration in Europe: Internal Dynamics and Global Context. Oxford u.a. (Blackwell), S. 131-168.

Werts, J. (1992), The European Council. Amsterdam (North-Holland).

Weske, S. (2006). Chronologie. In: Weidenfeld, W./Wessels, W. (Hrsg.), Jahrbuch der Europäischen Integration 2005, Baden-Baden (Nomos), S. 479-492.

Wessels, W. (1990), Administrative Interaction. In: Wallace, W. (Hrsg.), The Dynamics of European Integration. London (Pinter).

Wessels, W. (1992), Staat und (westeuropäische) Integration. Die Fusionsthese. In: Kreile, M. (Hrsg.), Die Integration Europas. PVS-Sonderheft 23, S. 36-61.

Wessels, W. (1996), Verwaltung im EG-Mehrebenensystem: Auf dem Weg zur Megabürokratie? In: Jachtenfuchs, M./Kohler-Koch, B. (Hrsg.), Europäische Integration. Opladen (Leske+Budrich), S. 165-192.

Wessels, W. (1997a), Der Amsterdamer Vertrag - Durch Stückwerksreformen zu einer effizienteren, erweiterten und föderalen Union. In: integration (20) 3, S. 117-135.

Wessels, W. (1997b), An Ever Closer Fusion? A Dynamic Macropolitical View on Integration Processes. In: Journal of Common Market Studies (35) 2, S. 267-299.

Wessels, W. (2000), Die Öffnung des Staates. Modelle und Wirklichkeit grenzüberschreitender Verwaltungspraxis 1960-1995. Opladen (Leske+Budrich).

Wessels, W. (2001), Die Vertragsreformen von Nizza - zur institutionellen Beitrittsreife. In: integration (24) 1, S. 8-25.

Wessels, W. (2002), Der Konvent: Modelle für eine innovative Integrationsmethode. In: integration (25) 2, S. 83-98.

Wessels, W. (2003), Der Verfassungsvertrag im Integrationstrend: Eine Zusammenschau zentraler Ergebnisse. In: integration (26) 4, S. 284-300.

Wessels, W. (2004), Die institutionelle Architektur der EU nach der Europäischen Verfassung. In: integration (27) 3, S. 161-175.

Westlake, M. (1994a), A modern guide to the European parliament. London (Pinter).

Westlake, M. (1994b), The Commission and the Parliament. London (Butterworths).

Westlake, M. (1995), The Council of the European Union. London (Cartermill).

Wiener, A. (1998), European Citizenship Practice: Building Institutions of a Non-State. Oxford (Westview Press).

Wiener, A./Dietz, T. (Hrsg.) (2004), European Integration Theory. Oxford (Oxford University Press).

Wilks, S. (2005): Competition Policy. Challenge and Reform. In: Wallace, H./Wallace, W./Pollack, M. A. (Hrsg.), Policy-Making in the European Union. 5. Aufl., Oxford (Oxford University Press), S. 113-139.

Williams, A. (Hrsg.) (1984), Southern Europe transformed. Political and economic change in Greece, Italy, Portugal and Spain. London (Harper & Row).

Willke, H. (1995), Systemtheorie III: Steuerungstheorie. Grundzüge einer Theorie der Steuerung komplexer Sozialsysteme. Stuttgart/Jena (Gustav Fischer).

Wolf, K. D. (2000), Die neue Staatsräson: zwischenstaatliche Kooperation als Demokratieproblem in der Weltgesellschaft. Baden-Baden (Nomos).

Wolf-Niedermaier, A. (1997), Der Europäische Gerichtshof zwischen Recht und Politik: der Einfluss des EuGH auf die föderale Machtbalance zwischen der Europäischen Gemeinschaft und ihren Mitgliedstaaten. Baden-Baden (Nomos).

Young, A. (2005), The Single Market. A New Approach to Policy. In: Wallace, H./Wallace, W./Pollack, M. A. (Hrsg.), Policy-Making in the European Union. 5. Aufl., Oxford (Oxford University Press), S. 93-112.

Young, A. R./Wallace, H. (2000), The Single Market. In: Wallace, H./Wallace, W. (Hrsg.), Policy-Making in the European Union. Oxford (Oxford University Press), S. 85-114.

Ziltener, P. (1999), Strukturwandel der europäischen Integration. Die Europäische Union und die Veränderung von Staatlichkeit. Münster (Westfälisches Dampfboot).

Zürn, M. (1998), Regieren jenseits des Nationalstaates. Globalisierung und Denationalisierung als Chance. Frankfurt a.M. (Suhrkamp).

Das müssen Sie gelesen haben

Walter Reese-Schäfer
Klassiker der politischen Ideengeschichte
Von Platon bis Marx
2007 | IX, 246 Seiten | Broschur
€ 29,80 | ISBN 978-3-486-58282-6
Lehr- und Handbücher der Politikwissenschaft

Kennen Sie das Buch »Guide to the places in the world you must have seen before you die«? Ganz in diesem Sinne versteht sich das Buch von Walter Reese-Schäfer als Reiseführer zu den Texten der politischen Ideengeschichte, die man gelesen haben muss, bevor man stirbt.
Die Auswahl der in diesem Band vorgestellten Theorien und Theoretiker ist nicht schwer zu erklären. Es werden diejenigen Klassiker behandelt, die jeweils einen neuen Aspekt und einen neuen Gedanken in die politische Ideengeschichte eingebracht haben.
Theoretiker wie Machiavelli, Locke, Platon oder Rousseau prägten das politische Selbstverständnis unserer Gesellschaften. Ihr Schaffen wird, anstelle der üblichen Konzentration auf ein Hauptwerk, vom Autor in seinem Werk kontextualisiert und entlang bestimmter theoretischer Prinzipien aufgeschlüsselt. Daneben gibt er gezielte Literaturhinweise zur vertiefenden Lektüre.

Texte, die man kennen muss –
systematisch aufbereitet und präsentiert.

Prof. Dr. Walter Reese-Schäfer lehrt am Seminar für Politikwissenschaft der Universität Göttingen.

Oldenbourg

economag.

Wissenschaftsmagazin für
Betriebs- und Volkswirtschaftslehre

Über den Tellerrand schauen

Ihr wollt mehr wissen...
...und parallel zum Studium in interessanten und spannenden Artikeln rund um BWL und VWL schmökern?

Dann klickt auf euer neues Online-Magazin:
www.economag.de

Wir bieten euch monatlich und kostenfrei...

...interessante zitierfähige BWL- und VWL-Artikel
  zum Studium,
...Tipps rund ums Studium und den Jobeinstieg,
...Interviews mit Berufseinsteigern und Managern,
...ein Online-Glossar und Wissenstests
...sowie monatlich ein Podcast zur Titelgeschichte.

Abonniere das Online-Magazin kostenfrei unter
www.economag.de.

Oldenbourg

Was Sie über Wirtschaft wissen sollten

Hermann May
Wirtschaftsbürger-Taschenbuch
Wirtschaftliches und rechtliches Grundwissen
7., überarbeitete und aktualisierte Auflage 2006.
556 Seiten, gebunden
€ 34,80, ISBN 978-3-486-57809-6

Über 2.500 Stichwörter mit einer Vielzahl von Querverweisen und leicht verständlich!
Das Wirtschaftsbürgertaschenbuch folgt der Absicht, dem heute in einer weitgehend rechtlich normierten Wirtschaftsgesellschaft oft überforderten Bürger eine Handreichung zur Bewältigung der wirtschaftlichen Alltagsprobleme zu geben.
Das Buch umfasst folgende Themenbereiche:
- Wirtschaftliche Grundbegriffe und Grundtatbestände.
- Konsum (Die privaten Haushalte als Nachfrager von Konsumgütern).
- Verbraucherpolitik in der BRD.
- Verbraucherrecht.
- Markt und Preis.
- Sparen ist Konsumverzicht.
- Private Versicherungen.
- Eheliches Güterrecht.
- Erbrecht.
- Arbeit (Mensch und Arbeit. Arbeit und Produktion. Arbeitsbewertung. Die Entlohnung der Arbeit. Das Recht der Arbeit. Die soziale Sicherung des Arbeitnehmers. Arbeit und Qualifikation. Beruf, Berufswahl und Berufswahlvorbereitung. Humanisierung der Arbeit).
- Gesellschaft (Die Ordnung der Wirtschaft. Wirtschaftspolitik in der Sozialen Marktwirtschaft der BRD. Finanzen und Steuern. Volkswirtschaftliche Gesamtrechnung).

Prof. Dr. Hermann May ist geschäftsführender Leiter des Zentrums für ökonomische Bildung in Offenburg.

Oldenbourg